FOUNDATIONS OF
PROGRAMMING, STATISTICS
& **MACHINE LEARNING**
FOR **BUSINESS ANALYTICS**

R과 Python을 활용한
비즈니스 애널리틱스

Ram D. Gopal, Dan Philps, Tillman Weyde 지음
신용재, 김채윤, 장연수 옮김

R과 Python을 활용한 비즈니스 애널리틱스

초판인쇄 2025년 1월 23일
초판발행 2025년 2월 12일

지은이 RAM D. GOPAL, DAN PHILPS, TILLMAN WEYDE
옮긴이 신용재, 김채윤, 장연수
펴낸이 김승기, 김민정
펴낸곳 (주)생능 / **주소** 경기도 파주시 광인사길 143
출판사 등록일 2014년 1월 8일 / 신고번호 제406-2014-000003호
대표전화 (031)955-0761 / **팩스** (031)955-0768
홈페이지 www.booksr.co.kr

책임편집 이종무 / **편집** 신성민, 최동진 / **디자인** 금미향, 유준범, 노유안
마케팅 최복락, 김민수, 심수경, 차종필, 백수정, 송성환, 최태웅, 명하나
인쇄 · 제본 (주)상지사P&B

ISBN 979-11-86689-58-5 93000
정가 39,000원

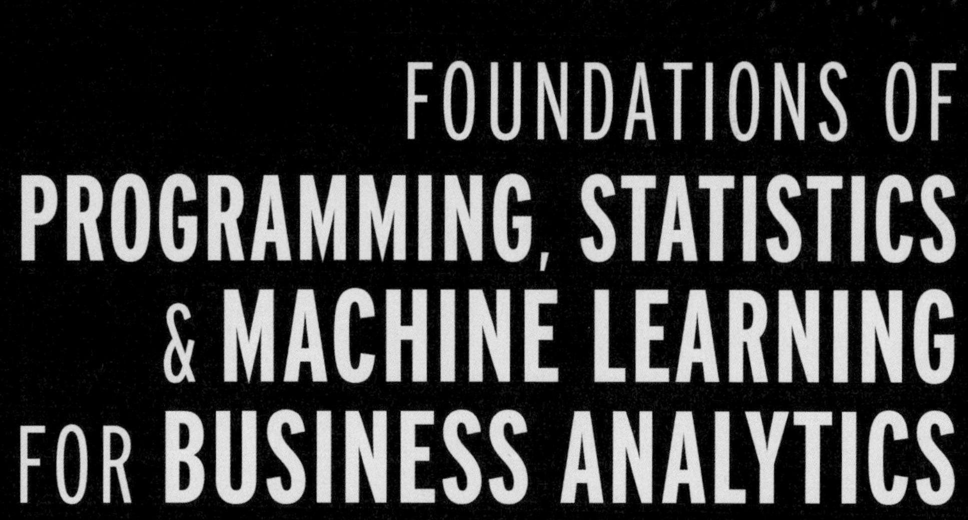

RAM GOPAL, DAN PHILPS, TILLMAN WEYDE

Los Angeles | London | New Delhi
Singapore | Washington DC | Melbourne

저자 소개

램 고팔(Ram D. Gopal)은 정보 시스템 학회(Information Systems Society)의 Distinguished Fellow이자 앨런 튜링(Alan Turing Institute)의 Turing Fellow이며, 워릭 비즈니스 스쿨의 정보 시스템 및 경영(Information Systems and Management) 교수이자 연구, 참여, 영향 분야(Research, Engagement, and Impact at the Warwick Business School)의 부학장이다. 또한 워릭 비즈니스 스쿨의 길모어(Gillmore Centre) 금융 기술 센터의 학술 이사로도 활동하고 있다. 2008년부터 2018년까지 코네티컷 대학교(University of Connecticut) 비즈니스 스쿨의 운영 및 정보 관리 학과(Department of Operations and Information Management) 학과장이었고, 그는 이 시기 학과장으로서 2011년에 비즈니스 분석 및 프로젝트 관리 석사 학위 프로그램과 2014년에 비즈니스 데이터 분석 학부 전공 프로그램을 개설하였다. 램 고팔은 빅데이터 분석, 건강 정보학, 금융 기술, 정보 보안, 개인 정보 보호 및 가치 평가, 지적 재산권, 온라인 시장 설계, 기술의 비즈니스 영향 등에 걸쳐 다양하고 풍부한 연구 경험을 가지고 있다. 그는 현재 워릭 비즈니스 스쿨에서는 풀타임 MBA 및 경영진 MBA을 위한 '디지털 변혁' 과정을 가르치고 있으며, 정보시스템 및 디지털 혁신 관리 석사에서는 '디지털 금융, 블록 체인 및 암호화 화폐' 과정을, 비즈니스 분석 석사에서는 '텍스트 마이닝' 수업을 진행하고 있다.

댄 필립스(Dan Philps)는 베테랑 퀀트 투자관리자이자 인공지능 연구자이다. 로스코 투자 전략(Rothko Investment Strategies)의 창립자이며, 20여 년 이상 주식, 채권 및 다양한 자산을 최고의 전략으로 관리해 온 경력을 가지고 있다. AI 기반 비즈니스를 개발하고 운영하기 이전에는 몬드리안 투자 파트너스의 글로벌 채권 및 통화 시니어 포트폴리오 매니저로 활약했었고 1998년 이전에는 주요 투자 은행에서 거래 및 리스크 모델 설계 및 개발에 주력하였다. 이후 복잡한 실제 비즈니스 문제를 해결하기 위해 AI를 성공적으로 적용하여 고급 AI Temporal Continual Learning 개발을 주도한 바 있다. 런던 시티 대학교에서 인공지능 및 컴퓨터 과학 박사학위, 킹스 칼리지 런던에서 학사 학위를 취득하였으며, CFA charterholder이자 영국 CFA 협회 회원이다. 또한 워릭 비즈니스 스쿨의 길모어 핀테크 센터에서 AI 연구전략을 공동으로 이끌고 있으며, 워릭 대학의 명예 연구 펠로우이다.

틸만 바이더(Tillman Weyde)는 런던 시티 대학교(City, University of London) 컴퓨터 공학 강사이다. 2005년에 시티 대학교에 합류하기 전, 독일 오스나브뤼크 대학교(University of Osnabrück) 음악 및 미디어 기술 연구부에서 연구원으로 근무한 바 있다. 그는 머신러닝과 인공 지능과 관련된 기본적인 문제와 응용 문제를 모두 다루며, 주요 관심 분야는 언어, 음성 및 음악 분야이다. 시티대학교에서는 인공 지능 및 미디어 정보학 연구 그룹(Machine Intelligence and Media Informatics Research Group) 활동과 AHRC, EPSRC, Innovate UK, ESRC 및 유럽 위원회에서 지원하는 연구 프로젝트를 맡고 있다. 150편 이상의 피어 리뷰 논문과 소프트웨어를 발표했으며, 교육 소프트웨어에 대한 커메니우스 메달(Comenius Medal for exemplary educational software) 및 국제 학회에서 최우수 논문상을 포함한 여러 상을 수상하였다. 시티대학교에서 데이터 과학 석사 학위 프로그램을 공동 설립하고 빅데이터, 디지털 신호 처리 및 기타 여러 기술 주제를 가르치고 있다. 고등 교육 아카데미(Higher Education Academy)의 펠로우이고 산업에 정기적으로 자문을 제공하며, 데이터 과학 및 AI 분야의 도전 과제를 해결하기 위해 헬스케어, 금융, 비즈니스 운영 등을 포함한 스타트업을 공동 설립하였다.

감사의 글

이 책을 만드는 데 공헌해 주신 분들께 감사의 말씀을 전하고자 한다.

- R 프로그래밍과 통계 분석을 위한 초기 R 노트북 버전을 작성해 준 마야 고팔에게
- 시티 대학교의 알레산드로 알비아니, 김채윤, 스테판 디너, 로렌스 램지, 그리고 그라스고 대학의 양정우에게 프로그래밍과 교정을 도와준 데 대한 감사를 표합니다.
- 세이지 출판사의 루스 스티트, 샬롯 헤글리, 이안 앤트클리프와 초기 버전에서 이 책을 개선하는 데 도움을 준 외부 평가자들에게 감사의 인사를 드립니다.
- 틸만 바이더의 학생들에게 많은 연수 동안 관련 강좌를 가르치면서 얻은 소중한 피드백과 영감에 대해 이 책의 발전에 도움을 준 것에 대한 감사를 표합니다.
- 람 고팔의 아내 메리-캐서린 고팔과 자녀들인 아스트로 고팔과 마야 고팔에게 이 여정 동안의 격려, 지원 및 도움에 대해 감사의 말씀을 전합니다.
- 코네티컷의 람 고팔의 학생들에게 이 책에 대한 많은 연례적인 피드백이 책에 영감을 주는 중요한 원천이 된 것에 대해 감사드립니다.
- 댄 필립스의 아내 루스에게 지원과 격려에 대해 감사드립니다.

역자 머리말

본서는 《Foundations of Programming, Statistics & Machine Learning for Business Analytics(SAGE, 2022)》의 번역서로, 경영학을 전공하는 학부생과 데이터 분석에 관심을 가진 학생들이 현대 경영환경에서 요구되는 데이터 분석 역량을 효과적으로 배양할 수 있도록 집필되었다. 오늘날 데이터 분석은 단순히 데이터를 다루는 기술을 넘어 기업의 지속 가능한 성장과 혁신을 이끄는 핵심 도구로 자리 잡고 있다. 현대 경영환경은 정보기술의 고도화와 더불어 빠르게 변화하고 있으며, 플랫폼 비즈니스의 확산은 산업 생태계의 구조적 변화를 가져왔을 뿐만 아니라 고객 경험에도 큰 영향을 미치고 있다. 고객 서비스는 기존의 획일화된 형태에서 벗어나 더욱 세분화되고 정교해진 맞춤형 서비스로 전환되고 있다. 이에 따라 기업들은 치열한 시장 환경 속에서 빠르고 정확한 전략적 의사결정을 내릴 수 있는 능력을 요구받고 있다. 이러한 변화는 데이터 기반 의사결정을 지원하는 비즈니스 애널리틱스의 중요성을 더욱 부각시키고 있다.

비즈니스 애널리틱스는 데이터를 수집, 처리, 분석하여 기업의 의사결정을 지원하고 성과를 향상시키는 과학적 경영 기법이다. 이를 통해 데이터의 통찰을 얻고 미래를 예측하며, 최적의 경영 전략을 제안함으로써 기업의 경쟁우위를 강화한다. 특히, 빅데이터가 일반화된 현대 사회에서는 방대한 데이터를 체계적으로 분석하고 이를 실질적인 비즈니스 문제 해결에 활용하는 역량이 필수적이다. 비즈니스 애널리틱스의 중요성이 커지면서 이에 대한 교육 수요도 증가하고 있다. 그러나 많은 경영학 기반 데이터 분석 교재가 기술적이고 이론적인 측면에 치중되어 실무로의 구체적인 적용 방안을 제시하지 못했던 점은 아쉬움으로 남아 있다. 이 책은 경영학 교수, 비즈니스 컨설팅 전문가, 컴퓨터 분야 전문가가 협업하여 집필한 교재로, 비즈니스 애널리틱스를 위한 단계별 내용을 체계적으로 제공함으로써 기존 교재들의 한계를 보완하였다.

책의 구성은 프로그래밍과 통계학의 기초에서 시작해 머신러닝 기법을 포함한 데이터 분석의 고급 기술까지 포괄하며, 이론과 실습의 균형을 맞춘 것이 특징이다. 독자들은 이 책을 통해 R과 파이썬이라는 두 가지 주요 데이터 분석 도구를 활용하여 실제 비즈니스 데이터를 분석하고 문제를 해결하는 실질적인 역량을 배양할 수 있다. 또한, 데이터 전처리, 시각화, 모델링, 인사이트 도출에 이르기까지 데이터 분석의 모든 단계를 상세히 다루어 실무 적용 가능성을 극대화하고 있다.

본 교재는 데이터 기반 경영과 비즈니스 혁신을 목표로 하는 독자들에게 실질적이고 유용한 가이드를 제공한다. 이 책을 통해 독자들은 데이터를 이해하고 이를 활용해 의사결정을 지원하며, 창의적이고 혁신적인 비즈니스 솔루션을 제안할 수 있는 역량을 갖출 수 있을 것이다. 이 교재가 독자 여러분의 데이터 분석 여정에 든든한 동반자가 되기를 기대한다.

역자 일동

온라인 자료

본 책은 학생과 강사 모두의 학습과 지도를 도와주는 풍부한 온라인 자료를 지원한다. 다음 링크를 활용하자: study.sagepub.com/gopal

강사를 위한 지원

- **코드 노트북:** 강사용 버전(강의를 보조하는 추가 자료 포함) 코드와 배경 정보를 제공하여 강의에 도움이 될 것이다. 이는 학생의 필요에 맞게 수정할 수 있는 편집 가능한 노트북 형태로 제공된다.
- **연습문제 솔루션:** 연습 문제 솔루션 코드로 수정 가능하다.
- **사용 사례 노트북 :** 사용 사례에서 사용한 전체 코드로 수정 가능하다.
- **데이터셋:** 책에서 사용한 모든 데이터셋을 제공한다.

학생을 위한 지원

- **코드 노트북:** 학생 버전은 책에서 사용한 코드를 포함하여 실행할 수 있는 전체 코드를 제공한다. 이 버전에는 배경 정보가 포함되어 있으며, 실험을 시작하기에 적합하다.
- **데이터셋:** 책에서 사용한 모든 데이터셋을 제공한다.

책 소개

데이터 분석의 여정을 시작하려고 하는데 어디서부터 시작할지 모르겠다면 이 책은 당신에게 도움이 될 것이다. 이 책은 통계학부터 비즈니스에 적용할 수 있는 프로그래밍까지 모든 기초를 다루어 실제 비즈니스 분석을 수행할 수 있는 견고한 기초 지식을 제공한다. 본 책은 비즈니스 분석 및 예측 모델을 개발하는 원칙에 대한 입문 혹은 복습부터 시작해서 적용 방법에 대한 상세한 예시를 제공한다. 주요 통계 개념과 프로그래밍 기술 및 머신러닝 접근법을 소개하여 독자가 데이터 과학과 인공지능 시대에 모델을 설계하고, 개발하는 데 필수적인 기술을 갖출 수 있도록 도와준다. 이 책의 목표는 비즈니스 분석의 포괄적이고 일관된 기본 지식을 제공하여 학생들이 산업에 적합한 비즈니스 분석 및 모델을 설계, 개발 및 적용할 수 있도록 하는 것이다.

여러 해에 걸쳐, 저자진은 비즈니스 분석, 통계, 머신러닝 및 소프트웨어 시스템 응용에 대한 심층적인 전문 지식을 갖추어 왔다. 또한 비즈니스 분석, 머신러닝 및 인공지능에 대한 최첨단 연구를 수행해 왔으며, 분석과 머신러닝이 의사 결정과 사업 운영에 주요 역할을 하는 사업을 운영하고, 창업하며 비즈니스 감각을 유지하고 있다. 저자진은 선도 대학에서 비즈니스 분석, 금융 및 컴퓨터 공학의 다양한 강좌를 개발하고 가르쳤으며, 이러한 경험이 본 교재의 기반이 되었다.

비즈니스 분석은 정보 시대 핵심 역량으로써 글로벌 기업이 디지털 변혁을 추구하고 데이터 자원을 활용하여 경쟁 우위를 실현하고 있다. 이러한 비즈니스 분석은 의사 결정의 주요 요소로 비즈니스 통찰력, 프로그래밍 그리고 통계의 공통 분모이다. 그러나 비즈니스, 통계 혹은 프로그래밍 중 하나 이상의 분야에서 직접적인 경험이나 적절한 지식이 부족하여 비즈니스 분석에 어려움을 겪는 학생들이 많다. 많은 교재에서 통계를 수학적으로 깊게 다루는 것은 비즈니스 학생들에게는 불필요하며, 통계가 실제로 비즈니스 분석을 어떻게 주도하는지에 대한 확실한 개념적 이해가 중요한다. 또한 비즈니스에서 머신러닝이 급속하게 확산되고 있어 학생들은 이에 대한 기술적 이해 그리고 머신러닝이 전통적 통계와 어떻게 연결되는지 알아야 한다.

우리는 이 책이 비즈니스 분석 분야에 진입하려는 많은 학생들과 전문가들에게 접근성이 높아야 한다는 전제로 시작하였다. 따라서 이 책은 사전에 프로그래밍 경험이나 통계 지식이 없는 학생들도 이해할 수 있도록 만들었다. 전통적인 이론과 수학에 집중한 접근 방식으로는 이해하기 힘든 추상적이고 어려운 지식을 이 책은 코딩을 통한 학습 방법으로 풀어간다. 이처럼 비즈니스 실례를 통해 학생들이 실제 비즈니스 문제에 대한 자신만의 통계 및 머신러닝 접근법을 개발할 수 있도록 도와준다.

각 챕터마다 R과 Python 코딩 노트북이 제공되어 지식을 점진적으로 쌓을 수 있다. 실제 비즈니스는 점점 더 복잡해지고 있으며, 범위는 이윤 예측, 신용 불량/부도 예측, 사이버 위협 모니터링부터 벤처 캐피털 기반의 성과 모니터링까지 다양하다. 책의 대부분 챕터에서는 통계 및 머신러닝 개념과 프로그래밍 기술에 대한 능력과 자신감을 키우는 데 도움이 될 연습문제가 포함되어 있다.

이 책은 다음과 같이 구성되어 있다. 처음 네 챕터는 인기있는 분석 오픈 소프트웨어인 R과 Python을 사용한 프로그래밍 기초를 소개하고 데이터 구조, 데이터 관리 및 조작, 데이터 시각화를 다룬다. 그 다음으로 챕터 5부터 7까지는 과도한 수학적 계산 없이 프로그래밍과 시각화를 통해 직관적인 통계 개념을 배운다. 이후 챕터 8부터 10까지는 기본 통계 검정을 설계하고 수행하는 방법을 배우며, 실제 비즈니스 응용 예제가 제공된다. 챕터 10은 캘리포니아 주의 요양원에 코로나 바이러스가 미친 영향을 조사하는 실제 사례를 다룬다. 챕터 11에서는 통계와 머신러닝 모델링의 핵심 구성요소인 추정에 대해 소개한다. 이는 고급 모델 설계의 기초가 되는 최대 우도 추정 원칙 개념을 다양한 예제와 함께 자세히 소개한다. 챕터12부터 15까지는 선형 모델, 일반 성형모델, 회귀 구조 및 진단, 시계열 분석과 같은 주제를 다룬다. 챕터 16부터 20까지는 응용 분석에서 가장 자주 사용되는 머신러닝 모델에 대해 다룬다.

책 전체를 통틀어서 R과 Python 코드 예제를 제공한다. 관심 있는 언어에 집중할 수 있도록 두 언어는 배경색으로 구분된다. 이 책은 한 언어에만 관심 있는 사람에게도 도움이 되지만, 우리는 두 언어에 대한 능력을 갖추는 것이 학생들에게 득이 될 것이라고 믿는다. 일부 기술은 한 언어에서 구현하기 쉽고, 경우에 따라서는 한 언어에서만 사용 가능하다. 현실적으로 분석 프로젝트 내에서 한 언어에서 다른 언어로 전환할 수 있어야 각 언어의 장점을 모두 활용할 수 있다. 이 책은 독자가 두 언어의 장점을 모두 활용할 수 있도록 도와줄 것이다.

목차

1

프로그래밍과 통계학 소개

목차

첫 번째 챕터에서는 통계 분석과 머신러닝을 배우고 수행할 수 있는 기본을 다지기 위해 컴퓨터 프로그래밍과 통계학 기초를 다룬다. 이 책에서 선택한 실전 코딩 학습 방식은 이론적이고 수학적인 접근을 어려워하는 많은 이들에게 좀 더 직관적인 이해를 도와줄 것이다. 또한 통계 분석과 머신러닝 모델 코드를 빠르게 작성하고 실행할 수 있는 실용적인 스킬을 제공할 것이다. 물론 컴퓨터 프로그래밍의 광범위한 필수 내용을 한 챕터 안에서 다룬다는 자체가 불가능한 일이다. 이번 챕터는 그런 불가능한 일을 시도하겠다는 것이 아니라 컴퓨터 프로그래밍을 전공하지 않았거나 학습한지 오래되어 약간의 복습이 필요한 독자를 대상으로 한다.

이번 챕터에서는 책의 주제인 통계 분석과 머신러닝에 관련된 프로그래밍 측면에 집중할 것이다. 앞으로 데이터 조작과 데이터로부터 인사이트를 얻는 방법을 배울 것이기 때문에 이를 위해 필요한 프로그래밍 요소를 다룰 것이다. 이 과정에서 코딩이 친숙해질 뿐만 아니라 온라인에서 제공하는 많은 자료를 통해 통계학과 머신러닝 관련 코딩 전문가로서 도약할 수 있을 것이다.

통계학과 머신러닝을 위해 어떤 프로그래밍 언어를 사용해야 할까? 쉽게 말하자면 잘 개발된 프로그래밍 언어라면 어떤 것이든 통계 분석을 수행하고 머신러닝 모델을 구현할 수 있다. 그러나 아직까지는 특정 언어가 좀 더 선호되는데, 이러한 유형의 분석을 위해 의도적으로 설계되었거나 통계학과 머신러닝 과제를 하는 데에 좀 더 효율적이고 쉽기 때문이다. 이러한 언어들도 종류가 다양하며 계속해서 증가하고 있다.

우리 교재의 경우 R과 Python을 사용할 것이다. 두 가지 모두 강력한 오픈 소스 소프트웨어이고 지속적으로 기능을 향상시키기 위해 헌신하는 커뮤니티가 있다. R은 '통계 컴퓨팅과 프로그래밍' 프로그램으로 응용 통계 연구 커뮤니티에서 많이 사용하며, Python은 보다 일반적인 목적의 프로그래밍 언어로 머신러닝에 적합한다. 물론, 앞으로 수행할 프로젝트에서 R과 Python을 섞어서 사용하는 것이 아주 불가능하진 않다.

이 책의 본문은 R과 Python을 이용해 개념을 탐색하고 구현할 것이다. R과 Python 코드가 나란히 옆으로 배치되거나 순서대로 설명되어 있다. R은 연하늘색 바탕이고 Python은 연노랑색 바탕으로 되어있다.

박스 1.1

수업도구

어떤 프로그래밍이 나을까?

어떤 프로젝트를 위해 어떤 언어를 배울지 (또는 어떤 선택을 할지) 결정하는 것이 어려울 수 있다. 아래 표는 이를 돕기 위해 작성되긴 하였지만 보편적 상황을 고려해 주관적으로 평가한 것이다. 개별 사항에 따라 반드시 고려해야 할 저마다의 요구 사항이 있다. 통계학과 데이터 분석에서는 R과 Python을 사용하길 추천하는데 이유는 적합한 라이브러리들을 많이 사용할 수 있기 때문이다. 실행 속도를 최대화하려면 하위 수준 언어인 C/C++을 사용하고, 많은 대형 시스템의 경우 Java가 필요하다. 윈도우 어플리케이션에서는 C#을, 리눅스와 맥 어플리케이션에서는 C++을 많이 찾는다. 아래 표는 다양한 언어를 나타내고 각기 다른 시스템과 어플리케이션에서 성능을 보여준다.

표 1.1 프로그래밍 언어와 다른 어플리케이션에서 성능 비교

프로그래밍 언어	통계	머신러닝	윈도우 앱	리눅스 앱	안드로이드 앱	맥 운영체제 및 앱	웹	연산 속도	발전 속도
Python	✓✓✓	✓✓✓✓	✓✓	✓✓	✓	✓	✓✓✓	✓	✓✓✓
R	✓✓✓✓	✓✓	n/a	n/a	n/a	n/a	n/a	✓	✓✓✓✓
C#(.Net)	✓	✓	✓✓✓✓	✓	✓	✓	✓✓✓	✓✓	✓✓
Java	✓	✓	✓✓	✓✓✓	✓✓✓	✓✓	✓✓✓	✓✓	✓✓✓
C/C++	✓	✓	✓✓	✓✓✓	✓✓✓	✓✓	✓	✓✓✓✓	✓
JavaScript	✓	✓	✓	✓	✓✓✓	✓✓✓	✓✓✓✓	✓✓	✓✓✓
Swift	✓	✓	✓	✓	✓	✓✓✓✓	✓	✓✓✓	✓✓✓

R과 Python을 위한 코드 저장소와 빠른 시작 방법

이 교재는 코드 예제들을 직접 실행하며 사용하길 추천한다. 모든 코드와 데이터는 다음 온라인 자료실에서 확인할 수 있다.

https://study.sagepub.com/gopal

여러분의 개인 컴퓨터에 R과 Python 도구를 설치하는 방법을 다음과 같이 설명하겠다. Python 코드를 온라인 서비스에서 실행할 수도 있으며, 구글 Colab(https://colab.research.google. com/) 또는 아마존 SageMaker Studio Lab (https://studiolab.sagemaker.aws/)과 같은 것들이 있다.

R 프로그램 다운로드 및 설치

첫째, CRAN(Comprehensive R Archive Network) 사이트에서 R을 다운로드하여 설치한다. 이

책에서 예시 사진은 윈도우 환경을 사용하고 있지만 맥 운영체제처럼 다른 환경과 다양한 유닉스/리눅스 버전에서 또한 잘 동작한다.

https://cran.r-project.org/

코딩 과정과 프로젝트 관리를 용이하게 도와주는 IDE(Integrated Development Environment)를 다운받아 사용하는 걸 선호하기도 한다. 다양한 무료 버전과 유료 버전 IDE들이 있는데 이 책에서는 무료 버전 RStudio를 사용할 것이다. 다음 링크에서 다운받아 설치할 수 있다.

www.rstudio.com/products/rstudio/download/

R Studio

두 가지를 설치하고 R Studio를 실행하면 다음과 같은 화면이 나타날 것이다.

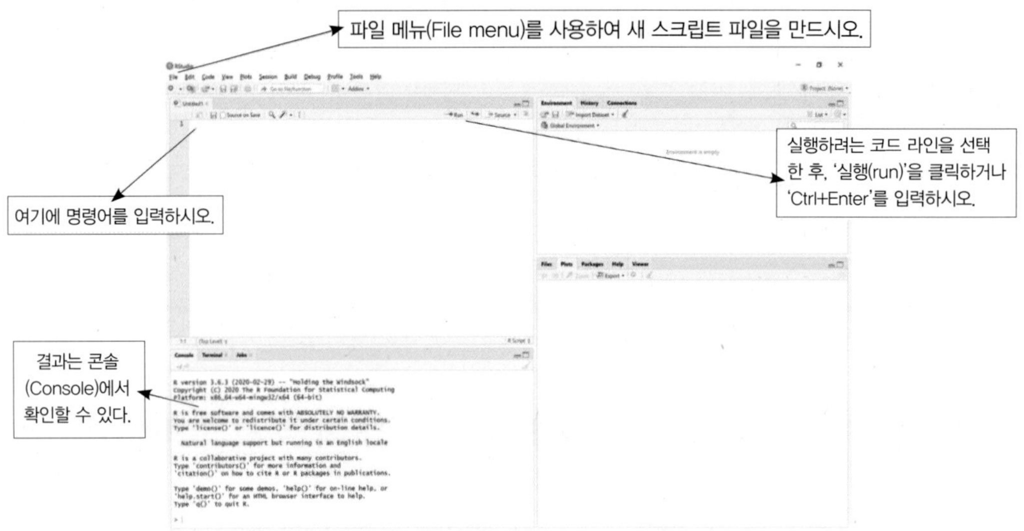

그림 1.1 R Studio

Python 프로그램 다운로드 및 설치

Python에는 다양한 버전과 배포판이 있다. 이 책에서는 Python 3를 Jupyter Notebook으로 사용하게 될 것이다. Python과 Jupyter Notebook을 포함해 몇 가지 도구를 결합한 프로그램인 Anaconda를 이용하여 작업 환경을 손쉽게 준비할 수 있으며, 다음 링크에서 다운로드할 수 있다.

www.anaconda.com/products/individual

특히 광범위한 일을 Python으로 하려면 Anaconda를 설치하는 것이 좋다. 로컬 컴퓨터에서 Anaconda를 사용할 수 있다면 Anaconda Navigator를 실행해서 Jupyter Notebook(또는 비슷하면서도 몇 가지 추가 기능을 가지고 있는 JupyterLab) 환경을 시작할 수 있다.

그림 1.2 Anaconda

Jupyter Notebook

Jupyter Notebook에서는 마크다운(Markdown) 형식으로 텍스트를 포함하고 있는 텍스트 셀, 또는 코드를 포함하여 직접 실행시킬 수 있는 Python 셀을 찾을 수 있고 실행 결과가 셀 바로 아래 보이게 된다.

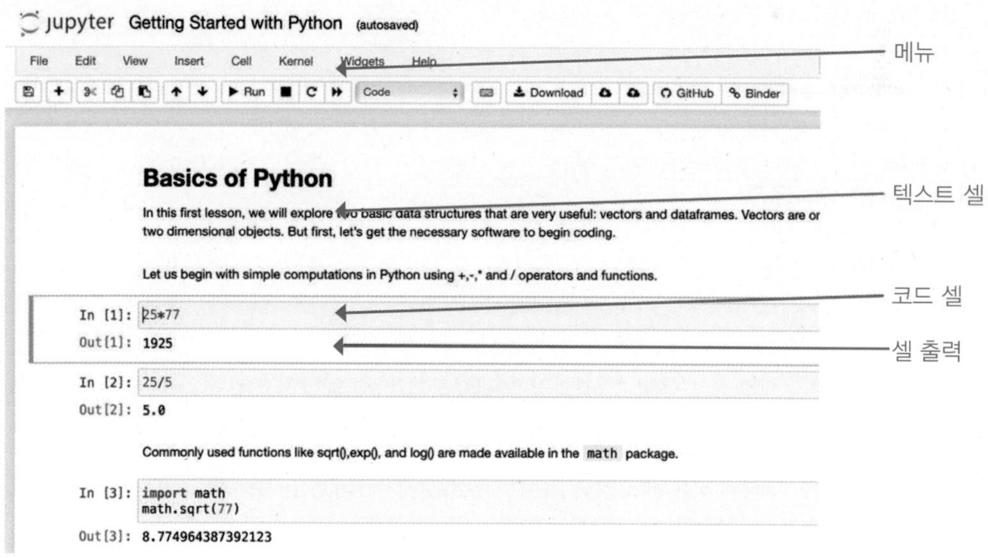

그림 1.3 Jupiter Notebook

간단한 계산 프로그래밍

새로운 스크립트 파일을 만들어 보자(**그림 1.3** 참조). R이나 Python을 계산기로 사용할 수 있다. 먼저 R에서 곱하기(*)와 나누기(/) 연산자와 제곱근 함수(**`sqrt()`**), 지수 함수(**`exp()`**), 자연로그 함수(**`log()`**)들을 사용하여 간단 계산을 해 보자.

Python 코드는 일반적으로 R과 매우 비슷해 보이지만, 제곱근 함수(**`sqrt()`**), 지수 함수(**`exp()`**), 자연로그 함수(**`log()`**)를 위해 *math*패키지를 불러와야 한다. R과 Python 모두 마지막 줄의 코드 값을 보여주기 때문에 **`print()`**와 같은 함수를 호출할 필요는 없다.

R

```
25*77
## [1] 1925
25/5
## [1] 5
sqrt(77)
## [1] 8.774964
exp(2.5)
## [1] 12.18249
log(55)
## [1] 4.007333
```

Python

```
In [1]: 25*77
Out[1]:   1925
In [2]:25/5
Out[2]: 5
In [3]: import math
         math.sqrt(77)
Out[3]: 8.774964
In [4]: math.exp(2.5)
Out[4]:   12.18249
In [5]: math.log(55)
Out[5]:  4.007333
```

함수를 호출하는 데는 괄호가 따라오고, 결과값을 생성하기 위해 일반적으로 하나 이상 인수가 필요하다.

통계학과 머신러닝은 근본적으로 데이터와 관련된 분야이다. 따라서 데이터를 어떻게 생성하고, 관리하며, 처리할 것인지에 주목해야 한다. 벡터(vector)는 매우 유용한 데이터 구조이자 우리가 데이터를 저장할 데이터 객체로써 동일한 유형(type)의 데이터 집합을 저장하는 데 사용된다. 데이터 유형을 이해하는 가장 쉬운 방법은 데이터를 어떻게 사용할지에 대한 합의를 생각해 보는 것이다. 예를 들어 데이터 유형에는 숫자(number)와 또 다른 데이터 유형인 문자(character)가 있다. 우선 숫자 벡터를 생성하기 위해 R의 **c()** 함수를 사용해 보자. 이 함수는 결합하다(combine) 또는 연결하다(concatenate)의 약자로, 개별 항목들을 하나의 벡터로 결합하는 데 사용된다.

벡터 생성

R에서 벡터를 생성하기 위해 적절한 문법은 `v = c(...)`이고 '…'는 **벡터의 성분을 나타낸다.**

```
v = c(1,2,4,63,7,5)
```

예를 들어 위의 코드는 숫자들로 구성된 벡터를 만들고 그것을 벡터 데이터 객체 **v**에 저장한다.
Python에서 대부분 통계 용도는 `NumPy` 패키지의 **ndarray** 클래스를 사용하는 것이 효과적이다.

```
In [1]: import numpy as np
        v1 = np.array([1,2,3,4])
        v1
Out[1]: array([1, 2, 3, 4])
```

위와 같이 벡터를 하나하나 입력하여 생성할 수도 있지만, 특정 구조를 가지는 벡터의 생성을 자동화할 수도 있다. 관련하여 배열(sequence)과 반복(repetition) 함수를 사용할 수 있다.
R에서 어떤 배열의 벡터를 만들기 위해서 `seq(a,b)`를 사용하면 **a**부터 **b**까지 시작과 끝을 포함한 배열을 생성할 수 있다. 배열 함수에서 by 옵션을 사용하면 임의 값만큼 증가한다.
Python에서도 일반적인 배열로 구성된 벡터를 만들 수 있고 **arange(a,b)**를 사용해 특정 범위를 지정할 수도 있는데 인수 **a**는 배열의 시작을 포함하는 반면 **b**는 끝점을 포함하지 않는다. 세 번째 인수를 추가하여 배열의 증가량을 지정할 수 있다.

다음 예제에서 첫 번째 배열은 vec1으로 저장한다. 두 번째 배열은 저장하지 않고 화면에 바로 값을 띄우게 된다. 두 번째 배열의 경우 코드를 테스트할 때 사용할 수 있지만, 값을 따로 저장하지 않았으므로 생성할 값을 다시 사용할 수 없다.

R

```
vec1 = seq(1,5)
vec1
## [1] 1 2 3 4 5
seq(2,25,by = 3)
## [1] 2 5 8 11 14 17 20 23
```

Python

```
In [1]: vec1 = np.arange(1,6)
          vec1
Out[1]:    array([1, 2, 3, 4, 5])
In [1]: np.arange(1,25,3)
Out[1]:       array([2, 5, 8, 11, 14, 17, 20, 23])
```

R에서 어떤 숫자나 문자, 혹은 숫자나 문자로 반복된 벡터를 만들려면 **rep()**를 사용한다. 문자는 반드시 따옴표 안에 있어야 한다. 괄호 안의 두 번째 인자는 첫 번째 인자를 얼마나 반복할지를 지정한 횟수이다.

Python에서 숫자나 문자, 또는 벡터가 숫자나 문자로 구성된 것을 반복하는 벡터를 만들려면 **tile()**을 사용하고 해당 코드의 나머지 부분은 R에서와 비슷하다 Python에서는 작은 따옴표(**'**) 또는 큰 따옴표(**"**)를 사용할 수 있다. 지금 여기서는 스크립트가 두 줄로 되어있기 때문에 print 함수를 사용해서 결과 값 두 개를 모두 표시할 것이다.

R

```
rep(1, 5)
##  [1] 1 1 1 1 1
rep(c(3,4,5),3)
## [1] 3 4 5 3 4 5 3 4 5
rep("c", 5)
## [1] "c" "c" "c" "c" "c"
```

Python

```
In [1]: np.tile(1,10)
Out[1]: array([1, 1, 1, 1, 1])
In [2]: print(np.tile((3,4,5),3))
        print(np.tile(('c'),5))
[3 4 5 3 4 5 3 4 5] ['c' 'c' 'c' 'c' 'c']
```

위의 Python 예제에서 결과 값을 출력하는 두 가지 다른 방법을 볼 수 있다. 만약 우리가 셀의 마지막 줄에 (**'='**로 할당하지 않은 채로) 어떤 하나의 공식을 작성한다면 결과 값은 셀 아래에 출력될 것이다. print() 함수는 확인하려는 결과 값을 표시하기 위해 코드 안에 다른 줄에도 사용할 수 있고 함수를 사용하지 않으면 결과 값이 보이지 않을 것이다.

마찬가지로 R에서 **print()**를 사용할 수 있지만, 자동으로 각 라인마다 표현식이 출력될 것이므로 지금 예제에 필요하지는 않다.

벡터 계산

한번 벡터가 생성되면, 벡터 성분들에 대한 계산을 수행할 수 있다. R의 주요 특징은 벡터화된 계산을 수행하는 능력에 있다. 이는 통계적인 목적에 맞는 코드를 쓰는 것을 상당히 쉽고 효율적이게 만든다. 예를 들어, 어떤 벡터의 모든 성분들의 합을 구하기 위해 명령어로 간단하게 **sum()**을 사용한다.

R
```
sum(vec1)
## [1] 10
```

Python
```
In [1]: np.sum(vec1)
Out[1]: 10
```

다음은 R에서 사용하는 벡터 기반 함수로 이번 챕터 후반부에서 다룰 통계 분석을 수행하다 보면 얼마나 유용한지 알 수 있을 것이다.

Python에서는 동일한 벡터 함수들이 *NumPy* 패키지에 정의되어 있다. R과 거의 동일한 이름을 사용한다. (표준편차를 계산하는 함수는 Python의 경우 **np.std()**이고 R은 **sd()**로 다르게 표현됨)

R
```
min(x) # minimum value of vector x
max(x) # maximum value of vector x
mean(x) # mean value of vector x
median(x) # median value of vector x
quantile(x, p) # pth quantile of vector x
sd(x) # standard deviation of vector x
var(x) # variance of vector x
```

Python
```
np.min(x) # minimum value of vector x
np.max(x) # maximum value of vector x
np.mean(x) # mean value of vector x
np.median(x) # median value of vector x
np.quantile(x, p) # pth quantile of vector x
np.std(x) # standard deviation of vector x
np.var(x) # variance of vector x
```

세 개의 벡터를 만들어 어떤 사람들의 ***weight***(몸무게), ***height***(키), and ***gender***(성별) 정보를 저장해 보자. ***gender***는 숫자 데이터가 아니기 때문에 해당 벡터를 만들 때는 따옴표를 사용한다.

처음부터 ***gender*** 벡터는 문자 유형 성분을 포함한다는 걸 주의하자. 이를 **class()** 함수를 사용하여 확인할 수 있다.

R

```
weight = c(60,72,57,90,95,72)
height = c(1.75,1.8,1.65,1.9,1.74,1.91)
gender = c("m","f","m","f","f","m")
gender
## [1] "m" "f" "m" "f" "f" "m"
class(gender)
## [1] "character
```

Python에서는 같은 목적으로 **type()** 함수를 사용할 수 있다. 아래 코드에서 처럼 **print(type(gender))**와 **print(type(gender[0])**를 연속해서 실행하면, **<class 'numpy.str_'>**, **<class 'numpy.ndarray'>** 와 같은 결과를 얻을 수 있다.

Python

```
In [1]: weight = np.array([60,72,57,90,95,72])
        height = np.array([1.75,1.8,1.65,1.9,1.74,1.91])
        gender = np.array(['f','m','f','m','m','f'],dtype='str')
        print(type(gender))
        print(type(gender[0])

<class 'numpy.str_'>
<class 'numpy.ndarray'>
```

텍스트 데이터 사용이 점점 늘어나고 있으므로 텍스트 데이터 유형이 어떻게 취급되는지 이해하면 유용할 것이다. 기본 데이터 유형은 위에서 본 것과 같이 *character*(문자)이거나 보다 일반적인 *string*(문자열)인데 문자열은 간단히 말해 문자들의 배열을 의미한다.

데이터 프레임(Dataframe)

데이터 프레임은 2차원 변수로 이름과 행 인덱스 같은 정보를 추가한 것이다. 일반적인 데이터 분석에 매우 유용한다.

데이터 프레임 생성

R에서는 데이터 프레임을 생성하기 위해 **data.frame()** 명령어를 사용하는데 이번 예제에서는 위

에서 지정한 세 개의 벡터를 **ghw**라는 하나의 이름을 가지는 데이터 프레임을 만들어 보자. **View()** 는 R Studio 환경에 별도 탭(tab) 안에 테이블처럼 데이터 프레임을 볼 수 있는 주요 기능이다.

R

```
ghw=data.frame(gender,height,weight)
ghw
##      gender height weight
## 1       m   1.75     60
## 2       f   1.80     72
## 3       m   1.65     57
## 4       f   1.90     90
## 5       f   1.74     95
## 6       m   1.91     72
View(ghw)
```

Python에서는 데이터 프레임을 사용하기 위해 *Pandas* 패키지를 불러와야 한다. 데이터 프레임을 생성하기 위해 열 이름과 데이터가 들어있는 Python 딕셔너리(dictionary)를 제공해야 하고 물결 괄호({})로 정의할 수 있다.

Python

```
In [1]: import pandas as pd
        ghw = pd.DataFrame(data = {'gender':gender,'weight':weight,
           'height':height})
         print(ghw)
        df
  gender  weight  height
0      f      60    1.75
1      m      72    1.80
2      f      57    1.65
3      m      90    1.90
4      m      95    1.74
5      f      72    1.91
```

R에서 plot(그래프) 그리기

weight 값에 해당하는 *gender* 값을 그려보자. **plot()** 명령어를 사용하여 위에서 사용했던 벡터들을 산점도(scatterplots) 또는 상자그림(boxplots)으로 표현해 보자. 괄호 안에 먼저 *x*축에 놓고 싶은 변수를 지정하고 나서 다음에 *y*축에 놓고 싶은 변수를 지정한다. `col`은 산점도의 점 색상을 변경할 때 사용할 수 있고 `pch`는 점 모양을 바꿀 때 사용할 수 있다.

```
plot(weight,height,col = "red",pch=9)
```

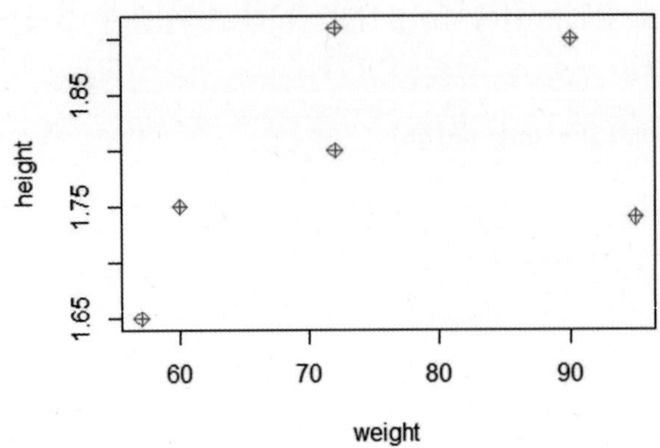

그림 1.4 산점도: weight 값에 해당하는 gender 값

데이터 프레임에서 두 개의 변수를 골라 그래프를 그리기 위해 **plot()** 함수를 사용한다면 데이터 프레임과 그 안에 해당하는 변수 두 가지 모두를 반드시 지정해야 한다. 우리 책의 예제에서 적절한 문법은 **ghw$weight**, **ghw$height**, **ghw$gender**이다.

```
plot(ghw$weight,ghw$height)
```

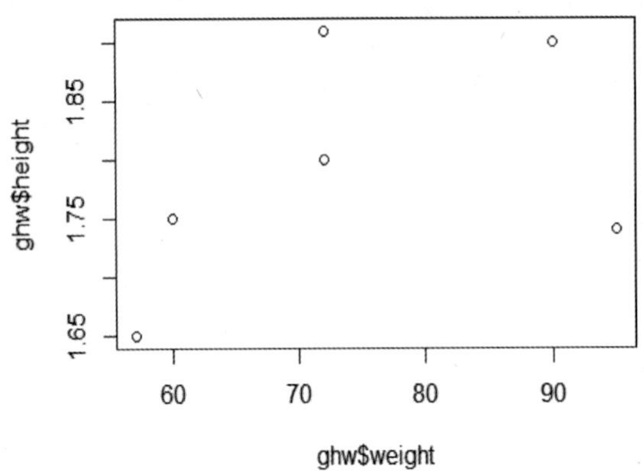

그림 1.5 산점도: weight 값에 해당하는 height 값

텍스트 데이터를 작업할 때는 **character/string**(문자/문자열) 데이터 유형을 **factor**(팩터) 데이터 유형으로 변환하면 유용하다. 팩터는 문자/문자열 데이터를 표준(level, 해당 변수의 고유 값)으로 구성함으로써 데이터를 분석하는 데 도움을 준다. 예를 들어 우리가 가진 gender 벡터를 *팩터* 데이터 유형으로 전환하면 다음과 같다.

```
factor(gender)
[1] m f m f f m
Levels: f m
```

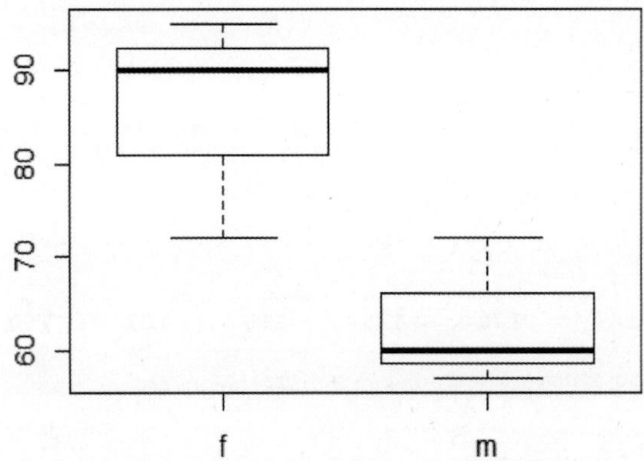

그림 1.6 상자그림: gender에 따른 weight

예제 데이터를 *팩터* 변수로 정의하면 두 개의 표준 **f**와 **m**으로 구성이 이루어지며, 이것은 데이터 시각화를 할 때 유용하게 사용될 수 있다. 팩터 변수를 사용할 경우 **plot()** 함수는 자동으로 상자그림을 생성하는데 우리가 다루고 있는 예제에서 *gender* 각각의 값을 지니고 있던 열을 표준단위(*f* 와 *m*)로 묶어 해당 값들이 어떻게 분포하고 있는지 정보를 시각화할 수 있다.

```
plot(factor(gender),weight)
```

Python에서 그래프 그리기

Python에서 그래프를 그리는 데 널리 활용되는 *Matplotlib* 패키지 중에서도 하위 패키지 *Pyplot*을 불러와 시작한다. 그러면 **scatter()** 함수를 사용해 산점도를 생성할 수 있으며, 그래프 안에 들어갈 점의 색상과 모양은 **c**와 **marker** 인수를 이용해 지정할 수 있다.

```
In [1]: import matplotlib.pyplot as plt
        plt.scatter(height,weight,c='red',marker='x')
```

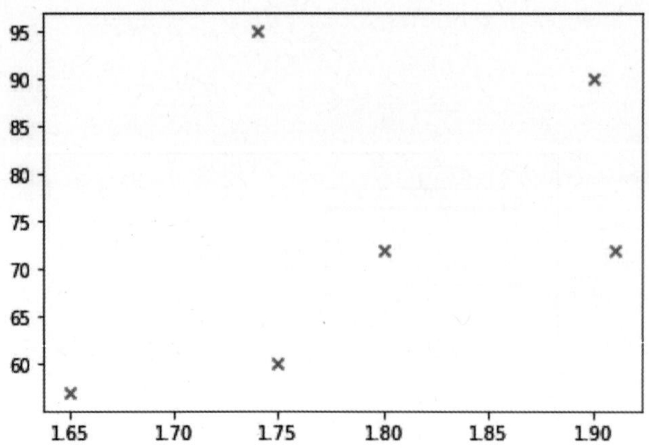

그림 1.7 데이터 점 색상과 모양을 변경한 산점도: weight 값에 대한 height 값

Python에서는 주로 *Matplotlib*를 기본으로 사용해 데이터 프레임 객체를 그래프로 표현한다. 기본 색상과 모양으로 산점도를 그려보자.

```
ghw.plot.scatter('weight','height')
```

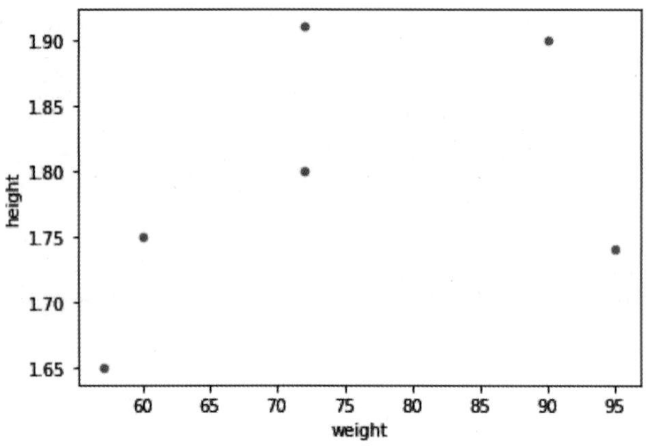

그림 1.8 기본 색상 산점도: weight 값에 대한 height 값

각 열의 이름을 대괄호 안에 따옴표로 처리한 문자열로 나열하여 열을 하나씩 선택할 수 있다. 예를 들어 세 번째 열의 이름은 **ghw['gender']**이고 이 열의 값을 보기 위해 **unique()**를 사용할 수 있다.

```
print(df['gender'].unique())
array(['f', 'm'], dtype=object)
```

두 개의 다른 값만을 시각화하는 데 있어서 산점도는 그다지 흥미롭지 않다. 이 경우, R에서처럼 상자그림을 그릴 수 있는데 *height*를 *gender* 그룹으로 묶어 분포도를 시각화할 수 있다. 아래 예제에서 **'tight_ layout()'**을 호출하는 부분은 꼭 필요하진 않지만, 레이아웃을 좀 더 깔끔하게 만들 수 있다.

```
sp = df.boxplot(column='height',by='gender')
sp.get_figure().tight_layout()
```

Boxplot grouped by gender

height

1.90
1.85
1.80
1.75
1.70
1.65

f m

gender

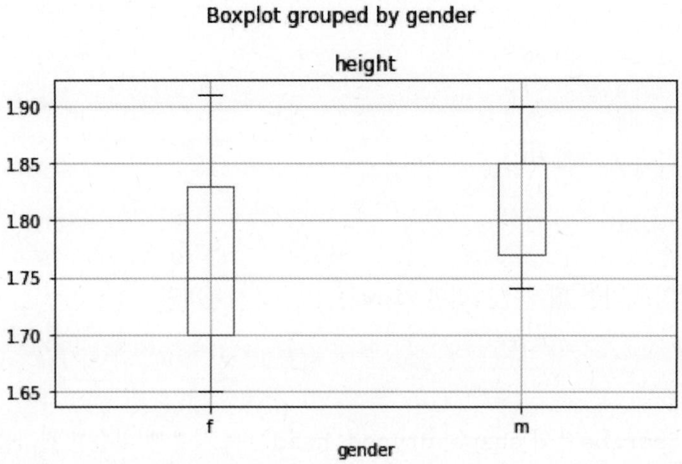

그림 1.9 상자그림: gender 값에 의해 그룹 지어진 height 값

데이터 프레임에 대한 정보

데이터 프레임의 구조나 내용을 간단히 요약해야 할 때 사용할 수 있는 몇 가지 유용한 명령어들이 있다.

R에서 **summary()**는 수치 데이터의 최소(min)와 최대(max), 평균(mean), 중위(median), 1분위(1st quartile)와 3분위(3rd quartile)를 반환하고 범주형 데이터의 모드(mode)를 반환한다. **dim()**은 데이터 프레임의 행과 열 개수를 반환한다. **str()**은 각각의 변수에서 첫 번째 몇 개 성분을, **head()**는 데이터 프레임의 첫 번째 몇 개 행을 제공한다.

```
summary(ghw)
##  gender     height          weight
##  f:3    Min.   :1.650   Min.   :57.00
##  m:3    1st Qu.:1.742   1st Qu.:63.00
##         Median :1.775   Median :72.00
```

```
##          Mean   :1.792   Mean   :74.33
##          3rd Qu.:1.875   3rd Qu.:85.50
##          Max.   :1.910   Max.   :95.00
dim(ghw)
## [1] 6 3
str(ghw)
## 'data.frame':    6 obs. of  3 variables:
##  $ gender: Factor w/ 2 levels "f","m": 2 1 2 1 1 2
##  $ height: num  1.75 1.8 1.65 1.9 1.74 1.91
##  $ weight: num  60 72 57 90 95 72
head(ghw)
##   gender height weight
## 1      m   1.75     60
## 2      f   1.80     72
## 3      m   1.65     57
## 4      f   1.90     90
## 5      f   1.74     95
## 6      m   1.91     72
```

전체 데이터 프레임을 다른 탭에서 보려면 **View()** 함수를 사용하자.

```
View(ghw)
```

Python에서는 **describe()**와 **shape**, **dtypes**, **head()**를 사용해 비슷한 결과를 얻을 수 있다.

```
ghw.describe()
```

	weight	height
count	6.000000	6.000000
mean	74.333333	1.791667
std	15.422927	0.100283
min	57.000000	1.650000
25%	63.000000	1.742500
50%	72.000000	1.775000
75%	85.500000	1.875000
max	95.000000	1.910000

```
ghw.shape
(6, 3)

df.dtypes
gender      object
weight       int64
height     float64
```

```
dtype: object
```

```
ghw.head()
```

	gender	weight	height
0	f	60	1.75
1	m	72	1.80
2	f	57	1.65
3	m	90	1.90
4	m	95	1.74

열 추가

데이터 프레임에 이미 존재하는 열 데이터를 사용해서 새로운 열을 만들 수 있다. 다음과 같이 정의되는 체질량 지수(Body Mass Index, BMI)를 계산해보자.

$$bmi = \frac{weight}{height^2}$$

```
ghw$bmi = ghw$weight/ghw$height^2
ghw
```

gender	height	weight	bmi
m	1.75	60	19.59184
f	1.80	72	22.22222
m	1.65	57	20.93664
f	1.90	90	24.93075
f	1.74	95	31.37799
m	1.91	72	19.73630

```
ghw['bmi'] = ghw ['weight'] / ghw ['height']**2
ghw
```

	gender	weight	height	bmi
0	f	60	1.75	19.591837
1	m	72	1.80	22.222222
2	f	57	1.65	20.936639
3	m	90	1.90	24.930748
4	m	95	1.74	31.377989
5	f	72	1.91	19.736301

데이터 작업

지금까지는 데이터 값을 수동으로 입력하여 우리가 직접 만든 데이터를 사용하였다. 실제로는 데이터에 엑세스(access)하고 작업하는 방식이 이와 같지 않은 경우가 종종 있다. 다른 출처에서 가져온 데이터에 엑세스하는 두 가지 방법이 있는데 하나는 패키지(예를 들어 data sets)를 사용하는 방법이고 다른 하나는 일반적인 방법으로 외부 파일을 사용하는 것이다. 먼저 패키지가 무엇인지 알아보고, 패키지를 통해 관심있는 데이터셋에 액세스할 수 있는 방법을 알아보자.

R과 Python은 오픈 소스 언어로서, 지속적으로 새로운 피쳐(feature)와 기능을 추가하는 컨트리뷰터(contributor)들의 활발한 커뮤니티가 있다. 이렇게 향상된 기능은 패키지를 통해 제공된다. 일부 패키지는 고급 분석 수행 등의 기능 모음을 제공하고 일부는 공개적으로 사용할 수 있는 데이터 세트를 포함한다.

R 패키지

이용 가능한 패키지 수가 18,000개를 넘었고 지속적으로 증가하고 있다. 현재 가능한 모든 패키지 목록은 다음 링크에서 볼 수 있다. http://cran.r-project.org/ web/packages/available_packages_by_date.html.

어떤 특정 패키지에 엑세스하는 일반적인 프로세스(process)는 패키지를 설치하고 불러오는 것이다. 예를 들어 moments라는 패키지를 설치하고 불러오기 위한 명령어는 다음과 같다.

```
install.packages("moments")
library(moments)
```

다음 명령어는 현재 프로젝트에 불러온 모든 패키지 목록을 제공한다.

```
library()
```

R에는 세 가지 유형의 패키지들이 있다.

- **기본 패키지:** R의 핵심 기능을 구현하는 데 없어서는 안 될 만큼 중요한다. 언제나 사용 가능하다.
- **권장 패키지:** 매우 추천하는 패키지들이다. 예를 들어 *MASS*와 *boot*, *Matrix*, *nnet*라는 이름의 패키지들이 있다. 권장 패키지를 사용하려면 설치할 필요는 없지만, **library(패키지 이름)** 명령어를 통해 해당 패키지를 불러와야 한다.
- **선택 패키지:** 사용하기 전에 반드시 설치하고 불러와야 하는 패키지들이다.

추천했던 MASS 패키지를 함께 살펴볼까? 이것은 권장 패키지이므로 설치할 필요가 없지만, 사용하기 전에 불러와야 한다.

```
library(MASS)
```

패키지가 제공하는 내용과 어떤 데이터가 있는지 조사하고 싶을 때는 다음 명령어를 사용할 수 있다.

```
library(help=MASS)
```

어떤 패키지 안에 가능한 데이터셋들 중 어느 것이라도 엑세스하여 작업할 수 있다. *MASS* 패키지에 따라오는 *whiteside*라는 데이터셋에 대해 알아보자. 사용 가능한 데이터의 배경과 세부 사항에 대한 정보를 보려면 다음 명령어를 사용할 수 있다.

```
help(whiteside)
```

박스 1.2

Whiteside 데이터 설명

하우스 단열: Whiteside 데이터

설명

영국 건물 연구소(UK Building Research Station)에서 Derek Whiteside는 남동부 잉글랜드에 위치한 그의 집에서 주간 가스 소모량과 평균 외부 온도를 기록하였다. 데이터는 단열 이전 26주간을 기록한 것과 단열이 설치된 이후 30주간의 기록이다. 해당 활동의 목적은 단열 여부가 가스 소모량에 미치는 영향을 측정하기 위해서 이다.

사용

whiteside

형식

56개 행과 3개 열을 가진 데이터 프레임

Insul

단열 이전 이후 요인

Temp

외부 온도는 섭씨로 표현한다. (1960년대 남동부 잉글랜드의 56주간 기록보다 지나치게 낮은 값들이 있는데 아마도 일일 최저점을 주간 평균으로 내다보니 그럴듯 하다.)

Gas

주간 가스 소모량은 평당 1,000s 단위이다.

이제 이 데이터셋으로 작업하면서, 예를 들어 우리가 사용하는 *whiteside* 데이터 안에 있는 *Temp*의 평균을 계산할 수 있다.

```
mean(whiteside$Temp)
[1] 4.875
```

Packages in Python

Python은 범용 프로그래밍 언어이고 주요 저장소 *pypi.org*에 334,000개 이상의 패키지가 있으며, 계속해서 증가하고 있다. 현재 사용 가능한 모든 패키지 목록은 다음 주소에서 볼 수 있다.

https://pypi.org/search/

특정 패키지에 엑세스하는 일반적인 프로세스는 패키지를 설치하고 불러오는 것이다. 설치 프로세스에는 Anaconda를 사용할 수 있고 이를 가장 적합한 도구로 추천한다. 많은 인기 패키지들은 이 책에서 사용하는 것들을 포함해 전체 Anaconda 설치에 포함되어 있다. 아래와 같이 Navigator에서 설치된 패키지들을 검색할 수 있다.

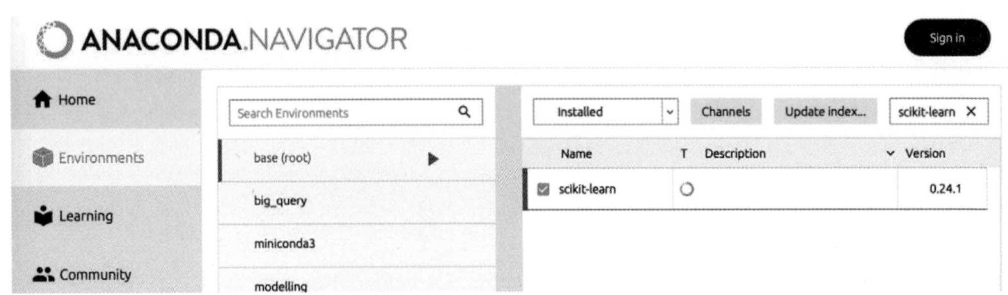

그림 1.10 Anaconda Navigator – 환경과 패키지들

Anaconda로는 불가능한 패키지를 사용하기 위해서 **`pip`** 명령어를 커맨드 라인(command line)에 실행할 수 있지만, 지금 시점에서는 필요하지 않다. 교재에 나온 패키지를 사용하려면 이전에 **`import numpy`**를 했던 것처럼 해당 패키지를 불러와야 한다.

이제 우리는 흔히 사용하는 *Scikit–Learn* 패키지를 불러올 텐데 몇 가지 데이터셋이 같이 따라올 것이다. 패키지 이름과 사용 가능한 하위 패키지 및 기능을 알기 위해서는 인터넷에서 해당 패키지 문서를 살펴볼 필요가 있다. 예를 들어 scikit learn의 경우 다음 링크에서 볼 수 있다. https://scikit-learn.org/for scikit-learn. 여기에서 불러올 패키지 이름이 *sklearn*이고 우리가 필요한 하위 패키지는 datasets인 것을 볼 수 있는데 다음과 같이 불러오게 된다.

```
import sklearn.datasets
```

한번 패키지를 불러오고 나면 이곳(https://scikit-learn.org/stable/modules/classes.html?highlight=datasets#module-sklearn.datasets)에서 확인할 수 있는 여러 메소드 중 하나를 사용하여 Iris 데이터셋을 불러오고 그에 대한 설명을 얻을 수 있다.

```
iris = sklearn.datasets.load_iris()
print(iris.DESCR)
.. _iris_dataset:

Iris plants dataset
--------------------

**Data Set Characteristics:**

    :Number of Instances: 150 (50 in each of three classes)
    :Number of Attributes: 4 numeric, predictive attributes and the class
    :Attribute Information:
        - sepal length in cm
        - sepal width in cm
[...]
```

이와 같은 데이터를 가지고 이제 아래와 같은 어떤 ***DataFrame***을 생성할 수 있다.

```
iris_df = pd.DataFrame(iris.data, columns=iris.feature_names)
iris_df
```

	sepal length (cm)	sepal width (cm)	petal length (cm)	petal width (cm)
0	5.1	3.5	1.4	0.2
1	4.9	3.0	1.4	0.2
2	4.7	3.2	1.3	0.2
3	4.6	3.1	1.5	0.2
4	5.0	3.6	1.4	0.2
...	...	...	...	...

	sepal length (cm)	sepal width (cm)	petal length (cm)	petal width (cm)
145	6.7	3.0	5.2	2.3
146	6.3	2.5	5.0	1.9
147	6.5	3.0	5.2	2.0
148	6.2	3.4	5.4	2.3
149	5.9	3.0	5.1	1.8

이전에 R에서 했던 것과 같이 이제 우리는 행 이름을 사용하여 어떤 변수의 평균을 계산할 수 있다.

```
iris_df['sepal length (cm)'].mean()
5.843333333333334
```

외부 파일 읽고 쓰기

R과 Python은 매우 다양한 외부 데이터 형식을 지원한다. 여기에는 CSV(Comma Separated Values) 형식의 텍스트 파일과 엑셀, 다양한 데이터베이스 형식, 심지어는 웹사이트에서 사용 가능한 데이터까지 포함된다. CSV 파일이 가장 흔한 형식이기도 하고 다른 형태의 파일들 또한 보통은 R과 Python에 불러오기 전 CSV로 변환할 수 있기 때문에 일반적으로 CSV를 사용한다. 먼저 이러한 파일들이 저장되는 디렉토리에서 작업하는 방법에 대해 알아보자.

R에서 파일과 디렉토리

현재 기본 디렉토리에 대한 정보를 가져오려면 다음 명령어를 사용하자.

```
getwd()
"C:/Users/rgopal/Google Drive/Maya R"
```

여기가 파일이 저장될 디렉토리이다. 다음 명령어를 사용하면 기본 디렉토리를 변경할 수 있다.

```
setwd("C:/Users/rgopal")
```

CSV를 읽고 쓰기 위한 함수들은 **read.csv()**와 **write.csv()**이다. 우리가 생성한 *ghw* 데이터 프레임을 'Sample Data.csv'라는 이름의 외부 텍스트 파일로 저장해 보자.

```
write.csv(ghw,file="Sample Data.csv")
```

위와 비슷하게, 외부 파일을 읽는 것은 **read.csv()** 함수를 이용할 수 있으며, RStudio에서는 다음 보이는 것과 같이 메뉴를 기반으로 한 프로세스라서 외부 파일을 쉽게 불러올 수 있다.

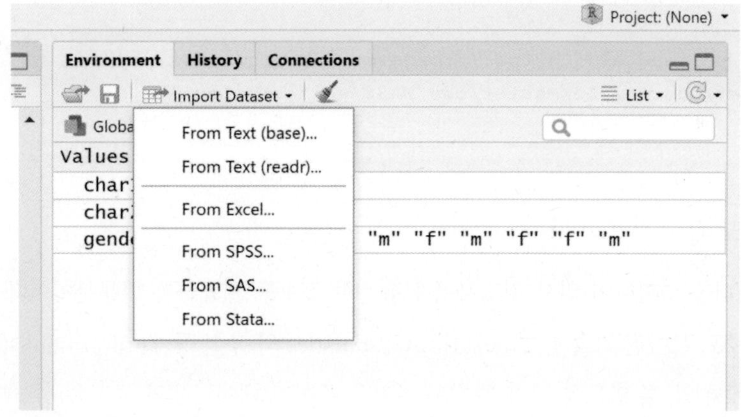

그림 1.11 RStudio 환경

Python에서 파일과 디렉토리

Python에서는 파일 시스템과 상호 작용하는 여러 가지 방법 중 우리는 Jupyter notebook에서 사용 가능한 magic 명령어들을 사용할 것이다. '%' 는 여러 가지 명령어들을 실행하는데 사용하는 것으로써 현재 작업 중인 디렉토리를 표시하기 위해서 %pwd('print working directory'의 줄임말인)와 같이 명령어를 입력한다.

```
%pwd
/Users/tweyde/Documents/projects/Textbook/binder-test/data
```

('change directory'의 줄임말인) %cd 명령어를 사용하여 작업 중인 디렉토리를 변경할 수도 있다.

```
%cd ../data
```

만약 깃허브에서 작업 저장소를 복제했거나 우리가 설정해둔 Binder를 사용 중이라면 이전에 R에서 사용했던 *whiteside*데이터를 불러올 수도 있다.

```
whiteside = pd.read_csv('whiteside.csv')
```

R에서와 같이 평균을 계산할 수 있다.

```
whiteside['Temp'].mean()
4.87
```

또는 인터넷에서 직접 CSV 파일을 불러올 수도 있는데, 예를 들어 *whiteside* 파일은 해당 패키지 저장소에서 불러올 수 있다.

```
whiteside = pd.read_csv('https://forge.scilab.org/index.php/p/
    rdataset/source/file/master/csv/MASS/whiteside.csv')
```

통계-둘러보기

통계학은 데이터를 변환하여 의사 결정자에게 유용한 정보를 제공하는 학문분야이다. 이러한 통계학은 두 가지 주요 분야인 기술 통계(descriptive statistics)와 추론 통계(inferential statistics)로 구분된다. 이름에서 알 수 있듯이 기술 통계의 목적은 주어진 데이터셋의 특징을 설명하고 이해하는 것이고, 추론 통계를 보다 넓게 보면 표본 데이터를 연구하여 모집단에서 인사이트를 추론하기 위한 분야이다. 기술 통계는 실적이 저조한 영업 임원과 같은 이상치(outliter)를 찾고, 상관관계를 통해 유가 대비 주식 수익율을 비교하는 등에 다양하게 사용된다.
아직은 추론 통계와 모집단의 개념이 모호하게 보일 수 있다. 본 교재는 기술 통계에 먼저 집중하고 이후 챕터 7~10에서부터 추론 통계에 대해 자세히 알아볼 것이다.

기술 통계

A와 B 두 사람이 함께하는 간단한 시나리오에서 A의 나이가 21살이고 B의 나이가 34살이라 가정하자. 이렇게 사소한 시나리오에서는 A가 B보다 어리다는 걸 인식하는 것이 쉽고 B가 A보다 나이가 13살 많다는 것도 알아차리기 쉽다. 이제 두 사람 대신 각각 10명으로 이루어진 2개의 그룹이 있다고 가정해 보자. 두 그룹 구성원의 나이는 아래와 같다.

표 1.2 **Age** 데이터

Group	Age
1	34, 49, 64, 38, 60, 78, 67, 36, 19, 37
2	77, 75, 78, 41, 51, 20, 61, 73, 76, 38

그룹 내부와 두 그룹 간 차이를 전반적으로 이해하고 인사이트를 끌어내는 일이 조금 어려워졌다. 1번 그룹에는 2번 그룹보다 나이가 많은 몇 사람들이 있고 비슷하게 2번 그룹에도 1번 그룹보다 나이가 많은 몇 사람들이 있다. 어떻게 이해해야 할까? 이러한 자료에서 기술 통계를 유용하게 사용할

수 있다.

기술 통계는 크게 세 가지 유형으로 구분되는데 첫째, 중심 경향성(central tendency), 둘째, 편차(variation), 마지막으로 형태(shape)이다. *중심 경향성*은 모든 데이터 값이 일반적인 값 또는 중심 값을 중심으로 그룹화되는 정도를 파악하는 것이다. 편차는 분산의 크기를 측정한 것으로 데이터 값의 산포 정도를 측정한 것이다. *형태*는 값이 분포된 패턴을 측정한다. 이번 챕터에서 우리는 처음 두 가지 측정 방법에 집중하고 형태 측정에 대한 논의는 챕터 6과 7에서 분포를 자세히 다룰 때까지 미뤄둘 것이다.

중심 경향성을 측정하는 가장 일반적인 방법은 평균(*mean*)과 중앙값(*median*)이 있으며, 자료의 특성과 분석 목표에 따라 최빈값(*mode*)과 기하평균(*geometric mean*), 조화평균(*harmonic mean*)을 사용할 수 있다. 이와 관련된 몇 가지 표기법을 살펴보자. x_i,는 i=1,...,n일 때 크기가 n인 데이터셋이 가진 값을 나타낸다. 평균은 간단하게 모든 값의 합을 개수로 나눈 것이다. 수학적으로 평균 $\bar{x}$은 다음과 같이 계산한다.

$$\bar{x} = \frac{x_1 + x_2 + x_3 + \ldots + x_n}{n}$$

다른 방식의 평균 측정법들도 있기 때문에 엄밀하게 말해 이것은 *산술 평균*이지만 이 책에서는 산술적 평균을 평균이라고 쓰도록 하겠다. 두 그룹의 평균을 계산하는 코드는 다음과 같다.

R

```
g1 = c(34, 49, 64, 38, 60, 78, 67, 36, 19, 37)
g2 = c(77, 75, 78, 41, 51, 20, 61, 73, 76, 38)
mean(g1)
[1] 48.2
mean(g2)
[1] 59
```

Python

```
g1 = (34, 49, 64, 38, 60, 78, 67, 36, 19, 37)
g2 = (77, 75, 78, 41, 51, 20, 61, 73, 76, 38)
print(np.mean(g1))
print(np.mean(g2))
48.2
59.0
```

간단한 계산을 통해 두 번째 그룹에 속한 개인의 평균 나이가 첫 번째 그룹보다 높다고 결론지을 수 있다. 처음으로 데이터에 대한 인사이트를 엿본 셈이다! 하지만 평균은 중심 경향성을 측정한 것으로 *이상치*와 같은 극단적인 값에는 취약하다. 다음 두 그룹의 데이터를 통해 이러한 상황에 대해 알아보자.

R
```
g1a = c(34, 49, 64, 38, 60, 78, 67, 36, 19, 37)
g2a = c(34, 49, 64, 38, 60, 400, 67, 36, 19, 37)
```

Python
```
g1a = (34, 49, 64, 38, 60, 78, 67, 36, 19, 37)
g2a = (34, 49, 64, 38, 400, 78, 67, 36, 19, 37)
```

두 번째 그룹의 여섯 번째 값을 제외하고는 모두 동일한 것을 확인할 수 있다. 400이라는 값은 해당 그룹의 나머지 값들과 상당히 다른데 이것을 이상치라고 할 수 있다. 이것이 그룹의 평균에 어떤 영향을 미치는지 알아보자.

R
```
mean(g1a)
[1] 48.2
mean(g2a)
[1] 80.4
```

Python
```
np.mean(g1a)
48.2
np.mean(g2a)
80.4
```

위 사례에서 이상치 값 하나가 평균 값을 거의 두 배로 증가시키는 것을 확인할 수 있다. 이처럼 극단적인 이상치는 결과를 왜곡할 수 있으므로 우리가 데이터 안에 이상치가 존재하는지 주의를 기울일 필요가 있다. 이상치는 어디에서 오는 걸까? 흔한 원인 중 하나는 데이터에 오류가 있는 경우이다. 위의 사례에서 데이터가 모두 개인의 나이를 의미한다고 가정한다면 400이라는 값은 명백한 오류이다. 어떠면 오타일지도 모른다. 다른 경우의 이상치는 실제 값일 수도 있다. 연봉 데이터셋에서 고위 경영진들의 값은 특히나 CEO의 연봉은 회사에 근무하는 대부분의 임직원들에 비교했을 때 이상치처럼 보일 것이다. 이상치를 감지하고 관리하는 것은 중요하며, 우리가 엄격한 통계 분석 또는 머신러닝을 시작하기 전에 이에 대해 주의 깊게 살펴봐야 한다.

이상치에 대해 좀 더 확실한 측정방법은 중앙값이다. 중앙값은 단순히 '중간에 있는 값'으로 데이터의 절반이 중앙값보다 적거나 같고 나머지 절반이 중앙값보다 크거나 같다. 두 그룹의 중앙값을 계산해 보도록 하자.

R

```
median(g1a)
[1] 43.5
median(g2a)
[1] 43.5
```

Python

```
np.median(g1a)
43.5
np.median(g2a)
43.5
```

계산 결과 값이 동일하게 나타나고 있다. 이 결과를 살펴보면, 어떤 극단적인 이상치도 중앙값에 영향을 미치지 않는데 이처럼 이상치는 중앙값을 왜곡하지 않음을 보여준다.

중앙값이 어떻게 계산되었는지 살펴보자. 첫 번째 단계는 아래와 같이 데이터를 정렬하는 것이다.

R

```
sort(g1a)
[1] 19 34 36 37 38 49 60 64 67 78
```

Python

```
np.sort(g1a)
array([19, 34, 36, 37, 38, 49, 60, 64, 67, 78])
```

사례에는 10개의 값이 있기 때문에 중앙값은 다섯 번째 값 38과 여섯 번째 값 49 사이에 위치한다. 이 두 값의 평균을 계산하면, 43.5가 되는데 이것이 중앙값이다.

중심 경향성을 측정하는 다른 방법에는 최빈값과 기하평균, 조화평균이 있다. 여기서는 이 측정값들을 자세히 다루지 않지만, 간단하게 말해 최빈값은 가장 빈번하게 발생하는 값이다. 기하평균은 다음과 같이 정의한다.

$$g(x) = \sqrt[n]{x_1 x_2 x_3 \ldots x_n}$$

기하평균은 시간이 지날수록 증가하는 값을 가진 데이터일 때, 유용하게 사용된다. 예를 들어 주택 가격이나 주식 가격, 인구 수와 같이 성장률을 같이 곱해야 정확한 값을 얻을 수 있는 경우이다. 특히 금융에서 아주 중요한 개념으로 집 값의 변화를 설명하는 기하학적 수익률을 생각해 보자.

당신이 어떤 집을 10만 달러($)에 구매한다고 했을 때 내년에 집 값이 50% 떨어지고 그 다음 해 다시 50%가 오른다면 집의 가치는 이제 $10만 * (1 – 50%) * (1 + 50%) = $7만5천이 되어 수익률이 −25%가 된다. 이와 다르게 어떤 산술적인 평균으로 변화를 보면 (50%와 −50%의 평균은 0%이므로) 수익률은 0을 나타나므로 잘못된 결과를 얻게 된다.

$$h(x) = \frac{n}{\frac{1}{x_1} + \frac{1}{x_2} + \frac{1}{x_3} \ldots + \frac{1}{x_n}}$$

조화평균은 데이터가 수익 증가 PE(Price to Earnings)율과 같은 비율을 파악할 때 유용하다. 매우 큰 PE율을 가질 때, 예를 들어 어떤 주식이 거의 0에 가까운 수익률로 떨어진 것을 보고하는 경우 산술 평균을 왜곡할 수 있어서 조화평균을 사용하게 된다.

편차를 측정하는 지표는 분산과 (표기법이 다르지만 같은 값을 말하는) 표준편차가 있다. $\bar{x}$가 평균일 때 분산은 다음과 같이 정의한다.

$$var(x) = \frac{(x_1 - \bar{x})^2 + (x_2 - \bar{x})^2 + (x_3 - \bar{x})^2 + \ldots + (x_n - \bar{x})^2}{n-1},$$

위의 식에서 알 수 있듯이 데이터가 평균 주변으로 얼마나 산포되어 있는지를 측정한다. 표준편차 σ 또한 자주 사용되는데 이것의 값은 분산의 제곱근이다. g1과 g2 그룹의 분산 값을 계산해 보도록 하자. Python에서는 표본 분산을 사용하기 위해서는 ddof=1 파라미터가 함께 사용되어야 하는 것에 주의해야 한다.

박스 1.3

표본과 모집단, 추정치

이번 챕터와 이 책 전반적으로 우리는 표본 기반 정의에 따라 분모 $n - 1$로 분산과 표준편차를 사용한다. 만약 우리가 전체 모집단(즉, 모든 가능한 값)에 접근이 가능하다면 분모는 그냥 n을 사용하면 된다.

이 차이점은 통계와 확률에서 데이터를 모집단의 표본으로 생각하기 때문이다. 예를 들면 의학에서 소수의 환자 표본을 통해 모집단 전체 환자를 연구하고, 데이터 출처를 무한히 많은 표본을 생산할 수 있는 프로세스처럼 여기기 때문이다. 모집단이나 프로세스의 실제 평균은 μ로 통용된다. 표본 평균 $\bar{x}$는 실제 평균 μ보다 표본 값에 더 가깝기에 더 작은 분모를 사용하여 이를 보완할 수 있다.

표본 기반 정의를 사용하는 것이 R에서는 기본 설정이지만 Python은 아니기 때문에 표본 기반 계산으로 바꿔주려면 **ddof=1** 인수를 추가해야 한다.

R

```
var(g1)
[1] 340.4
var(g2)
[1] 420
```

Python

```
np.var(g1,ddof=1)
340.4
np.var(g2,ddof=1)
420
```

평균 값이 더 큰 것에 추가로 그룹 g2의 분산이 g1보다 더 크다는 것은 두 번째 그룹이 첫 번째 그룹보다 더 넓게 분포한다는 것을 나타낸다. 아래 코드는 표준편차를 계산하는데 우리가 분산에 제곱근함으로써 검증할 수 있다. Python에서는 분산에서 표본 기반 표준편차로 전환하기 위해서는 앞에서 언급하였듯 **ddof=1**을 사용해야 한다.

R

```
sd(g1)
[1] 18.44993
sd(g2)
[1] 20.4939
```

Python

```
np.std(g1,ddof=1)
18.44993
np.std(g2,ddof=1)
20.4939
```

두 그룹의 데이터를 단순히 분산 값으로 비교하면 잘못된 해석을 할 수 있다. 예를 들어, 두 개의 주식 A와 B가 평균 가격 500달러와 50달러라고 하자. 이 때, 주식 A의 5달러 상당 가격 변동은 주어진 높은 평균가에 대비해 사소하게 간주될 수 있다. 반면, 주식 B의 가격 변동 역시 5달러라고 한다면, 주식 B의 평균가가 A에 비해 낮기 때문에 A의 가격 변동보다 더 중요한 의미를 가지게 된다. 두 개의 다른 데이터셋에 대한 분산을 좀 더 1:1로 비교하는 것이 변동 계수(coefficient of variation)

이고 다음과 같이 정의한다.

$$\mathrm{cv}(x) = \frac{x\sigma(x)}{\bar{x}}$$

아래 표는 주식 C가 주식 D보다 더 낮은 표준편차 및 분산을 가지고 있는데도 불구하고 더 높은 변동을 가지는 걸 보여준다.

표 1.3 주식 결과

Stock	Mean	Standard Deviation	Coefficient of Variation
C	25	3	0.12
D	100	5	0.05

아래 코드는 그룹 g1과 g2의 변동 계수를 계산한 것이다.

R

```
sd(g1)*100/mean(g1)
[1] 38.27787
sd(g2)*100/mean(g2)
[1] 34.73543
```

Python

```
np.std(g1,ddof=1)/np.mean(g1)
0.38277867736925514
np.std(g2,ddof=1)/np.mean(g2)
0.3473542632528677
```

그룹 g1은 그룹 g2에 비해 더 낮은 분산을 가지고 있는데도 불구하고 더 높은 변동 계수를 가진 것을 다시 보여준다.

이는 우리에게 어떤 흥미로운 질문을 불러 일으킬 수 있다. 데이터셋에서 분산은 좋은 것인지 나쁜 것인지 하는 것이다. 어떤 극단적인 경우로 모든 값들을 동일하게 가지는 간단한 예제를 아래와 같이 고려해 보자.

R

```
g3 = rep(4,10)
 g3
 [1] 4 4 4 4 4 4 4 4 4 4
 var(g3)
```

```
[1] 0
```

Python

```
g3 = np.tile(4,10)
g3
[4 4 4 4 4 4 4 4 4 4]
np.var(g3)
0.0
```

이 경우에 분산은 명확하게 0이다. 이 데이터가 우리에게 많은 걸 알려주지 않기 때문에 그다지 흥미롭지 않다. 데이터 값에 편차가 있을 때 더 풍부한 이야기가 펼쳐진다. 우리는 왜 이들 값이 달라지는지 또는 편차가 결과 값에 어떻게 영향을 미치는지를 조사하고 싶을 수 있다. 연봉 데이터에서 급여에 적당한 편차가 있다면 우리는 (아마도 학력이나 나이와 같은) 요인이 해당 편차에 어떻게 기여하는지 또는 소득이 자선단체 기부와 같은 결과에 어떻게 영향을 미치는지 등을 분석할 수 있다. 그래서 우리는 데이터의 분산에 대해 알기를 원한다. 하지만 이상치에서 파생된 높은 분산을 원하지는 않는다. 왜냐하면 그러한 이상치들이 분산을 부풀리기도 하고 해당 데이터의 본질을 파악하지 못해 잘못된 인사이트를 초래할 수 있기 때문이다.

평균과 분산은 데이터셋 간에 다를 수 있으므로 또 다른 유용한 지표가 z 점수(*z-score*)이다. 이것의 핵심은 데이터 값을 보다 쉽게 서로 비교할 수 있도록 조정하는 것이다. z 점수는 가장 단순하면서도 비즈니스에서 사용되는 가장 강력한 통계 도구 중 하나인데 왜냐하면 이상치를 감지하는 데 도움이 되기 때문이다. 이와 같은 z 점수는 다음과 같이 계산할 수 있다.

$$z\_score(x) = \frac{x - \bar{x}}{\sigma}$$

z 점수는 데이터와 평균의 차를 표준편차로 나눈 값이다. 이것은 핵심 비즈니스 분석 기능으로서 공장 라인에서 잘못된 크기의 부품(widget)을 구분해내는 것에서부터 신용 스프레드(credit spreads)의 가치 평가를 할 때 과거에 발생한 극단적 값을 고려하는데 이르기까지 어떤 작업에서나 사용할 수 있다.

예를 들어, 만약에 차입 비용이 적절한지 아닌지 과거 데이터를 기준으로 알아보려면 z 점수를 사용할 수 있다. 현재 이자율을 구해서 이 숫자의 과거 이력을 보고 해당 기간 $\bar{x}$와 σ를 계산해보자. z 점수가 +3보다 크면 극도로 높은 현재 이자율을 의미할 것이고 z 점수가 −3보다 작으면 극도로 낮은 현재 이자율을 의미할 것이다.

이를 계산하는 코드는 다음과 같다.

R

```
(g1-mean(g1))/sd(g1)
 [1] -0.76965052  0.04336059  0.85637171 -0.55284756  0.63956874  1.61518208
  1.01897393 -0.66124904 -1.58266164 -0.60704830
```

Python

```
(g1-np.mean(g1))/np.std(g1,ddof=1)
array([-0.76965052,  0.04336059,  0.85637171, -0.55284756,  0.63956874,
        1.61518208,  1.01897393, -0.66124904, -1.58266164, -0.6070483 ])
```

z 점수를 계산하는 더 쉬운 방법은 R에서 **scale()** 함수를 사용하거나 또는 Python에서 *scipy* 패키지에 있는 ***zscore*** 함수를 사용하는 것이다.

R

```
scale(g1)
            [,1]
 [1,] -0.76965052
 [2,]  0.04336059
 [3,]  0.85637171
 [4,] -0.55284756
 [5,]  0.63956874
 [6,]  1.61518208
 [7,]  1.01897393
 [8,] -0.66124904
 [9,] -1.58266164
[10,] -0.60704830
```

Python

```
from scipy import stats
stats.zscore(g1,ddof=1)
array([-0.76965052,  0.04336059,  0.85637171, -0.55284756,  0.63956874,
        1.61518208,  1.01897393, -0.66124904, -1.58266164, -0.6070483 ])
```

0에 가까운 값들은 평균 근처에 있으며 더 높거나 낮은 값들일수록 평균에서 더 멀리 떨어져 있다. 더 큰 양수와 음수 값들이 이상치를 나타냄을 의미한다. 일반적인 법칙은 z 점수가 +3 또는 −3에 가까울수록 잠재적 이상치로 볼 수 있으며, 그보다 더 극단적인 값들은 극단적 이상치가 된다. 그룹 g2a의 z 점수를 살펴보도록 하자.

R

```
scale(g1a)
         [,1]
 [1,] -0.4094642
 [2,] -0.2770943
 [3,] -0.1447244
 [4,] -0.3741656
 [5,] -0.1800230
 [6,]  2.8203611
 [7,] -0.1182504
 [8,] -0.3918149
 [9,] -0.5418341
[10,] -0.3829902
```

Python

```
stats.zscore(g1s,ddof=1)
array([-0.40946419, -0.2770943 , -0.14472441, -0.37416555, -0.18002305,
        2.82036111, -0.11825043, -0.39181487, -0.54183408, -0.38299021])
```

여섯 번째 관측치의 z 점수가 2.82이므로 이상치일 가능성이 있다. z 점수는 데이터에서 이상치들을 감지하는 간단하고 쉬운 도구이다.

중앙값을 이용해서 사분위수(quartile)를 정의할 수 있고 아래 그림과 같이 데이터 값이 어떻게 분포되었는지를 보여준다.

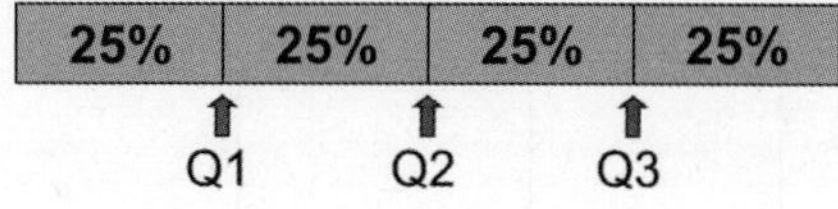

그림 1.12 사분위수

두 번째 사분위수 Q2가 중앙값과 같다. 데이터의 절반이 Q2보다 아래 위치하고 나머지 절반은 그보다 위에 있다. 첫 번째 사분위수 Q1은 데이터의 ¼ 또는 25%가 해당 값보다 작은 값이다. 비슷하게 세 번째 사분위수 Q3는 데이터의 ¾ 또는 75%가 해당 값보다 작다. 사분위수를 R에서 계산하는 것은 다소 간단하다. Python에서도 *SciPy* 패키지를 통해 **mquantiles** 함수를 사용하면 직관적이다. **alphap**, **betap** 파라미터들은 함수 내부 방식을 조정하여 R에서의 사분위수 결과와 같은 값을 생성하도록 하기 위한 것이다. 이러한 미묘한 차이점들은 지금 당장 중요하진 않다.

R
```
quantile(g1)
   0%    25%    50%    75%   100%
19.00 36.25 43.50 63.00 78.00
```

Python
```
from scipy.stats.mstats import mquantiles
        mquantiles(g1,alphap=1,betap=1)
array([36.25, 43.5 , 63.  ])
```

여기까지 결과가 무엇을 말하고 있는지 정리해 보자. 최소값은 19이고 최대값은 78이다. 데이터의 25%가 36.25보다 작고 75%가 63보다 작다. 데이터 절반이 Q1과 Q3 사이에 위치하는 것을 확인하자. Q3과 Q1의 사이를 사분위수 범위(*interquartile range*)라고 부르며, 데이터의 중간 50%가 포함되는 산포도를 나타낸다. **boxplot()** 함수를 사용하여 사분위수를 시각화할 수 있다.

R
```
boxplot(g1)
```

Python
```
import matplotlib.pyplot as plt
plt.boxplot(g1)
```

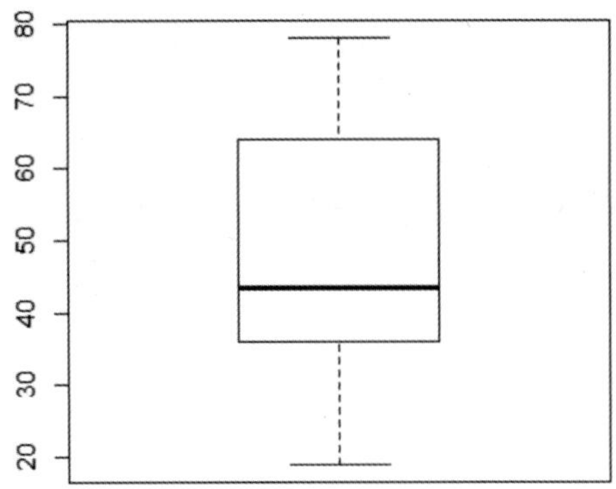

그림 1.13 사분위수를 보여주는 상자그림

상자그림은 데이터를 한 눈에 보고 이상치를 찾아내며, 데이터 분포가 주식 가격처럼 더 큰 값으로 치우쳐 있는지 개인 대출 결정에 따른 이윤처럼 더 낮은 값으로 치우쳐 있는지를 시각화하는 매우 좋은 방법이다.

상관관계

상관관계는 우리가 데이터의 유사성(similarities) 또는 상이성(dissimilarities)을 비교할 수 있게 하는 강력한 비즈니스 분석 기능이다. 다시 말해서 다른 제품군의 시간에 따른 판매 패턴이나 회사 간 성과의 상관관계가 큰지 작은지를 정의하는 데에 사용할 수 있다. 공분산(covariance)은 상관관계와 연관성이 높고, 가격 성향이 다른 주식 시장 포트폴리오들의 균형을 맞추려는 시도에서 기초가 정립되었다. 예를 들어 가장 인기있는 헤지 펀드 전략 중 하나는 통계차익 거래인데 비슷한 가격 움직임을 보이는 주식 여러 개를(예를 들어 펩시콜라와 코카콜라) 묶어 가격이 바뀌는 지점과 수렴하는 지점에서 이익을 보는 방법이다.

우리가 만들어 둔 **ghw** 데이터 프레임의 *weight*와 *height*가 연관이 있을지 시각적으로 알아보자.

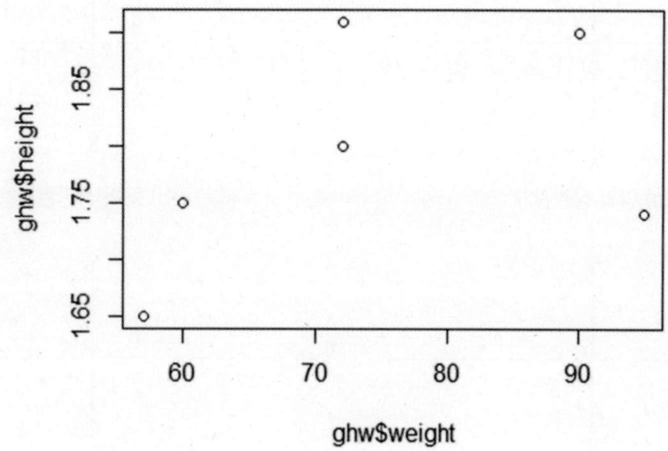

그림 1.14 산점도: ghw 데이터 프레임에서 weight 값에 대한 height 값

간단히 말해서 *weight* 값이 증가할수록 (즉, x축 왼쪽에서 오른쪽으로 이동할수록) *height* 값 또한 증가하는 경향을 보이다. 공분산과 상관관계는 두 개의 숫자 변수 사이의 선형 연관성을 수학적으로 측정한 것이다. 두 변수 X와 Y(이번 예시에서 **height**와 **weight**)는 다음과 같은 표본 기반 공식으로 정의할 수 있다.

$$cov(X,Y) = \frac{1}{n-1}\sum_{i=1}^{n}(x_i - \bar{x})(y_i - \bar{y})$$

공분산이 0보다 클 때 첫 번째 변수에서 큰 값은 보통 두 번째 변수에서 큰 값에 해당한다. 합계 함수 $(x_i - \bar{x})(y_i - \bar{y})$에 표현을 확인해 보면, 값이 0보다 크게 될 경우는 x 와 y가 각각 평균 $\bar{x}$와 $\bar{y}$보다 작을 때와 둘 다 평균보다 상대적으로 클 때이다. 그래서 공분산이 0보다 크면 두 개의 값이 모두 평균보다 작거나 둘 다 평균보다 큰 경향이 있다. 상관계수(correlation coefficient) ρ은 공분산 값들이 −1과 1 사이가 되도록 조정하며, 다음과 같이 정의할 수 있다. (여기서 ρ은 그리스 문자 'rho'이다.)

$$\rho(X,Y) = \frac{cov(X,Y)}{x\sigma(X)\,x\sigma(Y)}$$

아래 그림은 상관관계에 대한 시각적 설명을 제공한다.

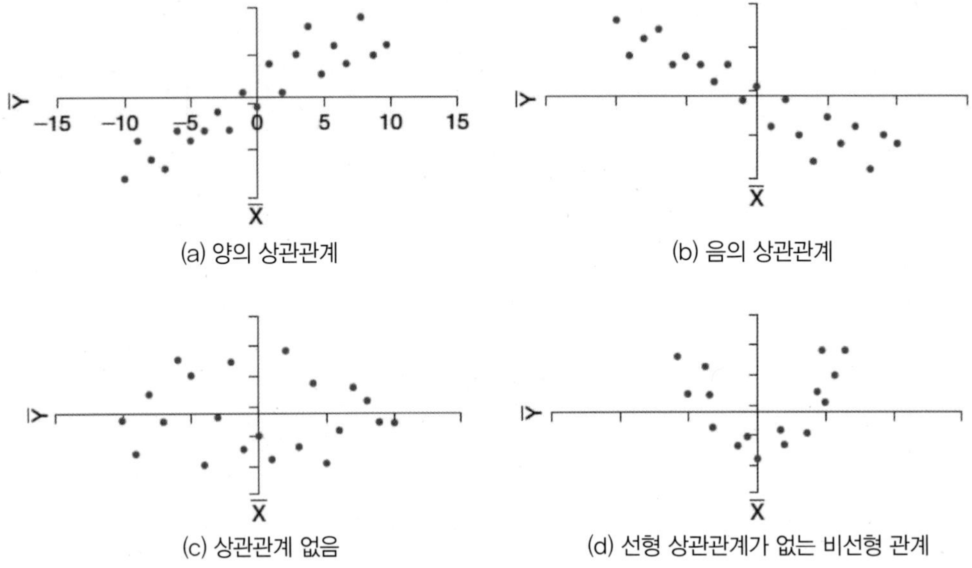

그림 1.15 상관관계 설명

*height*와 *weight* 사이 공분산과 상관관계를 계산하는 코드를 작성해 보자. Python에서는 개별 벡터 자신에 대한 공분산을 포함한 공분산 행렬(matrix)을 만들 수 있다.

R

```
cov(ghw$height,ghw$weight)
[1] 0.6773333
cor(ghw$height,ghw$weight)
[1] 0.437934
```

Python

```
stats.cov(df['height'],df['weight'])
[[1.00566667e-02 6.77333333e-01]
```

```
[6.77333333e-01 2.37866667e+02]]
stats.pearsonr(df['height'],df['weight'])
(0.4379339635990291, 0.38509389043540027)
```

*height*와 *gender* 사이 상관관계 0.437이라는 값은 그 두 가지가 서로 양의 관계가 있음을 의미한다. 기술 통계는 해당 데이터셋에서 다른 변수들이 서로 연관되어 있을지도 모른다는 힌트를 제공한다. Python에서는 p-value도 알 수 있는데, p-value는 표본에서 어떠한 값을 얻을 확률을 의미하며, 좀 더 자세한 내용은 챕터 8에서 설명하도록 한다.

사용 사례: 미국 슈퍼마켓 판매 전략을 결정하는 기술 통계와 상관관계

기술 통계와 상관관계는 비즈니스 문제를 더 잘 이해하고 의사 결정을 개선하도록 도와준다. 예를 들어 슈퍼마켓 체인이 최소 마케팅 비용으로 판매를 극대화해야 할 때 매장 내 프로모션과 매장 밖 광고 중에서 이익 창출에 효과적인 마케팅을 선택할 것이다. 프로모션과 광고 중 어느 곳에 더 투자해야 할까?

우리는 csv 파일로 각 제품군에 대한 **Profit**(수익)과 **Promotion Spend**(매장 내 프로모션 비용), **Advertisement Spend**(매장 밖 광고 비용) 데이터를 가지고 있다. 먼저 해당 CSV 파일을 Pandas 데이터 프레임 안으로 불러와서 데이터 일부를 조사할 수 있다. 아래 보이는 것은 Python 코드에서 결과를 출력한 것이다. R 코드를 실행했을 때도 매우 비슷한 화면을 확인할 수 있다.

R

```
df_supermarket = read.csv("50_SupermarketBranches.csv")
head(df_supermarket)
```

Python

```
import pandas as pd
df_supermarket = pd.read_csv("50_SupermarketBranches.csv")
df_supermarket.head()
```

	Advertisement Spend	Promotion Spend	Administration Spend	State	Profit
0	165349.20	136897.80	471784.10	New York	192261.83
1	162597.70	151377.59	443898.53	California	191792.06
2	153441.51	101145.55	407934.54	Florida	191050.39
3	144372.41	118671.85	383199.62	New York	182901.99
4	142107.34	91391.77	366168.42	Florida	166187.94

데이터를 좀 더 이해하기 위해 간단한 통계수치를 확인할 수 있다.

R
```
summary(df_supermarket)
```

Python
```
df_supermarket.describe()
```

	Advertisement Spend	Promotion Spend	Administration Spend	Profit
count	50.000000	50.000000	50.000000	50.000000
mean	73721.615600	121344.639600	211025.097800	112012.639200
std	45902.256482	28017.802755	122290.310726	40306.180338
min	0.000000	51283.140000	0.000000	14681.400000
25%	39936.370000	103730.875000	129300.132500	90138.902500
50%	73051.080000	122699.795000	212716.240000	10978.902500
75%	101602.800000	144842.180000	299469.085000	139765.977500
max	165349.200000	182645.560000	471784.100000	192261.830000

마케팅 접근방식에서 몇 가지 흥미로운 점을 기술 통계로부터 확인할 수 있다. 제품군 별로 *광고*에 사용한 비용 범위($0~$165,349)가 *프로모션*에 사용한 비용 범위($51,283~$182,645)보다 차이가 크고 몇몇 경우에는 광고에 어떤 비용도 사용하지 않은 것을 확인할 수 있다. 평균 프로모션 비용($121,344)은 평균 광고 비용($73,721)보다 훨씬 높다.

이 데이터 셋에서 Advertising Spend와 Profits, Promotion Spend와 Profits 사이 상관관계를 조사하기 위해 차트(charts)를 사용할 수 있다. 관계가 없는 경우 구름처럼 아무런 형태가 없음을 보게 될 것이다.

R
```
plot(df_supermarket$Promotion.Spend,df_supermarket$Profit,
     main = 'Relationship between Promotion Spend and profit
             (each point is a product line)',
     xlab = 'Promotion Spend',
     ylab = 'Profit')
```

Python
```
plt.scatter(df_supermarket['Promotion Spend'],df_supermarket['Profit'])
plt.title('Relationship between Promotion Spend and profit (each point is
a product line)');
plt.xlabel('Promotion Spend')
```

```
plt.ylabel('Profit')
plt.show()
```

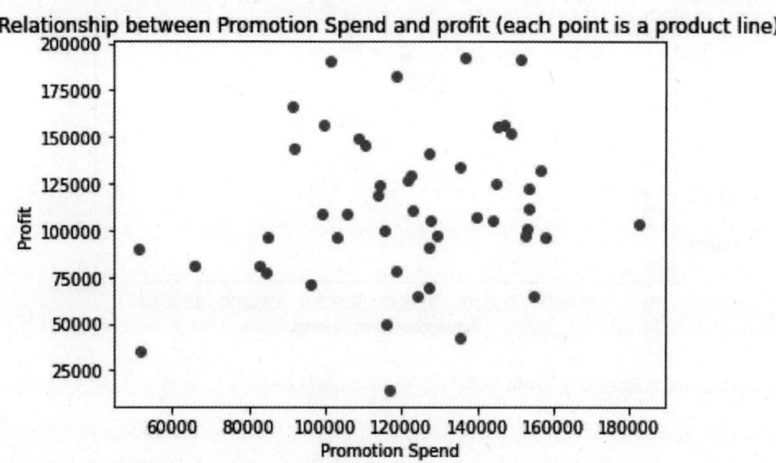

그림 1.16 Promotion Spend와 Profit 관계

Promotion Spend와 Profits 사이에는 뚜렷한 관계를 찾을 수 없다. 이러한 경우 제품군을 프로모션하는 데 사용한 모든 비용이 해당 군에서 나온 수익에 영향을 미치지 않음을 의미한다. 이제 Advertisement Spend에 대해 알아보자.

R

```
plot(df_supermarket$Advertisement.Spend,df_supermarket$Profit,
     main = 'Relationship between Advertisement Spend and profit
             (each point is a product line)',
     xlab = 'Advertisement Spend',
     ylab = 'Profit')
```

Python

```
plt.scatter(df_supermarket['Advertisement Spend'],df_supermarket['Profit'])
plt.title('Relationship between Advertisement Spend and profit (each point is
  a product line)');
plt.xlabel('Advertisement Spend')
plt.ylabel('Profit')
plt.show()
```

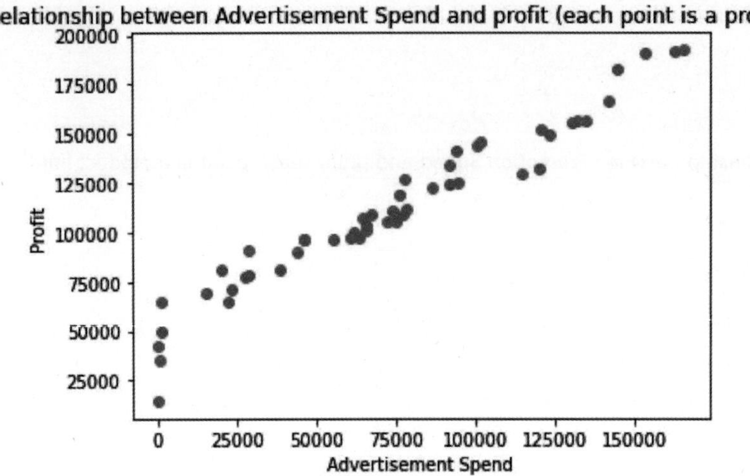

그림 1.17 Advertisement Spend와 Profit 관계(각 점은 하나의 생산 라인)

Advertisement Spend는 매우 달라서 수익과 매장 밖 광고 비용 사이 강한 연관성을 보여준다. 점들은 위로 상승하는 선을 따르는데 양의 기울기를 갖는 선형 관계로 설명할 수 있다. 이러한 경우 모든 제품군들이 광고에 더 많이 지출할수록 이익은 더 높게 나타났고 광고에 더 적게 지출한 제품군에서는 이익이 더 낮게 나타나고 있다. 광고에 사용한 추가 1달러당 얻은 이익은 선의 기울기로 설명할 수 있다. 이제 우리는 상관계수를 계산할 수 있고 상관관계가 가장 높은 순서대로 정렬할 수 있다.

R

```
cor(df_supermarket$Profit,df_supermarket[-c(4,5)])
```

Python

```
corr.sort_values(['Profit'], ascending=False)[['Profit']]
```

	Profit
Profit	1.000000
Advertisement Spend	0.972900
Administration Spend	0.747766
Promotion Spend	0.200717

상관계수는 우리가 이미 알고 있는 것을 보여주는데 Advertisement Spend가 높은 상관관계(0.97)를 가지는 반면 Promotion Spend는 낮은 상관관계 (0.20)를 가진다. 상관관계가 반드시 인

과관계는 아니지만, 이번 분석에서 우리는 광고가 이익에 밀접한 관계를 가진 것을 분명히 볼 수 있다. 제품군별로 Advertising spend를 가능한 늘리는 것을 우선적으로 하고 Promotion Spend를 줄이도록 검토하는 것이 타당하다.

주의: 독립성? 가짜 상관관계?

하지만 주의할 점이 있다. 이번 분석은 프로모션과 광고 사이 어떠한 관계가 없다는 것을 가정하며, 또한 우리는 인과관계를 연관시키고 있다. 두 가지 가정은 주의하여 다룰 필요가 있어서 이 가정이 유효한지 확인하기 위해 더 많은 일을 할 필요가 있다. 예를 들어 몇몇 제품 프로모션은 광고를 허용하는 게 더 효과적일 수도 있다. 만약 우리가 모든 제품에 대한 프로모션 비용을 0으로 감축한다면 그 결과가 매우 나쁠 수도 있다. 마찬가지로 광고와 이익 사이의 관계 또한 거짓일 수 있다. 경영진은 모든 제품군에서 수익을 창출하고 광고 지출을 과거 이익에 따라 할당할 수도 있다. 이처럼 통계는 어떤 문제를 이해하는 데 큰 도움이 되겠지만, 불분명한 것들을 대체할 수는 없다.

요약

우리는 첫 번째 챕터에서 몇 가지 유용한 기초를 다루었다. R과 Python 프로그래밍의 기초로는 중요한 데이터 구조 작업을 다루었고, 데이터를 일일이 생성하는 것에 더하여 외부 데이터 파일을 불러와 인사이트를 얻을 수 있도록 분석을 시작하는 방법에 대하여 다루었다. 또한 기술 통계 부분을 통해 데이터를 분석하고 비교하는 데 유용한 중심 경향성과 변동을 측정하는 방법을 다루었다.

이러한 개념에 대해 첫 걸음을 내딛어 발전하였으니 우리는 이제 다음 챕터에서 이를 더 자세히 공부할 준비가 되었다. 먼저 아래 나오는 프로그래밍 연습을 통해 프로그래밍과 통계 활용에 능숙해지길 추천한다. 각 영역별로 주요하게 얻어야 할 것들은 다음과 같다.

프로그래밍:

- R과 Python을 통계와 머신러닝을 위한 프로그래밍 환경으로 사용할 수 있다.
- 가장 많이 쓰는 흔한 데이터 객체 – 벡터/배열(arrays)과 데이터 프레임을 사용할 수 있다.
- 수치 데이터 유형과 팩터/범주형 데이터 유형을 사용할 수 있다.
- 간단한 계산을 하고 그래프를 그릴 수 있다.
- 외부 출처에서 가져온 데이터 파일로 작업할 수 있다.
- 코드 기능성을 강화하기 위한 패키지를 사용할 수 있다.

(이어서 계속)

통계

- 데이터셋의 피처를 설명하고 이해하기 위한 기술 통계에 입문하였다.
- 중심 경향성 측정: 평균, 중앙값, 최빈값, 기하평균, 조화평균을 구할 수 있다.
- 변동 측정: 분산, 표준편차, 상관계수, 사분위수를 구할 수 있다.
- Z-score 점수를 통해 데이터에 이상치를 감지하는 간단한 측정에 대해 배웠다.
- 두 개의 숫자 변수 사이 유의성을 비교하기 위한 유용한 측정: 공분산, 상관관계, R^2을 구할 수 있다.

실제 응용

- R과 Python 환경에서 데이터 파일을 작업할 수 있다.
- 기술 통계의 응용을 통해 유용한 인사이트를 얻을 수 있다.
- 데이터에서 패턴과 이상치를 감지하고 해당 데이터가 생성되는 현상에 대해 더 깊은 인사이트를 얻는 것을 시작할 수 있었다.

연습문제

연습문제를 수행하기 위해 다음 링크에서 제공하는 데이터셋을 다운받도록 하자. https://study.sagepub.com/gopal

이제 데이터 작업을 위한 다양한 접근 방식을 다루었으므로 몇 가지 데이터를 가져오고 이를 탐색하기 위해 간단한 분석 실행과 그래프를 그릴 준비가 되었다.

1 벡터 x를 생성하여 10부터 1,000까지 값을 넣고 벡터 y를 생성하여 x.에 있는 수들의 로그 제곱근을 취한다. 이후 x와 y를 그래프로 그려보자.

2 R *datasets* 패키지에는 **`airquality`**라는 데이터셋이 있다. Python에서는 깃허브 저장소으로부터 airquality.csv 데이터 파일을 불러온다.

해당 정보는 다음과 같다.

`airquality` 데이터 프레임은 153개의 행과 6개의 열이 있다. 1973년 5월에서 9월까지 뉴욕에서 측정한 일일 대기수준을 포함하고 있다. 데이터셋은 동일한 기간 동안 매일 대기수준에 영향을 미치는 요인들에 대한 정보도 포함한다. *Ozone, Solar.R, Wind, Temp, Month, Day*와 같은 파라미터들도 포함되어 있다.

다음을 계산해 보자.

i Temp의 평균, 중앙값, 3사분위 값을 구하시오.

ii **s1**이라는 부분집합을 만들어 6월의 모든 날짜를 저장하시오.

iii *Temp*와 *Solar.R.*에 대한 관계를 **s1** 기간으로 그려보자.

iv s1 데이터 프레임에서 Solar.R 중앙값은 무엇인가?

3 R에서 *MASS* 패키지를 불러오자. Cars93이라는 데이터셋이 있다. Python에서는 93cars.csv 데이터 파일을 불러오자.

정보는 다음과 같다.

Cars93 데이터 프레임은 93개의 행과 26개의 열이 있다. 1993년 미국에서 판매된 93대의 차량 정보를 포함하고 있다. 차들은 1993년 Consumer Reports(소비자 보호) 리포트와 PACE Buying Guide(구매 가이드)에 모두 기재된 승용차 모델 중 무작위로 선택되었다.

차량에 대해 price, mpg, horsepower, capacity, 기타 등등 데이터를 포함하고 있다.

다음을 계산해 보자.

i 고속도로에서 *MPG* 평균, 중앙값, 1사분위 값을 구하시오.

ii **p1**이라는 부분 데이터 프레임을 만들어 모든 Non-4WD 차량 중 3,500파운드가 넘는 것을 저장하시오.

iii price과 horsepower에 대한 관계를 p1을 활용하여 그려 보시오.

iv **p1** 데이터 프레임에서 luggage room의 중간값은 무엇인가?

4 R에서 plm 패키지를 선택하고 라이브러리를 불러와 data(Males) 명령어로 데이터를 가져오시오. Python에서는 저장소에서 Males.csv를 가져오시오.

다음을 계산해 보자.

i industry(산업)와 residence(거주지) 사이 빈도표를 만드시오. manufacturing(제조업)에 종사하는 사람들은 주로 어디에 살고 있으며, 어떤 비율을 보이고 있는가? south(남부)에 사는 사람들 중 transportation(대중교통) 분야에 종사하는 사람들은 몇 %인가? rural(교외) 지역에 사는 사람들에게 가장 인기 있는 산업은 무엇인가?

ii industry와 marriage status(결혼 상태)로 wage(임금) 평균을 계산하시오. married(기혼한 사람)의 임금 평균이 가장 높은 업종은 어디인가?

유용한 자료

R

- R 레퍼런스 카드는 기본 문법을 찾아보는 데 유용하다. 다운받아서 편한 곳에 두고 R로 코딩하는데 편하게 보면서 활용할 것을 매우 추천한다. https://cran.r-project.org/doc/contrib/Short-refcard.pdf
- 특정 패키지나 기능에 대해 몇 가지 다른 종류의 cheatsheets들이 있다. 목록을 여기서 찾으실 수 있다: https://rstudio.com/resources/cheatsheets/
- Quick-R
- The R Journal: https://journal.r-project.org/
- 교재: https://rstudio.com/resources/books/

Python

- 일반적인 자료와 링크: www.python.org
- Python 레퍼런스 카드
  http://sixthresearcher.com/wp-content/uploads/2016/12/Python3_reference_cheat_sheet.pdf https://perso.limsi.fr/pointal/_media/python:cours:mementopython3-v1.0.5a-english.pdf
- Documentation of the Python language: https://docs.python.org/3/
- NumPy 레퍼런스: https://numpy.org/doc/stable/reference/
- SciPy 레퍼런스: https://docs.scipy.org/doc/numpy-1.17.0/reference/
- Pandas 레퍼런스: https://pandas.pydata.org/docs/reference/index.html

2

데이터 요약과 시각화

목차

첫 번째 챕터에서는 프로그래밍의 기본인 데이터를 작업하는 방법과 기술 통계를 계산하여 데이터로부터 초기 인사이트를 도출하는 방법을 배웠다. 다음 단계 인사이트를 끌어내기 위해 이번 챕터에서는 인간의 가장 강력한 감각인 시각을 활용할 것이다. 시각은 우리가 주변 세상에 대해 받아들이는 정보의 80%를 제공한다. 두 가지 중요한 도구인 요약과 시각화에 집중하여 트렌드와 패턴 및 예외를 설명하도록 한다. 사실 이러한 도구들의 목적은 시각적 표현을 사용하여 데이터를 탐색하고, 이해하며, 전달하는 것이다. 통계가 우리가 예상한 것을 증명하는데 관한 것이라면 시각화는 우리가 예상하지 못했던 것을 이해하고 탐색하는 데 관한 것이다. 우리는 데이터 시각화 패키지 *ggplot*과 *plotly*와 함께 인사이트를 도출하고 이해하는 데 효과적인 시각화 디자인 원칙을 탐색해 보도록 한다.

데이터 프레임은 가장 흔한 데이터 구조로 우리가 R과 Python에서 데이터를 작업하는 데 사용한다. 데이터 프레임의 데이터를 요약하고 시각화하기 전에, 관심 있는 데이터 프레임의 일부에 집중할 수 있도록 데이터를 쪼개고 분할하는 방법을 먼저 알아볼 것이다. 데이터 프레임에 있는 변수와 관측치를 선택하고 제거하기 위한 인덱싱(indexing) 및 부분추출(subsetting)부터 시작해 보자.

인덱싱과 부분추출

인덱싱과 부분추출은 데이터 프레임의 특정 부분을 보여주는 방법이다. 예를 들어 우리가 데이터 프레임 **df**의 처음 4개의 행만 보고 싶거나 첫 번째, 세 번째, 여섯 번째 열을 보고 싶다고 할 때 사용한다. 해당 문법은 다음과 같다.

R

```
df[rows,columns
] df[,1]

# all rows, 1st column
```

Python

```
df.iloc[rows,columns]
df.iloc[:,0]

# all rows, 1st column
```

R과 Python 사이에 데이터 프레임을 다루는 문법과 작동방식에는 몇 가지 차이점들이 있다.

1 Python 데이터 프레임의 데이터는 많은 방법으로 표현할 수 있는데 가장 기본은 행과 열의 이름을 사용하는 것이다. 숫자 표현을 위해서는 위와 같이 **iloc** 문법을 사용해야 한다. R에서는 이름이나 숫자 표현을 혼용할 수 있다.

2 만약 모든 행 또는 모든 열을 원한다면 R에서는 인수를 빈칸으로 두면 되고 Python에서는 콜론(':')을 작성한다.

3 R에서 인덱싱은 1부터 시작하여 수학과 같은 반면 Python은 0에서부터 시작하도록 오프셋(offset)이 설정되어 있다는 점이 대부분 프로그래밍 언어[1]와 같다.

4 R에서 범위는 양쪽 인수를 포함하여 예를 들어 1:3은 1,2,3이다. Python에서 1:3은 1,2를 뜻하고, 마지막 인수를 포함하지 않다.

아래는 우리가 첫 번째 챕터에서 생성했던 **ghw** 데이터 프레임을 사용한 몇 가지 예제이다.

R

```
weight = c(60,72,57,90,95,72)
height = c(1.75,1.8,1.65,1.9,1.74,1.91)
gender = c("m","f","m","f","f","m")

ghw=data.frame(gender,height,weight)

ghw[1,1]
## [1] m
## Levels: f m

ghw[,1:3]

##   gender height weight
## 1      m   1.75     60
## 2      f   1.80     72
## 3      m   1.65     57
## 4      f   1.90     90
## 5      f   1.74     95
## 6      m   1.91     72
```

1 오프셋(offsets)을 사용한다는 것은 벡터 **v**의 첫번째 성분을 Python 배열(array)에서 **v[0]**으로 엑세스하거나 *Pandas* 패키지를 이용해 Python 데이터 프레임의 **v.iloc[0,0]**으로 엑세스한다는 것을 의미한다. 오프셋 사용은 랜덤 엑세스 메모리(Random Access Memory)를 가리키는 데서 비롯되는데 **v** 안의 첫 번째 배열 성분 메모리 주소가 **v**의 메모리 주소이고 **v+1**의 주소가 **v**의 두 번째 성분을 나타낸다. C와 C++, Java, JavaScript를 포함한 대부분의 프로그래밍 언어에서 사용되는 방법이다.

```
ghw[2:5,]

##   gender height weight
## 2      f   1.80     72
## 3      m   1.65     57
## 4      f   1.90     90
## 5      f   1.74     95

ghw[,1]

## [1] m f m f f m
## Levels: f m

ghw[c(1,3,6),2:3]

##   height weight
## 1   1.75     60
## 3   1.65     57
## 6   1.91     72
```

Python

```
weight = np.array([60,72,57,90,95,72])
height = np.array([1.75,1.8,1.65,1.9,1.74,1.91])
gender = np.array(["m","f","m","f","f","m"])
ghw = pd.DataFrame({"gender":gender,"height":height,"weight":weight})

ghw.iloc[0,0]
'm'

ghw.iloc[:,1:3]

       height weight
0      1.75   60
1      1.80   72
2      1.65   57
3      1.90   90
4      1.74   95
5      1.91   72

ghw.iloc[1:5,:]

       gender height weight
1      f      1.80   72
2      m      1.65   57
```

```
3       f       1.90    90
4       f       1.74    95

ghw.iloc[:,0]

0    m
1    f
2    m
3    f
4    f
5    m
Name: gender, dtype: object

ghw.iloc[[0,2,5],1:3]
        height  Weight
0       1.75    60
2       1.65    57
5       1.91    72
```

때로는 데이터 일부분을 새로운 변수로 저장하는 것이 유용하다. 아래 코드는 **ghw** 데이터 프레임의 첫 번째 3개 행을 저장하는 변수 **x**를 생성한다.

R

```
x = ghw[1:3,]
dim(x)

## [1] 3 3
```

Python

```
x = ghw.iloc[0:3,:]
x.shape

(3, 3)
```

조건 지정하기

인덱싱과 부분추출의 핵심은 특정 행을 선택하기 위한 조건을 사용하는 것이다. 우리가 원하는 인자들을 특정하기 위해 비교 연산 기호 ==을 사용한다. 다른 기호들은 아래 표 내용을 포함한다.

표 2.1 조건 연산 기호

R	뜻	Python(비트 연산(bitwise))
&	그리고	and (&)
|	또는	Or (|)
<, >,>=,<=	미만, 초과, 이하, 이상	<,>,>=,<=
!	~이 아닌	not (~)
is.na(x)	x가 NA	pd.isna(x)

위 테이블의 마지막 줄에 있는 NA는 R에서 'Not Available'의 약자로 누락 데이터(missing values)를 의미한다. 누락 데이터는 데이터셋에서 아주 흔히 발견된다. 이 함수는 누락 데이터를 감지하고 관리할 수 있게 한다. 다른 기호 NAN은 R에서 'Not a Number'를 의미한다. 아래 보이는 것과 같이 불가능한 연산을 할 때 예를 들어 0을 0으로 나누는 것과 같은 상황에서 나타낸다.

```
> 0/0
[1] NaN
```

Python에서는 *Pandas*가 NaN('Not a Number') 값을 누락 데이터를 지칭하는 데 사용한다. 해당 값은 값이 설정되지 않았거나 연산 결과가 위와 같은 결과를 낼 때 발생한다. NaN을 다루는데 Python과 *Pandas*는 R과는 다른 몇 가지 차이점들이 있다. 예를 들어 순수 Python 결과는 다음처럼 에러 메시지를 만든다.

```
0/0
...
ZeroDivisionError: division by zero
```

Pandas 데이터 프레임에서 해당 계산이 수행된다면, −inf, inf 또는 NaN이 생성되며, 이는 후속 작업에서 누락된 값으로 처리된다.

```
df = pd.DataFrame({'a': [0,-1], 'b': [2,3]})
print(df)
df /= 0
print(df)
   a  b
0  0  2
1 -1  3
     a    b
0  NaN  inf
1 -inf  inf
```

제공된 온라인 출처에서 파일로 다운받을 수 있는 *student* 데이터 프레임으로 몇 가지 예제를 확인해 보자.

R

```
student = read.csv("student.csv")
```

Python

```
student = pd.read_csv("../data/student.csv")
```

팩터(factor) 변수들은 따옴표를 이용해 성분을 특정하는 것을 기억해야 한다.

R

```
x1 = student[student$daysabs==0,]
head(x1)
     id gender math prog daysabs
16 1016      0   89    2       0
18 1018      1   35    2       0
22 1022      0   61    2       0
24 1024      0   63    2       0
28 1028      1   21    2       0
31 1031      0    1    2       0

x2 = student[student$daysabs==0 & student$math>60,]
head(x2)
     id gender math prog daysabs
16 1016      0   89    2       0
22 1022      0   61    2       0
24 1024      0   63    2       0
35 1035      0   68    2       0
71 1071      0   72    2       0
85 1085      0   75    2       0
```

Python

```
x1 = student[student['daysabs']==0]
x1.head()
      id  gender  math  prog  daysabs
15  1016       0    89     2        0
17  1018       1    35     2        0
21  1022       0    61     2        0
23  1024       0    63     2        0
27  1028       1    21     2        0

x2 = student[(student['daysabs']==0) & (student['math']>60)]
x2.head()
```

```
     id  gender  math  prog  daysabs
15  1016       0    89     2        0
21  1022       0    61     2        0
23  1024       0    63     2        0
34  1035       0    68     2        0
70  1071       0    72     2        0
```

조건문을 생성하기 위해 함수를 사용하는 것 또한 유용하다. R에서는 아래와 같이 조건을 변수로 저장해 사용할 수 있다.

```
f1 = student$gender==0 & student$prog==3 & student$math>60
```

변수 ***f1***은 아래와 같이 논리값 유형으로 저장된다.

```
class(f1)
[1] "logical"
```

Python에서는 R과 비슷하게 Pandas Series 객체를 참과 거짓을 나타내는 불리언(Boolean) 유형으로 생성할 수 있다.

```
f1 = (student['gender']==0) & (student['prog']==3) &
(student['math']>60)
f1
0       False
1       False
2       False
        ...
311     False
312     False
313     False
Length: 314, dtype: bool
```

이제 우리는 데이터 프레임을 부분 추출하는 함수를 사용할 수 있다.

R

```
x3 = student[f1,]
head(x3)
      id gender math prog daysabs
89  1089      0   84    3       4
165 2007      0   71    3       0
167 2009      0   71    3       0
169 2011      0   77    3       2
```

```
173 2015       0   65    3        1
175 2017       0   77    3        0
```

Python

```
x3 = student[f1]
x3.head()
       id  gender  math  prog  daysabs
88   1089       0    84     3        4
164  2007       0    71     3        0
166  2009       0    71     3        0
168  2011       0    77     3        2
172  2015       0    65     3        1
```

함수의 사용은 코드를 보다 이해하기 쉽게 만들 수 있으며, 특히 복잡한 조건문 집합을 사용해야 할 때 코드를 조금 더 쉽게 관리할 수 있다.

간결하고 읽기 쉬운 코드를 작성하기 위해 R에서 사용할 수 있는 또 다른 트릭이 있다. 이전에 언급했던 것과 같이 변수를 데이터 프레임의 이름과 함께 참조할 수 있다. 예를 들어 **student$gender**와 같이 사용한다. 이 방법은 우리가 작성해야 하는 코드의 양이 많아지면 지루할 수 있다. 따라서 해당 데이터 프레임을 우선 첨부(**attach**)하는 방식으로 데이터 프레임의 이름과 변수를 같이 참조하는 방식을 대체함으로써 위의 예제는 다음과 같이 좀 더 간결하게 작성할 수 있다.

```
attach(student)
f1 = gender==0 & prog==3 & math>60
```

여기서 주의해야 할 점은 다른 데이터 프레임과 이름이 중복되거나 이미 사용된 단어로 충돌을 일으킬 수 있다. 필요할 때에는 데이터 프레임을 **attach**하고 나중에 충돌을 피하기 위해 **detach()** 함수로 데이터 프레임을 분리하는 것이 좋은 방법이다.

Python에서는 (attach 함수를 직접 만들 수 있긴 하지만) **attach** 와 같은 기능은 없으며, 변수 이름을 배경 정보 없이 사용하는 것을 추천하지 않는다. 그 이유는 R은 보통 작은 프로젝트 안에 편의성을 중요시하는 철학이 있는 반면 Python은 보다 널리 사용되고 때로는 매우 큰 시스템의 일부로 사용되기 때문에 이름 추적이 용이하지 않은 방식을 원하지 않기 때문이다.

데이터 요약하기

요약은 데이터를 정렬된 형태로 보기 위한 빠르고 쉬운 방법이다. R에서 우리는 기본 설치되어 있는 *MASS* 패키지의 **whiteside** 데이터 프레임을 사용하고 *vcd* 패키지를 별도 설치하여 **Arthritis** 데이터 프레임을 사용할 것이다. 챕터 1에서 언급했던 것처럼 R Studio에서 수동으로 패키지를 설치할 수 있으며(R Studio에서 오른쪽 아래 위치한 창을 확인하시오), 명령어 **install.packages("패키지 이름")**을 통해 설치할 수도 있다. 한번 설치된 패키지는 명령어 **library("패키지 이름")**을 통해 패키지를 불러와서 사용할 수 있다. 패키지를 설치하는 것은 딱 한 번만 하면 되지만, 스크립트에서 사용할 때는 원하는 지점마다 매번 불러와야 하는 걸 기억해야 한다.

Python에서 같은 데이터를 사용하겠지만 파일을 통해 데이터를 불러올 것이다. 이전에 언급했던 것처럼 Python은 사용 가능한 수많은 패키지를 통해 추가 기능을 지원하지만, 일반적으로 데이터를 포함하고 있지 않다. 시스템에 Python 패키지를 설치하는 방법은 사용하고 있는 Python 배포판에 따라 달라진다. 만약 (추천했던) Anaconda를 사용한다면 Anaconda Navigator('Environments' 메뉴)를 사용해 그래픽 사용자 인터페이스 (GUI, Graphical User Interface)로 대부분 일반 패키지를 편리하게 설치할 수 있고, 또는 conda 명령어 도구를 사용해 설치할 수도 있다.[2]

팩터 변수(Factor Variables)

팩터 변수(Factor Variables)를 요약하는 표를 생성하기 위한 명령어는 ***table()***이다. Python에서 우리는 프로그래밍 요소로 팩터 변수를 가지고 있지 않지만 같은 효과를 낼 수 있는 다른 기능을 사용할 수 있는데, 특히 **value_counts()** 메소드를 생성한 인덱스 결합(**stack**)을 변경하기 위해 **unstack()**과 함께 결합하여 사용한다. **Arthritis** 데이터 프레임으로 몇 가지 표를 생성해 보자.

R

```
table(Arthritis$Sex)

##
## Female   Male
##     59     25
```

2 더 많은 정보를 보려면 아래 주소를 통해 확인하자.
https://docs.conda.io/projects/conda/en/latest/user-guide/con- cepts/installing-with-conda.html

Python

```
arthritis['Sex'].value_counts()

Female    59
Male      25
Name: Sex, dtype: int64
```

데이터에 Female 59명과 Male 25명이 존재하는 것을 알 수 있다.

다음으로 **Treatment**와 **Improved** 변수를 함께 나타내는 표를 생성해 보자.

R

```
x = table(Arthritis$Treatment,
    Arthritis$Improved)
x
##
##           None Some Marked
##   Placebo   29    7      7
##   Treated   13    7     21
```

Python

```
arthritis[['Treatment','Improved']].
  value_counts().unstack()

Improved    Marked  None  Some
Treatment
Placebo          7    29     7
Treated         21    13     7
```

개수를 세어 만든 표 대신에 차지하는 비중을 알고 싶다고 가정해 보자. 이를 위해 우리는 **prop.table()** 명령어를 사용한다.

R

```
prop.table(x)

##
##                 None       Some     Marked
##   Placebo 0.34523810 0.08333333 0.08333333
##   Treated 0.15476190 0.08333333 0.25000000

prop.table(x, margin = 1)

##
```

```
##                None      Some    Marked
##   Placebo 0.6744186 0.1627907 0.1627907
##   Treated 0.3170732 0.1707317 0.5121951

prop.table(x, margin = 2)
##
##                None      Some    Marked
##   Placebo 0.6904762 0.5000000 0.2500000
##   Treated 0.3095238 0.5000000 0.7500000
```

Python

```
arthritis[['Treatment','Improved']].
  value_counts(normalize=True).unstack()

Improved      Marked      None      Some
Treatment
Placebo     0.083333  0.345238  0.083333
Treated     0.250000  0.154762  0.083333

arthritis.groupby('Improved')['Treatment'].
  value_counts(normalize=True).unstack()

Treatment     Placebo     Treated
Improved
Marked       0.250000    0.750000
None         0.690476    0.309524
Some         0.500000    0.500000

arthritis.groupby('Treatment')['Improved'].
  value_counts(normalize=True).unstack()

Improved      Marked      None      Some
Treatment
Placebo     0.162791  0.674419  0.162791
Treated     0.512195  0.317073  0.170732
```

margin값을 설정하지 않으면 전체 모수를 기준으로, **margin**에 1을 설정하면 행을 기준으로, 2를 설정하면 열을 기준으로 퍼센트를 반환하는 것을 확인하자.

만약 3개의 팩터 변수로 표를 만들고 싶다면 **ftable()** 명령어를 사용하면 된다. 이를 예제를 통해 확인해 보자.

R

```
y = table(Arthritis$Sex,Arthritis$Treatment,Arthritis$Improved)
ftable(y)
##                   None Some Marked
##
## Female Placebo     19    7      6
##        Treated      6    5     16
## Male   Placebo     10    0      1
##        Treated      7    2      5
```

Python

```
df3 = arthritis[['Sex','Treatment','Improved']].
           value_counts().unstack()[['None','Some','Marked']]
df3

Improved             None        Some      Marked
Sex     Treatment
Female     Placebo   19.0         7.0         6.0
Treated               6.0         5.0        16.0
Male       Placebo   10.0         NaN         1.0
Treated               7.0         2.0         5.0
```

R에서 수치형 변수(Numerical Variables)

팩터 변수와 수치형 변수로 표를 만들기 위해서는 다음과 같은 문법을 사용한다.

```
aggregate(numeric variable, list(factor variable), simple statistic
command).
```

whiteside 데이터 프레임을 이용한 예제를 확인해 보자.

```
z = aggregate(whiteside$Temp,list(whiteside$Insul),mean)
head(z)

##    Group.1        x
## 1  Before 5.350000
## 2   After 4.463333
```

지금까지 데이터 프레임으로 작업할 수 있는 기본 R 명령어들을 다루었다. 다음에는 데이터 관리에 있어 더 많은 기능과 효율성을 제공하여 인기있는 패키지 *dplyr*에 대해 알아볼 것이다.

Python에서 수치형 변수(Numerical Variables)

Python에서 팩터 변수들은 ***groupby()***와 ***aggregate()*** 메소드를 사용할 수도 있다. 우리는 이들을 메소드 연결(method chaining)이라고 부른다. 메소드 연결은 데이터 프레임 객체에 '.'을 사용해서 적용된 메소드에 메소드를 적용할 수 있게 한다. 이번 예제에서 우리는 ***groupby***를 먼저 적용해서 ***Insul***을 팩터로 선택하고, 사각 괄호를 이용해 ***Temp***를 관심 열로 선택한다. 그런 다음 *NumPy* 패키지에서 **mean** 함수를 불러 집계(aggregate)한다.

```
whiteside.groupby(['Insul'])['Temp'].aggregate(np.mean)
        mean
Insul
After   4.463333
Before 5.350000
Name: Temp, dtype: float64
```

*ggplot2*로 그래프 그리기

이제 우리는 R에서 가장 강력하고 많이 사용되는 패키지 중 하나인 *ggplot2* 패키지를 활용해 그래프를 그려보자. 이 패키지에 엑세스하기 위해서는 *tidyverse*라고 불리는 패키지를 설치하고 불러와야 한다. 여기에는 *ggplot2*은 물론이고 데이터 조작을 위해 다른 유용한 패키지들도 포함되어 있는데 나중에 일부를 탐색할 예정이다.

먼저, *tidyverse* 패키지를 명령어를 통해 설치하자.

```
install.packages("tidyverse",dependencies = TRUE).
```

설정 **dependencies = TRUE**는 *tidyverse*를 실행하는 데 필요한 모든 패키지들을 제대로 설치할 수 있게 보장한다. 설치 이후 패키지를 불러오고, *MASS* 패키지도 불러와서 *MASS*패키지에서 제공하는 데이터셋을 사용한다..

```
library(tidyverse)
library(MASS)
```

이전에 사용했던 **whiteside** 데이터 프레임을 둘러보자.

R

```
head(whiteside)
##     Insul Temp Gas
```

```
## 1 Before -0.8 7.2
## 2 Before -0.7 6.9
## 3 Before  0.4 6.4
## 4 Before  2.5 6.0
## 5 Before  2.9 5.8
## 6 Before  3.2 5.8
```

Python

```
whiteside.head()

    Insul  Temp  Gas
0  Before  -0.8  7.2
1  Before  -0.7  6.9
2  Before   0.4  6.4
3  Before   2.5  6.0
4  Before   2.9  5.8
```

이제 이 데이터 프레임으로 그래프를 그려보자.

ggplot2 패키지는 데이터 시각화를 가능하게 한다. 해당 과정은 기본 캔버스에서 +를 이용해 새로운 그래픽 요소들을 쌓아 올리는 방식이다. 기본 캔버스를 생성하기 위해서는 **ggplot()** 명령어를 사용한다. 괄호 안에 우리는 데이터 프레임 및 *x*, *y* 축에 놓고 싶은 변수들을 정의하며, ***aes()***는 축을 생성하기 위해 사용된다. 여기서 하나의 변수를 *x* 또는 *y*축으로 선택한 다음 나머지는 무시해도 괜찮다. 다른 핵심 명령어는 **geom**으로 기하학적 물체(geometric object)를 의미하고 다른 종류의 그래프를 그리는 데 주로 사용된다. 1차원 그래프부터 시작하여 2차원 이상 다차원 그래프를 생성해 보자.

변수 하나로 그래프 그리기

팩터 변수

우선 *whiteside* 데이터셋으로 **Insul**을 그리기 위한 기본 캔버스를 생성하자.

R

```
ggplot(whiteside,aes(x = Insul))
```

Python

```
plt.style.use('ggplot')
plt.plot()
```

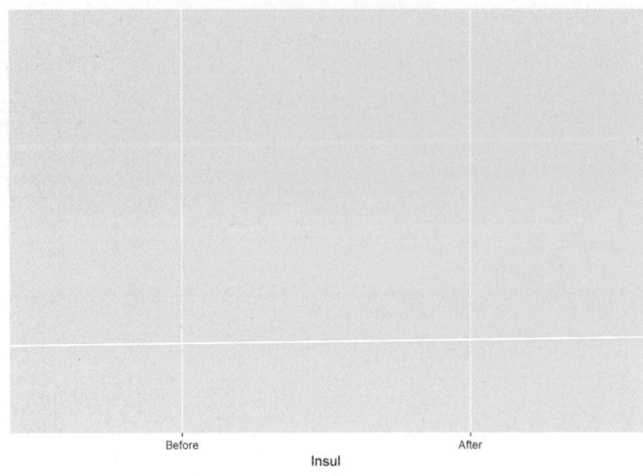

그림 2.1 Basic canvas

팩터 데이터이기 때문에 간단한 막대 그래프를 그려보자.

R

```
ggplot(whiteside,aes(x = Insul)) + geom_bar()
```

Python

```
plt.bar(g['Insul'], g['count'])
```

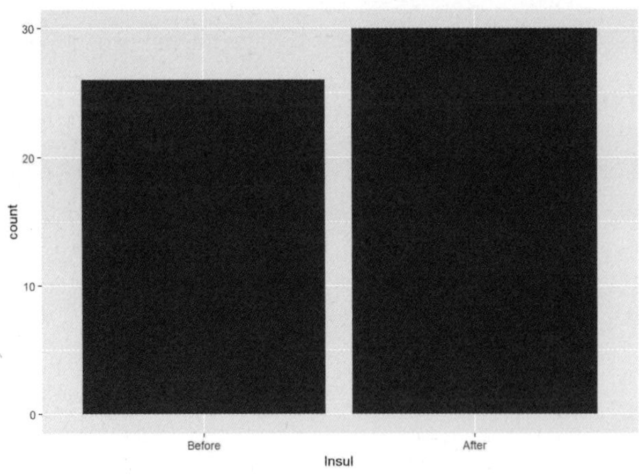

그림 2.2 간단한 막대 그래프

쌓아 올린다는 개념은 막대 그래프를 기본 캔버스 위에 더한다는 방식을 말한다. 이제 그래프를 완성하기 위해 추가로 보완할 내용을 살펴보자. ***col***을 이용해 그래프 선의 색깔을 선택할 수 있고 ***fill***을 이용해 선택한 색으로 공간(면)을 채울 수 있다.

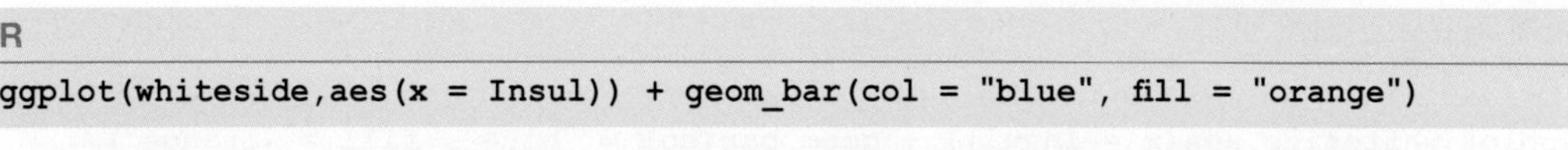

R

```
ggplot(whiteside,aes(x = Insul)) + geom_bar(col = "blue", fill = "orange")
```

Python

```
plt.bar(g['Insul'], g['count'], edgecolor='blue', color='orange')
```

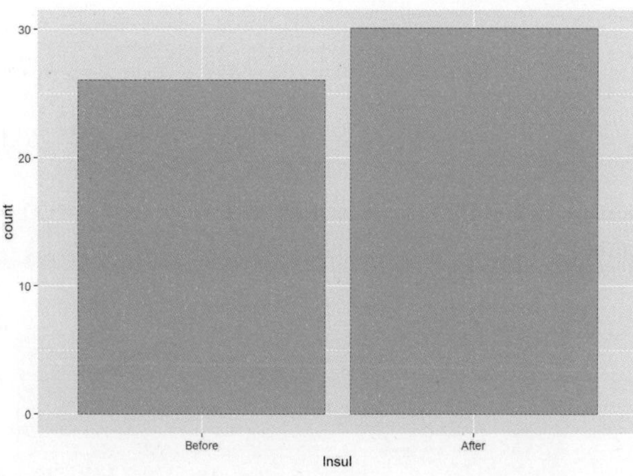

그림 2.3 색이 추가된 막대 그래프

추가로 몇 가지 더 수정해 보자. 우선 ***theme***을 사용해 배경을 변경한다.

R

```
ggplot(whiteside,aes(x = Insul)) + geom_bar(col = "blue", fill = "orange") + theme_light()
```

Python

```
plt.style.use('default')
plt.grid(alpha=.2)
plt.bar(g['Insul'], g['count'], edgecolor='blue', color='orange')
```

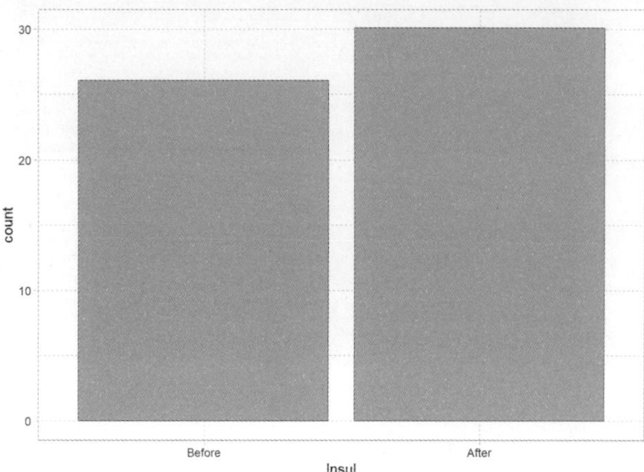

그림 2.4 배경색 변경

이제 좌표를 뒤집어 보자.

```
ggplot(whiteside,aes(x = Insul)) + geom_bar(col = "blue", fill = "orange")
     + theme_light() + coord_flip()
plt.grid(alpha=.2)
plt.barh(g['Insul'], g['count'], edgecolor='blue', color='orange')
plt.ylabel('Insul')
plt.xlabel('count')
```

Insul 데이터를 **aes()** 명령어의 *y*축에 두는 것으로 그래프를 뒤집을 수도 있다.

```
ggplot(whiteside,aes(y = Insul)) + geom_bar(col = "blue", fill = "orange")
     + theme_light()
```

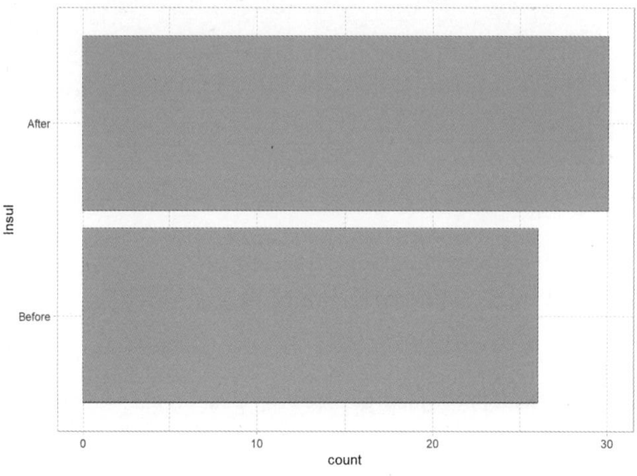

그림 2.5 좌표 뒤집기

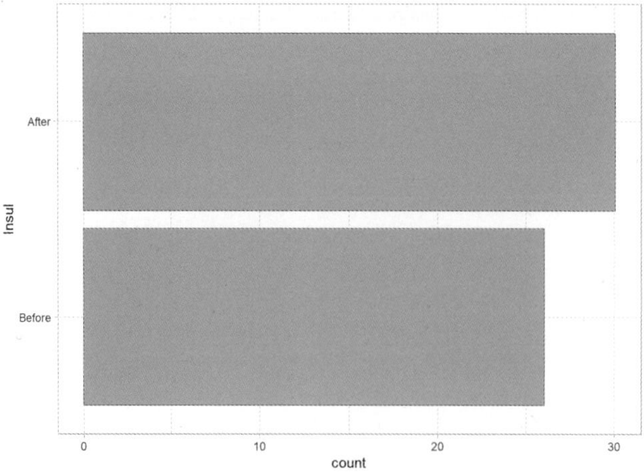

그림 2.6 좌표를 뒤집는 다른 방법

팩터 데이터를 표현하는데 또 다른 유용한 그래프는 점도표(dot plot)이다. 아래 코드에서는 제목과 레이블을 ***labs ()***를 사용하여 더하는 방법을 알아보자.

```
ggplot(whiteside,aes(x = Insul)) + geom_dotplot(col = "blue",
       fill = "orange") + theme_light() + labs(title = "Insulation",
       subtitle = "Observations With and Without Insulation", y = "Percent")
## 'stat_bindot()' using 'bins = 30'. Pick better value with 'binwidth'.

g['percent'] = g['count'].div(g['count'].sum())

fig = plt.figure()
fig.suptitle('Insulation')
ax = plt.subplot(111)
ax.grid(alpha=.2)
ax.set_title('Observations With and Without Insulation')
ax.scatter(g['Insul'], g['percent'], edgecolor='blue', color='orange')
ax.set_ylim([-.05, 1.05])
ax.set_ylabel('Percent')
ax.set_xlabel('count')
plt.show()
```

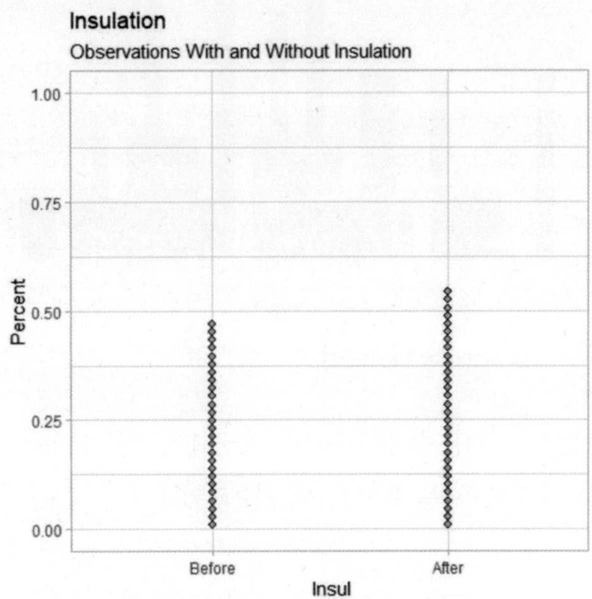

그림 2.7 제목과 레이블이 있는 점도표

수치형 변수(Numerical Variables)

이번에는 하나의 수치 변수로 그래프를 그려보자. 수치형 변수의 가장 기본적인 그래프는 히스토그램이다.

R

```
ggplot(whiteside,aes(x = Temp)) + geom_histogram()
```

Python

```
plt.style.use('ggplot')
plt.hist(whiteside['Temp'], bins=30)
plt.ylabel('count')
plt.xlabel('Temp')
plt.show()
```

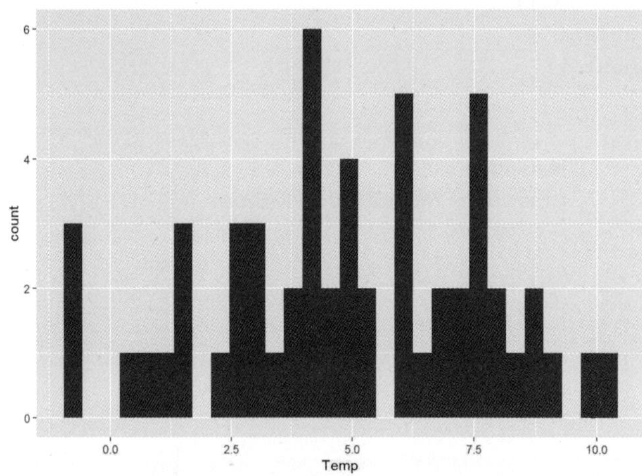

그림 2.8 히스토그램: *whiteside* 데이터셋의 Temp(온도)

기본적으로 Temp 변수의 데이터는 30개의 bin으로 표현되며, 각각의 bin에 해당하는 *Temp* 값의 개수가 y축에 그려진다. 아래에 보이는 것처럼 수정할 수도 있다.

R

```
ggplot(whiteside,aes(x = Temp)) + geom_histogram(bins = 10, col = "purple",
       fill = "yellow") + theme_light()
```

Python

```
plt.style.use('default')
plt.grid(alpha=.2)
plt.hist(whiteside['Temp'], bins=10, edgecolor='purple', color='yellow')
plt.ylabel('count')
```

```
plt.xlabel('Temp')
plt.show()
```

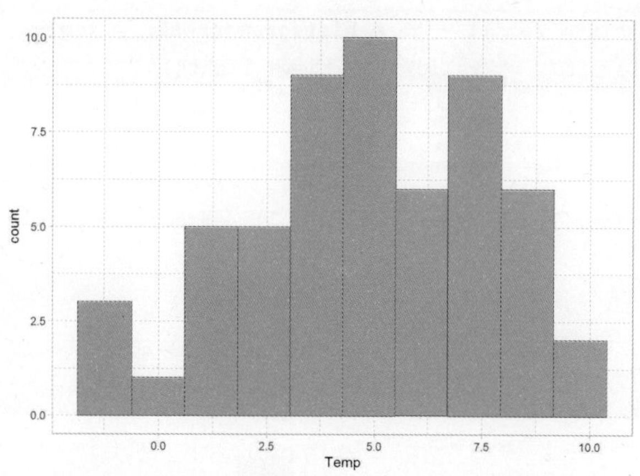

그림 2.9 히스토그램에서 bin 설정 변경

데이터를 같은 크기의 bin으로 쪼개는 대신 ***breaks*** 설정을 사용하여 각각의 bin 길이를 특정할 수 있다.

R

```
ggplot(whiteside,aes(x = Temp)) + geom_histogram(breaks = c(-2,-1,0,2,5,10),
      col = "purple", fill = "yellow") + theme_light()
```

Python

```
plt.grid(alpha=.2)
plt.hist(whiteside['Temp'], bins=[-2,-1,0,2,5,10], edgecolor='purple', color='yellow')
plt.ylabel('count')
plt.xlabel('Temp')
plt.show()
```

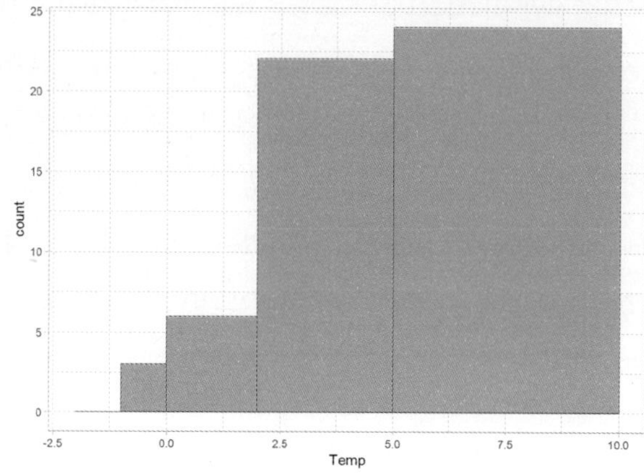

그림 2.10 서로 다른 크기의 bin으로 그린 히스토그램

만약 여러 개의 ***breaks*** 지점을 원한다면 아래와 같이 ***seq()*** 함수를 사용할 수 있다.

R
```
ggplot(whiteside,aes(x = Temp)) + geom_histogram(breaks = seq(-2,10,by = 1),
      col = "purple", fill = "yellow") + theme_light()
```

Python
```
plt.grid(alpha=.2)
plt.hist(whiteside['Temp'], bins=range(-2, 10, 1), edgecolor='purple', color='yellow')
plt.ylabel('count')
plt.xlabel('Temp')
plt.show()
```

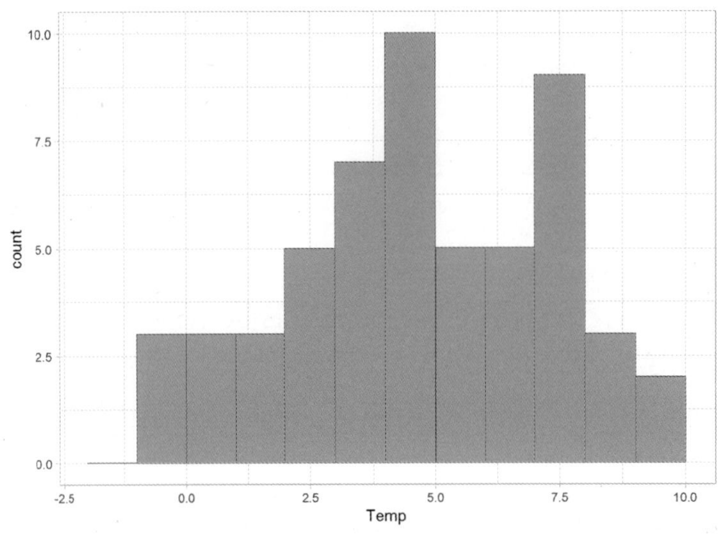

그림 2.11 breaks 지점을 정의한 히스토그램

어쩌면 눈치챘을지도 모르겠지만 히스토그램의 모양은 bin 설정을 변경하면 상당히 달라질 수 있다. 그래서 히스토그램을 잘못 읽을 수도 있고 언제나 반드시 데이터를 정확하게 묘사하지 않는다. 우리가 bin의 개수를 늘린다고 가정하고 각 bin의 중간에 점을 찍어 연결하는 선을 그려보자. 이것이 바로 데이터 밀도 그래프(Density graph)를 그리는 방법이다. 밀도 그래프는 히스토그램보다 좀 더 유용할 수 있는데 왜냐하면 데이터가 어떻게 분포되었는지 더욱 정밀한 형상을 제공하기 때문이다. 사실 히스토그램은 bin을 어떻게 정의하는지에 따라 모양이 달라질 수 있기 때문에 혼란스러울 수 있다. 이 부분을 **Temp** 변수로 그린 히스토그램 그래프들을 통해 확인해 보자.

이제 밀도 그래프를 그려보자.

R

```
ggplot(whiteside,aes(x = Temp)) + geom_density(col = "pink", fill = "yellow") +
      theme_light()
```

Python

```
sns.set_style("whitegrid")
ax = sns.displot(whiteside['Temp'], kind = 'kde', color = 'yellow', fill='y')
ax.set(xlim=(-1, 11))
plt.xlabel('Temp')
plt.show()
```

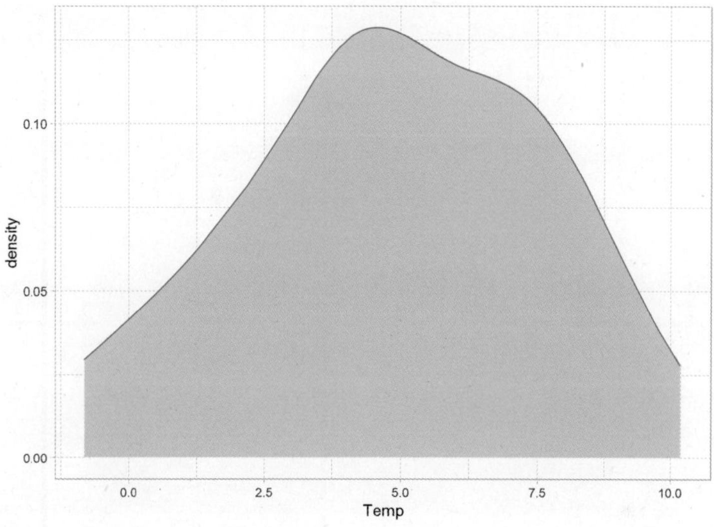

그림 2.12 *whiteside* dataset 데이터셋에서 Temp의 밀도 그래프

우리가 Temp의 평균, 최대, 최소 값에 수직선을 생성하고 싶으면 어떻게 해야 할까? 먼저 평균과 최대, 최소를 계산하고 그 다음에 해당 값에 해당하는 수직선을 그린다. 다음과 같이 선의 색상과 크기를 변경할 수도 있다.

R

```
meantemp = mean(whiteside$Temp)
mintemp = min(whiteside$Temp)
maxtemp = max(whiteside$Temp)

ggplot(whiteside,aes(x = Temp)) + geom_density(col = "pink", fill = "yellow") +
      geom_vline(xintercept = maxtemp, col = "blue", size = 2) +
      geom_vline(xintercept = mintemp, col = "pink", size = 2) +
      geom_vline(xintercept = meantemp, col = "purple", size = 2) + theme_light()
```

Python

```
maxtemp = whiteside['Temp'].max()
mintemp = whiteside['Temp'].min()
meantemp = whiteside['Temp'].mean()

ax = sns.displot(whiteside['Temp'], kind = 'kde', color = 'yellow', fill='y')
plt.axvline(maxtemp, color='blue')
plt.axvline(mintemp, color='pink')
plt.axvline(meantemp, color='purple')
ax.set(xlim=(-1, 11))
plt.xlabel('Temp')
plt.show()
```

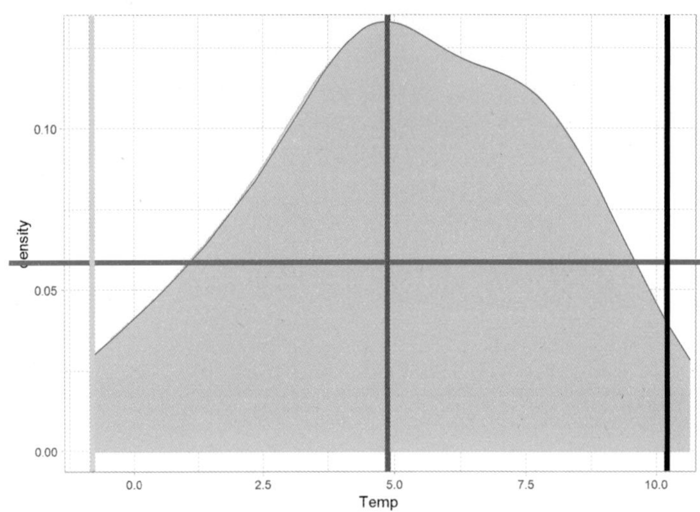

그림 2.13 밀도 그래프에 유용한 표시선 추가

단일 숫자 변수로 상자그림(boxplot)을 생성해 보자.

R

```
ggplot(whiteside,aes(x = Temp)) + geom_boxplot(col = "violet", fill = "lightblue",
       size = 1) + theme_light()
```

Python

```
ax = sns.boxplot(x = whiteside['Temp'], linewidth = 1, boxprops = dict (facecolor = 'lightblue',
     edgecolor = 'violet'), medianprops = dict(linewidth = 3, color = 'violet',
     whiskerprops = dict(color = 'violet'), capprops = dict(color = 'violet'))
```

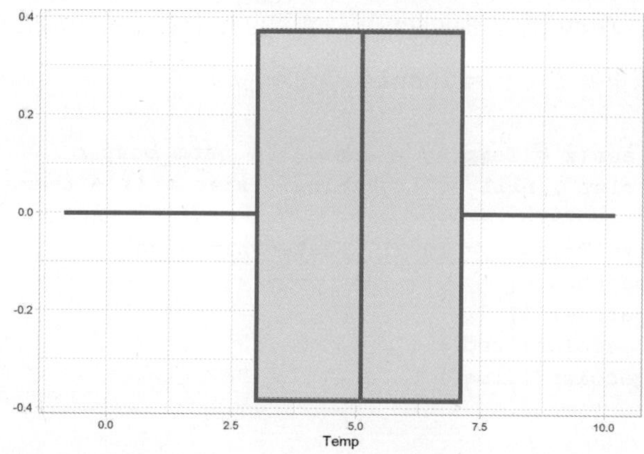

그림 2.14 단일 숫자 변수로 그린 상자그림

다중 변수로 그래프 그리기

수치형 + 팩터 변수

위의 상자그림에서 Insul 변수를 추가해 팩터 값에 대한 데이터를 포함할 수 있게 확장해 보자. 다시 말해, 상자그림 2개를 만들어 각각 Before(단열 이전)와 After(단열 이후)를 확인해 보자.

R

```
ggplot(whiteside,aes(x = Temp, col = Insul)) + geom_boxplot(fill = "lightblue",
       size = 1) + theme_light()
```

Python

```
ax = sns.boxplot(x='Temp', y='Insul', data=whiteside)
```

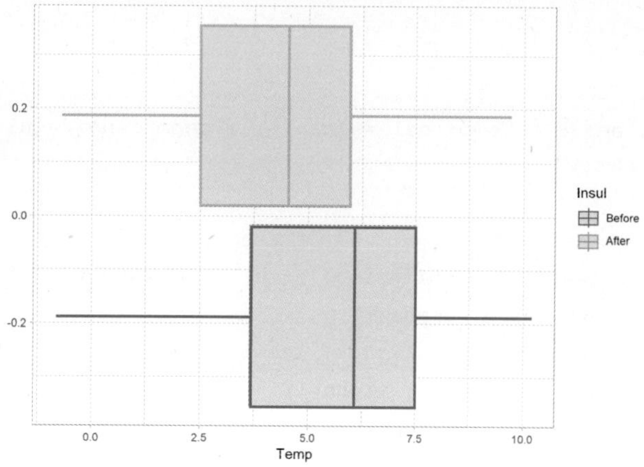

그림 2.15 상자그림 비교

앞의 코드는 팩터 변수 ***Insul***를 범례(legend)로 생성한다. 단열 전후에 대한 상자그림을 생성하는 다른 방법은 **aes()** 명령어 안에 ***y = Insul***를 입력하는 것이다.

```
ggplot(whiteside,aes(x = Temp, y = Insul)) + geom_boxplot
       (col = "violet", fill = "lightblue", size = 1) + theme_light()

ax = sns.boxplot(x='Temp', y='Insul', data=whiteside)
box_before = ax.patches[0]
box_after  = ax.patches[1]
box_before.set_edgecolor('red')
box_after.set_edgecolor('blue')
plt.show()
```

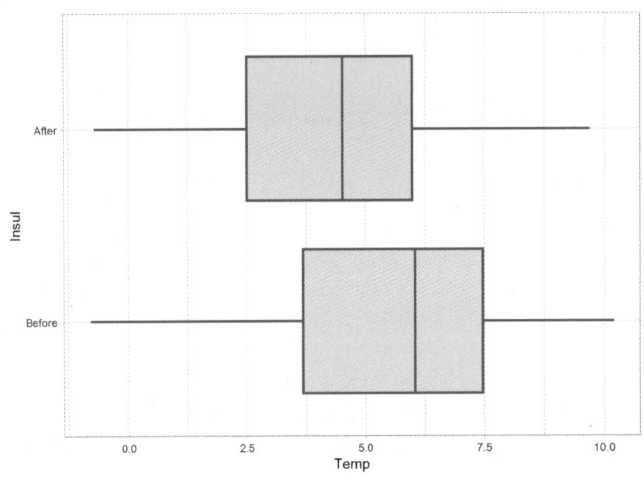

그림 2.16 상자그림을 비교하는 다른 방법

이 방법은 범례를 만드는 대신 ***Insul*** 전후를 y축에 표기한다. 같은 방법을 밀도 그래프에도 사용할 수 있다.

R

```
ggplot(whiteside, aes(x = Temp, col = Insul)) + geom_density(fill = "yellow")
       + theme_light()
```

Python

```
fig = sns.kdeplot(whiteside.loc[whiteside['Insul'] == 'Before']['Temp'],
      color="pink", shade=True, alpha=1)
fig = sns.kdeplot(whiteside.loc[whiteside['Insul'] == 'After']['Temp'],
      color="lightblue", shade=True, alpha=1)
plt.show()
```

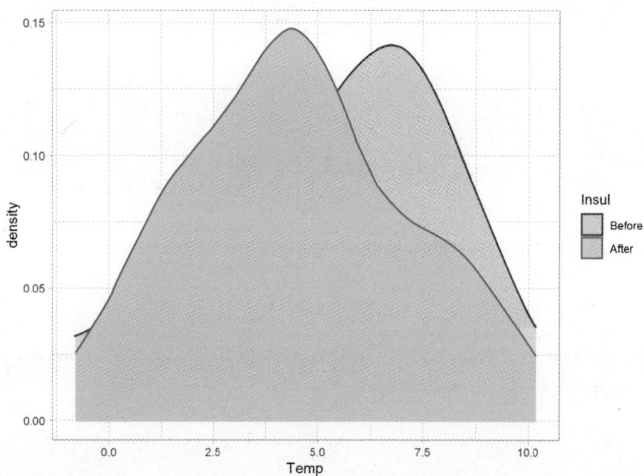

그림 2.17 밀도 그래프 비교

아래는 그래프를 좀 더 분명하게 구분하기 위해 몇 가지 변화를 주었다.

R

```
ggplot(whiteside, aes(x = Temp)) + geom_density(aes(fill = Insul), alpha = .4) +
       theme_light()
```

Python

```
fig = sns.kdeplot(whiteside.loc[whiteside['Insul'] == 'Before']['Temp'],
     color="pink", shade=True, alpha=.4)
fig = sns.kdeplot(whiteside.loc[whiteside['Insul'] == 'After']['Temp'],
     color="lightblue", shade=True, alpha=.4)
plt.show()
```

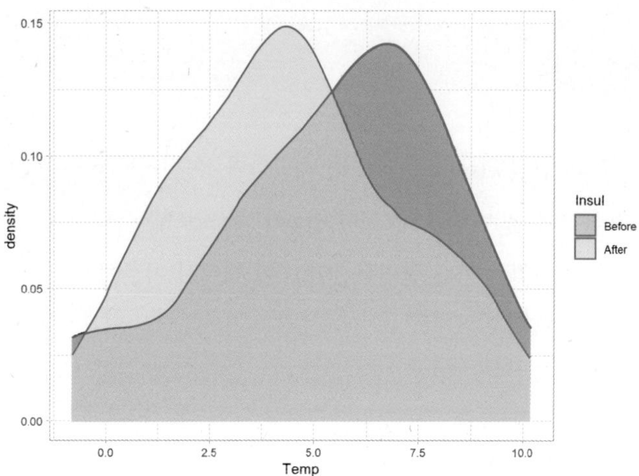

그림 2.18 보다 나은 비교

이 방법은 **alpha=.4**로 설정하여 그래프 투명도를 높여 조금 더 보기 좋게 만들었다.

다중 수치형 변수

이제 Temp와 Gas 변수를 그래프로 그려보자.

R

```
ggplot(whiteside, aes(x = Temp, y = Gas)) + theme_light() + geom_point(pch = 7,
       col = "purple") + geom_smooth()
```

Python

```
sns.lmplot(x='Temp', y='Gas', data=whiteside, order=3)
plt.show()
```

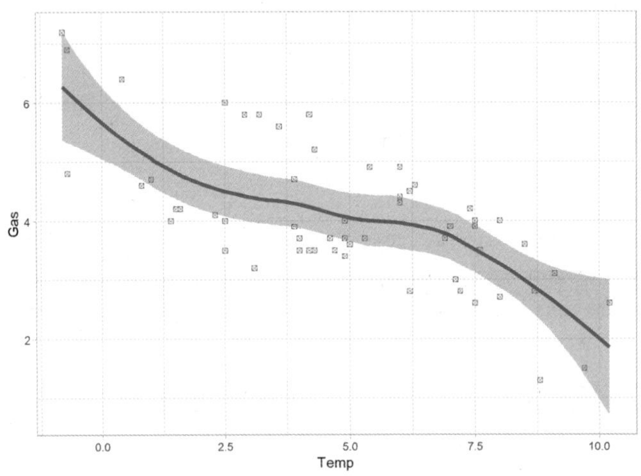

그림 2.19 Temp 값에 따른 Gas 값

geom_point는 데이터의 산점도(scatterplot)를 제공한다. 이전처럼 ***pch***를 사용해 디자인을 변경할 수 있고 col을 사용해 색상을 변경할 수 있다. **geom_smooth**는 *x*와 *y* 사이 가장 잘 맞는(best-fit) 곡선을 제공한다. 회색 영역은 95% 신뢰구간이고 이 책에서 이후에 다루게 될 내용이다. 아래와 같이 몇 가지를 설정할 수 있다.

R

```
ggplot(whiteside, aes(x = Temp, y = Gas)) + theme_light() + geom_point(pch = 13,
       col = "purple") + geom_smooth(method = lm, se = FALSE)
```

Python

```
x = whiteside['Temp']
y = whiteside['Gas']
a, b = np.polyfit(x, y, 1)
plt.plot(x, a*x+b)
plt.scatter(x, y, linewidths=.7, color='purple', marker='x')
plt.ylabel('Gas')
plt.xlabel('Temp')
plt.show()
```

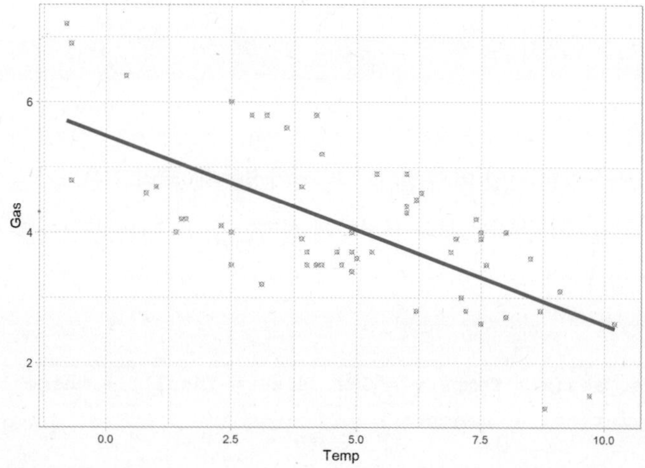

그림 2.20 조정된 Temp와 Gas

method = lm은 x와 y 사이 선형 관계 모델을 제시한다. **se = FALSE**는 평활화 함수(smoothing function) 주변의 신뢰구간을 삭제한다.

만약 팩터 함수가 있다면 세 번째 차원을 추가할 수도 있다. 이번 예제에서는 온도와 가스 소비량 사이 관계를 단열 전후로 구분한 그래프를 그려보자. 간단한 방법은 색상 설정을 사용해 세 번째 차원을 더하는 것이다.

R

```
ggplot(whiteside, aes(x = Temp, y = Gas, col = Insul)) + theme_light() +  geom_point()
      + geom_smooth(method = lm, se = FALSE)
```

Python

```
sns.lmplot(x='Temp', y='Gas', hue='Insul', data=whiteside,
          palette=['pink','lightblue'], ci=None)
plt.show()
```

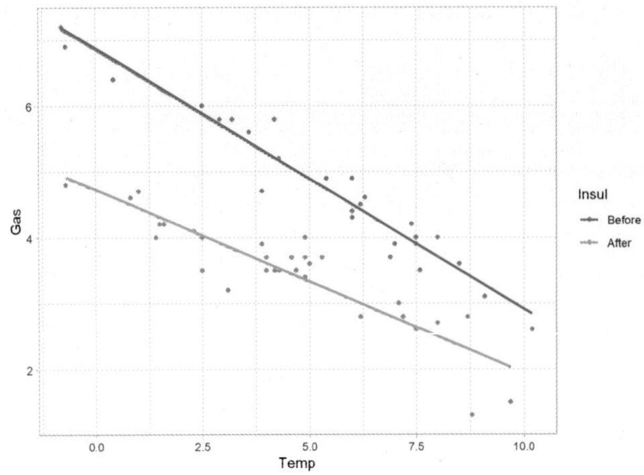

그림 2.21 산점도 비교

이제 그래프는 가스 사용량이 단열 이후 얼마나 더 낮아졌는지, 그리고 온도가 높아질수록 두 개 선 사이의 거리가 얼마나 줄어드는지를 보다 분명하게 설명한다. 또 다른 차원을 추가하기 위해 **size** 설정을 사용할 수도 있다.

R

```
ggplot(whiteside, aes(x = Temp, y = Gas, size = Insul)) + theme_light()
       + geom_point(col = "magenta")
```

Python

```
sns.scatterplot(x = 'Temp', y='Gas', hue='Insul', data = whiteside,
                palette = ['magenta','magenta'], size='Insul', sizes=(100,30))
plt.show()
```

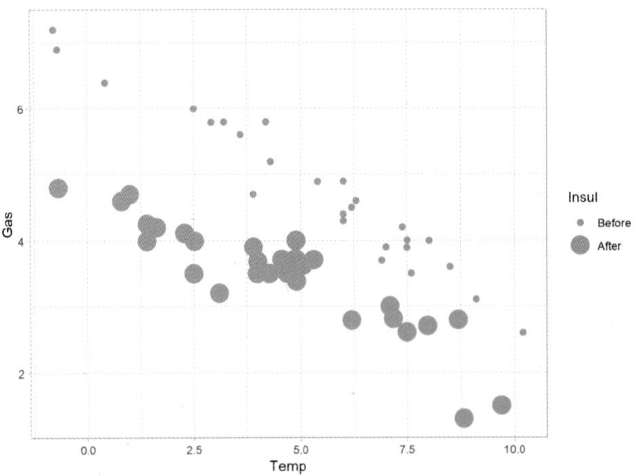

그림 2.22 다른 표현법으로 나타낸 비교

facet_grid 명령어를 사용하여 세 번째 차원을 면(facet)으로 사용할 수도 있다. 면을 이용해 여러 개의 하위 그래프(subplot)를 생성할 수 있다. '~' 기호를 **facet** 함수 안에 사용해서 하위 그래프들을 어떻게 표현할지 통제한다. 여러 가지 다른 방법들을 시도해보자.

```
ggplot(whiteside, aes(x = Temp, y = Gas)) + geom_point() + facet_
grid(Insul~.)
```

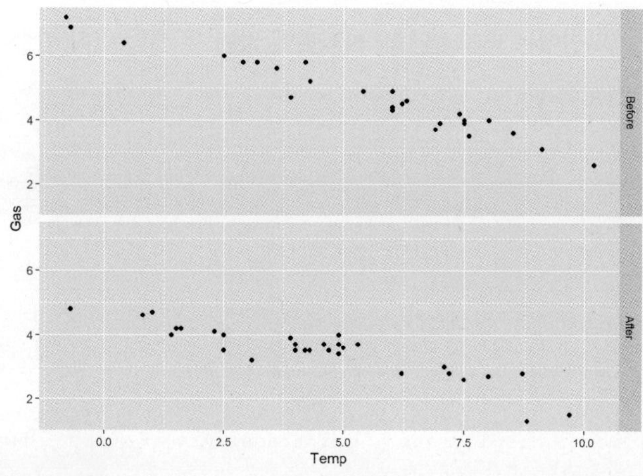

그림 2.23 면을 이용한 다중그래프

R

```
ggplot(whiteside, aes(x = Temp, y = Gas)) + geom_point() + facet_grid(.~Insul)
```

Python

```
sns.catplot(x='Temp', y='Gas', col='Insul', data=whiteside, kind='swarm',
            palette=['black','black'], dodge=True)
```

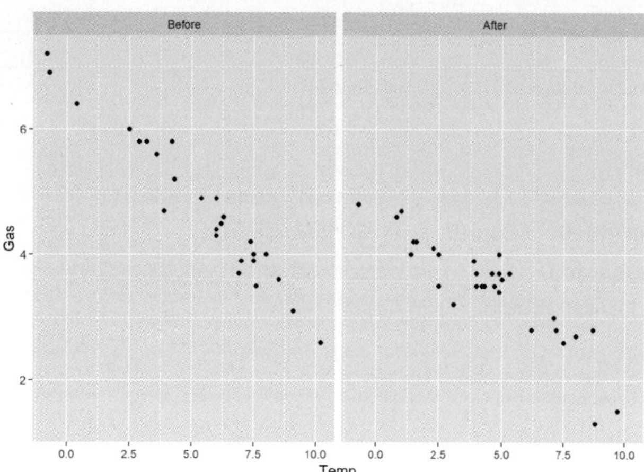

그림 2.24 나란히 양 옆으로 비교하는 구조의 면

하위 그래프에서 '~' 기호 왼쪽에 위치한 변수가 행을 만들고 기호 오른쪽에 위치한 변수가 열을 만드는 것을 확인하자.

다중 팩터 변수

whiteside 데이터 프레임에는 팩터 변수가 하나밖에 없어 두 개의 팩터 변수를 그리기 위해 **mpg** 데이터 프레임을 사용하도록 한다.

R

```
head(mpg)
```

Python

```
mpg.head()
```

```
## # A tibble: 6 x 11
##   manufacturer model displ  year   cyl trans  drv     cty   hwy fl    class
##   <chr>        <chr> <dbl> <int> <int> <chr>  <chr> <int> <int> <chr> <chr>
## 1 audi         a4      1.8  1999     4 auto(~ f        18    29 p     comp~
## 2 audi         a4      1.8  1999     4 manua~ f        21    29 p     comp~
## 3 audi         a4      2    2008     4 manua~ f        20    31 p     comp~
## 4 audi         a4      2    2008     4 auto(~ f        21    30 p     comp~
## 5 audi         a4      2.8  1999     6 auto(~ f        16    26 p     comp~
## 6 audi         a4      2.8  1999     6 manua~ f        18    26 p     comp~
```

우선 **class** 변수를 그려보자.

R

```
ggplot(mpg, aes(x = class)) + geom_bar()
```

Python

```
g = mpg.groupby(['class'])['drv'].count().reset_index()
g.rename(columns={'drv':'count'}, inplace=True)
plt.style.use('ggplot')
plt.bar(g['class'], g['count'])
```

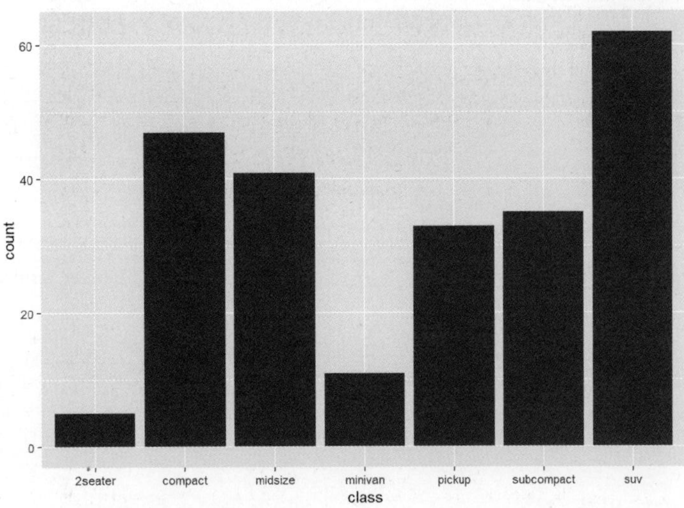

그림 2.25 class 변수를 보여주는 히스토그램

이제 이 그래프에 **dry** 변수를 더해보자.

R

```
ggplot(mpg, aes(x = class)) + geom_bar(aes(fill = drv))
```

Python

```
sns.histplot(mpg.sort_values(by=['class','drv']), x='class', hue='drv',
             multiple='stack', palette=['blue', 'red', 'green'])
```

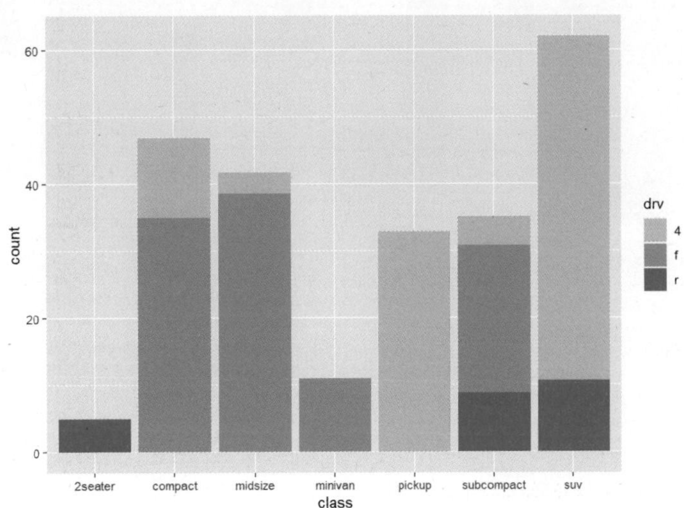

그림 2.26 추가 정보 더하기

데이터에 대한 몇 가지 인사이트를 제공한다: (a) **2 seater**들은 모두 **rear-wheel**(후륜 구동, 약자로 r)이고 (b) **compact**와 **midsize** 자동차 대부분은 front wheel(전륜 구동, 약자로 **f**)이며, (c) **pickup**은 모두 **4-wheel**(사륜 구동, 약자로 **4**) 운전 방식이다. 두 번째 평면에 **fill** 선택을 사용하여 차원을 추가한 결과이다:

R

```
ggplot(mpg, aes(x = class)) + geom_bar(aes(fill = drv), position = "dodge")
```

Python

```
sns.histplot(mpg.sort_values (by=['class','drv']), x='class', hue='drv', multiple='dodge',
          palette=['blue', 'red', 'green'])
```

facet을 사용할 수도 있다.

R에서는:

```
ggplot(mpg, aes(x = class)) + geom_bar(aes(fill = drv)) +
      facet_grid(year~.)
```

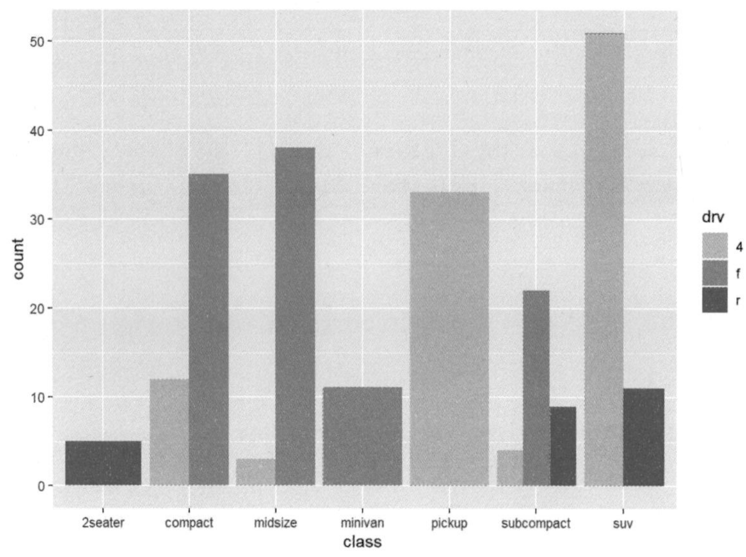

그림 2.27 모든 값을 옆으로 나란히 비교하는 표현

Python에서는:

```
g = sns.FacetGrid(mpg, row = "year")
g.map_dataframe(sns.histplot, x = "class",hue = 'drv')
```

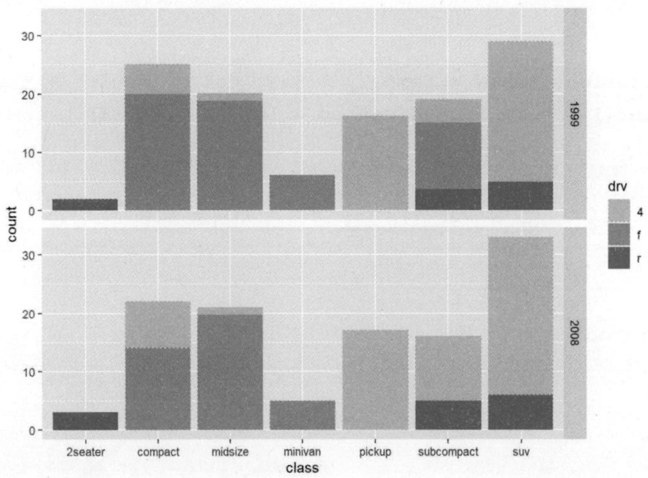

그림 2.28 면을 이용하여 추가 차원을 더한 비교방법

위의 그래프가 데이터 프레임으로부터 세 개의 차원을 어떻게 다루고 있는지 확인하도록 하자.

상호 작용 그래프

R에서 *plotly* 패키지를 사용해 몇 가지 상호 작용 기능을 더할 수 있다.

```
library(plotly)
g1 = ggplot(mpg, aes(x = class)) + geom_bar(aes(fill = drv)) + facet_
    grid(year~.)
ggplotly(g1)
```

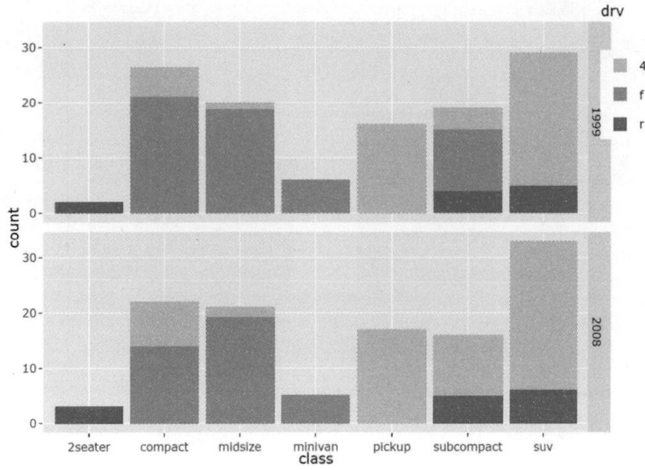

그림 2.29 *mpg* 데이터셋 상호 작용 그래프

다른 예제이다.

```
g2 = ggplot(whiteside, aes(x = Temp, y = Gas, col = Insul)) + theme_light()
    + geom_point() + geom_smooth(method = lm, se = FALSE)
ggplotly(g2)
```

Python에서 우리는 다음 두 줄 코드로 그래프를 그리기 시작해 훨씬 더 쉽게 상호 작용을 가능하게 할 수 있다.

```
%matplotlib notebook
plt.ion()
```

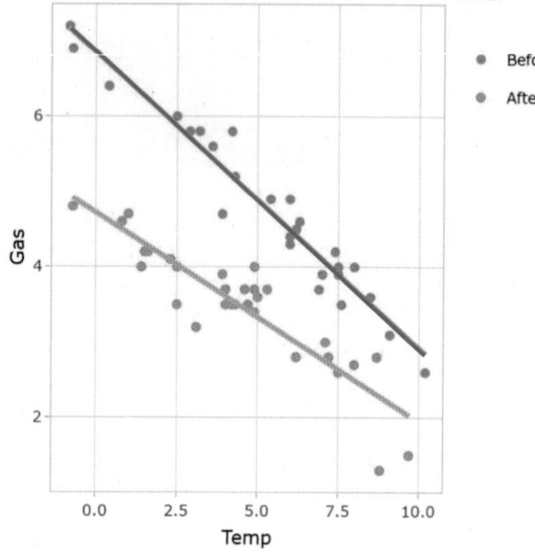

그림 2.30 *whiteside* 데이터셋 상호 작용 그래프

```
g = mpg.groupby(['class'])['drv'].count().reset_index()
g.rename(columns={'drv':'count'}, inplace=True)
sns.histplot(mpg.sort_values(by=['class','drv']), x='class', hue='drv',
          multiple='stack')
```

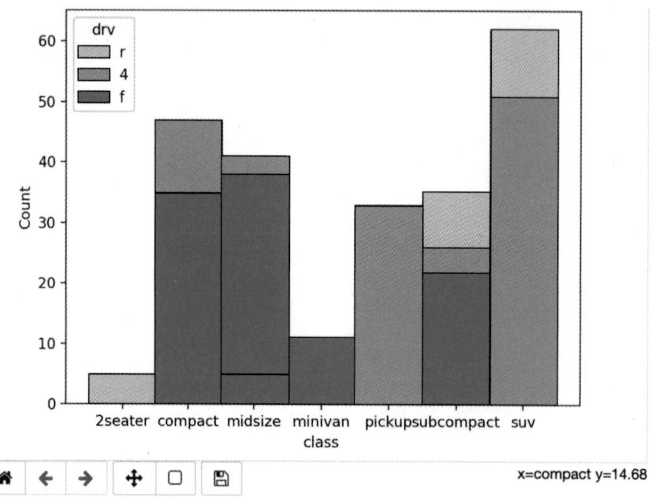

그림 2.31 Python으로 상호작용

사용 사례: 산업체 가치 평가 시각화

Python과 R 시각화 라이브러리들은 데이터로부터 더 많은 것을 추론할 수 있도록 지원한다. 때로는 단순히 항목을 정렬하고 색상을 지정하는 것이 큰 도움이 될 수도 있다. 예를 들어 우리가 어떤 기업가 혹은 엔젤/벤처 캡 투자자라면 시각화를 어떤 산업에 집중해야 하고 어떤 것을 피해야 하는지 빠르게 파악하는 데 사용할 수 있다. 이자 과세, 감가상각 및 상각 전 이익(EBITDA)은 기업이 창출한 현금을 대신하기 위해 일반적으로 사용되는 분석이다. 이는 신용 분석부터 공개 및 사모 주식 분석에 이르기까지 기업 재무 분석에서 널리 사용된다. 여기서는 비즈니스 가치를 평가하기 위해 벤처 캐피털(Venture Capital, VC)에서 널리 사용되는 비즈니스 분석인 'EBITDA 배수(EBITDA multiple)'를 사용하도록 한다.

EBITDA 배수 = EV / EBITDA

여기서 엔터프라이즈 가치(Enterprise Value, EV)는 기업의 지분과 부채 자본(소수 이익을 포함)의 총 가치이다. 다른 산업은 인식된 위험과 수익 잠재력 또는 투자자가 산업을 얼마나 'hot'한 것으로 간주하는지에 따라 다른 EBITDA 배수로 투자자에 의해 평가된다. 다른 산업에 있는 두 회사는 다른 모든 면에서 동일하게 이러한 인식을 고려할 때 상당히 다르게 평가될 수 있다. (만약 이러한 인식이 틀릴 경우 투자자는 초과 수익을 낼 수 있다.)

데이터 시리즈 정렬 및 색상 사용

섹터를 EBITDA 배수로 정렬 후 열 차트(Column Chart)로 표현하여 시장이 현재 가격을 책정하고 있는 산업 전반적인 EBITDA 배수를 시각화할 수 있다.

R

```
df = valuation_multiples
df$EBITDA_margin = df$'EBITDA ($ millions)'/df$'Revenues ($ millions)'
df$Net_Margin = df$'Net Income ( $ millions)'/df$'Revenues ($ millions)'
df$Debt_EV = df$'Total Debt (including leases) ($ millions)'/df$'Enteprise Value ($ millions)'
df$EBITDA_EV = df$'EBITDA ($ millions)'/df$'Enteprise Value ($ millions)'
df$EBITDA_multiple = df$'EBITDA ($ millions)'/df$'Enteprise Value ($ millions)'
ggplot(df,aes(x ='Industry  Name', y = EBITDA_multiple)) + geom_col(size = 1) +
      theme(axis.text.x = element_text(angle = 90))
```

Python

```
#Column chart with sorted EBITDA multiples
```

```
plt.figure(figsize = (18,10))

#Chart data, note that the dataframe is sorted by 'EBITDA Multiple' before charting!
ax = sns.barplot(x = 'Industry Name', y = 'EBITDA Multiple', data = df_EBITDA_mul,
dodge = False, order = df_EBITDA_mul.sort_values('EBITDA Multiple')['Industry Name'])

#Labels rotated and with a tight layout so as we can read them....
ax.set_xticklabels(ax.get_xticklabels(), rotation=40, ha = "right")
plt.tight_layout()
#Label and title the chart...
plt.ylabel('EBITDA Multiple', fontsize=16)
plt.xticks(fontsize=12)
plt.title('Distribution of EBITDA Multiples')

plt.show()
```

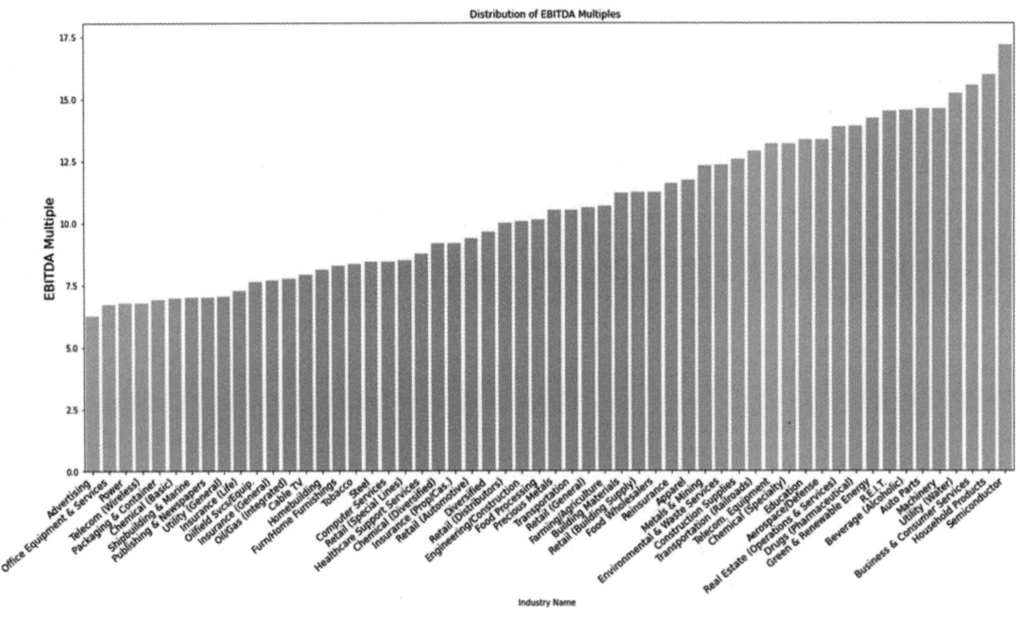

그림 2.32 EBITDA 배수로 산업체 영역 정렬

위의 열 차트를 살펴보면, 반도체 산업은 EBITDA 1달러 발생 시마다 가장 높은 평가액을 가지고 있는 반면 광고 산업은 가장 낮은 평가액을 가지고 있는 것을 알 수 있다. 즉 반도체 산업은 진입 장벽이 높고 (현재로서는) 수요가 증가하고 있으며, 안정적인 마진을 가지고 있다. 광고 산업은 그 반대 상황이기 때문에 더욱 위험한 제안이라 볼 수 있다.

상자그림을 통해 분석 분포 알아보기

상자그림을 사용하면 아래에서 볼 수 있듯이 'EBITDA 배수'와 같은 분석 분포를 시각화할 수 있다.

R

```
ggplot(df,aes(x = EBITDA_multiple)) + geom_boxplot(col = "violet",
       fill = "lightblue", size = 1) + theme_light()
```

Python

```
plt.figure(figsize=(17,4))
plt.boxplot(df_EBITDA_mul['EBITDA Multiple'], vert=False)
plt.title('Distribution of EBITDA Multiples')
plt.show()
```

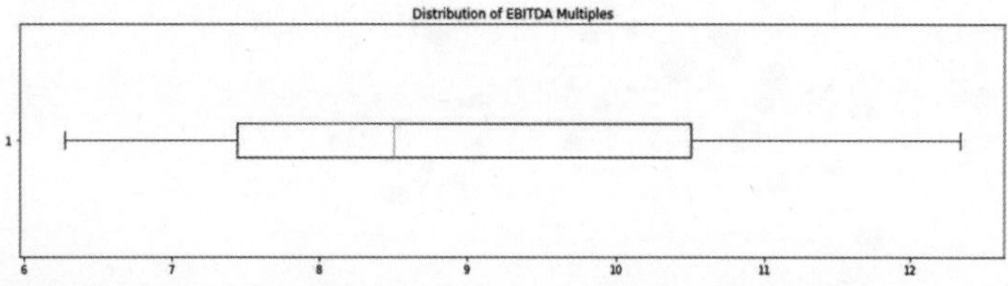

그림 2.33 EBITDA 배수 분포도

이 상자는 산업체들의 EBITDA 배수의 사분위 범위를 나타내며, 가운데가 산업체 50%를 찾을 수 있는 곳이다. 주황색 세로줄은 EBITDA 배수의 중앙값이 있는 산업체가 위치한 곳으로 극단적인 "T"가 왼쪽으로 치우친 것이 최소값(광고 산업), "T"가 오른쪽으로 치우치면 최대값(반도체 산업) EBITDA 배수를 의미한다.

산점도를 통해 가치 평가 요인 탐색하기

VC 투자자로써 우리는 무엇이 다양한 업계 가치 평가를 이끌어내는 요인인지 그리고 해당 요소들이 합당한지에 대해 알아보자. 이 문제를 경험적(시행착오와 본능)으로 해결할 수도 있고 또는 데이터 탐색 과정을 통해 해결할 수도 있다. 이전에 산점도의 효과를 보았고, 버블 그래프(bubble plot)을 통해 해당 아이디어를 확장할 수 있다.

R

```
ggplot(df,aes(x =EBITDA_multiple, y = 'EBITDA ($ millions)'),size='Market Cap
     ($ millions)') +   geom_point(col="magenta")
```

Python

```
plt.figure(figsize = (18,10))
plt.title('EBITDA_margin vs EBITDA Multiple')
sns.scatterplot(data = df, x = "EBITDA Multiple", y = "EBITDA_margin",
                size = "Market Cap ($ millions)", legend = False, sizes = (20, 2000))
plt.show()
```

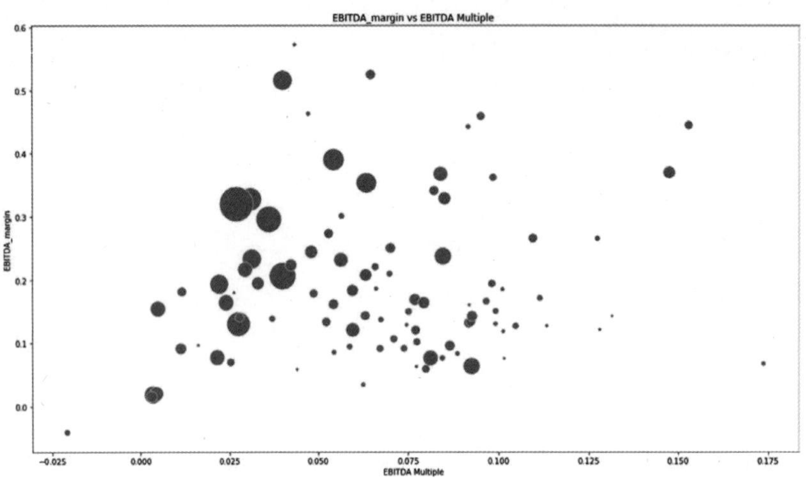

그림 2.34 EBITDA Multiple 값에 대한 EBITDA margin 값

위의 버블 그래프는 모든 산업의 EBITDA 배수와 EBITDA 마진을 보여준다. 다시 말해서 우리는 어떤 산업이 얼마나 수익성 있는지와 그 가치 평가 간에 관계가 있는지 조사하고 있다. 비록 위험성이나 성장 잠재력과 같은 다른 여러 가지 요소들이 고려되어야 하긴 하지만, 어느 정도 우리가 이들 간 상관관계를 기대할 수 있다. 우리 분석에 세 번째 차원인 '버블'을 더할 수 있다. 산점도에서 각각의 점은 각 산업의 기업 규모(시가 총액)의 중앙값으로 크기가 결정된다. 이를 통해 이 세 가지 데이터 항목 간의 명백한 관계를 확인할 수 있다.

또한 최적 적합선을 표시하여 관계를 신속하게 분석할 수 있다.

R

```
ggplot(df,aes(x = EBITDA_multiple, y = 'EBITDA ($ millions)'))+ geom_point(col = "magenta")
            + geom_smooth()
```

Python

```
plt.figure(figsize = (18,10))
sns.regplot(data = df_key_dis, x = "EBITDA Multiple", y = "EBITDA_margin", robust = True)
plt.show()
```

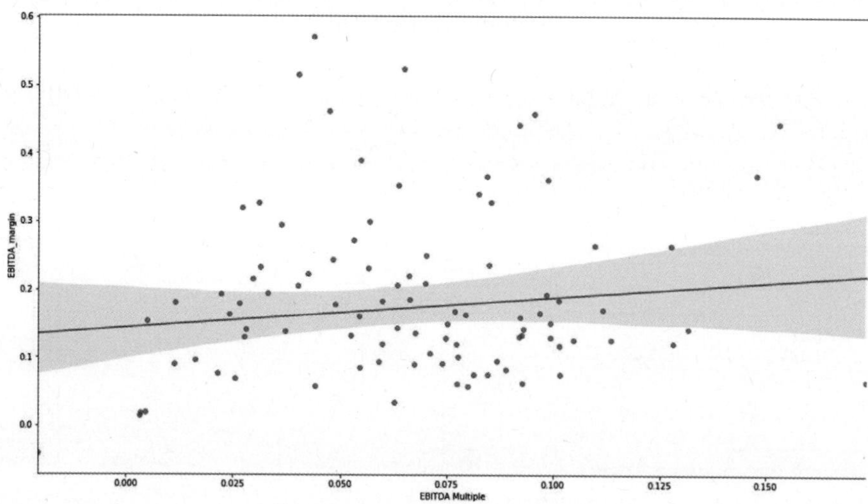

그림 2.35 EBITDA multiple에 대한 EBITDA margin 값의 최적 적합선

군집

우리가 가진 피쳐(feature)들을 비슷한 인스턴스(instance)로 함께 묶어 그룹화할 수 있다. 이를 군집이라고 한다. 이번 예제에는 산업체 간 주요 통계들(EBITDA 마진, EBITDA 대 EV, 순이익)이 비슷한지 알아보자. 계층 군집(Hierarchical clustering)은 데이터 항목이 어떻게 분산되어 있는지에 대한 가정을 하지 않고 분석하는 방법이다. 덴드로그램(dendrogram)은 두 가지 이상의 특징을 사용하여 서로 다른 산업 간의 유사성을 이해하는 접근법이다.

R

```
clusters = hclust(dist(df[, c(1,3,6,9,13)]),method = "ward.D")
plot(clusters,labels = df$'Industry  Name')
```

Python

```
import scipy.cluster.hierarchy as shc df_lbs = [x for x in df[df.columns[0]]]
plt.figure(figsize = (16, 10), dpi= 80)
plt.title("Business Performance Clusters", fontsize = 22)
dend = shc.dendrogram(shc.linkage(df[['EBITDA_margin', 'EBITDA_EV', 'Net_Margin']],
                      method = 'ward'), labels=df_lbs, color_threshold = 100)
plt.xticks(fontsize = 12)
plt.show()
```

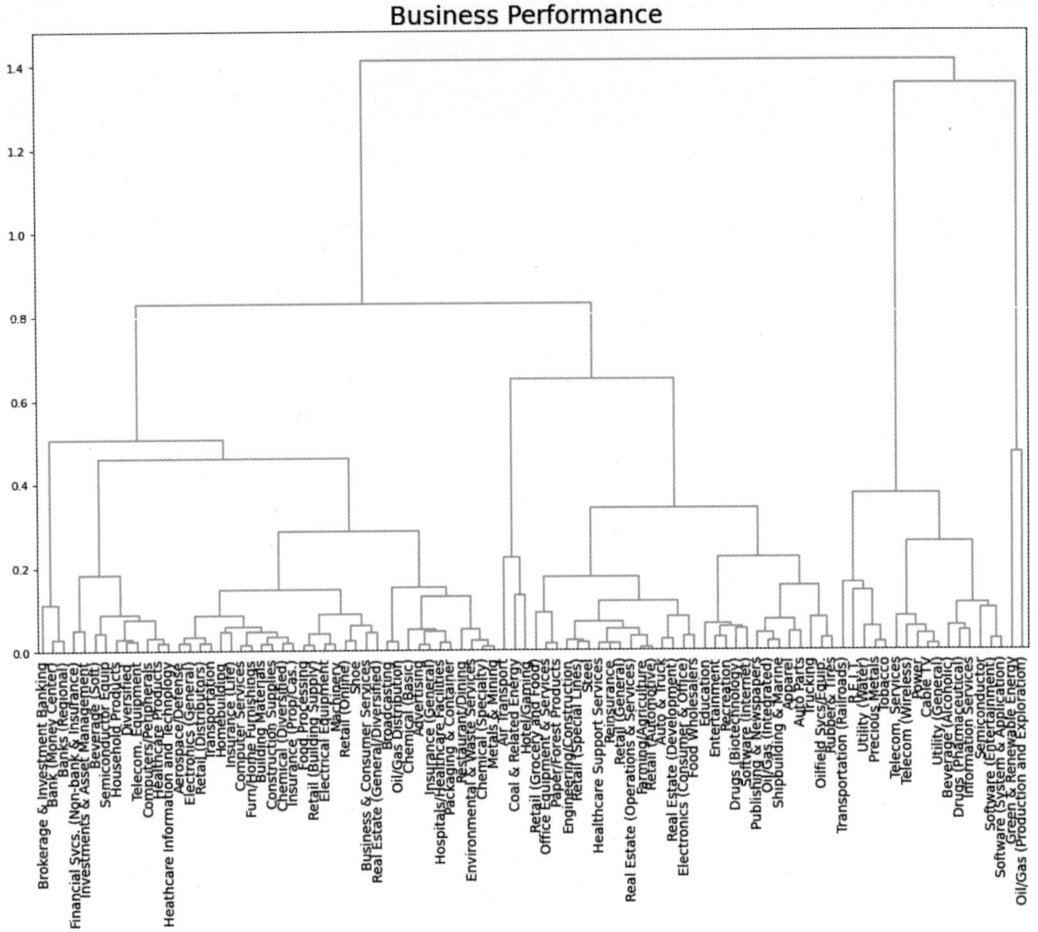

그림 2.36 Business performance를 보여주는 덴드로그램

산업체들 간 3개의 주요 군집이 생성된 것과 두 개의 이상치(그래프 오른쪽) Oil/Gas Exploration, Renewable Energy가 생긴 것을 확인할 수 있다. 이는 이 두 개의 산업은 군집을 만드는 데 사용한 데이터 항목들과 상당히 다르다는 걸 의미한다. 3개의 주요 군집을 중심으로 우리는 각각의 군집이 비슷한 가치 평가를 가질 것으로 예상할 수 있다. 예를 들어 일반적으로 높은 EBITDA 여러 산업 군집에서 EBITDA 배수가 매우 낮은 산업과 같은 예외가 있는 경우 이는 비정상적으로 저평가된 산업으로 기업에 투자할 수 있는 사업적 기회를 의미한다.

요약

여기까지 *ggplot2*와 *plotly*에 대하여 기본 사항을 살펴보았다. 이를 가지고 할 수 있는 것들은 훨씬 더 많이 있다. 추가로 더 알아보고자 한다면 이 챕터 마지막에 있는 링크들도 확인해 보자. 기억해야 할 가장 중요한 것은 우리가 만드는 그래프가 시각적으로 매력적이고 간결해야 하며, 가장 중요하다고 생각하는 정보가 있어야 한다는 점이다. 예를 들어 `whiteside` 데이터 프레임에 구축한 다양한 시각화를 통해 다음과 같은 유용한 정보를 파악할 수 있다는 것이다.

1 더 많은 관측치가 **Insul Before**보다 **After**에 기록되었다.
2 **Temp**의 중앙값은 단열 이전보다 이후에 더 높다.
3 가스 소비량은 단열 이후 낮아지지만 온도가 올라갈수록 차이가 줄어든다.

적절한 시각화는 유용한 인사이트를 제공한다.

연습문제

연습문제를 수행하기 위해 다음 링크에서 제공하는 데이터셋을 다운받도록 하자. https://study.sagepub.com/gopal

gapminder.csv 파일을 불러오자.

1 year (연도)별 life expectancy(기대 수명) 평균을 계산하시오.
2 year vs life expectancy 그래프를 만들고 life expectancy의 평균값에 수평선을 그리고 continent(대륙)를 기준으로 데이터 포인트 색을 다르게 만들어 보시오.
3 각 대륙의 연도별 총 population(인구)을 계산하고 데이터를 시각화 할 수 있는 적절한 그래프를 생성하시오.
4 African 국가에서 매년 GDP per capita(1인당 GDP)가 어떻게 되는지 표시하고 country name(국가 이름)을 나타내기 위한 적절한 레이블을 추가하시오.

UsedCars2017.csv 파일을 불러오자. 해당 파일은 다음과 같은 정보를 포함한다.

- **Price**: 딜러가 차량을 팔았을 때 판매 가격(단위: 달러)
- **Age**: 2016년도 대비 해당 모델 연식(즉, 2012년도 모델이라면 4살)
- **Mileage**: 판매 시점에서 차량 계기판에 표시된 거리(단위: 천 마일)
- **MPG**: 차량 평균 연비(갤런당 마일로 측정)

- **KBB Price**: 차량의 Kelly Blue Book에 매겨진 가치
- CR Reliability Score: 소비자 보고서들에 차량 신뢰성 점수(판매 차량과 동일한 기종에서 문제를 보고한 설문 응답자들의 비율로 측정)

5 Age와 Mileage 그래프를 만드시오. 여러분은 어떤 결과를 도출할 수 있는가?

6 다양한 그래프를 그려서 데이터를 탐색하고 어떠한 인사이트라도 좋으니 시각화로 찾은 내용을 작성해 보자.

유용한 링크

- https://dereksonderegger.github.io/570L/9-graphing-using-ggplot2.html
- https://r4ds.had.co.nz/data-visualisation.html
- https://uc-r.github.io/ggplot_intro
- www.r-graph-gallery.com/

3

데이터 관리와 준비

목차

지난 챕터에서는 데이터를 요약하고 시각화하는 방법에 대해 논의했다. 데이터 요약과 시각화가 통계 및 비즈니스 분석 작업에서 중요한 부분이긴 하지만, 그 외에도 데이터와 관련된 다양한 프로세스가 있다. 예를 들어 후속 분석에 적합하도록 현실적으로 데이터를 관리하고 재작업하는 것이다. R과 Python 모두 데이터 조작 작업을 더 쉽고 효율적으로 도와주는 패키지를 제공한다. 보통 패키지들은 '데이터 조작의 문법'에서 찾을 수 있다. 패키지들은 가장 일반적인 데이터 조작 문제를 해결하는데 도움이 되는 일반적이고 표준화된 명령어 집합을 제공하는 셈이다.
이러한 패키지들은 SQL(Structured Query Language)에서 영감을 받아 파생되었다. SQL은 관계형 데이터베이스를 관리하고 데이터베이스에 있는 데이터에 대한 연산을 수행하는 데 사용되는 표준화된 프로그래밍 언어이다. R과 Python의 패키지는 그러한 연산 구조를 단순화하고 가독성을 높였다. 여기서는 R에서 인기 있는 *dplyr* 패키지와 Python의 *Pandas* 패키지를 다루도록 한다.

데이터 관리

R에서 데이터 관리: dplyr

*dplyr*는 *ggplot*과 마찬가지로 데이터 조작 및 관리에 유용한 일반적인 명령어를 제공하는 인기 있는 패키지이다. 이미 *tidyverse*를 설치했다면 이 패키지 안에 포함되어 있기 때문에 *dplyr*를 별도로 설치할 필요가 없다. 설치가 완료되면 다음과 같이 패키지를 불러오자.

```
library(dplyr)
library(tidyverse)
```

*dplyr*에서 SQL과 동일한 일반 명령어들은 다음과 같다.

```
Selecting columns: select()
Filter rows: filter()
Re-order or arrange rows: arrange()
Create new columns: mutate()
Summarize values: summarise()
Allows for operating on groups: group_by()
```

*dplyr*의 효과를 이해하기 위해 우리는 적당히 복잡한 데이터셋으로 작업하도록 하자. 데이터셋 *hflights*는 동일한 이름 *hflights* 패키지 안에 있는데 이 데이터셋을 불러와서 살펴보자.

```
library(hflights)
```

데이터셋을 보면 다음과 같다.

```
glimpse(hflights)
## Rows: 227,496
## Columns: 21
## $ Year          <int> 2011, 2011, 2011, 2011, 2011, 2011, 2011, 20...
## $ Month         <int> 1, 1, 1, 1, 1, 1, 1, 1, 1, 1, 1, 1, 1, 1, 1,...
## $ DayofMonth    <int> 1, 2, 3, 4, 5, 6, 7, 8, 9, 10, 11, 12, 13, 1...
## $ DayOfWeek     <int> 6, 7, 1, 2, 3, 4, 5, 6, 7, 1, 2, 3, 4, 5, 6,...
## $ DepTime       <int> 1400, 1401, 1352, 1403, 1405, 1359, 1359, 13...
## $ ArrTime       <int> 1500, 1501, 1502, 1513, 1507, 1503, 1509, 14...
...
```

해당 데이터셋은 227,496개의 행과 21개의 열을 포함한다. 우리는 *tidyverse* 패키지 안에 **kable**이라는 특별한 함수를 사용해서 새로운 테이블을 만들어 보자.

```
knitr::kable(hflights[1:5,1:8])
```

	Year	Month	Day of Month	Day Of Week	DepTime	ArrTime	UniqueCarrier	FlightNum
5424	2011	1	1	6	1400	1500	AA	428
5425	2011	1	2	7	1401	1501	AA	428
5426	2011	1	3	1	1352	1502	AA	428
5427	2011	1	4	2	1403	1513	AA	428
5428	2011	1	5	3	1405	1507	AA	428

dplyr 안의 중요한 명령어들을 하나씩 탐색해보자.

Python에서 데이터 관리: Pandas

*Pandas*는 강력한 테이블 형태의 데이터 구조인 데이터 프레임 객체와 데이터 조작 및 관리를 위한 SQL 형식 함수를 제공한다. 패키지를 설치한 후 다음과 같이 불러올 수 있다. (Pandas는 주로 **pd**로 선언하곤 하지만, 원하는 대로 사용 가능하다.)

```
import Pandas as pd
```

*Pandas*의 몇 가지 일반 함수를 알아보자.

```
df = pd.DataFrame() # declare a Pandas DataFrame
```

```
Selecting a column:df['Person']; or select rows 1-10: df.loc[1:10,
['Person']]
Selecting columns: df[['Person', 'City', 'Earnings']]
Filter rows: df[(df['Person'] == 'Ahmed'] ...where 'Person' equals 'Ahmed'
Create new columns: df['Debt'] = [1000, 2200, 110000, 670000]
Operating on groups: df.groupby(['Person', 'Earnings'])
```

열 선택하기

R에서는 Select

select는 데이터 프레임에서 열을 선택하는 데 사용되고 문법은 다음과 같다.

```
select(data, columns)
```

Python에서는 df['...']

Pandas 데이터 프레임의 열은 이름 또는 열 번호로 선택할 수 있다. 만약 우리가 데이터 프레임 df를 선언하고 불러온다면 우리가 반환하고자 하는 열을 **df['Person']**으로 표시하거나 리스트(list)를 사용해서 **df[['Person', 'City', 'Earnings']]**와 같이 많은 열을 반환할 수 있다. 여기서 리스트란 대괄호 안에 항목 목록으로 구성된 데이터 구조로서 **[항목1, 항목2, …]**와 같다.
또한 이름을 가진 열에서 특정 행을 반환할 때 **.loc** 함수를 **df.loc[1, 'Person']**처럼 사용할 수 있고 여러 개의 행을 범위로 표현할 때 ('~까지'를 의미하는) ':' 기호를 사용하여 **df.loc[2:10, 'Person']**처럼 사용 할 수도 있다. 또한 열을 번호로 호출할 수도 있는데 **.iloc** 함수를 사용하여 **df.iloc[:,2]**처럼 두 번째 열을 부른다는 식으로 사용한다. 혹은 데이터 프레임에서 어떤 주어진 셀을 행 번호와 열 번호를 연속하여 지정하는 방식으로 **.iloc** 함수를 사용하여 **df.iloc[3, 2]**처럼 세 번째 행 두 번째 열을 부른다는 식으로 사용할 수 있다.

데이터셋에 적용해 보자.

R

```
d1 = select(hflights, ArrTime, DepTime)
knitr::kable(d1[1:5,])
```

```
      ArrTime   DepTime
5424     1500      1400
5425     1501      1401
5426     1502      1352
5427     1513      1403
5428     1507      1405
```

Python

```
d1 = hflights.loc[:, ['ArrTime', 'DepTime']]
d1.head()
```

```
      ArrTime   DepTime
5424   1500.0    1400.0
5425   1501.0    1401.0
5426   1502.0    1352.0
5427   1513.0    1403.0
5428   1507.0    1405.0
```

그리고 열 이름으로 검색할 수도 있다.

보조 함수(Helper Functions)

R 보조 함수

*dplyr*에는 **select()** 안에 호출할 수 있는 변수 그룹 선택을 보조하는 보조 함수가 있다.

```
starts_with("X") - every name that starts with 'X',
ends_with("X") - every name that ends with 'X',
contains("X") - every name that contains 'X',
matches("X") - every name that matches 'X', where 'X' can be a regular expression,
num_range("x", 1:5) - the variables named x01, x02, x03, x04, and x05,
one_of(x) - every name that appears in x, which should be a character vector.
```

select() 안에 직접 열을 정의할 때는 따옴표를 사용하지 않았지만, 보조 함수를 사용할 때는 따옴표를 사용해야 함을 주의해야 한다.

Python 보조 함수

Pandas에도 보조함수가 있다. Python은 객체 지향 언어로 예를 들어 **get()**과 같은 텍스트 함수를 사용할 때는 **.str**를 사용하여 문자열 객체를 선택해야 한다. 데이터 프레임 **df**의 'Person' 열 중 첫번째 문자가 'X'인 값을 필터하기 위해서 **df[df['Person'].str[0] =='X'])**를 사용하는데 **.str**이 'Person' 열 안에 있는 각각의 값을 문자열로 취급하고 **.str[0]**은 첫 번째 문자를 참조하라는 의미이다. (문자열의 첫 번째 문자는 '1'이 아닌 '0'으로 참조하는 것을 확인해야 한다.)

```
df[df['Person'].str[0] =='X'] - every name that starts with 'X'
df[df['Person'].str[-1] =='X'] - every name that ends with 'X'
df[df['Person'].isin(['X'])] - every name that contains 'X'
```

예를 들어 이름에 'time'이라는 단어를 포함한 모든 열을 보고 싶다고 해보자.

R
```
d2 = select(hflights, contains("time"))
knitr::kable(d2[1:5,])
```

Python
```
d2 = hflights.filter(regex = 'Time')
d2.head()
```

	DepTime	ArrTime	ActualElapsedTime	AirTime
5424	1400	1500	60	40
5425	1401	1501	60	45
5426	1352	1502	70	48
5427	1403	1513	70	39
5428	1405	1507	62	44

위에서 모든 열은 'time'을 포함하고 있다. 여기서는 대소문자 구분을 하지 않는 것을 주의해야 한다. 이제 우리가 'time' 또는 'delay'를 포함하는 열을 선택하고 싶다고 해 보자.

R
```
d3 = select(hflights, contains("time"), contains("delay"))
knitr::kable(d3[1:5,])
```

Python
```
d3 = hflights.filter(regex = 'Time|Delay')
d3.head()
```

	DepTime	ArrTime	ActualElapsed Time	Air Time	Arr Delay	Dep Delay
5424	1400	1500	60	40	-10	0
5425	1401	1501	60	45	-9	1
5426	1352	1502	70	48	-8	-8
5427	1403	1513	70	39	3	3
5428	1405	1507	62	44	-3	5

반환된 열 중 일부는 숫자인 반면 나머지는 아니다.

다음은 특정 데이터 유형을 추출할 때 유용할 수 있다. 우선 모든 숫자열을 선택해 보자.

R

```
d4 = select_if(hflights, is.numeric)
knitr::kable(d4[1:5,],row.names = F)
```

Python

```
d4 = hflights.select_dtypes(include=np.number)
d4.head()
```

반대로 모든 문자열을 추출해 보자.

R

```
d5 = select_if(hflights, is.character)
knitr::kable(d5[1:5,], row.names = F)
```

Python

```
d5 = hflights.select_dtypes(include = 'object')
d5.head()
```

UniqueCarrier	TailNum	Origin	Dest	CancellationCode
AA	**N576AA**	**IAH**	**DFW**	
AA	**N557AA**	**IAH**	**DFW**	
AA	**N541AA**	**IAH**	**DFW**	
AA	**N403AA**	**IAH**	**DFW**	
AA	N492AA	IAH	DFW	

데이터 필터

R 필터

filter() 함수는 행을 선택할 때 사용된다. 예를 들어 1,000마일보다 큰 값을 가진 행으로 부분집합을 만들어 보자.

Python 필터

Python **df[(... > ...)]**

df[(df['Earnings'] > 10)]은 전체 데이터 프레임 중 지정된 열의 값이 10보다 큰 모든 행을 보여준다.

R

```
d6 = filter(hflights, Distance>1000)
dim(d6)

## [1] 65389    21
```

Python

```
d6 = hflights.loc[hflights['Distance'] > 1000, :]
d6.shape

(65389, 21)
```

날씨나 보안 때문에 취소된 모든 비행기를 보고 싶다고 가정해 보자. 해당 항목은 CancellationCode 열에 문자 'B' 또는 'D'로 표기되었다.

R

```
d7 = filter(hflights, CancellationCode == "D" | CancellationCode == "B")
dim(d7)
## [1] 1653   21
```

Python

```
d7 = hflights.loc[(hflights['CancellationCode'] == 'D') | (hflights['Cancellation
Code'] == 'B'), :]
d7.shape

(1653, 21)
```

다르게 사용할 수 있는 방법은 다음과 같다.

R

```
d8 = filter(hflights, CancellationCode %in% c("B","D"))
dim(d8)
## [1] 1653   21
```

Python

```
d8 = hflights.loc[hflights['CancellationCode'].isin(['B', 'D']), :]
d8.shape

(1653, 21)
```

`%in%`은 해당 벡터 `CancellationCode`에 속한 성분을 인식한다. 우리가 하나의 성분을 포함한 행을 찾을 때도 항상 `c()`를 사용한다.

예제를 두 개 더 보도록 하자.

1 총 지연 (**ArrDelay** + **DepDelay**)이 1시간 이상인 모든 비행기를 선택하고 현재 시각은 분으로 표기되는 것을 확인한다.

2 **AirTime**이 (방금 우리가 계산했던) 전체 지연보다 짧은 모든 비행기를 선택하자.

R

```
hflights$TotalDelay = hflights$ArrDelay + hflights$DepDelay
d9 = filter(hflights, TotalDelay>60)
dim(d9)
## [1] 22367    22
knitr::kable(d9[1:5,], row.names = F)
```

Python

```
hflights['TotalDelay'] = hflights['ArrDelay'] + hflights['DepDelay']
d9 = hflights.loc[hflights['TotalDelay'] > 60, :]
d9.shape
d9.head()
```

R

```
d10 = filter(hflights, AirTime<TotalDelay)
knitr::kable(d10[1:5,],row.names = F)
```

Python

```
d10 = hflights.loc[hflights['AirTime'] < hflights['TotalDelay'], :]
d10.head()
```

다르게 사용할 수 있는 방법은 다음과 같다.

R

```
d9 = filter(hflights, (ArrDelay + DepDelay)>60)
d10 = filter(hflights, AirTime<(ArrDelay + DepDelay))
```

Python

```
d9 = hflights.loc[(hflights['ArrDelay'] + hflights['DepDelay']) > 60, :]
d10 = hflights.loc[hflights['AirTime'] < (hflights['ArrDelay'] +
      hflights['DepDelay']), :]
```

이제 **FlightNum**와 **DayOfWeek**, **ArrTime**, **ArrDelay**, **DepDelay** 열만 포함한 데이터셋을 생성하고 싶은데 **AirTime**이 총 지연(**ArrDelay** + **DepDelay**)보다 짧은 모든 비행기를 원한다고 가정해 보자.

R

```
d11 = filter(hflights, AirTime<(ArrDelay + DepDelay))
d12 = select(d11, FlightNum, DayOfWeek, AirTime, ArrDelay, DepDelay)
knitr::kable(d12[1:5,])
```

Python

```
d11 = hflights.loc[hflights['AirTime'] < (hflights['ArrDelay'] + hflights
      ['DepDelay']), :]
d12 = d11.loc[:, ['FlightNum', 'DayOfWeek', 'AirTime', 'ArrDelay', 'DepDelay']]
d12.head()
```

FlightNum	DayOfWeek	AirTime	ArrDelay	DepDelay
428	7	41	44	43
428	1	45	43	43
428	2	42	29	29
428	1	48	84	90
428	4	42	72	67

하나 이상의 조건이 있을 때 간단하게 쉼표로 구분하여 조건을 더할 수 있다는 걸 확인해야 한다.

코드 간소화

R: Piping

일련의 연산을 수행하는 것이 복잡할 수도 있는데, 특히 괄호를 많이 사용하면 그렇다. 예를 들어 다음 예제는 이해하기 어려울 수 있다. 함수를 생성하는 데 사용한 괄호 수를 확인해 보자.

R
```
x = c(25,2,72,456,8,34,6,7,2,3,4)
round(exp(sqrt(log(x))), 1)
##  [1]  6.0  2.3  7.9 11.9  4.2  6.5  3.8  4.0  2.3  2.9  3.2
```

Python
```
x = np.array([25, 2, 72, 456, 8, 34, 6, 7, 2, 3, 4])
np.round(np.exp(np.sqrt(np.log(x))), 1)

array([ 6. ,  2.3,  7.9, 11.9,  4.2,  6.5,  3.8,  4. ,  2.3,  2.9,  3.2])
```

Piping은 중요한 연산자로서 복잡한 표현을 훨씬 간단하게 만들 수 있다. piping을 위한 연산자는 `%>%`이고 *dplyr* 패키지에 포함되어 있다. 위의 예제를 piping을 사용하면 다음과 같이 작성할 수 있다.

```
x %>% log() %>%
  sqrt() %>%
  exp() %>%
  round(1)
##  [1]  6.0  2.3  7.9 11.9  4.2  6.5  3.8  4.0  2.3  2.9  3.2
```

piping 뒤에 있는 수학적 추론은 합성 함수를 적용해야 한다. **f(g(x))**를 풀 때는 입력값 **x**가 함수 **g**를 통해 실행된 다음에 **g(x)**가 **f**를 통해 실행된다. 이는 다음과 같이 쓰여진다.

```
x  %>%    g()  %>%     f()
```

더 자세히 설명하면 **function(argument)**는 **argument %>% function()**으로 쓸 수 있다. 이제 이전 예제를 piping을 사용하여 다시 작성해보자.

```
d12 = hflights %>%
  filter(ArrTime<(ArrDelay + DepDelay)) %>%
  select(FlightNum, DayOfWeek, ArrTime, ArrDelay, DepDelay)
knitr::kable(d12[1:5,])
```

FlightNum	DayOfWeek	ArrTime	ArrDelay	DepDelay
310	1	2	33	49
467	1	53	58	42
209	7	19	20	37
310	7	5	36	25
467	7	10	15	26

가능하다면 코드에 piping을 사용하여 작성해 보자. 좀 더 자세한 piping 튜토리얼은 본 챕터 끝에 '추가 읽기' 자료를 확인하도록 하자.

열 이름 변경

R: Rename 함수

rename 함수는 데이터 프레임의 열 이름을 변경할 때 사용한다. 해당 구문은 다음과 같다.

```
rename(dataframe, new name = old name)
```

DepTime 열을 DepartureTime으로 변경하고 ArrTime을 ArrivalTime으로 바꾸고 싶다고 해보자. R에서는 piping 메소드를 사용하도록 한다.

Python: Rename 함수

R과 같이 데이터 프레임에도 **rename()** 함수를 쓸 수 있다.

R

```
d13 = hflights %>%
  rename(DepartureTime = DepTime, ArrivalTime = ArrTime)
knitr::kable(d13[1:5,],row.names = F)
```

Python

```
d13 = hflights.rename(columns = {'DepartureTime': 'DepTime', 'ArrivalTime':
      'ArrTime'})
d13.head()
```

이를 아래와 같이 더 깔끔한 방법으로 표현할 수도 있다.

```
d14 = rename(hflights, DepartureTime = DepTime, ArrivalTime = ArrTime)
knitr::kable(d14[1:5,],row.names = F)
```

열 복사

R: Mutate 함수

이 방법은 기존에 존재하는 열을 사용하여 새로운 열을 생성하고 싶을 때 사용한다. 기본 구문은 다음과 같다.

```
mutate(dataframe, new column name = expression).
```

우리가 다음과 같은 열을 piping을 사용하여 만들고 싶다고 가정해 보자.

```
ActualGroundTime = ActualElapsedTime - AirTime
TaxiTime = TaxiIn + TaxiOut
AvgSpeed = 60 (Distance / AirTime)
```

Python: df['col_copy'] = df['col']

*Pandas*는 새로운 열을 생성하기 위해 다른 열을 복사하거나 원하는 값으로 할당하는 방식을 허용한다.

R

```
d15 = hflights %>%
  mutate(ActualGroundTime = ActualElapsedTime - AirTime, TaxiTime = TaxiIn +
        TaxiOut, AvgSpeed = 60 * (Distance/AirTime))
knitr::kable(d15[1:5,])
```

Python

```
d15 = hflights.copy()
d15['ActualGroundTime'] = d15['ActualElapsedTime'] - d15['AirTime']
d15['TaxiTime'] = d15['TaxiIn'] + d15['TaxiOut']
d15['AvgSpeed'] = 60 * (d15['Distance'] / d15['AirTime'])
d15.head()
```

더 간단하게 작성하면 다음과 같다.

```
d16 = mutate(hflights, ActualGroundTime = ActualElapsedTime - AirTime,
TaxiTime = TaxiIn + TaxiOut, AvgSpeed = 60 * (Distance/AirTime))
```

열 정렬

R: Arrange 함수

이 함수는 데이터 프레임을 오름차순이나 내림차순으로 재정렬하는 데 사용한다. 기본 구문은 다음과 같다.

```
arrange(dataframe, columns to arrange by).
```

Pandas: sort_values 함수

데이터 프레임의 **sort_values()** 함수는 열을 정렬하는 데 사용한다. 데이터 프레임 **hflights**를 **AirTime**으로 정렬해 보자.

R

```
d17 = hflights %>%
  arrange(AirTime)
knitr::kable(d17[1:5,],row.names = F)
```

Python

```
d17 = hflights.sort_values(by = 'AirTime')
d17.head()
```

여러 개 열을 **desc()**을 통해 내림차순으로 정렬할 수 있다. 오름차순이 기본 설정값인 것을 확인해 보자.

```
d18 = hflights %>%
  arrange(AirTime, UniqueCarrier, desc(Month))
knitr::kable(d18[1:5,])
```

그룹화(Group By)

R: Summarize 함수

이 함수는 데이터를 요약하는 데 사용되며, 보통 group_by() 함수와 함께 사용한다. 기본 구문은 다음과 같다.

```
s1 = summarize(g1, variable name = some aggregating function)
g1 = group_by(dataframe, factor variables you want to group by)
```

UniqueCarrier(항공사)별 AirTime(평균 비행시간)을 구해보자.

R

```
g1 = group_by(hflights, UniqueCarrier)
s1 = summarize(g1, AvgTime = mean(AirTime, na.rm = T))
knitr::kable(s1)
```

Python: groupby()

열을 그룹으로 만들기 위한 *Pandas* 구문은 다음과 같다.

Python

```
s1 = hflights.groupby('UniqueCarrier').agg({'AirTime': 'mean'})
s1
```

UniqueCarrier	AvgTime
AA	69.65261
AS	254.18407
B6	183.98514
CO	145.45787
DL	97.80124
EV	103.65677
F9	125.34135
FL	92.70630
MQ	93.83948
OO	113.41068
UA	157.40630
US	133.85633
WN	86.73134
XE	83.22215
YV	121.93590

만약 데이터가 누락 데이터를 가지고 있다면 **na.rm = T**를 추가하는 것을 기억하자. 가독성을 높이기 위해 pipe를 사용할 수 있다.

```
s2 = hflights %>%
  group_by(UniqueCarrier) %>%
  summarize(AvgTime = mean(AirTime, na.rm = T))
knitr::kable(s2)
```

평균 이외에 다른 통계량을 사용할 수 있다. R이 제공하는 기본 집계함수들은 다음과 같다.

```
min(x) - minimum value of vector x
max(x) - maximum value of vector x
mean(x) - mean value of vector x
median(x) - median value of vector x
quantile(x, p) - pth quantile of vector x
sd(x) - standard deviation of vector x
var(x) - variance of vector x
IQR(x) - Inter Quartile Range (IQR) of vector x
diff(range(x)) - total range of vector x
```

추가로 *dplyr*는 다음과 같은 집계함수들을 제공한다.

```
first(x) - The first element of vector x
last(x) - The last element of vector x
nth(x, n) - The nth element of vector x
n() - The number of rows in the dataframe or group of observations
summarise() - Describes the dataframe
n_distinct(x) - The number of unique values in vector x
```

또한 다음 예시와 같이 여러 그룹에서 여러 개의 통계값을 구할 수도 있다.

R

```
s3 = hflights %>%
  group_by(UniqueCarrier, Origin) %>%
  summarize(AvgTime = mean(AirTime, na.rm = T), NumFlights = n(),
            LongestFlightTime = max(AirTime, na.rm = T))
knitr::kable(s3)
```

Python

```
s3 = hflights.groupby(['UniqueCarrier', 'Origin']).agg({'AirTime': ['mean',
    'count', 'max']})
s3.columns = ['AvgTime', 'NumFlights', 'LongestFlightTime']
s3.reset_index(inplace = True)
s3
```

UniqueCarrier	Origin	AvgTime	NumFlights	LongestFlightTime
AA	IAH	69.65261	3244	161
AS	IAH	254.18407	365	315
B6	HOU	183.98514	695	258
CO	IAH	145.45787	70032	549
DL	HOU	92.38978	388	135
DL	IAH	98.70843	2253	188
EV	HOU	92.87955	472	117
EV	IAH	106.47769	1732	173
F9	HOU	125.34135	838	190
FL	HOU	92.70630	2139	186
MQ	HOU	47.55437	2424	88
MQ	IAH	144.11209	2224	220
OO	IAH	113.41068	16061	225
UA	IAH	157.40630	2072	276
US	IAH	133.85633	4082	212
WN	HOU	86.73134	45343	288
XE	IAH	83.22215	73053	204
YV	IAH	121.93590	79	150

R에서는 **summarize**로 결과가 생성되면 *ggplot2*를 사용하여 내용을 손쉽게 그래프로 그릴 수 있다.

R

```
library(ggplot2)
ggplot(s3, aes(x = AvgTime, y = LongestFlightTime, col = Origin)) + geom_
point()
       + theme_light() + geom_smooth(method = lm, se = F)
```

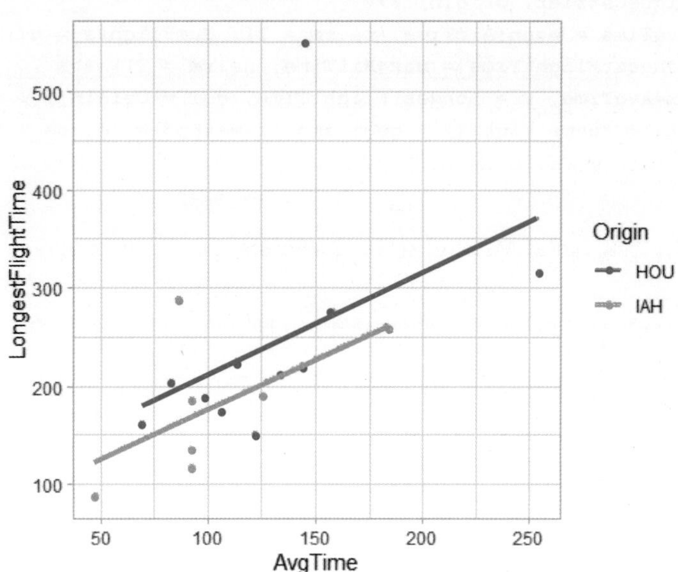

Python에서는 Seaborn 패키지를 사용하여 다음 그래프를 그릴 수 있다.

Python

```
import seaborn as sns

sns.lmplot(x='AvgTime', y='LongestFlightTime', hue='Origin', data=s3, ci=-
None)
plt.show()
```

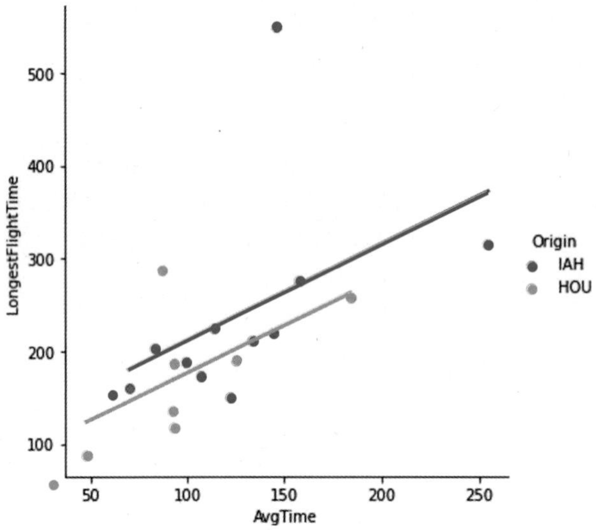

전체 코드에 pipe를 사용하면 다음과 같다.

```
hflights %>%
  group_by(UniqueCarrier, Origin) %>%
  summarize(AvgTime = mean(AirTime, na.rm = T), NumFlights = n(),
            LongestFlightTime = max(AirTime, na.rm = T)) %>%
  ggplot(aes(x=AvgTime, y = LongestFlightTime, col = Origin)) + geom_
         point()+ theme_light() + geom_smooth(method = lm, se = F)
## 'geom_smooth()' using formula 'y ~ x'
```

다음과 같은 구문을 전체 데이터 프레임의 요약본을 생성하는 데 사용할 수 있다.

```
summarize(dataframe, variable name = some aggregating function)
```

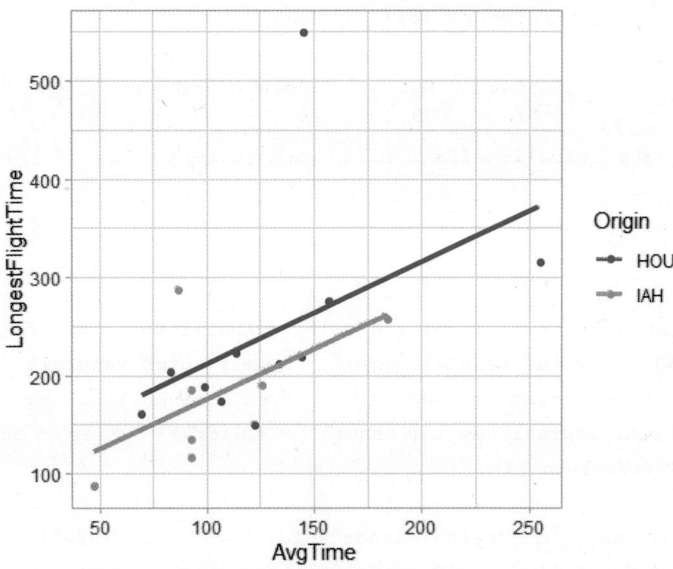

그림 3.1 AvgTime에 대한 LongestFlightTime

팩터 변수 기록

`TotalRainfall` 열에 있는 값이 너무 길어 다음과 같이 새로운 값으로 기록하고 싶다고 가정해 보자.

TotalRainfall	TotalRainfall_New
Annual total rainfall (mm)	Annual
Winter total rainfall (mm)	Winter
Summer total rainfall (mm)	Summer
Monsoon total rainfall (mm)	Monsoon
Post monsoon total rainfall (mm)	PostMonsoon

전략은 다음과 같다:

팩터 변수의 기존 값과 새 값으로 기록 표를 생성하고, 해당 데이터 프레임을 **`RecodeTable`**와 결합한다.

R

```
TotalRainfall = c("Annual total rainfall (mm)", "Winter total rainfall (mm)",
                  "Summer total rainfall (mm)","Monsoon total rainfall (mm)",
```

```
                    "Post monsoon total rainfall (mm)")

TotalRainfall_new = c("Annual","Winter","Summer","Monsoon","PostMonsoon")

RecodeTable = data.frame(TotalRainfall,TotalRainfall_new)

knitr::kable(RecodeTable)
```

Python

```
RecodeTable = pd.DataFrame({'TotalRainfall': ['Annual total rainfall (mm)',
              'Winter total rainfall (mm)', 'Summer total rainfall (mm)',
              'Monsoon total rainfall (mm)' 'Post monsoon total rainfall (mm)'],
              'TotalRainfall_new': ['Annual', 'Winter', 'Summer', 'Monsoon',
              'PostMonsoon']})

NewRainfall = Rainfall_long.merge(RecodeTable, on='TotalRainfall', how='left')
NewRainfall = NewRainfall.drop('TotalRainfall', axis=1)
NewRainfall.head(10)
```

TotalRainfall	TotalRainfall_new
Annual total rainfall (mm)	Annual
Winter total rainfall (mm)	Winter
Summer total rainfall (mm)	Summer
Monsoon total rainfall (mm)	Monsoon
Post monsoon total rainfall (mm)	PostMonsoon

이제 **Rainfall_long**과 **RecodeTable**을 결합해야 한다.

R

```
NewRainfall = left_join(Rainfall_long, RecodeTable, by = "TotalRainfall")
## Warning: Column 'TotalRainfall' joining character vector and factor,
## coercing into character vector
NewRainfall = NewRainfall %>%
  select(-TotalRainfall)

knitr::kable(NewRainfall[1:10,])
```

Python

```
RecodeDict = {'Annual total rainfall (mm)': 'Annual',
              'Winter total rainfall (mm)': 'Winter',
              'Summer total rainfall (mm)': 'Summer',
```

```
            'Monsoon total rainfall (mm)': 'Monsoon',
            'Post monsoon total rainfall (mm)': 'PostMonsoon'}

NewRainfall['TotalRainfall_new'] = Rainfall_long['TotalRainfall'].map(Recode-
Dict)
NewRainfall.head(10)
```

State No.	Station Name	Class	Index	Year	Amount(mm)	TotalRainfall_new
1	BOATH	REV	90014	1952	714.9	Annual
1	BOATH	REV	90014	1953	1305.7	Annual
1	BOATH	REV	90014	1954	808.9	Annual
1	BOATH	REV	90014	1955	1245.2	Annual
1	BOATH	REV	90014	1956	1000.8	Annual
1	BOATH	REV	90014	1957	1074.7	Annual
1	BOATH	REV	90014	1958	1049.0	Annual
1	BOATH	REV	90014	1959	1189.8	Annual
1	BOATH	REV	90014	1960	690.9	Annual
1	BOATH	REV	90014	1961	1003.7	Annual

사용 사례: Pandas에서 판매 데이터 필터와 정렬, 분할(Bin)

Python에서 *Pandas*를 설치한 후 데이터를 검토하고 필터, 정렬할 수 있다. 판매량을 검토하기 위해 데이터를 비닝(binning)하고 판매 데이터셋은 하루 중 다른 시간대마다 만들어졌으므로 시간 단위로 판매량을 분할하도록 하자.

먼저 Pandas를 설치한 다음 CSV 파일을 불러오자. 그리고 ***Numpy*** 패키지는 **np**라는 이름을 부여하고, *Seaborn* 패키지는 **sns**라는 이름을 부여하자. 이후 Pandas 데이터 프레임에서 'Gender' 열 값이 'Female'과 같은 행을 선택해 보자.

R

```
head(df[df$Gender == 'Female',])
```

Python

```
df[df['Gender'] == 'Female']
```

이렇게 필터된 데이터 프레임을 판매량 'Quantity'로 내림차순(즉, 높은 값이 먼저 오도록) 정렬하자.

R

```
df_female = df[df$Gender == 'Female',]
df_female = df_female[order(df_female$Quantity,decreasing = T),]
```

Python

```
df_females = df[df['Gender'] == 'Female']
df_females = df_females.sort_values(by="Quantity", ascending=False)
```

이제 시각이 판매량에 영향을 미치는지, 예를 들어 대부분의 판매가 영업 마지막 시간에 이루어진다면 더 많은 판매를 장려하기 위해 한 시간 더 매장을 열어야 할지 알아보자. 이렇게 하려면 데이터 프레임의 행을 동일한 크기의 'bin'으로 분할할 수 있다. 먼저 'Time' 열을 시간으로 변환한 후 날짜를 제거한다. 그리고 Pandas **'bin'** 기능을 사용해 10개의 동일한 사이즈 bin을 만든다.

표 3.1 데이터 필터

	Invoice ID	Branch	City	Customer type	Gender	Product line	Unit price	Quantity	Tax 5%	Total	Date	Time	Payment	cogs	Gross margin percentage	Gross income	Rating
1	750–67–8428	A	Yangon	Member	Female	Health and beauty	74.69	7	26.1415	548.9715	1/5/2019	1899–12–31 13:08:00	Ewallet	522.83	4.761905	26.1415	9.1
2	226–31–3081	C	Naypyitaw	Normal	Female	Electronic accessories	15.28	5	3.82	80.22	3/8/2019	1899–12–31 10:29:00	Cash	76.4	4.761905	3.82	9.6
3	355–53–5943	A	Yangon	Member	Female	Electronic accessories	68.84	6	20.652	433.692	2/25/2019	1899–12–31 14:36:00	Ewallet	413.04	4.761905	20.652	5.8
4	315–22–5665	C	Naypyitaw	Normal	Female	Home and lifestyle	73.56	10	36.78	772.38	2/24/2019	1899–12–31 11:38:00	Ewallet	735.6	4.761905	36.78	8
5	665–32–9167	A	Yangon	Member	Female	Health and beauty	36.26	2	3.626	76.146	1/10/2019	1899–12–31 17:15:00	Credit card	72.52	4.761905	3.626	7.2
6	692–92–5582	B	Mandalay	Member	Female	Food and beverages	54.84	3	8.226	172.746	2/20/2019	1899–12–31 13:27:00	Credit card	164.52	4.761905	8.226	5.9

R
```
df_female$hour = format(as.POSIXct(df_female$Time, format="%Y-%m-%d %H:%M"),
                format="%H")
df_female$hour = as.numeric(df_female$hour)
breaks = c(0,2,4,6,8,10,12,14,16,18,20,22)
tags = c("[0-2)","[2-4)", "[4-6)", "[6-8)", "[8-10)", "[10-12)","[12-14)",
         "[14-16)","[16-18)", "[18-20)","[20-22)")

df_female$time_bin = cut(df_female$hour, breaks=breaks, include.lowest=TRUE,
                     right=FALSE, labels=tags)
```

Python
```
# define a bin every 2 hours
bins = np.arange(0, 25, 2)
# extract the hours from the time
df_females['Hours'] = df_females.Time.apply(lambda x: x.strftime('%H')). astype(int)
# create the labels to plot the data
labels = ['0-2', '2-4', '4-6', '6-8', '8-10', '10-12', '12-14', '14-16', '16-18',
         '18-20', '20-22', '22-00']
#Bin
df_females['Time_bins'] = pd.cut(df_females['Hours'], bins, labels = labels)
```

이제 Total sales(총 판매량)이 판매 시각에 해당하는 bin과의 관계를 그래프로 나타낼 수 있다.

R
```
ggplot(df_female,aes(x =time_bin, y = Quantity)) + geom_col(size = 1)
```

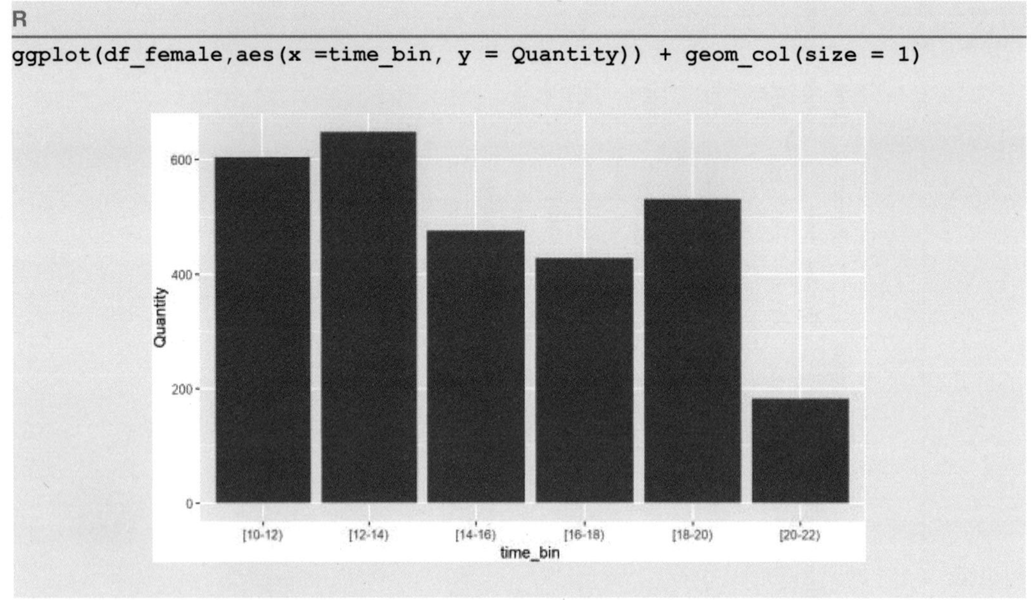

Python

```
sns.jointplot(x='Time_bins', y= 'Quantity', data=df_females[df_females
['Customer type'] == 'Member'])
plt.title('Sales by hour - opening time binned in two-hour intervals',
x = -2.5, y=1.25)
plt.show()
```

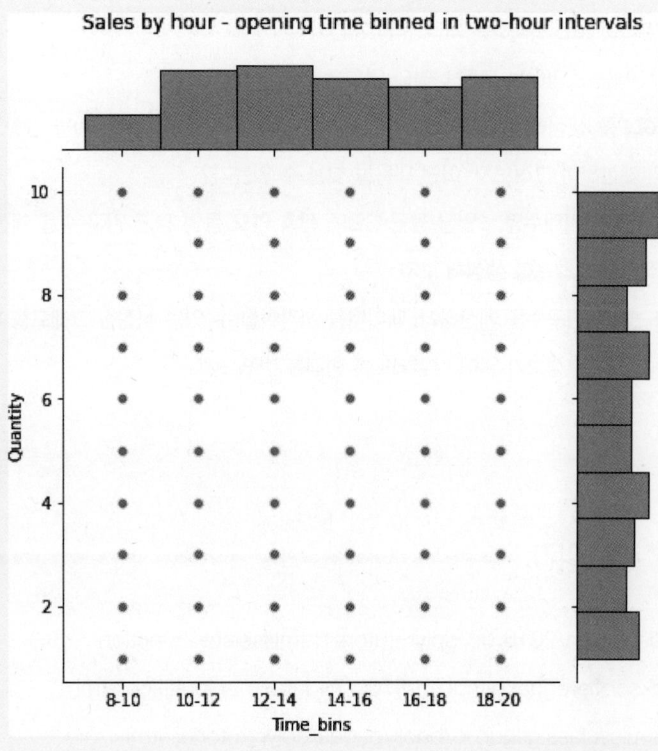

요약

이번 챕터에서 R의 *dplyr*과 Python의 *Pandas* 패키지를 소개하여 데이터를 저장하고 수정, 조정하여 인사이트를 생성하고 후속 분석이 용이한 형태로 재구성하였다. R 데이터 프레임과 *Pandas* 데이터 프레임에서 열을 선택하고 행을 필터, 정렬하여 새로운 열을 생성하고 특정 값으로 그룹화하는 방법 등에 대해 살펴보았다. 이러한 간단한 기능을 위한 구문과 연산을 자유롭게 사용하면 데이터 분석을 쉽고 빠르게 할 수 있다.

연습문제

연습문제를 수행하기 위해 다음 링크에서 제공하는 데이터셋을 다운받도록 하자.

https://study.sagepub.com/gopal

gapminder.csv 파일을 불러오자.

1 국가 이름이 알파벳 A로 시작하는 나라는 몇 개인가?
2 기대 수명이 70세를 초과하는 모든 나라와 연도를 나열해 보자.
3 변수 ***totalGDP***를 생성하여 ***gdpPercap***(1인당 평균 GDP)과 ***pop***(인구)을 곱하고 매년 totalGDP의 합이 얼마인지 계산하여 그려보자. 어떤 내용을 찾을 수 있는가?
4 각 대륙에 대해 평균 기대수명, 1인당 평균 GDP, 관측 연도 동안 평균 인구 수를 계산하자. 데이터를 시각화하기 위한 적절한 그래프를 생성해 보자.
5 각 대륙의 연도별 총 인구수를 계산하자. 데이터를 시각화할 수 있는 적절한 그래프를 만들어 보자.
6 데이터 구성이 각 연도 정보가 열에 나열되도록 형태를 바꿔보자.

추가 읽기

- www.listendata.com/2016/08/dplyr-tutorial.html#select-Function
- https://dereksonderegger.github.io/570L/7-data-manipulation.html
- https://genomicsclass.github.io/book/pages/dplyr_tutorial.html
- www.datacamp.com/community/tutorials/pipe-r-tutorial

4

프로그래밍 기초

목차

Python과 R은 수많은 통계 분석 기능을 제공할 뿐만 아니라 완전한 프로그래밍 언어로서 복잡하고 반복적인 작업을 언제든지 수행할 수 있다. 이 챕터에서는 반복을 위한 함수, 조건문 및 루프(loop)와 같은 주요 프로그래밍 구성 요소에 대해 알아보자. 이러한 기능을 사용하면 보다 복잡한 통계 분석 작업을 수행하는 데 도움이 된다.

기능들

지금까지 우리는 Python과 R 각각의 다양한 패키지에서 사용할 수 있는 많은 함수들을 사용해 보았다. 이러한 함수들의 예로는 **mean()**, **std()** 등이 있다. 이러한 내장함수들을 사용하는 것 외에도 우리만의 함수들을 만들 수 있다. 왜 우리만의 함수들을 만들고자 하는 것일까?

함수를 만들 때는 같은 혹은 다른 프로젝트에서 같은 순서의 단계를 여러 번 반복해서 사용하는 경우가 많기 때문이다. 코드 덩어리를 여러 번 반복하는 대신 필요할 때마다 호출할 수 있는 함수로 패키지화하는 것이 더 효율적이다. 즉, 필요한 코드를 한 번만 작성하고 함수로 패키지화 하면 오류를 줄이는데도 도움이 된다.

예제를 들어 시작해 보자. 기본 R에는 기하평균을 계산하는 데 가능한 함수가 없다. 양수 a_1, a_2,$\cdots a_n$의 기하평균은 다음과 같이 정의된다.

$$(a_1 \times a_2 \times a_3 \ldots a_n)^{1/n}$$

우리 스스로 함수를 만들어 보자. 이전에 숫자 집합의 기하평균을 계산하기 위한 코드를 작성해 보자.

R

```
v = c(1,33,4,29,9,90)
gmean = (prod(v))^(1/length(v))
gmean

## [1] 12.07562
```

Python

```
v = [1,33,4,29,9,90]
gmean = (np.prod(v))**(1/len(v))
gmean

12.075621482045438
```

위의 코드는 기하평균을 계산한 것이다. 이제 우리는 해당 코드를 함수로 패키지화하여 이번 스크립트 또는 다음에 재사용할 수 있게 할 것이다.

Python과 R에서의 프로그래밍은 함수를 중심으로 구성된다. log(x)와 같은 수학적 함수를 생각해 보자. 이 수학적 함수는 인수(argument)라고 불리는 일부 입력 값(여기서는 x)을 취하고, 입력에 대한 일련의 계산을 수행하고 출력 값을 반환(return)한다. 동일한 기본 아이디어가 Python과 R에서 함수를 만드는 데 사용된다.

R에서 함수의 구조는 다음과 같다.

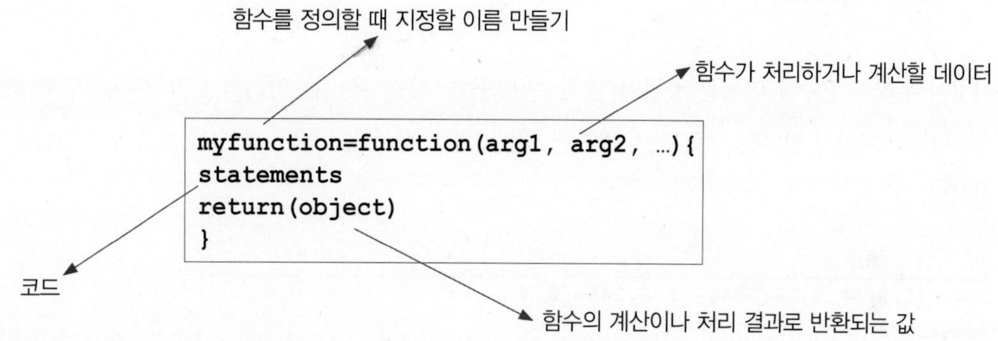

그림 4.1 R에서 함수 구조

Python에서 구문은 약간 다르지만 기본 요소들은 같다.

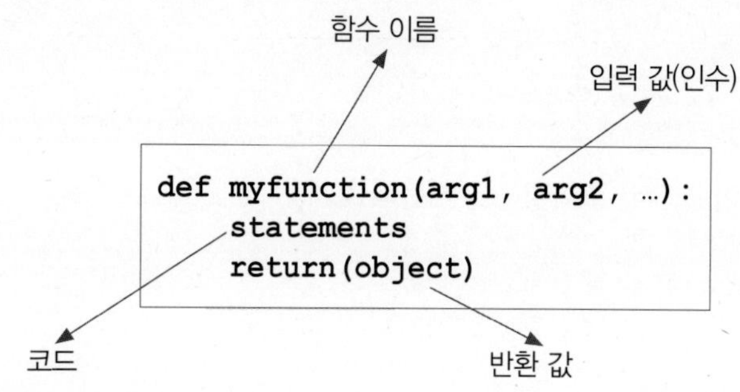

그림 4.2 Python에서 함수 구조

함수를 쓰는 방법의 주요한 차이점은 Python에서는 코드를 구조화하기 위해 {} 괄호를 사용할 필요가 없지만, 들여쓰기를 사용해야 한다는 것이다. 위의 Python 예제에서 들여쓰기된 모든 줄은 **myfunction** 함수에 속한다. R에서는 들여쓰기 사용에 보다 자유로울 수 있지만, {} 괄호가 필요한다.

다음 예제에서는 입력 값 벡터 **v**의 기하평균을 계산하는 함수 **geomean**을 만들어 보자.

R
```
geomean = function(v){
gmean = (prod(v))^(1/length(v))
return(gmean)
}
```

Python
```
def geomean(v):
    gmean = (np.prod(v))**(1/len(v))
    return(gmean)
```

이것이 우리가 함수를 만드는 방법이다! 함수가 만들어지면, 우리는 임의의 숫자 벡터를 입력 값으로 사용할 수 있고 함수는 입력 값의 기하평균을 반환할 것이다. 다음은 함수를 호출하는 방법의 예시이다.

R
```
x = c(1,3,54,9,29,234,6,2,8,2456,2,8)
geomean(x)

## [1] 13.5207
```

Python
```
x = [1,3,54,9,29,234,6,2,8,2456,2,8]
geomean(x)

13.520702172120803
```

추가 예제로 다음과 같이 정의된 조화평균을 계산해 보자.

$$\frac{n}{\frac{1}{a_1}+\frac{1}{a_2}+\ldots+\frac{1}{a_n}}$$

다음 코드는 조화평균을 반환한다.

R
```
d = c(2,4,63,6,3)
g = 1/d
hmean = length(d)/(sum(g))
hmean

## [1] 3.949843
```

Python
```
d = np.array([2,4,63,6,3])
g = 1/d
hmean = len(d)/(np.sum(g))
hmean

3.949843260188088
```

이제 조화평균을 계산하는 함수를 생성해 보자.

R
```
harmean = function(v){
  a = 1/v
  hmean = length(v)/(sum(a))
  return(hmean)
}
```

Python
```
def harmean(v):
  a = 1/v
  hmean = len(v)/(np.sum(a))
  return(hmean)
```

다음 코드는 두 가지 함수를 테스트하여 각각이 제대로 동작하는지 확인하자.

R
```
v = c(2,23,3456,1,4,6)
geomean(v)

## [1] 12.5004

harmean(v)

## [1] 3.060546
```

Python
```
v = np.array([2,23,3456,1,4,6])
geomean(v)

12.500396862365385

harmean(v)
```

```
3.0605463611219847
```

다른 예를 살펴보자. 벡터 v = [4,6,23,6,375,9]가 있고 벡터 중 몇 개의 구성요소가 기준점(cutoff) 6보다 큰 값인지 찾고자 한다. 이를 위해 다음과 같은 코드를 사용할 수 있다. R의 함수 **length()**는 Python의 함수 **len()**이 하는 것과 같이 벡터의 원소 개수를 반환한다는 것을 확인하자.

R
```
v = c(4,6,23,6,375,9)
cutoff = 6
vsub = v[v>cutoff]
vsub

## [1]  23 375   9

length(vsub)

## [1] 3
```

Python
```
v = np.array([4,6,23,6,375,9])
cutoff = 6
vsub = v[v>cutoff]
vsub

array([ 23, 375,   9])

len(vsub)

3
```

다음으로 이 코드를 함수로 패키지화하자. 해당 함수는 두 개의 입력 값 벡터와 기준점(cutoff)이 필요하다는 점을 확인하자.

R
```
vecsize = function(v,cutoff = 1){
  vsub = v[v>cutoff]
  return(length(vsub))}
```

Python
```
def vecsize(v, cutoff = 1):
  vsub = v[v>cutoff]
  return(len(vsub))
```

이 함수가 어떻게 동작하는지 확인해 보자.

R

```
v = c(.2,5,2,.6,3,57,34,5)
vecsize(v,10)
## [1] 2

vecsize(v)
## [1] 6
```

Python

```
v = np.array([.2,5,2,.6,3,57,34,5])
vecsize(v,10)
2

vecsize(v)
6
```

위 함수에서 **cutoff = 1**을 사용하여 기본 기준점을 1로 설정하였다. 함수를 호출할 때 기준점을 지정하지 않았다면 기본값은 1로 설정된다.

다른 예를 살펴보자. 벡터 v = [2,2,6,3,546,2346,22,34,7,21,4]가 있고 5와 100 사이의 모든 원소를 구하고자 한다고 가정해 보자. 이를 위해 다음과 같은 코드를 사용할 수 있다.

R

```
vec1 = c(2,2,6,3,546,2346,22,34,7,21,4)
cutoff1 = 5
cutoff2 = 100
vsub = vec1[vec1>cutoff1 & vec1<cutoff2]
vsub

## [1]  6 22 34  7 21
```

Python

```
vec1 = np.array([2,2,6,3,546,2346,22,34,7,21,4])
cutoff1 = 5
cutoff2 = 100
vsub = vec1[(vec1>cutoff1) & (vec1<cutoff2)]
vsub

array([ 6, 22, 34,  7, 21])
```

이전 예제와 같이 코드가 제대로 동작하는 것이 확인되면 이를 함수로 전환하고 테스트한다.

R

```
intermediate = function(vec1, cutoff1,
                        cutoff2){
  vsub = vec1[vec1>cutoff1 &
              vec1<cutoff2]
  return(vsub)
}
vec1 =
      c(2,2,6,3,546,2346,22,34,7,21,4)
intermediate(vec1,5,100)

## [1]  6 22 34  7 21
```

Python

```
def intermediate (vec1, cutoff1,
                        cutoff2):
  vsub = vec1[(vec1>cutoff1) & (vec1<cutoff2)]
  return(vsub)

vec1 = np.array([2,2,6,3,546,2346,22,34,7,21,4])
intermediate(vec1,5,100)

array([ 6, 22, 34,  7, 21])
```

조건(Conditionals)

조건문(Conditional Statements)

조건문은 매우 유용하여 어떤 프로그래밍 언어에서도 중요한 요소이다. R에서는 조건문에 대한 세 가지 종류의 구문이 있다. (괄호 설정이 중요하다.)

```
if (condition) {trueStatement}
ifelse (condition,trueStatement,falseStatement)
if (condition){trueStatement} else {falseStatement}
```

Python에서 구조는 비슷하지만 구문이 다르다. 〈〉 괄호는 코드에 포함되지 않음에 유의하자.

```
if <condition>:
    <trueStatements>
```

```
2  if <condition>:
       <trueStatements>
   else:
       <falseStatements>
```

Python에서는 들여쓰기가 중요하지만 그 대신 괄호를 사용하지 않아도 된다.

R과 Python 모두 이 구문들의 의미는 condition 조건문을 평가하고, 만약 참(True)으로 판명되면 trueStatements가 실행된다. else 분기점을 가지는 구문에서는 만약 해당 조건이 참이 아닐 때 falseStatements가 실행된다.

예를 들어 벡터의 합이 우리가 기대한 것과 같은지 확인해 보자.

R

```
v = c(1,2,3,4)
if (sum(v) == 10)
{print("Yes, the sum is 10.")}

##  [1] "Yes, the sum is 10."
```

Python

```
v = np.array([1,2,3,4])
if sum(v) == 10:
    print("Yes, the sum is 10.")

"Yes, the sum is 10."
```

거짓(False)일 경우 또한 확인할 수 있다.

R

```
v1 = c(1,2,3,3)
if (sum(v) == 10){
    print("Yes, the sum is 10.")
} else {
    print("No, the sum is not 10.")
}

##  [1] "No, the sum is not 10."
```

Python

```
v1 = np.array([1,2,3,3])
if sum(v) == 10:
    print("Yes, the sum is 10.")
else:
```

```
    print("No, the sum is not 10.")
"No, the sum is not 10."
```

조건식(Conditional Expressions)

조건식은 조건문과 동일한 논리(logic)를 포함하지만, 문장을 실행하는 것이 아니라 조건에 따라 값을 반환한다.

R에서 우리는 이 개념을 벡터에 직접 적용할 수 있다. 숫자로 이뤄진 벡터로 0과 1을 가진 다른 벡터를 만들고자 한다고 가정해 보자. 첫 번째 벡터의 구성요소가 5보다 크면 두 번째 벡터에 해당하는 구성요소에 1을, 그렇지 않을 때는 0으로 저장해 보자.

R

```
v1 = c(2,36,83,2,5,7,2,9,3,12)
v2 = ifelse(v1> = 5,1,0)
print(v2)

##  [1] 0 1 1 0 1 1 0 1 0 1
```

Python

```
v1 = np.array([2,36,83,2,5,7,2,9,3,12])
v2 = np.where(v1> = 5,1,0)
print(v2)

[0 1 1 0 1 1 0 1 0 1]
```

whiteside 데이터 프레임를 사용한 다른 예제를 보자.

R

```
library(MASS)
head(whiteside)

##    Insul  Temp Gas
## 1 Before -0.8  7.2
## 2 Before -0.7 6.9
## 3 Before  0.4 6.4
## 4 Before  2.5 6.0
## 5 Before  2.9 5.8
## 6 Before  3.2 5.8
```

Python

```
whiteside = pd.read_csv('../data/whiteside.csv')
whiteside.head()

      Insul     Temp    Gas
0     Before    -0.8    7.2
1     Before    -0.7    6.9
2     Before     0.4    6.4
3     Before     2.5    6.0
4     Before     2.9    5.8
```

온도가 5도 이하이면 'cold'로, 5도 이상이면 'hot'으로 표기한 새로운 열을 만들어 보자.

R

```
whiteside$hotcold = ifelse(whiteside$Temp<5,"cold","hot")
head(whiteside)

##     Insul  Temp  Gas hotcold
## 1 Before  -0.8  7.2    cold
## 2 Before  -0.7  6.9    cold
## 3 Before   0.4  6.4    cold
## 4 Before   2.5  6.0    cold
## 5 Before   2.9  5.8    cold
## 6 Before   3.2  5.8    cold
```

Python

```
whiteside['hotcold'] = np.where(whiteside['Temp']<5, "cold", "hot")
whiteside.head()

      Insul     Temp    Gas    hotcold
0     Before    -0.8    7.2    cold
1     Before    -0.7    6.9    cold
2     Before     0.4    6.4    cold
3     Before     2.5    6.0    cold
4     Before     2.9    5.8    cold
```

다음으로 평균 가스 소모량(**Gas**)을 단열(**Insul**) 전후 및 새로 만든 값 'hot'/'cold'에 따라 표시한 요약표를 만들어 보자.

R

```
x = aggregate(whiteside$Gas,list(whiteside$Insul, whiteside$hotcold),mean)
x
```

```
##   Group.1 Group.2       x
## 1  Before    cold 5.94000
## 2   After    cold 3.88500
## 3  Before     hot 4.00625
## 4   After     hot 2.68000
```

Python

```
x = whiteside.groupby(['Insul','hotcold'])['Gas'].mean().reset_index()
x

     Insul     hotcold       Gas
0     After       cold   3.88500
1     After        hot   2.68000
2    Before       cold   5.94000
3    Before        hot   4.00625
```

예상한 것처럼 값이 'cold'이면서 Before(단열 이전)일 때 가스 소비량이 높다. 열 이름이 그다지 유용하지 않게 되는 것을 확인하자. 데이터 프레임의 열 이름은 R의 **colnames()** 함수와 Python 의 **.rename()** 함수를 사용하여 변경할 수 있다:

R

```
colnames(x)
x

## [1] "Group.1" "Group.2" "x"

colnames(x) = c("Insulation","Weather", "Average_Gas_Consumption")
x

##   Insulation  Weather   Average_Gas_Consumption
## 1     Before     cold                   5.94000
## 2      After     cold                   3.88500
## 3     Before      hot                   4.00625
## 4      After      hot                   2.68000
```

Python

```
x.columns

Index(['Insul', 'hotcold', 'Gas'], dtype='object')

x.columns=["Insulation", "Weather", "Average_Gas_Consumption"]
x
```

```
   Insulation   Weather   Average_Gas_Consumption
0       After      cold                   3.88500
1       After       hot                   2.68000
2      Before      cold                   5.94000
3      Before       hot                   4.00625
```

반복(Looping)

For 문(For Loops)

영어로 looping 또는 iteration이라 부르는 반복은 프로그래밍의 또 다른 핵심 요소이다. R에서 구문은 다음과 같다.

```
for (variable in sequence) {statements}
```

배열(sequence) 안의 변수를 i로 표기하는 것이 일반적이다. R에서 **print** 명령어는 loop 안의 값을 화면에 출력한다.
Python에서 구문은 괄호를 필요로 하지 않지만, 콜론 ':'과 들여쓰기의 사용이 다음과 같다.

```
for variable in sequence:
       statements
```

예제를 한번 살펴보자. 반복문을 사용하여 숫자 1부터 10까지를 출력하고 싶다고 해보자.

R

```
for (i in 1:10)
{
  print(i)
}

## [1] 1
## [1] 2
## [1] 3
## [1] 4
## [1] 5
## [1] 6
## [1] 7
## [1] 8
## [1] 9
## [1] 10
```

Python

```
for i in range (1, 11):
    print (i)

1
2
3
4
5
6
7
8
9
10
```

다음으로 1~10까지 수를 바로 이전 숫자와 그 이전 숫자까지 총 3개를 곱한 값을 구해보자. 해당 코드는 다음과 같다.

R

```
for (i in 1:10)
{
  print(i*(i-1)*(i-2))
}

## [1] 0
## [1] 0
## [1] 6
## [1] 24
## [1] 60
## [1] 120
## [1] 210
## [1] 336
## [1] 504
## [1] 720
```

Python

```
for i in range (1,11):
    print (i*(i-1)*(i-2))

0
0
6
24
```

```
60
120
210
336
504
720
```

추가 예제로, 벡터 $v1$ = [1,2,4,2,4,6,7,8,9,12,4,1,5,2]의 연속 합계를 저장하는 벡터를 만들어 보자. 코드는 다음과 같다.

R
```
v1 = c(1,4,5,2,4,6,7,8,9,12,4,1,5,2)
v2 = v1
for (i in 2:length(v1))
{
  v2[i] = v2[i-1]+v1[i]
}

## [1]  1  5 10 12 16 22 29 37 46 58 62 63 68 70
```

Python
```
v1 = np.array([1,4,5,2,4,6,7,8,9,12,4,1,5,2])
v2 = v1
for i in range (1,len(v1)):
    v2[i] = v2[i-1]+v1[i]
v1

array([ 1,  5, 10, 12, 16, 22, 29, 37, 46, 58, 62, 63, 68, 70])
```

다음 예제에서는 선택한 2개 정수 사이의 소수를 저장하는 벡터를 만들어 보자. 이를 위해서 R의 schoolmath, Python의 sympy 패키지를 설치해야 한다.

R
```
library(schoolmath)
ans = c()
a = 20
b = 30
for (i in a:b)
{
  if(is.prim(i) == TRUE){ans = c(ans,i)}
}
ans
```

```
## [1] 23 29
```

Python

```
import sympy
ans = np.array([])
a = 20
b = 30
for i in range (a,b+1):
    if sympy.isprime(i):
        ans = np.append(ans,i)
ans

array([23., 29.])
```

벡터화를 통한 반복문(Loops) 대체

우리가 위의 코드를 반복문을 사용해서 작성했지만, R에서는 반드시 반복문을 사용하지 않아도 된다. 왜냐하면 R에서 벡터화된 계산이 가능하기 때문이다. 벡터화된 연산은 코드 작성이 쉽고, 실행 속도가 훨씬 빠르다. 예를 들어, 벡터의 합을 구할 때 모든 숫자를 더하기 위해 **sum()**을 사용하였다. 벡터화된 계산을 지원하지 않는 다른 프로그래밍 언어에서는 벡터에 있는 숫자의 합을 계산하기 위해 루프를 작성해야 할 것이다. 일반적으로, 가능하다면 반복문을 벡터화된 계산으로 대체하는 것이 좋다.

이제 반복문을 사용하지 않고 위의 코드를 다시 작성해 보자.

R

```
x = seq(20:30)
y = is.prim(x)
y

##  [1]  TRUE  TRUE  TRUE FALSE  TRUE FALSE  TRUE FALSE FALSE FALSE  TRUE

x[y]

## [1]  1  2  3  5  7 11
```

Python

```
x = np.arange(20,30+1)
```

```
y = sympy.isprime(x)
y

False
```

두 가지 코드 묶음을 비교하면 반복문을 사용하지 않고 코드를 작성하는 것이 훨씬 더 간단하고 보기 좋다는 것을 확인할 수 있다.

이제 어떤 벡터 $[a1, a2, \cdots a_n]$을 가지고 다음과 같은 계산을 원한다고 가정해 보자.

$$\sum_{i=1}^{n-1} a_i a_{i+1}$$

우선 반복문을 사용해 코딩해 보자.

R
```
total = 0
v = c(1,4,2,5,73,4,5)
for (i in 1:(length(v)-1))
{
  total = total + (v[i]*v[i+1])
}
total

## [1] 699
```

Python
```
total = 0
v = np.array([1,4,2,5,73,4,5])
for i in range (len(v)-1):
    total = total + (v[i]*v[i+1])
total

699
```

해당 합계를 계산하는 데 더 나은 방법이 있는데 반복문을 사용하지 않고 $v1 = [a1, a2 \cdots, a_n - 1]$과 $v2 = [a2, a3, \cdots, a_n]$을 만드는 방식이다. 코드는 다음과 같다.

R
```
v1 = v[1:(length(v)-1)]
v2 = v[2:length(v)]
```

```
total = sum(v1*v2)
total

## [1] 699
```

Python

```
v1 = v[:(len(v)-1)]
v2 = v[1:len(v)]
total = sum(v1*v2)
total

699
```

어떤 경우에는 반복문을 사용할 수밖에 없다. 예제를 확인해 보자.

벡터 $v1$ = [1,2,3,4,5]의 성분을 반대로 저장한 벡터를 만들어 보자.

R

```
v1 = c(72,3,57,2,8,24,7)
v2 = c()
n = length(v1)
for (i in 1:n)
{
  v2[i] = v1[n +1 - i]
}
v2

## [1]  7 24  8  2 57  3 72
```

Python

```
v1 = np.array([72,3,57,2,8,24,7])
v2 = np.array([])
n = len(v1)
for i in range (n):
    v2 = np.append(v2,v1[n-1-i])
v2

array([ 7., 24.,  8.,  2., 57.,  3., 72.])
```

Python에서는 이를 반복문 없이 내장 메소드 **reversed()**를 사용할 수 있지만, 사실 이 함수를 호출하면 이면에서 for 문이 실행된다.

While 문(While Loops)

반복의 다른 유형은 while 문이다. while 문은 어떤 조건이 참(True)인 상태에서 명령어 집합을 반복하고 싶을 때 사용한다.
R에서 구문은 다음과 같다.

```
while(cond) expr
```

우리가 예를 들어 정수 19를 시작 값으로 하여 19보다 큰 10개의 소수를 원한다고 가정해 보자. 이 경우에 **for** 문은 유용하지 않다. 해당 문제를 풀기 위한 논리는 다음과 같다.
우리가 **i**라고 불리는 하나의 인덱스를 만들어 19부터 시작해 1씩 증가하게 할 것이다. 다른 인덱스 **primi**를 만들어 0부터 시작하고 만약 소수를 찾으면 1씩 증가하게 할 것이다. **while** 문은 **primi**가 10에 도달할 때까지 계속될 것이다.

R

```
library(schoolmath)
startnumber = 300
numprimes = 3
i = startnumber + 1
primi = 0
primevec = c()
while (primi<numprimes)
{
  if(is.prim(i) == TRUE){
    primi = primi + 1
    primevec = c(primevec,i)
    }
  i = i +1
}
print(primevec)

## [1] 307 311 313
```

Python

```
startnumber = 300
numprimes = 3
i = startnumber + 1
primi = 0
primevec = np.array([])
while primi<numprimes:
    if sympy.isprime(i):
```

```
        primi = primi+1
        primevec = np.append(primevec,i)
    i = i+1
print(primevec)

[307. 311. 313.]
```

마지막 단계로 우리는 이를 함수로 패키지화하여 나중에 재사용하거나 테스트할 수 있도록 한다.

R

```
nextprimes = function(startnumber, numprimes){
  primi = 0
  i = startnumber + 1
  primevec = c()
  while (primi<numprimes)
  {
    if(is.prim(i) == TRUE){
      primi = primi + 1
      primevec = c(primevec,i)
    }
  i = i +1
  }
  return(print(primevec))
}
nextprimes(3,3)

## [1]  5  7 11

nextprimes(19,10)

##  [1] 23 29 31 37 41 43 47 53 59 61

nextprimes(9,3)

## [1] 11 13 17
```

Python

```
def nextprimes(startnumber, numprimes):
    primi = 0
    i = startnumber + 1
    primevec = np.array([])
    while primi<numprimes:
        if sympy.isprime(i):
            primi = primi+1
```

```
            primevec = np.append(primevec,i)
        i = i+1
    return(print(primevec))
nextprimes(3,3)

[ 5.  7. 11.]

nextprimes(19,10)

[23. 29. 31. 37. 41. 43. 47. 53. 59. 61.]

nextprimes(9,3)

[11. 13. 17.]
```

요약

이번 챕터에서 우리는 Python과 R의 핵심 프로그래밍 요소를 다루었다. 데이터에 대해 보다 정교한 분석을 수행하고 탐색할 때 유용하게 사용할 수 있을 것이다. 후속 챕터에서 실습을 통해 종종 사용하게 될 것이다.

연습문제

연습문제를 수행하기 위해 다음 링크에서 제공하는 데이터셋을 다운받도록 하자.
https://study.sagepub.com/gopal

1 두 개의 숫자 x와 y를 받아 x^3+y^3을 반환하는 함수를 만들어 보자.

2 숫자 벡터를 사용하는 함수를 만들어 보자. 해당 함수는 다음과 같이 행동해야 한다. (1) 중앙값 아래의 모든 값을 가지고 평균을 계산하고 (2) 중앙값보다 큰 모든 값을 가지고 평균을 계산하여 (3) 더 큰 평균 값과 더 낮은 평균 값 사이 값의 차이를 반환한다. 데이터셋에서 몇 개의 벡터를 가지고 테스트해 보자.

3 숫자 벡터를 사용하는 함수를 만들어보자. 벡터의 중앙값을 결과로 내놓아야 한다. 결과 벡터에서 i번째 성분은 1부터 *i*까지로 이뤄진 입력 벡터의 중앙값이어야 한다.

4 주어진 정수가 주어진 벡터의 원소이면 TRUE를 반환하는 함수를 생성하자. 예를 들어 주어진 벡터가 (1,3,5,7)일 때 7이라는 정수가 주어지면 함수는 TRUE를 반환한다.

5 어떤 정수가 가진 (1과 자신을 제외한) 전체 약수가 몇 개인지 반환하는 함수를 생성하시오. 모든 약수를 나열해 보자.

6 어떤 벡터에 결측값이 있을 때 입력한 벡터의 중앙값으로 대체하여 결측값이 없어진 벡터를 출력하는 함수를 만들어 보자.

7 두 점 사이의 유클리드 거리를 계산하는 함수를 생성하자. 이 함수의 입력은 반드시 두 개의 벡터 (x_1, y_1)과 (x_2, y_2) 형태이어야 하고 출력은 계산한 유클리드 거리 값이다. 유클리드 거리를 구하는 공식은 다음과 같다.

$$\sqrt{(x_1 - x_2)^2 + (y_1 - y_2)^2}$$

8 숫자 벡터를 사용하고 이상치가 몇 개인지 반환하는 함수를 만든다. 이 경우 이상치는 '중앙값에서 표준편차 두 배를 벗어난 값'으로 정의하자. Baseball.csv 파일에서 변수 **Salary**를 이용하여 함수를 테스트하자.

5

확률, 확률 변수 및 분포

목차

통계는 데이터로부터 학습하는 것이다. 우리가 연구하려는 대부분의 현상은 데이터를 생성하고, 데이터 분석을 통해 현상을 이해하기에 통계는 중요하다. 통계에 대한 흥미로운 점은 필요한 모든 데이터를 가지고 있지 않다는 점이다. 일반적으로 우리는 일부 데이터 표본만 가용할 수 있다. 또한 관련된 모든 변수에 대한 데이터를 가지고 있지 않을 수도 있다. 모집단에서 추출한 표본으로 작업하더라도 우리의 목표는 표본뿐만 아니라 더 넓은 현상을 이해하고 설명하는 것이다. ***모집단(population)***은 우리가 연구하고자 하는 현상과 관련된 전체 데이터를 의미한다. 예를 들어, 모집단은 전 세계 사람이 될 수도 있고, 특정 상품의 잠재 고객 전체가 될 수도 있다. 모집단은 유한할 수도 무한할 수도 있지만, 대부분의 경우에 실용적인 목적에서 모집단은 무한하다고 정의한다. 전체 모집단에 대한 데이터를 모두 수집하는 것은 대개 불가능하며, 우리가 관심을 가지는 데이터가 미래에 생성될 수도 있다. 이러한 이유 때문에 우리는 주어진 표본을 최대한 활용해서 모집단에 대한 인사이트를 추출하고자 한다. 이것이 통계의 요점이다. 이번 챕터에서는 통계에서 아주 중요한 개념인 확률과 확률 변수 및 분포를 다루도록 한다.

확률 변수

동전 던지기를 예로 들어 보자. ***사전적으로(A priori)*** (즉, 동전을 던지기 전에는), 우리는 동전 던지기의 결과가 무엇인지 알 수 없다. 결과가 불확실하기 때문에 이를 ***확률 변수(random variable)***라고 한다. ***확률(probability)***은 관심 있는 결과가 확률 변수에서 발생할 가능성이다. 확률은 항상 0과 1 사이에 있으며, 0은 해당 사건(event)이 발생할 수 없음을, 1은 해당 사건이 확실히 발생함을 의미한다.

앞면(heads)을 1, 뒷면(tails)을 0으로 표시해 보자. 가능한 결과는 두 가지 뿐이다. 따라서 모든 발생 가능한 결과의 집합인 표본공간(sample space)은 (0,1)이다. 이것을 정의역(domain)이라고 한다. 일반적인 동전이라면 각 결과값에 대한 확률은 0.5이고, 이를 다음과 같이 표현할 수 있다.

그림 5.1 1파운드 동전

출처: kavalenkava from Shutterstock

표 5.1 동전 던지기

결과	확률
앞면 (1)	0.5
뒷면 (0)	0.5

이것을 *분포(distribution)*라고 부른다. 분포는 사건의 모든 결과별 확률을 의미한다. 반드시 하나의 결과는 발생해야 하므로, 확률의 총합은 1이다. 다시 말해, 결과는 상호 배반적(mutually exclusive)이며, 전체 포괄적(collectively exhaustive)이다.

주사위를 예로 들어보자.

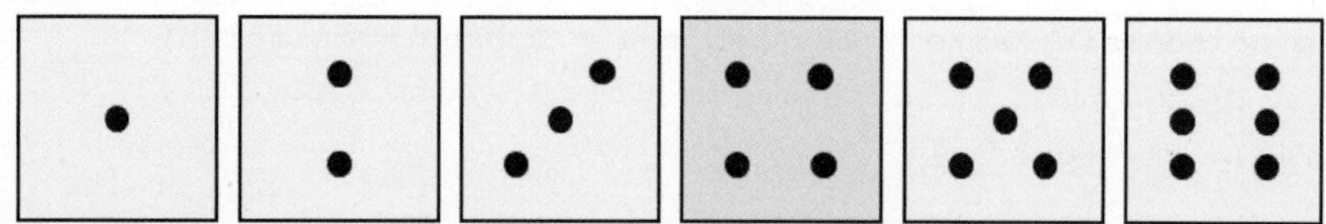

그림 5.2 주사위 면

주사위를 굴린 결과에 대한 분포를 어떻게 표현할 수 있을까? 각각의 결과와 확률을 설명해야 한다.

표 5.2 주사위 던지기 확률

결과	확률
1	$\frac{1}{6}$
2	$\frac{1}{6}$
3	$\frac{1}{6}$
4	$\frac{1}{6}$
5	$\frac{1}{6}$
6	$\frac{1}{6}$

통계학에서는 모집단을 분포의 관점에서 설명한다. 이 관점에서 모집단은 추상적인 개념이고, 확률은 이 추상적인 개념의 수학적 설명이다. 이것이 위 두 예제를 살펴본 이유이다.

표본은 분포에서 추출된다. 예를 들어, 동전을 5번 던지는 것은 앞서 설명한 분포에서 5번 추출한 것과 같다. R과 Python을 이용하여 분포를 기반으로 표본을 만드는 방법을 살펴보자.

R의 기본 구문은 다음과 같다.

```
sample(x = , replace = , prob = , size = )
```

위의 구문에서, **x** = '분포의 정의역', **prob** = '정의역 내 각 결과별 확률', **size** = '추출할 표본의 크기', **replace** = '복원 추출 여부'를 나타낸다.

Python에서는 *numpy*를 이용해 이산분포에 대한 표본을 추출할 수 있다.

```
numpy.random.choice(domain, size=, replace=, p=)
```

이 함수의 인수들은 R 구문과 동일하게 사용된다.

동전을 10번 던지는 경우를 예로 들어 보자. 우리는 먼저 정의역과 확률을 정의한다.

R

```
coindomain = c(0,1)
coinprob = c(.5,.5)
sample(x = coindomain, size = 10, replace = T,prob = coinprob)

##  [1] 0 1 1 1 1 0 0 1 1 1
```

Python

```
import numpy as np
coindomain = [0,1]
coinprob = [.5,.5]
np.random.choice(coindomain, size = 10, replace = True, p = coinprob)

array([1, 0, 1, 0, 0, 0, 0, 0, 0, 0])
```

코드를 실행할 때마다 결과값이 달라짐을 알 수 있다. 이제 주사위를 15번 굴리는 경우를 생각해 보자.

주의해야 할 점은 R의 해당 seq 함수와 달리, Python의 range 함수의 두 번째 인수는 포함되지 않는다. 즉, 해당 값은 출력에 포함되지 않는다.

R

```
diedomain = seq(1,6)
dieprob = rep(1/6,6)
sample(x = diedomain, size = 15, replace = T, prob = dieprob)

##  [1] 2 5 2 1 1 3 2 5 6 5 2 6 6 6 5
```

Python

```
diedomain = range(1,7)
dieprob = np.repeat(1/6,6)
np.random.choice(diedomain, size = 15, replace = True, p = dieprob)

array([6, 4, 4, 5, 3, 1, 5, 3, 1, 4, 1, 4, 2, 51, 1, 6, 6, 6, 4, 6, 21, 5, 5]
```

표본 크기

이제 표본 크기의 효과를 알아보자. 동전을 다섯 번 던진 표본에 대하여 앞면과 뒷면의 확률을 계산해 보자.

R

```
res1 = sample(x = coindomain, size = 5, replace = T,prob = coinprob)
prop.table(table(res1))

## res1
##   0   1
## 0.2 0.8
```

Python

```
res1 = np.random.choice(coindomain, size = 5, replace = True, p = coinprob)
pd.DataFrame(data=res1).value_counts(normalize=True)

0    0.6
1    0.4
dtype: float64
```

이제 동전을 1,000번 던진 표본의 확률을 계산해 보자.

R

```
res1 = sample(x = coindomain, size = 1000, replace = T,prob = coinprob)
prop.table(table(res1))

##  res1
##     0     1
## 0.482  0.518
```

Python

```
res1 = np.random.choice(coindomain, size = 1000, replace = True, p = coinprob)
pd.DataFrame(data = res1).value_counts(normalize = True)

1    0.506
0    0.494
dtype: float64
```

한 번 더 반복해서 동전을 100,000번 던진 표본의 확률을 계산해 보자.

R

```
res1 = sample(x = coindomain, size = 100000, replace = T,prob = coinprob)
prop.table(table(res1))

## res1
##       0       1
## 0.49741 0.50259
```

Python

```
res1 = np.random.choice(coindomain, size = 100000, replace = True, p = coinprob)
pd.DataFrame(data = res1).value_counts(normalize = True)

1    0.50005
0    0.49995
dtype: float64
```

표본 크기가 커질수록 확률이 분포에 수렴하는 것을 확인할 수 있다. 위 예제의 경우, 결과값 0 과 1 에 대하여 각각 0.5와 0.5로 수렴한다.

이것은 *대수 법칙(law of large numbers)*에서 비롯된다. 표본을 토대로 산출한 분포를 *경험적 분포(empirical distribution)*라고 부른다. 대수 법칙은 표본 크기가 무한대로 수렴할 때 경험적 분포가 실제 모집단의 분포로 수렴함을 의미한다.

경험적 분포와 실제 분포 간의 확률 차이를 *표본 오차(sampling error)*라고 한다. 표본 크기를 5, 100, 1,000,000으로 할 때 주사위 던지기의 표본 오차를 알아보자.

R

```
res2 = sample(x = diedomain, size = 5,
 replace = T, prob = dieprob)
prop.table(table(res2))

## res2
##   2   3   4   6
## 0.2 0.2 0.2 0.4

res2 = sample(x = diedomain, size = 100,
 replace = T, prob = dieprob)
prop.table(table(res2))

## res2
##     1     2     3     4     5     6
## 0.165 0.145 0.166 0.182 0.171 0.171
```

```
res2 = sample(x = diedomain, size = 1000000, replace = T, prob = dieprob)
prop.table(table(res2))

## res2
##       1       2       3       4       5       6
## 0.16642 0.16629 0.16697 0.16663 0.16664 0.16705
```

Python

```
res2 = np.random.choice(diedomain, size = 5, replace = True, p = dieprob)
pd.DataFrame(data = res2).value_counts(normalize = True).sort_
             index(ascending = True)

2    0.4
3    0.4
6    0.2
dtype: float64

res2 = np.random.choice(diedomain, size = 100, replace = True, p = dieprob)
pd.DataFrame(data = res2).value_counts(normalize = True).sort_
             index(ascending = True)

1    0.177
2    0.171
3    0.175
4    0.147
5    0.152
6    0.178
dtype: float64

res2 = np.random.choice(diedomain, size = 100000, replace = True, p = dieprob)
pd.DataFrame(data = res2).value_counts(normalize = True).sort_
             index(ascending = True)

1    0.16589
2    0.16662
3    0.16685
4    0.16752
5    0.16727
6    0.16585
dtype: float64
```

경험적 분포 함수

분포 함수(distribution function)를 수학적으로 설명하기 번거롭거나 거의 불가능한 경우 등 구하고자 하는 결과가 다소 복잡한 경우에는 R과 같은 도구를 사용한다면 경험적 분포 함수가 유용하다.

동전 50번을 던졌을 때 앞면이 몇 번 나왔는지를 구하고 싶다고 가정해 보자.

정의역은 0과 50 사이고 수학적으로 각 결과에 대한 확률을 설명하는 것은 조금 지루하고 까다로울 수 있다. 아무튼 이러한 분포를 우리는 *이항분포(binomial distribution)*라고 부르며, 차후 수학 공식을 설명하도록 하자. 지금은 분포를 수학적으로 설명하는 것을 원치 않는다고 가정해 보자. 대신에 우리는 경험적 분포를 다루려고 한다.
경험적 분포를 구하기 위해 다음과 같은 전략을 따른다.

1 하나의 결과를 도출하는 R 코드를 작성한다.
2 이 코드를 함수로 만든다.
3 함수를 여러 번 실행하여 경험적 분포를 구한다.

우선 하나의 결과를 시뮬레이션하기 위한 코드를 작성하고, 함수화하자.

R

```
coindomain = c(0,1)
coinprob = c(.5,.5)
f1 = function(){
  y = sample(x = coindomain, size = 50, replace = T,prob = coinprob)
sum(y)
}

f1()

## [1] 26
```

Python

```
coindomain = [0,1]
coinprob = [.5,.5]

def f1(coindomain, coinprob):
    y = np.random.choice(coindomain, size = 50, replace = True, p = coinprob)
    return sum(y)

f1(coindomain, coinprob)
```

```
20
```

다음 단계로 함수를 반복적으로 실행하여 경험적 분포 함수를 생성한다.

R

```
s1 = replicate(n = 10000, f1())
edf1 = prop.table(table(s1))

edf1


##     11     12     13     14     15     16     17     18     19     20
## 0.0002 0.0001 0.0002 0.0010 0.0028 0.0047 0.0094 0.0155 0.0257 0.0396
##     21     22     23     24     25     26     27     28     29     30
## 0.0602 0.0774 0.0964 0.1103 0.1081 0.1148 0.0927 0.0747 0.0664 0.0407
##     31     32     33     34     35     36     37     39
## 0.0270 0.0170 0.0077 0.0042 0.0021 0.0008 0.0002 0.0001
```

Python

```
s1 = [f1(coindomain, coinprob) for _ in range(10000)]
edf1 = pd.DataFrame(data = s1).value_counts(normalize = True).sort_
       index(ascending = True)
edf1

11    0.0001
12    0.0001
13    0.0005
14    0.0009
15    0.0015
16    0.0050
17    0.0093
18    0.0160
19    0.0252
20    0.0430
21    0.0590
22    0.0813
23    0.1005
24    0.1105
25    0.1090
26    0.1034
27    0.0931
28    0.0790
29    0.0577
30    0.0451
```

```
31     0.0257
32     0.0177
33     0.0085
34     0.0050
35     0.0013
36     0.0008
37     0.0006
38     0.0002
dtype: float64
```

생성된 출력물은 모든 가능한 결과와 결과별 확률을 설명하는 경험적 분포 함수이다.

위의 R 코드에서 **rep()** 함수 대신에 **replicate()** 함수를 사용했음에 유의하자. 차이점은 **rep()** 함수가 함수를 한 번 실행하고 결과를 n번 복제하는 반면 **replicate()** 함수는 함수를 *n* 번 실행하는 것을 복제한다는 것이다. 이것은 중요한 차이이며, 위의 **replicate()** 함수를 **rep()** 함수로 대체하여 이 차이를 평가하는 것은 좋은 연습이다.

이제 경험적 분포 함수를 그려보자.

R

```
plot(edf1,type = "h")
```

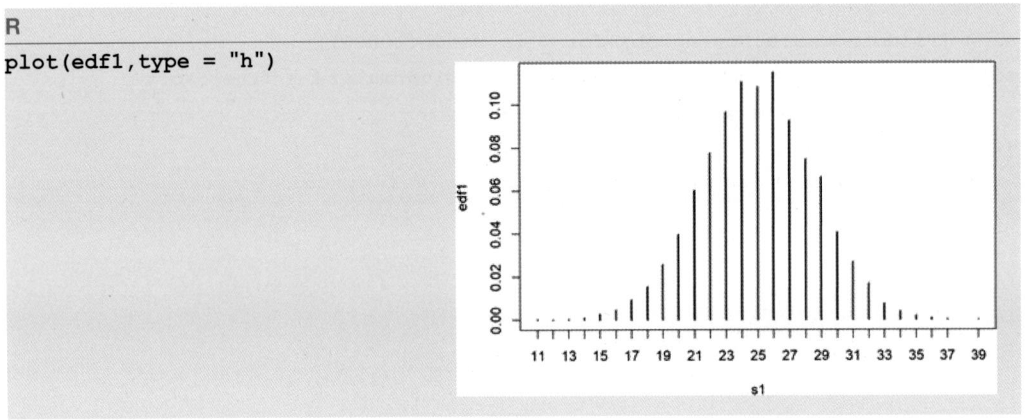

Python

```
ax = edf1.plot(kind = 'bar')
ax.set_xlabel('s1')
ax.set_ylabel('edf1')
ax.get_figure().tight_layout()
```

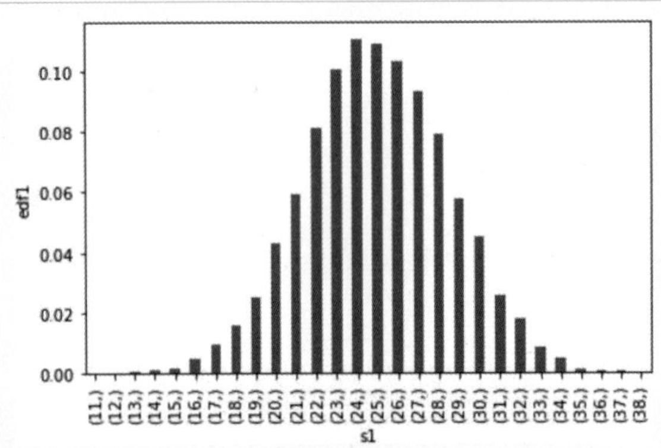

경험적 분포 함수를 얻으면, 이를 통해 원하는 어떤 확률이든 계산할 수 있다. 다음 확률을 계산해 보자.

1 앞면이 20번 이하일 확률
2 앞면이 15번 이상일 확률

이러한 확률을 계산하는 데 따를 수 있는 접근 방법은 간단하다. 경험적 분포를 나타내는 출력 벡터에는 10,000개의 데이터 포인트가 있으므로, 우리는 이 중 몇 개가 조건을 만족하는지를 세어 확률을 얻기만 하면 된다.

R

```
length(s1[s1< = 20]) / (length(s1))

## [1] 0.0992

length(s1[s1> = 15]) / (length(s1))

## [1] 0.9985
```

Python

```
len([i for i in s1 if i <= 20]) / len(s1)

0.1016

len([i for i in s1 if i >= 15]) / len(s1)

0.9984
```

결과는 20번 이하의 앞면을 얻을 확률이 0.1이고, 15번 이상의 앞면을 얻을 확률은 거의 1임을 나타낸다.

이제 약간 더 복잡한 시나리오를 시도해 보자. 주사위를 여러 번 굴리고 굴려서 얻은 숫자를 계속 더할 것이다. 관심 있는 결과는 주사위를 굴려서 합이 35가 될 때까지는 걸리는 횟수이다.

이 경우의 정의역은 [6, 35]이다. 6은 35의 합을 얻기 위해 필요한 최소 굴림 횟수이고, 최대값은 35이다. 왜냐하면 35번 굴리면 이 합을 얻을 수 있기 때문이다. 매번 결과가 1인 매우 희박한 경우를 제외하고는 말이다.

이 분포를 시뮬레이션하기 위해 어떤 코딩 로직을 사용해야 할까? 앞서 언급한 대로, 첫 번째 단계는 하나의 결과를 시뮬레이션하는 코드를 작성하는 것이다. 주사위를 35번 굴려 35개의 결과로 이루어진 벡터를 만든다. 그런 다음 벡터의 시작부터 누적으로 숫자를 더하다가 합이 35에 도달하거나 초과할 때까지 진행한다.
이를 위해 R에서 유용한 두 가지 함수는 다음과 같다.

> **cumsum(x)** – **x[1]**에서 **x[i]**까지의 합으로 i번째 요소를 가진 벡터를 생성한다.
>
> **which(x>c)** – 벡터 x의 모든 요소 중 숫자 c보다 큰 요소의 인덱스를 반환한다.

하나의 결과를 시뮬레이션하는 코드는 다음과 같다.

R

```
diedomain = seq(1,6)
dieprob = rep(1/6,6)

v1 = sample(x = diedomain, size = 35, replace = T, prob = dieprob)
c1 = cumsum(v1)
which(c1 > 35)[1]

## [1] 12
```

Python

```
diedomain = range(1,7)
dieprob = np.repeat(1/6,6)

v1 = np.random.choice(diedomain, size = 35, replace = True, p = dieprob)
c1 = np.cumsum(v1)
[i for i, x in enumerate(c1) if x > 35][0]

8
```

마지막 단계는 이 코드를 함수로 패키지화하고, 반복적으로 실행하여 경험적 분포 함수를 생성하는 것이다.

R

```
f2 = function(){
  v1 = sample(x = diedomain, size = 35, replace = T, prob = dieprob)
  c1 = cumsum(v1)
which(c1 > 35)[1]
}

s2 = replicate(n = 10000, f2())
```

```
edf2 = prop.table(table(s2))
plot(edf2, type = "h")
```

Python

```
def f2(diedomain, dieprob):
    v1 = np.random.choice(diedomain, size = 35, replace = True, p = dieprob)
    c1 = np.cumsum(v1)
    return ([i for i, x in enumerate(c1) if x > 35][0])

s2 = [f2(diedomain, dieprob) for _ in range(10000)]
edf2 = pd.DataFrame(data = s2).value_counts(normalize = True).sort_
      index(ascending = True)
ax = edf2.plot(kind = 'bar')
ax.set_xlabel('s3')
ax.set_ylabel('edf3')
ax.get_figure().tight_layout()
```

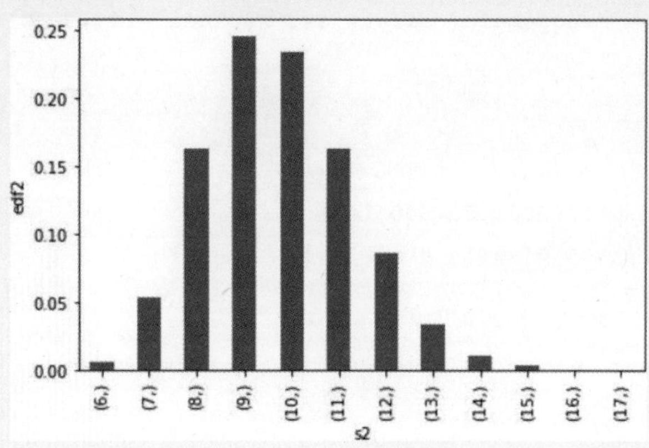

위의 그래프에서 볼 수 있듯이, 주사위를 10번이나 11번 굴릴 확률이 매우 높다. 8회 이하로 주사위를 굴려 35를 얻을 확률은 얼마일까?

R
```
length(s2[s2< = 8])/(length(s2))

## [1] 0.0579
```

Python
```
len([i for i in s2 if i < = 8]) / len(s2)

0.2227
```

실용적인 예제

의약품 제조사가 특정 약물이 60%의 확률로 효과가 있다고 보장한다고 가정해 보자. 이 약물이 300명의 환자에게 투여되었다면, 우리는 이 약물을 복용한 후 개선된 환자가 160명 이하일 확률을 계산하고자 한다. 이 상황은 이전의 동전 던지기 예시와 비슷하다. 그러나 이번에는 던지는 횟수와 성공 확률이 다르다. 이 유형의 상황을 수용하기 위해 시행 횟수와 성공 확률을 함수에 입력값으로 지정할 수 있는 더 일반적인 함수를 작성해보자. 이들은 분포의 *파라미터 (parameter)*이다. 다음 코드는 경험적 분포 함수를 생성한다.

R
```
drugdomain = c(0,1)
f3 = function(sz, successprob){
  drugprob = c(1-successprob, successprob)
  v2 = sample(x = drugdomain, size = sz, replace = T, prob = drugprob)
  s3 = sum(v2)
  return(s3)
}

s4 = replicate(n = 100000, f3(300,.6))
edf3 = prop.table(table(s4))
plot(edf3, type = "h")
```

Python
```
drugdomain = [0,1]

def f3(sz, successprob):
    drugprob = [1-successprob, successprob]
    v2 = np.random.choice(drugdomain, size = sz, replace = True, p = drugprob)
    s3 = sum(v2)
    return (s3)

s4 = [f3(sz=300, successprob = .6) for _ in range(100000)]
edf3 = pd.DataFrame(data = s4).value_counts(normalize = True).sort_
       index(ascending = True)
ax = edf3.plot(kind = 'bar', figsize = (10,5))
ax.set_xlabel('s4')
ax.set_ylabel('edf3')
ax.get_figure().tight_layout()
```

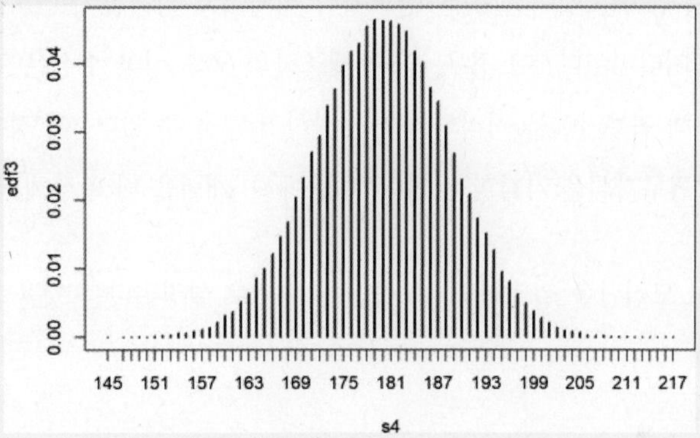

이제 개선된 환자가 160명 이하일 확률을 계산할 수 있다.

R
```
length(s4[s4 <= 160])/length(s4)

## [1] 0.01084
```

Python
```
len([i for i in s4 if i <= 160]) / len(s4)

0.0116
```

대략 100분의 1 정도로 확률은 매우 낮다.

이제 의료 기관이 해당 약물을 300명의 환자에게 투여했으며, 약을 복용한 후 160명 이하의 환자가 개선되었다는 것을 알고 있다고 가정해 보자. 이 상황에 대해 어떻게 말할 수 있을까?

1 160명 이하의 환자가 개선될 확률은 상당히 낮다. 비록 이것이 매우 불가능한 일이라고 해도 완전히 불가능한 것은 아니다. 사실은 그저 운이 나쁠 수 있다. 예를 들어, 우리가 동전을 10번 던져서 앞면이 한 번도 나오지 않을 수 있다.
   이 확률은 매우 낮지만 0은 아니다. 만약 다른 의료 기관에 있다면, 이 정보를 어떻게 처리할까? 단순히 운이 나쁜 일이라는 가능성을 제외하려면, 더 많은 증거를 보고 싶을 것이다. 이는 더 큰 표본 크기를 확보함으로써 충족될 수 있다.

2 이미 표본 크기가 충분히 크다고 믿는다면, 결과를 단순히 운이 나쁜 것이라고 치부하지 않을 것이다. 대신에 우리는 약물 제조사의 주장을 의심하기 시작할 것이다. 아마도 그들이 약물이 60% 효과적이라고 주장하는 것이 잘못된 정보거나 심지어 부정직할 수 있다는 것이다. 이것이 가설 검정의 핵심 아이디어이다. 이 경우, 약물 제조사의 60% 성공 주장은 귀무가설로 간주된다. 표본 데이터를 통해 귀무가설을 기각하거나 기각하지 않을 수 있다. 이 경우 우리는 계산한 확률이 매우 낮으므로 귀무가설을 기각할 것이다. 나중에 이 개념을 더 확장해서 배워보겠다.

지금은 귀무가설이 모집단을 설명하고, 모집단은 분포로 설명된다는 것을 기억하고 나중에 자세히 알아보자.

분포의 평균과 분산

이전에 설명한 대로 이산분포는 모든 가능한 결과의 집합과 각 결과에 대응하는 확률에 의해 정의된다. $x_1,\ldots,x_N$ 이 가능한 결과를 나타낼 때, $P(x_i)$는 x_1의 확률을 나타낸다. 평균과 분산은 다음과 같이 정의된다.

$$\mu = \sum_{i=1}^{N} x_i P(x_i)$$

$$\sigma^2 = \sum_{i=1}^{N} (x_i - \mu)^2 P(x_i)$$

분포의 평균과 분산을 계산해 보자.

R

```
ddomain = seq(1,4)
dprob = c(.7,.1,.1,.1)
meandistribution = sum(ddomain * dprob)
meandistribution

## [1] 1.6

vardistribution = sum((dprob)*(ddomain-meandistribution)^2)
vardistribution

## [1] 1.04
```

Python

```
ddomain = np.array(range(1,5))
dprob = [.7,.1,.1,.1]
meandistribution = sum(ddomain * dprob)
meandistribution

1.6

vardistribution = sum((dprob)*(ddomain-meandistribution)**2)
vardistribution

1.04
```

분포에 대해 배운 내용을 요약해 보자.

1 분포는 모든 가능한 결과와 각 결과에 대한 해당 확률을 설명한다. 각 분포는 가능한 결과 값들을 설명하는 지지 집합(support)를 가지고 있다. 동전 던지기의 경우, 지지는 0과 1이다. 주사위 굴리기의 경우, 1에서 6까지 지지에 해당한다.

2 분포는 모집단을 설명하는 데 사용되며, 이런 의미에서 분포는 다소 추상적인 개념이다.

일반적으로 사용되는 분포

여러 종류의 분포가 연구되고 있으며, 대체로 *이산형(discrete)*과 *연속형(continuous)* 분포로 나뉜다. 우리는 지금까지 여러 이산분포의 예를 살펴보았다. 다음은 몇 가지 일반적인 이산분포이다.

이산분포

이항분포

우리는 이미 동전을 50번 던지거나 의약품을 300명의 환자에게 투여하는 예제에서 이항분포를 보았다. 이항분포는 시행 횟수 n과 성공 확률 π 두 개의 파라미터를 가지고 있다. 여기서 x는 n번의 시행에서 성공의 횟수를 나타내는 무작위 변수이다. 이 분포의 지지는 (0, ...n)이다. 이항분포의 공식은 다음과 같다.

$$P(x) = \frac{n!}{(x!)(n-x)!}(\pi)^x (1-\pi)^{n-x}$$

이항분포의 평균과 분산은 다음과 같다.

$$mean = n\pi$$

$$variance = n\pi(1-\pi)$$

음이항분포

이항분포와 유사하며, r과 π 두 매개 변수를 가지고 있다. 여기서 π는 성공 확률을 나타낸다. 무작위 변수 x는 r번째 성공이 관측되기 전까지의 실패 횟수를 나타낸다. 지지는 0부터 무한대이며, 이는 r번째 성공 이전의 실패 횟수가 0일 수도 있기 때문이다.
즉 우리는 r번 연속 성공하거나, 한 번도 성공하지 않을 수 있기 때문이다. 수식은 다음과 같다.

$$P(x) = \binom{x-1}{r-1}(\pi)^r (1-\pi)^r$$

$$mean = \frac{r}{\pi}$$

$$variance = \frac{r(1-\pi)}{\pi^2}$$

포아송 분포

이 분포는 주어진 시간 동안의 사건 또는 사건의 수를 나타내는 변수 개수에 대해 일반적으로 사용되는 분포이다. 이 분포는 일 년 동안의 청구 건수, 일 년 동안의 병원 방문 횟수 또는 일 년 동안의 컴퓨터 충돌 횟수와 같은 현상을 연구하는 데 사용된다. 포아송 분포에는 예상 사건의 수를 설명하는 하나의 모수 λ만 있다. 지지값은 0에서 ∞이다. 분포는 다음과 같다.

$$P(x) = \frac{e^{-\lambda}\lambda^{x}}{x!}$$

$$mean = \lambda$$

$$variance = \lambda$$

포아송 분포에서 주의할 점은 평균과 분산이 같다는 것이다. 이는 분산이 평균보다 크거나 작을 수 있는 음이항 분포에 비해 다소 제한적일 수 있다. 따라서 음이항 분포는 포아송 분포보다 더 유연하고 일반화된 분포라고 생각할 수 있다.

연속분포

연속분포는 연속형에서 임의의 값을 취할 수 있는 확률변수에 사용된다. 예를 들어, 온도, 압력, 나이, 월급과 같은 변수들은 종종 연속형 변수로 모델링된다. 이것들은 연속형이기 때문에 확률변수가 취할 수 있는 가능한 값은 무한히 많다. 이러한 이유로 확률밀도함수 $f(x)$를 통해 연속분포를 보여준다. 확률변수의 정의역을 $[a, b]$로 표시하자. 확률밀도함수는 다음과 같은 조건을 만족한다.

$$\int_a^b f(x)\, dx = 1$$

평균과 분산은 다음과 같이 정의된다.

$$\mu = \int_a^b x f(x)\, dx$$

누적밀도함수는 다음과 같이 정의된다.

$$\sigma^2 = \int_a^b (x-\mu)^2 f(x)\, dx$$

$F(\bar{x})$는 x가 $\bar{x}$ 이하일 확률이다.

정규분포

정규분포 또는 가우시안 분포는 통계학에서 가장 일반적이고 중요한 분포일지도 모른다. 키와 몸무게와 같은 자연적으로 발생하는 많은 수치는 일반적으로 정규분포를 따른다. 심리학적 및 교육적 변수도 대개 정규분포에 근사한다. 정규분포의 지지는 $[-\infty, \infty]$이다. 정규분포는 다음과 같이 설명할 수 있다.

$$f(x) = \frac{1}{\sigma\sqrt{(2\pi)}} e^{-\frac{1}{2}\left(\frac{x-\mu}{\sigma}\right)^2}$$

정규분포의 평균은 μ, 분산은 σ^2이다. 만약 x가 정규분포를 이룬다면, 우리는 다음과 같이 표현할 수 있다.

$$x \sim N(\mu, \sigma)$$

정규확률변수 z는 다음과 같이 정의된다.

$$z = \frac{x-\mu}{\sigma}$$

where:

$$z \sim N(0, 1)$$

지수분포

지수분포는 무작위로 반복되는 사건의 도착 시간을 설명하는 데 사용된다. 예로는 콜센터에 전화 간 시간 차, 선착장에서의 트럭 도착 간격, 또는 ATM 기계에서 거래 간격 등이 있다. 지수분포의 지지는 [0, ∞]이다. 지수분포의 확률밀도함수(PDF: Probability Density Function)와 평균 및 분산은 다음과 같다.

$$f(x) = \lambda e^{-\lambda x}, x \geq 0, \lambda > 0$$

$$\mu = \frac{1}{\lambda}$$

$$\sigma = \frac{1}{\lambda}$$

균등분포

[a, b] 구간에서 균등분포의 확률밀도함수, 평균 및 분산은 다음과 같다.

$$f(x) = \frac{1}{b-a},\ a \le x \le b$$

$$\mu = \frac{a+b}{2}$$

$$\sigma^2 = \frac{(b-a)^2}{12}$$

R과 Python에서 분포 활용

R과 Python 모두 다양한 분포를 쉽게 활용할 수 있는 방법들을 지원한다.

Python

Python이 제공하는 수치 패키지 *numpy*와 통계 패키지 *scipy.stats*에서 수치 연산과 분포에 필요한 모든 것들을 제공한다.

주어진 분포에 무작위 값을 생성하려면, *numpy.random* 패키지에서 *default_rng* 모듈을 가져와 관심 있는 분포의 이름을 호출하면 된다. 예시를 살펴보자.

```
from numpy.random import default_rng as rng
rng().standard_normal(n)
```

*확률밀도함수(PDF)*는 연속 확률 변수가 연속 값의 범위에 속할 확률을 정의하며, 값을 **x**로 근사화한다. Python에서는 *scipy.stats*에서 가져온 연속분포에 대해 .pdf 메소드를 사용하여 **PDF**를 계산할 수 있다. 예시를 보자.

```
from scipy.stats import norm
norm.pdf(x, mean, std)
```

*확률질량함수(PMF: Probability Mass Function)*는 이산확률변수가 정확히 값 **x**와 같을 확률을 의미한다. 이산분포에 대해 *scipy.stats*에서 가져온 **.pmf** 메소드를 사용하여 PMF를 계산할 수 있다.

```
from scipy.stats import binom
binom.pmf(x, n, p)
```

*누적분포함수(CDF: Cumulative Distribution Function)*는 확률 변수가 **x**보다 작거나 같은 값을 가질 확률을 정의한다. 이 확률을 계산하기 위해 다음과 같은 구문을 사용할 수 있다.

```
norm.cdf(x, mean, std)
binom.cdf(k, n, x)
```

x축을 따라 데이터의 q분위수를 계산하려면 *numpy.quantile*을 사용할 수 있다.

```
import numpy as np
np.quantile(array, quantile)
```

여기서 값 배열은 무작위로 생성된 분포이다.

```
np.quantile(rng().standard_normal(n), quantile)
```

이 책에서 다룰 가장 중요한 분포를 계산하는 방법에 대해서는 이어지는 내용에서 자세히 다루도록 한다.

```
rng().normal(mean = 0, std = 1, size = None)
rng().poisson(lambda = 1, size = None)
rng().binomial(n, p, size = None)
rng().lognormal(mean = 0.0, sigma = 1.0, size = None)
rng().negative_binomial(n, p, size = None)
rng().uniform(low = 0.0, high = 1.0, size = None)
```

R

R에서는 여러 분포를 사용할 수 있다. 각 분포(**dist**)에 대해 네 가지 가능한 선행 문자를 기반으로 다양한 정보를 얻을 수 있다. 분포 이름 앞에는 분포로부터의 무작위 값에 대한 **r**, 확률 또는 밀도 값을 나타내는 **d**, 누적 확률을 나타내는 **p**, 분위수의 값을 나타내는 **q** 중 하나의 문자를 사용한다. 가장 중요한 분포들을 계산하는 방법에 대해서 자세히 알아보자.

```
rnorm(n, mean = 0, sd = 1) - Gaussian (normal)
rexp(n, rpois(n, lambda) - Poisson
rbinom(n, size, prob) - Binomial
rlnorm(n, meanlog = 0, sdlog = 1) - Lognormal
rnbinom(n, size, prob) - Negative binomial
```

runif(n, min = 0, max = 1) - Uniform

300번의 시행과 성공률이 0.6인 의약품 예제를 상기해 보자. 160명 이하의 치료된 환자가 나올 확률은 경험적 분포를 기반으로 0.0116으로 나타났다. 다음 코드를 통해 분포에서 직접 확률을 계산해 보자.

R
```
pbinom(160,300,.6)

## [1] 0.01117726
```

Python
```
from scipy.stats import binom
binom.cdf(160, 300, .6)

0.011177261497786776
```

경험적 확률과 비슷하다. $N(6, 3)$에서 20개의 확률 변수를 생성하고 싶다고 가정해 보자.

R
```
rnorm(20,mean = 6, sd = 3)

##  [1]  1.976763  6.608481  6.277111  5.198196 11.102293  6.572247  5.553133
##  [8]  1.456229  5.903964  5.688421  4.118092  8.246194  8.505609  6.978155
## [15]  5.079688  6.216499  7.427842  9.660354  7.615148 11.065390
```

Python
```
np.random.normal(loc = 6, scale = 3, size = 20)

array([ 8.50714434,  1.58077139, 10.20295704,  9.59418902,  6.65466507,
3.2954385 ,  3.79275167,  7.12326062,  5.54652208,  7.72761443,  6.95098476,
13.86205514, -1.49168332,  7.12077041,  5.91949799,  2.59593398,  4.91482118,
2.40662953,  9.7909979 ,  5.61188799])
```

추가 예시로, 지수분포를 알아보고 3사분위수를 계산해 보자.

R
```
curve(dexp(x,rate = 1), 0, 10)
curve(dexp(x,rate = 1/2), 0, 10,add = T, col = "blue")
curve(dexp(x,rate = 1/10), 0, 10, add = T, col = "purple")
```

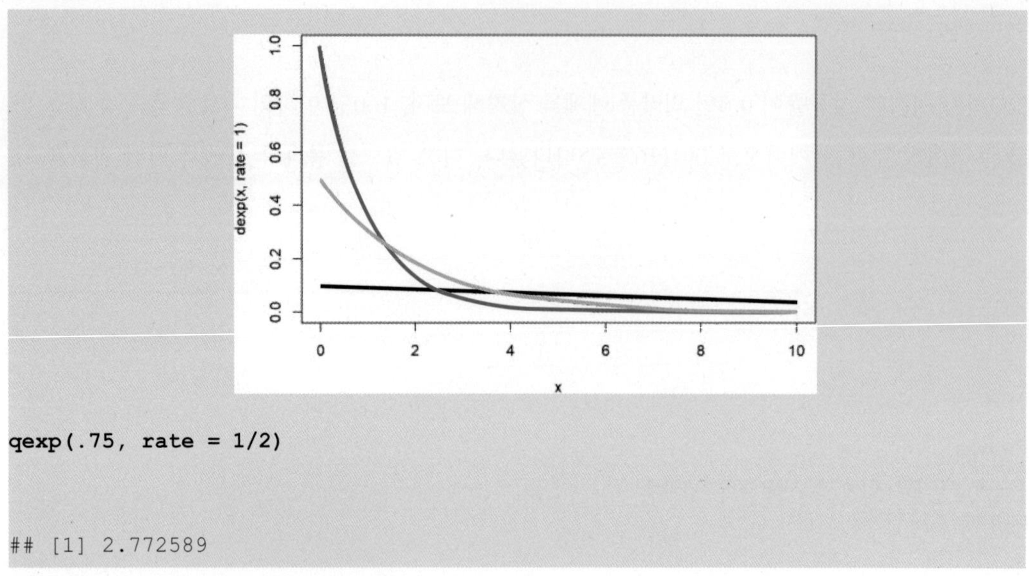


```
qexp(.75, rate = 1/2)
```

```
## [1] 2.772589
```

Python

```
from scipy.stats import expon
import matplotlib.pyplot as plt

x = np.linspace(0, 10, 1000)
plt.plot(x, expon.pdf(x))
plt.plot(x, expon.pdf(x, scale = 1/.5), color = 'blue')
plt.plot(x, expon.pdf(x, scale = 1/.1), color = 'purple')
plt.xlabel('x')
plt.ylabel('dexp(x), rate = 1')
```

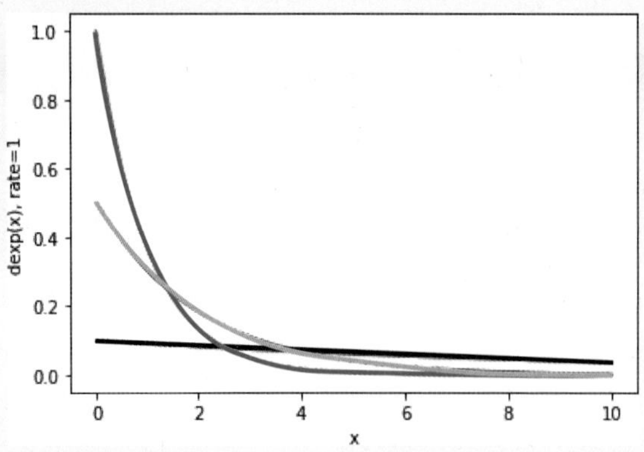


```
expon.ppf(0.75, scale=1/0.5)
```

```
2.772588722239781
```

마지막으로 정규분포와 경험적 분포를 그려보자.

R

```
curve(dnorm(x,mean = 10, sd = 5),-5, 30)
```

```
x = rnorm(1000,mean = 10, sd = 5)
plot(density(x))
```

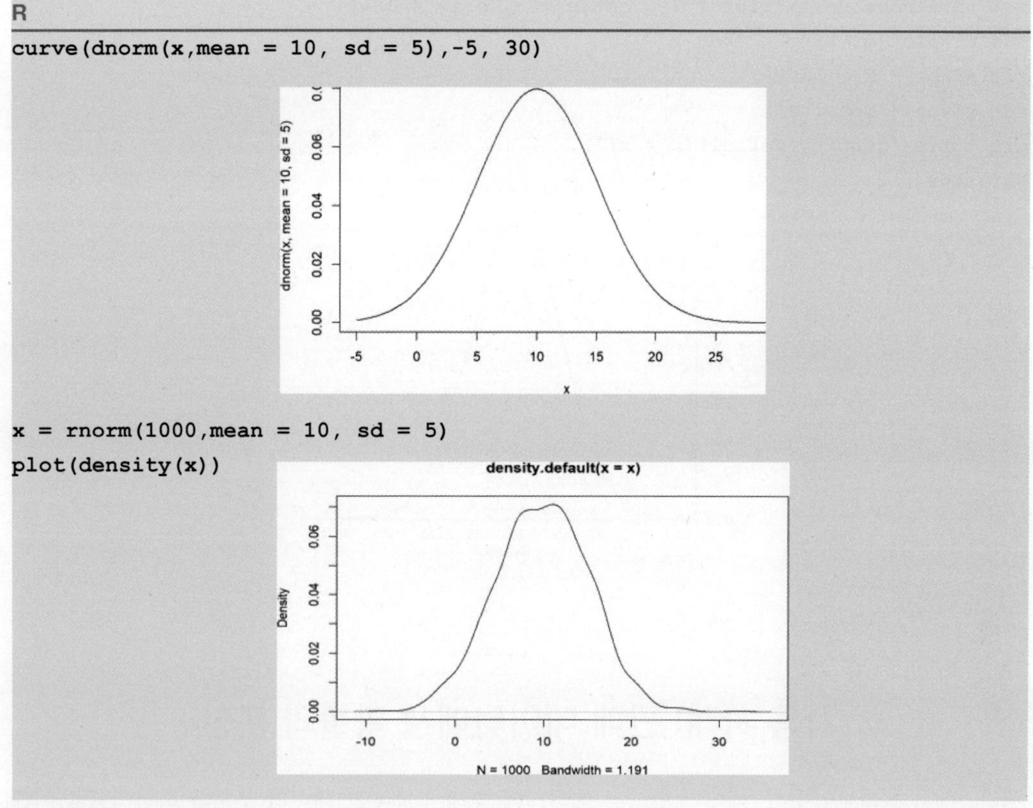

Python

```
from scipy.stats import norm

mu = 10
sigma = 5
x = np.linspace(-5, 30, 1000)
plt.plot(x, norm.pdf(x, mu, sigma))
plt.xlabel('x')
plt.ylabel('stats.norm.pdf(x, mu = 10, sigma = 5)')
plt.show()
```

```
x = np.random.normal(loc = 10, scale = 5, size = 1000)
sns.displot(x, kind = 'kde')
plt.xlabel('N = 1000')
plt.ylabel('Density')
plt.title('density.default(x = x)')
plt.show()
```

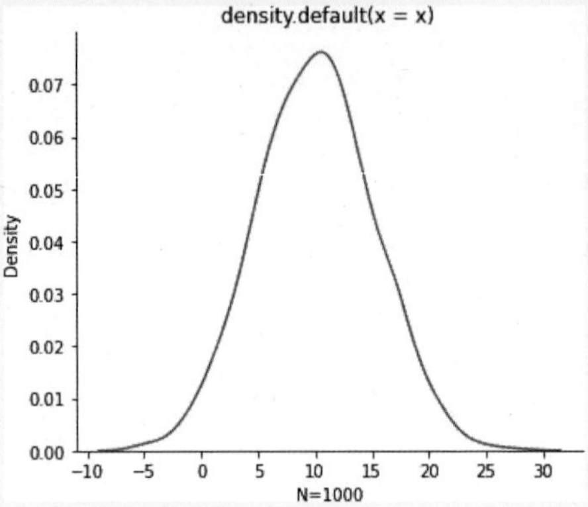

사용 사례: 판매 데이터에서 확률과 분산

챕터 2에서 살펴보았듯이, 데이터 탐색은 데이터에 대해서 배우고 데이터 분포를 직관적으로 이해할 수 있도록 돕는 첫걸음이다. 이 과정은 우리가 각각의 데이터가 얼마나 유용하고 또 어떻게 수익을 다루고 수익을 늘릴지 등의 지식을 쌓도록 해준다. 답을 얻기 위해서는 판매 및 고객 데이터를 수집하고, 판매와 수익을 이끄는 요인이 무엇인지 이해해야 한다. 결과적으로 어느 부분을 확대하고 축소하여 광고와 프로모션 타겟팅을 발전시킬 수 있을지와 같은 판매 전략 최적화 방법을 제안할 수 있을 것이다.

이커머스 환경에서는 수집할 수 있는 고객 데이터가 방대할 수 있다. 예를 들어, 고객의 무엇을 어떤 순서로 클릭하며 웹사이트를 탐색했는지를 알 수 있는 '클릭 트랙킹'을 통해 사용자 경험(UX: Users eXperience)을 향상시킬 수 있고, 어떤 제품을 보았는지에 기반하여 광고와 프로모션을 변경할 수도 있다. 또한 고객에게 무엇을 언제 보여줄지를 변경하여 세션 동안 구입 가능성을 최대화할 수 있다.

슈퍼마켓 판매: 분포 탐구

이번 예제에서는 세 개의 지점에서 판매한 다양한 제품의 판매 실적 데이터베이스를 사용하도록 한다. 데이터는 고객 평가(***rating***)와 다른 주요 판매 데이터를 포함한다. 우리가 사용할 수 있는 중요한 패턴이 있는지를 알아보자.

고객 거래 시 현금 가치에 해당하는 **Total**과 같은 주요 데이터 항목의 분포를 조사할 수 있다. **Total**을 조사할 때 거래의 빈도는 이전에 이번 챕터에서 살펴본 지수분포와 유사해 보인다. 이를 조사하기 위해 Seaborn 라이브러리의 **`distplot()`** 함수를 사용할 수 있다. 이 함수는 데이터셋을 bin에 나누고 각 bin에 나타나는 항목의 빈도를 계산한다. Binning은 이산화라고도 하며, 데이터셋의 각 행을 데이터 항목(이 경우 **Total**)의 값 범위에 속하는 것으로 분류하는 과정이다. 가장 빈도가 높은 거래가 **Total** 값이 낮은 것을 알 수 있다.

R

```
hist(supermarket_sales$Total,main = "Distribution of Total", xlab = "Total")
```

Python

```
import matplotlib.pyplot as plt
import seaborn as sns #charts
plt.figure(dpi=125)
sns.distplot(df['Total'],kde=False
plt.title('Distribution of Total)
plt.show()
```

또한 **Quantity** 분포는 **Total**과 매우 다른 분포임을 알 수 있다. 다시 한번 **`distplot()`**을 사용하여 거래의 빈도를 조사한다. 모든 거래가 일반적으로 무작위 크기이며 큰 수량 판매를 제외하고는 균등하게 분포되어 있는 것을 알 수 있다. 다시 말해, 열 건 중 한 건은 현저히 높은 **Quantity**를 가진 거래였다. 우리는 이를 통해 현상을 이해하는 데 도움을 받을 수 있다.

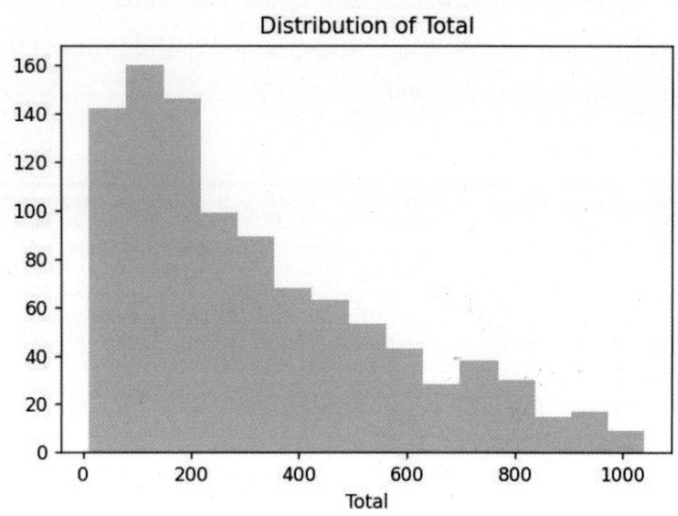

그림 5.3 Total의 분포

R
```
hist(supermarket_sales$Quantity,main = "Distribution of Quantity", xlab = "Quantity")
```

Python
```
plt.figure(dpi=125)
sns.distplot(df['Quantity'],kde = False)
plt.title('Quantity')
plt.show()
```

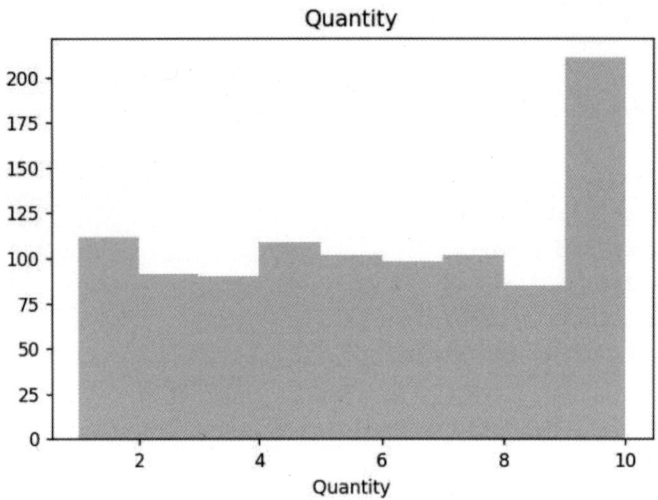

그림 5.4 Quantity 히스토그램

범주형 데이터 항목 City를 사용하여 판매 분포를 통해 슈퍼마켓이 위치한 세 도시 간에 판매가 어떻게 분포되어 있는지 이해할 수 있다. 또한 각 범주에 대한 신뢰 수준을 나타내기 위해 Seaborn이 제공하는 수평 막대 위의 검은 선(오차 막대)으로 추정치 주변의 불확실성을 나타낼 수 있다. 검은 선이 더 길면 더 큰 불확실성 정도를 나타낸다.

R
```
ggplot(supermarket_sales,aes(x = City, y = Total)) + geom_col(size = 1)+ oord_flip()
```

Python
```
plt.style.use("default")

plt.figure(figsize = (5,5))
sns.barplot(x = "Total", y = "City", data = df)
plt.title("Total vs City",fontsize = 15)
plt.xlabel("Total")
plt.ylabel("City")
plt.show()
```

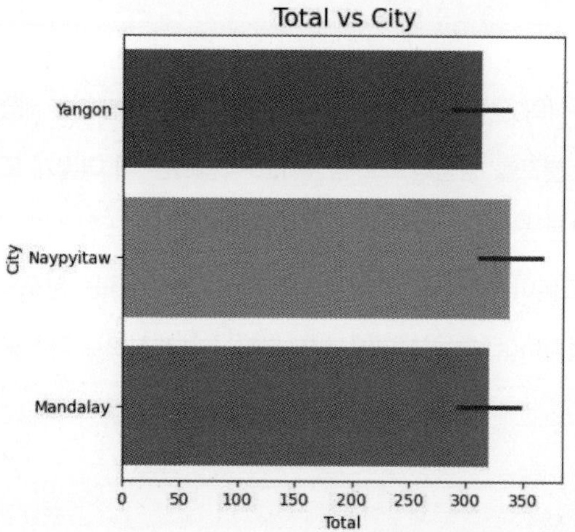

그림 5.5 Total vs City

데이터셋 내의 범주를 활용해 판매 분포를 조사할 수도 있다. 여기서는 다른 제품 영역에서 성별에 따라 판매가 어떻게 다른지 보여준다. 이는 예를 들어 프로모션 및 마케팅을 최적화하는 데 사용될 수 있다.

R

```
ggplot(supermarket_sales,aes(x = 'Product line')) + geom_bar(aes
      (fill = Gender),position = "dodge") +  coord_flip()
```

Python

```
plt.figure(dpi = 125)
sns.distplot(df['Rating'],kde = False)
plt.show()
```

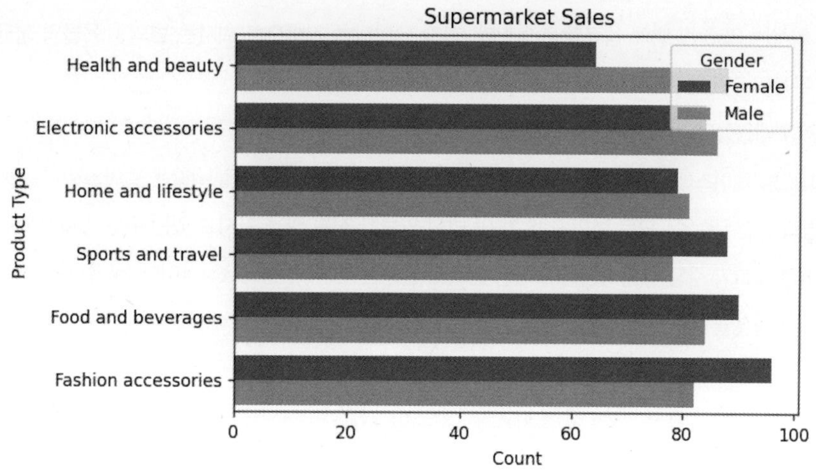

그림 5.6 성별에 따른 제품군 판매 실적

요약

이번 챕터에서는 통계적 분석의 근간이 되는 확률 변수, 확률, 분산 개념을 배웠다. R과 Python에서 수학적으로 다루기 힘든 복잡한 분포를 경험적으로 생성하고 작업하는 데 어떻게 도움이 되는지 확인하였다. 또한 주어진 분포가 있다면 표본을 생성하는 것이 꽤나 간단하다는 것 또한 살펴보았다. 하지만 실제 상황에서 우리는 반대로 해야 한다. 표본이 주어진 상태에서 분포와 보다 정확히는 분포의 파라미터를 결정해야 한다. 이것은 모든 통계 분석의 핵심이며, 다음 챕터에서 이 부분을 체계적으로 다루도록 한다.

연습문제

연습문제를 수행하기 위해 다음 링크에서 제공하는 데이터셋을 다운받도록 하자.

https://study.sagepub.com/gopal

1 5명의 후보자와 1,000명의 투표자가 있다고 가정한다. 투표자가 투표를 무작위로 행할 경우, 1등을 두고 동점이 발생할 확률은 얼마일까?

2 두 주사위를 던졌을 때 두 주사위 간의 차이가 1, 2, 또는 3일 확률은 얼마일까?

3 세 개의 주사위를 던졌을 때 세 면이 모두 다른 숫자를 보이는 경우, 세 숫자의 합이 11일 확률은 얼마일까?

4 어느 클럽은 골프 토너먼트 개최를 위해 20,000달러를 투자할 계획이고, 30,000달러 어치의 티켓이 판매될 것이라고 기대된다. 그러나 비가 오면 어떤 티켓도 팔리지 않으며, 클럽은 투자한 돈을 모두 잃게 된다. 날씨 예보에 따르면 대회 날 비가 올 확률은 30%이다. 이것은 현명한 투자일까?

5 음료 회사는 350ml 병에 음료를 판매한다. 과거 데이터를 기반으로 회사는 병의 내용물의 평균이 348ml이고 분산이 9인 정규분포를 따른다는 것을 알고 있다.

   a 병의 내용물이 345ml 미만을 포함할 확률은 얼마일까?

   b 100병 케이스에서 병의 내용물이 345ml 미만인 병이 10% 미만일 확률은 얼마일까?

   c 병의 백분위수(즉, 모든 병의 99%가 이 병의 양보다 적은 양을 가지고 있는 수)는 얼마일까?

   d 어떤 사고가 주당 평균 4건의 포아송 분포로 발생한다. 다시 말해 $\lambda = 4$이다. 한 주 동안 5건 이상의 사고가 발생할 확률은 얼마일까?

6

분포

목차

챕터 5에서는 분포의 개념을 알아보았다. 분포는 우리가 현상 또는 이벤트를 설명하고 이해하기 위해 사용하는 모집단의 수학적 표현이다. 각 분포는 한 가지 이벤트를 포착한다. 그러나 여러 이벤트를 동시에 포착하고 싶을 수도 있다.

다중분포

두 이벤트의 결합 분포에 관심이 있다고 가정해 보자. 첫 번째 관심 이벤트는 동전 던지기이고, 두 번째 관심 이벤트는 주사위 굴리기이다.

우선 개별적으로 각각 다루어 보고 다음은 동전과 주사위 각각에 대한 두 개의 경험적 분포를 생성해 보자.

R

```
set.seed(87654321)
coindomain = c(0,1)
coinprob = c(.5,.5)
diesupport = seq(1,6)
dieprob = rep(1/6,6)

coinsmpl = sample(x = coinsupport, size = 10000, replace = T, prob = coin-
prob)
diesmpl = sample(x = diesupport, size = 10000, replace = T, prob = dieprob)
```

Python

```
import numpy as np
np.random.seed(87654321)
coindomain = [0,1]
coinprob = [.5,.5]

coinsmpl = np.random.choice(coindomain, size = 10000, replace = True, p = coinprob)
```

생성한 경험적 분포를 살펴보자.

R

```
prop.table(table(coinsmpl))

## coinsmpl
##      0      1
## 0.5082 0.4918
```

```
prop.table(table(diesmpl))

## diesmpl
##      1      2      3      4      5      6
## 0.1623 0.1654 0.1676 0.1650 0.1686 0.1711
```

Python

```
pd.DataFrame(data = coinsmpl).value_counts(normalize = True).sort_
             index(ascending = True)

0 0.5084
1 0.4916
dtype: float64

pd.DataFrame(data = diesmpl).value_counts(normalize = True).sort_
             index(ascending = True)

1 0.1739
5 0.1711
6 0.1685
3 0.1634
4 0.1623
2 0.1608
dtype: float64
```

동전 앞면이 나오고, 주사위가 4가 나올 각각의 확률에 관심이 있다고 가정해 보자. 경험적 확률에 기반하여 다음과 같이 표현할 수 있다.

$$P(coin = heads) = 0.4918$$

$$P(die = 4) = 0.1650$$

이제 동전 앞면이 나오고, 주사위가 4가 나오는 결합 확률에 관심이 있다고 가정해 보자. 우리는 다음과 같이 표현할 수 있다.

$$P(coin = heads \text{ and } die = 4)$$

우리는 표본을 결합하여 경험적 분포를 계산할 수 있다.

R

```
prop.table(table(coinsmpl,diesmpl))
```

```
##         dieedf
## coinedf      1      2      3      4      5      6
##        0 0.0818 0.0812 0.0860 0.0875 0.0876 0.0841
##        1 0.0805 0.0842 0.0816 0.0775 0.0810 0.0870
```

Python

```
pd.crosstab(coinsmpl, diesmpl, rownames = ['Coins'], colnames = ['Dies'],
   normalize = 'all')
Die       1        2        3        4        5        6
Coin
0     0.0875   0.0821   0.0848   0.0834   0.0879   0.0827
1     0.0864   0.0787   0.0786   0.0789   0.0832   0.0858
```

R에서 생성한 경험적 분포에 따라 다음과 같이 표현할 수 있다.

$$P(coin = head \text{ and } die = 4) = 0.0775$$

이는 동전 앞면과 주사위 4가 나올 *결합 확률(joint probability)*이라고 부른다. 동전 앞면이 나오고 주사위가 4가 나올 개별적 확률과 어떻게 연관되어 있을까? 두가지 이벤트 A와 B가 독립적이라면, 다음과 같이 표현할 수 있다.

$$P(A \text{ and } B) = P(A) \times P(B)$$

이 예제의 경우, $P(coin = heads) = 0.4918$과 $P(die = 4) = 0.1650$의 곱인 (0.4918×0.1650)은 0.081147이고, 주어진 데이터의 크기를 고려했을 때 0.0775에 근접하다고 말할 수 있다. 이는 두 사건이 독립적임을 의미한다. 동전을 던지는 것과 주사위를 굴리는 것 사이에 아무런 관계가 없으므로 두 사건이 독립적이라는 것은 말이 된다. 다시 말해, 한 사건의 결과가 다른 사건의 결과에 영향을 주어서는 안 된다.

이제 다른 예시를 살펴보기 위해 Transactions.csv라는 파일을 불러오자. 데이터셋은 고객의 거래 정보를 가지고 있으며, 여기서 0은 미구입, 1은 구입을 의미한다. 칫솔과 향수에 관심이 있다고 가정하고 두 상품의 개별 확률과 결합 확률을 구해보자.

R

```
Transactions = read.csv("Transactions.csv")
prop.table(table(Transactions$Toothbrush))

##
```

```
##         0          1
## 0.92784993 0.07215007

prop.table(table(Transactions$Perfume))

##
##         0          1
## 0.90681661 0.09318339

prop.table(table(Transactions$Toothbrush, Transactions$Perfume))

##
##            0          1
##   0 0.85791141 0.06993852
##   1 0.04890520 0.02324487
```

Python

```
Transactions = pd.read_csv('../data/Transactions.csv')
Transactions['Toothbrush'].value_counts(normalize = True)

0 0.92785
1 0.07215
Name: Toothbrush, dtype: float64

Transactions['Perfume'].value_counts(normalize = True)

0      0.906817
1      0.093183
Name: Perfume, dtype: float64

pd.crosstab(Transactions['Toothbrush'], Transactions['Perfume'],
   normalize = 'all')

Perfume      0          1
Toothbrush
0      0.857911    0.069939
1      0.048905    0.023245
```

개별 확률 P(Toothbrush) = 0.07215, P(Perfume) = 0.09318과 결합 확률 P(Toothbrush AND Perfume) = 0.02324를 얻었다. P(Toothbrush) × P(Perfume)= 0.07215 × 0.09318 = 0.006718278로 우리는 결합 확률 P(Toothbrush AND Perfume)이 개별 확률의 곱 P(Toothbrush)×P(Perfume)보다 훨씬 크다는 점을 알 수 있다. 이는 칫솔과 향수 구입이 독립적

이지 않음을 알려준다. *lift*라는 지표는 다음과 같이 정의할 수 있다.

$$Lift = \frac{P(A \text{ and } B)}{P(A) \times P(B)}$$

위 예제에서 lift 값은 0.02324487/(0.0721 × 0.09318) = 3.459945이다. 3.46이라는 lift 값은 두 제품 구입 간에 강한 연관성이 있다는 것을 나타낸다. 더 정확히 말하자면 소비자가 두 제품을 함께 구매할 확률이 이를 개별적으로 구매할 확률보다 3.46배 높다는 의미이다.

이것은 *연관 규칙 마이닝(association rule mining)*이라는 기술의 기본 아이디어이다. 머신러닝에서 매우 인기 있는 기술로, 항목 간에 높은 연관성을 식별하는 데 사용된다. 왜 유용할까?

우리가 두 항목 간에 연관성이 높음을 알게 되면, 여러 조치를 취할 수 있다. 예를 들어, 소비자가 칫솔을 샀다면 향수도 함께 구매할 것을 추천할 수 있다. 연관성의 중요성을 알고 있다면 그 외에도 재고수준, 가격 책정, 선반 배치와 같은 다른 결정에도 활용할 수 있다.

일변량 및 다변량 분포

지금까지 우리는 *일변량(univariate)* 분포에 대해 알아보았다. 예를 들어 칫솔 구매의 경험적 분포를 설명하기 위해 생성한 분포는 다음과 같이 나타났다.

표 6.1 칫솔 구매 확률

칫솔 구매	확률
0	0.92784993
1	0.07215007

비슷하게, 향수를 구매할 분포는 다음과 같다.

표 6.2 향수 구매 확률

향수 구매	확률
0	0.90681661
1	0.09318339

하지만 이 숫자들은 불완전한다. 개별 분포로 설명할 때 부족한 것은 두 확률 변수 사이의 의존도이다. 확률변수가 독립적이지 않을 때, *다변량(multivariate)* 분포를 이용해야 한다. 이 경우, 다변량

분포는 다음과 같이 나타낼 수 있다.

표 6.3 칫솔과 향수 구매에 대한 결합 확률

칫솔 구매	향수 구매	확률
0	0	0.85791141
0	1	0.06993852
1	0	0.04890520
1	1	0.02324487

지금까지 논의된 일변량 분포는 정규분포, 포아송 분포, 지수분포 등이 있으며, 이들 각각은 대응되는 다변량 분포를 가지고 있다. 예를 들어, 다변량 정규 분포의 확률밀도함수(pdf : Probability Density Function)는 다음과 같다.

$$f_x(x_1,\ldots,x_k)=\frac{1}{\sqrt{(2\pi)^k|\pounds|}}\exp\left(-\frac{1}{2}(x-\mu)^{\mathrm{T}}\pounds^{-1}(x-\mu)\right)$$

평균과 분산은 행렬 형태로 설명되며, 이변량 정규분포는 다음과 같이 명시할 수 있다.

$$N\left(\begin{bmatrix}\mu_1\\ \mu_2\end{bmatrix},\begin{bmatrix}\sigma_1^2 & \sigma_{12}^2\\ \sigma_{12}^2 & \sigma_2^2\end{bmatrix}\right)$$

σ_{12}^2은 두 변수의 공분산이다.

R과 Python에는 다변량 분포를 작업할 수 있도록 도와주는 수많은 패키지가 있다. R에는 *mvtnorm* 이라는 패키지를 이용해서 다변량 정규분포를 생성할 수 있다. **`install.packages("mvtnorm")`** 를 이용해 패키지를 설치할 수 있다.

이변량 정규분포를 이용해 무작위 데이터를 생성해 보자.

$$N\left(\begin{bmatrix}4\\ 10\end{bmatrix},\begin{bmatrix}2 & 1\\ 1 & 3\end{bmatrix}\right)$$

열 개의 확률 변수를 생성해 보자.

R

```
library(mvtnorm)
M = c(4,10)
S = matrix(c(2,1,1,3), nrow = 2, ncol = 2)
```

```
x = rmvnorm(10,mean = M,sigma = S)
x

##              [,1]      [,2]
##  [1,] 5.3564159 11.276414
##  [2,] 2.9601619  9.308978
##  [3,] 4.7488148  8.530479
##  [4,] 3.3656003 11.060733
##  [5,] 4.1133432 12.283310
##  [6,] 4.8381692  9.092852
##  [7,] 3.7097776  8.046649
##  [8,] 0.5240409  8.165238
##  [9,] 3.8213304  9.247592
## [10,] 6.5626681 10.172313

cor(x[,1],x[,2])

## [1] 0.3710177
```

Python

```
M = np.array([4,10])
S = np.array([[2,1],[1,3]])
x = np.random.multivariate_normal(M, S, 10)
x

array([[ 4.71377233, 9.61154606],
       [ 3.40777927, 9.59450296],
       [ 4.52847425, 8.49964337],
       [ 4.58181931, 10.63656782],
       [ 6.00786783, 9.28934248],
       [ 5.76156183, 10.89942593],
       [ 3.68797012, 11.1444203 ],
       [ 2.29071726, 8.3847295 ],
       [ 2.66167864, 9.00609472],
       [ 5.19767633, 10.39204891]])

np.corrcoef(x[:,0], x[:,1])[0,1]

0.418136736581997
```

이제 이변량 분포를 그려보자. R에서는 *MASS* 패키지 중 **kde2d()** 함수를 사용해 밀도 값을 생성할 수 있으며, 이는 **persp()**를 이용해 그래프로 나타낼 수 있다. 두 매개 변수 theta와 phi는 시각화

각도를 지정하는 데 사용된다. 다음 코드는 이변량 분포에서 1,000개의 무작위 값을 생성한 다음 밀도 함수를 그린다.

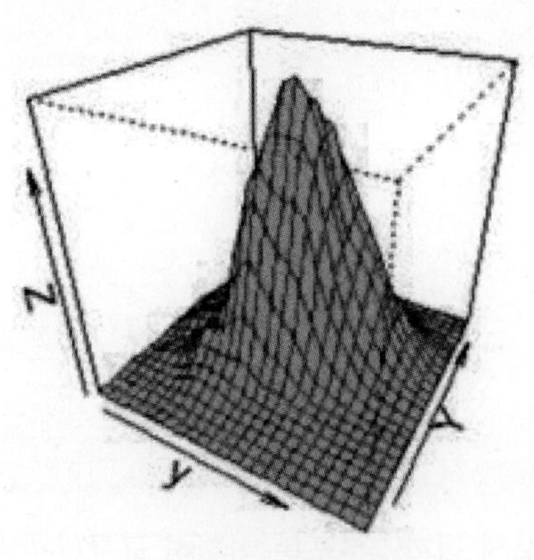

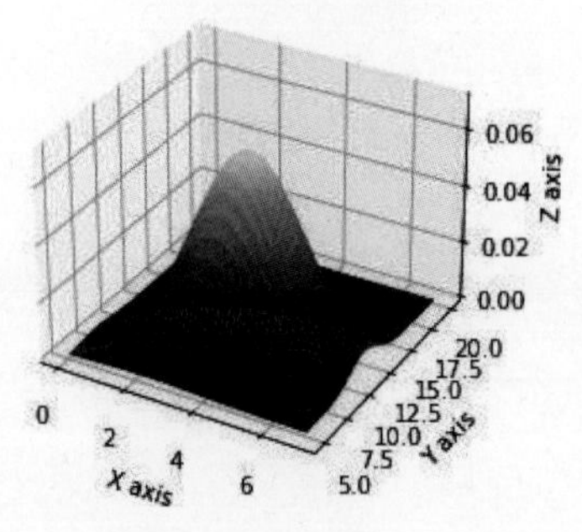

R

```
library(MASS)
x = rmvnorm(1000,mean = M,sigma = S)
y = kde2d(x = x[,1], y = x[,2])
persp(y, col="green",theta = 30, phi = 30)
```

Python

```
#Create grid and multivariate normal
x = np.linspace(0, 7, 500)
y = np.linspace(5, 20,500)
X, Y = np.meshgrid(x,y)
pos = np.empty(X.shape + (2,))
pos[:, :, 0] = X; pos[:, :, 1] = Y
rv = stats.multivariate_normal(M, S)

#Make a 3D plot
fig = plt.figure()
ax = fig.gca(projection = '3d')
ax.plot_surface(X, Y, rv.pdf(pos),cmap =
'viridis',linewidth = 0)
ax.set_xlabel('X axis')
ax.set_ylabel('Y axis')
ax.set_zlabel('Z axis')
plt.show()
```

변형과 합성곱(Transformations and Convolutions)

균등분포를 생성하고, 밀도함수를 그려보자.

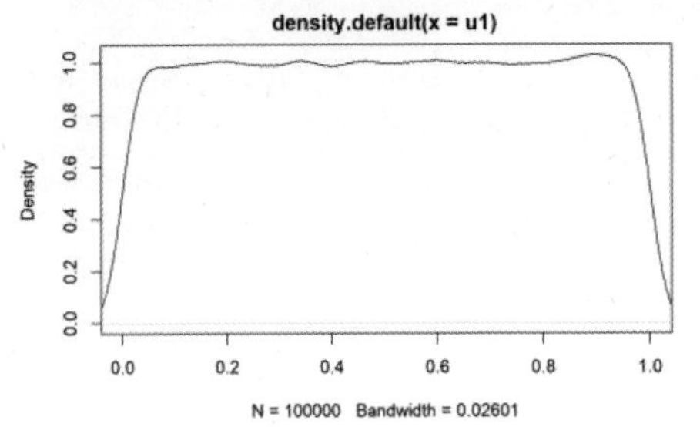

R

```
u1 = runif(10000)
plot(density(u1))
```

Python

```
u1 = np.random.uniform(0,1,10000)
sns.kdeplot(u1)
plt.show()
```

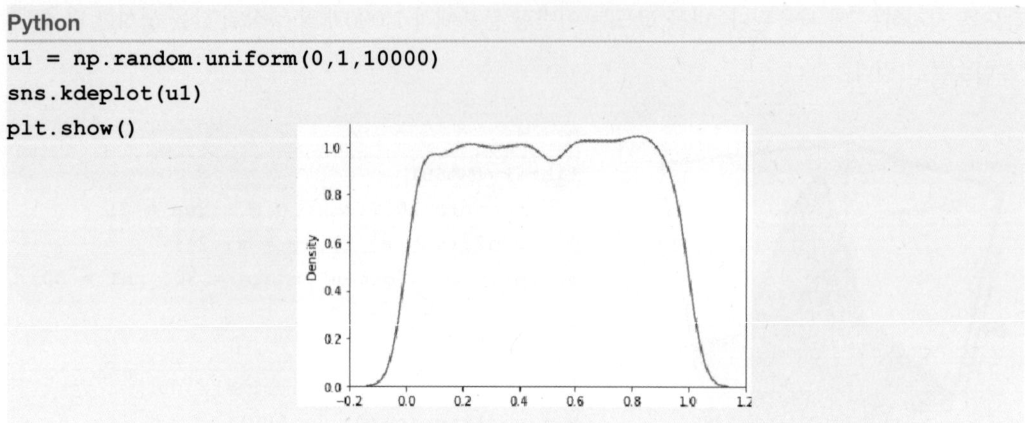

만약 우리가 확률변수를 무작위 숫자의 제곱으로 변환하면 어떻게 될까? 분포는 여전히 균등할까? 알아보자.

R

```
u2 = u1^2
plot(density(u2))
```

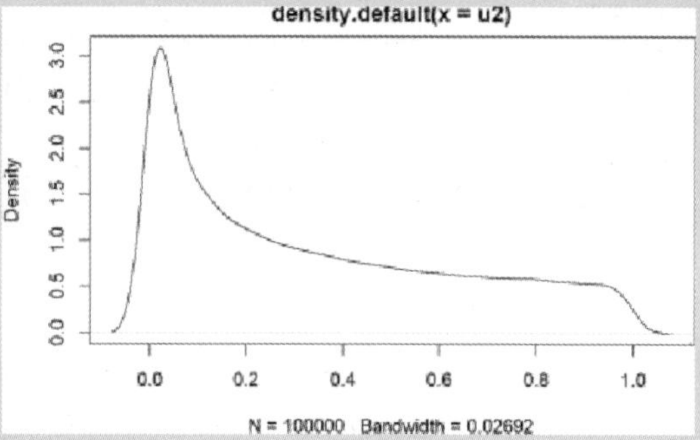

density.default(x = u2)

N = 100000 Bandwidth = 0.02692

```
u3 = sqrt(u1)
plot(density(u3))
```

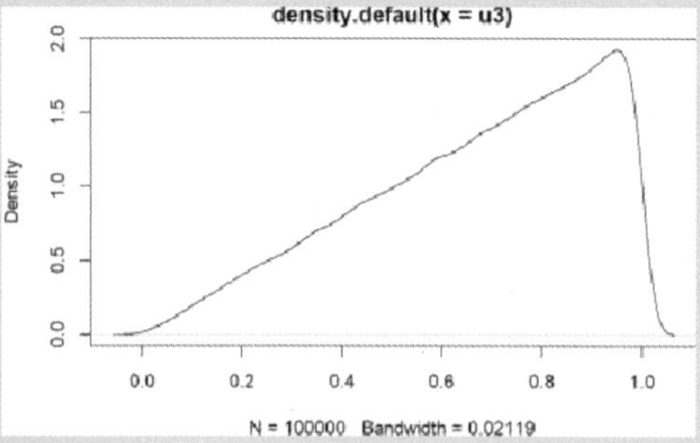

density.default(x = u3)

N = 100000 Bandwidth = 0.02119

Python

```
u2 = u1 ** 2
sns.kdeplot(u2)
plt.show()
```

```
u3 = np.sqrt(u1)
sns.kdeplot(u3)
plt.show()
```

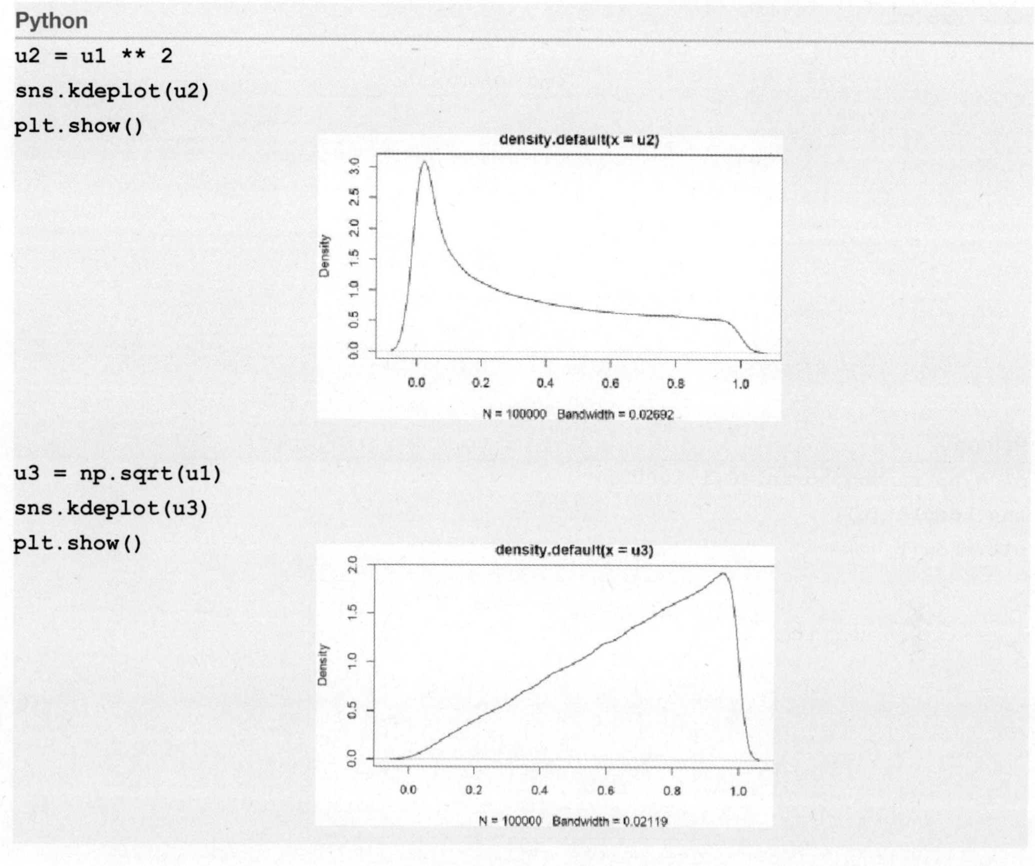

확률 변수를 변환하면 더 이상 분포는 균등하지 않다. 제곱을 취하면 오른쪽 꼬리가 긴 분포로, 제곱근을 취하면 왼쪽 꼬리가 긴 분포로 바뀐다. 이는 0과 1 사이의 숫자를 제곱할 때 해당 숫자가 0으로 수렴하기 때문에 첫 번째 플롯이 오른쪽으로 치우쳐 있는 것이다. 반대로 두 번째 플롯은 0과 1 사이의 숫자에 제곱근을 취할 때 해당 숫자가 1로 수렴하기 때문에 왼쪽으로 치우쳐 있다.

다음 예에서는 정규분포를 지수함수를 통해 변형시켜 보자.

R

```
n1 = rnorm(10000)
plot(density(n1))
```

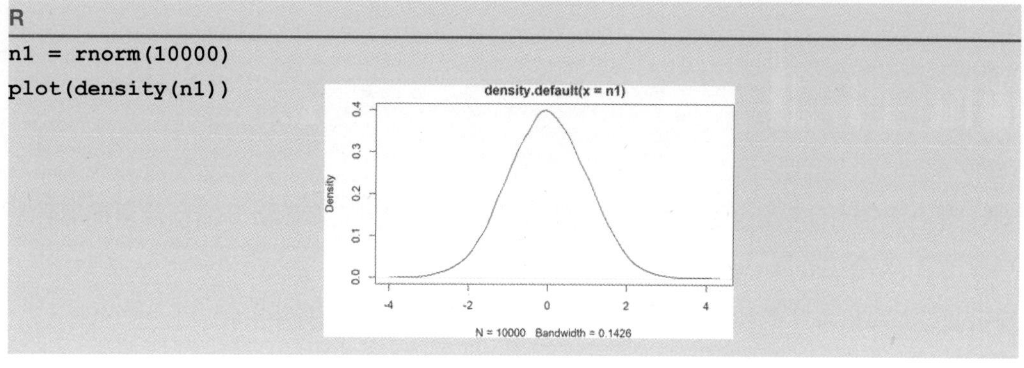

```
n2 = exp(n1)
plot(density(n2))
```

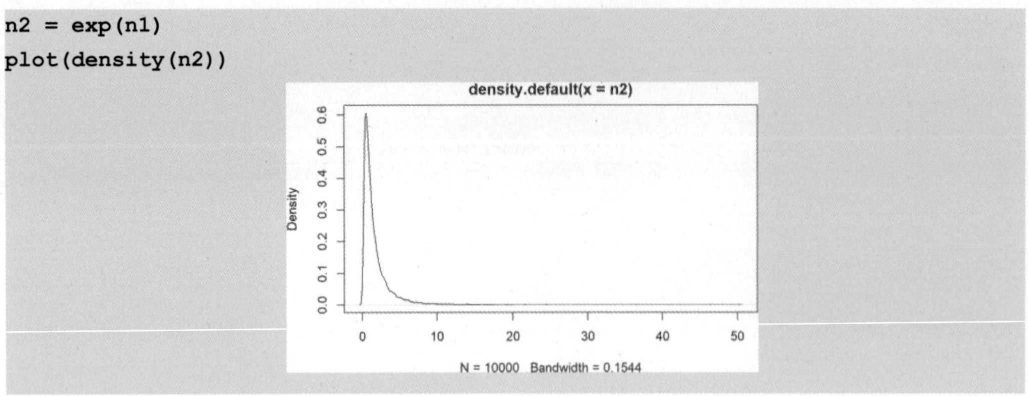

Python

```
n1 = np.random.normal(0,1,10000)
sns.kdeplot(u1)
plt.show()
```

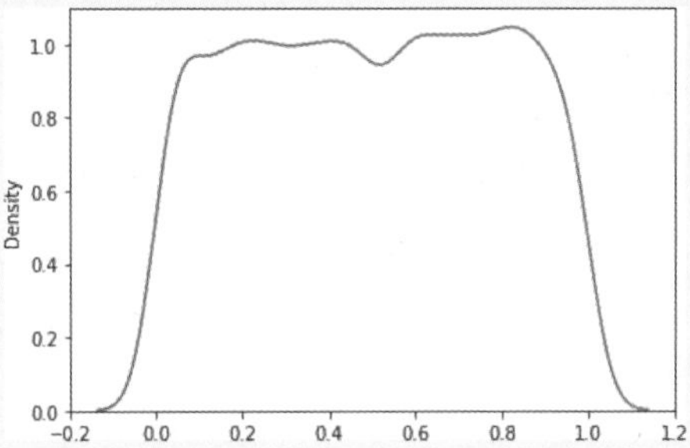

```
n2 = np.exp(n1)
sns.kdeplot(n2)
plt.show()
```

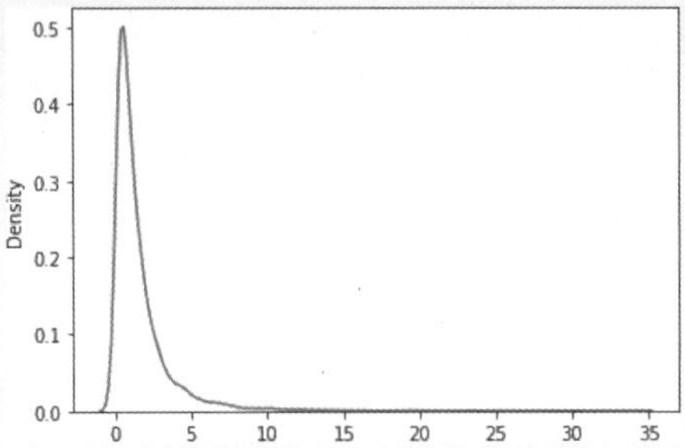

랜덤 정규 변수의 지수 함수를 취하면 정의역이 [0,∞]로 변경되고 오른쪽 꼬리가 긴 형태가 된다. 이를 ***로그 정규분포(lognormal distribution)***라고 하며, 소득과 같이 양수만 가능하며, 대부분의 사람이 낮은 소득을 가지고 있어 오른쪽 꼬리가 긴 형태를 보이는 변수를 설명하는 데 사용된다.

여러 독립적인 분포를 계속해서 더하면 어떻게 될까? 다음 코드는 경험적 균등분포로 시작하여 새로운 균등분포를 순차적으로 더하고 결과 분포를 그린다. 이것은 어떻게 보이게 될까?

R

```
newdist = runif(10000)
newdist = (newdist-min(newdist))/max(newdist)
plot(density(newdist),ylim = c(0,2))
for (I in 2:3)
{
  newdist = newdist + runif(10000)
  newdist = (newdist-min(newdist))/max(newdist)
  lines(density(newdist),col = i)
}
```

density.default(x = newdist)

Density

N = 10000   Bandwidth = 0.04137

Python

```
newdist = np.random.uniform(0,1,10000)
newdist = (newdist-min(newdist))/max(newdist)
sns.kdeplot(newdist)
for I in range(1,3):
    newdist = newdist + np.random.uniform(0,1,10000)
    newdist = (newdist-min(newdist))/max(newdist)
    sns.kdeplot(newdist, color=sns.color_palette()[I])
plt.show()
```

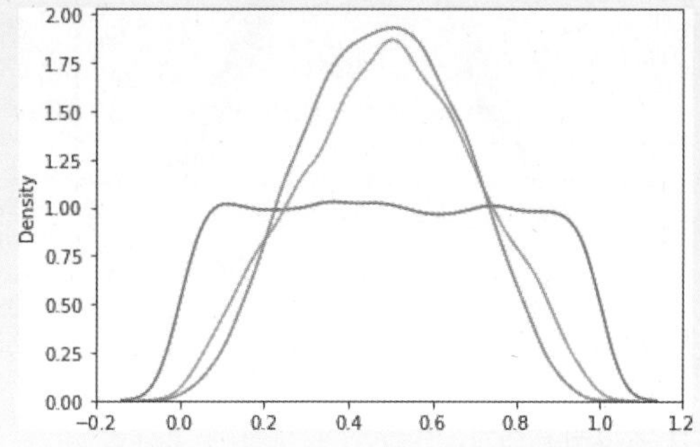

더 많은 수의 분포를 더해보자.

R

```
newdist = runif(10000)
newdist = (newdist-min(newdist))/max(newdist)
plot(density(newdist),ylim = c(0,2))
for (I in 2:100)
{
  newdist = newdist + runif(10000)
  newdist = (newdist-min(newdist))/max(newdist)
  lines(density(newdist),col = i)
}
```

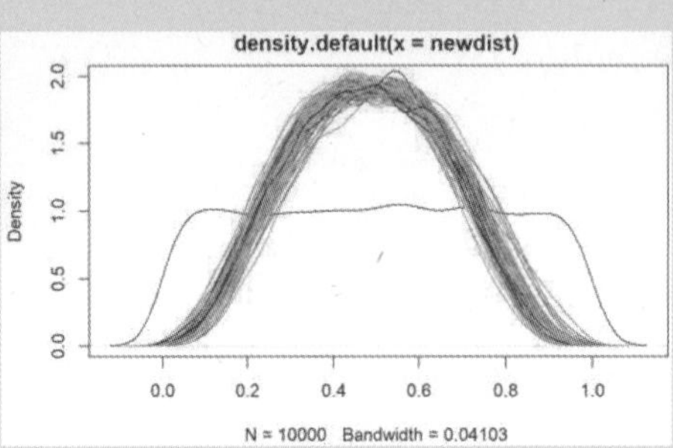

Python

```
newdist = np.random.uniform(0,1,10000)
newdist = (newdist-min(newdist))/max(newdist)
sns.kdeplot(newdist)
for I in range(1,100):
    newdist = newdist + np.random.uniform(0,1,10000)
    newdist = (newdist-min(newdist))/max(newdist)
    sns.kdeplot(newdist, color=sns.color_palette()[I%10])
plt.show()
```

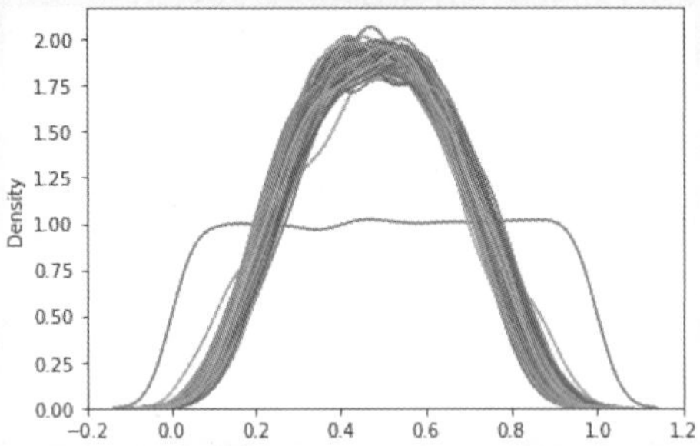

시각적으로, 여러 분포를 더하면 정규분포에 가까워지는 경향이 있다는 것을 확인할 수 있다. 위의 플롯은 균등분포를 더하여 생성되었지만, 다른 분포에서도 결과는 유사할 것이다. 이는 중요한 인사이트며, 유명한 *중심 극한 정리(central limit theorem)*의 핵심이다.

중심 극한 정리는 독립적인 확률 변수들을 더할 때, 원래 변수 자체가 정규분포가 아니더라도 적절하게 정규화된 합이 정규분포에 수렴한다는 것을 의미한다(출처: 위키피디아 https://en.wikipedia.org/wiki/Central_limit_theorem).

이는 주목할 만한 중요한 점이다. SAT(Student Aptitude Test) 점수와 같은 변수를 생각해 보자. 학생의 SAT 점수는 가족 소득, 형제 자매 수, 학교, 친구, 가정 환경, 성실성 등 여러 요소에 의해 결정된다. 이러한 각각의 요소는 고유한 분포를 가질 수 있지만, 이를 결합하면 결과는 대략적으로 정규분포가 될 것이다. 따라서 SAT 점수를 정규분포로 모델링하는 것은 적절하다. 이것이 정규분포가 매우 일반적으로 사용되는 주요 이유 중 하나이다. 자연적으로 발생하는 많은 관심 변수를 설명하는 데 정규분포를 사용하는 것은 매우 논리적이다.

표본분포(SAMPLING DISTRIBUTIONS)

이 챕터에서 마지막으로 다룰 주제는 표본분포이다. 표본분포는 통계 검정에 있어 중요한 주제이다. women.csv 파일에서 데이터를 불러와 탐색해 보자. 여성 15명의 키와 평균에 관한 데이터이다. 파일에 존재하는 여성 체중이 우리가 관심 있는 *전체 모집단*을 구성한다고 가정해 보자. 모집단의 평균과 표준편차는 다음과 같이 계산할 수 있다.

R

```
mean(women$weight)
sd(women$weight)

[1] 136.7333
[1] 15.49869
```

Python

```
women = pd.read_csv('../data/women.csv')
women['weight'].mean()

136.73333333333332

women['weight'].std()

15.49869426143776
```

모집단의 평균은 136.7333이고 모집단의 표준편차는 15.49879이다. 이 모집단에서 표본 크기 5 만큼을 추출해 보자. 다음 그림은 모집단에서 표본을 추출하는 것을 묘사한다.

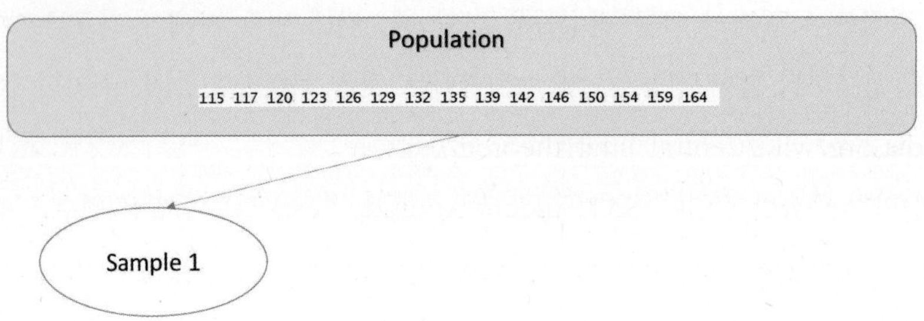

그림 6.1 모집단 표본

크기 5의 표본을 추출한 다음, 표본의 평균을 구해보자. 코드는 다음과 같다.

R

```
set.seed(87654321)
s = sample(x = women$weight, size = 5, replace = F)
mean(s)

[1] 134.4
```

Python

```
np.random.seed(87654321)
s = np.random.choice(a = women['weight'], size = 5, replace = True)
s.mean()

142.4
```

표본 평균은 134.4는 모집단 평균 136.7333과 작은 차이가 있다. 이 차이는 ***표본 오차***라고 한다. 이는 놀랍지 않지만, 표본 평균이 실제 모집단 평균에서 얼마나 가까운지 혹은 먼지에 대해서는 의문이 들 수 있다.

이를 이해하기 위해 표본을 추출하고, 10,000번 표본 평균을 계산하는 과정을 복제해 보자. 아래 그림에서 이를 시각화 하였다.

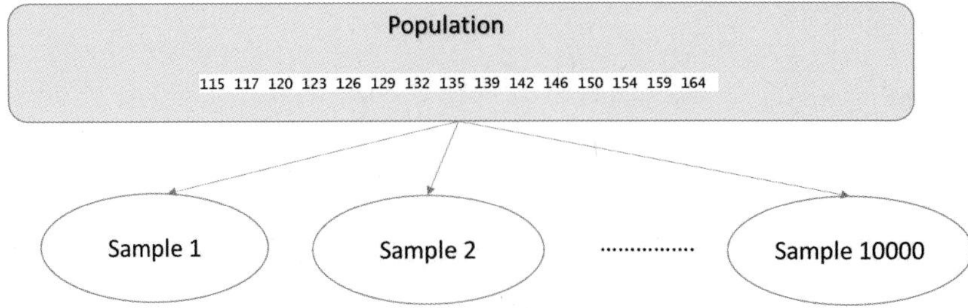

그림 6.2 다중 표본 추출

R

```
f1 = function(){
  s = sample(x = women$weight, size = 5, replace = F)
  return(mean(s))
}
samplingdist = replicate(10000, f1())
```

Python

```
def f1():
  s = np.random.choice(a = women['weight'], size = 5, replace = False)
  return s.mean()
samplingdist = np.array([f1() for I in range(10000)])
```

벡터는 10,000개 표본 각각의 평균을 저장한다. 표본 평균은 얼마나 작거나 클 수 있을까? 표본 10,000개의 평균은 어떨까?

R

```
min(samplingdist)
max(samplingdist)
mean(samplingdist)

[1] 120.2
[1] 154.6
[1] 136.6733
```

Python

```
samplingdist.min()
120.2

samplingdist.max()
154.6

samplingdist.mean()
136.77574
```

표본 평균의 최소와 최대값은 실제 모집단의 평균과 꽤 차이가 날 수 있지만, 표본 평균들의 평균은 모집단의 평균과 매우 가깝다. 이것을 ***표본분포***이라고 한다. 이 예시에서 우리는 표본 사이즈 5의 표본분포를 구했고, 집중한 통계량은 표본의 평균이다. 표본분포는 어떻게 생겼을까?

R

```
plot(density(samplingdist))
```

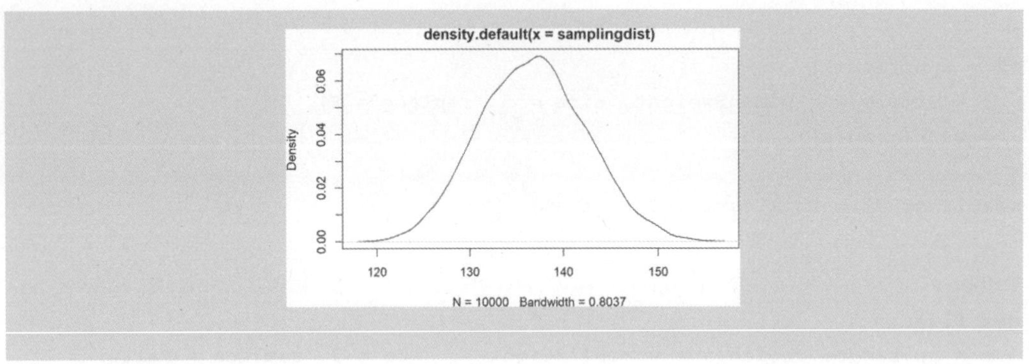

Python

```
sns.kdeplot(samplingdist)
plt.show()
```

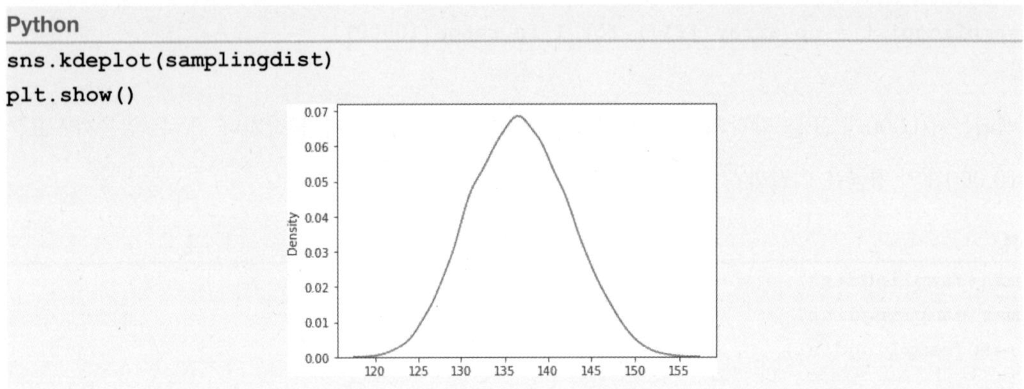

표본분포가 얼마나 표준분포처럼 보이는지에 주목하자. 표본분포의 특징은 중심 극한 정리에서 설명한 것처럼, 우리가 어떤 모집단이든 표본을 반복해서 추출하면, 각 표본의 평균의 표본분포는 정규분포에 가깝다. 다시 말해, 모집단 분포 모양에 상관없이 표본 평균의 표본분포는 정규분포와 매우 유사하다. 표본분포의 속성인 셈이다. 또한, 표본분포의 표준편차는 모집단의 표준편차를 표본 크기의 제곱근으로 나눈 것과 같다. 표본평균의 표본분포는 거의 대부분 정규분포이며, 우리가 표본분포를 만든 근간인 모집단의 모형과는 아무 상관이 없다.

통계량을 평균이 아닌 중앙값으로 바꾸면 어떻게 될까?

R

```
f2 = function(){
  s2 = sample(x = women$weight, size = 5, replace = F)
  return(median(s2))
}
samplingdist2 = replicate(10000, f2())
median(women$weight)
mean(samplingdist2)
[1] 135
```

```
[1] 135.6953

plot(density(samplingdist2,bw = 3))
```

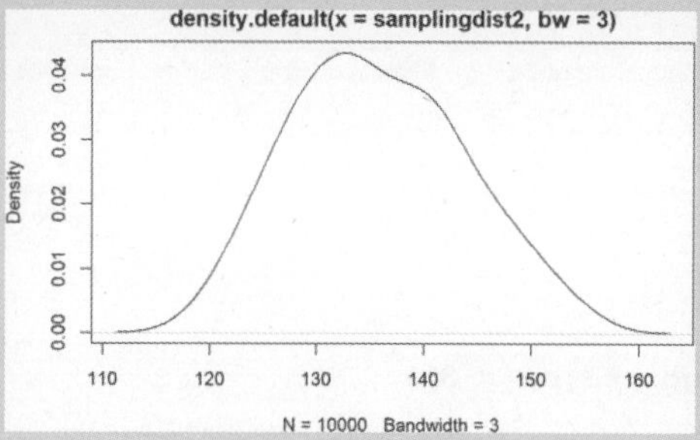

Python

```
def f2():
  s2 = np.random.choice(a = women['weight'], size = 5, replace = False)
  return s2.mean()
samplingdist2 = np.array([f2() for I in range(10000)])

women['weight'].median()

samplingdist2.mean()

sns.kdeplot(samplingdist2)
plt.show()
```

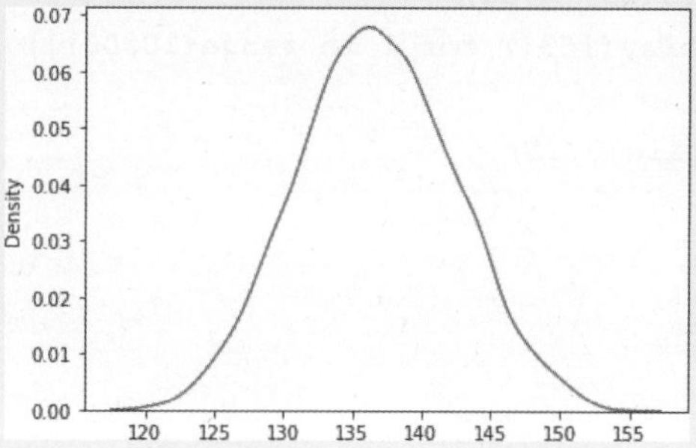

관심있는 통계량을 중앙값으로 바꾸어도, 표본분포는 여전히 표준분포라고 합리적으로 말할 수 있으며, 표본분포의 평균은 표본의 평균과 유사한다. 한 가지 더 실험을 해보면, 1사분위수는 어떻게 나타날까?

R

```
f3 = function(){
  s2 = sample(x = women$weight, size = 5, replace = F)
```

```
  return(quantile(s2,prob = 0.25))
}
samplingdist3 = replicate(10000, f3())
quantile(women$weight,prob = 0.25)
mean(samplingdist3)

  25%
124.5
[1] 127.0387
```

```
plot(density(samplingdist3,bw = 3))
```

density.default(x = samplingdist3, bw = 3)

N = 10000 Bandwidth = 3

Python

```
def f3():
    s3 = np.random.choice(a = women{'weight'].quantile(0.25), size = 5, re-
place = False)
    return np.quantile(s3, 0.25)
samplingdist3 = np.array([f3() for I in range(10000)])

women''weigh''].quantile(0.25)
124.5

samplingdist3.mean()

127.1985

sns.kdeplot(samplingdist3,bw_adjust = 3)
plt.show()
```

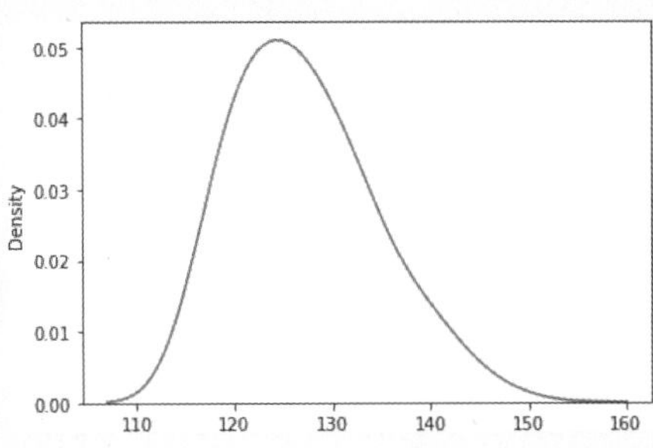

이 경우에는, 분포가 약간 치우쳐진 것을 알 수 있다. 그러므로 표준분포라고 간주할 수 없다. 이를 통해 표본분포가 표준에 가까운 것은 우리의 관심 통계가 평균일 때이며, 다른 통계량을 사용했을 때 역시 표준분포에 가깝다고 말할 수는 없다고 결론을 내릴 수 있다.

표본분포는 통계 검증의 근간이다. 이에 대해서는 다음 챕터에서 자세히 다루도록 할 것이다. 지금부터는 표본분포를 생성하기 전에 모집단을 먼저 설명해야 함을 기억하자. 그 다음에, 표본 크기과 통계량을 결정한다. 이러한 단계를 거친 뒤, 표본분포를 생성한다.

사용 사례 – 데이터 탐색

데이터의 간단한 플롯을 통해 분포와 관계를 이해할 수 있다. 이 과정을 데이터 탐색이라고 하며, 이를 지원하는 강력한 도구들이 Python 및 R에 여러 개가 있다. 새로운 데이터셋을 탐색하여 분포를 이해하기 위해서는 각 데이터 항목의 밀도 함수를 플로팅하고 데이터 항목 간의 상관관계를 분석하는 것은 좋은 시작점이다. 데이터 탐색의 주요 도구 중 하나는 Python의 *pairplot* 및 R의 *corrgram*과 같은 이차원 플롯이다. 이것들은 데이터셋의 각 데이터 항목을 서로 비교하여, 간단하고 시각적인 이변량 분석을 행렬 형태로 보여준다. 예에서는 미국 시장에서 항공 운송, 공공 시설 (수도) 등 94개 산업에 대한 재무 분석을 포함하는 가치 평가 데이터셋을 탐색할 것이다. 먼저 Excel 파일의 데이터셋을 불러오자.

R

```
valuation_multiples = read_excel("valuation multiples.xlsx")
df = valuation_multiples
```

Python

```
loc = "valuation multiples.xlsx"
df = pd.read_excel(loc, engine = 'openpyxl')
```

이제 각 산업의 가치 평가를 이해하는 데 도움이 되는 몇 가지 재무 분석을 계산하고 이차원 플롯을 생성할 수 있다.

R

```
df$EBITDA_margin = df$'EBITDA ($ millions)'/df$'Revenues ($ millions)'
df$Net_Margin = df$'Net Income ( $ millions)'/df$'Revenues ($ millions)'
df$Debt_EV = df$'Total Debt (including leases) ($ millions)'/df$'Enteprise
            Value ($ millions)'
df$EBITDA_EV = df$'EBITDA ($ millions)'/df$'Enteprise Value ($ millions)'
df$EBITDA_multiple = df$'EBITDA ($ millions)'/df$'Enteprise Value ($ millions)'
```

```
library(corrgram)
corrgram(df1,upper.panel = panel.pts,lower.panel= panel.pie,order = T )
```

Python

```
df.insert(df.shape[1],'EBITDA_margin', data['EBITDA ($ millions)']/data['Revenues ($
  millions)'])
df.insert(df.shape[1],'Net_Margin', data['Net Income ( $ millions)']/data['Revenues
  ($ millions)'])
df.insert(df.shape[1],'Debt_EV', data['Total Debt (including leases) ($ millions)']/
  data['Enteprise Value ($ millions)'])
df.insert(df.shape[1],'EBITDA_EV', data['EBITDA ($ millions)']/data['Enteprise Val-
  ue ($ millions)'])
df.insert(df.shape[1],'EBITDA Multiple', data['EBITDA ($ millions)']/data
  ['Enteprise Value ($ millions)'])

key_dis = ['EBITDA Multiple','EBITDA_margin','Net_Margin','Debt_EV','EBITDA_
EV','Gross Profit ($ millions)']
df_key_dis = df[key_dis]

sns.pairplot(df)
```

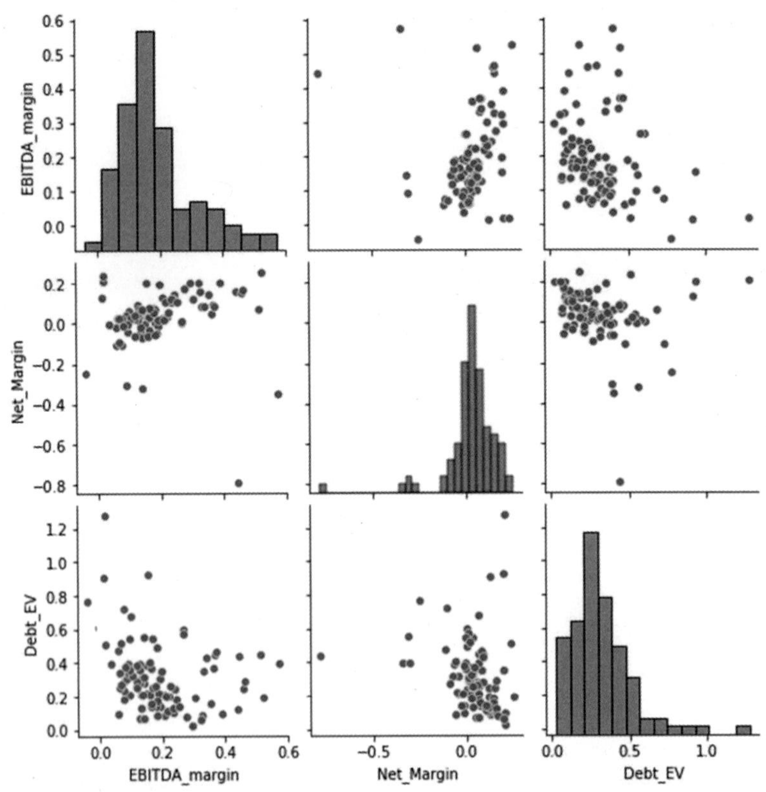

그림 6.3 산업 그룹의 중요 통계를 나타내는 페어 플롯

pairplot 행렬의 대각 셀은 각 데이터 항목의 밀도를 나타내며, 이는 열에 빈도수(frequency)를 나타낸 차트이다. 대각이 아닌 셀은 하나의 데이터 항목 대 다른 항목의 산점도를 보여준다. 빈도분포를 통해 분포의 비대칭성을 시각적으로 확인할 수 있다. 산점도를 통해 두 데이터 항목 간에 상관관계가 있는지 또는 다른 형태의 관계가 있는지 즉각적으로 파악할 수 있다.

오른쪽 하단 셀의 빈도 열 차트에서 기업 가치 대비 총 부채 **Total Debt**(리스 포함)(백만 달러)를 기업 가치 **Enterprise Value**(백만 달러)로 나눈 대차대조표 총 부채(백만 달러)의 비율인 **Debt_EV**는 오른쪽으로 치우치는 모습을 알 수 있다. 즉, 기업 가치 대비 부채 수준이 평균보다 훨씬 높은 산업이 다수 존재한다. 오른쪽 중간 셀에서도 **Debt_EV**가 업계 순이익률을 나타내는 **Net_margin**과 상대적으로 좋지 않은 관계를 가지고 있음을 알 수 있다. 그러나 가장 위 중간 셀은 **Net_margin**과 **EBITDA_margin** 사이에 더 명확한 관계가 있음을 보여준다.

또한 각 특징의 상관관계를 살펴볼 수 있도록 상관 행렬 히트맵에서 확인할 수 있다.

R

```
heatmap(cor(df1),Rowv = NA, Colv = NA)
```

Python

```
plt.figure(figsize = (10,7))
plt.title('Correlation matrix: Industry vital stats')

sns.heatmap(corr, xticklabels = corr.columns, yticklabels=corr.columns)

# show plot
plt.show()
```

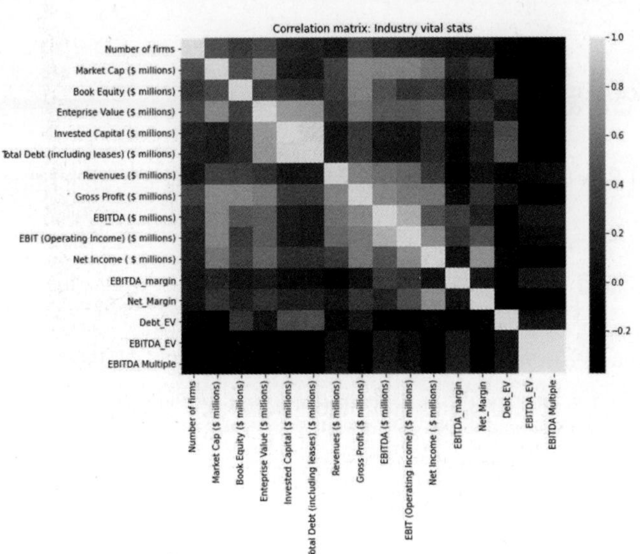

그림 6.4 상관관계 행렬: 산업별 주요 통계

히트맵을 통해 다양한 산업 간에 재무 분석이 어떻게 비교되는지 확인할 수 있다. 더 밝은 색상은 두 데이터 항목 간의 높은 상관관계를 나타낸다. 먼저, 대각선 선은 왼쪽 상단에서 오른쪽 하단으로 이동하여 변수 자체에 대한 상관관계를 나타내므로 완벽한 상관관계를 보여준다. 우리는 히트맵의 대각선 외 영역에 관심이 있다. 예를 들어 **Enterprise Value**가 **Invested Capital**과 높은 상관관계를 가지고 있으며, 수익성이 높은 기업이 더 높은 기업 가치를 가지고 있음을 나타내는 **Gross profit**과 중간 정도의 높은 상관관계를 가지고 있다.

이는 두 특징 간의 선형관계만 살펴보기 때문에 이를 감지하지 못할 수 있는 보다 복잡한 비선형 또는 다변량 관계가 있을 수 있다. 그러나 이 과정은 데이터 탐색에 있어 시작점이라고 할 수 있다.

요약

이 챕터에서는 하나의 사건을 묘사하는 분포에서 여러가지 사건을 함께 설명하는 다변량 분포로 사고의 폭을 확장하였다. 이는 사건이 서로 연관이 있을 때 중요하며, 일변량 분포로 각각의 사건을 설명하는 것에 대해서는 불완전할 수 있다. 그 다음에는 변형과 합성곱에 대해 알아보았다. 이를 통해 변형이 분포 속성을 근본적으로 변경할 수 있음을 발견하였다. 이와 관련해서 중요한 발견 중 하나는 독립분포를 추가하는 것이 독립분포가 어떻게 보이든 정규분포로 수렴하는 경향이 있다는 것이다. 이를 통해 통계학에서 정규분포가 왜 이렇게 중요한 역할을 하는지를 알 수 있다. 마지막으로 표본분포와 그 특성을 살펴보았다. 다음 챕터에서는 표본분포를 더 자세히 알아보고 이것이 통계 검정을 수행하는 데 어떻게 기초가 되는지를 알아볼 것이다.

연습문제

연습문제를 수행하기 위해 다음 링크에서 제공하는 데이터셋을 다운받도록 하자. https://study.sagepub.com/gopal

Transactions.csv 파일을 불러오자.

1 **pens**와 **pencils** 변수가 독립적인지 확인하시오. 종속적인 변수 쌍을 찾아보시오.

2 각각 평균이 15이고 두 변수 간의 상관 관계가 0.6인 이변량 정규 분포에서 크기가 1,000인 표본을 생성하시오. 3D 그래프를 그려 데이터를 시각화하시오.

3 각각 평균이 10이고 두 변수 간의 상관 관계가 0.5인 이변량 정규 분포에서 크기가 1,000인 표본을 생성하시오. 두 번째 변수를 제곱하여 변환하고 결과 분포를 시각화하기 위해 3D 그래프를 그려보자.

4 표준 균일 분포 표본 크기 200인 표본 500개를 생성하시오. 마찬가지로 표준 로그 정규분포에서 표본 크기가 200인 표본 500개를 생성하시오. 이 1,000개 표본의 합의 경험적 분포를 그려보자. 정규분포에 가까워 보이는가?

5 모집단 분포가 표 6.4와 같다고 가정해 보자. 크기가 100인 표본에 대한 통계량에 대한 표본분포를 생성하시오. 평균, 중앙값, 분산, 최소값 및 최대값 중 어떤 통계량의 표본분포가 정규성을 나타내는가?

표 6.4 5번 문제에서 모집단 분포

값	확률
1	0.5
4	0.1
15	0.1
72	0.3

7

통계 검정 - 개념과 전략

목차

기초 개념

데이터셋으로 다양한 테스트를 하는데, 대부분의 경우 데이터는 관심 있는 모집단의 표본일 가능성이 높다. 통계학에서 모집단은 유한할 수도 무한할 수도 있으며, 개인 혹은 사물의 전체 집단을 의미하기도 한다. 유한한 모집단의 예로는 비즈니스를 전공한 졸업생들, 특정 회사의 직원, 그리고 타깃 시장의 잠재적 고객이 있다. 무한한 모집단은 인간의 몸에 있는 세포의 수나 동전 던지기와 같이 셀 수 없다. 전체 모집단에서 데이터를 모으는 것은 매우 많은 비용이 들거나 불가능하다. 이런 이유에서 대부분의 실제 환경에서는 모집단의 표본에 대한 데이터를 모으고 분석을 수행한다.

그림 7.1 모집단(모름)과 표본(앎)

모집단은 이해하고 모델링하기 어렵고 모호한 개념이다. 모집단은 일반적으로 데이터 생성 과정과 분포의 개념을 사용하여 모델링된다. 조금 더 설명하면, 동전을 다섯 번 던져 다음과 같은 결과가 나온다고 가정해 보자.

H H T H T

실험 결과는 모든 가능한 결과의 표본 데이터를 나타내며, 동전을 던지는 행위는 데이터 생성 과정이다. 동전에는 앞면(H)와 뒷면(T)이라는 두 가지 면이 있으므로 H를 관찰할 확률은 p(균일한 동전의 경우 p = 0.5)이고 T를 관찰할 확률은 (1 − p)이다. 이를 이항분포의 형태로 수학적으로 표현하면 다음과 같다.

결과	확률
H	p
T	1 - p

모집단을 종종 분포의 관점으로 설명하는데, 이 분포는 표본 추출 데이터 생성 과정(DGP; Data

Generating Process)을 묘사한다.

수치적 결과는 주로 정규분포, 로그 정규분포, 또는 지수분포와 같은 연속분포로 모델링되며, 이진 및 계수형 결과는 이항분포, 음이항분포 또는 포아송 분포로 모델링된다.

다음 표에서 표본과 모집단 간의 주요 차이점을 정리하였다.

표 7.1 모집단과 표본의 특징

특징	모집단	표본
크기	무한할 수도 있음	유한함
아는 값인가?	알 수 없음	알고 있음
설명	분포로 설명 $f_X(x) = e^{-(x-\mu)^2/2\sigma^2/\sqrt{2\pi\sigma^2}}$ 결과 / 확률 H / p T / 1 - p	벡터, 데이터 프레임, 표와 같은 데이터 객체로 설명

평균	연속적
	$\mu = \int_{-\infty}^{\infty} xf(x)dx$
	이산
	$\mu = \mathrm{E(X)} = \sum_{i=1}^{N} x_i P(X = x_i)$
		`mean(whiteside$Temp)`
		`[1] 4.875`
		`whiteside['Temp'].mean()`
		`4.875`

분산	연속적
	$\sigma^2 = \int_{-\infty}^{\infty} (x-\mu)^2 f(x)dx$
	이산
	$\sigma^2(X) = \sum_{i=1}^{N} [\mathrm{x_i} - \mathrm{E(X)}]^2 \mathrm{P(X = x_i)}$
		`var(whiteside$Temp)`
		`[1] 7.560091`
		`whiteside['Temp'].var()`
		`7.560090`

사분위수	N(5, 7), 즉 평균이 5이고 표준편차가 7인 정규분포를 생각해 보자. 3사분위수에 대한 값은 다음과 같다.
	`qnorm(p = 0.75,mean = 5,sd = 7)`
	`[1] 9.721428`
	`stats.norm.ppf(0.75, loc=5, scale=7)`
	`9.721428251372572`
		Temp의 3사분위수를 계산하면,
		`quantile(whiteside$Temp, probs = 0.75)`
		`75%`
		`7.125`
		`whiteside['Temp'].quantile(0.75)`
		`7.125`

통계 검정 전략

통계 검정의 주 목적은 표본으로 모집단을 추론하기 위함이다. 실제 상황에서 자주 볼 수 있듯이 모집단 전체 데이터를 모르거나 수집하는 것이 불가능한 경우 매우 유용하다.

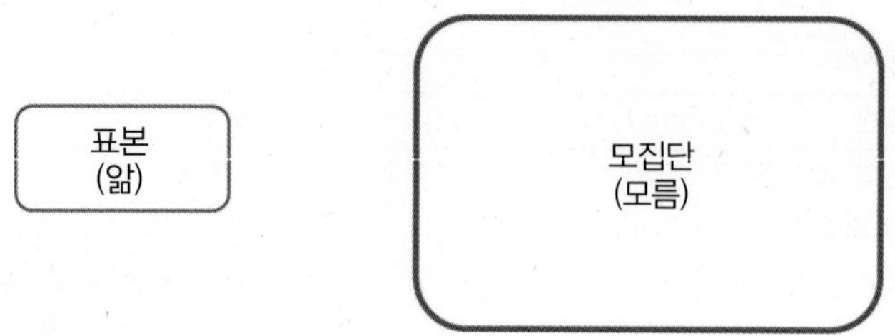

그림 7.2 모집단과 표본

단계별 절차를 알아보자.

Step 1: 예를 들면 평균이나 3사분위수 같은 관심 있는 통계량을 선택한다.

Step 2: 귀무가설과 같은 모집단에 대한 가설을 세운다. 가설은 반드시 모집단에 대한 짐작이어야 한다.

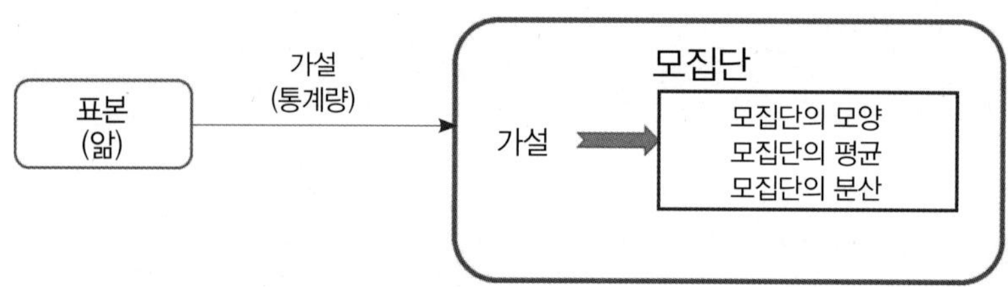

그림 7.3 가설 검정

Step 3: 모집단에서 표본을 추출하자.

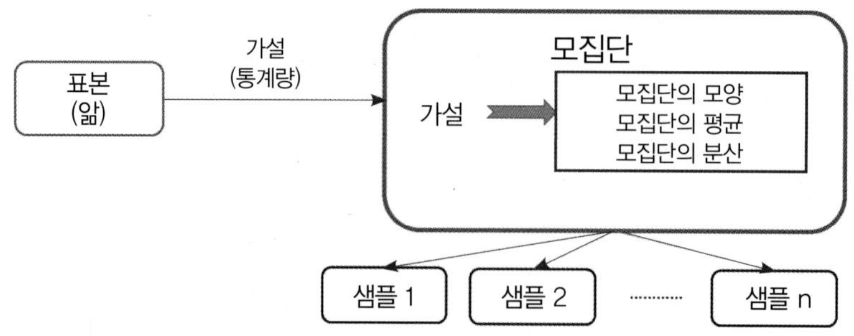

그림 7.4 합성 표본

Step 4: 각 표본에서 검정 통계량을 계산한다. 그리고 통계량의 분포를 생성한다. 이 분포는 표본분포라고 한다.

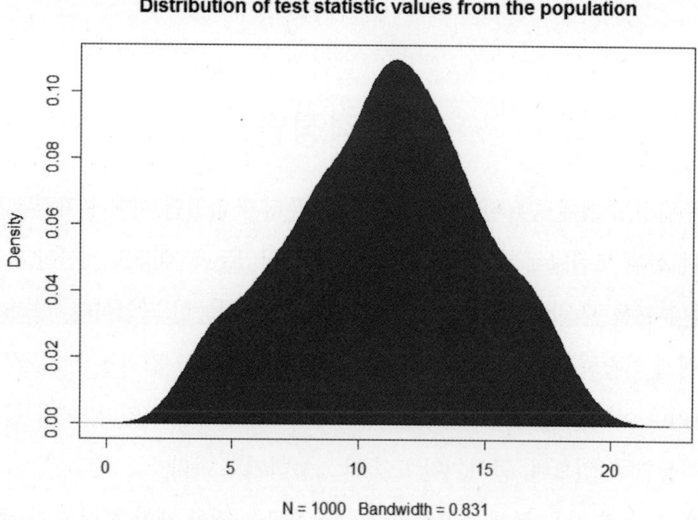

그림 7.5 모집단의 통계량 분포

Step 5: 통계량(그림 7.4의 좌측 표본의)을 계산하고 표본분포에서 해당 위치를 찾는다. 거의 발생할 일이 없지만, 분포의 꼬리(*기각 영역*)에 속한다면 가설을 기각할 수 있다. 그렇지 않으면 가설을 기각할 증거가 없다.

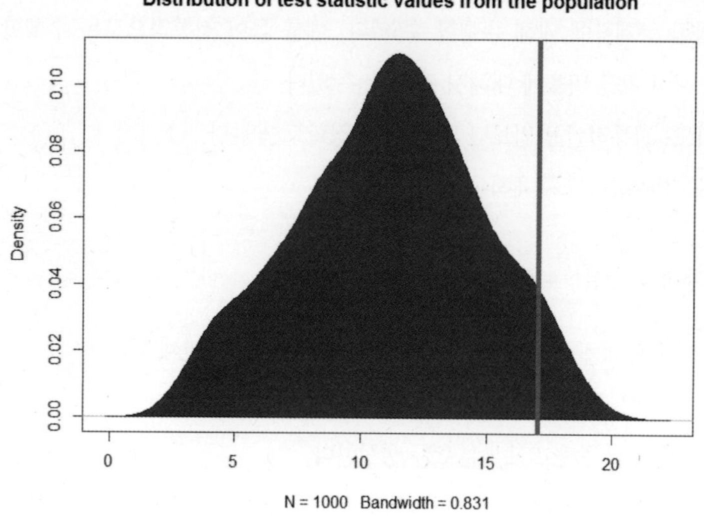

그림 7.6 검정 통계량 분포에 대한 관측 통계

본질적으로 통계 검정을 수행하는 방법을 알아보았다. 주요 도전 과제 중 하나는 표본을 대량으로 만들고 표본분포를 생성하는 것이다. R과 Python과 같은 도구를 사용하면 이러한 표본분포를 쉽게 만들어서 어떠한 종류의 통계 검정도 수행할 수 있다.

순열 검정법

표본분포는 통계 검정 수행에 중요한 역할을 한다. 컴퓨터가 없었던 시대에 표본분포를 생성한다고 상상해 보자. 가설화된 모집단에서 표본을 추출하고, 관심있는 통계량을 계산하고, 이 과정을 수천 번 반복하여 표본분포를 생성한다. 컴퓨터가 없다면 거의 불가능한 작업이다. 따라서 통계학자들은 표본분포를 더 쉽게 기술하고 사용할 수 있는 방법을 찾았으며, 그 결과 z, t, F, χ^2 등의 표준 통계 분포가 있다. 그러나 이러한 분포를 사용하는 데는 일부 제한 사항이 있다. 예를 들어 특정 통계량, 표본 크기에만 사용할 수 있으며, 근사치만 도출이 가능하기도 하다.

컴퓨터와 R 및 Python과 같은 통계 소프트웨어 등장으로 이러한 제한은 더 이상 존재하지 않으며, 표본분포를 생성하는 것은 간단한 작업이 되었다. 경험적 분포를 생성하는 것을 순열(*permutation*) 또는 무작위 검정(*randomization*)이라고 한다. 통계량 실제 값을 표준 통계 분포와 비교하는 것이 아니라, 데이터로부터 생성한 표본분포와 비교한다.

순열 검정의 이점은 다음과 같다.

1 적은 가정: 예를 들어 큰 표본 크기가 필요하지 않다.
2 일반성: 다양한 통계량에 대해 수행할 수 있다. 예를 들어 전통적으로는 수행할 방법이 없었던 남성과 여성 사이 평균 비율에 대해서 검정할 수 있다.
3 더 높은 정확도: 전통적인 방법보다 많은 경우 정확도가 높다.
4 더 나은 이해: 직관적이고 구체적이다.

순열 검정을 수행하는 순서는 다음과 같다.

1 흥미로운 통계량 선택을 선택한다. (예: 평균, 백분위수, 상관관계 등)
2 (가설화된) 모집단을 설명하는 귀무가설을 생성한다.
3 모집단에서 표본을 추출하고 표본분포를 생성한다.
4 이 분포에서 관찰된 통계량의 위치를 찾아 가설을 기각할지 결정한다.

첫 번째 예제

제조업체가 새로운 디자인을 출시하고, 하루에 불만 건 수가 6건 이하일 것이라고 주장한다. 이 주장을 다음 프로세스에 따라 검정해보자.

Step 1: 가설 세우기

H_0: 하루 당 불만 건수의 평균은 6 이하이다.

Step 2: 데이터 생성 및 모집단 설명

불만 건수는 셀 수 있는 변수이므로 데이터 생성 프로세스를 포아송이라고 가정할 것이다. 이를 기반으로 하여 가설을 바탕으로 모집단을 *Pois* (6)로 설명할 것이다.

Step 3: 표본분포 생성

이제 모집단이 정의되었으므로 표본분포를 생성할 수 있다. 표본분포를 생성하려면 ***관심 통계량*** *(statistic of interest)*과 표본 크기가 필요하다. 관심 통계량은 평균이다. 표본 크기는 20으로 10,000개의 표본을 이용해 표본분포를 생성해 보자.

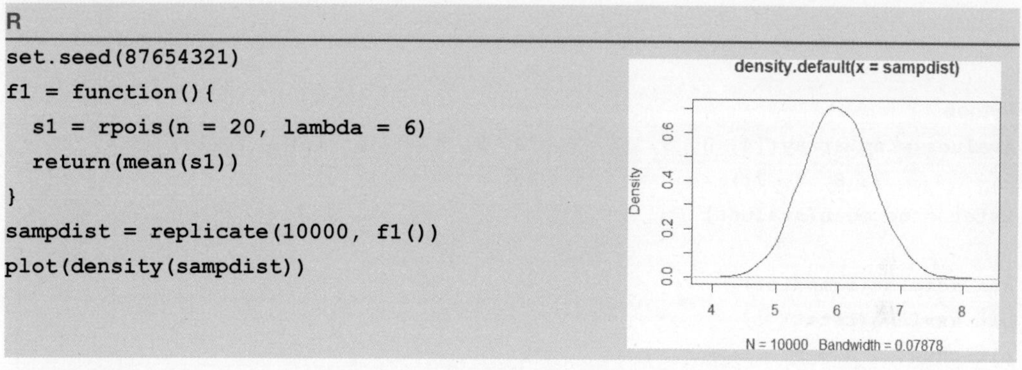

R

```
set.seed(87654321)
f1 = function(){
  s1 = rpois(n = 20, lambda = 6)
  return(mean(s1))
}
sampdist = replicate(10000, f1())
plot(density(sampdist))
```


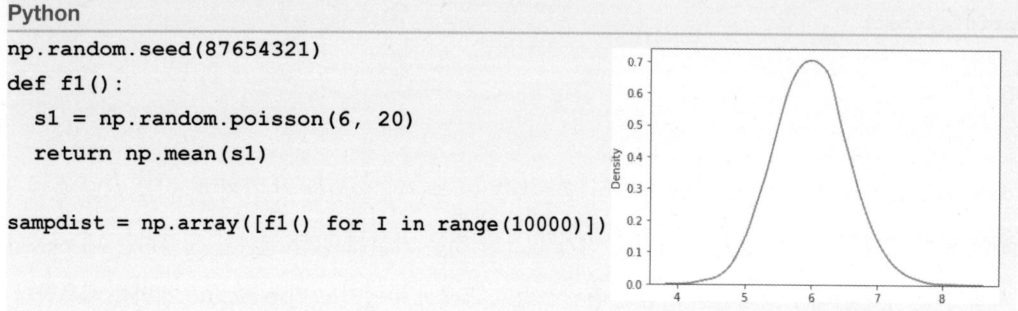

Python

```
np.random.seed(87654321)
def f1():
  s1 = np.random.poisson(6, 20)
  return np.mean(s1)

sampdist = np.array([f1() for I in range(10000)])
```


코드 몇 줄로 표본분포를 생성하였다!

Step 4: 표본에서 통계량을 생성

이제 표본 크기가 20인 표본에서 평균을 구해보자. 아래와 같은 데이터를 수집했다고 가정해 보자.

Observed number of complaints = (4,3,5,13,7,10,9,9,3,6,4,3,7,10,7,6,7,8,7,7)

이제 가설검정을 하고, 표본분포를 그려보자.

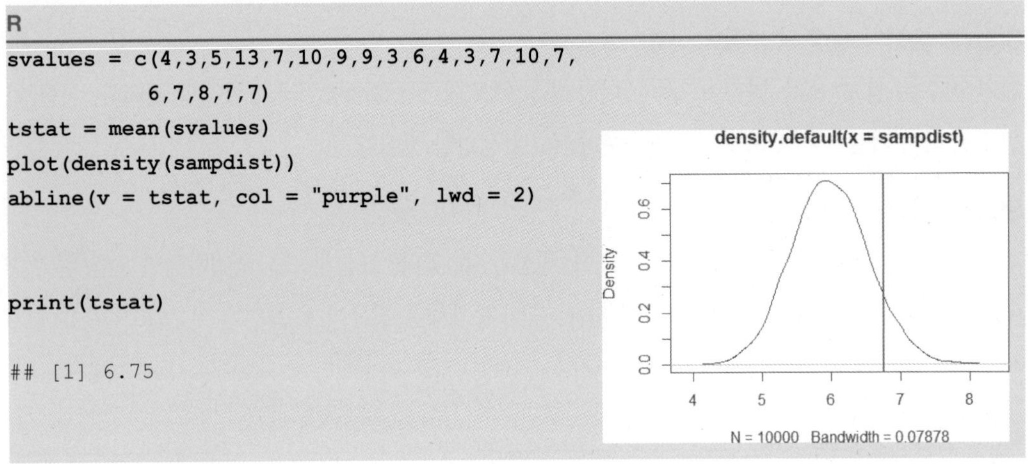

R

```
svalues = c(4,3,5,13,7,10,9,9,3,6,4,3,7,10,7,
          6,7,8,7,7)
tstat = mean(svalues)
plot(density(sampdist))
abline(v = tstat, col = "purple", lwd = 2)


print(tstat)

## [1] 6.75
```

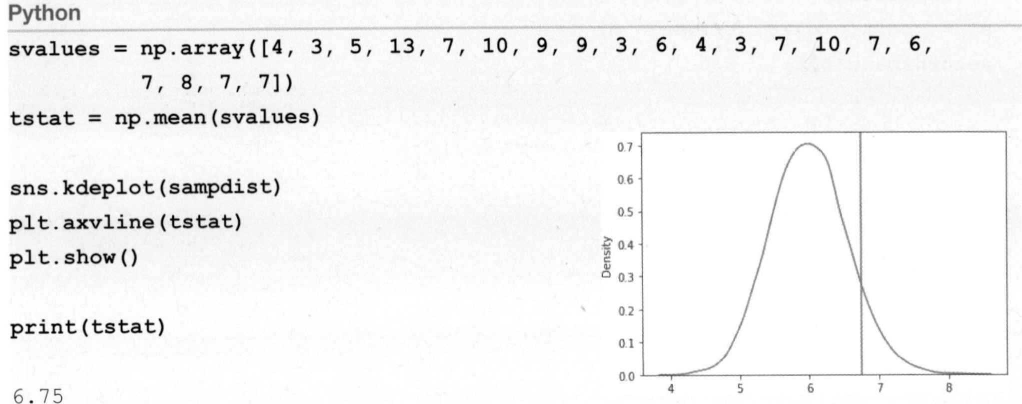

Python

```
svalues = np.array([4, 3, 5, 13, 7, 10, 9, 9, 3, 6, 4, 3, 7, 10, 7, 6,
          7, 8, 7, 7])
tstat = np.mean(svalues)

sns.kdeplot(sampdist)
plt.axvline(tstat)
plt.show()

print(tstat)

6.75
```

이제 무엇을 할 수 있을까? 표본의 평균이 오른쪽 꼬리 부근에 위치한 것 같지만, 이를 어떻게 해석해야 할지 정확히 알 수 없다. 여기서 우리가 필요한 것은 가설에 관한 결론을 도출하는 데 사용할 지표이다. 이를 위해 유명하면서 가끔은 혼란스럽고 그래서 두렵기도 한 p-value 개념을 사용한다. 이 개념을 탐구하고 이해해 보자.

P-value

앞의 차트를 보자. 6.75를 기준으로 수직으로 그어진 선 우측의 모든 포인트는 가설을 기각한다. 왜냐하면 보라색 선 우측의 영역은 표본의 평균이 하루에 6.75건보다 더 높기 때문이다. 이 영역은 가설을 지지하지 않을 이유를 제공해 준다. 다시 말해, 세로선의 좌측 영역은 가설을 지지하고, 우측 영역은 가설을 기각할 이유를 제공한다. 시각적으로 분명하게 하기 위해 좌측은 무채색, 우측은 파랑색으로 지정해 보자. 아래와 같은 코드가 필요할 것이다.

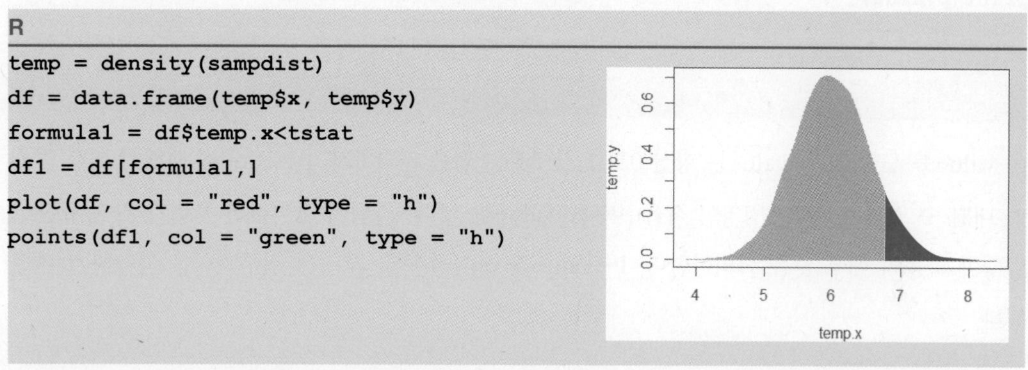

R

```
temp = density(sampdist)
df = data.frame(temp$x, temp$y)
formula1 = df$temp.x<tstat
df1 = df[formula1,]
plot(df, col = "red", type = "h")
points(df1, col = "green", type = "h")
```

Python

```
points = sns.kdeplot(sampdist).
         get_lines()[0].get_data()
       # get x and y values from plot
x = points[0]
y = points[1]

plt.fill_between(x,y, where = x >= tstat, color = 'r')
plt.fill_between(x,y, where = x < tstat, color = 'g')
plt.show()
```

위 코드의 로직을 살펴보자. R 코드에서 우리는 먼저 밀도 함수를 밀도 함수의 x 좌표와 y 좌표를 기술하는 x와 y값을 가진 데이터 프레임에 강제로 넣었다. 그런 다음 데이터 프레임을 *tstat* 값에 따라 나누었다. 마지막 단계로는 두 영역을 다르게 칠하는 것이다.

p-value가 무엇인지에 관한 질문으로 돌아와보자. 단순하게는 표본분포에서 파란 영역을 말한다. 파란 영역이 우리가 가진 표본보다 더 많은 불만을 나타내는 영역이라는 것을 기억하자. 이제 p-value를 구해보자.

R
```
pvalue = length(sampdist[sampdist>tstat])/(length(sampdist))
print(pvalue)

## [1] 0.0783
```

Python
```
pvalue = np.sum(sampdist > tstat) / len(sampdist)
print(pvalue)

0.0821
```

p-value를 구했다! P-value는 항상 0과 1 사이라는 점을 기억하자. P-value에 대해서 어떤 결론을 내릴 수 있을까? 빨간 영역이 작을수록 p-value는 낮다. 가설이 참이라면 우리가 가진 표본이 발생할 확률이 매우 낮음을 의미한다. P-value가 작아질수록, 우리는 귀무가설을 기각하기 편해진다.

판단의 시간

여기서 주요 과제는 가설을 평가하는 것이다. 만약 p-value가 매우 작다면 가설을 기각하기 쉬워진다. 왜냐하면 증거(표본)가 주장(가설)을 뒷받침할 일관성이 낮기 때문이다. 통용되는 법칙에 따르면 p-value가 0.05보다 작을 때 귀무가설을 기각한다. 하지만, p-value가 이보다 크다 하더라도 가설을 기각할 수 있다. 앞으로 이 책에서는 별도의 언급이 없다면 $p \leq 0.05$를 기준으로 검정을 수행하도록 하겠다.

용어에 주의하자!

여기서 용어(표현 방식)는 매우 중요하다. 어느 가설이나 상관없이 두 가지 옵션이 있다. *가설을 기각(reject)하느냐 기각하지 않느냐(not reject)*. 우리는 왜 가설을 받아들인다(accept) 대신에 가설을 기각하지 않는다고 표현할까? 왜 이중 부정을 사용하는 걸까? 이를 설명할 가장 좋은 방법은 법적 비유를 사용하는 것이다.

유죄가 입증되기 전까지 모든 사람들은 무죄라고 추정한다. 이를 귀무가설이라고 생각해보자. 만약 증거가 충분하다면(우리의 경우 p-value가 매우 작다면), 우리는 개인을 유죄라고 결론짓는다. 하지만 만약 증거가 불충분하다면, 우리는 *유죄가 아니다*고 말한다. 해당 사람이 *무죄*라고 말하지는 않는다. 왜일까? 무죄일수도 있다. 하지만 또 유죄일수도 있다. 우리는 유죄를 증명하기에 충분한 증거를 가지고 있지 않을 뿐이다. 우리가 완벽하게 확신할 수 있는 게 아닌 이상, 유죄가 아니라고 말하는 것이 무죄라고 주장하는 것보다 안전하고 더 정확하다.

다시 예를 들어, p-값이 0.05보다 약간 높기 때문에 불만 사항의 평균 수가 6보다 크지 않다는 귀무가설을 기각할 수 없다. 이것은 실제 및 올바른 모집단 평균이 실제로 6이라는 것을 의미하지 않다. 6.5일 수도 있고, 6.2일 수도 있고, 가설이 기각되지 않는 다른 값일 수도 있다. 우리가 말하는 건 *만약 우리의 가설이 6보다 작다면, 우리는 이 가설을 기각할 증거가 없다*는 게 전부이다.

꼬리 이야기

방금 다룬 예제에서 우리의 귀무가설은 하루당 불만 건수가 6건 이하라는 것이다. 이 경우, 표본분포의 파랑색 영역은 오른쪽 꼬리가 된다. 만약 귀무가설을 하루 평균 불만 건수가 6건 이상이라고 바꾸면 어떻게 될까? 이 경우에, 밀도 그래프에서 파랑색 영역과 무채색 영역을 다시 생각해 보아야 한다. 귀무가설이 '~보다 크거나 같다'는 표현을 포함하므로, 파랑색 영역은 이제 왼쪽 꼬리가 되어야 한다. 왜냐하면 귀무가설에 반하는 표본을 나타내기 때문이다. 새로운 가설에 대해서 색칠을 새로이 하고, p-value를 구해보자.

R

```
temp = density(sampdist)
df = data.frame(temp$x, temp$y)
formula1 = df$temp.x>tstat
df1 = df[formula1,]
plot(df, col = "red", type = "h")
points(df1, col = "green", type = "h")
pvalue = length(sampdist[sampdist<tstat])/
        (length(sampdist))

print(pvalue)

# [1] 0.9079
```

temp.y
0.0 0.2 0.4 0.6
4 5 6 7 8
temp.x

Python

```
points = sns.kdeplot(sampdist).get_lines()[0].
        get_data()
x = points[0]
y = points[1]

plt.fill_between(x,y, where = x < tstat,
   color = 'r')
plt.fill_between(x,y, where = x >= tstat, color = 'g')
plt.show()
pvalue = np.sum(sampdist < tstat) / len(sampdist)

print(pvalue)

0.9049
```

p−value가 0.05보다 훨씬 크기 때문에, 우리는 하루 평균 불만 건수가 6건 이상이라는 귀무가설을 기각하지 않는다. 위 두 검정은 *단측 검정(one−tailed tests)*이라고 부른다. 표본분포에서 한쪽 꼬리만을 보았으므로 논리적이다. 만약 귀무가설이 '이하'라는 말을 포함하면 우측 검정을, '이상' 이라는 말을 포함하는 좌측 검정을 수행해서 p−value를 구한다.

귀무가설이 '하루 평균 불만 건수가 정확하게 6이다'라면 어떻게 해야 할까? 이럴 땐 p−value를 어떻게 구할 수 있을까? 표본분포를 그려보고 통계 검정 값을 구해보자.

R

```
plot(density(sampdist))
abline(v = 6, col = "blue")
abline(v = tstat, col = "pink")
```

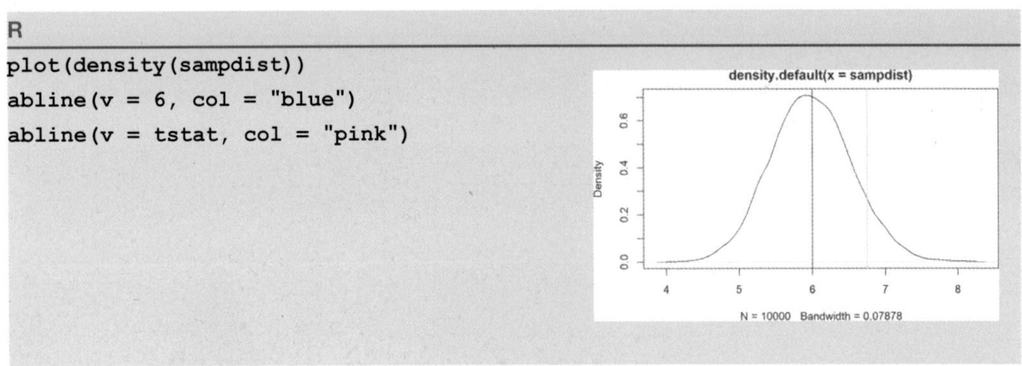

Python

```
sns.kdeplot(sampdist)
plt.axvline(6, color = 'b')
plt.axvline(tstat, color = 'r')
plt.show()
```

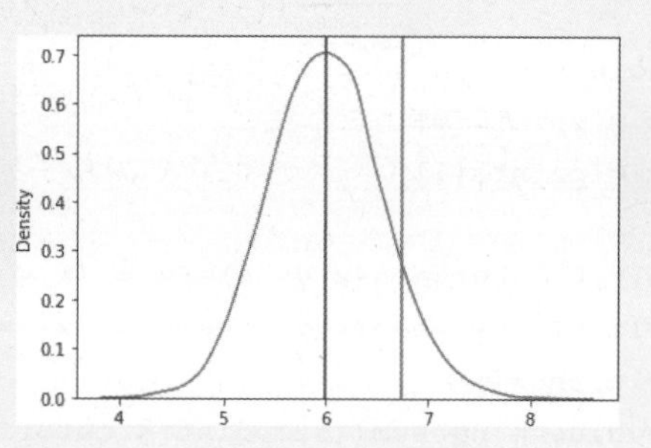

이 경우 파랑색 영역은 어디에 위치하는가? 이에 대한 설명은 다음과 같다. 귀무가설과 *tstat* 간의 차이는 6.75−6=0.75이다. 이 차이보다 귀무가설과 큰 차이를 보이는 표본은 표본 통계보다 심각하다. 이 예에서, 평균이 귀무가설에서 0.75 이상 벗어나는 모든 표본은 어느 방향이든, 제시된 가설에 반하는 증거를 제공한다. 따라서 이러한 표본들은 파랑색으로 색칠되어야 한다. 이러한 논리를 사용하여 표본 분포에 색칠하고 p−값을 계산해 보자. 또한, 표본분포의 평균이 가정된 값임에 주목해야 한다. 이는 표본분포가 가정된 값을 기초로 만들어졌기 때문이다.

R

```
hyp = mean(sampdist)
cutoff1 = hyp - abs(tstat-hyp)
cutoff2 = hyp + abs(tstat-hyp)
temp = density(sampdist)
df = data.frame(temp$x, temp$y)
formula1 = df$temp.x<cutoff1 | df$temp.x>cutoff2
df1 = df[formula1,]
plot(df, col = "green", type = "h")
points(df1, col = "red", type = "h")
pvalue = length(sampdist[sampdist<cutoff1 | sampdist>cutoff2])/
        (length(sampdist))
print(pvalue)

[1] 0.1583
```

Python

```
hyp = np.mean(sampdist)
cutoff1 = hyp - np.abs(hyp - tstat)
cutoff2 = hyp + np.abs(hyp - tstat)
```

```
points = sns.kdeplot(sampdist).get_lines()[0].get_data()
x = points[0]
y = points[1]

plt.fill_between(x,y, where = (x < cutoff1) | (x > cutoff2), color = 'r')
plt.fill_between(x,y, where = (x >= cutoff1) & (x <= cutoff2), color = 'g')
plt.show()
pvalue = np.sum((sampdist < cutoff1) | (sampdist > cutoff2)) / len(sampdist)

print(pvalue)
0.1744
```

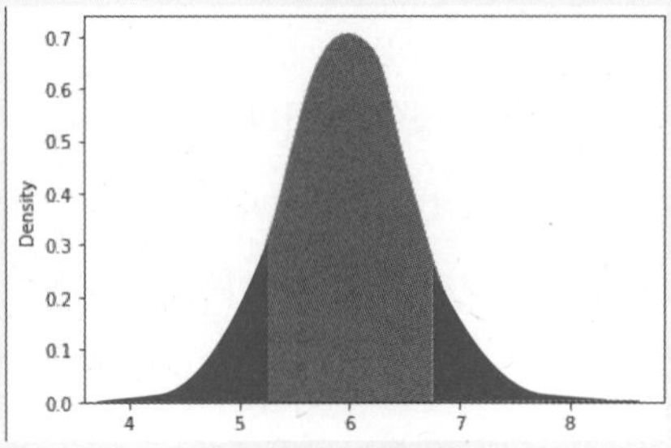

양측 검정에서도 귀무가설을 기각하지 못한다. 평균이 6 이하라는 가설도, 6 이상이라는 가설도 6이라는 가설도 모두 기각되지 않는다. 이 모든 가능성을 다 기각하지 않는다는 게 어떻게 말이 될까? 이처럼 세 개의 가설 중 어느 하나도 기각되지 않는 것은 우리가 가지고 있는 표본에 충분한 정보가 없어서 더 정확한 결론을 내릴 수 없기 때문이다. 그렇다면 해결책은 표본 크기를 늘리거나 가설을 조율하는 것이다.

P-value 산출 함수 만들기

어쩌면 여러분은 이미 p-value를 구하는 데 표본분포와 통계량 두 가지만 필요하다는 걸 눈치 챘을 것이다. P-value를 계산하는 과정은 이 두 가지 입력 값에만 의존한다. 이는 우리가 수행하고자 하는 모든 통계 검정에 적용된다. 따라서, 미래에 통계 검정을 수행할 때 재사용할 수 있도록 p-value 산출 함수를 만드는 것은 매우 합리적일 것이다.

R

```
p_rtail = function(sampdist,tstat)
  {
  temp = density(sampdist)
```

```
  df = data.frame(temp$x, temp$y)
  formula1 = df$temp.x<tstat
  df1 = df[formula1,]
  plot(df, col = "red", type = "h")
  points(df1, col = "green", type = "h")
  pvalue = length(sampdist[sampdist>tstat])/(length(sampdist))
  return(pvalue)
  }

p_ltail = function(sampdist,tstat)
  {
  temp = density(sampdist)
  df = data.frame(temp$x, temp$y)
  formula1 = df$temp.x>tstat
  df1 = df[formula1,]
  plot(df, col = "red", type = "h")
  points(df1, col = "green", type = "h")
  pvalue = length(sampdist[sampdist<tstat])/(length(sampdist))
  return(pvalue)
  }

p_2tail = function(sampdist,tstat)
  {
hyp = mean(sampdist)
cutoff1 = hyp - abs(tstat-hyp)
  cutoff2 = hyp + abs(tstat-hyp)
  temp = density(sampdist)
  df = data.frame(temp$x, temp$y)
  formula1 = df$temp.x<cutoff1 | df$temp.x>cutoff2
  df1 = df[formula1,]
  plot(df, col = "green", type = "h")
  points(df1, col = "red", type = "h")
  pvalue = length(sampdist[sampdist<cutoff1 | sampdist>cutoff2])/
          (length(sampdist))
  return(pvalue)
  }
```

Python

```
def p_rtail(sampdist,tstat):
    points = sns.kdeplot(sampdist).get_lines()[0].get_data() # get x and
            y values from plot
    x = points[0]
    y = points[1]
```

```
    plt.fill_between(x,y, where = x > tstat, color = 'r')
    plt.fill_between(x,y, where = x <= tstat, color = 'g')
    plt.show()

    pvalue = np.sum(sampdist < tstat) / len(sampdist)
    return pvalue
def p_ltail(sampdist,tstat):
    points = sns.kdeplot(sampdist).get_lines()[0].get_data()
    x = points[0]
    y = points[1]

    plt.fill_between(x,y, where = x < tstat, color = 'r')
    plt.fill_between(x,y, where = x >= tstat, color = 'g')
    plt.show()

    pvalue = np.sum(sampdist > tstat) / len(sampdist)
    return pvalue
def p_2tail(sampdist,tstat):
    points = sns.kdeplot(sampdist).get_lines()[0].get_data()
    x = points[0]
    y = points[1]

     plt.fill_between(x,y, where = (x < cutoff1) | (x > cutoff2), color = 'r')
     plt.fill_between(x,y, where = (x >= cutoff1) & (x <= cutoff2), color = 'g')
    plt.show()

    pvalue = np.sum((sampdist < cutoff1) | (sampdist > cutoff2)) / len(sampdist)
    return pvalue
```

심판이 되어 보기

앞서 언급했듯이, 통용되는 p-value의 기준은 0.05이다. 하지만, 단순히 통용되는 기준으로 무조건적으로 따를 필요는 없으며, 어떠한 문제인지 파악하고 그 문맥을 고려해야 한다. 귀무가설을 기각한다는 것은 무엇을 의미할까? 예를 들어, 누군가의 유죄를 판단하는 것이 장기 징역 심지어 죽음에 이를 수 있다면 p-value의 기준점을 매우 낮게 잡아야 할 것이다.

신뢰 구간

때때로 우리는 검정을 할 명시적인 가설이 없을 수도 있다. 대신에 다음과 같은 표본 데이터가 있을 수 있다.

Observed number of complaints = (4, 3, 5, 13, 7, 10, 9, 9, 3, 6, 4, 3, 7, 10, 7, 6, 7, 8, 7, 7)

이 표본을 가지고 모집단에 대한 합리적인 주장을 하고 싶다. 이를 위해 표본분포를 만들고 이를 위해서는 모집단에 대한 설명이 필요하다. 가설이 없는데 모집단을 어떻게 설명할 수 있을까? 단순히 표본이 모집단을 '대표'한다고 가정할 것이다. 표본이 모집단에서 무작위로 추출되었다면 합리적인 가정이다. 위 예시에서, 모집단의 평균은 표본의 평균과 같다고 가정할 것이다. 이렇게 결정하고 나면, 표본분포를 만들 수 있다.

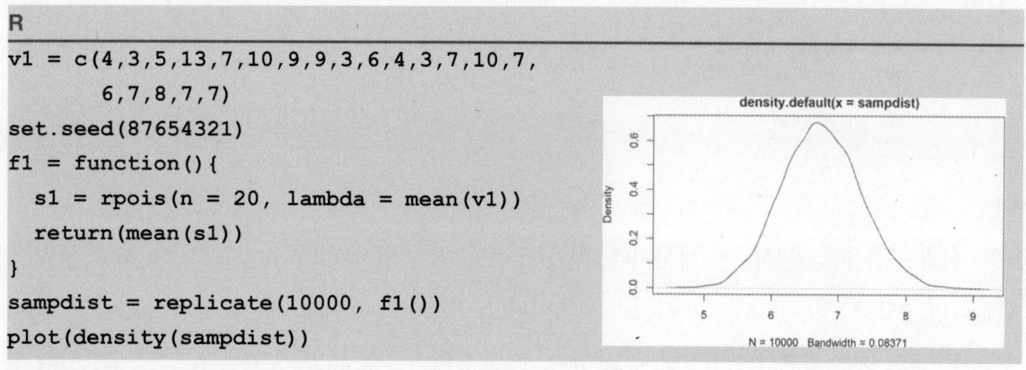

R

```
v1 = c(4,3,5,13,7,10,9,9,3,6,4,3,7,10,7,
       6,7,8,7,7)
set.seed(87654321)
f1 = function(){
  s1 = rpois(n = 20, lambda = mean(v1))
  return(mean(s1))
}
sampdist = replicate(10000, f1())
plot(density(sampdist))
```


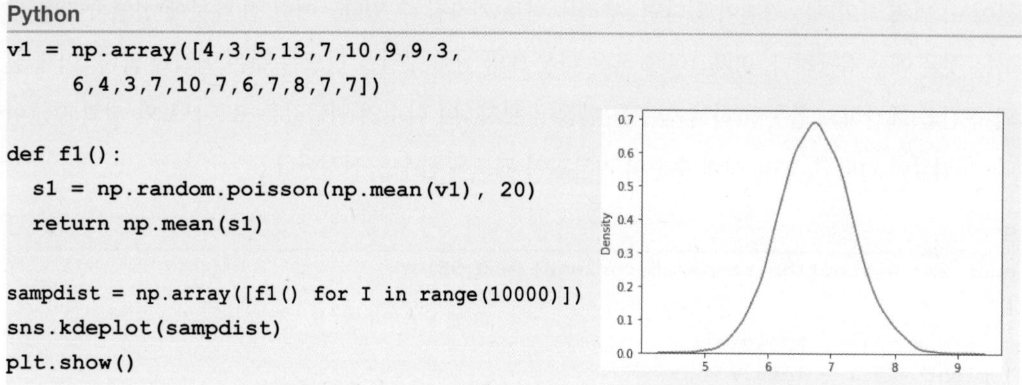

Python

```
v1 = np.array([4,3,5,13,7,10,9,9,3,
     6,4,3,7,10,7,6,7,8,7,7])

def f1():
  s1 = np.random.poisson(np.mean(v1), 20)
  return np.mean(s1)

sampdist = np.array([f1() for I in range(10000)])
sns.kdeplot(sampdist)
plt.show()
```


표본분포가 있으면, 신뢰 구간을 계산할 수 있다. 다음 코드는 95% 신뢰 구간을 계산한다.

R

```
q1 = quantile(sampdist, c(.05/2,1-(.05/2)))
plot(density(sampdist))
abline(v = q1, col = "red")
output = paste0("[",q1[1],",",q1[2],"]")
print(output)

[1] "[5.6,7.9]"
```

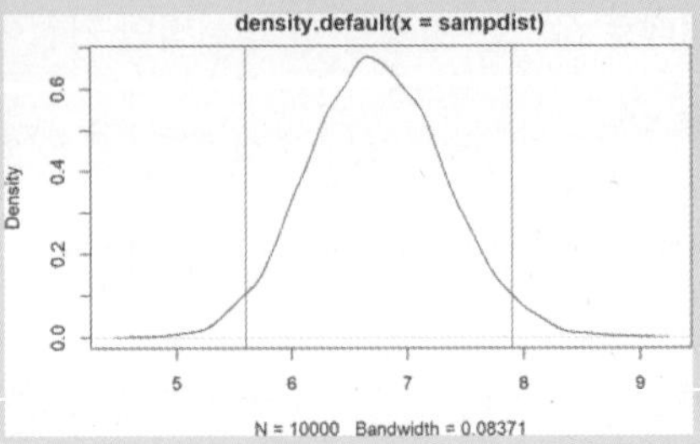

Python

```
q1 = np.quantile(sampdist, [.05/2, 1-(.05/2)])
sns.kdeplot(sampdist)
plt.axvline(q1[0], color = 'r')
plt.axvline(q1[1], color = 'r')
plt.show()1
ouput = "[" + str(q1[0]) + "," + str(q1[1]) + "]"
print(ouput)

"[5.65,7.95]"
```

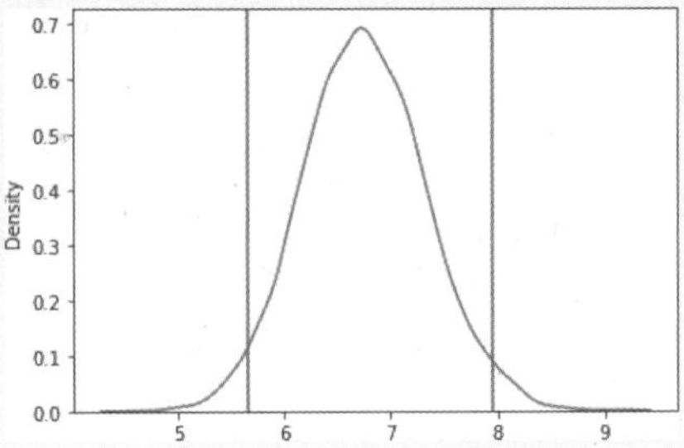

95% 신뢰 구간은 5.6에서 7.9 사이이다. 무슨 의미일까? 만약 우리가 표본을 추출해서 평균을 계산한다면, 95%의 경우 5.6과 7.9 사이라는 의미이다. 표본이 대표적이라면, 모집단의 평균이 5.6과 7.9 사이라고 95% 확신있다고 말할 수도 있다. 95% 신뢰 구간은 [5.6, 7.9]이다. 만약 모집단의 평균이 이 범위 밖이라는 가설이 있다면, 우리는 바로 기각할 수 있다. 이런 점 때문에 신뢰 구간을 구하는 것은 매우 유용하다. 90% , 99% 혹은 다른 %의 신뢰 구간을 만드는 것은 어렵지 않다. 이제 신뢰 구간을 계산하고 플롯팅 하는 함수를 만들어 보자. 이 함수의 입력값은 표본분포와 신뢰 수준이다. 입력값이 없다면, 95% 신뢰 수준이 기본값이 되도록 함수를 설정한다.

R

```
conf_int = function(sampdist,conlevel = 0.95)
{
  left_v = (1 - conlevel)/2
  right_v = 1 - left_v
  q1 = quantile(sampdist,c(left_v,right_v))
  plot(density(sampdist))
  abline(v = q1, col = "red")
  output = paste0("[",q1[1],",",q1[2],"]")
  return(output)
}
```

Python

```
def conf_int(sampdist, conlevel = 0.95):
  left_v = (1-conlevel)/2
  right_v = 1-left_v
  q1 = np.quantile(sampdist, [left_v, right_v])
  sns.kdeplot(sampdist)
  plt.axvline(q1[0], color = 'r')
  plt.axvline(q1[1], color = 'r')
  plt.show()
  output = "[" + str(q1[0]) + "," + str(q1[1]) + "]"
  return output
```

99% 신뢰구간을 구하는 함수를 사용해 보자.

R

```
conf_int(sampdist,0.99)

[1] "[5.3,8.25024999999996]"
```

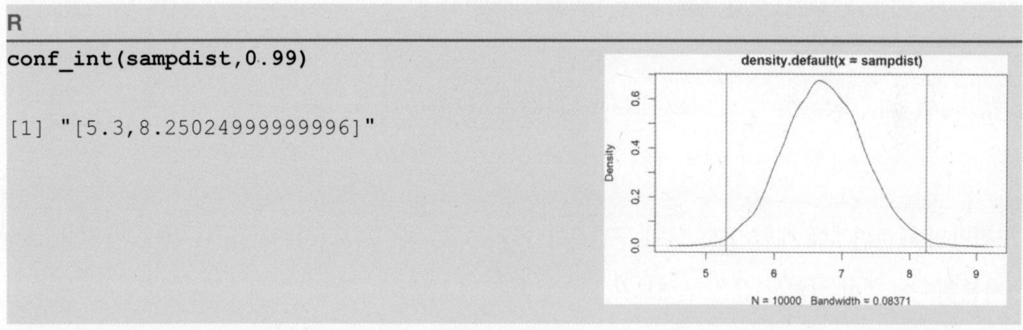

Python

```
conf_int(sampdist, 0.99)

'[5.3,8.25]'
```

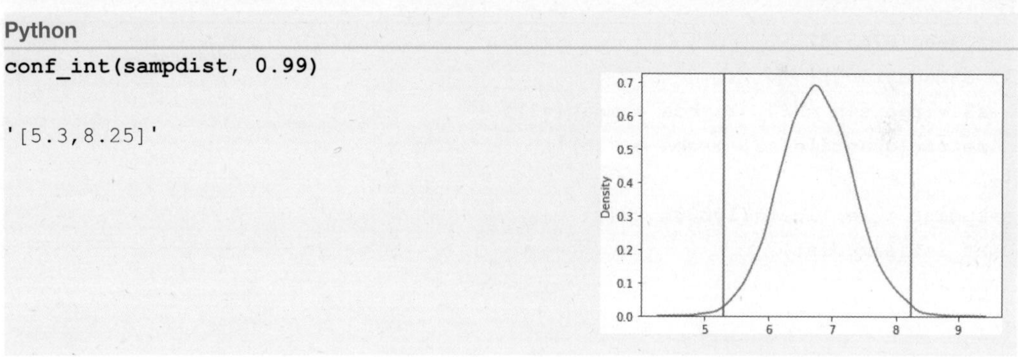

유사하게 다른 통계량에 대해서도 신뢰 구간을 계산할 수 있다. 모집단의 표준편차에 대해 신뢰 구간을 구하고 싶다고 가정해 보자.

R

```
set.seed(87654321)
f2 = function(){
  s2 = rpois(n = 20, lambda = mean(v1))
```

```
  return(sd(s2))
}
sampdist = replicate(10000, f2())
conf_int(sampdist)

[1] "[1.75018795983084,3.43517981351968]"
```

Python

```
np.random.seed(87654321)
def f2():
    s2 = np.random.poisson(np.mean(v1), 20)
    return np.std(s2)
sampdist = np.array([f2() for I in range(10000)])
conf_int(sampdist)

'[1.7168284713389397,3.3705618366707637]'
```

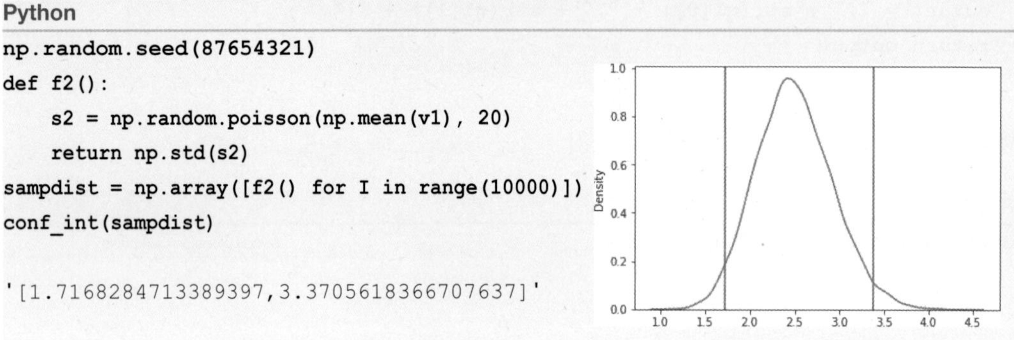

모집단의 표준편차에 대한 95% 신뢰 구간은 1.75과 3.44 사이라고 결론지을 수 있다. 마지막으로, 3사분위수에 대한 신뢰 구간을 구해보자.

R

```
set.seed(87654321)
f3 = function(){
  s3 = rpois(n = 20, lambda = mean(v1))
  return(quantile(s3, probs = .75))
}
sampdist = replicate(10000, f3())
conf_int(sampdist)

[1] "[7,10]"
```

Python

```
np.random.seed(87654321)
def f3():
  s3 = np.random.poisson(np.mean(v1), 20)
  return np.quantile(s3, .75)
sampdist = np.array([f3() for I in range(10000)])
conf_int(sampdist)

'[7.0,10.0]'
```

모집단의 3사분위수에 대한 95% 신뢰 구간은 7과 10 사이라고 결론지을 수 있다.

이번 챕터에서는 통계 검정 수행에 대해 다루었다. 표본분포를 만들고 p-value를 계산하는 코드는 향후 통계 검정을 수행할 때 사용할 수 있다. 다음 챕터에서는 이번 챕터에서 배운 개념을 활용해서 다양한 검정을 수행해 볼 것이다.

사용 사례: 프로덕트 데이터에서 이상치 탐지하기

위에서 논의한 것과 같이 표본이 모집단에서 나올 가능성을 검정하는 것은 매우 유용한 확률의 활용이다. 같은 도구를 사용하여 표본이 관측에서 이상치인지 여부를 나타낼 수도 있으며, 이를 이상치 탐지라고 한다. 이상치 탐지는 제조 공정에서 중요하며, 요구되는 허용 한계를 벗어나는 구성 요소를 감지하는 데 사용될 수 있다. 또한 핀테크에서 사기 거래를 식별하는 데 중요하게 사용될 수 있으며, 비즈니스에서 여러 용도로 활용된다.

위에서 소개한 도구를 사용하여 데이트셋에서 이상치를 식별하고, 식별된 이상치를 비즈니스 분석가 또는 관리자로서 이상치가 허용 가능한지 또는 유익한지 여부를 결정해야 한다.

보스턴 에어비앤비 이상치

보스턴 Airbnb 오픈 데이터는 Airbnb를 통해 광고되고 임대된 다양한 속성의 목록, 평점 등을 포함하고 있다. 이 데이터를 통해 제공되는 다양한 속성에 대한 이상치를 조사하여 Airbnb 제공에 도움이 될 수 있는지 여부를 판단할 수 있다. 다음은 보스턴에서 Airbnb가 제공하는 다양한 속성 유형의 가격분포를 보여주고 있다. (데이터 분석을 위해 사전에 데이터를 정리하는 과정은 필요하다.)

R

```
df = read_excel("listings - wrangled.xlsx")
ggplot(df,aes(x = price,y=property_type)) +
  geom_boxplot(col = "violet", fill = "lightblue", size = 1) +
  theme_light()
```

Python

```
plt.figure(figsize=(15,10))
plt.title('AirBnB Boston: Distribution of Apartment Prices')

sns.boxplot(y='price', x='property_type',data=df)
plt.xticks(rotation=90)
plt.ylabel('Price ($)')
```

```
plt.show()
```

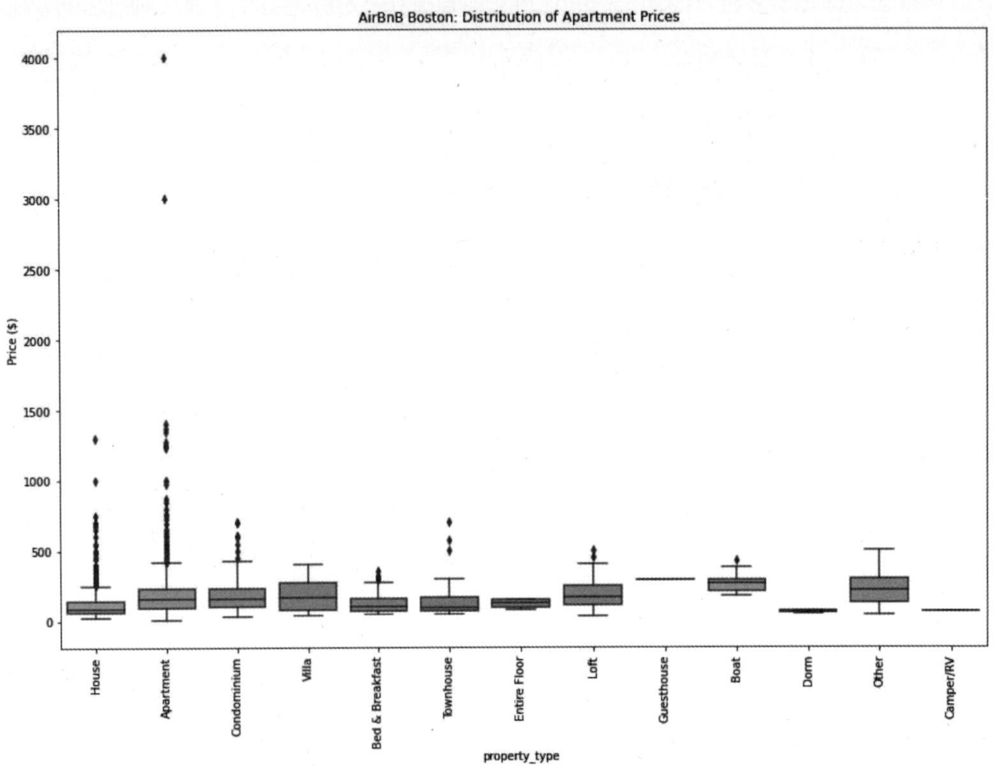

그림 7.7 보스턴 에어비앤비 아파트 가격 분포

다양한 카테고리에서 이상치를 발견할 수 있는데, 특히 중앙값이 $159인 아파트 카테고리에서 약 $4,000의 아파트를 볼 수 있다. 이처럼 보스턴에서는 임대된 매우 비싼 아파트가 분명히 존재한다. 아파트 가격을 좀 더 살펴보기 위해 가격을 50개의 bin으로 나누고 열 차트(column chart)를 이용하여 시각적으로 분포를 나타내 보자. $1,000 이상의 모든 이상치는 제외시켰음을 유의하자.

R

```
hist(df$price[df$price<1000],breaks=50,
     main = "AirBnB Boston Distribution of Apartment Prices",
     xlab = "Price")
```

Python

```
plt.figure(figsize=(10,7))
plt.title('AirBnB Boston: Distribution of Apartment Prices')
plt.hist(df_apart['price'], bins=50)
```

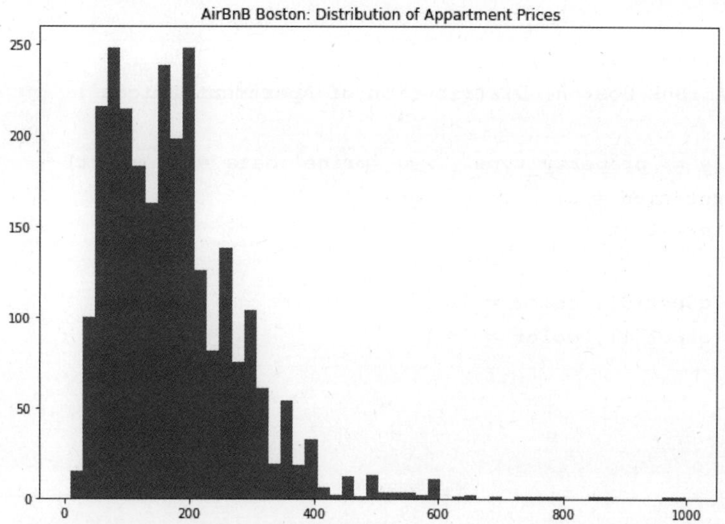

앞서 배운 신뢰 구간 함수 **conf_int**를 적용하여 95% 신뢰 구간을 그려보자.

R
```
conf_int(df$price[df$price<1000])
```

Python
```
q5pct = conf_int(df_apart['price'])
```

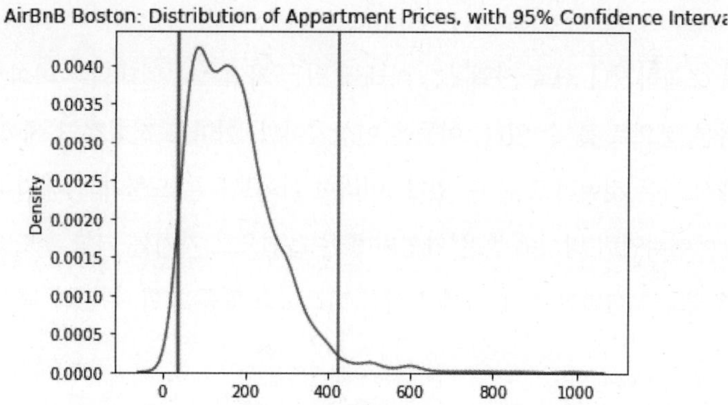

분포를 상자그림으로 표현하면 이상치를 더 확실하게 볼 수 있다.

R
```
qvalues = quantile(df[df$price<1000,]$price,c(0.05/2,1-0.05/2))
ggplot(df[df$price<1000,],aes(x = price)) + geom_boxplot(col = "violet",
      fill = "lightblue", size = 1) + theme_light() + geom_vline(xintercept =
      qvalues,col = "red")
```

Python
```
plt.figure(figsize = (15,5))
plt.title('AirBnB Boston: Distribution of Apartment Prices')

sns.boxplot(y = 'property_type', x = 'price',data = df_apart)
plt.xticks(rotation = 0)
plt.ylabel('Price ($)')

plt.axvline(q5pct[0], color = 'r')
plt.axvline(q5pct[1], color = 'r')

plt.show()
```

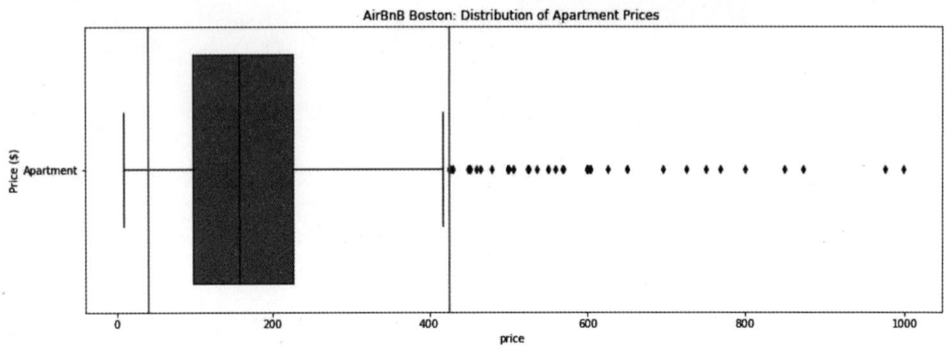

그림 7.8 보스턴 에어비앤비 아파트 가격 분포 상자그림

우측 신뢰 구간을 초과하거나 좌측 신뢰구간 아래에 있는 가격으로 임대되는 아파트는 대부분의 아파트와는 크게 다른 것으로 볼 수 있다. 이들은 이상치이며, 아마도 전형적인 에어비앤비 임대물과는 다른 모집단에서 나온 것이라고 볼 수 있다. 이러한 아파트들은 드물게 임대되며, 플랫폼에 부담이 될 수도 있다. 에어비앤비 명성에 혹은 가성비 좋은 옵션으로 가치를 더할 수도 있다. 통계적으로 이러한 매우 다른 숙소를 식별한 후에 이제 적절한 비즈니스 활동을 할 수 있게 되었다.

요약

이번 챕터에서는 통계 검정 수행에 대해 다루었다. 표본분포를 만들고 p-value를 계산하는 코드는 향후 통계 검정을 수행할 때 사용할 수 있다. 다음 챕터에서는 이번 챕터에서 배운 개념을 활용해서 다양한 검정을 수행할 것이다.

연습문제

연습문제를 수행하기 위해 다음 링크에서 제공하는 데이터셋을 다운받아야 한다. https://study.sagepub.com/gopal

Health.csv 파일을 불러오자.

1 변수 **ofp**(환자별 방문 횟수)에 대하여 다음 검정을 수행하시오.
   a 오피스 방문 횟수가 5 이하일 때
   b 오피스 방문 횟수가 6 이상일 때
   c 오피스 방문 횟수가 5.5일 때

2 *faminc*(가족 수입) 평균에 대해 95% 신뢰 구간을 설정하자. 그것으로 어떤 결론을 낼 수 있는가?

3 이번에는 가족 수입의 중앙값에 대한 신뢰 구간을 구하는 것으로 연습문제 2를 반복하시오.

4 주어진 데이터로 **age** 중앙값에 대해 90% 신뢰 구간이 어떻게 되는지 계산하시오.

8

통계 검정

목차

통계 검정은 데이터에 대한 가정을 세우고, 그 가정을 기각할지 기각하지 않을지를 결정하는 과정이다. 통계 검정은 데이터에 대한 심도 있는 이해를 돕는 방법으로 연구나 비즈니스 환경에서 자주 사용된다. 이런 검정 덕분에 우리는 데이터에 대한 질문에 답하고, 그에 따라 의사 결정에 도움을 줄 수도 있다. 통계적 가설 검정은 인구 통계학 연구, 약물 유효성 검증 및 부작용 발견, 공정 제어 및 일반적으로 우리가 관심을 가지는 모집단에 대한 통계적인 질문에 답하려는 모든 경우에 사용된다. 급속한 기술적 변화 덕분에 한 때 어려웠고 비용이 많이 들었던 통계 검정은 이제 대부분의 사람들에게 접근 가능하며, 특히 이 분야에 경험이 풍부한 전문가를 찾는 기업들에게 매우 도움이 된다. 이번 챕터에서는 이전 챕터에서 논의한 원칙을 기반으로 하는 여러 통계 검정을 수행할 것이다. 어떤 통계 검정을 수행하든 상관없이 기초 절차는 같다는 점은 항상 유의하자. 몇 번의 실습을 통해 검정을 수행하는 것이 꽤 간단하게 느껴질 것이다. 원칙을 기반으로 통계 검정을 수행하는 데 집중하면, 이를 통해 심도 있는 이해를 할 수 있을 것이다. 또한 이를 수행하기 위한 R과 Python 함수에 대해서 알아볼 것이다. 이번 챕터에서는 먼저 수치 데이터에 대해서 통계 검정을 진행할 것이다. 모든 테스트에서 유의 수준을 0.05로 가정한다.

연속 데이터 통계 검정

세 가지 변수 데이터가 있는 admission.csv 파일을 불러오자. **GMAT**과 **GPA**, **De** 변수는 각각 Graduate Management Aptitude Test(GMAT)와 Grade Point Average(GPA) 점수, 입학심사 결정(Admission Decision)을 나타낸다.

평균

모집단의 GMAT 평균이 510이라는 가설을 검정해 보자. 이전 챕터에서 배운대로 가설 검정을 해보자.

Step 1: 귀무가설 세우기

모집단의 GMAT 평균은 510점이다.

Step 2:

GMAT 점수는 수치 데이터이므로 μ는 510인 $N(\mu, \sigma)$를 따른다고 가정할 것이다.

σ는 어떠한가? σ에 대한 명시적인 정보가 없기 때문에 표본 표준편차를 사용하기로 한다.

Step 3: 표본분포는 다음과 같이 만들 수 있다.

R
```
set.seed(87654321)
sampsize = nrow(admission)
f1 = function(){
  s1 = rnorm(sampsize, mean = 510, sd = sd(admission$GMAT))
  return(mean(s1))
}
sampdist = replicate(10000, f1())
```

Python
```
np.random.seed(87654321)
sampsize = len(admission)
def f1():
    s1 = np.random.normal(size = sampsize, loc = 510, scale = admission.
std()
        ['GMAT'])
    return np.mean(s1)
sampdist = [f1() for _ in range(10000)]
```

Step 4: 표본 통계량을 구해보자.

지난 챕터에서 만든 함수를 불러와서 p−value를 구하고 그래프를 그려보자.

R
```
tstat = mean(admission$GMAT)
p_2tail(sampdist,tstat)
```

```
[1] 0.0161
```

Python
```
tstat = admission.mean()['GMAT']
p_2tail(sampdist,tstat)
```

```
0.014
```

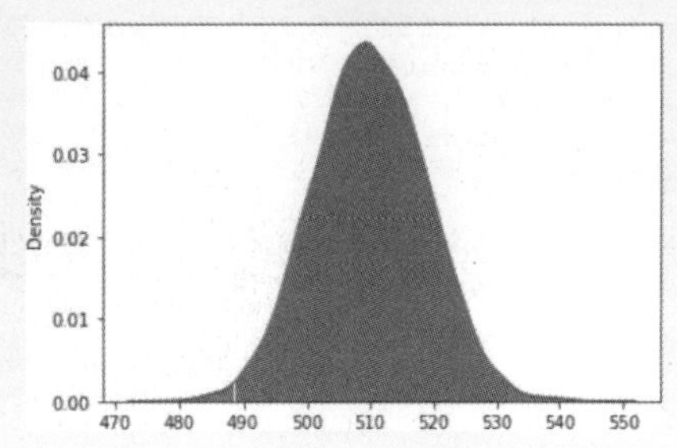

유의 수준 α = 0.05라고 가정하고, p-value는 0.0161이기 때문에 모집단의 GMAT 평균이 510이라는 가설을 기각할 수 있다.

표준편차

모집단의 표준편차가 78이라는 귀무가설을 세운다.

Step 1: 귀무가설 세우기

모집단의 표준편차는 78이다.

Step 2: GMAT 점수는 수치 데이터이므로, μ는 78인 $N(\mu, \sigma)$를 따른다고 가정할 것이다. 여기서 σ는 표본에서 가져온다.

Step 3: 표본분포를 생성하자.

표본분포는 다음과 같이 만들 수 있다.

R

```
set.seed(87654321)
sampsize = nrow(admission)
f1 = function(){
  s1 = rnorm(sampsize, mean = mean(admission$GMAT), sd = 78)
  return(sd(s1))
}
sampdist = replicate(10000, f1())
```

Python

```
np.random.seed(87654321)
sampsize = len(admission)
def f1():
    mu = admission.mean()['GMAT']
    s1 = np.random.normal(size = sampsize, loc = mu, scale = 78)
    return np.std(s1)
sampdist = [f1() for _ in range(10000)]
```

Step 4: 표본 통계량을 구해보자.

지난 챕터에서 만든 함수를 불러와서 p-value를 구하고 그래프를 그려보자.

R

```
tstat = sd(admission$GMAT)
```

```
p_2tail(sampdist,tstat)
```

```
[1] 0.5249
```

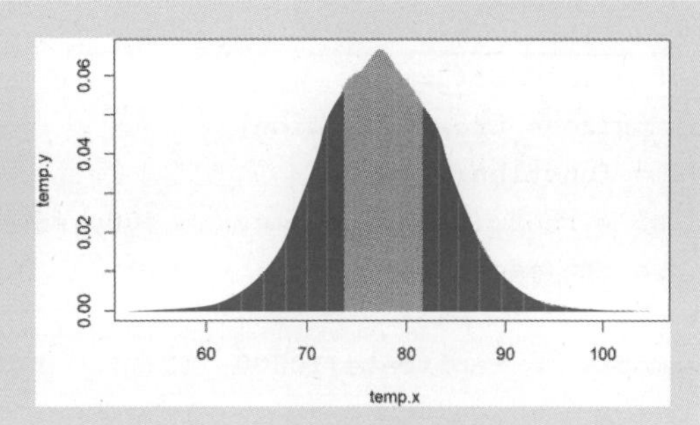

Python

```
tstat = admission.std()['GMAT']
p_2tail(sampdist,tstat)
```

```
0.4737
```

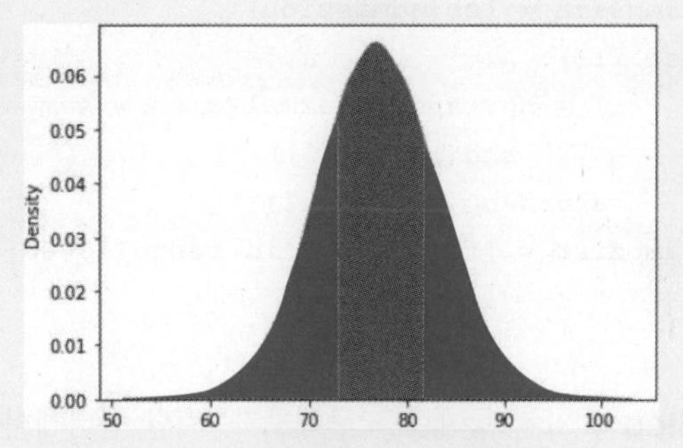

p-value는 유의 수준 0.05보다 훨씬 높으므로 모집단의 GMAT 표준편차가 78이라는 귀무가설을 기각할 수 없다.

중앙값

모집단의 중앙값이 500이라는 귀무가설을 세우자.

Step 1: 귀무가설 세우기

모집단의 중앙값은 500이다.

Step 2:

GMAT 점수는 수치 데이터이므로, $N(\mu, \sigma)$를 따른다고 가정하자. 표준분포는 언제나 평균에 대하여 대칭이므로, 중앙값은 평균과 같다. 따라서 $\mu = \sigma$ 이다.

Step 3:

표본분포는 다음과 같이 만들 수 있다.

R

```
set.seed(87654321)
sampsize = nrow(admission)
f1 = function(){
  s1 = rnorm(sampsize, mean = 500, sd = sd(admission$GMAT))
  return(median(s1))
}
sampdist = replicate(10000, f1())
```

Python

```
np.random.seed(87654321)
sampsize = len(admission)
def f1():
    s1 = np.random.normal(size = sampsize, loc = 500, scale = admission.
          std()['GMAT'])
    return np.median(s1)
sampdist = [f1() for _ in range(10000)]
```

Step 4: 표본 통계량을 구해보자. 지난 챕터에서 만든 함수를 불러와서 p-value를 구하고 그래프를 그려보자.

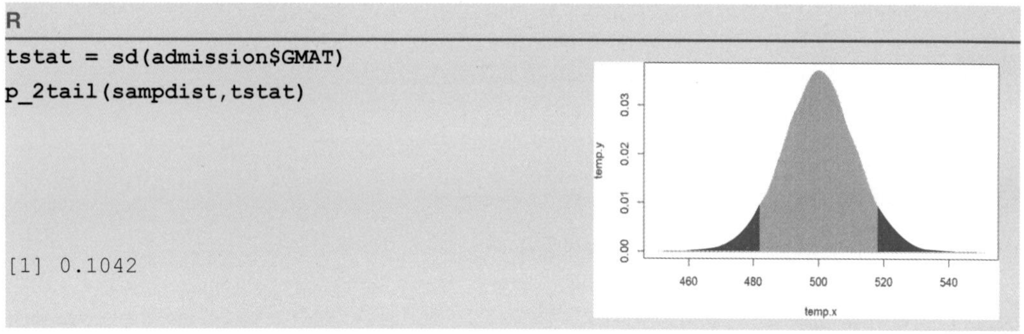

R

```
tstat = sd(admission$GMAT)
p_2tail(sampdist,tstat)

[1] 0.1042
```


Python

```
tstat = admission.median()['GMAT']
p_2tail(sampdist,tstat)

0.1043
```

p-value는 0.10보다 훨씬 높으므로 모집단의 GMAT 중앙값이 500이라는 귀무가설을 기각할 수 없다.

사분위수

모집단의 GMAT 3사분위수가 600이라는 귀무가설을 세워보자. 모집단 75%의 GMAT 점수가 600점 이하라는 가설과 동일하다. 우리가 가지고 있는 데이터를 기반으로 이 가설을 기각해야 할까? 아니면 기각하지 않아야 할까?

Step 1: 귀무가설 세우기

모집단 3사분위수의 GMAT 점수는 600점이다.

Step 2: 데이터 생성 과정과 모집단을 설명해 보자.

GMAT 점수는 수치 데이터이므로, $N(\mu, \sigma)$인 표준 정규분포에 따른다고 가정해 보자. 3사분위수가 600인 모집단을 설명하려면 μ와 σ 값은 무엇이어야 할까? (표준 정규분포에서 평균은 0, 표준편차는 1이라는 사실을 기억하면서) 우선 3사분위수를 구해보자.

R

```
qnorm(0.75)

[1] 0.6744898
```

Python

```
norm.ppf(0.75)

0.6744897501960817
```

위 결과로부터, 3사분위수가 600인 표준분포에 평균과 표준편차가 다음 조건을 반드시 만족시킴을 알 수 있다.

$$\frac{600-\mu}{\sigma} = 0.6744898$$

식을 정리하면,

$$\mu + 0.6744898\sigma = 600$$

이제 표본으로부터 μ나 σ 중 하나를 선택하여 나머지 하나를 계산할 수 있다. 다음은 모집단의 3사분위수가 600인 표본 표준분포의 μ를 계산하는 식이다.

R

```
newm = 600-(qnorm(0.75)*sd(admission$GMAT))
print(newm)

[1] 545.014

qnorm(p = 0.75,mean = newm,sd = sd(admission$GMAT))

[1] 600
```

Python

```
newm = 600 - (norm.ppf(0.75) * admission.std()['GMAT'])
print(newm)

545.0140127979766

norm.ppf(q = 0.75, loc = newm, scale = admission.std()['GMAT'])

600.0
```

Step 3: 표본분포를 생성하자.

표본분포는 다음과 같이 만들 수 있다.

R

```
set.seed(87654321)
sampsize = nrow(admission)
f1 = function(){
  s1 = rnorm(sampsize, mean = newm, sd = sd(admission$GMAT))
  return(quantile(s1, probs = .75))
}
sampdist = replicate(10000, f1())
```

Python

```
np.random.seed(87654321)
sampsize = len(admission)
def f1():
    s1 = np.random.normal(size = sampsize, loc = newm, scale = admission.
std()
        ['GMAT'])
```

```
    return np.quantile(s1, 0.75)
sampdist = [f1() for _ in range(10000)]
```

Step 4: 표본 통계량을 구해보자. 지난 챕터에서 만든 함수를 불러와서 p-value를 구하고 그래프를 그려보자.

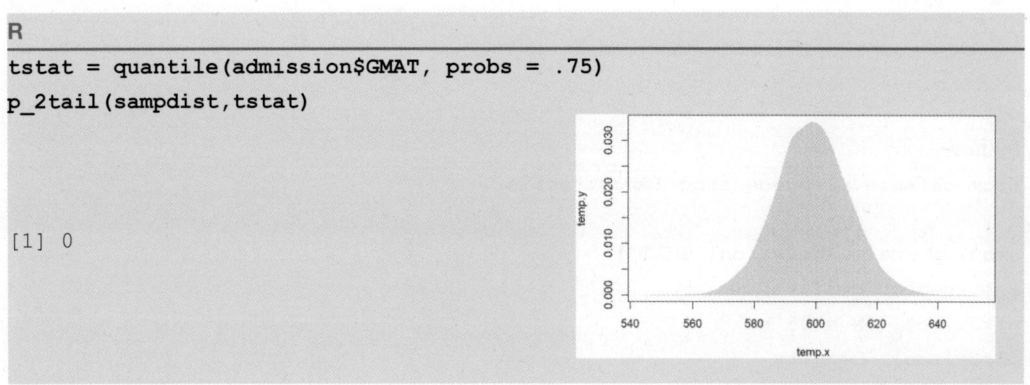

R

```
tstat = quantile(admission$GMAT, probs = .75)
p_2tail(sampdist,tstat)
```

```
[1] 0
```


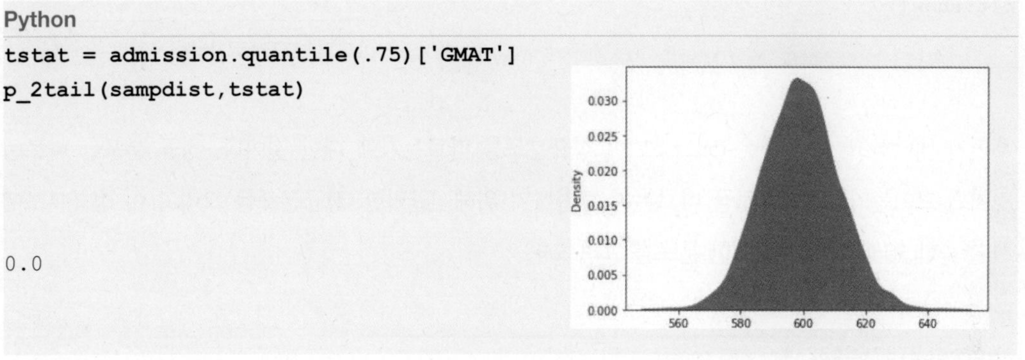

Python

```
tstat = admission.quantile(.75)['GMAT']
p_2tail(sampdist,tstat)
```

```
0.0
```


p-value이 거의 0에 가까우므로 우리는 귀무가설을 기각할 수 있다.

정규성 검정

모집단의 GMAT 분포가 정규성을 띄는지 검정해 보자. 데이터를 다룰 때 좋은 전처리 방법은 데이터를 표준화하는 것이다. 이러한 표준화는 기존 데이터를 새로운 평균 0에 가깝게 집중시키고, 데이터 범위를 0과 1 사이 혹은 −1과 1 사이로 변환할 수 있다. 이렇게 하면 데이터를 일관성 있게 표현할 수 있어서 데이터들 간 비교가 수월하여 일반적인 결론을 이끌 수 있다. 먼저 GMAT 점수를 표준화하고 표본에 대한 분포를 시각화해 보자.

R

```
gmat1 = scale(admission$GMAT)
plot(density(gmat1))
```

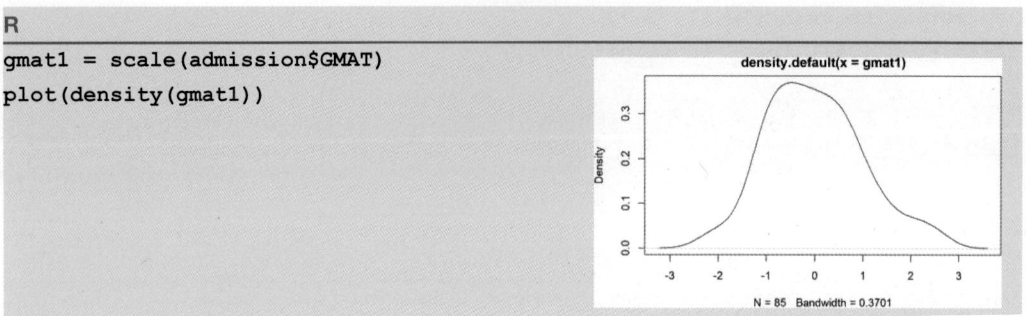

Python

```
from sklearn.preprocessing import scale

gmat1 = scale(admission['GMAT'])
sns.kdeplot(gmat1)
plt.xlabel('N = 85')
plt.ylabel('Density')
plt.title('density.default(x = gmat1)')
plt.show()
```

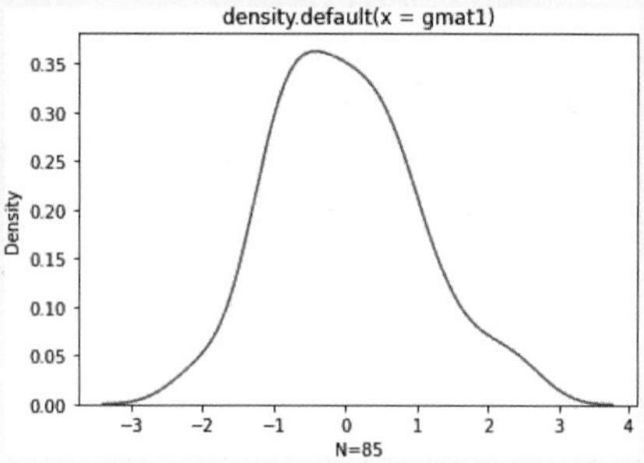

우리가 대답하고 싶은 것은 **gmart1** 이 정규분포를 따르는가에 대한 것이다. 정규 분포를 따르는 것처럼 보이는가? 정규분포를 따르는지 평가하기 위해, '완벽한' 정규분포를 그리고 이 정규분포에서 추출한 50개의 표본에 대한 분포를 그려보자.

R

```
set.seed(87654321)
curve(dnorm(x, mean = 0, sd = 1), from = -3,
      to = 3, col = "red")
s1 = rnorm(n = 50, mean = 0, sd = 1)
lines(density(s1), col = "blue")
```

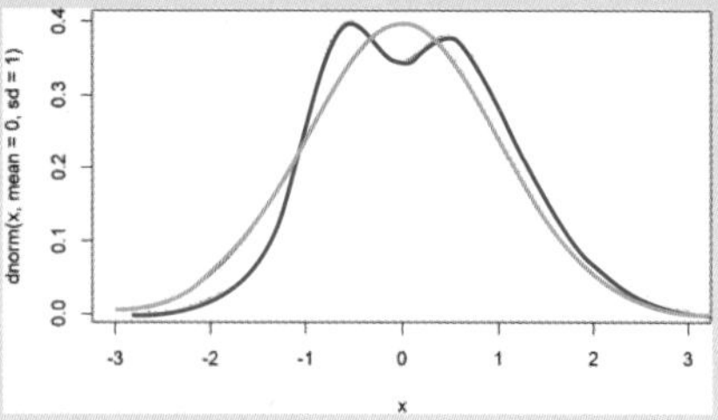

Python

```
np.random.seed(87654321)
x = np.linspace(-3, 3, 100)

fig, axs = plt.subplots(1, 1)
axs.plot(x, norm.pdf(x, loc = 0, scale = 1),
```

```
        color = 'r')
s1 = np.random.normal(size = 50, loc = 0,
     scale = 1)
sns.kdeplot(s1, color = 'b', ax = axs)
```

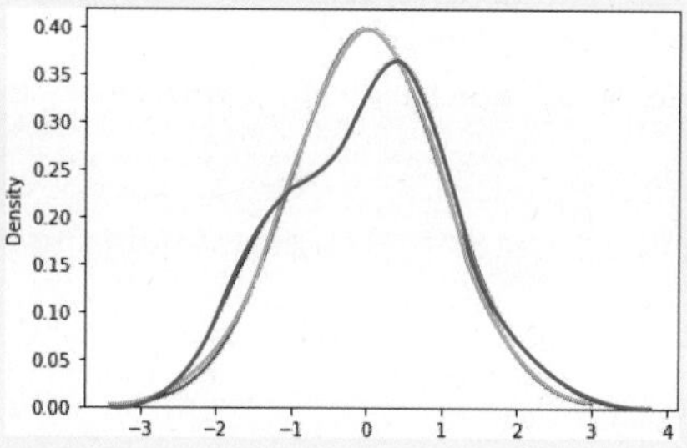

위의 그래프는 정규분포에서 표본을 추출하면 정확하게 정규분포를 이루지는 않지만, 정규분포에 가까운 분포를 이룬다는 것을 알 수 있다. 우리에게 필요한 것은 두 그래프가 얼마나 비슷한지를 측정하는 것이다. 얼마나 비슷한지를 측정하기 위해 다음과 같은 로직을 사용할 것이다.

몇 가지 다른 사분위수에서 정규분포의 사분위 값을 계산해 보고 이와 비슷하게, 같은 분위수 수준에서 표본으로부터 사분위수 값을 계산해 보자.

R

```
quantiles = seq(.1, .9, by = .1)
qvaluespop = qnorm(p = quantiles, mean = 0, sd = 1)
curve(dnorm(x, mean = 0, sd = 1), from = -3, to = 3, col = "red")
lines(density(s1), col = "blue")
abline(v = qvaluespop, col = "red")
qvaluessamp = quantile(x = s1, probs =
              quantiles)
abline(v = qvaluessamp, col = "blue")
```

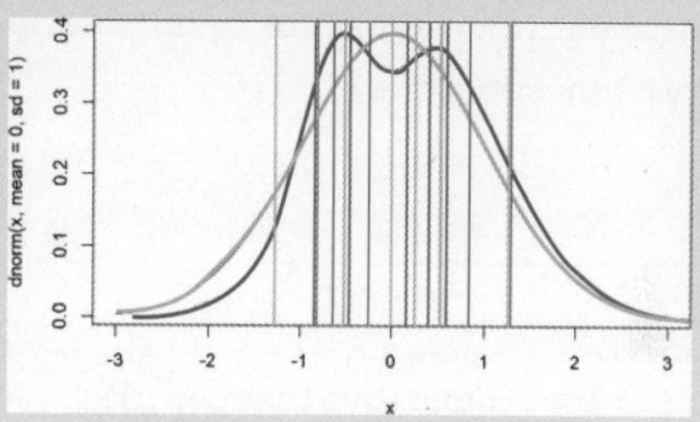

Python

```
quantiles = np.arange(0.1, 1, 0.1) # stop value "1" is excluded
qvaluespop = norm.ppf(quantiles,
  loc = 0, scale = 1)
plt.plot(x, norm.pdf(x, loc = 0,
  scale = 1), color = 'r')
sns.kdeplot(s1, color = 'b')
plt.vlines(x = qvaluespop, ymin=0,
  ymax = np.max(norm.pdf(x = qvaluespop,
  loc = 0, scale = 1)), color ='r',
  linewidth = 0.7)
qvaluessamp = np.quantile(s1, q = quantiles)
```

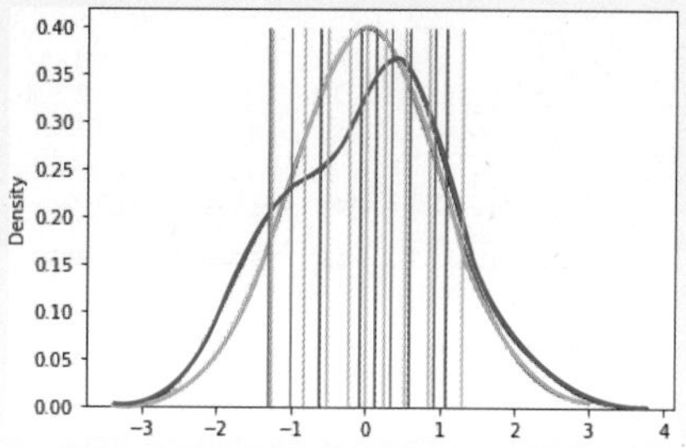

```
plt.vlines(x = qvaluessamp, ymin = 0, ymax = np.max (norm.pdf(x = norm.
ppf(quantiles, loc = 0, scale = 1),
loc = 0, scale = 1)), color = 'b', linewidth = 0.7)
```

만약 두 플롯이 일치한다면 파란색과 빨간색 선은 완벽하게 겹칠 것이다. 사분위수 값의 차이에 기반을 둔 측정값을 정의해 보자. 우리는 사분위값의 절대값 차이를 이용할 것이다.

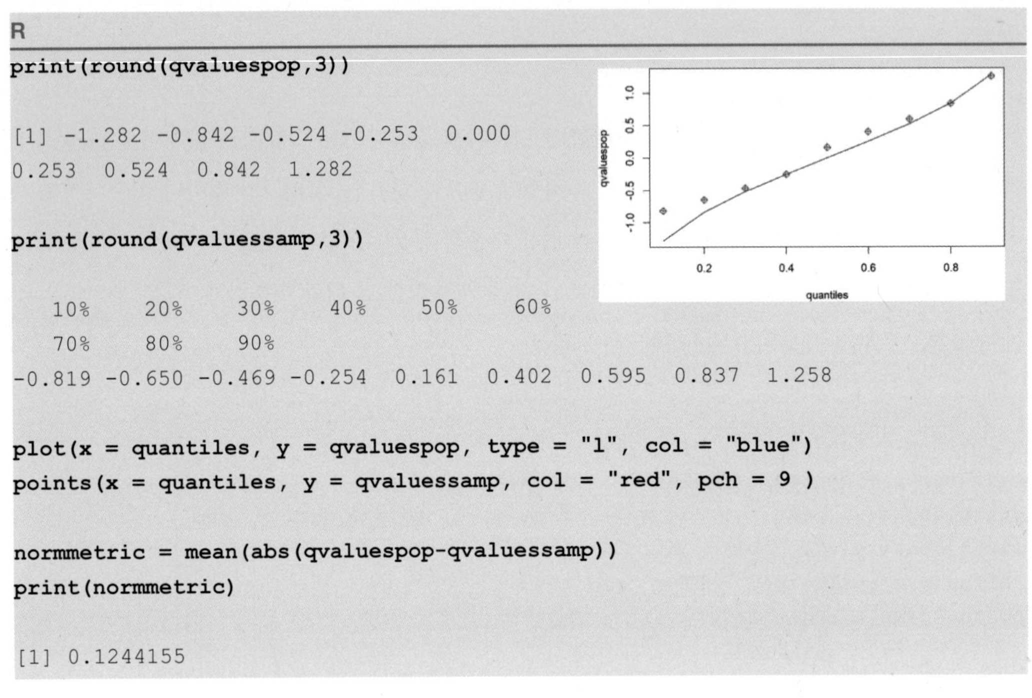

R

```
print(round(qvaluespop,3))

[1] -1.282 -0.842 -0.524 -0.253  0.000
0.253  0.524  0.842  1.282

print(round(qvaluessamp,3))

   10%    20%    30%    40%    50%    60%
   70%    80%    90%
-0.819 -0.650 -0.469 -0.254  0.161  0.402  0.595  0.837  1.258

plot(x = quantiles, y = qvaluespop, type = "l", col = "blue")
points(x = quantiles, y = qvaluessamp, col = "red", pch = 9 )

normmetric = mean(abs(qvaluespop-qvaluessamp))
print(normmetric)

[1] 0.1244155
```


Python

```
print(np.round(qvaluespop,3))

[-1.282 -0.842 -0.524 -0.253  0.  0.253
0.524  0.842  1.282]

print(np.round(qvaluessamp,3))

[-1.311 -1.014 -0.622 -0.09 0.136 0.351
0.574 0.912 1.066]

plt.plot(quantiles, qvaluespop, 'b-')
plt.plot(quantiles, qvaluessamp, 'r.')
plt.show()


normmetric = np.mean(np.abs(qvaluespop-qvaluessamp))
```

```
print(normmetric)

0.11460909048249418
```

위 결과는 정규분포에서 추출한 표본의 측정값이 0.12라는 점은 기대하지 않은 값이 아니라는 것을 보여준다. 이는 정규성 검정에 대한 토대를 제공해 준다.

Step 1: 귀무가설 세우기

*Gmat1*은 $N(0,1)$을 따른다.

Step 2: 데이터 생성 과정과 모집단을 설명해 보자.

데이터는 표준 정규분포를 따른다. 표본을 생성하고 정규측정값(normmetric)을 비교해 보자.

Step 3: 표본분포를 생성하자.

표본분포는 다음과 같이 만들 수 있다.

R

```
set.seed(87654321)
sampsize = nrow(admission)
f1 = function(){
  k1 = rnorm(sampsize, mean = 0, sd = 1)
  quantiles = seq(.1, .9, by = .1)
  qvaluespop = qnorm(p = quantiles,
     mean = 0, sd = 1)
  qvaluessamp = quantile(x = k1,
     probs = quantiles)
  normmetric = mean(abs(qvaluespop-qvaluessamp))
  return(normmetric)
}
sampdist = replicate(10000, f1())
plot(density(sampdist))
```

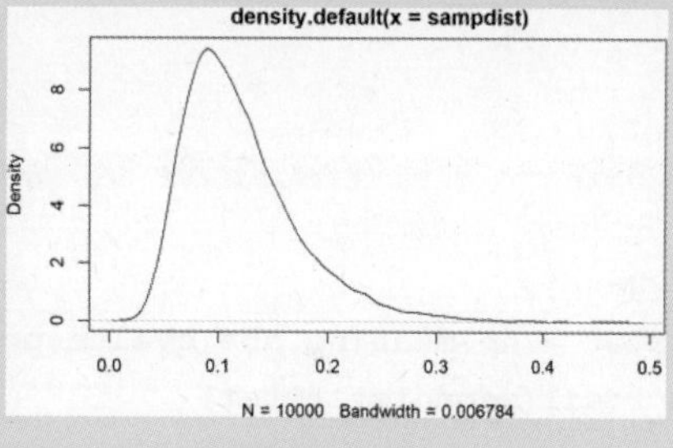

density.default(x = sampdist)

N = 10000 Bandwidth = 0.006784

Python

```
np.random.seed(87654321)
sampsize = len(admission)
def f1():
    k1 = np.random.normal(size = sampsize,
         loc=0, scale = 1)
   quantiles = np.arange(0.1, 1, 0.1) #
              stop value "1" is excluded
    qvaluespop = norm.ppf(quantiles,
              loc = 0, scale = 1)
```

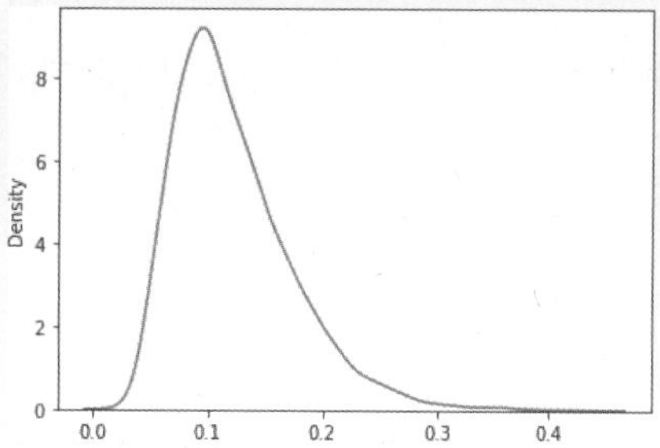

```
    qvaluessamp = np.quantile(k1, q = quantiles)
    normmetric = np.mean(np.abs(qvaluespop-qvaluessamp))
    return(normmetric)
sampdist = [f1() for _ in range(10000)]
sns.kdeplot(sampdist)
plt.show()
```

표본분포의 좌측 꼬리에 해당하는 관측치들은 귀무가설을 지지하지만, 우측 꼬리에 해당하는 관측치들은 귀무가설을 기각한다. 가설 검증을 위해 우측 검정을 수행하고, p-value를 구해보자.

Step 4: 표본 통계량을 구해보자. 지난 챕터에서 만든 함수를 불러와서 p-value를 구하고 그래프를 그려보자.

R

```
tstat = mean(abs(qvaluespop-qvaluessamp))
p_rtail(sampdist,tstat)
```

```
[1] 0.8632
```

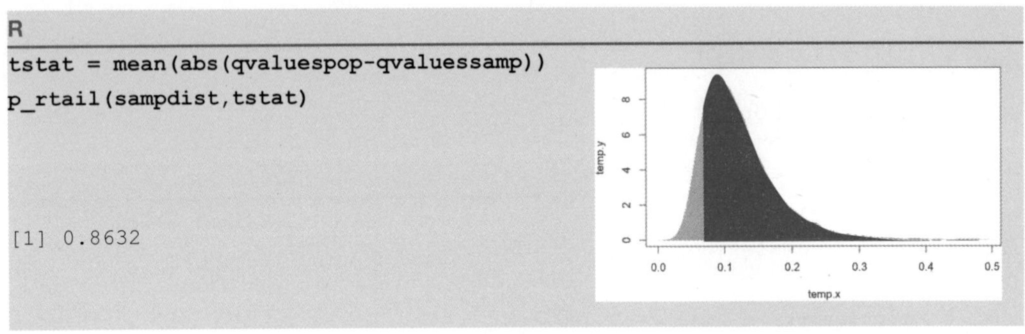

Python

```
tstat = np.mean(np.abs(qvaluespop-qvaluessamp))
p_rtail(sampdist,tstat)
```

```
0.5259
```

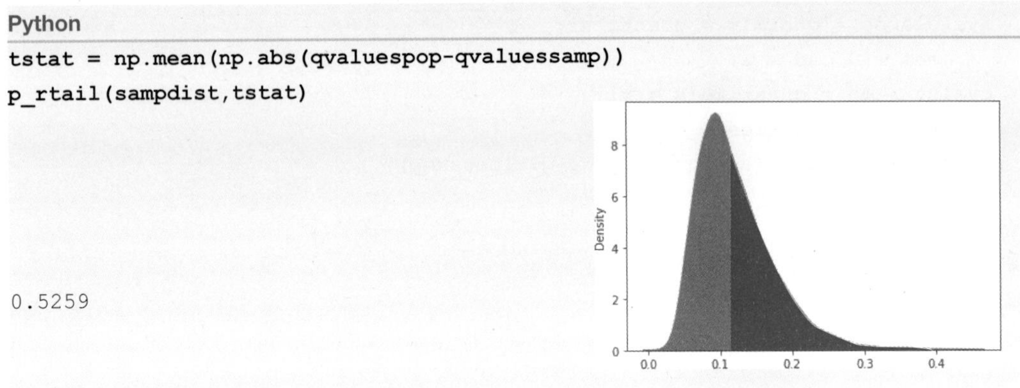

검정 결과는 GMAT 점수가 표준분포에 따른다는 귀무가설을 기각할 수 없음을 보여준다.

내장 함수

예상했겠지만, R과 Python에는 우리가 수행한 검정 중 몇 가지를 지원하는 내장 함수를 제공한다.

다음 함수는 수치 데이터의 평균과 정규성에 대한 검정을 지원한다.

R
```
t.test(x = admission$GMAT, mu = 510)

      One Sample t-test

data:  admission$GMAT
t = -2.4375, df = 84, p-value = 0.0169
alternative hypothesis: true mean is not equal to 510
95 percent confidence interval:
 470.8631 506.0310
sample estimates:
mean of x
 488.4471

shapiro.test(x = admission$GMAT)

       Shapiro-Wilk normality test

data:  admission$GMAT
W = 0.98039, p-value = 0.2227
```

Python
```
stats.ttest_1samp(admission['GMAT'], 510)

Ttest_1sampResult(statistic  =-2.4375, pvalue = 0.0169)
stats.shapiro(admission['GMAT'])

ShapiroResult(statistic=0.9803898930549622, pvalue=0.2227)
```

첫 번째 원칙에서 수행된 테스트의 p-value는 평균 테스트의 위 함수의 p-value와 상당히 비슷하다. 정규성 검정에서 결론은 같더라도 p-value에는 차이가 있음에 주목하자. 이는 정규성 분포에 대해서 다른 전략을 사용하기 때문이다(https://statisticaloddsandends.wordpress.com/2019/08/13/what-is-the-shapiro-wilk-test/). 샤피로-윌크(Shapiro-Wilk) 검정은 표본의 편차에 기반하고, 우리가 만든 검정은 사분위수 값에 기반한다. 그 외에 다른 정규성 테스트도 있다(www.ncbi.nlm.nih.gov/pmc/articles/PMC3693611/#:~:text=The%20main%20tests%20for%20 the,test%20(7)%2C%20and%20the).

어떤 검정이든 검정 방법이 유일하게 한 가지만 존재하는 건 아니라는 점에 유의하자. 이는 매우 중요하다. 어떤 검정이든 주 목적은 귀무가설에 대해서 일관적인 모집단을 설명하는 것이고, p-value

를 계산할 측정량을 결정하는 것이다. 예를 들어, 우리가 수행한 정규성 테스트에서 측정량은 10개의 사분위수에 기반하였다. 하지만 필요하다면 개수를 더하거나, 다른 측정량으로 바꿀 수도 있다.

비정규성

수치 데이터의 대부분의 검정의 경우 모집단의 정규성을 가정하고 검정을 수행한다. 하지만 이러한 가정이 데이터를 설명하는 데 부적절한 경우가 존재하고, 이럴 때는 정규분포 외 다른 분포를 고려해야 한다.

1 셀 수 있는 데이터의 경우, 포아송 분포나 이항 분포를 주로 사용한다. 이전 챕터에서 포아송 분포를 이용해서 오피스를 방문한 횟수에 대한 검정을 수행하였다.
2 종종 변수에 대한 밀도를 그래프로 나타내거나 정규성 검정을 수행하면, 정규성에 대한 가정이 명백하게 불합리할 때가 있다. 이럴 때 한 가지 대안은 변수를 변환시키는 것이다. 예를 들어 가능한 정규분포에 가깝도록 만들기 위해 변수에 로그를 취하고 검정을 수행해 보자. immer.csv 파일에는 보리 산출량에 대한 데이터가 있다. 변수 *Y1*은 1931년 산출량을 의미한다.

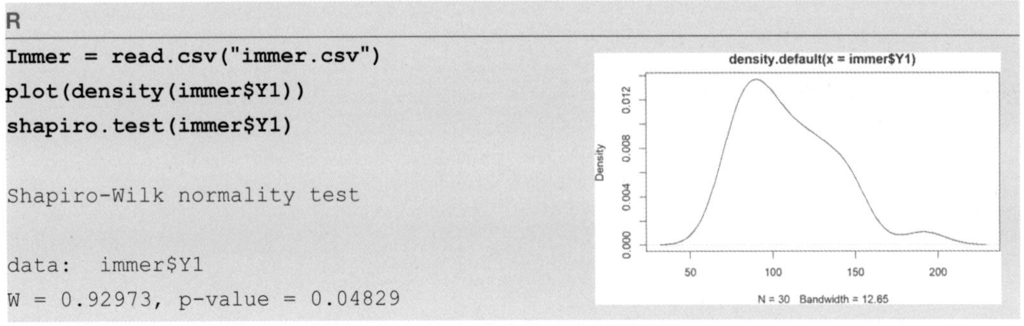

R

```
Immer = read.csv("immer.csv")
plot(density(immer$Y1))
shapiro.test(immer$Y1)

Shapiro-Wilk normality test

data:  immer$Y1
W = 0.92973, p-value = 0.04829
```

Python

```
Immer = pd.read_csv("../data/immer.csv")
sns.kdeplot(Immer['Y1'])
plt.show()
stats.shapiro(Immer['Y1'])


ShapiroResult(statistic = 0.9297280311584473,
      pvalue = 0.04829331114888191)
```

플롯과 샤피로-윌크 테스트 모두 정규분포가 아님을 말해준다. 변수에 로그를 취한 뒤 정규성을 평가해 보자.

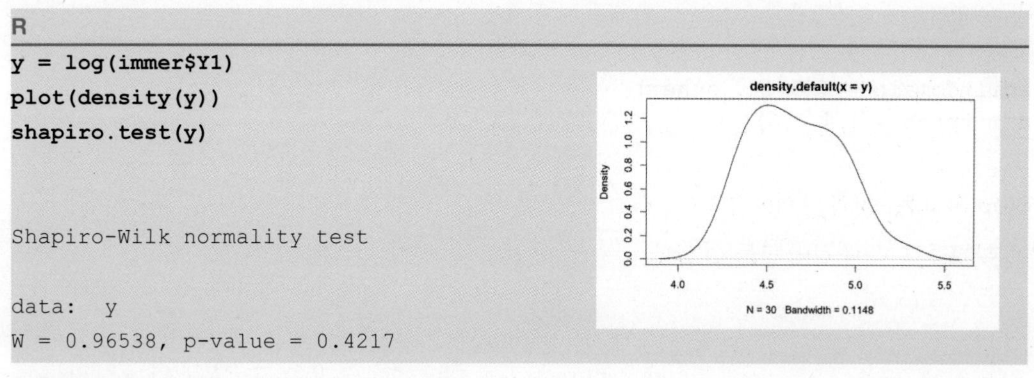

R

```
y = log(immer$Y1)
plot(density(y))
shapiro.test(y)


Shapiro-Wilk normality test


data:  y
W = 0.96538, p-value = 0.4217
```


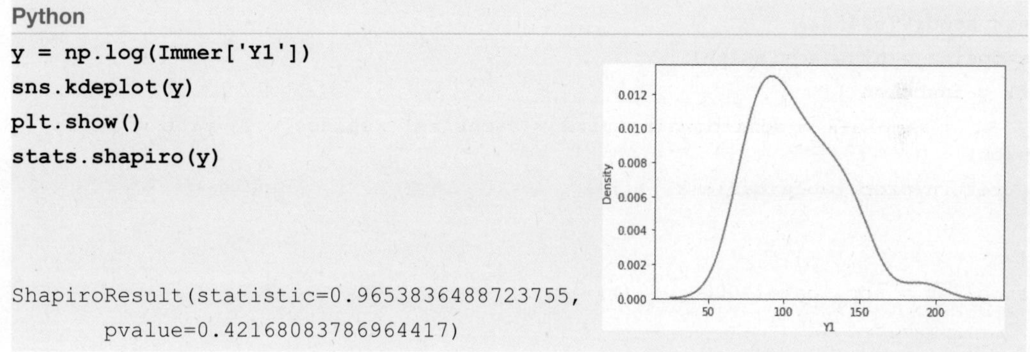

Python

```
y = np.log(Immer['Y1'])
sns.kdeplot(y)
plt.show()
stats.shapiro(y)



ShapiroResult(statistic=0.9653836488723755,
        pvalue=0.42168083786964417)
```


이제 p-value는 0.42로 정규성 가정은 꽤나 합리적이다. 이제 로그를 취해 변환시킨 데이터에 표준 검정을 수행할 수 있다.

범주형 데이터 통계 검정

admissions 데이터 프레임에서 범주형 데이터 **De**는 학생의 입학심사 결정을 의미한다. **admit**(입학), **border**(후보), **notadmit**(탈락) 세 개의 값이 있다. 지원자 40%가 입학 결정을 받았다는 주장이 있다고 가정해 보자. 이 주장이 맞는지 통계 검정을 수행해 보자.

Step 1: 귀무가설 세우기

지원자 40%가 입학 승인을 받았다.

Step 2: 데이터 생성 과정과 모집단을 설명해 보자.

입학 결정을 받았거나 아니거나라는 두 가지 결과는 이산 분포로 설명할 수 있다. 다음과 같이 표현할 수 있다.

```
admitdomain = (admit, other)
admitprob = (.4, .6)
```

Step 3: 표본분포를 생성하시오.

표본분포는 다음과 같이 만들 수 있다.

R

```
admitdomain = c("admit", "other")
admitprob = c(.4, .6)
set.seed(87654321)
sampsize = nrow(admission)
f1 = function(){
   k1 = sample(x = admitdomain, size = sampsize, replace = T, prob = admit-
prob)
  return(prop.table(table(k1))[1])

}
sampdist = replicate(10000, f1())
```

Python

```
admitdomain = ['admit', 'other']
admitprob = [.4, .6]
np.random.seed(87654321)
sampsize = len(admission)
def f1():
    k1 = np.random.choice(admitdomain, size = sampsize, p = admitprob)
    return(np.mean(k1 == 'admit'))
sampdist = [f1() for _ in range(10000)]
```

Step 4: 표본 통계량을 구해보자. 지난 챕터에서 만든 함수를 불러와서 p-value를 구하고 그래프를 그려보자.

R

```
tstat = prop.table(table(admission$De))[1]
p_2tail(sampdist,tstat)
```

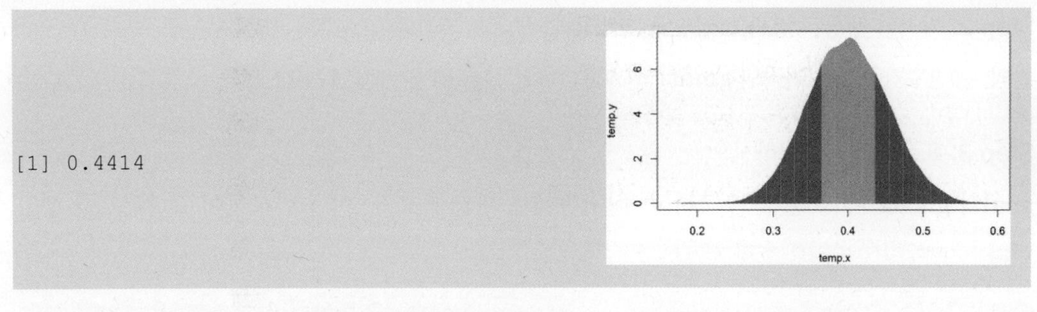


```
[1] 0.4414
```

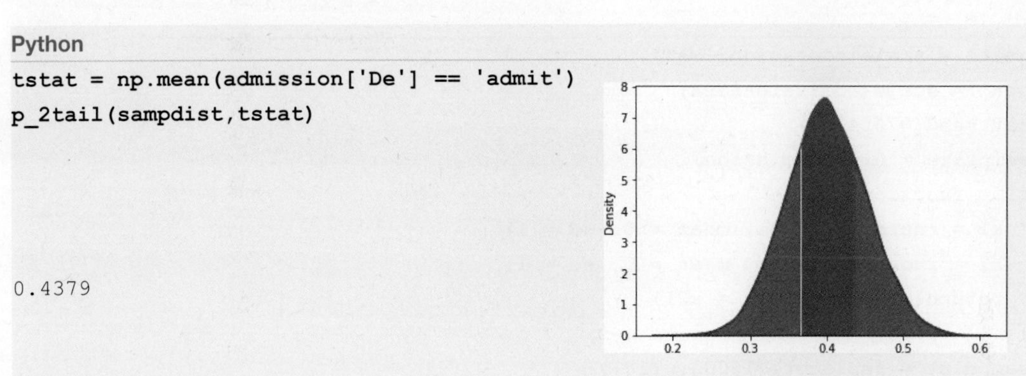

Python

```
tstat = np.mean(admission['De'] == 'admit')
p_2tail(sampdist,tstat)
```

```
0.4379
```

p-value가 0.44이므로 지원자 40%가 입학 결정을 받았다는 귀무가설을 기각할 수 없다.

연속 데이터 두 개에 대한 통계 검정

GMAT과 GPA 변수 두 개를 고려해 보자. 챕터 5와 6에서 다룬 단일 분포와 다변량 분포를 떠올려 보자. 두 변수가 독립적이라면, 각각의 단변량 분포를 사용하면 된다. 하지만 두 변수가 독립적이지 않다면, 다변량 분포를 사용해서 두 변수를 같이 설명한다. 두 변수가 모두 수치 데이터이고 독립적이라면, 상관관계는 0이다. GPA와 GMAT이 독립적인지 알아보자.

우선, 두 변수를 표준화하겠다. R에는 연속 변수를 표준화시켜 주는 **scale()** 함수가 있다.

```
gmat1 = scale(admission$GMAT)
gpa1 = scale(admission$GPA)
```

변수를 먼저 **gmat1**과 **gre1**으로 표준화하는 것이 도움이 된다. 검정은 다음과 같이 수행한다.

Step 1: 귀무가설 세우기

gmat1과 **gpa1**은 독립적이다.

Step 2: 데이터 생성 과정과 모집단을 설명해 보자.

만약 두 변수가 독립적이라면 **gmat1** $\sim N(0, 1)$이고 **gpa1** $\sim N(0, 1)$이다.

Step 3: 표본분포를 생성하시오.

gpa1과 **gmat1**에서 표본을 추출하고, 상관관계를 계산해 보자. 이를 반복하여 표본분포를 생성한다.

R

```
gmat1 = scale(admission$GMAT)
gpa1 = scale(admission$GPA)
set.seed(87654321)
sampsize = nrow(admission)
f1 = function(){
  k1 = rnorm(sampsize, mean = 0, sd = 1)
  k2 = rnorm(sampsize, mean = 0, sd = 1)
  return(cor(x = k1, y = k2))
}
sampdist = replicate(10000, f1())
```

Python

```
def scale(x):
    return(x - np.mean(x)) / np.std(x)

gmat1 = scale(admission['GMAT'])
gpa1 = scale(admission['GPA'])
np.random.seed(87654321)
sampsize = len(admission)
def f1():
    k1 = np.random.normal(size = sampsize, loc = 0, scale = 1)
    k2 = np.random.normal(size = sampsize, loc = 0, scale = 1)
    return(np.corrcoef(k1, k2)[0,1])
```

Step 4: 표본 통계량을 구해보자. 지난 챕터에서 만든 함수를 불러와서 p-value를 구하고 그래프를 그려보자.

R

```
tstat = cor(gmat1, gpa1)[1,1]
p_2tail(sampdist,tstat)
```

```
[1] 0
```

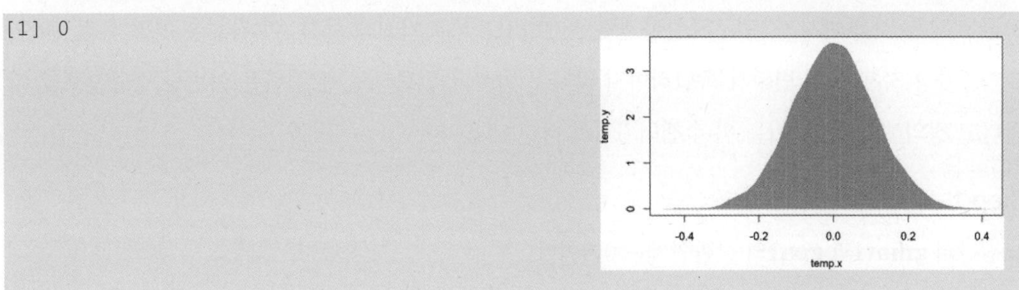

Python

```
sampdist = [f1() for _ in range(10000)]
tstat = np.corrcoef(gmat1, gpa1)[0,1]
p_2tail(sampdist,tstat)
```

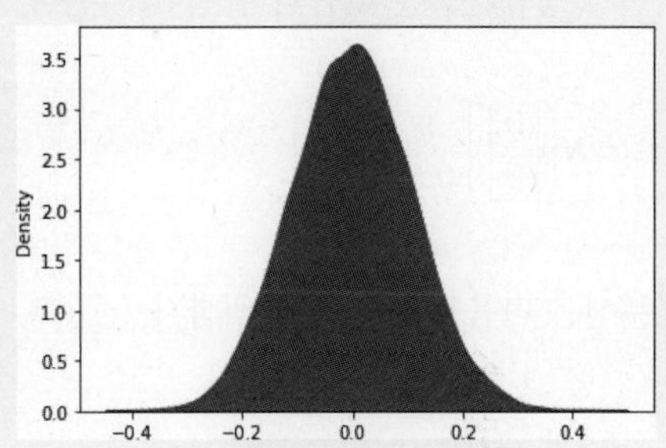

```
0.0
```

위의 결과는 GMAT와 GRE가 독립적이라는 귀무가설을 기각해야 함을 보여준다. R과 Python에서 상관관계를 계산할 수 있는 내장 함수를 살펴보자.

R

```
cor.test(gmat1, gpa1)
Pearson's product-moment correlation

data:  gmat1 and gpa1
t = 4.728, df = 83, p-value = 9.165e-06
alternative hypothesis: true correlation is not equal to 0
95 percent confidence interval:
 0.2744527 0.6135262
sample estimates:
      cor
0.4606332
```

Python

```
print("p-value: {}, sample estimate: {}".format(pearsonr(gmat1, gpa1)[1],
pearsonr(gmat1, gpa1)[0]))

p-value 9.16455058014374e-06,
sample estimate 0.4606331976247068
```

조금 복잡한 것을 해보자. 귀무가설이 상관관계가 0.5라고 가정해 보자. 이 가설은 어떻게 검정해야 할까? 가정 자체가 두 변수가 독립적이지 않다고 말하고 있으므로, 모집단은 이변량 정규분포를 따른다고 정의해야 한다. 이는 이미 챕터 6에서 다룬 내용이다.

Step 1: 귀무가설 세우기

모집단의 **gmat1**과 **gpa1**의 상관관계는 0.5이다.

Step 2: 데이터 생성 과정과 모집단을 설명해 보자.

이변량 정규분포는 다음과 같이 정의된다.

$$N\left(\begin{bmatrix}0\\0\end{bmatrix},\begin{bmatrix}1 & 0.5\\0.5 & 1\end{bmatrix}\right)$$

공분산은 다음과 같음에 유의하자.

$$\rho_{1,2} \times \sigma_1\sigma_2$$

Step 3: 표본분포를 생성하시오.

다변량 정규분포에서 표본을 추출하고, 상관관계를 계산해 보자. 이를 반복하여 표본분포를 생성하자.

R

```
library(mvtnorm)
M = c(0,0)
S = matrix(c(1,.5,.5,1), nrow = 2, ncol = 2)

set.seed(87654321)
sampsize = nrow(admission)
f1 = function(){
  x = rmvnorm(nrow(admission),mean = M,sigma = S)
  return(cor(x[,1],x[,2]))
}
sampdist = replicate(10000, f1())
```

Python

```
M = np.array([0,0])
S = np.array([[1,0.5],[0.5,1]])
np.random.seed(87654321)
sampsize = len(admission)
```

```
def f1():
    x = np.random.multivariate_normal(mean = M, cov = S, size = sampsize)
    return(np.corrcoef(x[:,0], x[:,1])[0,1])
sampdist = [f1() for _ in range(10000)]
```

Step 4: 표본을 추출하여 p-value와 통계량을 구해보자.

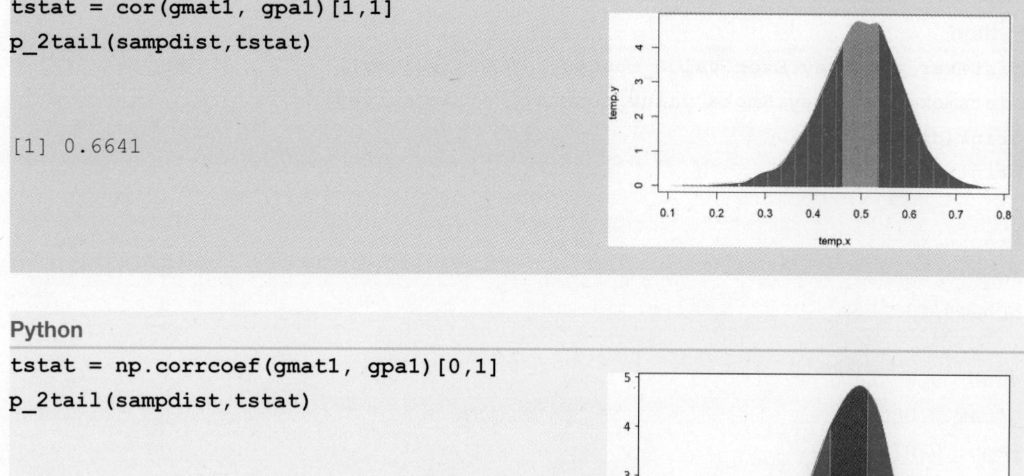

R

```
tstat = cor(gmat1, gpa1)[1,1]
p_2tail(sampdist,tstat)
```

```
[1] 0.6641
```

Python

```
tstat = np.corrcoef(gmat1, gpa1)[0,1]
p_2tail(sampdist,tstat)
```

```
0.661
```

p-value가 크므로 두 변수의 상관관계가 0.5라는 귀무가설은 기각한다. 상관관계에 대한 가설을 검정하는 내장 함수는 없지만, 통계 검정을 빠르게 수행할 수 있는 간단한 코드는 존재한다.

범주형 데이터 두 개에 대한 통계 검정

파일 survey.csv를 읽어오시오. 두 범주형 데이터 Exer과 Smoke에 대한 가설 검정을 수행하려고 한다. 두 변수가 독립적이라는 귀무가설을 검정해 보자. 각각에 대해서 경험적 분포를 살펴보자.

R

```
distexer = prop.table(table(survey$Exer))
distsmoke = prop.table(table(survey$Smoke))
```

```
distexer
distsmoke

    Freq       None       Some
0.4852321 0.1012658 0.4135021

     Heavy       Never       Occas       Regul
0.04661017 0.80084746 0.08050847 0.07203390
```

Python

```
distexer = survey.Exer.value_counts() / len(survey)
distsmoke = survey.Smoke.value_counts() / len(survey)
print(distexer)
print(distsmoke)

Freq 0.485232
Some 0.413502
None 0.101266

Never 0.800847
Occas 0.080508
Regul 0.072034
Heavy 0.046610
```

두 변수가 독립적이라면, 각각 설명하면 된다. 이 경우에, 결합 확률은 $P(Smoke\ and\ Exer) = P(Smoke) \times P(Exer)$이다. 그러므로 운동을 자주 하면서 담배도 자주 피울 확률은 $0.4852321 \times 0.04661017$이다. 독립적이라고 가정하면, 결합 확률과 각 카테고리별 예상 인구수를 다음과 같이 계산할 수 있다.

R

```
jointdist = distexer %*% t(distsmoke)
round(jointdist,3)

      Heavy Never Occas Regul
  Freq 0.023 0.389 0.039 0.035
  None 0.005 0.081 0.008 0.007
  Some 0.019 0.331 0.033 0.030

n = nrow(survey)
E = n * jointdist
round(E,1)
```

```
      Heavy Never Occas Regul
  Freq   5.4  92.1   9.3   8.3
  None   1.1  19.2   1.9   1.7
  Some   4.6  78.5   7.9   7.1
```

Python

```
distexer_colarr = distexer.values.reshape(3,1)
distsmoke_rowarr = distsmoke.values.reshape(1,4)
jointdist = distexer_colarr.dot(distsmoke_rowarr)
jointdist = pd.DataFrame(jointdist, index = distexer.index, columns = distsmoke.
            index).round(3)
jointdist

     Never Occas Regul Heavy
Freq 0.389 0.039 0.035 0.023
Some 0.331 0.033 0.030 0.019
None 0.081 0.008 0.007 0.005

n = len(survey)
E = n * jointdist
E.round(1)

     Never Occas Regul Heavy
Freq  92.2   9.2   8.3   5.5
Some  78.4   7.8   7.1   4.5
None  19.2   1.9   1.7   1.2
```

두 독립 분포로부터 표본을 생성해 보자.

R

```
o1 = sample(x = c("Freq", "None","Some"), size = n, replace = T, prob = distexer)
o2 = sample(x = c("Heavy", "Never", "Occas","Regul"), size = n, replace = T,
     prob = distsmoke)
O = table(o1,o2)
O

      o2
o1      Heavy Never Occas Regul
  Freq      3    98     6     8
  None      0    20     2     3
  Some      7    65    10    15
```

Python

```
o1 = np.random.choice(['Freq', 'None','Some'], size = n, replace = True, p = distexer)
o2 = np.random.choice(['Never', 'Occas','Regul', 'Heavy'], size = n, replace = True,
    p=distsmoke)
O = pd.crosstab(o1, o2)
O
```

```
      Heavy Never Occas Regul
Freq      3    94     7     7
None      6    70     8    10
Some      0    28     3     1
```

관측값과 기대값은 얼마나 가까운가? 주로 사용하는 *chi-square* ***통계량***은 다음과 같이 정의된다.

$$\Sigma\frac{(O-E)^2}{E}$$

실제값과 기대값이 가까울수록 chi−square 값은 낮다. 실제값과 기대값이 동일하다면 chi−square 값은 0에 수렴한다. 다음과 같이 쉽게 계산할 수 있다.

R

```
sum(((O-E)^2)/E)

[1] 17.76924
```

Python

```
O = O.reindex(['Never', 'Occas', 'Regul', 'Heavy'], axis = 1)
np.sum((O.values - E.values)**2 / E.values)

10.59631452129426
```

chi−square는 17.76으로 두 범주형 데이터가 독립적이라 가정에 일관적이다.

우리는 이제 정규 검정을 수행할 수 있다.

Step 1: 귀무가설 세우기

Smoke와 Exer는 독립적이다.

Step 2: 데이터 생성 과정과 모집단을 설명해 보자.

두 변수가 독립적이기 때문에, 다음과 같이 각각 설명하도록 한다.

표 8.1 운동과 흡연 변수에 대한 확률

Exer

Freq(빈도수)	None(없음)	Some(약간)
0.4852321	0.1012658	0.4135021

Smoke

Heavy(매우)	Never(없음)	Occas(가끔)	Regul(정기적)
0.04661017	0.80084746	0.08050847	0.07203390

Step 3: 표본분포를 생성하시오.

R

```
sampsize = nrow(survey)
f1 = function(){
  o1 = sample(x = c("Freq", "None","Some"), size = sampsize, replace = T,
       prob = distexer)
  o2 = sample(x = c("Heavy", "Never", "Occas","Regul"), size = sampsize,
       replace = T, prob = distsmoke)
  O = table(o1,o2)
  chi = sum(((O-E)^2)/E)
  return(chi)
}
sampdist = replicate(10000,f1())
```

Python

```
sampsize = len(survey)
def f1():
    o1 = np.random.choice(['Freq', 'None','Some'], size = sampsize,
         replace = True, p = distexer)
    o2 = np.random.choice(['Never', 'Occas','Regul', 'Heavy'], size = sampsize,
         replace = True, p = distsmoke)
    O = pd.crosstab(o1, o2)
    O = O.reindex(['Never', 'Occas', 'Regul', 'Heavy'], axis = 1)
    return(np.sum((O.values - E.values)**2 / E.values))
sampdist = [f1() for _ in range(10000)]
```

Step 4: 표본을 추출하여 p-value와 통계량을 구해보자. 귀무가설을 기각하는 점들은 우측 꼬리에 해당하므로 우측 검정을 수행함에 유의하자.

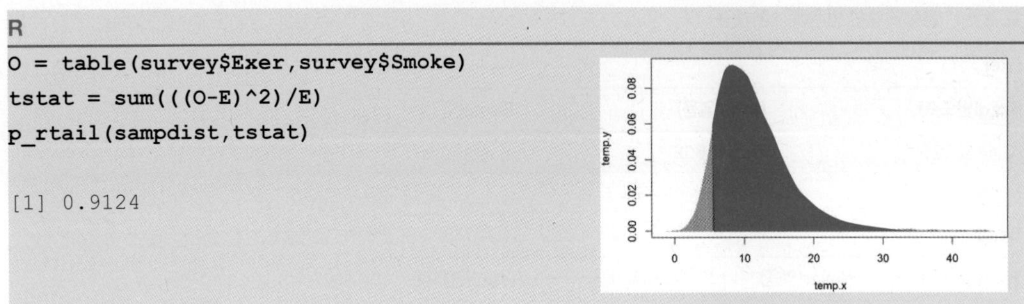

R

```
O = table(survey$Exer,survey$Smoke)
tstat = sum(((O-E)^2)/E)
p_rtail(sampdist,tstat)

[1] 0.9124
```

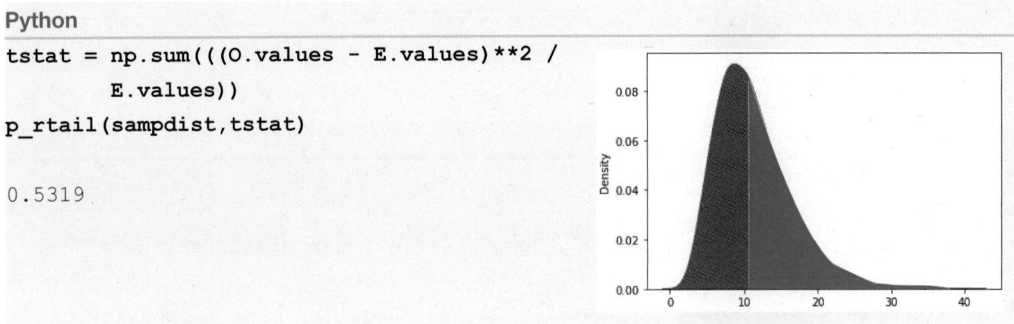

Python

```
tstat = np.sum(((O.values - E.values)**2 /
        E.values))
p_rtail(sampdist,tstat)

0.5319
```

따라서, Smoke와 Exer 두 변수가 독립적이라는 귀무가설을 기각할 수 없다. 우리가 방금 수행한 검정은 chi-square 검정이라고 부른다. chi-square 검정을 수행하기 위한 내장 함수는 다음과 같다.

R

```
chisq.test(x = survey$Exer, y = survey$Smoke)

Pearson's Chi-squared test
data:  survey$Exer and survey$Smoke
X-squared = 5.4885, df = 6, p-value = 0.4828
```

Python

```
chi2, p, df, expected = chi2_contingency(O.values)
print("chi2: {}, p: {}, df: {}".format(chi2, p, df))

chi2: 6.779046167177817, p: 0.3417652182907054, df: 6
```

내장 함수는 표본분포가 chi-square 분포를 따른다고 가정하기 때문에 p-value 값은 상이하다. 우리는 이와 같은 가정을 하지 않았고, 원칙에 따라 표본분포를 생성했다.

우리가 만든 검정의 장점은 커스터마이징이 가능하다는 점이다. 흡연을 많이 하고, 운동을 자주 하는 사람에게만 관심이 있다고 가정해 보자. 두 사건은 독립적일까? 챕터 6에서 다룬 내용을 상기시켜보면, 사건의 독립성을 평가하기 위해 *lift*를 사용했다. 새로운 검정을 위해 해당 개념을 사용해 보자.

Step 1: 귀무가설 세우기

흡연을 많이 하는 것과 운동을 자주 하는 것은 독립적인 사건이다.

Step 2: 데이터 생성 과정과 모집단을 설명해 보자.

두 변수가 독립적이기 때문에, 다음과 같이 각각 설명하도록 한다.

P(Exer Freq) = 0.4852321

P(Smoke Heavy) = 0.04661017

관측치와 예측치의 비율인 lift를 사용한다.

Step 3: 표본분포를 생성하시오.

R

```
set.seed(87654321)
sampsize = nrow(survey)
f1 = function(){
  o1 = sample(x = c("Freq", "None","Some"), size = sampsize, replace = T,
       prob = distexer)
  o2 = sample(x = c("Heavy", "Never", "Occas","Regul"), size = sampsize,
      replace = T, prob = distsmoke)
  O = table(o1,o2)
  lift = O[1,1]/E[1,1]
  return(lift)
}
sampdist = replicate(10000,f1())
```

Python

```
def f1():
  o1 = np.random.choice(['Freq', 'None','Some'], size = sampsize,
       replace = True,       p = distexer)
  o2 = np.random.choice(['Heavy', 'Never', 'Occas','Regul'], size = sampsize,
       replace = True, p = distsmoke)
  O = pd.crosstab(o1, o2)
  O = O.reindex(['Never', 'Occas', 'Regul', 'Heavy'], axis = 1)
  return(O.values[1,1]/E.values[1,1])
sampdist = [f1() for _ in range(10000)]
```

Step 4: 표본을 추출하여 p-value와 통계량을 구해보자.

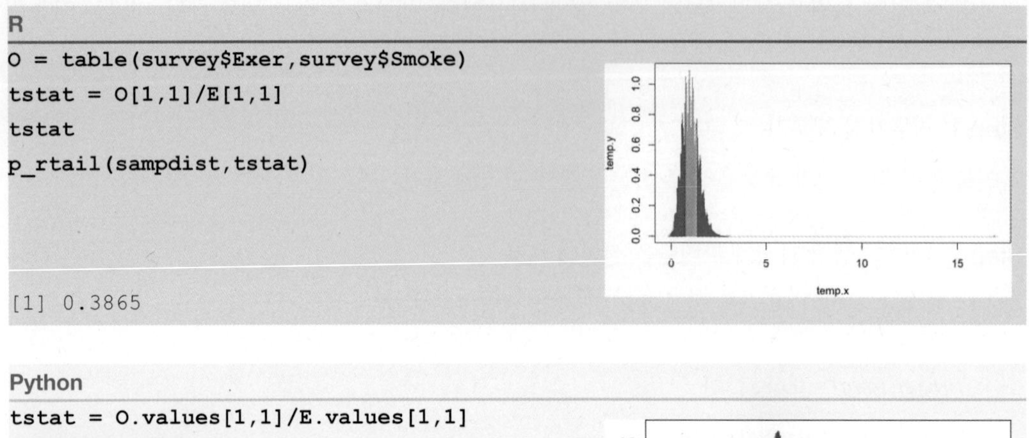

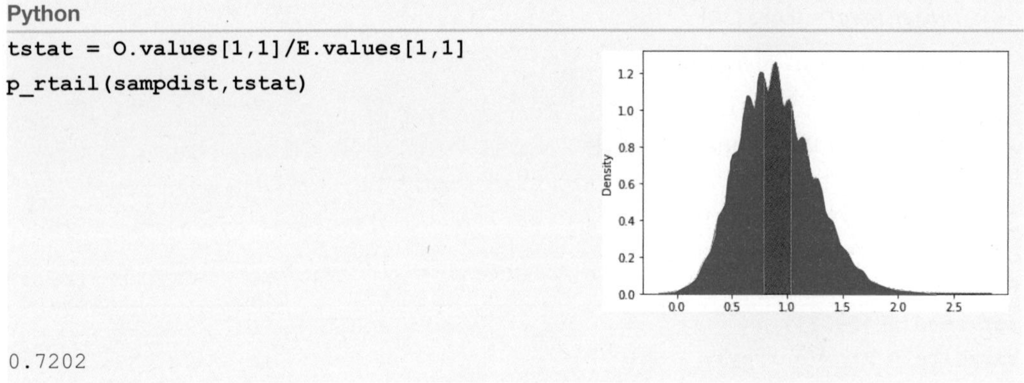

p-value값에 따라 가설을 기각할 수 없고, 표본에 따르면 흡연을 많이 하는 것과 운동을 많이 하는 것은 상관이 없다.

사용 사례: 사이버 공격을 감지하기 위한 통계 검정

그 동안 배워 온 것처럼, 통계 검정은 예외적인 상황과 일반적인 상황을 구분할 수 있도록 돕는다. 예외적인 상황을 알아보기 위해서는 데이터 시리즈가 제대로 선택되어야 하며, 관측치가 '일반적인지' 판단하기 위해서는 적절한 분포를 고려해야 한다. 비즈니스 상황에서 사이버 공격을 받게 된다는 것은 기업에게 큰 위협이 될 수밖에 없다. 이러한 사이버 공격은 최근 들어 비즈니스에 큰 위험 요소 중 하나로 꼽히고 있다. 통계 검정은 이상치를 식별하고, 실패를 구별함으로써 산업 혹은 기술적 환경에서 사이버 공격을 탐지할 수 있도록 한다. 이런 맥락에서 사물 인터넷(IoT)는 중대한 비즈니스 위험을 가지고 있으며, 해킹은 DDOS(distributed denial of service) 공격으로 이어질 수 있다. Schneider-Electric 데이터셋은 사물 인터넷 장치에 연결된 온도 센서 정보를 가지고 있다.

이상치는 위험을 의미한다. 이와 같은 원칙은 재택근무 시대에 직원의 활동을 감시하는 데 사용할 수 있다. 또한 팀원의 뛰어나거나 저조한 생산성을 모니터링할 수 도 있다. 이러한 상황 모두 예외를 감지하는 데 초점이 맞춰진다.

우리는 두 가지 질문에 대해 탐구해볼 것이다. Schneider 센서의 정상 작동 범위는 무엇일까? 다시 말해 신뢰 구간을 구해야 한다는 것이다. 최근에 기록한 높은 온도는 실패나 사이버 공격일 확률은 얼마인가? 이는 통계 검정을 수행해야 한다는 것이다.

예외 혹은 이상치를 발견하기 위해서 몇 달간의 센서 기록에 대한 빈도 분포를 50개 bin을 사용해 열 차트에 그려보자. 이상치가 몇 개 있긴 하지만, 눈으로 보아 분포가 거의 정규분포에 가깝다는 것을 알 수 있다.

R
```
df = read_excel("sensor-fault-detection.xlsx")
hist(df$Value,breaks = 50,
     main = "Schneider-Electric: Distribution of Sensor Readings, Monitoring
           for Faults and Cyber Attacks", xlab="Value")
```

Python
```
plt.figure(figsize=(10,7))
plt.title('Schneider-Electric: Distribution of Sensor Readings, Monitoring
for Faults and Cyber Attacks')
plt.hist(df['Value'], bins = 50)
```

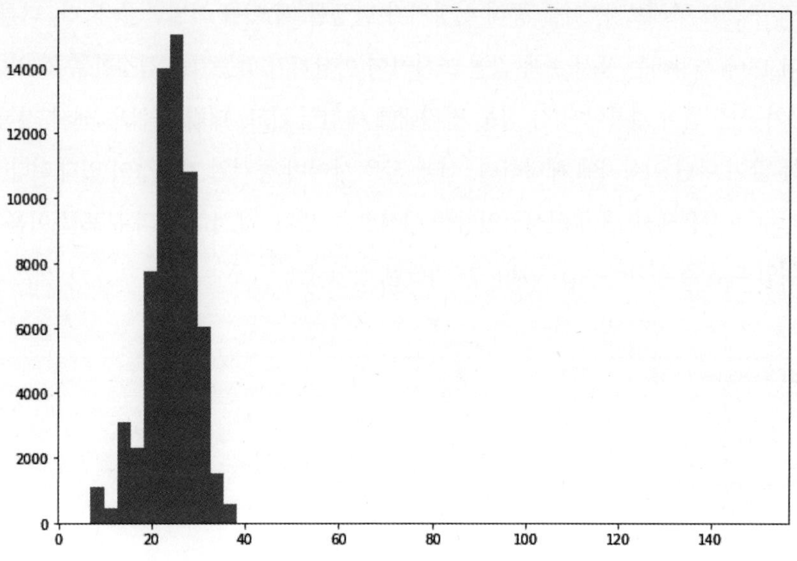

그림 8.1 센서 기록의 분포 결함과 사이버 공격에 대한 모니터링

이상치를 좀 더 자세히 보기 위해서 상자그림을 이용할 것이다.

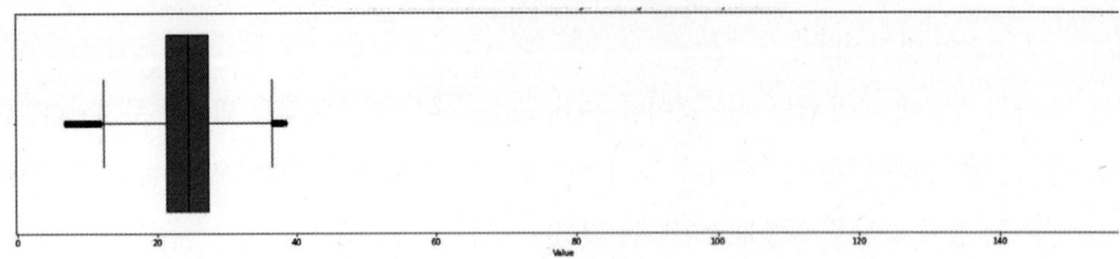

그림 8.2 상자그림을 이용한 센서 기록의 분포

극단적인 우측 이상치를 제거하면, 좌측과 우측에 이상치가 몇 개씩 존재하는 형태로 나머지 분포를 좀 더 잘 이해할 수 있다.

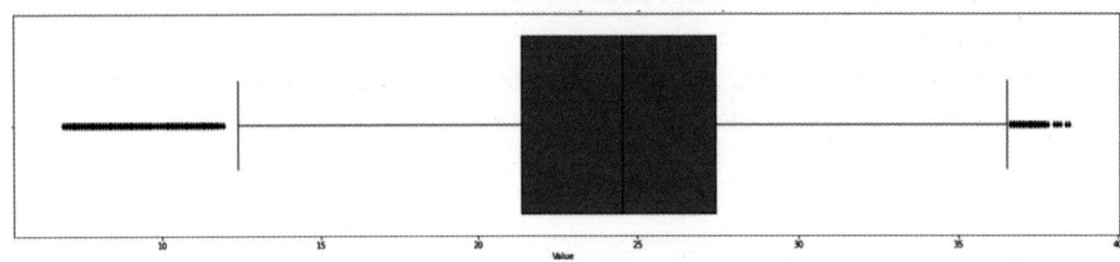

그림 8.3 정제한 데이터에 대한 상자그림을 이용한 센서 기록의 분포

우선 정상 작동의 한계인 신뢰 구간을 결정하기 위해 챕터 7에서 배운대로 우리가 원하는 신뢰 수준에 대한 신뢰 구간을 구해보자. 이를 통해 이상치가 발생할 때 이를 식별할 수 있다. 다른 방법으로는 예를 들어 13에 해당하는 센서 판독 값을 조사하여 이상치가 맞는지를 검정할 수도 있다.

우리의 귀무가설은 '센서 기록이 정상 작동 범위내에 속한다'이고, 대립 가설은 '센서 기록이 정상적인 작동 판독 값이 아닌 이상치에 해당하며, 실패 혹은 사이버 공격일 가능성이 있다'이다.

p_2tail 함수를 사용해서 13이 이상치인지를 검정할 수 있다. 센서 기록의 분포를 이용해 13이 정상 작동 범위인 확률을 의미하는 p-value를 계산할 것이다.

R
```
p_2tail(df$Value,13)
```

Python
```
p_2tail(df['Value'],13)
```

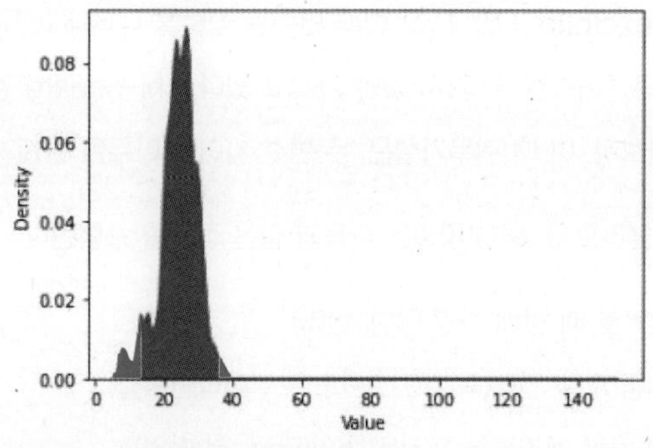


```
Out[57]: 0.0419294575995146
```

실제로 센서 판독값 13의 p-value는 0.0419이고, 이는 우리가 설정한 검정 가정에 따라 귀무가설을 기각하지 않아야 할 확률이 4.19%에 불과하다는 의미이다. 만약 우리가 신뢰 구간을 5%로 결정했다면 귀무가설을 기각할 것이다. 다시 말해 센서 판독값이 정상 작동 기록이 아니며, 실패 혹은 사이버 공격을 의미할 수 있다.

요약

이번 챕터에서는 실제로 자주 쓰이는 몇 가지 검정에 대해 알아보았다. 원칙에 따라 검정 방식을 세우고 수행하였다. 검정 방식을 세울 때 중요한 과제는 귀무가설에 적합하도록 모집단을 설명하고, 표본분포를 생성하기 위해 적절한 측정량을 결정하는 것이었다. 내장 함수가 없는 검정에 대해서도 수행하였다. 통계 검정의 주요 원칙을 이해했다면, 적절한 검정 방식을 세우고 이를 수행할 수 있을 것이다. 다음 챕터에서는 이에 대해 다룰 것이다.

연습문제

연습문제를 수행하기 위해, 다음 링크에서 제공하는 데이터셋을 다운받도록 하자. https://study.sagepub.com/gopal

Health.csv 파일을 불러오자.

1 **faminc**이라는 변수가 가족 수입을 나타낸다. 중앙값 1.75를 검정해 보자.

2 **age**라는 변수가 있다. 이것이 지수 분포를 따른다고 가정하여 나이 평균값이 7.5라는 가설을 검정해 보자.

3 두 개의 변수 **males**와 **exclhlth**가 있다. 첫 번째 변수는 성별을 나타내고 두 번째 변수는 건강 상태를 나타낸다. 두 변수 모두 0과 1이라는 두 가지 값만 가지고 있다. chi-square 검정을 수행하여 두 변수 사이에 연관성이 있는지 알아보자. 이 때 귀무가설은 '두 변수 사이에 아무런 관계가 없다'이다.

UsedCars2017.csv 파일을 불러오자. 해당 파일은 다음과 같은 정보를 포함한다.

Price: 딜러가 차량을 팔았을 때 판매 가격(단위: 달러)

Age: 2016년도 대비 해당 모델 연식(즉, 2012년도 모델이라면 4살)

Mileage: 판매 시점에서 차량 계기판에 표시된 거리(단위: 천 마일)

MPG: 차량 평균 연비(갤런당 마일로 측정)

KBB Price: 차량의 Kelly Blue Book에 매겨진 가치

CR Reliability Score: 소비자 보고서들에 차량 신뢰성 점수(판매 차량과 동일한 기종에서 문제를 보고한 설문 응답자들의 비율로 측정)

4 모집단 **Price** 평균은 모집단 **Price** 중앙값과 일치한다는 가설을 평가하는 검정을 만들어 보자. 힌트: 모집단은 정규분포로 가정한다.

5 모집단 **Price** 평균이 모집단 **Price** 표준편차 1.4배라는 가설을 평가하는 검정을 만들어 보자. 힌트: 모집단 정규분포에서 표준편차가 표본 표준편차와 같고 평균이 표본 표준편차의 1.4배라고 가정한다.

6 모집단에서 **Age**와 **Mileage** 상관관계가 0.9라는 가설을 평가하는 검정을 만들어보자.

9

비모수적 검증

목차

지금까지 우리가 수행한 검정은 *모수적 검증(parametric tests)*이라고 부른다. 모수적 검증은 특히 수치 데이터에 대한 검증으로 모집단과 데이터 생성 과정을 묘사하는 특정한 분포를 기반으로 한다. 그에 반해 *비모수적 검증(nonparametric statistical tests)*은 표본을 추출하게 되는 모집단의 분포에 대한 가정을 거의 하지 않다. 이런 검증 방식은 모집단의 표본 크기가 너무 작거나 데이터가 범주형인 경우에 적합하다. 이러한 특성으로 인해 비모수 검정은 모수 검정의 중요한 보완 요소가 되며, 앞서 언급한 특징을 바탕으로 하는 실제 상황에서 종종 최상의 선택이 된다.
다음은 통용되는 법칙이다.

모수적 검증과 비모수적 검증은 언제 사용해야 할까?

표 9.1 모수적 검증 vs 비모수적 검증

	모수적 검증	비모수적 검증
모집단에 대한 가정?	많은 가정을 기반으로 함	가정을 거의 하지 않음
분포?	특정 분포를 가정(예를 들어 정규분포, t-분포 등)	임의 분포
중앙 집중 경향?	평균값	중앙값
모집단에 대한 사전 지식 필요?	필요	불필요

비모수적 검증은 어떻게 수행할까? 통계 검정을 수행하려면 표준분포가 필요하다는 것을 기억하자. 표본분포를 생성하려면 모집단에 대한 분포를 특정해야 한다. 모집단의 분포를 특정할 수 없다면 표본분포를 어떻게 생성하고 검정을 수행할까? 이러한 상황에서 조금 창의적으로 생각한다면 방법이 있다. 예제를 살펴보자.

중앙값 검증

이전 챕터에서 GMAT 점수 중앙값이 500점이라는 귀무가설을 검정하였다. 중앙값이 510점이라는 가설에 대해서 코드를 복제해 보자.

Step 1: 귀무가설 세우기
모집단의 중앙값은 510이다.

Step 2: 데이터 생성 과정과 모집단을 설명해 보자.

GMAT 점수는 수치 데이터이므로, 표준 정규분포에 따른다고 가정해 보자. $N(\mu, \sigma)$인 정규 분표는 언제나 평균에 대하여 대칭이므로, 중앙값은 평균과 같다. 그러므로 $\mu = 510$이고, σ는 표본을 통해 구할 것이다.

Step 3: 표본분포를 생성하시오.

표본분포는 다음과 같이 만들 수 있다.

R
```
set.seed(87654321)
sampsize = nrow(admission)
f1 = function(){
  s1 = rnorm(sampsize, mean = 510, sd = sd(admission$GMAT))
  return(median(s1))
}
sampdist = replicate(10000, f1())
```

Python
```
np.random.seed(87654321)
sampsize = len(admission)
def f1():
    s1 = np.random.normal(size=sampsize, loc = 510, scale = admission.
         std()['GMAT'])
    return np.median(s1)
sampdist = [f1() for _ in range(10000)]
```

Step 4: 표본 통계량을 구해보자. 지난 챕터에서 만든 함수를 불러와서 p-value를 구하고 그래프를 그려보자.

R
```
tstat = median(admission$GMAT)
p_2tail(sampdist,tstat)

[1] 0.0121
```

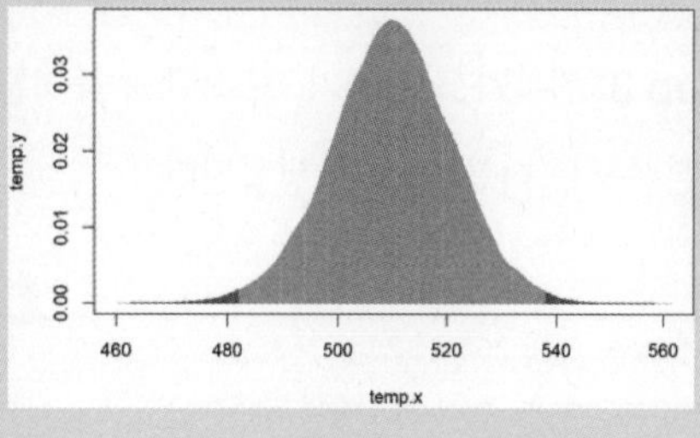

Python
```
tstat = admission.median()['GMAT']
p_2tail(sampdist,tstat)
```

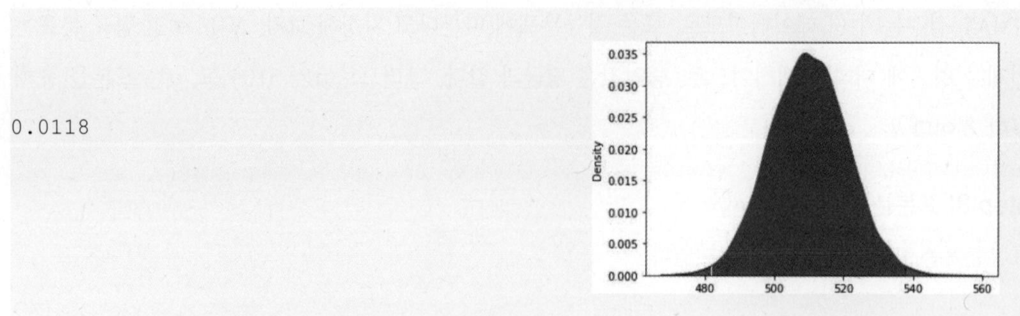

p−value는 0.05보다 낮으므로 모집단의 GMAT 중앙값이 510이라는 귀무가설을 기각할 수 있다. GMAT 점수에 대한 모집단이 정규분포를 따른다는 가정 없이 해당 검정을 수행할 수 있을까? 모집단의 분포에 상관없이 정의에 따라 값의 반은 중앙값보다 작고 나머지 반은 중앙값보다 큼을 알고 있다. 이는 정규분포일 때에도 다른 분포일 때에도 참이다. 앞으로 이 로직을 통계 검정에 이용하도록 하자.

표 9.2 모수적 vs 비모수적: 모집단 비교

모수적 모집단 설명	비모수적 모집단 설명
정규분포	모집단은 중앙값보다 큰 수(1)와 중앙값보다 작은 수(0)로 이루어져 있으며, 둘의 확률은 같다.

이제 중앙값에 대한 비모수적 검증을 수행해 보자.

Step 1: 귀무가설 세우기. 모집단의 중앙값은 510이다.

Step 2: 귀무가설 세우기. 모집단의 중앙값은 510이다.
모집단의 값의 절반은 510 미만이고 나머지 절반은 그 이상이다.

Step 3: 귀무가설 세우기. 모집단의 중앙값은 510이다.
표본분포는 다음 코드로 생성된다.

R

```
set.seed(87654321)
sampsize = nrow(admission)
f1 = function(){
  s1 = sample(x = c(0,1), size = sampsize, replace = T, prob = c(.5,.5))
  return(sum(s1)/sampsize)
}
sampdist = replicate(10000, f1())
```

Python

```
np.random.seed(87654321)
sampsize = len(admission)
def f1():
    s1 = np.random.choice([0,1], size=sampsize, replace = True, p = [.5,.5])
   return (sum(s1)/sampsize)
sampdist = [f1() for _ in range(10000)]
```

Step 4: 표본 통계량을 구해보자. 지난 챕터에서 만든 함수를 불러와서 p-value를 구하고 그래프를 그려보자.

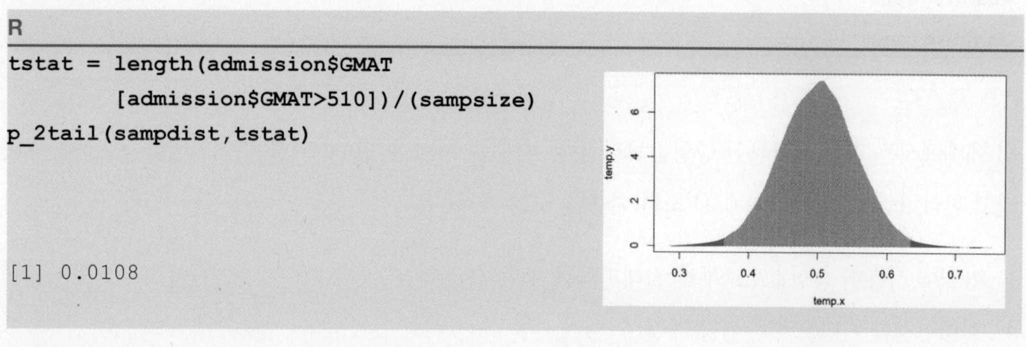

R

```
tstat = length(admission$GMAT
        [admission$GMAT>510])/(sampsize)
p_2tail(sampdist,tstat)

[1] 0.0108
```

Python

```
tstat = len(admission.loc[admission
        ['GMAT']>510])/sampsize
p_2tail(sampdist, tstat)

0.012
```

p-value값이 0.05보다 작으므로 귀무가설을 기각한다. GMAT 점수에 대한 모집단의 분포를 특정하지 않고 이 검정을 수행하였다!

비모수적 검증의 주된 장점은 모집단 분포에 대한 가정을 할 필요가 없다는 점이다. 문제는 우리가 수행하고 싶은 모든 검정에 대하여 비모수적 검증을 수행할 수는 없다는 것이다. 비모수적 검증에 대한 또 다른 문제로는 표본에 대해 아는 모든 정보를 이용하지 않는다는 점에서 검정이 덜 효과적이라는 점이다. 예를 들어, 510보다 큰 모든 수를 1로 낮은 모든 수를 0으로 코딩했을 때, 유용한 정보의 일부가 손실되었다.

모집단 분포가 대칭이라는 가정을 이용하고 싶다면, 표본에 대한 좀 더 많은 정보를 이용하는 **Wilcoxon signed rank test**라고도 불리는 *부호 순위 검정(signed rank test)*을 사용할 수도 있다. 10개의 변수 X가 있는 아래 데이터에서 모집단의 중앙값이 50이라는 가설을 세워보자.

표 9.3 GMAT 점수

X	48	67	56	14	77	41	66	95	52	87
Sign	0	1	1	0	1	0	1	1	1	1
Absolute deviation	2	17	6	36	27	9	16	45	2	37
Rank	1	6	3	8	7	4	5	10	2	9
Positive ranks		6	3		7		5	10	2	9
Negative ranks	1			8		4				

위 예제에서는 가설에 사용한 중앙값보다 낮은 변수는 0, 높은 변수는 1을 부여하였다. 이것을 부호라고 한다. (양수/음수 혹은 0/1) 또한 다음을 구할 수 있다.

1 가설에 사용한 중앙값으로부터 절대편차를 구할 수 있다.
2 절대편차를 기반으로 순위를 매길 수 있다.
3 양수 부호 관측치의 절대편차 합은 통계량과 같다. (6+3+7+5+10+2+9)
4 모집단으로부터 합성 표본을 만들기 위해서, 1에서부터 10까지 시퀀스를 생성해 보자. 다시 말해 표본 사이즈와 동일한 시퀀스를 생성하고 시퀀스 각 값에 0과 1을 같은 확률로 부여하자. 합을 구하여 측정량을 계산하자. 이를 반복하여 표본분포를 생성한다.

이 로직을 사용해서 검정을 수행할 수 있다.

Step 1: 귀무가설 세우기

모집단의 중앙값은 510이다.

Step 2: 데이터 생성 과정과 모집단을 설명해 보자.

모집단의 반은 510보다 작고 나머지 반은 510보다 크다. 모집단 분포는 대칭적이라고 가정한다.

Step 3: 표본분포를 생성한다.

표본분포는 다음 코드로 생성된다.

R

```
set.seed(87654321)
```

```
sampsize = nrow(admission)
f1 = function(){
  s1 = sample(x = c(0,1), size = sampsize,
       replace = T, prob = c(.5,.5))
  r1 = seq(1:sampsize)
  x = sum(r1[s1==1])
  return(x)
}
sampdist = replicate(10000, f1())
plot(density(sampdist))
```

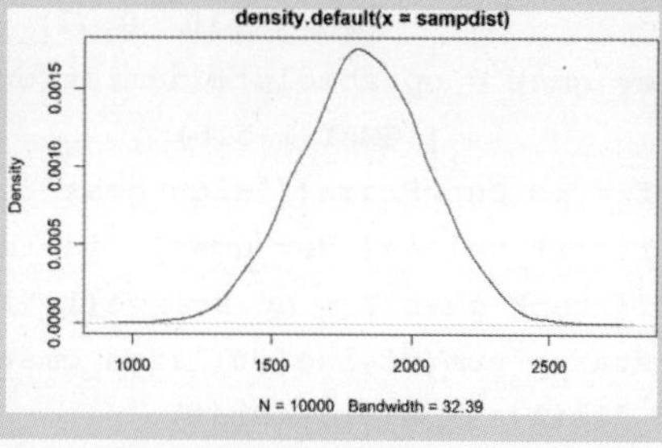

Python

```
np.random.seed(87654321)
sampsize = len(admission)
def f1():
   s1 = np.random.choice([0,1], size = sampsize,
        replace = True, p= [.5,.5])
   r1 = np.linspace(1, sampsize, sampsize)
   x = sum(r1[s1==1])
   return x
sampdist = [f1() for _ in range(10000)]
sns.kdeplot(sampdist)
plt.show()
```

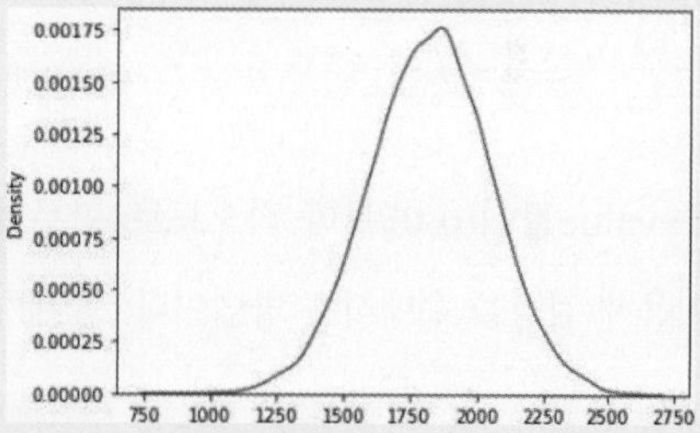

Step 4: 표본 통계량을 구해보자. 지난 챕터에서 만든 함수를 불러와서 p-value를 구하고 그래프를 그려보자.

R

```
sign_gmat = ifelse(admission$GMAT<510,0,1)
dev_gmat = abs(admission$GMAT-510)
df = data.frame(sign_gmat,dev_gmat)
df = df[order(df$dev_gmat),]
df$rank_gmat = seq(1:sampsize)
tstat = sum(df[df$sign_gmat == 1,]$rank_gmat)
p_2tail(sampdist,tstat)
print(tstat)

[1] 0.0064
[1] 1223
```

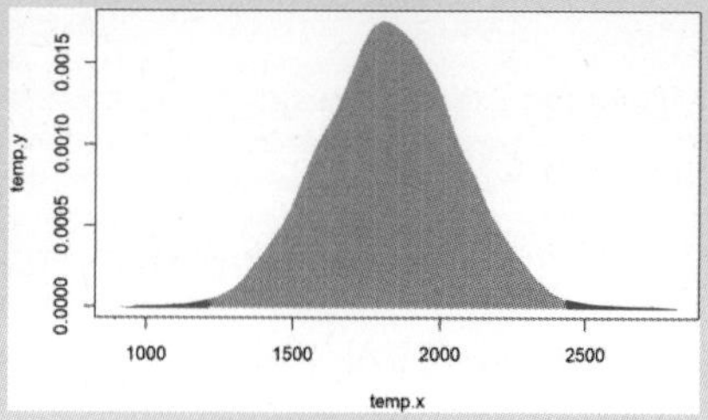

Python

```
sign_gmat = np.where(admission
          ['GMAT']<510, 0, 1)
dev_gmat = np.absolute(admission
          ['GMAT']-510)
df = pd.DataFrame({'sign_gmat':sign_gmat, 'dev_gmat':dev_gmat})
df.sort_values('dev_gmat', inplace = True)
df['rank_gmat'] = np.arange(1, len(df)+1)
tstat = sum(df.loc[df['sign_gmat'] == 1]['rank_gmat'])
p_2tail(sampdist, tstat)
```

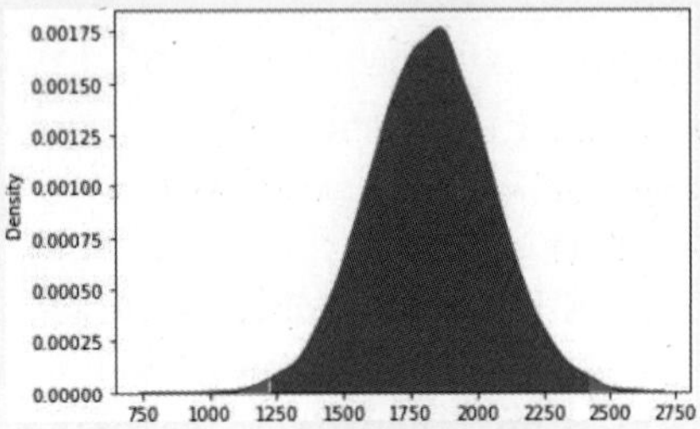

```
0.0082
```

Density
0.00175
0.00150
0.00125
0.00100
0.00075
0.00050
0.00025
0.00000
750 1000 1250 1500 1750 2000 2250 2500 2750

```
print(tstat)
1225
```

p-value값이 0.05보다 작으므로 귀무가설을 기각한다. 통계량은 1223이다. 다음은 내장 함수를 이용해 검정을 수행하는 방법이다. 통계량이 우리가 생성한 코드와 매우 가까움에 주목하자.

R

```
wilcox.test(x = admission$GMAT,mu = 510)

Wilcoxon signed rank test with continuity correction

data:  admission$GMAT
V = 1224.5, p-value = 0.008288
alternative hypothesis: true location is not equal to 510
```

Python

```
from scipy.stats import Wilcoxon
w, p = Wilcoxon(admission['Gmat'])
p

1.1674527799291764e-15
```

첫 번째 검정에서는 분포에 대해서 아무런 가정을 하지 않았고, 두 번째 검정에서는 분포를 특정하지는 않았지만 대칭성을 띈다고 가정했음에 주목하자.

두 표본 검정(TWO-SAMPLE TEST)

8~9살에 해당하는 4학년 학생의 읽기 점수에 대한 데이터가 있다고 가정해 보자. 실험군 Treatment는 특별 읽기 프로그램에 배정되었다. 우리는 읽기 프로그램이 읽기 점수를 향상시키는데 효과적인지를 검정해 보자.

표 9.4 읽기 점수

실험군/대조군	점수
Treatment	24
Treatment	61
Treatment	59
Treatment	46
Treatment	43
Treatment	44
Treatment	52
Treatment	43
Treatment	58
Treatment	67
Treatment	62
Treatment	57
Treatment	71
Treatment	49
Treatment	54
Treatment	43
Treatment	53
Treatment	57
Treatment	49
Treatment	56
Treatment	33
Control	42
Control	33
Control	46
Control	37
Control	43
Control	41
Control	10
Control	42

실험군/대조군	점수
Control	55
Control	19
Control	17
Control	55
Control	26
Control	54
Control	60
Control	28
Control	62
Control	20
Control	53
Control	48
Control	37
Control	85
Control	42

귀무가설은 '실험은 효과적이지 않다'이다. 다시 말해 두 집단 간 평균에는 차이가 없다. 점수가 특정 분포를 따른다고 가정하고 싶지 않다. 어떻게 검정을 수행할 수 있을까?

이를 설명하기 전에, 벡터의 입력값을 무작위로 섞는 코드를 살펴보자. 이 코드를 시행할 때마다, 벡터의 새로운 시퀀스를 생성한다.

R

```
v = c(1,2,3,4,5)
sample(v)

## [1] 4 3 2 5 1
```

Python

```
v = (1, 2, 3, 4, 5)
np.random.choice(v, size=len(v))

array([4, 3, 1, 4, 1])
```

이 검정을 세우는 데 사용될 로직은 다음과 같다.

만약 귀무가설이 실험은 효과적이지 않다라면, 실험군(Treatment)과 대조군(Control) 사이에 차이는 존재하지 않음을 의미한다. 따라서, 모든 값을 하나의 풀에 넣고 섞어서 무작위로 두 가지 그룹으로 나누어 보자. 두 그룹의 평균 차이는 단순히 표본 오류에 기인하며, 두 그룹 사이에 아무런 실질적인 차이는 존재하지 않는다.

데이터를 불러와서 살펴보자.

R

```
twosample = read.csv("twosample.csv")
table(twosample$group)

  Control Treatment
       23        21
```

Python

```
twosample = pd.read_csv('../data/twosample.csv')
twosample.groupby('group').count()

             score
group
Control         23
Treatment       21
```

Step 1: 귀무가설 세우기

실험군과 대조군의 평균 간에는 차이가 없다.

Step 2: 데이터 생성 과정과 모집단을 설명해 보자.

두 그룹 사이에 차이가 존재하지 않으므로, 하나의 그룹으로 묶을 수 있다.

Step 3: 표본분포를 생성하시오.

표본분포는 다음과 같이 만들 수 있다.

R

```
set.seed(87654321)
f1 = function(){
  pool = twosample$score
  s1 = sample(pool)
  control1 = s1[1:23]
  treatment1 = s1[24:44]
  return(abs(mean(treatment1)-mean(control1)))
}
sampdist = replicate(10000, f1())
plot(density(sampdist))
```

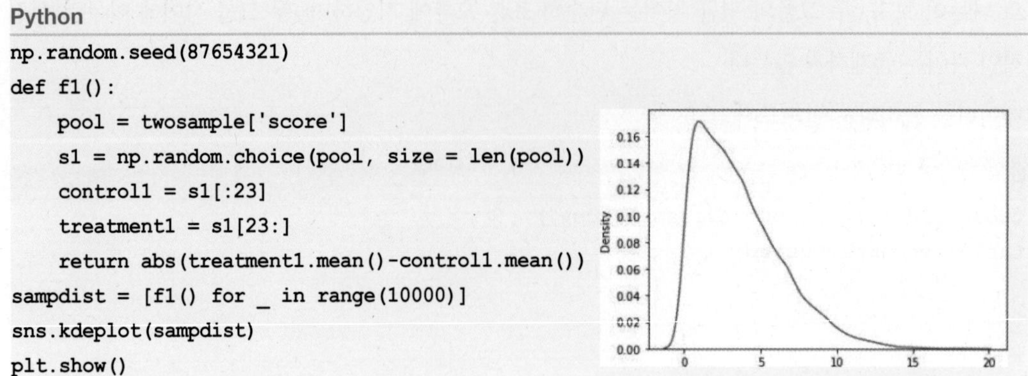

Python

```
np.random.seed(87654321)
def f1():
    pool = twosample['score']
    s1 = np.random.choice(pool, size = len(pool))
    control1 = s1[:23]
    treatment1 = s1[23:]
    return abs(treatment1.mean()-control1.mean())
sampdist = [f1() for _ in range(10000)]
sns.kdeplot(sampdist)
plt.show()
```

Step 4: 표본을 추출하여 p-value와 통계량을 구해보자.

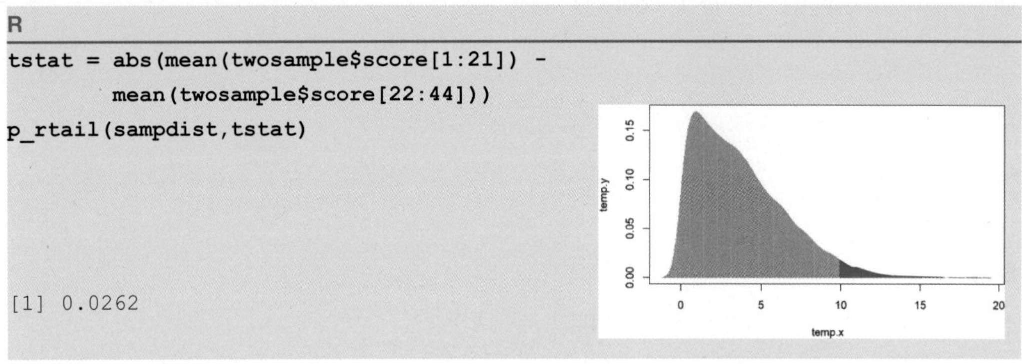

R

```
tstat = abs(mean(twosample$score[1:21]) -
        mean(twosample$score[22:44]))
p_rtail(sampdist,tstat)

[1] 0.0262
```

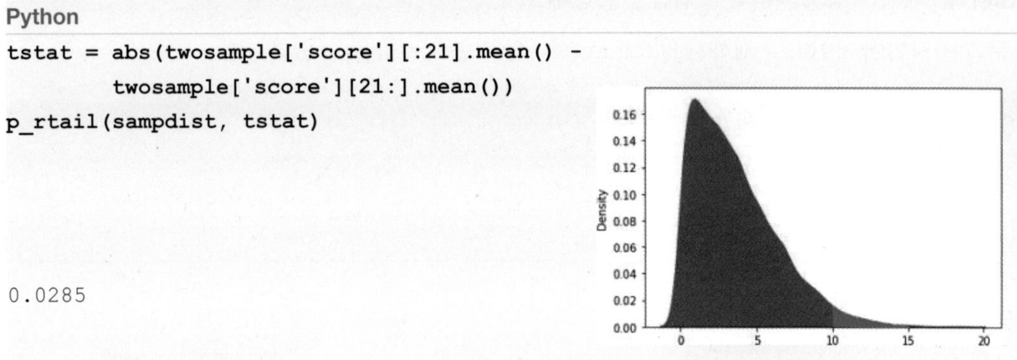

Python

```
tstat = abs(twosample['score'][:21].mean() -
        twosample['score'][21:].mean())
p_rtail(sampdist, tstat)

0.0285
```

p-value가 0.05보다 낮으므로, 두 그룹 사이에 차이가 없다는 귀무가설을 기각할 수 있다. 학생 점수 분포에 대해서 아무런 가정을 하지 않았음에 주목하자. 같은 방식으로 특별 읽기 프로그램에 대하여 중앙값이나 3사분위수에 대해서도 검정을 수행할 수 있다.

상관관계 검정

두 모집단 분포에 대한 아무런 가정 없이 두 연속 변수의 상관관계를 검정하는 비모수적 검증을 수행해 보자.

기본 로직은 두 표본 검정과 비슷한다. 파일 immer.csv 데이터를 가져오자.

표 9.5 immer.csv 파일의 데이터

Loc	Var	Y1	Y2
UF	M	81.0	80.7
UF	S	105.4	82.3
UF	V	119.7	80.4
UF	T	109.7	87.2
UF	P	98.3	84.2
W	M	146.6	100.4
W	S	142.0	115.5
W	V	150.7	112.2
W	T	191.5	147.7
W	P	145.7	108.1

Y1와 Y2 사이에 양의 상관관계가 있다고 가정해보자. 무슨 의미일까? Y1 값이 크면, 대응하는 Y2 값도 큰 경향이 있다는 것이다. 비슷하게, Y1 값이 작으면, 대응하는 Y2 값도 작은 경향이 있다. 반대 경향은 상관관계가 음수일 때 발생한다. 두 변수 사이에 상관관계가 없다면 하나의 변수에 대한 값이 다른 변수의 값에 영향을 미치지 않는다. 다시 말해, 상관관계가 없다면, 아무런 패턴 없이 무작위로 섞인 값을 보게 될 것이다.

Step 1: 귀무가설 세우기

Y1와 Y2 사이에는 상관관계가 없다.

Step 2: 데이터 생성 과정과 모집단을 설명해 보자.

상관관계가 없으므로, 벡터를 무작위로 섞은 뒤 표본분포를 생성해서 상관관계를 계산해 보자.

Step 3: 표본분포를 생성하시오.

표본분포는 다음과 같이 만들 수 있다.

R

```
set.seed(87654321)
f1 = function(){
  s1 = sample(immer$Y1)
  s2 = sample(immer$Y1)
  return(cor(x = s1,y = s2))
}
sampdist = replicate(10000, f1())
plot(density(sampdist))
```

Python

```
from scipy.stats.stats import pearsonr

np.random.seed(87654321)
def f1():
    s1 = pd.DataFrame([immer['Y1'].
         sample(n=len(immer))]).T
    s2 = pd.DataFrame([immer['Y1'].
        sample(n=len(immer))]).T
    return (pearsonr(s1['Y1'], s2['Y1'])[0])
sampdist = [f1() for _ in range(10000)]
sns.kdeplot(sampdist)
plt.show()
```

Step 4: 표본을 추출하여 p-value와 통계량을 구해보자.

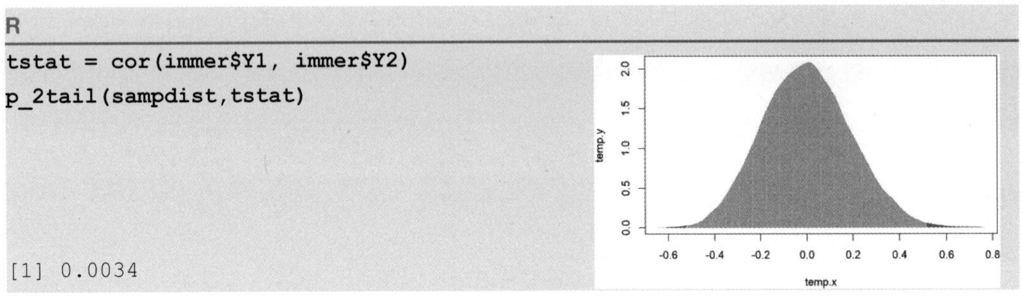

R

```
tstat = cor(immer$Y1, immer$Y2)
p_2tail(sampdist,tstat)
```

```
[1] 0.0034
```

Python

```
tstat = pearsonr(immer['Y1'], immer['Y2'])[0]
p_2tail(sampdist, tstat)
```

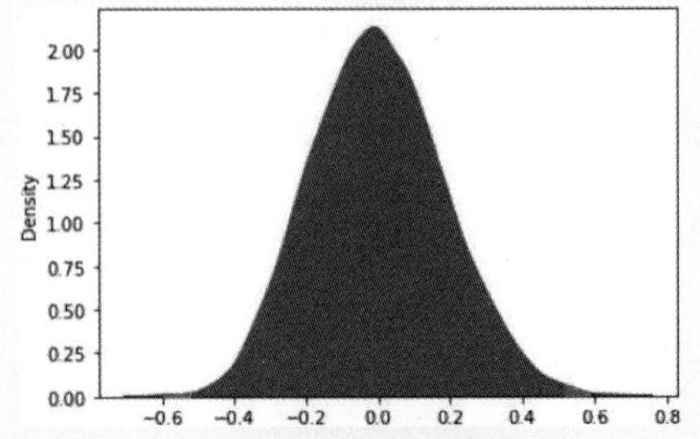


```
0.0034
```

p-value 값이 매우 작으므로, 두 변수 사이에 상관관계가 존재하지 않는다는 귀무가설을 기각할 수 있다. 추가적으로, 두 변수의 모집단 분포에 대해서는 아무런 가정도 하지 않았다.

부트스트래핑

부트스트래핑은 비모수적 검증에 있어 모집단의 분포를 결정하는 데 아주 인기있는 기법이다. 우선 Merriam-Webster 사전상 용어 정의에 대해 알아보자.

부트스트랩(bootstrap)은 '거의 혹은 전혀 외부의 도움을 받지 않고 주도적으로 개발하거나 발전하다'라는 의미이다. 어떻게 작동하는지 살펴보자. 다음과 같은 표본이 있다고 가정해보자.

Observed number of complaints = (4, 3, 5, 13, 7, 10, 9, 9, 3, 6, 4, 3, 7, 10, 7, 6, 7, 8, 7, 7)

이 표본을 생성한 모집단을 어떻게 설명할 수 있을까?

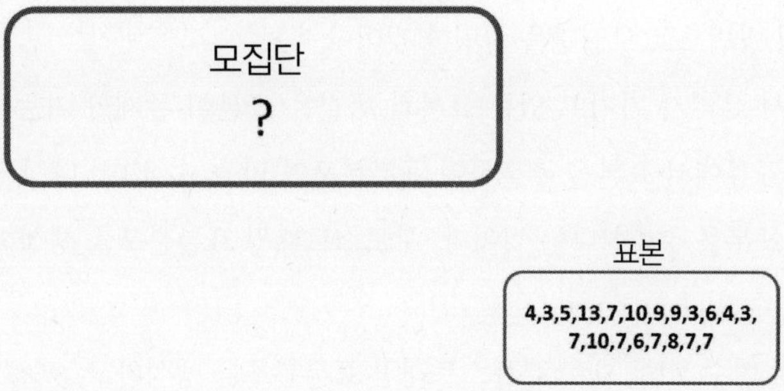

모집단
?

표본
4,3,5,13,7,10,9,9,3,6,4,3,
7,10,7,6,7,8,7,7

그림 9.1 부트스트래핑 - 표본

부트스트래핑 접근법은 다음과 같다.

1 표본은 모집단으로부터 추출되었기 때문에 **그림 9.2**에서 볼 수 있는 것처럼 표본은 명백하게 모집단의 부분이다.

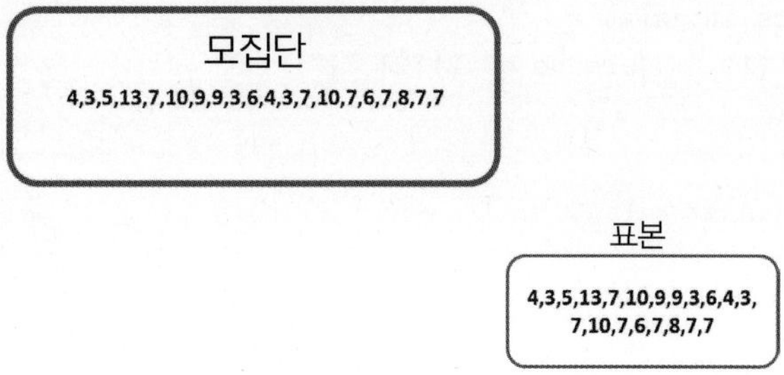

모집단
4,3,5,13,7,10,9,9,3,6,4,3,7,10,7,6,7,8,7,7

표본
4,3,5,13,7,10,9,9,3,6,4,3,
7,10,7,6,7,8,7,7

그림 9.2 부트스트래핑 - 모집단

2 부트스트래핑은 우리가 가지고 있는 표본은 이를 추출한 모집단을 합리적으로 대표하고, 우리가 가지고 있지 않은 모집단의 데이터 역시 우리가 가지고 있는 데이터와 비슷할 것이라고 가정한다. 이를 반복적으로 수행하면, 모집단은 **그림 9.3**과 비슷하게 보일 것이다.

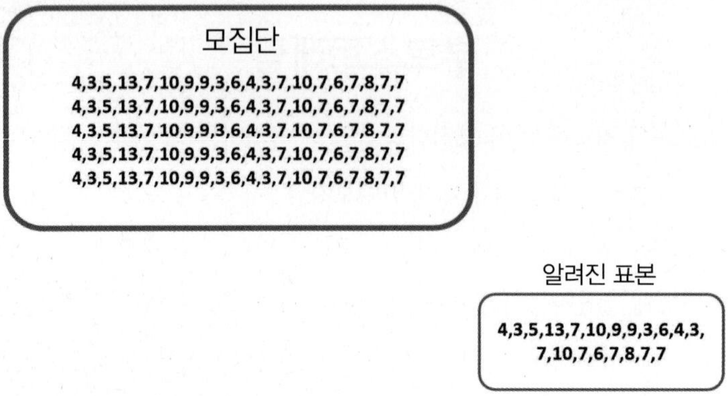

그림 9.3 부트스트래핑 - 최종 모집단

이것이 부트스트래핑 방법으로 모집단을 설명한 것이다.

이 개념은 모집단에서 우리가 가지고 있는 표본과 똑같은 표본이 존재할 가능성이 있다는 것이다. 우리가 가지고 있는 표본에서 표본을 추출하여 표본분포를 만들 수 있다. 다시 말해 우리는 복원 추출을 통해 표본에서 표본을 추출한다는 것이다. 부트스트래핑 표본분포를 생성하면, 가설 검정을 위한 신뢰 구간도 구할 수 있다.

immer.csv 파일에서 변수 **Y1**에 대한 부트스트래핑 표본분포를 생성하고, 95% 신뢰 구간을 구해보자.

R

```
bootsampdist = replicate(10000, mean(sample(immer$Y1, replace = T)))

q2 = quantile(bootsampdist, c(.05/2,1-(.05/2)))
plot(density(bootsampdist))
abline(v = q2, col = "red")
paste("95% Confidence interval =
    [", round(q2,2)[1],", ",round(q2,2)[2],"]")

[1] "95% Confidence interval = [ 99.5 ,  119.73 ]"
```

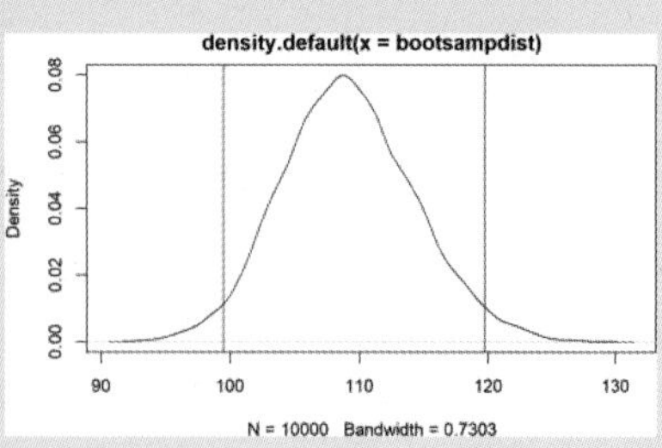

Python

```
bootsampdist = [immer['Y1'].sample(n=len(immer), replace=True). mean() for _
```

```
                in range(10000)]

q2 = np.quantile(bootsampdist,
     (.05/2, 1-(.05/2)))
sns.kdeplot(bootsampdist)
plt.vlines(x = q2, ymin = 0, ymax = 0.08, color = 'r')
print("95% Confidence interval = [", np.round
     (q2,2)[0], ", ", np.round(q2,2) [1], "]")

95% Confidence interval = [ 99.34 ,  119.4 ]
```

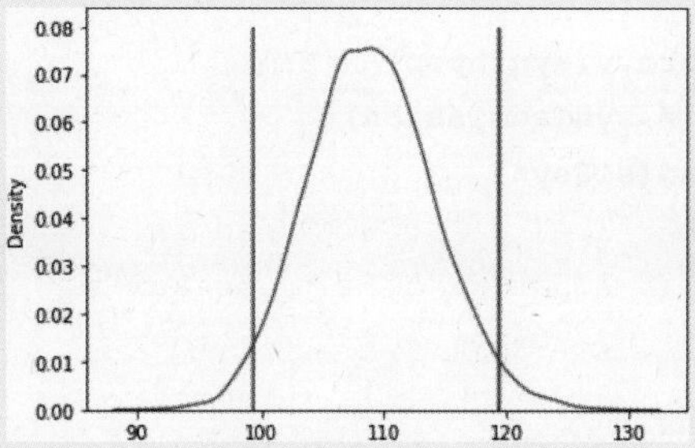

신뢰 구간이 정의되면, 모집단 값이 구간 밖에 존재한다는 귀무가설을 기각할 수 있다.

합성 데이터와 GANs

머신러닝에 대한 흥미로운 트렌드 중 하나는 *합성 데이터(synthetic data)* 생성 기술의 발달이다. 합성 데이터셋의 아이디어는 실제 데이터셋에서 정보를 추출하고 실제 데이터셋을 합성 데이터로 재표현하는 프로세스를 개발하는 것이다. 이 방법은 주로 대외비 정보를 포함하고 있는 데이터셋을 공공 소비를 위해 광범위하게 데이터 공유를 하기 위해 사용한다. 원본 데이터에 기반한 합성 데이터는 원본 데이터의 특성을 가지고 있으며, 동시에 민감한 정보가 유출되는 것을 방지할 수 있다. 그러므로 합성 데이터는 필요한 데이터가 제한적이거나 데이터 공유에 있어 위험이 있을 때 강력한 도구이다. 합성 데이터 생성을 위한 많은 기술이 이미 개발되었으며, 지속적으로 이 분야에 대한 활발한 연구가 이루어지고 있다. (참고: Raghunathan, Trivellore E., 'Synthetic data', *Annual Review of Statistics and Its Application*, 2021, 8: 129–40)

합성 데이터의 초기 동기는 기밀 데이터를 보호하면서 데이터를 공유하기 위함이었으나 모집단으로부터 표본을 생성하고 설명하는 부트스트래핑 형태로도 사용되고 있다. *synthpop* 패키지를 사용해서 간략히 살펴보자. (패키지에 대한 추가 정보는 www.synthpop.org.uk/를 확인하시오)

R

```
head(admission)
1       2.96        596       admit
2       3.14        473       admit
3       3.22        482       admit
4       3.29        527       admit
5       3.69        505       admit
6       3.46        693       admit

library(synthpop)
s1 = syn(admission)
head(s1$syn)
1       3.47        609       admit
2       2.57        509       notadmit
3       2.90        483       border
4       3.26        467       admit
5       2.51        528       notadmit
6       3.03        596       border
```

Python

```
admission.head()
         GPA     GMAT          De
0       2.96      596       admit
1       3.14      473       admit
2       3.22      482       admit
3       3.29      527       admit
4       3.69      505       admit

from synthpop import Synthpop
spop = Synthpop()
dtypes = {"GPA":'float', "GMAT":'int', 'De':'category'}
spop.fit(admission, dtypes)
s1 = spop.generate(len(admission))
s1.head()
         GPA    GMAT           De
0       2.85     483       border
1       3.60     552        admit
2       2.86     494       border
3       3.69     521        admit
4       3.38     431        admit
```

앞의 코드를 사용해서 부트스트래핑 표본을 생성하고, 신뢰 구간을 구하고 가설을 검정할 수 있다.

Generative Adversarial Networks(GANs)은 머신러닝에 있어 흥미로운 최근의 혁신 분야이다(https://developers.google.com/machine-learning/gan을 참고하시오). GANs는 원본 데이터와 닮은 새로운 합성 데이터를 생성하는 생성 모델이다. GANs는 정형 데이터뿐만 아니라 합성 이미지, 소리, 비디오를 생성하는 데 사용되고 있다. GANs에는 두 가지 주요 구성요소가 있다. 생성기는 새로운 데이터를 생성하는 용이고, 판별기는 생성기에서 생성된 데이터를 구별하는 용이다. 생성기의 목적은 판별기를 속이는 것이고, 판별기의 목적은 속지 않는 것이다. 그 결과 합성 데이터는 원본 데이터와 아주 비슷해 보이게 된다.

통계 검정의 기본 아이디어와 원칙은 논리적이고 직관적이다. 우리는 R과 Python을 이용해서 어떤 통계 검정이든 만들고 수행할 수 있다. 이제 더 이상 통계 검정을 블랙박스나 마술이나 어둠의 기술로 생각하지 말자!

사용 사례: 패스트푸트 마케팅 캠페인 - 비모수적 검증

모집단의 분포를 확신할 수 없고, 아무런 가정도 하고 싶지 않을 때에는 비모수적 검증을 사용하면 된다. 새로운 프로세스에 대한 데이터이거나 판단을 내리기엔 데이터가 제한적인 등 모집단에 대한 정보가 충분하지 않을 때에 이 방법은 매우 합리적이다.

예를 들어 패스투푸드 체인에서 새로운 제품을 출시했고, 이를 프로모션하는 방법에 세 가지가 있을 때이다. 500개가 넘는 지점이 프로모션 시범 대상으로 선정되었고, 시범적 프로모션은 수 주에 거쳐 진행된다. 하지만 프로모션이 끝날 때까지 결과 판단을 보류할 수 없다. 경영진은 진행 상황에 대한 정기적인 보고를 원한다. 만약 특출난 프로모션 '승자'가 있다면, 시범 프로모션이 끝날 때까지 나머지 지점에서 프로모션을 시작하지 않고 기다릴 필요가 있을까?

모든 프로모션이 동일한 **SalesinThousands**(판매 중앙값)를 생성한다는 귀무가설로 시작해 보자.

어떤 프로모션을 선택할까? 작은 데이터셋에서 시작하기

매장 관리인이 프로모션별 판매 결과를 구별하는 데 시간이 걸린다는 문제가 있다. 1주차에는 오직 6개 지점의 결과가 입수되었다.

R

```
df = read_excel("WA_Marketing-Campaign.xlsx")
store_locs = c(920, 217, 2, 3, 302, 203)
df_week1 = df[df$week==1 & df$LocationID %in% store_locs,]
df_week1
```

Python

```
# These 5 stores, LocationID, are the first to report in week 1.
store_locs = [920, 217, 2, 3, 302, 203]
df_promos_wk1 = df[(df['week'] == 1) & (df['LocationID'].isin(store_locs))]

df_promos_wk1
```

	MarketSize	LocationID	Age of Store	Promotion	Week	SalesInThousands
MarketID						
1	Medium	2	5	2	1	27.81
1	Medium	3	12	1	1	44.54
3	Large	203	12	3	1	89.70
3	Large	217	5	3	1	91.61
4	Small	302	7	3	1	51.47
10	Large	920	14	2	1	50.20

이 데이터는 세 개의 매장에서 Promotion 3을, 한 개의 매장에서 Promotion 1을 시행한 불균형하고 작은 양의 표본이다. 그래도 Promotion 실적을 보고해야 한다. Promotion 3의 SalesinThousands가 Promotion 1보다 월등하게 좋거나 나쁜가? (아직까지는) 분포나 다른 정보가 없지만, 질문에 대하여 대답해야 한다.

몇 개 안되는 표본으로 그린 빈도 그래프로는 별다른 인사이트를 추출하기 어렵다. 그래도 우리가 직면한 문제는 보여줄 수 있다.

R

```
hist(df_week1$SalesInThousands,breaks=4,
     main="Fast Food Promotion: frequency distribution")
```

Python

```
plt.figure(figsize = (10,7))
plt.title('Fast Food Promotion: frequency distribution')
plt.hist(df_promos_wk1['SalesInThousands'], bins = 5)
```

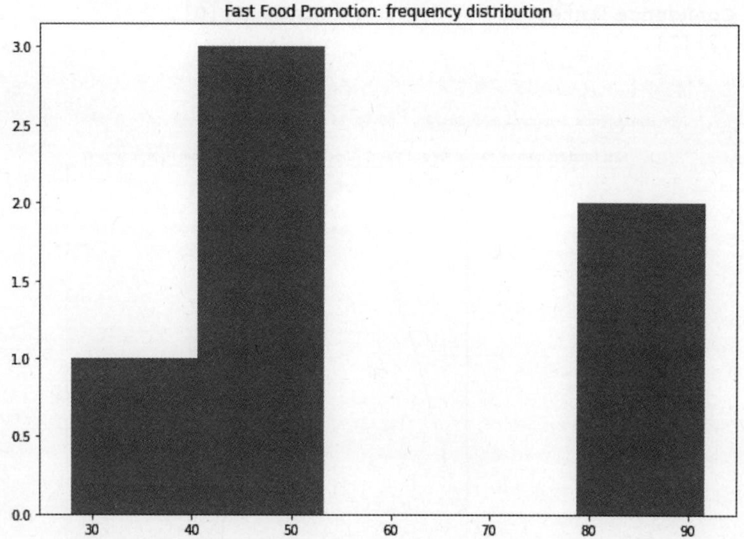

그림 9.4 패스트푸드 프로모션의 빈도 분포

부트스트래핑을 이용해서 분포를 생성하고 SalesinThousands를 비교할 수 있다. 그리고 상대적으로 어떤 Promotion들이 효과적인지도 알 수 있다.

이 챕터에서 배운 대로, 가지고 있는 데이터를 이용해서 **bootsampdist**를 생성하고 95% 신뢰 구간을 그려보자.

R

```
bootsampdist = replicate(10000, mean(sample(df_week1$SalesInThousands,
               replace = T)))
q2 = quantile(bootsampdist, c(.05/2,1-(.05/2)))
plot(density(bootsampdist))
abline(v = q2, col = "red")
paste("95% Confidence interval = [", round(q2,2)[1],", ",round(q2,2)[2],"]")
```

Python

```
bootsampdist = [df_promos_wk1['SalesInThousands'].sample(n = 10000,
replace = True).mean() for _ in range(10000)]
q2 = np.quantile(bootsampdist, (.05/2, 1-(.05/2)))

plt.figure(figsize = (10,7))
plt.title('Fast Food Promotion: Partial Week 1 SalesInThousands
Distribution From Boot Strapping')
sns.kdeplot(bootsampdist)
plt.vlines(x = q2, ymin = 0, ymax = 1.7, color = 'r')
```

```
print("95% Confidence interval = [", np.round(q2,2)[0], ", ",
np.round(q2,2)[1], "]")
```

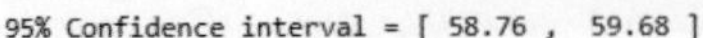

95% Confidence interval = [58.76 , 59.68]

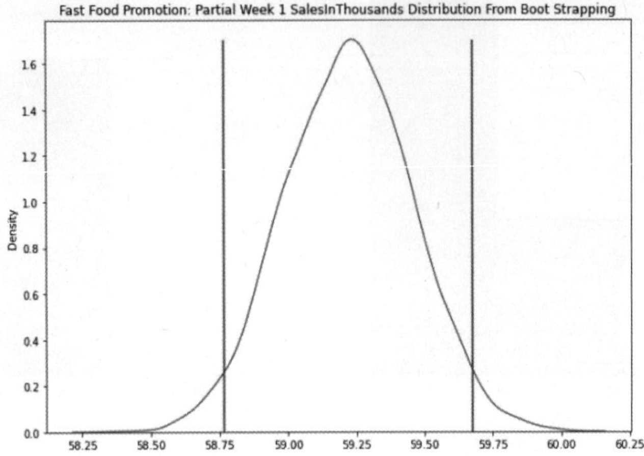

이제 Promotion별 SalesInThousands값의 중앙값을 비교해 보자.

R

```
aggregate(df_week1$SalesInThousands,list(df_week1$Promotion),median)
```

Python

```
# Get median values for each Promotion so far…
df_promos_wk1_grouped = df_promos_wk1.groupby(by="Promotion").median()
df_promos_wk1_grouped
```

Unpromising Promotions? Only 6 Stores Report At the End of Week1

Promotion	AgeofStore	week	SalesInThousands
1	12.0	1.0	44.540
2	9.5	1.0	39.005
3	7.0	1.0	89.700

Promotion 1은 95% 신뢰구간에서 SalesInThousands 〈 58.76을 보이므로, 이는 형편 없는 프로모션 결과를 보여준다. Promotion 3 SalesInThousands는 〉59.68인데, 상당히 효과적인 프로모션 성과를 의미한다. Promotion 1과 3에 대해서, 우리는 귀무가설을 기각할 수 있다. 하지만 아직 시범의 초기 단계이니 결과를 좀 더 기다려보고 검정을 수행하자.

어떤 Promotion을 선택할까? 1주차 전체 데이터

1주차 전체 데이터를 입수하였다. 137개 지점 데이터로 이전 데이터보다는 훨씬 많다. 이 데이터셋으로 부트스트래핑과 통계 검정을 재수행해 보자.

R

```
df1 = df[df$week==1,]
bootsampdist = replicate(10000, mean(sample(df1$SalesInThousands, replace =
T)))
q2 = quantile(bootsampdist, c(.05/2,1-(.05/2)))
plot(density(bootsampdist))
abline(v = q2, col = "red")

paste("95% Confidence interval = [", round(q2,2)[1],", ",round(q2,2)[2],"]")
```

Python

```
# All data in for week one
df_promos_all_wk1 = df[(df['week']==1)]
```

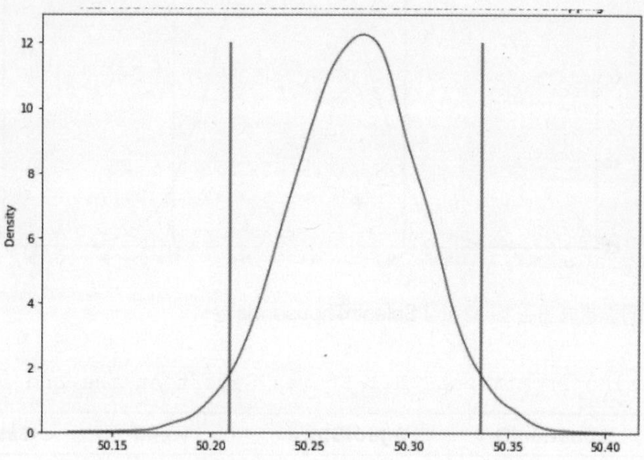

그림 9.5 부트스트래핑으로 얻은 1주차 마감 SalesInThousands 분포

부트스트래핑을 통해 95% 신뢰구간에서 각 프로모션의 중앙값을 계산하고 비교하자.

```
Unpromising Promotions? All Stores Report At the End of Week1
```

Promotion	LocationID	AgeofStore	week	SalesInThousands
1	512	6	1	53.79
2	502	7	1	46.02
3	501	8	1	51.01

이전에 수행한 검정과 비교했을 때 신뢰 구간이 눈에 띄게 바뀌었음에 주목하자. 신뢰 구간 하한은 이제 50.21이다. (이전 결과에서는 58.76이었다.) **Promotion** 2와 **Promotion** 3이 형편없는 프로모션이며, 귀무가설을 기각할 수 있다. 이전 검정 결과와 상당히 다른 결과이다. 하지만 이전보다 조금 더 많은 데이터를 통해 **Promotion** 1이 효과적이라는 결론을 낼 수 있다.

가능한 데이터 전체: 경험적 분포를 이용한 판단

4주차가 끝날 때, 실험에서 얻은 모든 데이터를 가지고 있지만 여전히 완전한 모집단은 아니고, 그를 얻기 위해서는 전 세계 모든 패스트푸트 레스토랑에서 프로모션을 시행해야 할 것이다. 부트스트래핑을 통해서 더 큰 데이터셋을 만들어 보자.

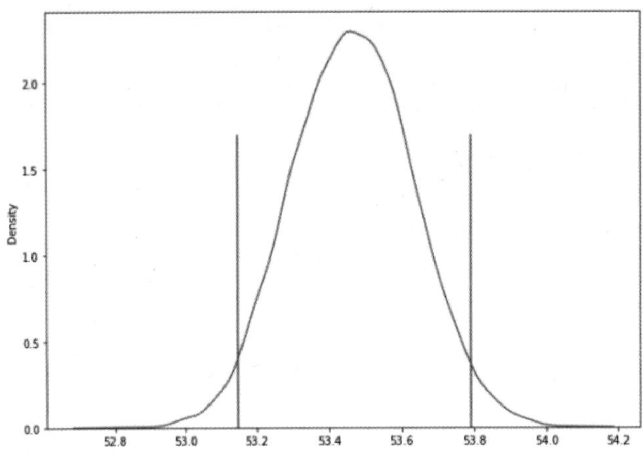

그림 9.6 부트스트래핑을 통해 만든 1주차 마감 SalesInThousands 분포

`Unpromising Promotions? All Stores Report At the End of Week4`

Promotion	LocationID	AgeofStore	week	SalesInThousands
1	512.0	6.0	2.5	55.385
2	502.0	7.0	2.5	45.385
3	501.0	8.0	2.5	51.165

신뢰 구간이 또 바뀌었습니다. 하지만 첫 번째와 두 번째 검정 결과보다는 작은 변화로, 데이터가 보다 안정된 것을 의미한다. **Promotion** 1의 중앙값은 신뢰 구간보다 크며, **Promotion** 2와 3의 중앙값은 신뢰 구간보다 작다. 따라서 전체 프로모션에 대해서 귀무가설을 기각할 수 있다. 우리의 선택은 직관적이다. **Promotion** 1이 최고의 결과를 만들었다.

판매의 경험적 분포를 평가해보자. Promotion 1이 실제로도 최고의 선택임을 알 수 있다. 하지만 결과를 계속해서 지속적으로 모니터링하는 것이 좋다.

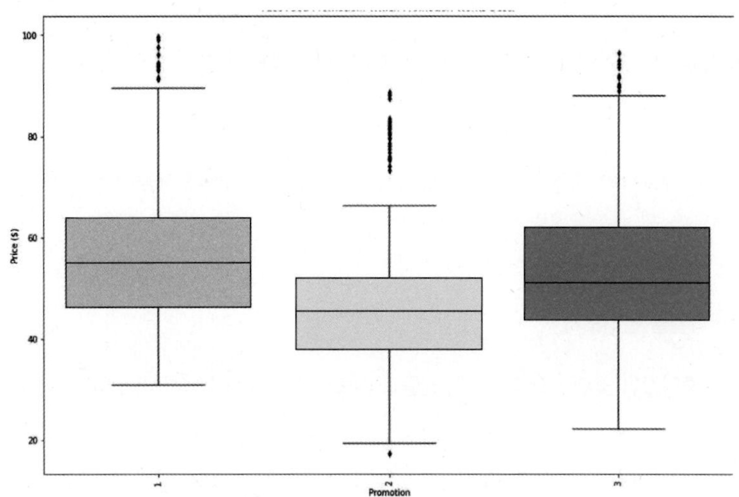

그림 9.7 어떤 프로모션이 가장 뛰어난 효과를 보이는가?

요약

이번 챕터에서는 모집단의 분포를 모르거나 표본이 너무 작을 때 가설 검증을 할 수 있는 비모수적 검증을 배웠다. 모집단의 중앙값에 대해 비모수적 검증을 수행하는 방법을 배웠고, 이를 이용해 모집단의 사분위수 검증으로도 쉽게 확장할 수 있었다. 변수 사이의 상관관계를 측정하기 위해 *두표본* 검정과 *상관관계* 검정도 다루었다. 마지막으로 모수적 검증을 사용할 수 없거나 사용하고 싶지 않을 때 모집단의 특성을 추정하고 가설 검증을 구성할 수 있는, *대체 기술을 사용한 무작위 추출 기법인 부트스트래핑*에 대해서 다루었다.

연습문제

연습문제를 수행하기 위해, 다음 링크에서 제공하는 데이터셋을 다운받자.

https://study.sagepub.com/gopal

1 *GMAT* 점수 3사분위가 600이라는 귀무가설에 대해 비모수적 검증을 수행하시오.

2 한 고객이 패스트푸드 음식점 주인이 노인을 차별한다는 불만을 제기하였다. 60세 이상의 고객에게는 60세

미만의 고객보다 작은 양의 감자튀김을 제공한다고 주장하였다. 음식점 주인은 평소와 같은 데이터 수집을 위해 직원들에게 알리지 않고 데이터를 수집하였다. 다음은 두 그룹의 고객에게 제공된 감자튀김의 무게(그램)이다.

60세 미만 그룹: 75 77 80 69 73 76 78 74 75 81 75 80 79 80

60세 이상 그룹: 68 74 77 71 73 75 80 77 78 72 69 71 75 78

해당 불만을 평가하기 위해 비모수적 두 표본 검정(다시 말해 두 그룹 사이에 제공된 무게 평균이 다른지 아닌지)을 수행하시오.

Real_estate.csv 파일을 불러오자.

1 모집단 *price* 중앙값이 300인 것에 모수적 검증과 비모수적 검증을 수행하시오. 어떤 검증이 더 믿을만한가?

UK-Bank-Customers.csv 파일을 불러오자.

2 **Balance** 중앙값이 *Blue Collar*와 *White Collar* 고객에서 동일하다는 가설에 대해 비모수적 두표본 검정을 수행하시오.

3 부트스트래핑을 이용하여 *Female* 고객의 **Balance** 중앙값에 대한 99% 신뢰 구간을 생성하시오.

Baseball.csv를 불러오자.

4 부트스트래핑을 이용하여 변수 **Average**의 사분위간 범위에 대한 95% 신뢰 구간을 구하시오. 사분위간 범위란 3사분위(75%)와 1사분위(25%) 값의 차이를 말한다.

Health.csv 파일을 불러오자.

5 변수 **faminc**는 가족 수입을 나타낸다. 중앙값 1.75를 보수적 검증과 비모수적 검정 두 가지로 모두 수행하시오.

6 두 개의 변수 **males**와 **ofp**가 있다. 후자는 환자들이 오피스에 방문한 횟수를 나타낸다. **ofp** 평균값이 males와 female 양측에 같다는 가설에 대하여 비모수적 두표본 검정을 수행하시오.

※ 10장은 홈페이지에서 pdf 파일로 제공합니다.

11

추정의 기본 원칙

목차

다음과 같은 표본 데이터가 있다고 가정해보자.

```
x = (4,3,5,13,7,10,9,9,3,6,4,3,7,10,7,6,7,8,7,7)
```

포아송 분포로 설명할 수 있는 모집단에서 추출한 표본이다. 아래 그림에서 설명해보자.

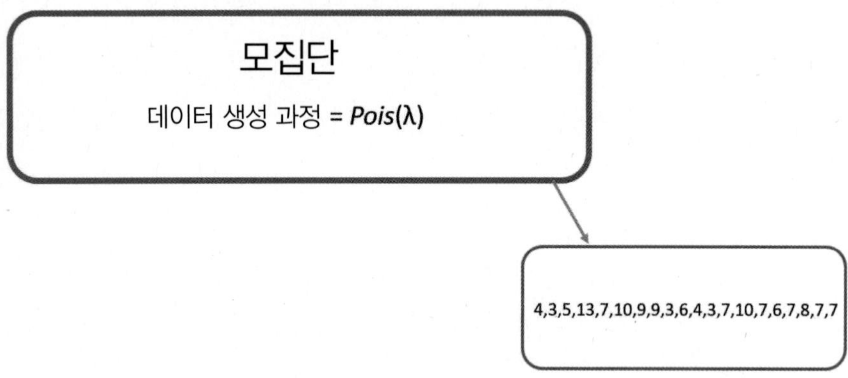

그림 11.1 포아송 분포에서 추출한 표본

통계 검정을 수행할 때, 모집단 파라미터 λ에 대한 가설에서 출발한다. 그리고 가설을 기각할지 기각하지 않을지를 결정하는 검정을 설계한다. 하지만 통계 추정에서는 다음과 같은 질문을 한다. 우리가 관찰한 데이터를 가장 잘 설명할 수 있는 λ의 추정치는 무엇일까? 다시 말해 **통계 검정**은 파라미터에 대한 가설(예를 들어 $\lambda=3$ 혹은 $\lambda \leq 3$)이 **진실인지**를 묻는 것이다. **통계 추정**에서는 파라미터의 추정치가 **얼마인지**를 묻는 것이다. 추정에서 가장 인기 있는 방법은 최대우도추정(maximum likelihood estimation)이다.

우도(Likelihood) 원칙

우리의 목적은 우리가 가지고 있는 데이터를 가장 잘 설명할 수 있는 λ의 값을 찾는 것이다. λ의 초기값 6부터 시작하도록 하자. 표본에서 첫 번째 값이 4임에 주목하자. 만약 λ가 6이라면, 값이 4일 확률은 얼마일까? 마찬가지로 두 번째 관측치가 3일 확률은 얼마일까? 이를 관측할 확률은 얼마일까? 다음 코드를 통해 이 질문들에 답할 수 있다.

R

```r
x = c(4,3,5,13,7,10,9,9,3,6,4,3,7,10,7,6,7,8,7,7)
lam = 6
```

```
dpois(x = 4, lambda = lam)

[1] 0.1338526
dpois(x = 3, lambda = lam)

[1] 0.08923508
```

Python

```
x = np.array([4,3,5,13,7,10,9,9,3,6,4,3,7,10,7,6,7,8,7,7])
lam = 6
scipy.stats.poisson.pmf(k = 4, mu = lam)
0.13385261753998332
```

만약 λ가 6이라면 관측치 4를 발견할 확률은 0.1138526이고 3을 발견할 확률은 0.08923508이다. 4와 3을 모두 발견할 확률은 얼마일까? 두 관측치가 독립적이라고 가정하면 확률은 0.1338526 × 0.08923508이다.

표본의 관측치 각각에 대한 확률을 구해보자.

R

```
lam = 6
p = dpois(x = x, lambda = lam)
print(round(p,3))

[1] 0.134 0.089 0.161 0.005 0.138 0.041 0.069 0.069 0.089 0.161 0.134
[12] 0.089 0.138 0.041 0.138 0.161 0.138 0.103 0.138 0.138
```

Python

```
lam = 6
p = scipy.stats.poisson.pmf(k = x, mu = lam)
print(np.round(p,3))

[0.134 0.089 0.161 0.005 0.138 0.041 0.069 0.069 0.089 0.161 0.134 0.089
0.138 0.041 0.138 0.161 0.138 0.103 0.138 0.138]
```

각 관측치에 대한 확률을 가지고, 표본 전체에 대한 확률을 구해보자.

먼저 표기법을 소개할 것이다. 표본 관측치를 $x_1, \dots, x_n$이라고 표기하고 $P(x_1|\lambda), \cdots, P(x_n|\lambda)$는 λ에 대한 상응하는 확률을 의미한다. 관측치가 독립적이라면 전체 표본에 대한 확률은 다음과 같다.

$$\prod_{i=1}^{n} P(x_i \mid \lambda)$$

우도 함수(likelihood function)는 다음과 같다.

$$L = \prod_{i=1}^{n} P(x_i \mid \lambda)$$

우도 함수는 독립적이고 균등하게 분포된 관측치를 뜻하는 'iid' 가정에 기반을 두고 있다. 중요한 가정이니 잘 기억하자. 각 관측치는 모집단에서 독립적으로 추출되었고, 표본을 구성하는 관측치 간에는 아무런 관계도 없다는 것은 매우 중요하다.

λ= 6일 때 표본의 우도 값을 구해보자.

R

```
lam = 6
p = dpois(x = x, lambda = lam)
L = prod(p)
L

[1] 1.559274e-21
```

Python

```
lam = 6
p = scipy.stats.poisson.pmf(k = x, mu = lam)
L = np.prod(p)
print(L)
1.559273542483997e-21
```

우도 값이 매우 작음을 알 수 있다. 이렇게 작은 값은 계산적인 측면에서 다루기 어려울 뿐만 아니라 너무 작아지면 오류가 발생할 수 있다. 이러한 이유에서 우도에 로그를 취하는 것이 편리한다.

$$LL = log\left(\prod_{i=1}^{n} P(x_i \mid \lambda)\right)$$

$$LL = log\left(P(x_i \mid \lambda), \ldots P(x_n \mid \lambda)\right)$$

$$LL = \sum_{i=1}^{n} log\left(P(x_i \mid \lambda)\right)$$

표본의 로그 우도값을 구해보자.

R
```
lam = 6
p = dpois(x = x, lambda = lam)
LL = sum(log(p))
LL

[1] -47.91007
```

Python
```
lam = 6
p = scipy.stats.poisson.pmf(k = x, mu = lam)
LL = np.sum(np.log((p)))
print(LL)
-47.91006691797001
```

로그 우도값을 보면 극단값이 훨씬 작어져서 작업이 훨씬 쉬워진다. 이제 이 함수를 패키지화해 보자.

R
```
LLpois = function(lam){
  p = dpois(x = x, lambda = lam)
  LL = sum(log(p))
  return(LL)
}
LLpois(5)

[1] -52.52348
```

Python
```
def LLpois(lam):
  p = scipy.stats.poisson.pmf(k = x, mu = lam)
  LL = np.sum(np.log((p)))
  return LL
LLpois(5)
-52.5234770851539
```

*최대 우도 원칙(maximum likelihood principle)*은 관측된 표본의 우도를 최대화하는 λ를 추정하는 것이다. 왜냐하면 L이 본질적으로 전체 표본 관측치의 결합 확률이기 때문이다. $\lambda = 6$일 때 로그 우도값은 −47.91007이고 $\lambda = 5$ 일 때는 −52.52348이다. −47.91007은 −52.52348보다 크기 때문에, λ가 5보다는 6일 확률이 높다고 말할 수 있다. 최적의 λ 추정치는 L를 최대화한다. L를 최대화하는 것은 로그 우도를 최대화하는 것과 같다는 점에 유의해야 한다.

최적의 λ 값은 어떻게 찾을 수 있을까? 로그 우도 함수를 최적화하면 된다. 이제 문제는 L 을 최대화하는 λ의 값을 찾는 것이다.

수학적 최적화

이 최적화 문제를 분석적으로 풀 수 있을까? 포아송 분포의 확률을 적어 보자.

$$P(x|\lambda) = \frac{e^{-\lambda}\lambda_i^x}{x_i!}$$

$$LL = \sum_{i=1}^{n} log\left(P(x_i|\lambda)\right)$$

$$LL = \sum_{i=1}^{n} log\left(\frac{e^{-\lambda}\lambda_i^x}{x_i!}\right)$$

간략화하면 다음을 얻을 수 있다.

$$LL = -n\lambda + log(\lambda)\left(\sum_{i=1}^{n} x_i\right) - \sum_{i=1}^{n} log(x_i!)$$

1차 미분을 하면 다음과 같다.

$$\frac{dLL}{d\lambda} = -n + \frac{\sum_{i=1}^{n} x_i}{\lambda}$$

정리하면 다음과 같다.

$$\lambda^* = \frac{\sum_{i=1}^{n} x_i}{n}$$

2차 미분은 다음과 같다.

$$\frac{d^2LL}{d\lambda^2} = -\frac{\sum_{i=1}^{n} x_i}{\lambda^2}$$

수학적으로 λ의 최대 우도 추정치가 표본의 평균이라는 것을 증명하였다.

R
```
mean(x)

[1] 6.75
```

Python
```
np.mean(x)
6.75
```

그러므로 우리 표본에서 λ의 최대 우도 추정치는 6.75이다.
더 복잡한 설정에서는 최적화 문제를 해석적으로 해결하지 못할 수도 있다. 그런 경우에는 수치 계산 방법을 통해 최대 우도 추정치를 구하도록 한다. 조만간 이에 대해 알아보도록 하자.
용어상으로 위의 미분에서 1차 조건은 ***변화율***(*gradient*), 2차 조건은 ***미분율***(*Hessian*)이라고 부른다. 추정해야 할 파라미터가 여러 개일 때에는 변화율이 벡터이고 미분율은 행렬이다.

또 다른 분산

표본 데이터에 따르면 λ의 최대 우도 추정치는 6.75이다.

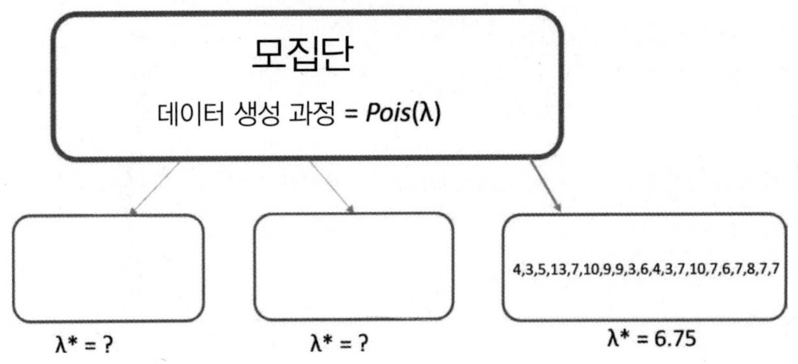

그림 11.2 최대 우도 추정치

같은 모집단에서 추출한 다른 표본이 있다면 어떨까? 같은 모집단에서 추출한 다른 표본은 잠재적으로 다른 λ 추정치를 산출할 수 있다. 부트스트래핑 접근법을 이용해서 다른 표본을 만들고 각각에 대한 추정치를 계산해 보자.

R

```
set.seed(987654321)
paramdist = replicate(10000, mean(sample(x = x, replace = T)))
plot(density(paramdist))
```

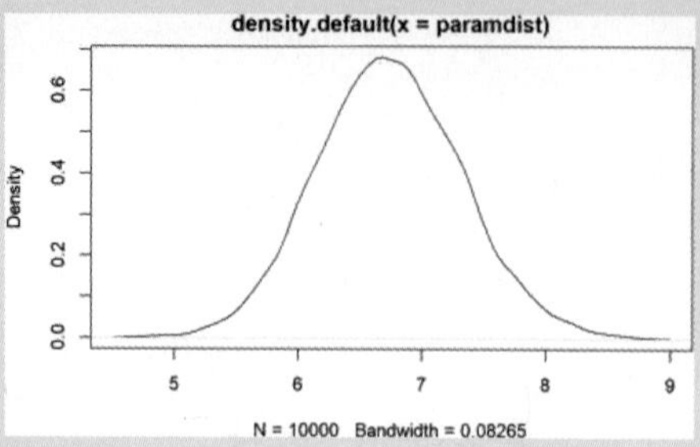

Python

```
np.random.seed(987654321)
paramdist = [np.mean(np.random.choice(x, size=len(x), replace=True)
             for i in range(10000)]
sns.kdeplot(paramdist)
plt.show()
```

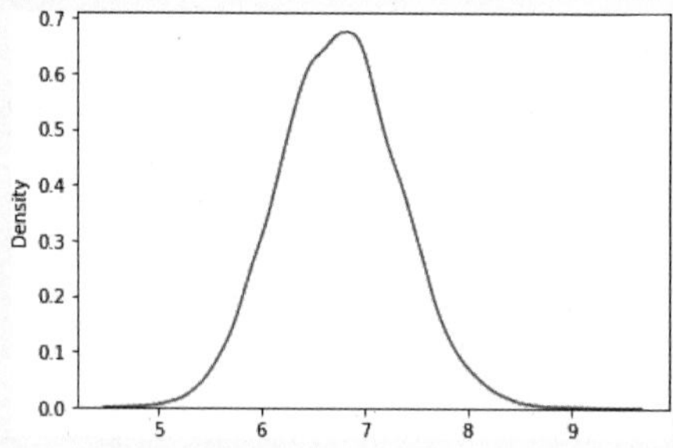

이제 우리는 *파라미터 분포(parameter distribution)*를 가지게 되었다. 이 분포의 95% 신뢰 구간과 표준편차를 계산해 보자.

R

```
sd(paramdist)
q2 = quantile(paramdist, c(.05/2,1-(.05/2)))
plot(density(paramdist))
abline(v = q2, col = "red")
paste("95% Confidence Interval = ", "[",q2[1], q2[2],"]")

[1] 0.5794236
```

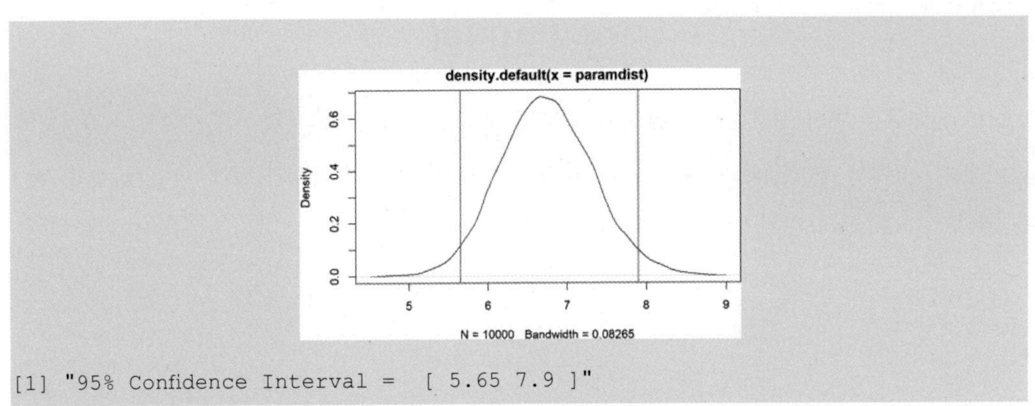


```
[1] "95% Confidence Interval =  [ 5.65 7.9 ]"
```

Python

```
q1 = np.percentile(paramdist, 0.05/2 * 100)
q2 = np.percentile(paramdist, (1-(0.05/2)) * 100)
sns.kdeplot(paramdist)
plt.axvline(q1, color='r', linestyle='-')
plt.axvline(q2, color='r', linestyle='-')
plt.show()
print("95% Confidence Interval = [{:.2f}, {:.2f}]".format(q1,q2))
```

```
95% Confidence Interval = [5.65, 7.90]
```

다른 표본에서는 다른 추정치를 얻을 수 있다. 파라미터 표본에 근거해서 우리는 다음과 같이 말할 수 있다.

1 관측된 표본의 최대 우도 추정치는 6.75이다. 이것을 ***점 추정***(*point estimate*)이라고 부른다.
2 모집단의 λ 값이 5.65와 7.9 사이라고 95% 확신한다.
3 파라미터 분산의 표준편차는 0.579이다. 파라미터 추정의 ***표준오차***라고 한다.

파라미터 분포가 정규분포에 꽤 가깝게 보인다는 점에도 주목하자.

연산 최적화

R과 Python에는 연산 메소드를 통해 최대 우도 추정치를 구할 수 있는 함수를 제공하는 패키지가 많이 있다. R에서 가능한 패키지에는 *maxLik*와 *likelihood*, *mle*, *bbmle*가 있다. Python에서 가능한 패키지는 *statsmodels*가 있다.

R

R에서는 *bbmle* 패키지를 살펴보자. *bbmle* 패키지에서 최적화를 하는 주요 함수는 **`mle2()`**이다. 과정은 다음과 같다.

1 주어진 파라미터에 대한 로그 우도값을 계산하는 함수를 만든다. 파라미터는 함수에 대한 입력값이다. 대부분의 최적화 루틴이 함수를 최소화하려고 시도하기 때문에 함수의 출력은 로그 우도에서 음의 값이어야 한다.

2 함수 **`mle2()`**를 사용해서 최대 우도 파라미터 값을 찾는다.
기본 구문은 다음과 같다.

```
mle2(minuslogl=function to minimize, start=list("starting values of the
parameters"))
```

Python

statsmodels 패키지는 최대 우도 예측(MLE, Maximum Likelihood Expectation)을 잘 구현하고 있다. 일부 도우미 기능을 위해 *scipy*를 사용한다. 이는 객체 지향 접근 방식이므로 우리가 적용하는 방식은 R과 다르게 클래스를 사용해야 한다.

```
from statsmodels.base.model import GenericLikelihoodModel
import statsmodels.api as sm
from scipy import stats
```

1 필요한 함수를 모두 가지고 있는 클래스 **`GenericLikelihoodModel`**을 복사한다. 이제 클래스 함수 **`loglike`**를 (기본 클래스 **`GenericLikelihoodModel`**과 함께) 선언한다. 그 뒤에서 클래스를 인스턴스화하고 **`fit()`** 함수를 호출한 후 **`fit`**이 우리의 함수 **`loglike`** 함수를 호출할 것이다.

GenericLikelihoodModel을 기본 클래스로 하여 클래스의 모든 멤버를 상속하는 새로운 클래스를 선언한다. 이제 멤버 함수 **loglike**를 재정의해야 하는데 이것은 우리가 **fit()**을 호출하여 적합도를 찾는(fitting) 과정에서 **GenericLikelihoodModel**에 의해 호출된다.

```
class MyProbit (GenericLikelihoodModel):
    def loglike(self, params):
        exog = self.exog
        endog = self.endog
        q = 2 * endog - 1

        return stats.norm.logcdf(q*np.dot(exog, params)).sum()
```

2 이제 모델을 적합시켜 보자. 우리가 **fit()**을 호출하면 그것이 **loglike** 함수를 호출할 것이다.

```
sm_probit_manual = MyOLS(data_endog, data_ exog).fit()
print(sm_probit_manual.summary())
```

이전에 분석한 표본의 파라미터를 추정해 보자.

R

```
library(bbmle)
LLpois = function(lam){
  p = dpois(x = x, lambda = lam)
  LL = sum(log(p))
  return(-1*LL)
}

res1 = mle2(minuslogl = LLpois, start = list(lam = 10))
summary(res1)


Maximum likelihood estimation

Call:
mle2(minuslogl = LLpois, start = list(lam = 10))

Coefficients:
    Estimate Std. Error z value     Pr(z)
lam  6.75003    0.58095  11.619 < 2.2e-16 ***
---
Signif. codes:  0 '***' 0.001 '**' 0.01 '*' 0.05 '.' 0.1 ' ' 1

-2 log L: 94.01871
```

Python

```
def LLpois(lam):
  p = scipy.stats.poisson.pmf(k = x, mu = lam)
  LL = np.sum(np.log((p)))
  return(-1*LL)
res1 = scipy.optimize.minimize(LLpois, x0 = 10, method = 'Nelder-Mead')
print(res1)

final_simplex: (array([[6.75 ], [6.75006104]]), array([47.0093571 ,
47.00935711]))
fun: 47.009357104358216
message: 'Optimization terminated successfully.'
nfev: 36
nit: 18 status: 0
success: True
x: array([6.75])
```

결과가 우도를 수학적으로 최적화했을 때와 같다는 점에 주목하자. 또한 주의 깊게 살펴봐야 할 부분은 p-value(2.2e-16 ***)이다. 이 결과는 추정된 파라미터 값이 0이라는 귀무가설에 대한 것이다. 이 예제에서는 p-value가 매우 작으므로 λ=0이라는 귀무가설을 기각할 수 있다. 이렇게 보고된 p-value는 앞서 다룬 파라미터 분포로부터 계산된 것이다.

최대 우도 추정을 연산 방식으로 몇 가지 더 예제를 살펴보자.

수치 결과

admission.csv 파일을 불러오자. 변수 GMAT 데이터 생성 과정이 정규분포라고 가정해 보자. 이는 아래 그림에서 묘사되었다. 모집단 평균과 표준편차의 최대 우도 추정치를 구하려고 한다.

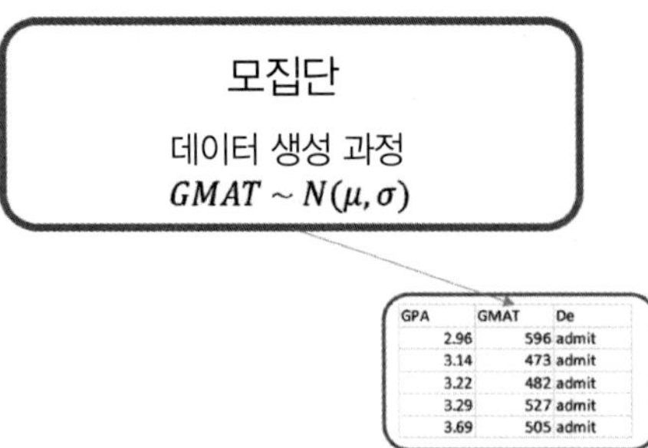

그림 11.3 변수 GMAT 데이터 생성 과정

R

```
LLnorm = function(mean1, standdev){
  p = dnorm(x = admission$GMAT, mean = mean1, sd = standdev)
  LL = sum(log(p))
  return(-1*LL)
}

res1 = mle2(minuslogl = LLnorm, start = list(mean1 = 500, standdev = 100))
summary(res1)


Maximum likelihood estimation

Call:
mle2(minuslogl = LLnorm, start = list(mean1 = 500, standdev = 100))

Coefficients:
         Estimate Std. Error z value     Pr(z)
mean1    488.4456     8.7902  55.567 < 2.2e-16 ***
standdev  81.0414     6.2156  13.038 < 2.2e-16 ***
---
Signif. codes:  0 '***' 0.001 '**' 0.01 '*' 0.05 '.' 0.1 ' ' 1

-2 log L: 988.3627
```

Python

```
def LLnorm(mean1, standdev):
  p = scipy.stats.norm.pdf(x = admissions.GMAT, loc = mean1, scale = stand-
  dev)
  LL = np.sum(np.log(p))
  return(-1*LL)
res1 = scipy.optimize.minimize(LLnorm, x0 = 500, args = (100,), method = 'Nelder-
Mead')
print(res1)

final _ simplex: (array([[488.44709396], [488.4469986 ]]), array([497.46199172,
497.46199172]))
fun: 497.4619917196255 message: 'Optimization terminated successfully.'
nfev: 38
nit: 19
status: 0
success: True
x: array([488.44709396])
```

이진 결과

아래 그림이 설명하는 것과 같이 표본에 기반하여 admit이 될 확률을 추정하고자 한다.

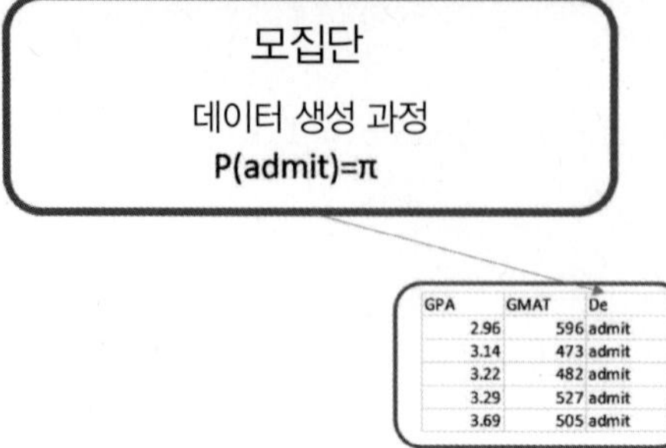

그림 11.4 변수 admit 데이터 생성 과정

R

```
LLbinary = function(pi){
  p = ifelse(admission$De == "admit", pi, 1 - pi)
  LL = sum(log(p))
  return(-1*LL)
}

res1 = mle2(minuslogl = LLbinary, start = list(pi= .5))
summary(res1)

Maximum likelihood estimation

Call:
mle2(minuslogl = LLbinary, start = list(pi = 0.5))

Coefficients:
   Estimate Std. Error z value     Pr(z)
pi 0.364706   0.052209  6.9854 2.84e-12 ***
---
Signif. codes:  0 '***' 0.001 '**' 0.01 '*' 0.05 '.' 0.1 ' ' 1

-2 log L: 111.5332
```

Python

```
def LLnorm(mean1, standdev):
  p = scipy.stats.norm.pdf(x = admissions.GMAT, loc = mean1, scale = stand-
  dev)
```

```
  LL = np.sum(np.log(p))
  return(-1*LL)
res1 = scipy.optimize.minimize(LLnorm, x0 = 500, args = (100,), method =
'Nelder-
Mead')
print(res1)

final_simplex: (array([[488.44709396], [488.4469986 ]]), array([497.46199172,
497.46199172]))
fun: 497.4619917196255 message: 'Optimization terminated successfully.'
nfev: 38
nit: 19
status: 0
success: True
x: array([488.44709396])
```

몇 가지 주의할 점

최대 우도 값을 찾기 위해 연산 메소드를 사용할 때 우리는 두 가지 잠재적인 문제를 인지하고 있어야 한다.

1 시작값

R에서 **mle2()** 함수는 최적화할 파라미터의 시작값을 정의해야 하지만, Python의 ***statsmodels***에서는 필요하지 않다. 복잡한 우도 함수에서는 최적값에 대한 탐색이 수렴될 수 있도록 시작값을 잘 정의하는 것이 중요하다. 다음 챕터에서 보게 되겠지만, 기준 모델(*baseline model*)의 시작값을 사용하는 것이 합리적 접근 방식이다. 다음 챕터에서는 기준 모델에 대해 알아볼 것이다.

2 오류

최적화 알고리즘은 파라미터의 최적값을 얻기 위해 잠재적으로 $-\infty$에서 ∞까지의 전체 정의역을 검색할 수 있다. 때로는 이것이 문제가 되어 오류로 이어질 수도 있다. 다음은 이와 관련된 예제를 보여주고 있다.

R

```
dpois(3,lambda = -10)
```

```
Warning in dpois(3, lambda = -10) : NaNs produced
[1] NaN
```

Python

```
scipy.stats.poisson.pmf(k = 3, mu = -10)

nan
```

포아송 분포의 평균은 당연히 음수일 수 없다. 하지만 최적화 알고리즘은 최적의 λ 값을 찾기 위해 음수 값을 검색할 수 있다. 이는 오류를 발생시키고 스크립트를 실패하게 할 수 있다. 이런 일이 발생했을 때에는, 파라미터 값에 경계를 두는 것이 가장 좋은 방법이다.

또한 *bbmle* 패키지는 최적화를 위해 여러 가지 다른 방법을 지원한다. (최적화에 사용되는 접근 방식에 대한 자세한 내용에 관심이 있다면 https://en.wikipedia.org/wiki/Limited-memory_BFGS를 참조하자.) 최적화 메소드 **L-BFGS-B**는 상자 제약을 허용하며, 각 변수에 하한값과 상한값 또는 둘 중 하나를 할당할 수 있다. 다음 예제에 보이는 것처럼 함수 안에 **lower**과 **upper** 명령어를 사용하여 이를 수행한다.

R

```
res = mle2(minuslogl = LLmeansd,
start = list(M=10,sigma = 1),
lower = c(M = -Inf,sigma = 0),
method = "L-BFGS-B")
```

Python

```
class MyProbit(GenericLikelihoodModel):
    def loglike(self, params):
        exog = self.exog
        endog = self.endog
        q = 2 * endog - 1
        return stats.norm.logcdf(q*np.dot(exog, params)).sum()

sm_probit_manual = MyProbit(endog, exog, method = 'lbfgs').fit()
print(sm_probit_manual.summary())
```

요약

이번 챕터에서는 추정을 위한 최대 우도 추정 원칙에 대해서 논의하였다. 표본을 생성한 분포의 파라미터를 추정하는 몇 가지 간단한 예를 살펴보았고 우도 함수의 추정 과정을 간단히 하기 위해 수치 최적화 기법을 사용할 수 있다는 것도 배웠다. 다음 챕터에서는 추정을 위한 더 흥미롭고 실용적인 다양한 모델을 살펴볼 것이다.

연습문제

연습문제를 수행하기 위해, 다음 링크에서 제공하는 데이터셋을 다운받도록 하자. https://study.sagepub.com/gopal

diabetes.csv 파일을 불러오자.

1 변수 **Pregnancies**는 포아송 분포를 따른다고 가정하였을 때 해당 분포의 평균에 대한 최대 우도 추정값을 구하시오.
2 파라미터의 95% 신뢰구간을 구하시오.
3 변수 **BMI**는 정규분포를 따른다고 가정하였을 때 평균과 표준편차에 대한 최대 우도 추정값을 구하시오.
4 두 파라미터에 대한 95% 신뢰구간을 계산하시오.
5 최대 우도 접근법을 사용하여 이진 변수 **Outcome**의 모수 파라미터를 추정하시오.
6 파라미터 추정치의 95% 신뢰구간과 표준을 추정하시오.

12

선형 모델 추정

목차

이번 챕터에서는 통계학과 비즈니스 분석에서 사용되는 모델링 기술 중 가장 많이 사용되는 선형 회귀 분석 모델에 대해 배울 것이다. 파일 MASchools.csv를 이용하여 분석을 진행해 보자(출처: Stock, J.H. and M.W. Watson, Introduction to Econometrics, 2nd ed. Boston: Addison Wesley, 2007). 이 파일은 1998년 매사추세츠에 있는 학교별 시험 점수, 학교 특징, 학생의 인구 통계학적 배경정보를 담고 있다. 우리가 주로 다룰 변수는 4학년 학생의 평균 점수인 score4이다. 이 데이터 프레임의 다른 변수 몇 개들도 함께 살펴보자.
변수별 설명은 다음과 같다.

표 12.1 MASchools.csv 데이터셋

변수	설명
score4	4학년 성적(수학 + 영어 + 과학)
exptot	학생별 총 지출
scratio	컴퓨터당 학생 수
special	특별 교육 학생(%)
stratio	학생-교사 비율
salary	교사 평균 급여

이 변수들을 추출해서 새로운 데이터 프레임을 만들어보자.

R

```
df = MASchools[,c(13,7,8,9,11,15)]
df[1:7,]

1     714    4646    16.6    14.6    19.0    34.3600
2     731    4930     5.7    17.4    22.6    38.0630
3     704    4281     7.5    12.1    19.3    32.4910
4     704    4826     8.6    21.1    17.9    33.1060
5     701    4824     6.1    16.8    17.5    34.4365
6     714    6454     7.7    17.2    15.7         NA
7     725    5537     5.4    11.3    17.1    41.6150
7 rows
```

Python

```
df = MASchools.iloc[:, [12, 6,7,8,10,15]].copy()
df.head(7).round(2)

0     714    4646    16.6    14.6    19.0    34.36
1     731    4930     5.7    17.4    22.6    38.06
```

```
2    704    4281    7.5    12.1    19.3    32.49
3    704    4826    8.6    21.1    17.9    33.11
4    701    4824    6.1    16.8    17.5    34.11
5    714    6454    7.7    17.2    15.7      NaN
6    725    5537    5.4    11.3    17.1    41.62
```

누락 데이터 처리 방법

이터 프레임에는 NA로 표기된 누락 데이터들이 있다. 먼저 어떤 변수에 누락 데이터가 존재하며, 누락 데이터의 비율은 얼마인지 알아보자.

R

```
round((colMeans(is.na(df)))*100,3)

score4  exptot scratio special stratio  salary
 0.000   0.000   4.091   0.000   0.000  11.364

table(complete.cases(df))


FALSE  TRUE
   34   186
```

Python

```
Python
df.isna().mean()*100

score4  0.000000
exptot  0.000000
scratio 4.090909
special 0.000000
stratio 0.000000
salary 11.363636

num_na = df.isna().any(axis=1).sum()
# no if incomplete rows
num_complete = len(df) - num_na
print("True: ",num_na, "False: ", num_complete)

True: 34 False: 186
```

scratio 변수의 약 4%와 **salary** 변수의 약 11%가 누락 데이터임을 알 수 있다. 총 34개의 누락 데이터가 있다. 누락 데이터는 꽤 흔하게 발생하는 문제이며, 데이터에서 추론한 결과에 상당한 영향을 미칠 수 있다. 누락 데이터는 심도 깊은 분석을 수행하기 전에 처리해야 한다. 누락 데이터를 얼마나 효과적으로 처리하느냐는 누락 데이터의 양과 누락 데이터가 무작위로 발생하였는지에 달려 있다. 누락 데이터는 특정 값과 상관없이 무작위로 발생할 수 있다. 누군가 적절한 값을 입력하는 것을 잊어버렸거나 무작위 실패로 누락 데이터가 발생할 수 있다. 무작위가 아닌 누락 데이터는 예를 들어 특정 지역에서 재정 정보를 제공하기를 꺼려할 때 발생할 수 있다. 두 경우의 수는 다른 방법으로 처리되어야 한다.

누락 데이터를 다루는 방법에는 크게 두 가지 접근법이 있다. 하나는 데이터를 *제거*하는 것이고, 다른 하나는 데이터를 *대체*하는 것이다. 만약 누락 데이터가 무작위로 발생하면서 표본 크기의 손실이 그렇게 크지 않다면, 간단한 방법은 누락 데이터를 가진 모든 관측치를 제거하는 것이다.

우리는 34개의 관측치를 향후 분석에서 사용하지 않고 제거한다. 누락 데이터에 대한 합리적인 추측을 통해 대체값으로 교체하는 방식도 있으며, 대체값을 구하는 몇 가지 방법이 있다. 간단한 방법은 누락 데이터가 아닌 값들의 평균값으로 대체하는 것이다. 변수 salary의 경우 다음과 같다.

R

```
salarymean = mean(df$salary,na.rm = T)
salarymean = mean(df$salary,na.rm = T)
salaryimputed = ifelse(is.na(df$salary),salarymean,df$salary)
salarymean
mean(salaryimputed)
sd(df$salary,na.rm = T)
sd(salaryimputed)

[1] 35.9927
[1] 35.9927
[1]  3.190556
[1]  3.002929
```

Python

```
Python
salarymean = df['salary'].mean()
salaryimputed = df['salary'].fillna(salarymean)
print(salarymean)
print(salaryimputed.mean())
print(df['salary'].std())
print(salaryimputed.std())
```

```
5.992697446774216
35.99269744677423
3.1905555712426232
3.0029293928495764
```

이 대체 접근법을 통해서 대체 후에도 평균은 유지된다. 반면에 평균 가까이로 더 많은 값들이 모이므로 분산(표준편차)은 줄어든다. 좀 더 복잡한 대체 방법으로는 가지고 있는 데이터를 기반으로 누락 데이터를 추측하는 모델을 만드는 것이다.

우리 예제에서는 누락 데이터를 가지고 있는 관측치를 모두 제거하는 방식을 선택할 것이다.

R

```
df1 = df[complete.cases(df),]
table(complete.cases(df1))

TRUE
 186
```

Python

```
df1 = df.dropna().copy()
len(df1)

186
```

데이터를 이제 분석할 준비가 되었다!

기준 모델

우리가 관심있는 변수는 **score4**로 수치 데이터이다. 데이터 생성 과정은 아래 그림에서 설명하는 것과 같다.

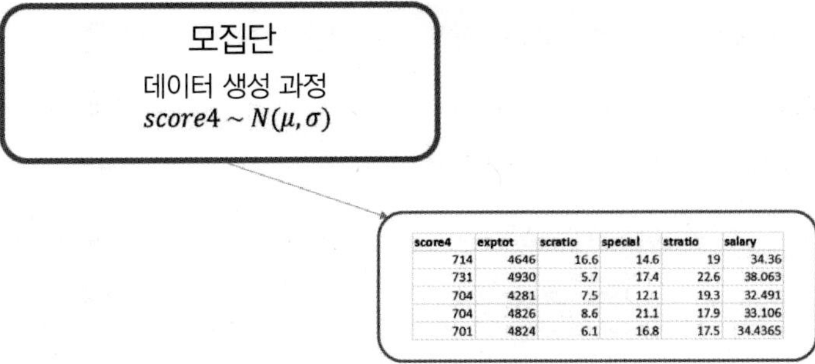

score4	exptot	scratio	special	stratio	salary
714	4646	16.6	14.6	19	34.36
731	4930	5.7	17.4	22.6	38.063
704	4281	7.5	12.1	19.3	32.491
704	4826	8.6	21.1	17.9	33.106
701	4824	6.1	16.8	17.5	34.4365

그림 12.1 score4 데이터 생성 과정

score4의 모집단 파라미터들을 추정해 보자.

R

```
library(bbmle)
LLnorm = function(mean1, standdev){
  p = dnorm(x = df1$score4, mean = mean1, sd = standdev)
  LL = sum(log(p))
  return(-1*LL)
}

res1 = mle2(minuslogl = LLnorm, start = list(mean1 = 700, standdev = 50))
summary(res1)
Maximum likelihood estimation

Call:
mle2(minuslogl = LLnorm, start = list(mean1 = 700, standdev = 50))

Coefficients:
          Estimate Std. Error z value                  Pr(z)
mean1    709.03763    1.12886 628.099 < 0.00000000000000022 ***
standdev  15.39563    0.79823  19.287 < 0.00000000000000022 ***
---
Signif. codes:  0 '***' 0.001 '**' 0.01 '*' 0.05 '.' 0.1 ' ' 1

-2 log L: 1544.924
```

Python에서는 이것이 수치 최적화를 직접적으로 사용하거나(예를 들어 ***scipy.optimize.minimize***) 객체 지향 프레임워크를 이용하는 식으로 프로그래밍할 수 있다. 객체 지향 프레임워크는 조금 더 많은 코딩을 요구하긴 하지만, 더 풍부한 평가 결과를 만들 수 있다. 그래서 여기서 우리는 이 방법을 사용할 것이다. 또한 최적화 함수를 직접 사용한 코드는 온라인 노트북에서 확인할 수 있다.

Python

```
from statsmodels.base.model import GenericLikelihoodModel
from scipy import stats

class myMLEbase(GenericLikelihoodModel):
    def loglike(self, params):
    return stats.norm.logpdf(self.endog,loc=params[0],scale=params[1]).sum()

exog = pd.DataFrame(np.ones([len(df1),2]),columns=['mean','std'],
       index= df1.index)
```

```
endog = df1[['score4']] # target

mybase = myMLEbase(endog,exog) # setup
print((mybase.fit(start_params=[700, 50],maxiter=2000)).summary())

Optimization terminated successfully.
         Current function value: 4.153022
         Iterations: 64
         Function evaluations: 126
                              myMLEbase Results
==============================================================================
Dep. Variable:                 score4   Log-Likelihood:                -772.46
Model:                      myMLEbase   AIC:                             1547.
Method:            Maximum Likelihood   BIC:                             1550.
Date:                Sun, 21 Aug 2022
Time:                        15:01:31
No. Observations:                 186
Df Residuals:                     185
Df Model:                           0
==============================================================================
                 coef    std err          z      P>|z|      [0.025      0.975]
------------------------------------------------------------------------------
mean         709.0376      1.129    628.098      0.000     706.825     711.250
std           15.3957      0.798     19.287      0.000      13.831      16.960
==============================================================================
```

결과를 좀 더 면밀하게 살펴보자. 추정 결과는 다음과 같다.

$$\text{score4} \sim N(709,15.4)$$

이렇게도 정리할 수 있다.

$$\text{score4} = 709 + N(0,15.4)$$

$$\text{score4} = 709 + \varepsilon, \varepsilon \sim N(0,15.4)$$

위의 결과를 통해 **score4**는 어느 학교 구역이든 709라고 추정할 수 있다. 물론 예측에 오류가 있을 확률이 있다. 오류는 보통 표준편차 15.4 이내에 정규분포되어 있다. 왜 우리의 예측에 오류가 존재할까? 왜냐하면 우리는 4학년 성적에 영향을 끼치는 몇 가지 중요한 변수에 대해서 정보가 없기 때문이다. 이들은 ***생략된 변수들***(*omitted variables*)이다. 예를 들어, 이 생략된 변수에는 가족 수입, 구역별 가능한 외부 활동, 부모님 참여도, 교사의 자질 등이 있다. 이들은 우리가 모르는 것을 말한다. 오류의 표준편차가 높을수록 우리가 모르는 정보가 더 많다. 이런 관점에서 오류의 분산이나 표준편차가 낮은 모델을 만드는 것이 좋다고 말할 수 있다.

오류를 그래프로 나타내 보자.

R

```
x = seq(1,nrow(df1))
plot(x = x, y = df1$score4)
abline(h = 709, col = "blue")
segments(x,709,x,df1$score4,col = "red")
```

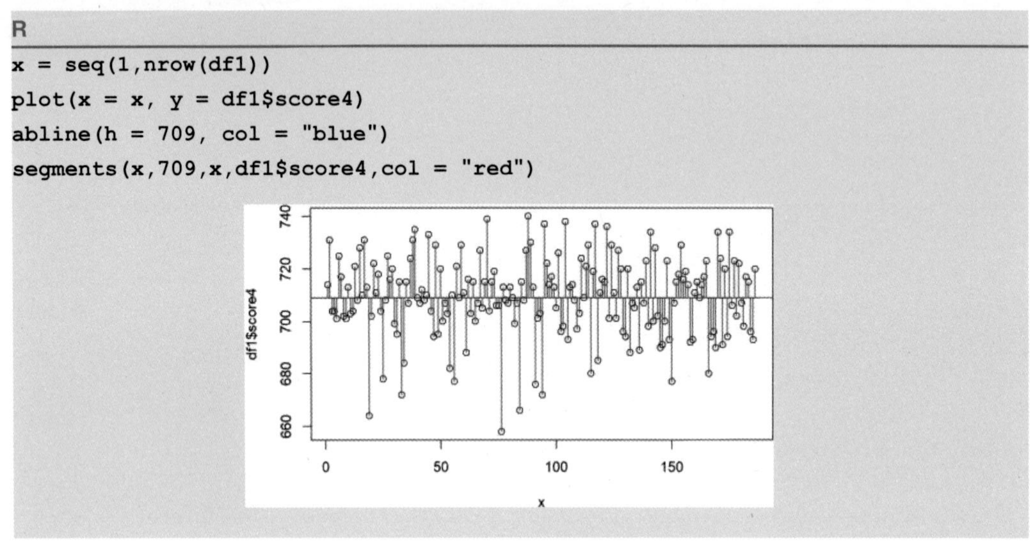

Python

```
plt.stem(df1['score4']-709)
# diff to baseline
ticks = np.arange(-49,40,20)
# ticks from 660-baseline
plt.yticks(ticks=ticks, labels=ticks+709) # show full values
plt.show()
```

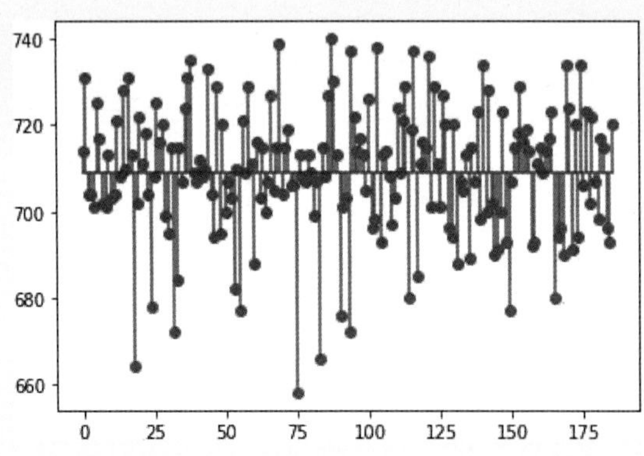

모든 관측치에서 오류의 제곱합계를 구해보자. 이는 *SST(Sum of Squares Total)*라고 불린다. 다음에 다시 이 개념으로 돌아오도록 하자.

R

```
SST = sum((df1$score4 - 709)^2)
SST

[1] 44087
```

Python

```
SST = np.sum((df1['score4'] - 709)**2)
SST

44087
```

선형 회귀 분석 모델

기준 모델에서 모든 학교 구역의 **score4** 추정치 혹은 예측치는 709로 동일하였다. 이제는 왜 몇몇 구역의 학교는 점수가 더 높고, 몇몇은 더 낮은지 설명할 수 있다고 가정해 보자. 더 나은 데이터 생성 과정은 다음과 같다.

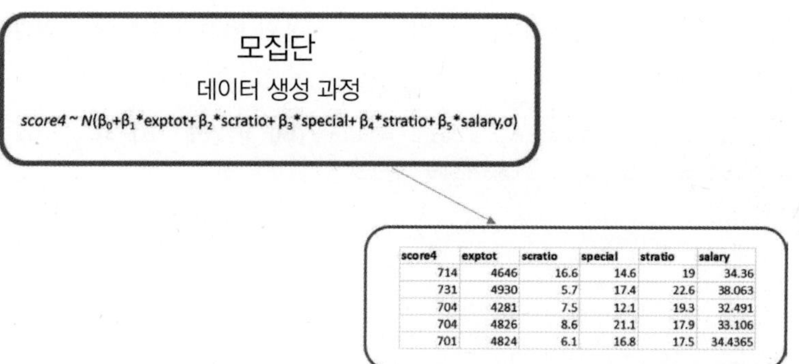

score4	exptot	scratio	special	stratio	salary
714	4646	16.6	14.6	19	34.36
731	4930	5.7	17.4	22.6	38.063
704	4281	7.5	12.1	19.3	32.491
704	4826	8.6	21.1	17.9	33.106
701	4824	6.1	16.8	17.5	34.4365

그림 12.2 최적화한 score4 데이터 생성 과정

이 모델은 변수 **exptot, scratio, special, stratio, salary**가 **score4**와 연관이 있다는 믿음에 기반을 두고 있다. 우리가 추정하고 싶은 파라미터는 β_1, β_2, β_3, β_4, β_5, σ이다. 이제 이 데이터 생성 과정을 추정할 코드를 적어보자. 먼저, 로그 우도를 계산하는 함수를 만들 것이다.

R

```
LLnorm = function(b0,b1,b2,b3,b4,b5, standdev){
  mean1 = b0 + b1*df1$exptot + b2*df1$scratio + b3*df1$special + b4*d-
f1$stratio
```

```
        + b5*df1$salary
  p = dnorm(x = df1$score4, mean = mean1, sd = standdev)
  LL = sum(log(p))
  return(-1*LL)
}
```

Python

```
from numpy import ma
def LLnorm(params):
  b0, b1, b2, b3, b4, b5, standdev = params
  mean1 = b0 + b1*df1['exptot'] + b2*df1['scratio'] + b3*df1['special'] +
          b4*df1['stratio'] + b5*df1['salary']
  p = scipy.stats.norm(mean1, standdev).pdf(df1['score4'])
  LL = np.sum(np.log(p))
  return(-1*LL)
```

파라미터 값을 찾기 위한 최적화 이전에 모든 파라미터의 시작값을 설정해야 한다. 이전에 우리가 만든 기준모델에서 시작값을 가져오는 것이 합리적일 수 있다.

이전에 사용한 R 코드와 비슷한 코드를 만들어보자.

Python에서 이번에는 코드를 좀 더 간단하게 하기 위해 직접 수치를 최적화 하는 방식을 사용할 것이다. 온라인 노트북에서는 *statsmodels* 프레임워크를 사용한 버전의 코드를 확인할 수 있다.

R

```
res2 = mle2(minuslogl = LLnorm, start = list(b0 = 709, b1 = 0, b2 = 0,
       b3 = 0,b4 = 0,b5 = 0,standdev = 15.4))
summary(res2)

Maximum likelihood estimation

Call:
mle2(minuslogl = LLnorm, start = list(b0 = 709, b1 = 0, b2 = 0,
     b3 = 0, b4 = 0, b5 = 0, standdev = 15.4))

Coefficients:
            Estimate  Std. Error     z value                  Pr(z)
b0       714.7610960   0.0041688 171455.3616 < 0.00000000000000022 ***
b1        -0.0050297   0.0014255     -3.5284             0.0004181 ***
b2        -0.1083852   0.3516757     -0.3082             0.7579329
b3        -0.7167440   0.2541550     -2.8201             0.0048008 **
b4        -2.6472217   0.3969816     -6.6684      0.000000000025865 ***
b5         2.2096528   0.3155365      7.0028      0.000000000002508 ***
standdev  13.1042240   0.6794141     19.2875 < 0.00000000000000022 ***
```

```
---
Signif. codes:  0 '***' 0.001 '**' 0.01 '*' 0.05 '.' 0.1 ' ' 1

-2 log L: 1484.98
```

Python

```
res2 = scipy.optimize.minimize(LLnorm, x0 = [709, 0, 0, 0, 0, 0, 15.4],
method = 'Nelder-Mead', options={'maxiter':2000}) # many iterations needed
print(res2)

fun: 742.4899093887489
       message: 'Optimization terminated successfully.'
          nfev: 2034
           nit: 1343
        status: 0
       success: True
             x: array([ 7.14703557e+02, -5.02906439e-03, -1.07875748e-01,
-7.16282665e-01,
       -2.64688018e+00,  2.21067219e+00,  1.31043293e+01])
```

회귀 분석 결과 이해하기

회귀 분석식

회귀 분석 결과는 다음과 같다.

$$\text{score4} = 714.8 - 0.005 \times \text{exptot} - 0.108 \times \text{scratio} - 0.717 \times \text{special} - 2.65 - \text{stratio} \times 2.21 \times \text{salary}$$

기준 모델과 회귀 분석 모델에서 만든 각 관측치에 대한 추정치를 작성하고 회귀 분석식에서 나온 오류에 대해서도 적어보자. 첫 번째 주목할 점은 파라미터 추정치들이 R에서는 객체 **res2**에, Python에서는 객체 **res2.x**에 저장되어 있다는 점으로 최적화 결과를 포함하고 있고 다음 코드와 같은 값들을 얻을 수 있다.

R

```
coef(res2)

          b0            b1            b2            b3            b4
714.761095996  -0.005029656  -0.108385172  -0.716743984  -2.647221680
          b5      standdev
  2.209652848  13.104224004
```

Python

```
res2.x

array([ 7.14703557e+02, -5.02906439e-03, -1.07875748e-01,-7.16282665e-01,
-2.64688018e+00, 2.21067219e+00, 1.31043293e+01])
```

회귀 분석 모델에서 예측치와 변수 **score4**의 실제 데이터와 예측치 간의 오류를 계산하기 위해서 행렬 곱셈을 사용한다. (R에서는 명령어 %*%를, Python에서는 **.dot**를 사용한다.)

R

```
df1$baseline = 709
df1$regression = as.matrix(df1[,2:6]) %*% coef(res2)[2:6] + coef(res2)[1]
df1$regerror = df1$score4 - df1$regression
round(df1[1:5,c(1,7,8,9)],3)

score4
<dbl>
baseline
<dbl>
regression
<dbl>
regerror
<dbl>
1     714     709     704.756      9.244
2     731     709     701.155     29.845
3     704     709     704.446     -0.446
4     704     709     700.200      3.800
5     701     709     707.562     -6.562
```

Python

```
df1['baseline'] = 709
df1['regression'] = df1[['exptot','scratio','special','stratio','salary']].
dot(res2.x[1:6]) + res2.x[0]
df1['regerror'] = df1['score4'] - df1['regression']
print(df1.head().round(3).iloc[:, [0,6,7,8]])

     score4  baseline  regression  regerror
0      714       709     704.758     9.242
1      731       709     701.157    29.843
2      704       709     704.440    -0.440
3      704       709     700.199     3.801
4      701       709     707.559    -6.559
```

회귀 분석식에서 오류를 그래프로 나타내 보자.

R
```
x = seq(1,nrow(df1))
plot(x = x, y = df1$regerror, col = "purple", pch = 19)
abline(h=0)
segments(x,df1$regerror,x,0,col = "red")
```

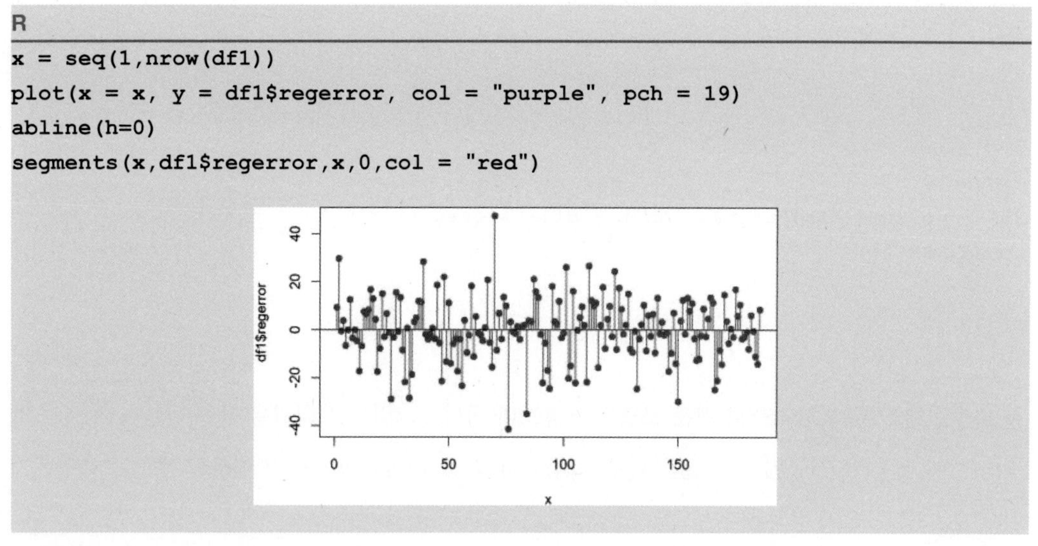

Python
```
x = np.arange(1, len(df1)+1)
plt.stem(x, df1['regerror'])
plt.axhline(0, color='red')
plt.show()
```

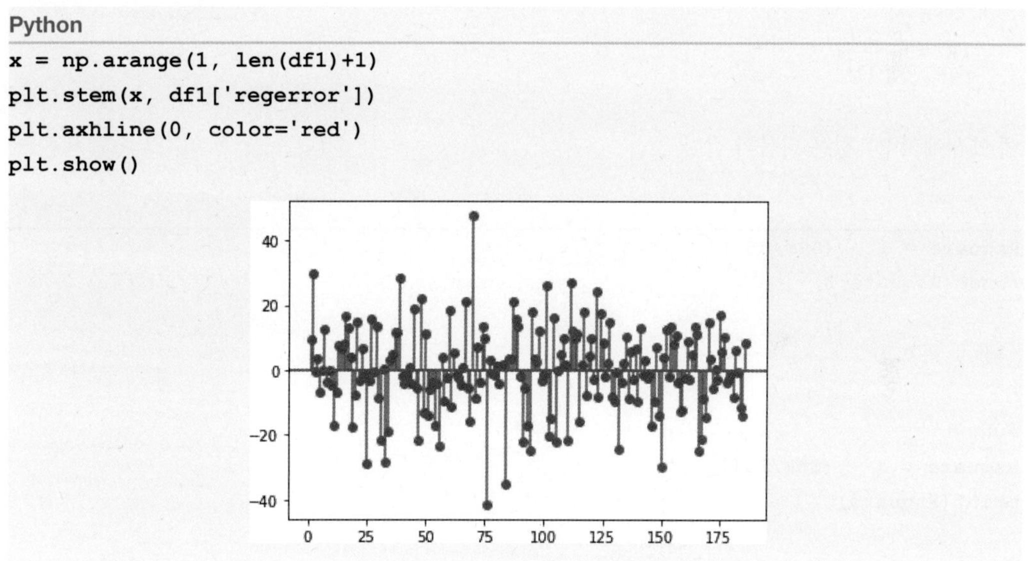

모델 적합도

만약에 회귀 분석 모델이 기준 모델보다 더 잘 맞다면, 오류가 더 작은 값이 될 거라 기대할 수 있다. 이전에 했던 것처럼, 오류의 제곱합계를 계산해 보자. 오류의 제곱합계는 SSE(Sum of Squares Errors)라고 부른다.

R
```
SSE = sum((df1$regression - df1$score4)^2)
SSE

[1] 31940.57
```

Python
```
SSE = np.sum((df1['regression'] - df1['score4'])**2)
round(SSE,2)

31940.56
```

분명히 전체 오류는 44,087로 기준 모델의 오류보다 작다. 그러므로 회귀 분석 모델은 score4를 예측하는 데 더 나은 접근법이다. *결정 계수(coefficient of determination)*, R^2이라고 부르는 측정치가 있으며, 다음과 같이 정의된다.

$$R^2 = 1 - \frac{SSE}{SST}$$

이 예시에서 R^2 값은 다음과 같다.

R
```
Rsquare = 1 - (SSE/SST)
round(Rsquare,3)

[1] 0.276
```

Python
```
Rsquare = 1 - (SSE/SST)
print(Rsquare)

0.276
```

R^2은 적합도를 재는 척도이다. R^2이 0일 때, $SSE = SST$이며 이는 회귀 분석 모델이 그다지 영리하지 않은 기준 모델과 같다는 것을 의미한다. $SSE = 0$은 회귀 분석에 오류가 없음을 의미하고, 그러면 R^2은 1이 된다.

R^2을 이해하는 다른 방법은 기준 모델과 회귀 분석 모델의 오류의 표준편차(또는 분산)를 보는 것이다.

$$R^2 = 1 - \frac{\text{variance of error term in the regression model}}{\text{variance of error term in the baseline model}}$$

코드로 확인해 보자.

R

```
varbaseline = 15.39563^2
varregression = 13.1042240^2
round(1 - (varregression/varbaseline),3)

[1] 0.276
```

Python

```
varbaseline = 15.39563**2
varregression = 13.1042240**2
print(1 - (varregression/varbaseline))

0.276
```

R^2은 모델로 설명되는 결과에서 관측되는 분산 비율을 의미한다. 우리의 회귀 분석 모델은 **sscore4**에서 27.6% 분산을 설명할 수 있다. 좋은 회귀 분석 모델을 만드는 목적은 기준 모델에서 오류의 표준편차를 가능한 작게 만들기 위함이다.

한계효과(Marginal Effects)

*회귀 분석 모델*이 가진 모든 가정을 만족한다고 가정했을 때, 각각의 독립 변수(회귀 분석식 우변에 있는 변수)의 계수는 *한계효과(marginal effects)*라고 부른다. 예를 들어 **salary** 단위가 증가할 때마다 **score4**는 (*b*5의 계수에 해당하는) 2.209652848씩 증가한다. 우리는 이 주장에 주의해야 한다. 다음에 따라오는 논의를 통해 좀 더 자세히 알아보자.

통계적 유의성

변수 **scratio**의 회귀 분석 결과을 살펴보자. 예측 값은 −0.108385172, 표준오차는 0.3516757이다. 지난 시간에 논의한 바와 같이, 데이터에 근거한 점 추정은 −0.108385172이다. 모집단의 계수 값은 표준편차 0.3516757인 정규분포를 따른다. 이 파라미터 분포를 그래프로 그리고 95% 신뢰 구간을 계산해 볼 것이다.

R

```
m1 = -0.1083852
se1 = 0.3516757
curve(dnorm(x,mean = m1, sd = se1),
     from = -1, to = 1)
abline(v = m1)
qvalues = qnorm(p = c((.05/2),
1-(.05/2)))
qvalues

[1] -1.959964  1.959964
```

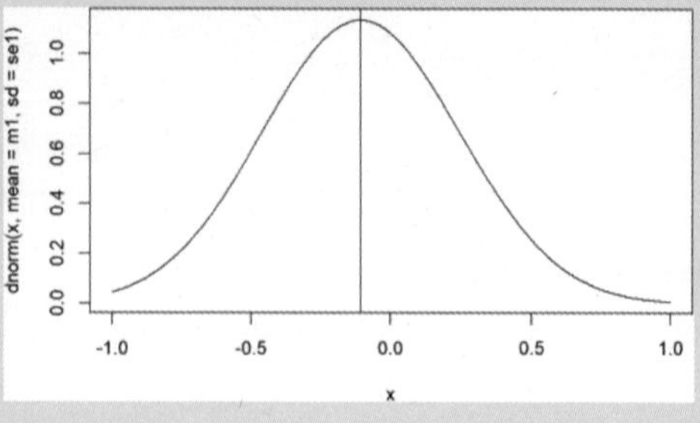

Python

```
m1 = -0.1083852
se1 = 0.3516757
x = np.arange(-1, 1, 0.01)
p = scipy.stats.norm(m1, se1).pdf(x)
plt.plot(x, p)
plt.axvline(m1, color='red')
plt.show()
stats.norm.ppf([.05/2,1-.05/2])

array([-1.95996398,  1.95996398])
```

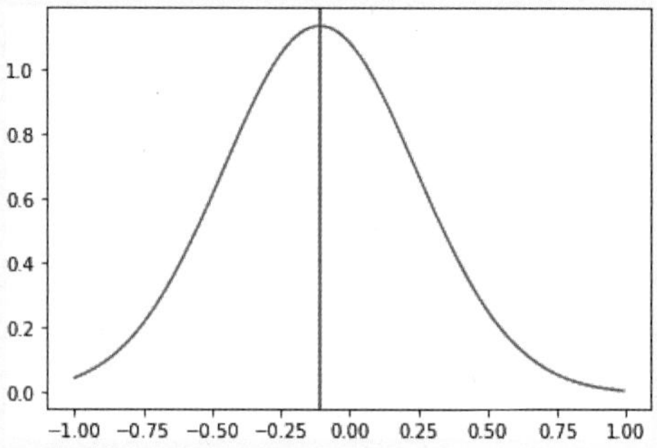

95% 신뢰 구간은 [−1.959964,1.959964]으로 0을 포함하기 때문에, 참 모집단의 계수가 0이라는 확률을 통계적으로 배제할 수 없다. 이는 *scratio*가 결과에 아무런 영향을 미치지 않을 확률을 의미한다. 따라서, 이를 ***통계적으로 유의하지 않다***고 말할 수 있다. 계수의 참값이 0이 아니라고 95% 신뢰할 수 없으므로 *scratio*가 종속 변수 **score4**에 아무런 영향을 미치지 않을 가능성을 배제할 수 없다.

이전에 수행했던 통계 검정과 비슷하게 여기서 p−value를 계산할 수도 있다.

R

```
gap = abs(m1 - 0)
curve(dnorm(x,mean = m1, sd = se1), from = -1, to = 1)
abline(v = m1)
abline(v = m1 - gap, col = "blue")
abline(v = m1 + gap, col = "blue")
a = pnorm(q = m1 + gap, mean = m1, sd = se1)
```

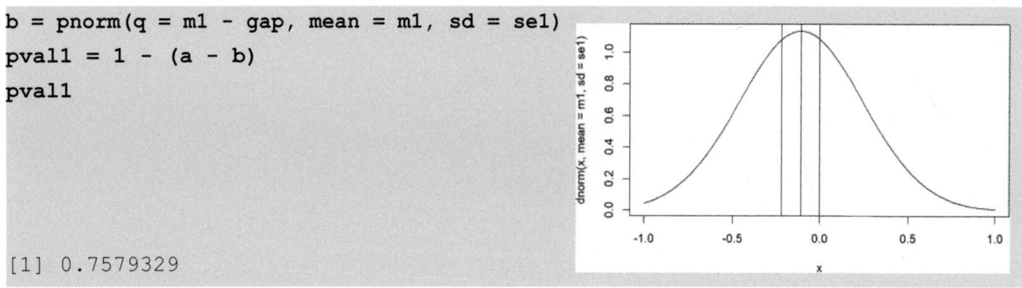

```
b = pnorm(q = m1 - gap, mean = m1, sd = se1)
pval1 = 1 - (a - b)
pval1

[1] 0.7579329
```

Python

```
gap = abs(m1 - 0)
x = np.arange(-1, 1, 0.01)
p = scipy.stats.norm(m1, se1).pdf(x)
plt.plot(x, p, color='purple', linestyle='-')
plt.axvline(m1, color='black')
plt.axvline(m1 - gap, color='blue')
plt.axvline(m1 + gap, color='blue')
plt.show()
a = scipy.stats.norm(m1, se1).cdf(m1 + gap)
b = scipy.stats.norm(m1, se1).cdf(m1 - gap)
pval1 = 1 - (a - b)
round((pval1),6)

0.757933
```

우리가 방금 계산한 p−value값은 **mle2()** 함수 결과와 동일한다. p−value값이 작다면(특히 0.05보다 작다면), 변수는 결과에 통계적으로 유의한 영향을 끼친다고 말할 수 있다. 반대 경우에는 그렇지 않은 것이다.

scratio를 제외한 변수는 **score4**에 영향을 미친다고 결론지을 수 있다. **salary**를 제외한 모든 변수는 **score4**에 통계적으로 유의한 부정적 영향을 끼친다고 말할 수 있다. 흥미로운 점은 학생당 지출이 높을수록 4학년 점수가 낮다는 점이다.

회귀 분석 모델에 사용되는 가정

회귀 분석 모델은 매우 널리 사용되는 방법이다. 수많은 중요한 결정과 정책들이 회귀 분석 연구에 기반한다. 회귀 분석의 결과에 기반한 이러한 조치와 정책은 시간, 에너지 그리고 자원의 소비를 동반한다. 그러므로 조치를 이행하기 전에 모델이 주요 가정을 모두 만족하는지를 이해하는 것은 매우 중요하다. 이런 가정을 준수하지 않으면 잘못된 인사이트로 이어질 수 있고, 잘못된 행동을 취하게 될 수도 있다. 중요한 가정들 몇 가지에 대하여 살펴보자.

정규성

오류는 정규분포를 따른다는 주요 가정이 있다. 우리의 예제에서 이 가정은 참일까? 간단하게 확인할 수 있다.

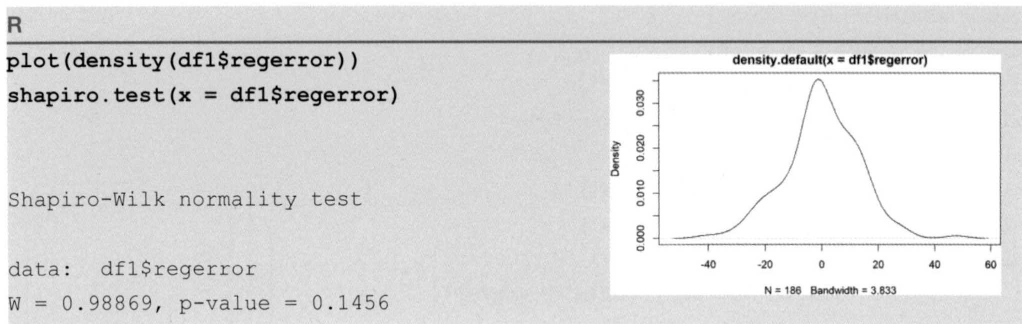

R

```
plot(density(df1$regerror))
shapiro.test(x = df1$regerror)


Shapiro-Wilk normality test

data:  df1$regerror
W = 0.98869, p-value = 0.1456
```


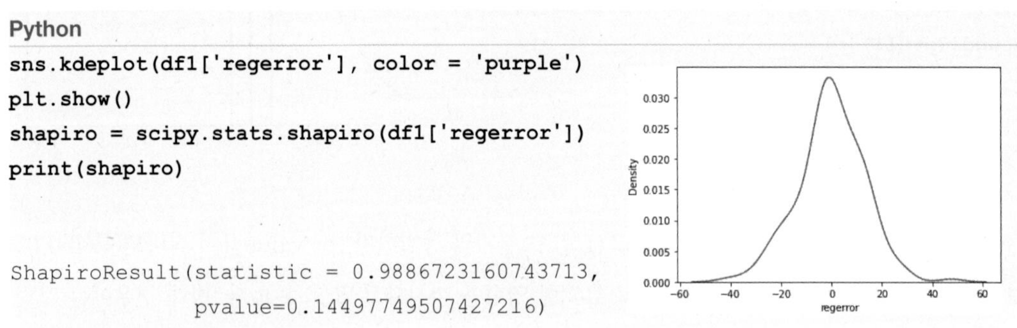

Python

```
sns.kdeplot(df1['regerror'], color = 'purple')
plt.show()
shapiro = scipy.stats.shapiro(df1['regerror'])
print(shapiro)


ShapiroResult(statistic = 0.9886723160743713,
              pvalue=0.14497749507427216)
```


재미있는 결과를 볼 수 있다. 그래프와 샤피로-윌크 정규성 검정 결과에 따르면 오류가 정규분포를 이룬다고 합리적으로 주장할 수 있다.

정규성에서 유의한 편차를 발견한다면, 회귀 분석 모델을 다시 살펴보는 것이 좋다. 예를 들어 독립변수 혹은 종속변수의 변환으로 이어질 수 있다. 챕터 14에서 더 자세히 다룰 것이다.

동차성(Homoscedasticity)

회귀 분석 모델은 일관적인 표준편차를 가정한다. 이 가정은 오류항의 분산 혹은 표준편차가 종속변수와 상관관계가 없음을 의미한다. 다시 말해 종속변수의 값에 따라 오류의 절대값 크기에 차이가 있어서는 안 된다. 예측 값과 오류를 그래프에 나타내어 이 개념을 좀 더 살펴보자.

R

```
plot(df1$regression, df1$regerror)
abline(h = 0)
segments(df1$regression, 0, df1$regression, df1$regerror, col = "red")
```

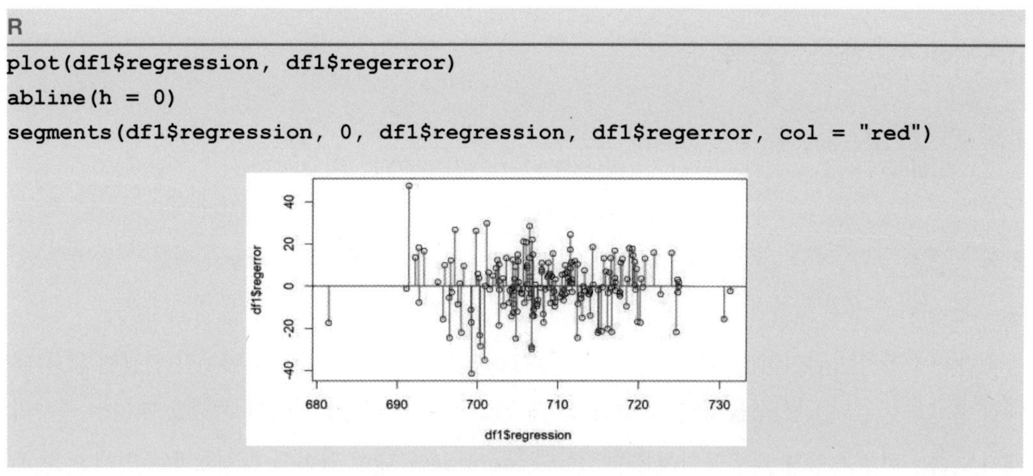

Python

```
plt.stem(df1['regression'], df1['regerror'])
plt.axhline(0, color='red')
plt.xlabel('Regression')
plt.ylabel('Regression Error')
plt.show()
```

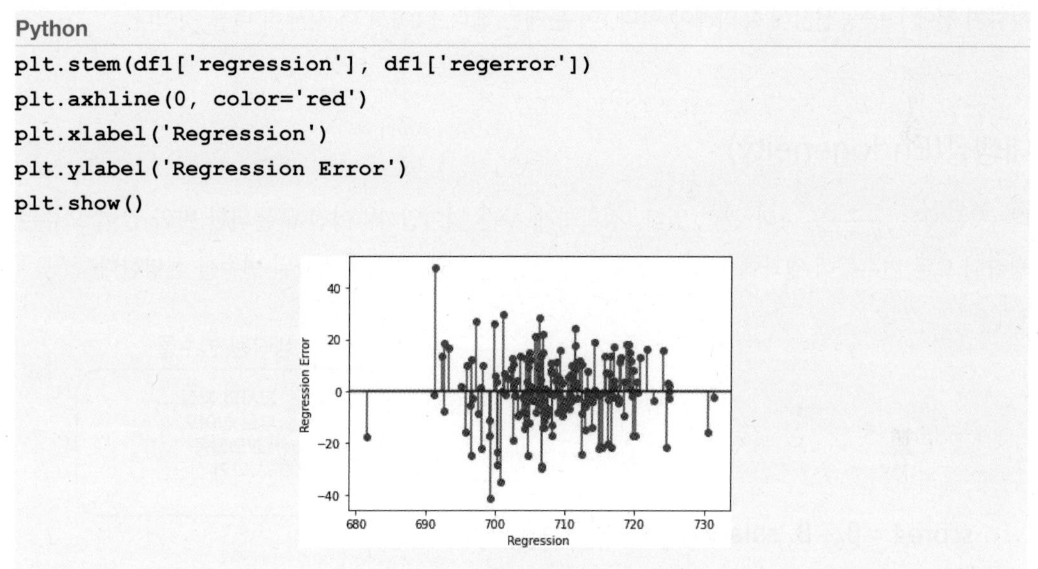

시각적으로 우리의 모델은 이 가정을 위반하고 있지 않은 것으로 보이다.

*이분산성(heteroscedasticity)*를 확인할 수 있는 검정 방법에 대해서는 챕터 14에서 다룰 것이다.

다중 공선성(Multicollinearity)

급여가 **score4**에 미치는 영향에 관심이 있다고 가정해 보자. 급여의 효과에 집중하기 위해서 회귀 분석식을 다음과 같이 전개할 것이다.

$$\text{score4} = \beta_0 + \beta_1\text{salary} + \beta_{2x2} + \beta_{3x3} + \beta_{4x4} + \epsilon$$

급여에 관하여 1차 미분을 해보자.

$$\frac{d(\text{score4})}{d(\text{salary})} = \beta_1 + \beta_2 \frac{dx_2}{d(\text{salary})} + \beta_3 \frac{dx_3}{d(\text{salary})} + \beta_4 \frac{dx_4}{d(\text{salary})} + \frac{d\epsilon}{d(\text{salary})}$$

이제 $\frac{d\epsilon}{d(\text{salary})}=0$이라고 가정해보자. 다중공선성의 문제는 독립 변수 **salary**가 다른 독립변수 x_2, x_3, x_4와 상관 관계가 있을 때 존재한다.

종속변수에 미치는 급여의 한계효과는 β_1이고 **salary**가 다른 독립 변수와 아무런 연관이 없을 때에만 유효하다. 다중공선성을 확인할 수 있는 테스트가 있다. 다중공선성이 존재할 때에는 변수의 제거, 결합, 변형을 통해 다중공선성을 해결한다. **score4**에 대한 급여에 한계효과로 인해 β_1을 해석하기 전에 다중공선성에 유의해야 한다. 이 문제는 챕터 14에서 더 자세히 다룰 것이다.

내생성(Endogeneity)

더 큰 문제는 $\frac{d\epsilon}{d(\text{salary})}=0$과 관련 있다. 정확하게 무슨 의미일까? 이전에 논의한 바와 같이 오류는 생략된 모든 변수들이 결과에 미치는 영향을 포함한다. 아래 그림은 생략된 변수를 설명한다.

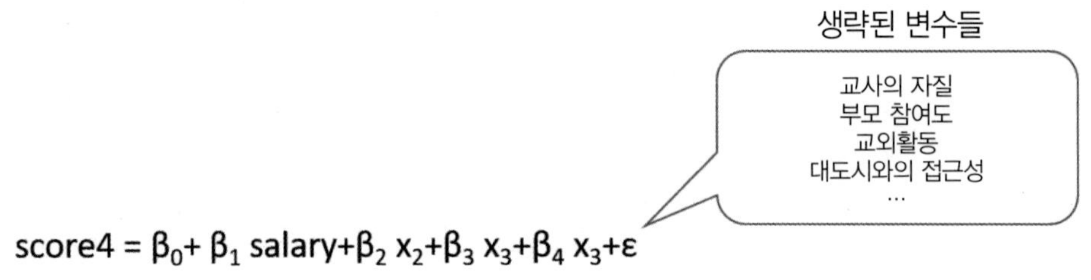

그림 12.3 생략된 변수와 내생성

$\frac{d\epsilon}{d(\text{salary})}=0$은 생략된 변수 중 어느 변수도 급여와 관련되어 있지 않음을 의미한다.

이 가정이 위배되면, 계수 β_1는 **salary**가 **score4**에 미치는 한계효과를 정확하게 설명할 수 없다. 그러면 믿을 수 없고, 편향된 추정치가 되어 버린다. 이를 *내생성(endogeneity)*이라는 용어로 정하였다. (더 자세한 내용은 https://en.wikipedia.org/wiki/Endogeneity_(econometrics)로, 소개 부분은 www.youtube.com/watch?v=dLuTjoYmfXs를 참조하시오.)

예제에서 생략된 변수 중 하나인 '교사의 자질'이 **salary**와 관련 있을 수 있다. 수준 높은 교사(자질이 충분한 교사)는 급여를 많이 받을 수 있고, **score4**의 고득점의 주요 이유일 수 있다. 만약 그렇다면, 우리가 만든 회귀 분석 모델에서 찾은 급여의 효과는 거짓되거나 오해의 소지가 있을 수 있다. **salary**가 **score4**의 원인이 아니라고 주장할 수 있다. 단순히 수준 높은 교사의 급여가 많고, 수준 높은 교사가 고득점의 주요 원인일 수 있다는 것이다. 다시 말해 **salary**와 **score4**는 상관관계가 있지만 직접적인 원인은 아니라는 것이다. 이는 통계학에서 유명한 말인 *'상관관계가 곧 인과관계를 의미하지 않는다'*의 예이다. 만약 이 주장이 사실이라면, 학생들의 고득점을 위해서 현재 교사의 급여를 높이는 조치를 취해서는 안 된다. 아래 그림에서 설명해 보자.

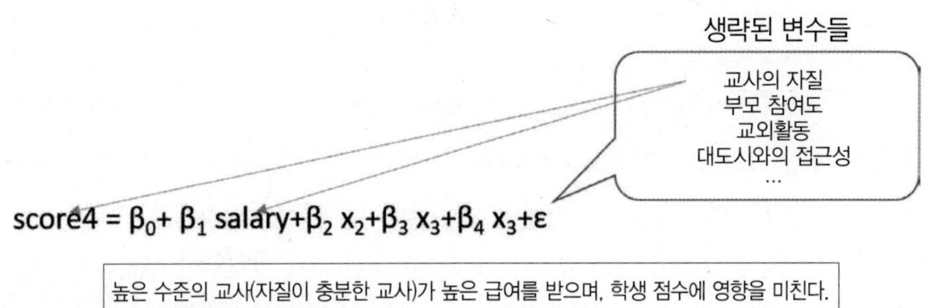

그림 12.4 생략된 변수와 내생성 - 1/3

물론 다른 가능한 인과관계가 있을 수 있다.

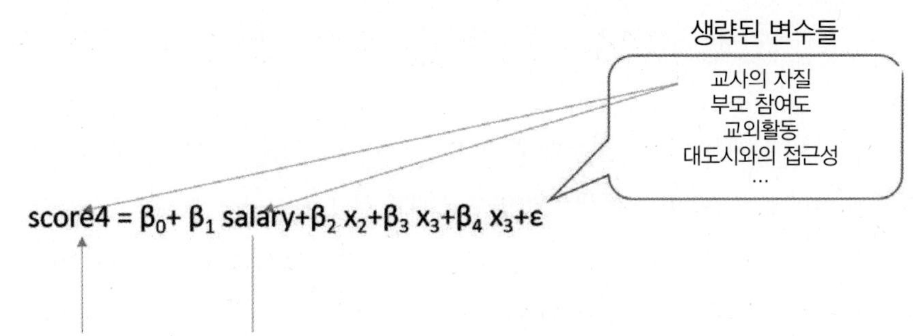

그림 12.5 생략된 변수와 내생성- 2/3

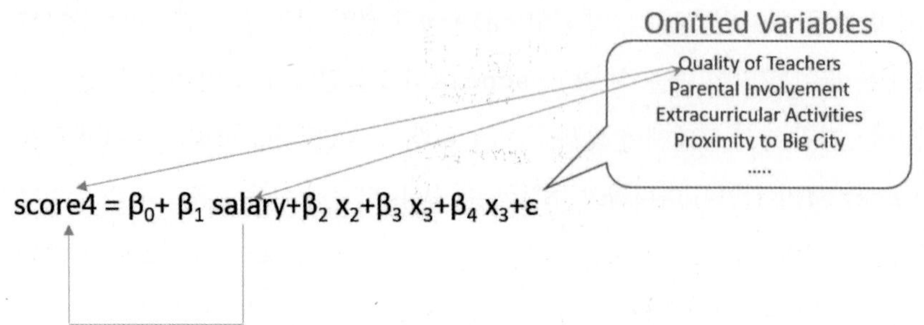

높은 수준의 교사(자질이 충분한 교사)가 높은 급여를 받으며, 학생 점수에 영향을 미친다. 높은 급여는 선생님으로 하여금 학생들에게 더 많은 시간과 에너지를 쓰도록 유도하고, 이는 학생들의 성적에 영향을 끼친다. 높은 급여는 자질이 충분한 교사를 끌어들인다.

그림 12.6 생략된 변수와 내생성 - 3/3

회귀 분석 모델 결과에서 **salary**의 계수 2.2096528을 **score4**에 영향을 미치는 한계효과로 해석할 수 있다. **salary** 단위가 증가하면, **score4**는 2.21단위만큼씩 오른다는 의미이다. **salary**와 상관 관계가 있는 생략된 변수가 없다는 가정이 참일 때에만 합리적인 주장이다. 고득점을 기대하며 교사의 급여를 올리는 것과 같이 인과 관계를 가정하고 내린 주요 결정들이 역효과를 낳은 경우가 많다. (헬스케어 맥락에서 설명한 기사를 참조하자. https://allabouthealthychoices.wordpress.com/2016/03/17/associationcorrelation-vs-causation/ for a discussion in the context of healthcare)

실질적인 문제 중 하나는 이 가정을 확인할 결정적인 테스트가 없다는 것이다. 생략된 변수가 있다는 것은 그 변수에 대해 정보가 없기 때문이다. 우리는 종종 생략된 변수가 얼마나 어떻게 존재하는지 알지 못한다. 이 경우에 가정의 유효성을 어떻게 확인할 수 있을까? 결국 우리는 모르는 것에 대해서는 알 수 없다.

이는 데이터 문제이다. 이 문제는 데이터를 어떻게 수집하고 무엇을 수집할지에서 기인한다. 데이터를 무작위로 통제된 실험에서 수집한다면 생략된 변수에 관한 문제를 손쉽게 배제할 수 있다. 우리의 예제에서는 다음과 같이 해보자. 무작위로 고른 몇몇 학교 구역을 통제 집단으로, 나머지를 실험 집단으로 나눠보자. 그리고 교사를 무작위로 학교에 배정한다. 실험 집단에 배정된 교사의 급여는 통제 집단에 배정된 교사의 급여보다 높다. 그리고 데이터를 한동안 수집해 보자. 이렇게 하면, 생략된 변수로 야기되는 편향에 대한 문제에 직면하지 않는다. 왜일까? 왜냐하면 교사를 무작위로 배정하였으므로, 급여는 더 이상 생략된 변수와 상관 관계가 없기 때문이다. 명백하게 현실적인 방법은 아니다. 하지만 약물 치료나 약의 효과를 연구하는 임상 실험에서는 정석적인 방법이다.

관측 데이터에 제한이 있을 때, 인과관계를 증명하거나 보장하는 것은 불가능하다(stat.cmu.

edu/~larry/=stat401/Causal.pdf). 하지만 인과관계에 대한 걱정을 완화할 수 있는 방법이 있다. 예를 들어, 패널 데이터(일정 기간 동안 동일한 개인이나 집단에 대해 수집한 데이터)가 있으면 생략된 변수가 야기할 수 있는 문제를 일부 설명할 수 있다. 다른 방법으로는 도구 변수(instrumental variable)를 이용하는 것이다. 이는 **salary**와는 연관되어 있지만, 오류와는 상관 관계가 없는 변수이다. 많은 상황에서 도구 변수를 찾는 것은 힘든 일이다.

음악 무단 복제와 판매량 사이의 연관성을 평가하기 위해 도구 변수를 사용한 저자의 논문을 참고하자 (https://pubsonline.informs.org/doi/abs/10.1287/mnsc.1070.0699). 우리가 다루어야 할 생략된 변수는 '인기'로 무단 복제와 판매량 둘 다에 영향을 미친다.

독립성과 동일 분포

관측값은 독립적이고 동일한, 균등한 분포여야 한다. 이를 iid 가정이라고 부른다. 우도를 계산할 때 관측값의 확률을 곱하므로 이 가정이 필요하다. 관측치가 독립적일 때만 가능하다. 이 가정은 모든 최대 우도 추정에 적용된다. 시계열 데이터나 네트워크 데이터에는 적용되지 않다. 이런 경우에는 데이터 생성 과정에서 오류가 독립적이라고 명시하는 방법을 사용한다.

올해 판매량을 예측하는 시계열 데이터를 생각해 보자. 올해의 판매량은 작년의 판매량과 상관관계가 있으므로, 올해의 관측치는 작년의 관측치와 상관 관계가 있다. 작년의 판매량을 독립 변수로 포함한다면, 지체 변수(lag variable)를 사용한 오류는 독립적이라고 할 수 있으므로, 최대 우도 추정 방식을 이용할 수 있다.

R과 Python에서 회귀 분석 함수

지금까지는 회귀 분석 모델에 대한 직관적이고 심도 깊은 이해에 집중하였다. R과 Python은 회귀 팩터를 이용해 회귀 분석을 쉽게 수행할 수 있는 함수를 제공한다.

R

```
res3 = lm(score4~exptot+scratio+special+stratio+salary,data=df1)
summary(res3)

Call:
lm(formula = score4 ~ exptot + scratio + special + stratio +
    salary, data = df1)

Residuals:
```

```
    Min      1Q  Median      3Q     Max
-41.324  -7.458  -0.518   8.777  47.569

Coefficients:
              Estimate Std. Error t value             Pr(>|t|)
(Intercept) 714.703519  16.343429  43.730 < 0.0000000000000002 ***
exptot       -0.005029   0.001500  -3.353             0.000974 ***
scratio      -0.107875   0.367331  -0.294             0.769346
special      -0.716282   0.280464  -2.554             0.011480 *
stratio      -2.646880   0.491597  -5.384         0.0000002250 ***
salary        2.210672   0.373808   5.914         0.0000000165 ***
---
Signif. codes:  0 '***' 0.001 '**' 0.01 '*' 0.05 '.' 0.1 ' ' 1

Residual standard error: 13.32 on 180 degrees of freedom
Multiple R-squared:  0.2755,	Adjusted R-squared:  0.2554
F-statistic: 13.69 on 5 and 180 DF,  p-value: 0.00000000002504
```

Python

```
from statsmodels.formula.api import ols
res3 = ols("score4 ~ exptot + scratio + special + stratio + salary",
data=df1).fit()
print(res3.summary())
```

```
OLS Regression Results
==============================================================================
Dep. Variable:                 score4   R-squared:                       0.276
Model:                            OLS   Adj. R-squared:                  0.255
Method:                 Least Squares   F-statistic:                     13.69
Date:                Sun, 21 Aug 2022   Prob (F-statistic):           2.50e-11
Time:                        16:27:19   Log-Likelihood:                -742.49
No. Observations:                 186   AIC:                             1497.
Df Residuals:                     180   BIC:                             1516.
Df Model:                           5
Covariance Type:            nonrobust
==============================================================================
                 coef    std err          t      P>|t|      [0.025      0.975]
------------------------------------------------------------------------------
Intercept    714.7035     16.343     43.730      0.000     682.454     746.953
exptot        -0.0050      0.001     -3.353      0.001      -0.008      -0.002
scratio       -0.1079      0.367     -0.294      0.769      -0.833       0.617
special       -0.7163      0.280     -2.554      0.011      -1.270      -0.163
stratio       -2.6469      0.492     -5.384      0.000      -3.617      -1.677
salary         2.2107      0.374      5.914      0.000       1.473       2.948
```

```
==============================================================================
Omnibus:                        3.989   Durbin-Watson:                   2.049
Prob(Omnibus):                  0.136   Jarque-Bera (JB):                4.735
Skew:                          -0.095   Prob(JB):                       0.0937
Kurtosis:                       3.758   Cond. No.                     8.99e+04
==============================================================================

Notes:
[1] Standard Errors assume that the covariance matrix of the errors is cor-
rectly specified.
[2] The condition number is large, 8.99e+04. This might indicate that there are
strong multicollinearity or other numerical problems.
```

사용 예제: 선형 회귀 분석을 이용한 이익 예측

이익, 수익, 부채를 비롯한 다른 측정값을 예측하고 분석하는 것은 비즈니스에서 아주 중요한다. 선형 회귀 분석은 예측을 하는 데 가장 널리 쓰이는 도구이다. 지금까지 배운 바와 같이, 선형 회귀 분석은 이해하기 쉽고 기술 통계를 통해 모델의 예측 결과와 결과의 신뢰도를 해석할 수 있다.

스타트업의 재무 성과는 이익을 예측하는 데 사용될 수 있다. 이번 과제에서 우리는 스타트업을 대상으로 재무 및 법률 서비스를 제공하는 업체가 되어보자. 우리가 제공하는 서비스 중 하나는 스타트업에 대출을 제공하는 것이다. 그 결과 우리는 반드시 각 스타트업의 수익성을 평가해야 한다. 수익성이 낮은 스타트업은 플랫폼에서 제외하고, 적당 수준의 수익성을 가진 스타트업은 유지하며, 높은 수익성을 가진 스타트업에는 대출을 권장할 수 있다. 이번 과제에서는 주어진 데이터를 기반으로 스타트업 3개를 평가하고 수익을 예측해 보자. 이 스타트업들을 우리 플랫폼에 추가하고, 대출을 권장할 수 있을까?

데이터는 R&D, 행정 경비, 마케팅 비용에 대한 연간 데이터 스냅숏과 어느 주에 위치해 있는지, 수익은 얼마인지를 포함하고 있다.

표 12.2 스타트업

	R.D.Spend	Administration	Marketing.Spend	State	Profit
1	165349.2	136897.8	471784.1	New York	192261.8
2	162597.7	151377.6	443898.5	California	191792.1
3	153441.5	101145.6	407934.5	Florida	191050.4
4	144372.4	118671.9	383199.6	New York	182902

	R.D.Spend	Administration	Marketing.Spend	State	Profit
5	142107.3	91391.77	366168.4	Florida	166187.9
6	131876.9	99814.71	362861.4	New York	156991.1
7	134615.5	147198.9	127716.8	California	156122.5
8	130298.1	145530.1	323876.7	Florida	155752.6
9	120542.5	148719	311613.3	New York	152211.8
10	123334.9	108679.2	304981.6	California	149760
11	101913.1	110594.1	229161	Florida	146122

우리가 관심 있는 종속 변수 y는 이익(Profit)이다.

스타트업

데이터 프레임에서 무작위로 세 개의 스타트업을 골라보자. 47개의 스타트업(학습 데이터 혹은 트레이닝 데이터) 정보로 회귀 분석 모델을 만들고 우리가 고른 세 개의 스타트업(시험 데이터 혹은 테스트 데이터)으로 모델의 적합성을 테스트할 것이다.

R

```
startups = sample(1:nrow(final_df),3)
df_test = final_df[startups,]
df_train = final_df[-startups,]
```

Python

```
df_test = df.sample(n=3)
df_train = df[(df.index.isin(df_test) == False)]
```

모델 만들기

모든 수치 데이터를 이용해서 다중 선형 회귀 분석 모델을 만들 것이다.

R

```
df = read.csv("50_Startups.csv")
reg1 = lm(Profit ~ .-State, data=df)
summary(reg1)
```

Python

```
lm = sm.OLS(df_train['Profit'], df_train[['R&D Spend',
```

```
    'Administration','Marketing Spend']])
model = lm.fit()
model.summary()
```

```
Call:
lm(formula = Profit ~ . - State, data = df_train)

Residuals:
   Min     1Q Median     3Q    Max
-33366  -4411    159   6703  17529

Coefficients:
                  Estimate Std. Error t value Pr(>|t|)
(Intercept)      4.945e+04  6.764e+03   7.311 4.57e-09 ***
R.D.Spend        7.977e-01  4.629e-02  17.232  < 2e-16 ***
Administration  -2.343e-02  5.259e-02  -0.445   0.6582
Marketing.Spend  2.959e-02  1.682e-02   1.759   0.0857 .
---
Signif. codes:  0 '***' 0.001 '**' 0.01 '*' 0.05 '.' 0.1 ' ' 1

Residual standard error: 9367 on 43 degrees of freedom
Multiple R-squared:  0.9508,     Adjusted R-squared:  0.9474
F-statistic:   277 on 3 and 43 DF,  p-value: < 2.2e-16
```

모델의 R^2가 0.95로 적합도가 아주 높음을 알 수 있다. R.D.Spend는 통계학적으로 유의하다. 위 모델을 그래프로 나타내면 예측치와 모델 결과가 얼마나 비슷한지를 보여주는 강한 연관 관계에 놀랄 것이다.

R

```
plot(df_train$R.D.Spend,df_train$Profit,col="red",pch=16,xlab="R&D
Spend",ylab="profit")
points(df_train$R.D.Spend,reg1$fitted.values,col="blue",pch=16)
```

Python

```
import statsmodels.api as sm

fig, ax = plt.subplots()
fig = sm.graphics.plot_fit(model, 0, ax=ax)
  plt.figure(figsize=(10, 10))

ax.set_ylabel("Profit")
ax.set_xlabel("R&D Spend")
ax.set_title("Linear Regression: Profit Forcasting")

plt.show()
```

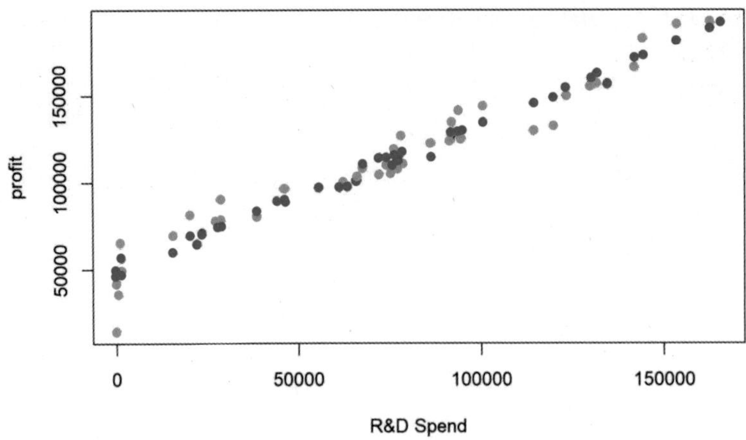

그림 12.7 예측치와 모델 결과의 유사성

스타트업 이익 예측

마지막으로 회귀 분석 모델이 평가 대상 세 스타트업의 이익을 얼마나 잘 예측했는지 알아보자.

R

```
df_test$prediction = predict.lm(reg1,df_test)
df_test
```

Python

```
ypred = model.predict(df_test[['R&D Spend', 'Administration','Marketing
        Spend', 'New York', 'California', 'Florida']])
print(ypred)

df_new_startups = df_test.copy()
df_new_startups['Profit'] = ypred

df_new_startups
```

	RDSpend ⟨dbl⟩	Administration ⟨dbl⟩	Marketing.Spend ⟨dbl⟩	State ⟨chr⟩	Profit ⟨dbl⟩	prediction ⟨dbl⟩
11	101913.08	110594.1	229161.0	Florida	146122.0	134937.1
9	120542.52	148719.0	311613.3	New York	152211.8	151344.5
26	64664.71	139553.2	137962.6	California	107404.3	101847.2

한 눈에 봐도 이익 예측은 꽤 합리적이다. 이 결과를 다른 스타트업 데이터와 그래프에 나타내면, 이

익 예측이 얼마나 합리적인지를 할 수 있고 향후 조치에 대해서 결정할 수 있다. Python 코드로 데이터의 산점도와 보간법(interpolation) 선을 표현할 수 있는 버블 차트를 생성할 것이다.

R

```
plot(df_train$R.D.Spend,df_train$Profit,col="red",pch=16,xlab="R&D
Spend",ylab="profit")
points(df_train$R.D.Spend,reg1$fitted.values,col="blue",pch=16)
points(df_test$R.D.Spend,df_test$prediction,col="yellow",pch=)
points(df_test$R.D.Spend,df_test$Profit,col="green",pch=16)
abline(v = df_test$R.D.Spend)
```

Python

```
# Function... plots bubble for the startup dataset
def bubble_startup_profits(df: pd.DataFrame, max_x: float = 0, max_y: float = 0):
    # Set the figure size
    plt.figure(figsize=(10, 10))

    #Scatter... size down some of the columns of data to get a good look to
the chart
    plt.scatter(df['R&D Spend']/1000, df['Profit']/1000, s=df['Marketing
Spend']/100, c=df['State'].cat.codes, cmap="Accent", alpha=0.4, edgecol-
ors="grey", linewidth=2)

    # Add titles (main and on axis)
    plt.xlabel("R&D Spend")
    plt.ylabel("Profit")
    #Axis Scaling...
    if(max_x==0): max_x = df['R&D Spend'].max()/1000
    if(max_y==0): max_y = df['Profit'].max()/1000
    plt.xlim(left=0, right=max_x)
    plt.ylim(bottom=0, top=max_y)
    plt.title("Profits: Driven by R&D Spend")

    #Interpolation line....
    lm = sm.OLS(df['Profit']/1000, sm.add_constant(df['R&D Spend']/1000)).fit()
    #lm = sm.OLS(df['Profit'], df['R&D Spend']).fit()
    plt.plot(df['R&D Spend']/1000, df['R&D Spend']/1000 * lm.params[1] +
lm.params[0])

    # Show the graph
    plt.show()

#Run func
bubble_startup_profits(df_train)
```

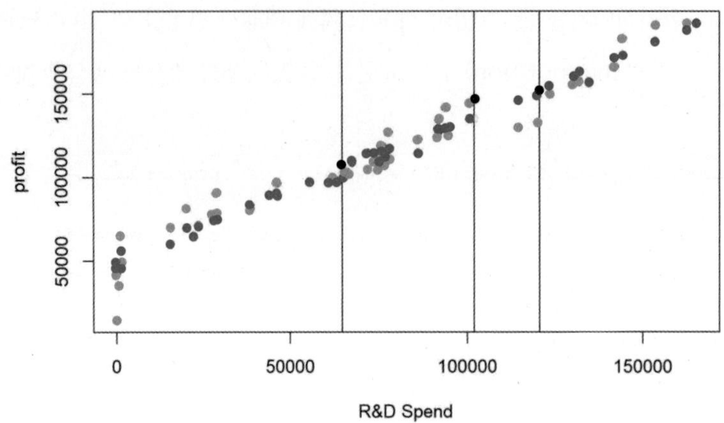

그림 12.8 스타트업 이익 예측

범주형 데이터

지금까지는 범주형 데이터 State를 무시하였다. 하지만 우리는 이 범주형 데이터를 숫자로 표기할 수 있다. 우리가 이용할 방법은 더미 변수(dummy variables)라고도 불리는 원 핫 인코딩(one hot encoding)이다. 다음 코드는 State 열 값으로 세 개의 새로운 열('California', 'New York', 'Florida')을 만든다. 각 열은 1 또는 0의 값을 가진다. 만약 뉴욕에 위치한 스타트업이라면 New York 열의 값은 1이고, 플로리다나 캘리포니아에 위치한 스타트업이라면 해당 열의 값은 0이다. 범주형 데이터가 이익 예측에 영향을 끼치는지를 알 수 있는 흥미로운 연습 문제이다.

R

```
library(caret)
dummy = dummyVars(" ~ .", data=df)

final_df = data.frame(predict(dummy, newdata=df))
```

Python

```
one_hot_encodings_for_state = pd.get_dummies(df['State'])
```

b

	R.D.Spend ⟨dbl⟩	Administration ⟨dbl⟩	Marketing.Spend ⟨dbl⟩	StateCalifornia ⟨dbl⟩	StateFlorida ⟨chr⟩	StateNew.York ⟨chr⟩	Profit ⟨dbl⟩
1	165349.2	136897.80	471784.1	0	0	1	192261.8
2	162597.7	151377.59	443898.5	1	0	0	191792.1

3	153441.5	101145.55	407934.5	0	1	0	191050.4
4	144372.4	118671.85	383199.6	0	0	1	182902.0
5	142107.3	91391.77	366168.4	0	1	0	166187.9
6	131876.9	99814.71	362861.4	0	0	1	156991.1

요약

이번 챕터에서는 최대 우도 원칙을 이용해 연속 변수 결과에 대한 회귀 분석 모델을 만들어 보았다. 또한 회귀 분석 결과를 해석하는 방법과 주요 가정을 분석하는 방법 그리고 회귀 분석 결과를 해석할 때 고려해야 할 점들에 대해 다루었다. 다음 챕터에서는 이진형 결과 변수와 이산형 결과 변수에 대한 회귀 분석을 배워보자.

연습문제

연습문제를 수행하기 위해, 다음 링크에서 제공하는 데이터셋을 다운받도록 하자. https://study.sagepub.com/gopal

Diamonds.csv 파일을 불러오자.

1 최대 우도 접근법을 사용하여 독립변수 **carat**, **depth**, **table**, **x**, **y**, **z**를 바탕으로 변수 price의 결과를 만드는 회귀 분석 모델을 개발하시오.

2 SST와 SSE 값을 구하시오. R^2 값은 어떠한가?

3 오류를 그래프로 그리고 오류가 정규성을 띄는지 시각적으로 검증하시오.

4 그래프에 기반하여 회귀 분석 모델에 이분산성이 있는지 평가하시오.

UsedCars2017.csv 파일을 불러오자.

1 최대 우도 접근법을 사용하여 데이터 프레임에 있는 다른 변수들을 바탕으로 변수 **price**의 결과를 만드는 회귀 분석 모델을 개발하시오.

2 SST와 SSE 값을 구하시오. R^2 값은 어떠한가?

3 오류를 그래프로 그리고 오류가 정규성을 띄는지 시각적으로 검증하시오.

4 그래프에 기반하여 회귀 분석 모델에 이분산성이 있는지 평가하시오.

13

일반 선형 모델

목차

이번 챕터에서는 이전 챕터에서 배운 선형 회귀 모델을 발전시켜 이진형 결과와 가산 결과에 적용할 수 있는 모델을 만들어 볼 것이다. 예측하고자 하는 종속 변수가 연속 변수가 아니라면, 파라미터 예측을 위해 다른 접근 방식이 필요하다. 우리는 이를 '일반 선형 모델'이라고 한다.

이진 결과

파일 admit.csv를 불러오자.

R

```
admit = read.csv("admit.csv")
head(admit)

admit <int> gre <int> gpa <dbl> rank <int>
1       0      380      3.61      3
2       1      660      3.67      3
3       1      800      4.00      1
4       1      640      3.19      4
5       0      520      2.93      4
6       1      760      3.00      2
```

Python

```
admit = pd.read_csv("../data/admit.csv")
print(admit.dtypes)
admit.head(6)

admit        int64
gre          int64
gpa        float64
rank         int64
dtype: object
   admit     gre      gpa     rank
0      0     380     3.61        3
1      1     660     3.67        3
2      1     800     4.00        1
3      1     640     3.19        4
4      0     520     2.93        4
5      1     760     3.00        2
```

우리가 관심있는 이진형 변수는 **admit**이다.

기준 모델

우리가 원하는 추정치에 대한 기준 모델은 아래 그림에서 볼 수 있다.

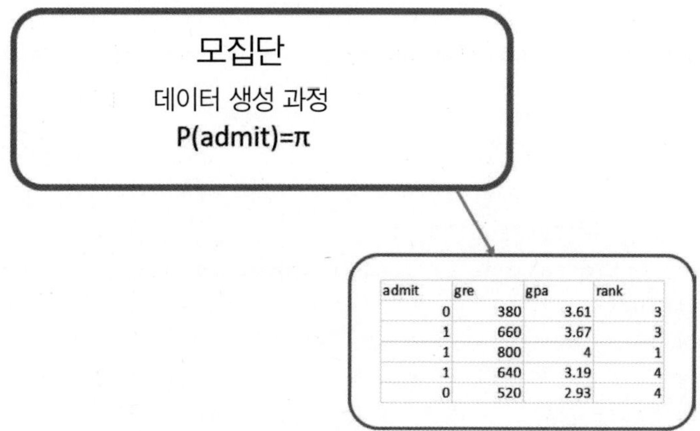

admit	gre	gpa	rank
0	380	3.61	3
1	660	3.67	3
1	800	4	1
1	640	3.19	4
0	520	2.93	4

그림 13.1 기준 모델 데이터 생성 과정

R

```
LLbinary = function(pi){
  p = ifelse(admit$admit == 1, pi, 1 - pi)
  LL = sum(log(p))
  return(-1*LL)
}

res1 = mle2(minuslogl = LLbinary, start = list(pi= .5))
summary(res1)


Maximum likelihood estimation

Call:
mle2(minuslogl = LLbinary, start = list(pi = 0.5))

Coefficients:
   Estimate  Std. Error  z value                          Pr(z)
pi 0.317500    0.023275   13.641 < 0.00000000000000022 ***
---
Signif. codes:  0 '***' 0.001 '**' 0.01 '*' 0.05 '.' 0.1 ' ' 1

-2 log L: 499.9765
```

Python

```
def LLbinary(pi):
    p = np.where(admit.admit == 1, pi, 1-pi)
    LL = np.sum(np.log(p))
    return(-1*LL)
res1 = scipy.optimize.minimize(LLbinary, x0 = .5, method = 'Nelder-Mead')
print(res1)

final_simplex: (array([[0.31748047],
       [0.31757812]]), array([249.98825913, 249.98826441]))
           fun: 249.98825912954734
       message: 'Optimization terminated successfully.'
          nfev: 26
           nit: 13
        status: 0
       success: True
             x: array([0.31748047])
```

결과가 말해주듯 admit의 점추정은 0.3175이다. 이는 무작위로 지원자를 선택했을 때 입학할 확률이 0.3175라는 의미이다. 이제 모든 지원자의 입학 확률이 동일하지 않고 변수 gre, gpa, rank에 의해 결정된다고 믿는다고 가정해 보자. 데이터 생성 과정은 아래 그림과 같다.

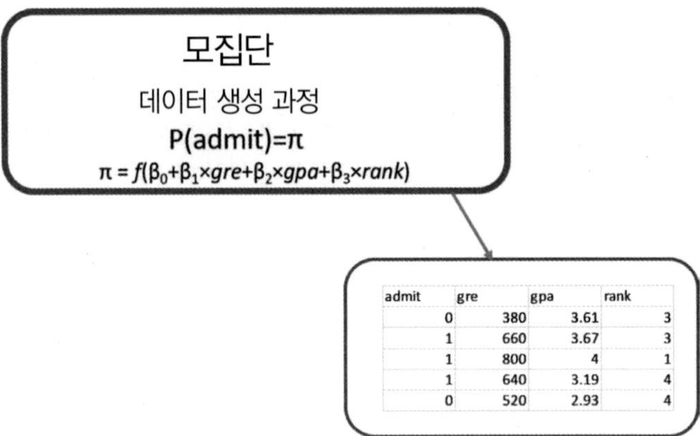

admit	gre	gpa	rank
0	380	3.61	3
1	660	3.67	3
1	800	4	1
1	640	3.19	4
0	520	2.93	4

그림 13.2 발전한 모델의 데이터 생성 과정

다음과 같이 표기해보자.

$$X = \beta_0 + \beta_1 \times \text{gre} + \beta_2 \times \text{gpa} + \beta_3 \times \text{rank}$$

X와 π를 연결(link)해주는 함수는 무엇일까? 여기서 문제는 서로 다른 정의역을 가지고 있다는 것이다. π의 정의역은 [0, 1]이다. X의 정의역은 (−∞, ∞)이다. X를 π와 연결시키는 함수 f에서는 두 정의역을 일치시켜야 한다. 함수 f는 연결 함수(link function)라고 부른다.

로지스틱 회귀 분석

다음 표는 연결 함수를 생성하는 하나의 예를 보여준다.

표 13.1　연결 함수 결정

변수	정의역
X	[−∞, ∞]
e^X	[0, ∞]
$\frac{e^X}{1+e^X}$	[0, 1]

π와 X의 연결은 다음과 같이 명시할 수 있다.

$$\pi = \frac{e^X}{1+e^X}$$

이를 재정리하면 로지스틱 회귀 분석 모델이다.

$$\ln\left(\frac{\grave{A}}{1-\pi}\right) = X = \beta_0 + \beta_1 \times \text{gre} + \beta_2 \times \text{gpa} + \beta_3 \times \text{rank}$$

용어상으로 π는 성공 확률, $\frac{\pi}{1-\pi}$는 승산(odds), $\log\left(\frac{\pi}{1-\pi}\right)$는 로그 이상값이다. 로지스틱 회귀 분석은 로그 이상값이 독립 변수의 선형 함수임을 명시한다.

이제 코드를 작성해 보자.

R

```
LLbinary = function(b0,b1,b2,b3){
    X = b0 + b1*admit$gre + b2*admit$gpa + b3*admit$rank
    pi = exp(X)/(1+(exp(X)))
    p = ifelse(admit$admit == 1, pi, 1 - pi)
  LL = sum(log(p))
  return(-1*LL)
}
```

```
res2 = mle2(minuslogl = LLbinary, start = list(b0 = 0, b1 = 0, b2 = 0, b3 =
0))
summary(res2)


Maximum likelihood estimation

Call:
mle2(minuslogl = LLbinary, start = list(b0 = 0, b1 = 0, b2 = 0, b3 = 0))

Coefficients:
     Estimate  Std.Error z value        Pr(z)
b0 -3.3459553  1.1308047 -2.9589     0.003087 **
b1  0.0016874  0.0010866  1.5529     0.120443
b2  0.8804816  0.3290057  2.6762     0.007446 **
b3 -0.5967868  0.1279710 -4.6635 0.000003109 ***
---
Signif. codes:  0 '***' 0.001 '**' 0.01 '*' 0.05 '.' 0.1 ' ' 1

-2 log L: 459.8384
```

Python

```
def LLbinary(params):
    b0, b1, b2, b3 = params
    X = b0 + b1*admit['gre'] + b2*admit['gpa'] + b3*admit['rank']
    pi = np.exp(X)/(1+np.exp(X))
    p = np.where(admit.admit == 1, pi, 1-pi)
    LL = np.sum(np.log(p))
    return(-1*LL)
res2 = scipy.optimize.minimize(LLbinary, x0 = [0, 0, 0, 0], method = 'Nelder-Mead')
print(res2)

           fun: 234.3219680023034
       message: 'Optimization terminated successfully.'
          nfev: 413
           nit: 232
        status: 0
       success: True
             x: array([-0.08354163,  0.00162173, -0.00901617, -0.66485216])
```

로지스틱 회귀 분석 결과는 다음과 같다.

$$\ln\left(\frac{\pi}{1-\pi}\right) = -3.35 + 0.0017 \times \text{gre} + 0.88 \times \text{gpa} - 0.60 \times \text{rank}$$

결과는 **gre**가 통계적으로 유의하지 않음을 명시한다. 높은 **gpa**은 입학할 로그 이상값을 높여주고, 높은 랭킹은 입학할 로그 이상값을 낮춘다.

한계효과를 이해해 보자. **Gpa**가 1씩 증가할 때, 로그 이상값은 0.88씩 증가한다. 0.88을 좀 더 자세히 이해하기 위해서 다음과 같이 정리할 수 있다.

$$\ln\left(\frac{\pi_1}{1-\pi_1}\right) - \ln\left(\frac{\pi}{1-\pi}\right) = 0.88$$

재정리하면 다음과 같다.

$$\frac{\pi_1}{1-\pi_1} = \frac{\pi}{1-\pi}e^{0.88}$$

$$\frac{\pi_1}{1-\pi_1} = 2.41\frac{\pi}{1-\pi}$$

따라서 **gpa**가 1씩 증가할 때마다 입학할 확률은 예측 계수의 지수인 2.41씩 증가한다.

프로빗 회귀 분석(Probit Regression)

X와 π 간의 연결 함수를 생성하는 다른 방법은 다음과 같다.

$$\pi = \phi(X)$$

$\phi(X)$이 표준 정규분포의 누적 확률일 때 이는 누적 확률이 [0, 1]인 정의역에서 적용된다. 이를 프로빗 회귀 분석이라고 한다. 이제 코딩을 해보자.

R
```
LLbinary = function(b0,b1,b2,b3){
     X = b0 + b1*admit$gre + b2*admit$gpa + b3*admit$rank
   pi = pnorm(X)
    p = ifelse(admit$admit == 1, pi, 1 - pi)
   LL = sum(log(p))
  return(-1*LL)
}
```

```
res3 = mle2(minuslogl = LLbinary, start = list(b0 = 0, b1 = 0, b2 = 0, b3 = 0))
summary(res3)


Maximum likelihood estimation

Call:
mle2(minuslogl = LLbinary, start = list(b0 = 0, b1 = 0, b2 = 0,
    b3 = 0))

Coefficients:
      Estimate  Std. Error z value       Pr(z)
b0 -2.08427222  0.67170665 -3.1030    0.001916 **
b1  0.00093040  0.00064542  1.4415    0.149432
b2  0.55880127  0.19418973  2.8776    0.004007 **
b3 -0.35253287  0.07445794 -4.7347 0.000002194 ***
---
Signif. codes:  0 '***' 0.001 '**' 0.01 '*' 0.05 '.' 0.1 ' ' 1

-2 log L: 460.1186
```

Python

```
def LLbinary(params):
    b0, b1, b2, b3 = params
    X = b0 + b1*admit['gre'] + b2*admit['gpa'] + b3*admit['rank']
    pi = scipy.stats.norm.cdf(X)
    p = np.where(admit.admit == 1, pi, 1-pi)
    LL = np.sum(np.log(p))
    return(-1*LL)
res3 = scipy.optimize.minimize(LLbinary, x0 = [0, 0, 0, 0], method = 'Nelder-Mead')
print(res3)

          fun: 235.06691094815426
      message: 'Optimization terminated successfully.'
         nfev: 365
          nit: 215
       status: 0
      success: True
            x: array([ 0.07532397,  0.00075881, -0.00146091, -0.40348545])
```

결과는 로지스틱 회귀 분석과 꽤 비슷하다. 프로빗 회귀 분석의 계수는 해석하기 조금 힘들다. 따라서 로지스틱 회귀 분석이 좀 더 보편적으로 사용된다.

가산 결과

파일 student.csv를 불러오자. 우리는 학교별 학생의 결석일 수를 나타내는 가산 변수 daysabs에 관심이 있다.

R
```
student = read.csv("student.csv")
head(student)

id <int> gender <int> math <int> prog <int> daysabs <int>
1      1001      0       63       2        4
2      1002      0       27       2        4
3      1003      1       20       2        2
4      1004      1       16       2        3
5      1005      1        2       2        3
6      1006      1       71       2      136       1       760       3.00       2
```

Python
```
student = pd.read_csv("../data/student.csv")
print(student.dtypes)
student.head(6)
id          int64
gender      int64
math        int64
prog        int64
daysabs     int64
dtype: object
        id     gender   math     prog  daysabs
0      1001         0     63     2     4
1      1002         0     27     2     4
2      1003         1     20     2     2
3      1004         1     16     2     3
4      1005         1      2     2     3
5      1006         1     71     2     136      1      760      3.00      2
```

기준 모델

종속 변수가 가산형일 때 기준 모델은 다음과 같다.

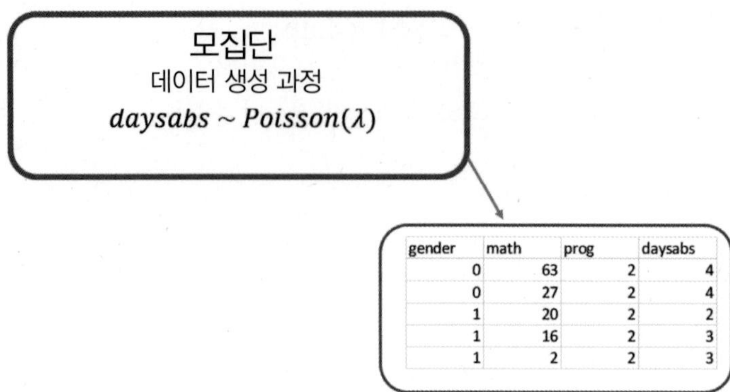

gender	math	prog	daysabs
0	63	2	4
0	27	2	4
1	20	2	2
1	16	2	3
1	2	2	3

그림 13.3 기준 모델에서 포아송 분포에 따른 데이터 생성 과정

다음 코드는 모집단 파라미터 λ를 추정한다.

R

```
LLpois = function(lam){
  p = dpois(x = student$daysabs, lambda = lam)
  LL = sum(log(p))
  return(-1*LL)
}

res4 = mle2(minuslogl = LLpois, start = list(lam=10))
summary(res4)


Maximum likelihood estimation

Call:
mle2(minuslogl = LLpois, start = list(lam = 10))

Coefficients:
    Estimate  Std.Error z value                   Pr(z)
lam  5.95542    0.13772  43.243 < 0.00000000000000022 ***
---
Signif. codes:  0 '***' 0.001 '**' 0.01 '*' 0.05 '.' 0.1 ' ' 1

-2 log L: 3101.018
```

Python

```
def LLpois(lam):
    p = scipy.stats.poisson.pmf(student['daysabs'], lam)
    LL = np.sum(np.log(p))
```

```
    return(-1*LL)
res4 = scipy.optimize.minimize(LLpois, x0 = 10, method = 'Nelder-Mead')
print(res4)

final_simplex: (array([[5.95544434],
       [5.9553833 ]]), array([1550.50922948, 1550.50922948]))
           fun: 1550.5092294752835
       message: 'Optimization terminated successfully.'
          nfev: 36
           nit: 18
        status: 0
       success: True
             x: array([5.95544434])
```

위 결과에서 학생 모집단의 평균 결석 일수는 5.96이라고 결론지을 수 있다.

포아송 회귀 분석

이제 결석일수가 변수 gender, math, prog에 영향을 받는다고 가정해 보자. 데이터 생성 과정은 아래 그림과 같다:

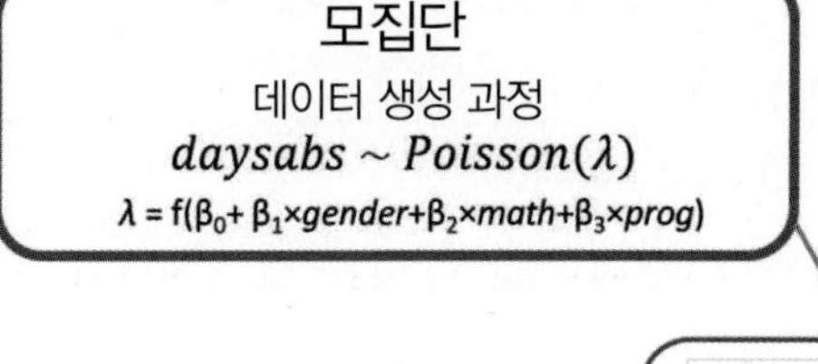

gender	math	prog	daysabs
0	63	2	4
0	27	2	4
1	20	2	2
1	16	2	3
1	2	2	3

그림 13.4 포아송 분포를 따르는 발전된 모델의 데이터 생성 과정

λ의 정의역은 $(0, \infty)$이며, 연결 함수는 $\lambda = eX$로 명시할 수 있다. 다음은 포아송 회귀 모델 코드이다.

R

```
LLpois = function(b0, b1, b2, b3){
  X = b0 + b1*student$gender + b2*student$math + b3*student$prog
  lam = exp(X)
  p = dpois(x = student$daysabs, lambda = lam)
```

```
  LL = sum(log(p))
  return(-1*LL)
}

res5 = mle2(minuslogl = LLpois, start = list(b0 = log(5.96), b1 = 0, b2 = 0, b3 = 0))
summary(res5)


Maximum likelihood estimation

Call:
mle2(minuslogl = LLpois, start = list(b0 = log(5.96), b1 = 0,
    b2 = 0, b3 = 0))

Coefficients:
      Estimate   Std. Error  z value                  Pr(z)
b0  3.25550431  0.08134145  40.0227 < 0.00000000000000022 ***
b1  0.23535492  0.04674158   5.0352           0.0000004773 ***
b2 -0.00766550  0.00092305  -8.3045 < 0.00000000000000022 ***
b3 -0.60676237  0.03619218 -16.7650 < 0.00000000000000022 ***
---
Signif. codes:  0 '***' 0.001 '**' 0.01 '*' 0.05 '.' 0.1 ' ' 1

-2 log L: 2648.787
```

Python

```
def LLpois(params):
    b0, b1, b2, b3 = params
    X = b0 + b1*student['gender'] + b2*student['math'] + b3*student['prog']
    lam = np.exp(X)
    p = scipy.stats.poisson.pmf(student['daysabs'], lam)
    LL = np.sum(np.log(p))
    return(-1*LL)
res5 = scipy.optimize.minimize(LLpois, x0 = [np.log(5.96), 0, 0, 0],
       method = 'Nelder-Mead')
print(res5)

           fun: 1324.3947078083743
       message: 'Optimization terminated successfully.'
          nfev: 254
           nit: 150
        status: 0
       success: True
             x: array([ 3.25203163,  0.23840155, -0.00763839, -0.60657528])
```

포아송 회귀 분석식은 다음과 같다.

$$\ln(\lambda) = 3.26 + 0.24 \times \text{gender} - 0.0077 \times \text{math} - 0.607 \times \text{prog}$$

모든 변수는 통계적으로 유의하다. 한계효과를 이해해 보자. gender의 계수는 0.24이다. 0은 여성, 1은 남성이다.

$$\ln(\lambda_1) - \ln(\lambda) = 0.24$$ 간단한 대수 계산으로 얻은 것

$$\lambda_1 = e^{0.24}\,\lambda$$

그러므로,

$$\lambda_1 = 1.27\lambda$$

남자 학생의 평균 결석일수는 여학생의 평균 결석일수보다 1.27배 높음을 의미한다.

모델 적합도

회귀 분석 모델에서 R^2은 모델의 성능을 평가하는 데 사용된다. 이진형 결과와 가산 결과를 예측하는 모델에서는 같은 개념을 사용할 수 없다.

이진형 회귀 분석에서는 모델 적합도를 측정하는 몇 가지 유용한 평가 기준이 있다. 그 중 하나는 2LL(−2 log−likelihood)로 표기되며, 값이 작을수록 좋은 모델임을 의미한다. 기준 모델에서 −2LL 값은 499.9765이다. 로지스틱 회귀 분석에서 이 값은 459.8384이다. 따라서, 회귀 분석 모델이 기준 모델보다 높은 적합도를 보인다고 할 수 있다. 보편적으로 사용하는 다른 평가 기준으로는 AIC (Akaike Information Criterion)와 BIC(Bayesian Information Criterion)가 있다.

둘은 다음과 같이 정의된다.

$$AIC = -2LL + 2k$$

$$BIC = -2LL + 2k\ln(n)$$

k가 예측할 파라미터의 개수일 때 n은 관측치 개수이다. 포아송 모델을 이용해 계산해보자.

표 13.2 평가 기준과 모델 성능(기준 모델 vs 포아송)

평가 기준	기준 모델	포아송 회귀 분석
−2LL	3101.018	2648.787
AIC	3103.018(k = 1)	2656.787(k = 4)
BIC	3112.517	2694.782

평가 기준 값들은 포아송 회귀 분석 모델이 기준 모델보다 더 가치 있음을 명백하게 보여준다.

R과 Python에서 함수

지금까지 직관적이고 심도 깊은 이해를 위해 이진형 결과와 가산형 결과를 추정하는 모델을 만들어 보았다. R과 Python은 모델링을 지원하는 함수를 제공한다.

R

R에서 이진형 결과와 가산형 결과를 예측하는 회귀 분석 모델 함수는 **glm()**을 사용한다. 기본 구문은 다음과 같다.

```
glm(formula, family=familytype(link=linkfunction), data=)
```

표 13.3 R에서 분포와 연결함수

Family	Default link function
binomial	(link = "logit")
gaussian	(link = "identity")
Gamma	(link = "inverse")
inverse.gaussian	(link = "1/mu^2")
poisson	(link = "log")
quasi	(link = "identity", variance = "constant")
quasibinomial	(link = "logit")
quasipoisson	(link = "log")

Python

Python에서 이진형 결과와 가산형 결과를 예측하는 회귀 분석 모델은 sm을 사용한다. 기본 구문은 다음과 같다.

```
sm.formula.glm("formula", family= sm.families.<familyname>, data=)
```

표 13.4 Python에서 분포 패밀리

Binomial()	**Binomial exponential family**
Gaussian()	**Gaussian exponential family**
NegativeBinomial()	**Negative Binomial exponential family**
Poisson()	**Poisson exponential family**
Gamma()	**Gamma exponential family**
Tweedie()	**Tweedie family**

다음 코드는 이진형 결과와 가산형 결과를 예측한다.

R

```
res6 = glm(admit~gre+gpa+rank,family="binomial",data=admit)
summary(res6)


glm(formula = admit ~ gre + gpa + rank, family = "binomial", data = admit)

Deviance Residuals:
    Min       1Q    Median       3Q      Max
-1.5802  -0.8848  -0.6382   1.1575   2.1732

Coefficients:
             Estimate  Std. Error  z value  Pr(>|z|)
(Intercept) -3.449548   1.132846  -3.045   0.00233 **
gre          0.002294   0.001092   2.101   0.03564 *
gpa          0.777014   0.327484   2.373   0.01766 *
rank        -0.560031   0.127137  -4.405 0.0000106 ***
---
Signif. codes:  0 '***' 0.001 '**' 0.01 '*' 0.05 '.' 0.1 ' ' 1

(Dispersion parameter for binomial family taken to be 1)

    Null deviance: 499.98  on 399  degrees of freedom
Residual deviance: 459.44  on 396  degrees of freedom
AIC: 467.44
```

Python

```
res6 = sm.formula.glm("admit ~ gre + gpa + rank", family=sm.families.
```

```
    Binomial(), data=admit).fit()
res6.summary()

Generalized Linear Model Regression Results
Dep. Variable:      admit      No. Observations: 400
Model:              GLM        Df Residuals:     396
Model Family:       Binomial   Df Model:         3
Link Function:      Logit      Scale:            1.0000
Method:         IRLS                Log-Likelihood:      -229.72
Date:           Sat, 16 Jul 2022    Deviance:              459.44
Time:           21:21:57            Pearson chi2:          399.
No. Iterations: 4                   Pseudo R-squ. (CS):       0.09637
Covariance Type: nonrobust
coef          std err          z       P>|z|      [0.025 0.975]
Intercept      -3.4495     1.133     -3.045     0.002      -5.670      -1.229
gre             0.0023     0.001      2.101     0.036       0.000       0.004
gpa             0.7770     0.327      2.373     0.018       0.135       1.419
rank           -0.5600     0.127     -4.405     0.000      -0.809      -0.311
```

R

```
res7 = glm(daysabs~gender+math+prog,family="poisson",data=student)
summary(res7)


Call:
glm(formula = daysabs ~ gender + math + prog, family = "poisson",
    data = student)

Deviance Residuals:
    Min       1Q   Median       3Q      Max
-4.0728  -2.2685  -0.9698   0.7809   7.2922

Coefficients:
             Estimate Std. Error z value              Pr(>|z|)
(Intercept)  3.254816   0.081352  40.009 < 0.0000000000000002 ***
gender       0.235542   0.046747   5.039           0.000000469 ***
math        -0.007633   0.000923  -8.270 < 0.0000000000000002 ***
prog        -0.607277   0.036192 -16.779 < 0.0000000000000002 ***
---
Signif. codes:  0 '***' 0.001 '**' 0.01 '*' 0.05 '.' 0.1 ' ' 1

(Dispersion parameter for poisson family taken to be 1)

    Null deviance: 2217.7  on 313  degrees of freedom
```

```
Residual deviance: 1765.5  on 310  degrees of freedom
AIC: 2656.8
```

Python

```
res7 = sm.formula.glm("daysabs ~ gender + math + prog", family=sm.
       families.Poisson(), data=student).fit()
res7.summary()
```

```
Generalized       Linear Model        Regression Results
Dep. Variable:    daysabs             No. Observations:    314
Model:            GLM                 Df Residuals:        310
Model Family:     Poisson             Df Model:            3
Link Function:    Log                 Scale:               1.0000
Method:           IRLS                Log-Likelihood:     -1324.4
Date:             Sat, 16 Jul 2022    Deviance:            1765.5
Time:             21:21:57            Pearson chi2:        2.03e+03
No. Iterations:   5                   Pseudo R-squ. (CS):  0.7631
Covariance Type: nonrobust
coef        std err       z      P>|z|     [0.025 0.975]
Intercept     3.2548    0.081    40.008    0.000     3.095    3.414
gender        0.2355    0.047     5.039    0.000     0.144    0.327
math         -0.0076    0.001    -8.270    0.000    -0.009   -0.006
prog         -0.6073    0.036   -16.779    0.000    -0.678   -0.536
```

요약

이번 챕터에서 우리는 이진형 변수 또는 가산형 변수를 추정하는 회귀 분석 모델을 만들어 보았다. 독립 변수를 종속 변수에 연관시키기 위해 연결 함수를 사용해야 한다는 점 외에 주요 원칙은 선형 회귀 분석과 동일하다. 또한, 다중공선성과 생략된 변수에 대한 이슈는 이진형 또는 가산형 변수를 추정하는 회귀 분석 모델에도 적용됨에 주의하자. 그러므로 이번 챕터와 이전 챕터에서 다룬 것처럼 한계효과를 해석할 때 유의해야 한다. 다음 챕터에서는 기본 가정이 유지되는지 평가하기 위해 회귀 진단에 대해 더 심층적으로 다룰 것이며, 그 후에는 회귀 모델의 구조를 변경하여 가정이 합리적으로 충족되고 모델의 전반적인 성능이 향상되도록 접근방법을 다룰 것이다.

연습문제

연습문제를 수행하기 위해, 다음 링크에서 제공하는 데이터셋을 다운받도록 하자. https://study.sagepub.com/gopal

CA.COVID.csv 파일을 불러오자.

1 최대 우도 접근법을 이용하여 누적 환자 감염수를 위한 포아송 회귀 분석 모델을 누적 직원 감염수 및 가능 침상 수에 기반하여 개발하시오.
2 독립변수들이 통계적으로 유의한가? 두 독립변수의 한계 효과는 어떠한가? 실질적으로 유의미한가? 여러분의 결론은 어떠한가?
3 포아송 회귀 분석 모델과 기준 모델에서 *AIC*와 *BIC* 값을 구하시오.
4 *AIC*와 *BIC* 값을 기준으로 하였을 때 포아송 회귀 분석 모델이 기준 모델보다 나은 모델인가?

Health.csv 파일을 불러오자.

5 최대 우도 접근법을 이용하여 변수 **`numchron`**, **`age`**, **`male`**, **`married`**, **`employed`**를 바탕으로 변수 **`ofp`** 결과를 만드는 포아송 회귀 모델을 개발하시오.
6 어떤 독립변수들이 통계적으로 유의한가? 통계적으로 유의한 독립변수의 한계 효과는 어떠한가? 실질적으로 유의미한가? 여러분의 결론은 무엇인가?
7 포아송 회귀 분석 모델과 기준 모델에서 *AIC*와 *BIC* 값을 구하시오.
8 *AIC*와 *BIC* 값을 기준으로 하였을 때 포아송 회귀 분석 모델이 기준 모델보다 나은 모델인가?

Credit.csv 파일을 불러오자.

9 최대 우도 접근법을 사용하여 데이터 프레임에 있는 다른 변수들을 바탕으로 변수 **`Creditworthy`**의 결과를 만드는 로지스틱 회귀 분석 모델을 개발하시오.
10 어떤 독립변수들이 통계적으로 유의한가? 통계적으로 유의한 독립변수의 한계 효과는 어떠한가? 실질적으로 유의미한가? 여러분의 결론은 무엇인가?
11 로지스틱 회귀 분석 모델과 기준 모델에서 *AIC*와 *BIC* 값을 구하시오.
12 *AIC*와 *BIC* 값을 기준으로 하였을 때 로지스틱 회귀 분석 모델이 기준 모델보다 나은 모델인가?

14

회귀 분석과 구조

목차

회귀(Regression)는 분석 모델을 구축하는 가장 일반적인 방법이며, 종종 분석의 '워크호스(workhorse)[1]'로 여겨진다. 이번 챕터에서는 회기 분석 모델이 발전하는 과정에 언급된 모든 주요 가정 사항들을 충족하는지 확인하는 다양한 진단 테스트를 수행하면서 이러한 진단 결과들이 회귀 모델의 '좋은' 구조를 개발하는 데 도움이 되도록 사용할 것이다. 여기서 '좋다'는 기준은 해당 모델의 가정 사항들을 충족하면서 적합도를 높이는 것을 의미한다. 이러한 과정은 조금 더 '참'에 가깝도록 데이터를 생성하게도 하여 최종 회귀 구조를 우리가 공부한 데이터에 적용할 수 있게 한다.

진단

기본 회귀 모델은 다음과 같은 내용을 포함하여 몇 가지 가정을 한다.

1 정규성(Normality): 오차(errors)는 정규분포를 따르고 독립적으로 분포되어 있다.
2 등분산(Homoscedastic): 오차의 불가변분산(constant variance) 또는 해당 종속변수의 분산은 독립변수의 값에 따라 달라지지 않는다.
3 다중 공선성(Multicollinearity): 독립 변수 간의 상관 관계가 파라미터 추정치에 영향을 줄 정도로 강하지 않다.

이러한 가정들 중 일부가 충족되지 않을 때 얻어진 결과들은 상당히 오해의 소지가 있을 수 있으며, 예측 정확도가 눈에 띄게 떨어질 수 있다. 추가로 다음과 같은 문제들에 대해서도 고민할 필요가 있다.

1 극단적인 값(Extreme values): 다른 독립변수나 종속변수에 해당하는 값들에 비해 극단적으로 크거나 작은 값이면 모델의 결과값과 파라미터 값에 균형이 맞지 않는 영향을 미칠 수 있다. 그러한 영향을 끼치는 관측치를 탐지하고 교정하기 위한 접근법이 필요하다.
2 선형성(Linearity): 독립변수와 종속변수는 선형 관계이다. 이는 곧 데이터 생성 과정을 간단히 설명하는 식이 되기도 하지만, 보다 더 복잡한 구조를 탐색해서 모델의 성능을 향상시킬 수도 있다.

진단을 시작하기 위해 주요 가정이 충족되는 간단한 선형 회귀 모델을 살펴보자. 데이터 생성 과정

1 워크호스(workhorse)는 쟁기질하는 말에서 기원하여 많은 일을 해내는 사람이나 기계를 표현하는 데 사용된다.

은 다음과 같다고 가정한다.

$$y = 250 + x + \epsilon, \epsilon \sim N(0, 10)$$

위의 식으로 데이터 표본을 생성하고 회귀 분석 결과와 잔차(residuals) 그래프를 검증해 보자.

R

```
set.seed(987654321)
x = runif(500,1,100)
y = 250 + x + rnorm(500,0,10)
reg1 = lm(y~x)
coef(reg1)
plot(reg1$fitted.values,reg1$residuals)
abline(h = 0,col = "red")

(Intercept)           x
 249.606869    1.001227
```

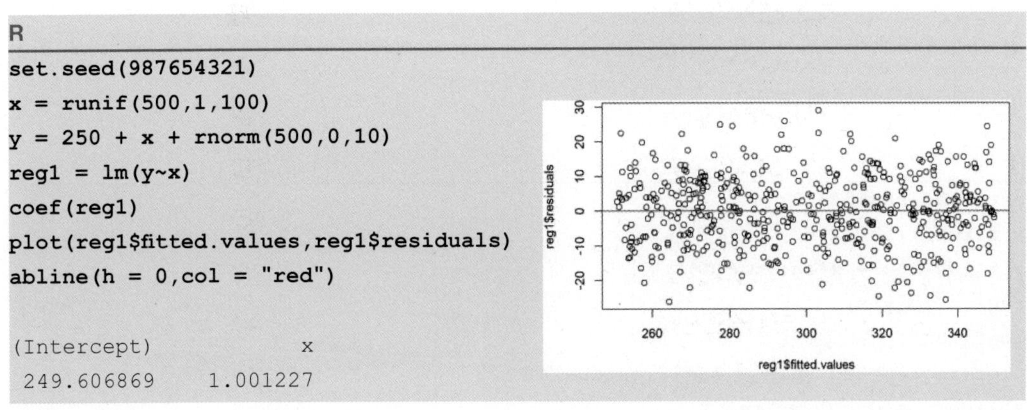

Python

```
np.random.seed(987654321)
x = np.random.uniform(1,100, size = 500)
y = 250 + x + np.random.normal(loc = 0, scale = 10, size = 500)
df = pd.DataFrame({'x':x, 'y':y})
reg1 = ols("y~x", data = df).fit()
reg1.params

Intercept    249.119728
x              1.042288
dtype: float64

plt.scatter(reg1.fittedvalues, reg1.resid)
plt.axhline(0, color = 'red')
plt.show()
```

여기서 '적절한' 회귀 분석 모델에, 500개 관측치 표본에 기초한 계수 추정치(coefficient estimates)는 실제 모집단 값에 상당히 가깝다. 또한, 예측된 결과값에 대한 잔차 그래프는 대체로 0을 중심으로 균일하게 분포되어 있다.

이분산성(Heteroscedasticity)

이번에는 이분산적 오류를 내는 데이터 생성 프로세스를 생각해 보자.

$$y = 100 + 2x + x\varepsilon,\ \varepsilon \sim N(0, 1)$$

위 식의 정의에서 오류는 x와 y의 값이 커질수록 커진다. 이제 위에서 데이터 표본을 생성하고 회귀 모델 결과값을 검증해 보자.

R

```
set.seed(987654321)
x = runif(500,1,20)
y = 100+2*x + x*rnorm(500)
reg1 = lm(y~x)
coef(reg1)
plot(reg1$fitted.values,reg1$residuals)
abline(h = 0,col = "red")

(Intercept)           x
  99.763920    1.991029
```

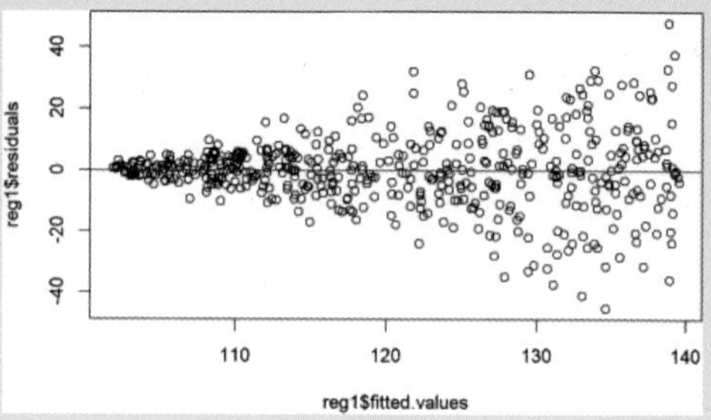

Python

```
np.random.seed(987654321)
x = np.random.uniform(1,20, size = 500)
y = 100 + 2*x + x*np.random.normal(size = 500)
df = pd.DataFrame({'x':x, 'y':y})
reg1 = ols("y~x", data = df).fit()
reg1.params

Intercept     98.784781
x              2.303887
dtype: float64

plt.scatter(reg1.fittedvalues, reg1.resid)
plt.axhline(0, color = 'red')
plt.show()
```

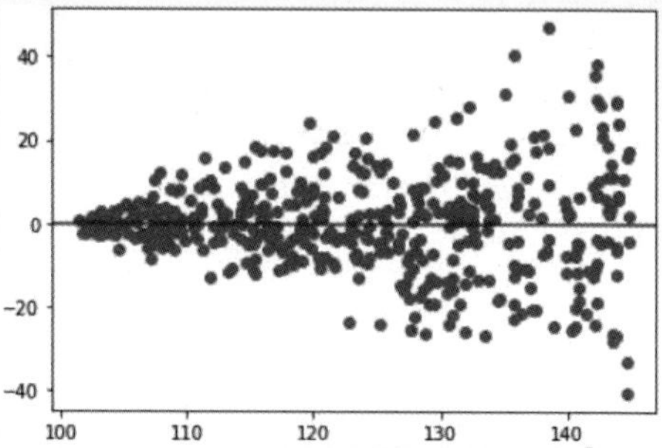

이분산성에도 불구하고, 500개 관측치 표본에 기초한 계수 추정치는 실제 모집단 값에 상당히 가깝다. 잔차 그래프는 결과 변수 값이 증가할수록 오차가 커진다는 것을 보여준다.

실제 데이터 생성 과정을 모르는 데이터 세트를 살펴보자. **speed**(속도)와 **dist**(거리) 두 가지 변수를 포함하고 있는 cars.csv 파일을 불러오자. 변수 **speed**는 차를 멈추기 위해 브레이크를 밟았을 때 당시 차의 속도를 의미하고, 변수 **dist**는 (브레이크를 밟고 난 후부터) 차가 완전히 멈추기 전에 이동한 거리를 의미한다.

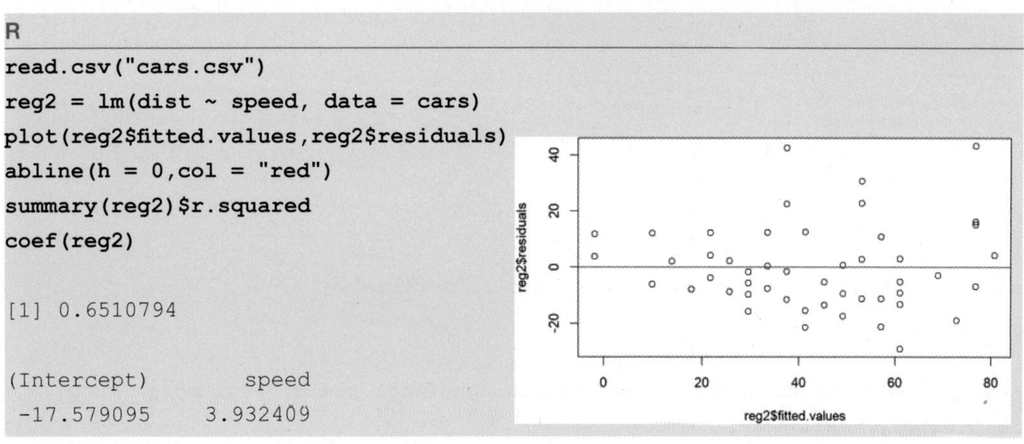

R

```
read.csv("cars.csv")
reg2 = lm(dist ~ speed, data = cars)
plot(reg2$fitted.values,reg2$residuals)
abline(h = 0,col = "red")
summary(reg2)$r.squared
coef(reg2)

[1] 0.6510794

(Intercept)       speed
 -17.579095    3.932409
```


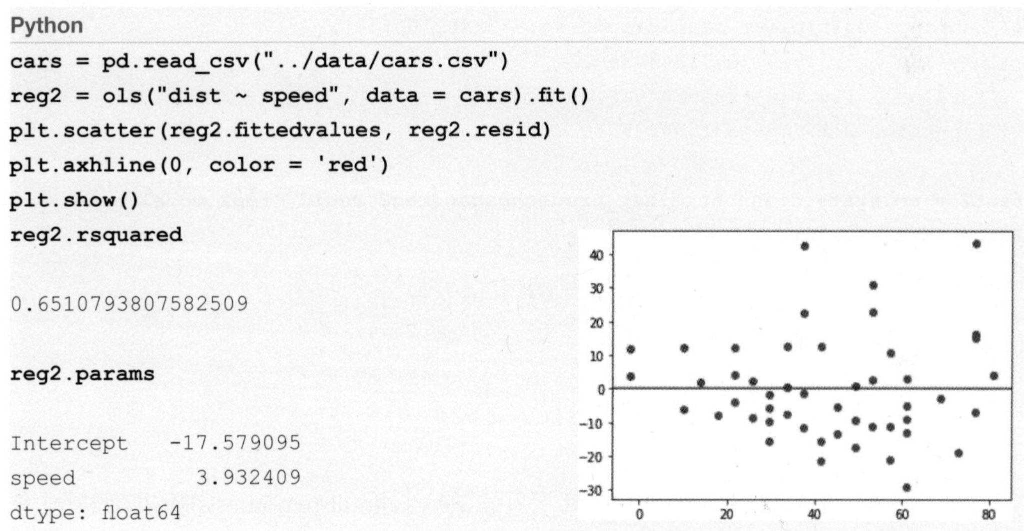

Python

```
cars = pd.read_csv("../data/cars.csv")
reg2 = ols("dist ~ speed", data = cars).fit()
plt.scatter(reg2.fittedvalues, reg2.resid)
plt.axhline(0, color = 'red')
plt.show()
reg2.rsquared

0.6510793807582509

reg2.params

Intercept    -17.579095
speed          3.932409
dtype: float64
```

시각적으로, 이분산성이 드러난 것을 볼 수 있다. 모델의 이분산성을 공식적으로 테스트할 수 있어서 오차 분산이 독립변수 능력과 선형적으로 관계가 있는지 아닌지를 평가할 수 있다. 이러한 모델은 독립변수에 대한 잔차 제곱을 회귀 분석하여 검증할 수 있다. 모델에서 통계적 관계가 없으면 동차성(homoscedasticity)을 의미한다. 이를 *Breusch–Pagan* 테스트라고 하며 다음과 같이 구현된다.

R

```
library(car)
ncvTest(reg1)
```

```
ncvTest(reg2)

Non-constant Variance Score Test
Variance formula: ~ fitted.values
Chisquare = 161.1055, Df = 1, p = < 2.22e-16

Non-constant Variance Score Test
Variance formula: ~ fitted.values
Chisquare = 4.650233, Df = 1, p = 0.031049
```

Python

```
from statsmodels.compat import lzip
names = ['Lagrange multiplier statistic', 'p-value',
         'f-value', 'f p-value']

test1 = sm.stats.diagnostic.het_breuschpagan(reg1.resid, reg1.model.exog)
lzip(names, test1)

[('Lagrange multiplier statistic', 94.5833482166779),
 ('p-value', 2.3498677853334443e-22),
 ('f-value', 116.18296191020761),
 ('f p-value', 1.7179132159423896e-24)]

test2 = sm.stats.diagnostic.het_breuschpagan(reg2.resid, reg2.model.exog)
lzip(names, test2)

[('Lagrange multiplier statistic', 3.214879927174641),
 ('p-value', 0.07297154505407806),
 ('f-value', 3.2983614504820826),
 ('f p-value', 0.07559716486053959)]
```

두 모델 모두에서 p-value는 0.03과 0.07로 동차성 귀무가설(null hypothesis)을 기각하기에 충분히 작다. 결과값의 차이는 테스트를 실행하는 차이에 기인할 가능성이 상당히 높다. 이분산성을 탐지했을 때는 어떻게 해야 할까? 우리가 관찰한 것은 일부 지역에서 다른 지역보다 오차가 더 크다는 것이다. 오차가 큰 지역에서는 예측력이 더 좋지 않다. 중요한 것은 이러한 사실을 인지하고 모델을 적절하게 사용하는 것이다. *cars* 데이터 프레임에서 속도가 빠를 때 오차가 더 크다는 것은 논리적이다. 운전자가 고속에서 브레이크를 밟으면 자동차가 정지하기 전까지 도로 상태나 자동차 타이어 상태, 날씨, 운전자의 기술 등 여러 가지 요인들이 제동 거리를 결정한다. 저속에서는 이러한 요인들이 큰 영향을 미치지 않을 가능성이 높다. 따라서 주요 고려 사항은 이런 사실을 인지하고 모델을 적절하게 사용하는 것이다.

경우에 따라서는 종속변수를 변환함으로써 이분산성의 문제를 완화할 수도 있다. 자주 사용되는 변환을 Box-Cox 변환(Box-Cox transformation)이라고 한다. 이 변환의 주된 목적은 결과 변수가 정규분포를 최대한 따르는 것처럼 보이게 만드는 것이다.

$$z_i = \begin{cases} \dfrac{y_i^{\lambda} - 1}{\lambda} & \text{만약 if } \lambda \neq 0 \\ \log(y_i) & \text{만약 if } \lambda = 0 \end{cases}$$

박스 콕스 변환은 z_i를 정규분포에 최대한 가깝게 만드는 λ 값을 찾기 위해 최대 우도 접근법(maximum likelihood approach)을 사용한다.

R

```
library(caret)
BoxCoxTrans(y)

Box Cox Transformation

Estimated Lambda: -2

BoxCoxTrans(cars$dist)

Box Cox Transformation

Estimated Lambda: 0.5
```

Python

```
import scipy.stats
fitted_data1, fitted_lambda1 = scipy.stats.boxcox(y)
fitted_lambda1

-1.5741315427789888

fitted_data2, fitted_lambda2 = scipy.stats.boxcox(cars.dist)
print(fitted_lambda2)

0.4950761909055122
```

제안된 대로 변환을 사용해서 두 회귀 모델을 개선할 수 있는지 평가해 보자.

R

```
y1 = predict(BoxCoxTrans(y),y)
```

```
reg3 = lm(y1~x)
plot(reg3$fitted.values,reg3$residuals)
abline(h = 0,col = "red")
ncvTest(reg3)
summary(reg3)$r.squared

Non-constant Variance Score Test
Variance formula: ~ fitted.values
Chisquare = 85.66293, Df = 1, p = < 2.22e-16
[1] 0.4463459
```


Python

```
y1 = fitted_data1
df1 = pd.DataFrame({'x':x, 'y1':y1})
reg3 = ols("y1~x", data = df1).fit()
plt.scatter(reg3.fittedvalues, reg3.resid)
plt.axhline(0, color = 'red')
plt.show()
```



```
test3 = sm.stats.diagnostic.het_breuschpagan
        (reg3.resid, reg3.model.exog)
lzip(names, test3)

[('Lagrange multiplier statistic', 30.077635108296253),
 ('p-value', 4.1509084365023434e-08),
 ('f-value', 31.874759328348706),
 ('f p-value', 2.7656251542738505e-08)]

reg3.rsquared

0.5670580845119884
```

R

```
cars$dist1 = predict(BoxCoxTrans(cars$dist),cars$dist)
reg4 = lm(dist1~speed,data =cars)
plot(reg4$fitted.values,reg4$residuals)
abline(h = 0,col = "red")
ncvTest(reg4)
summary(reg4)$r.squared
coef(reg4)

Non-constant Variance Score Test
Variance formula: ~ fitted.values
```

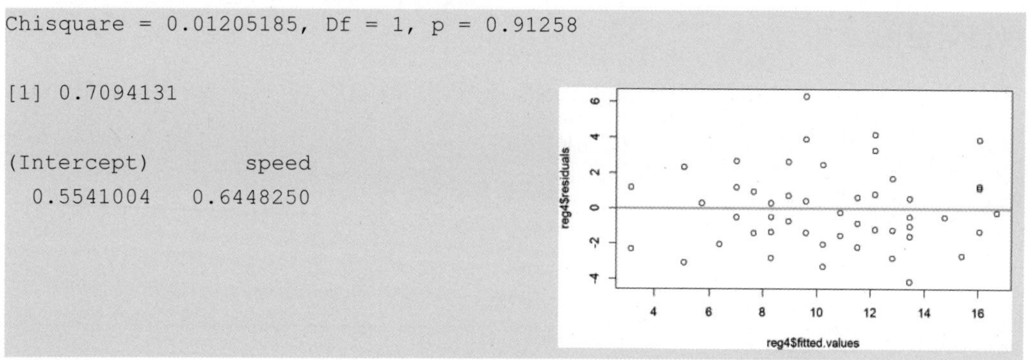

```
Chisquare = 0.01205185, Df = 1, p = 0.91258

[1] 0.7094131

(Intercept)       speed
  0.5541004   0.6448250
```


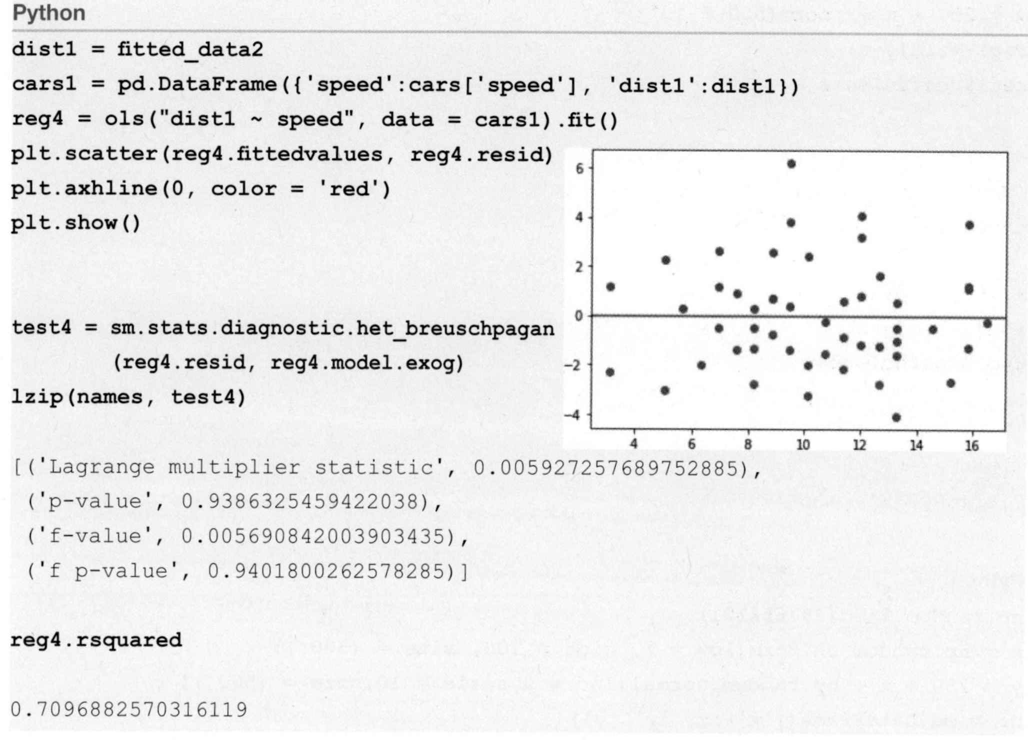

Python

```
dist1 = fitted_data2
cars1 = pd.DataFrame({'speed':cars['speed'], 'dist1':dist1})
reg4 = ols("dist1 ~ speed", data = cars1).fit()
plt.scatter(reg4.fittedvalues, reg4.resid)
plt.axhline(0, color = 'red')
plt.show()


test4 = sm.stats.diagnostic.het_breuschpagan
        (reg4.resid, reg4.model.exog)
lzip(names, test4)

[('Lagrange multiplier statistic', 0.005927257689752885),
 ('p-value', 0.9386325459422038),
 ('f-value', 0.005690842003903435),
 ('f p-value', 0.9401800262578285)]

reg4.rsquared

0.7096882570316119
```

결과는 상당히 흥미롭다. 첫 번째 회귀 분석 모델에서는 Box Cox 변환 후에도 이분산성이 계속 존재하면서 전혀 개선되지 않았다. 그러나 **cars** 데이터 프레임에서 변환은 이분산성의 문제를 극복하고 R^2 값을 개선하였다. 다음 두 가지 **dist** 사양 중 두 번째 사양은 등분산성을 나타내며 R^2를 개선하므로 실제 데이터 생성 프로세스에 더 가까울 가능성이 있다.

$$dist = -17.58 + 3.93\,speed + \epsilon$$

$$\frac{\sqrt{dist} - 1}{0.5} = 0.554 + 0.645 speed + \epsilon$$

극단적인 값

극한적인 값이 계수 추정치에 미치는 영향을 예를 들어 평가해 보자. 두 번째 경우에는 x개의 관측치 하나에 극단적인 값을 가져온 것을 주목해야 한다.

$$y = 250 + x + \epsilon,\ \epsilon \sim N(0, 10)$$

R

```
set.seed(987654321)
x = runif(500,1,100)
y = 250 + x + rnorm(500,0,10)
reg1 = lm(y~x)
reg1$coefficients


(Intercept)           x
 249.606869    1.001227

x[499] = 860
reg1 = lm(y~x)
reg1$coefficients


(Intercept)           x
278.4388931   0.4248577
```

Python

```
np.random.seed(987654321)
x = np.random.uniform(low = 1, high = 100, size = (500,))
y = 250 + x + np.random.normal(loc = 0,scale = 10,size = (500,))
df = pd.DataFrame({'x' :x, 'y' :y})
reg1 = ols("y~x", data = df).fit()
reg1.params

Intercept    249.119728
x              1.042288
dtype: float64

x[499] = 860
df = pd.DataFrame({'x':x, 'y':y})
reg1 = ols("y~x", data = df).fit()
reg1.params
```

```
Intercept    278.441160
x              0.439657
dtype: float64
```

위의 내용은 관측치에 포함된 극단적인 값이 계수 추정치를 크게 왜곡시킬 수 있다는 관측치의 잠재적인 영향을 명확하게 보여준다. *Cook's distance*는 영향력 있는 관측치를 식별하기 위해 일반적으로 사용되는 지표이다. *Cook's distance*는 주어진 관측치를 삭제하는 효과를 측정한다. 측정은 관측치를 사용한 경우와 사용하지 않은 경우의 결과값 각각에서 추정치의 차이를 계산하는 것으로 각 관측치를 만든다. *Cook's distance*가 큰 관측치는 추정치에 과도한 영향을 미치기 때문에 더 자세히 조사할 가치가 있다. 보통은 $4/n$보다 큰 값(여기서 n은 관측치의 개수)을 영향력 있는 관측치로 취급한다. 다음은 영향력이 큰 관측치를 식별하고 그래프를 그려서 제거하는 데 필요한 코드이다.

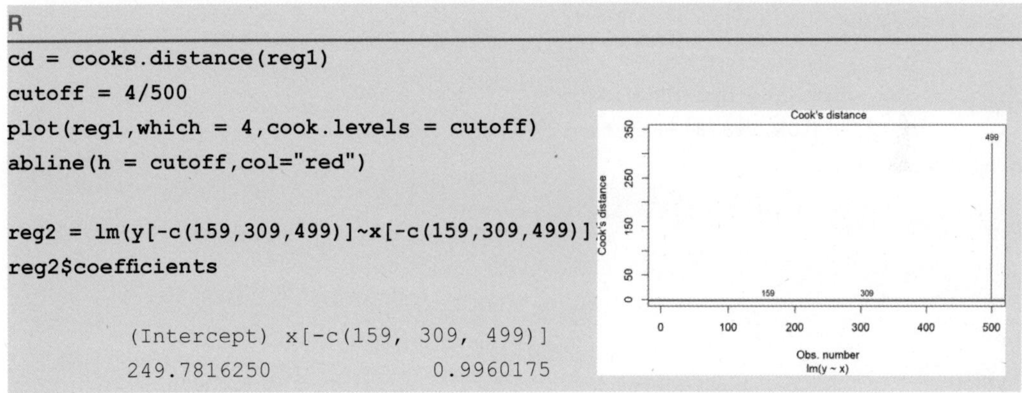

R

```
cd = cooks.distance(reg1)
cutoff = 4/500
plot(reg1,which = 4,cook.levels = cutoff)
abline(h = cutoff,col="red")

reg2 = lm(y[-c(159,309,499)]~x[-c(159,309,499)])
reg2$coefficients

    (Intercept) x[-c(159, 309, 499)]
    249.7816250            0.9960175
```


Python

```
cd = reg1.get_influence().cooks_distance
cutoff = 4/500
plt.plot(cd[0])
plt.axhline(cutoff, color = 'red')
plt.show()

reg2 = ols("y~x", data = df.drop
      (df.index[[159, 309, 499]])).fit()
reg2.params

Intercept    249.157346
x              1.041671
dtype: float64
```

가장 영향력이 큰 관측치 3개를 제거하면 데이터 생성 과정에 더 가까운 파라미터 추정치를 얻을 수 있는 것을 주목하자. 다음은 이항 회귀 분석(binary regression)을 보여준다.

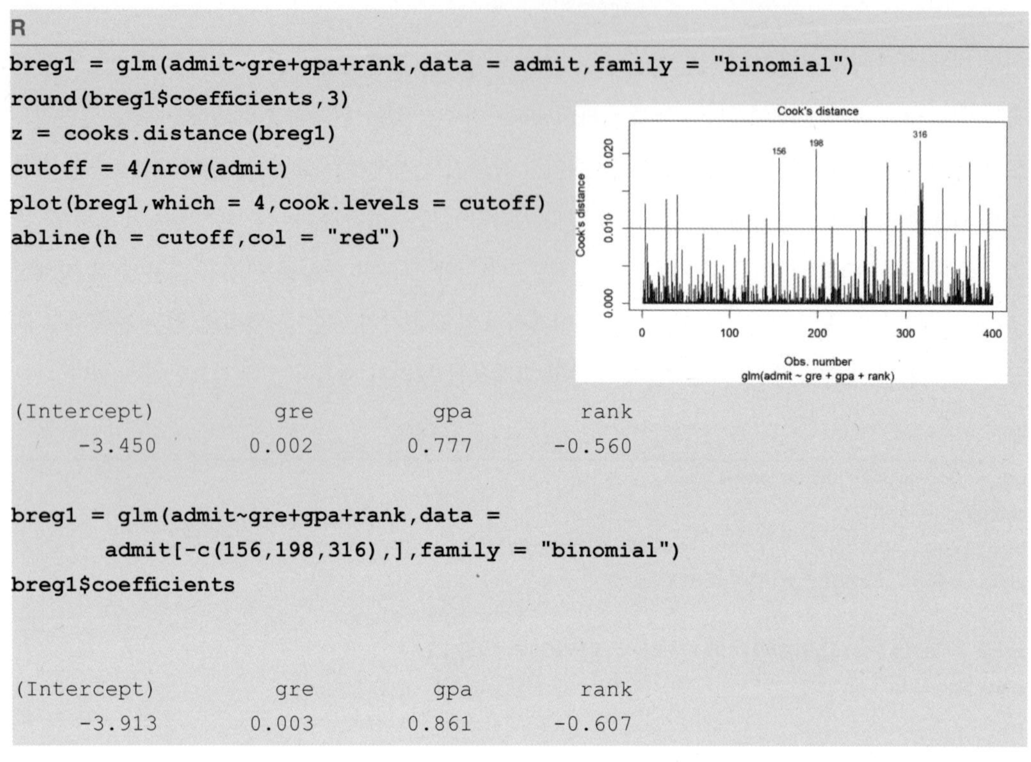

R

```
breg1 = glm(admit~gre+gpa+rank,data = admit,family = "binomial")
round(breg1$coefficients,3)
z = cooks.distance(breg1)
cutoff = 4/nrow(admit)
plot(breg1,which = 4,cook.levels = cutoff)
abline(h = cutoff,col = "red")
```

```
(Intercept)         gre         gpa        rank
     -3.450       0.002       0.777      -0.560
```

```
breg1 = glm(admit~gre+gpa+rank,data =
       admit[-c(156,198,316),],family = "binomial")
breg1$coefficients
```

```
(Intercept)         gre         gpa        rank
     -3.913       0.003       0.861      -0.607
```

Python

```
breg1 = sm.formula.glm("admit~gre+gpa+rank", data = admit, family =
        sm.families.Binomial()).fit()
np.round(breg1.params, 3)
```

```
Intercept   -3.450
gre          0.002
gpa          0.777
rank        -0.560
dtype: float64
```

```
z = breg1.get_influence().cooks_distance
cutoff = 4/len(admit)
plt.plot(z[0])
plt.axhline(cutoff, color = 'red')
plt.show()
```

```
breg1 = sm.formula.glm("admit~gre+gpa+rank", data = admit.drop(admit.in-
dex[[156, 198, 316]]), family = sm.families.Binomial()).fit()
breg1.params

Intercept   -3.598649
gre          0.002517
gpa          0.775080
rank        -0.552710
dtype: float64
```

공식 통계 분석을 수행하기 전에 데이터에서 이상치(outliers)를 먼저 파악해 보는 것이 좋다. 이전 챕터에서 다루었듯이, 상자그림은 이상치를 탐지하는 데 유용한 도구이다. 아래 예제를 살펴보자.

R

```
library(ggplot2)
ggplot(admit, aes(x = gre)) +
  geom_boxplot(outlier.colour = "red", outlier.shape = 8,
               outlier.size = 4)
```

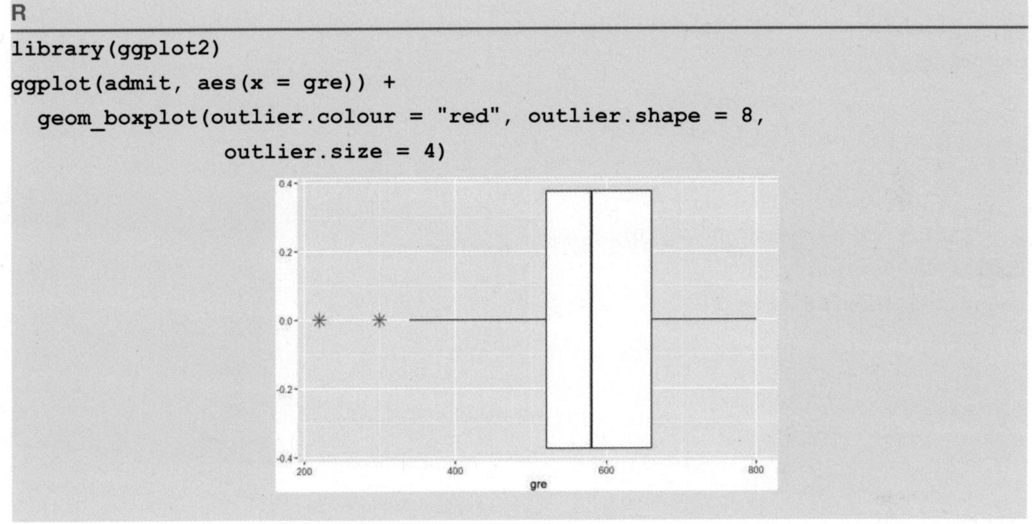

Python

```
import seaborn as sns
sns.boxplot(x = admit['gre'])
```

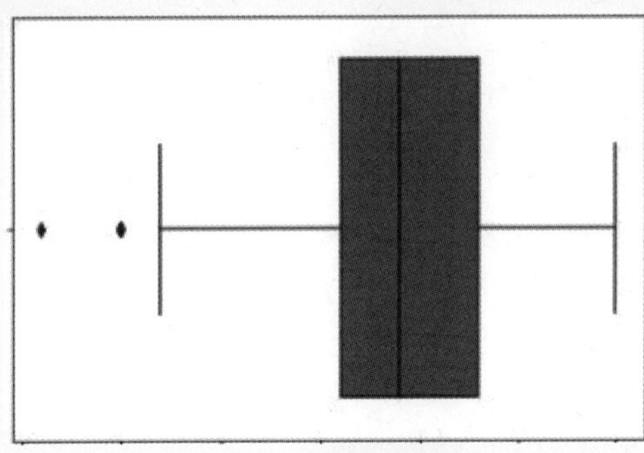

다중 공선성(Multicollinearity)

예제를 통해 다중 공선성 영향을 평가할 것이다. 데이터 생성 과정을 다음과 같이 가정해 보자.

$$y = 2x_1 + x_2 + \epsilon, \epsilon \sim N(0, 10)$$

아래 코드의 변수 **lambda**를 통해 두 변수 간의 상관관계를 볼 수 있다. **lambda** 값을 변경하여 다중 공선성의 영향을 실험할 수 있다.

R

```
set.seed(987654321)
x1 = runif(500,1,10)
lambda = 0.7
x2 = (lambda*x1) + (1-lambda)*runif(500,1,10)
cor(x1,x2)


[1] 0.9193934

y = 2*x1 + x2 + rnorm(500,0,10)
reg1 = lm(y~x1+x2)
round(reg1$coefficients,3)


(Intercept)          x1          x2
     1.729       2.548       0.235
```

Python

```
np.random.seed(987654321)
x1 = np.random.uniform(low = 1, high = 10, size = (500,))
a = 0.7
x2 = a * x1 + (1-a)*np.random.uniform(low = 1, high = 10, size = (500,))
np.corrcoef(x1,x2)

array([[1.        , 0.92128094],
       [0.92128094, 1.        ]])

y = 2*x1 + x2 + np.random.normal(loc = 0,scale = 10,size = (500,))
df = pd.DataFrame({'x1':x1, 'x2':x2, 'y':y})
reg1 = ols("y~x1+x2", data = df).fit()
round(reg1.params,3)

Intercept   -2.480
```

```
x1          1.848
x2          1.671
dtype: float64
```

챕터 12에서 논의한 것처럼 다중 공선성은 위의 예에서 설명한 바와 같이 상관변수의 계수 추정치를 왜곡할 수 있다.

그러나 문제는 다중 공선성의 영향을 우려하기 전에 두 변수 사이의 상관관계가 얼마나 높아야 하는가이다. 이를 위한 일반적인 접근법은 각 독립변수에 대한 분산 팽창 계수(*Variance Inflation Factor*, VIF)를 계산하는 것이다. 분산 팽창 계수는 모델의 다른 모든 예측변수에 의해 설명되는 어떤 한 가지 변수의 분산 비율을 나타낸다. 예제에서 x_1에 대한 VIF를 계산하기 위해 다음 회귀 분석을 추정하고 R^2 값을 계산한다.

$$x_1 = \alpha_0 + \alpha_1 x_2 + \epsilon$$

R^2가 위의 회귀 분석에 대한 R^2 값인 경우 x_1에 대한 VIF는 다음과 같이 계산된다.

$$VIF_1 = \frac{1}{1 - R_1^2}$$

$R_1 = 0$이면 x_2가 x_1에 영향이 없고, 그에 따라 다중 공선성도 발생하지 않다. 이 경우 VIF 값은 1이다. R_1이 증가할수록 VIF 값도 증가하며, VIF 값이 높을수록 다중 공선성이 증가함을 나타낸다. 경험에 따른 대략적 법칙은 VIF 값이 4를 초과할 때(5나 10을 커트라인으로 보는 제안도 있지만) 문제가 있다고 여겨진다. 다음 코드는 예제에서 VIF 계산을 보여준다.

R

```
reg2 = lm(x1~x2)
r2_1 = summary(reg2)$r.squared
r2_1
vif_x1 = 1/(1-r2_1)
vif_x1


[1] 0.8452842
[1] 6.463462
```

Python

```
reg2 = ols("x1~x2", data = df).fit()
r2_1 = reg2.rsquared
```

```
r2_1

0.8487585674194995

vif_x1 = 1/(1-r2_1)
vif_x1

6.611944775567602
```

예제에서 VIF 값 6.46은 다중 공선성을 나타낸다. R과 Python 모두 VIF를 계산하는 함수를 제공하는 패키지가 있으며, 이는 이항 회귀 분석의 경우 다음과 같다. VIF 값이 이만큼 작으면 다중 공선성에 대해 걱정할 필요가 없다.

R

```
round(cor(admit[,-1]),3)
vif(breg1)


        gre    gpa   rank
gre   1.000  0.384 -0.123
gpa   0.384  1.000 -0.057
rank -0.123 -0.057  1.000

     gre       gpa      rank
1.121310 1.123533 1.004103
```

Python

```
round(admit.corr(),3)

       admit     gre     gpa    rank
admit  1.000   0.184   0.178  -0.243
gre    0.184   1.000   0.384  -0.123
gpa    0.178   0.384   1.000  -0.057
rank  -0.243  -0.123  -0.057   1.000
```

회귀 모델을 세우는 목적이 결과를 예측하는 것이라면 다중 공선성은 큰 문제가 되지 않는다. 그러나 결과값에 대한 독립변수의 사소한 영향까지 계수가 (앞서 본 것처럼) 정확하게 포착할 거라 생각하면 안 된다. 이는 부적절하고 부정확한 생각이다. 다중 공선성에서 발생하는 문제를 없애려는 데는 부수적 영향까지 적합하게 측정하는 시도 외에도 몇 가지 다른 이유가 있다. 첫째, 여러 독립변수가 높은 상관 관계를 보일 때는 중복될 여지가 있으므로 모든 변수를 회귀 분석에 포함시키지 않아도 된다. 제거된 변수의 정보 내용을 다른 변수들이 포착하기 때문에 일부 변수를 제거하더라도 모델의 성능이 크게 저하되지는 않다. 또한 최종 모델 사양에서 결정적으로 중요한 변수만 사용하는 간소한 회귀 모델을 구축할 수 있다. 이를 위해 단계적 회귀 분석(stepwise regression)과 부분집합 회귀 분석(subsets regression)으로 접근할 수 있고 해당 내용은 이번 챕터 뒷 부분에서 다루도록 한다.
또 다른 관점은 상관 관계가 높은 변수가 더 높은 수준의 개념이나 구성을 포착할 가능성이 높다는 것이다. 예를 들어, 우리는 종종 개인의 **height**(키)와 **weight**(몸무게)가 높은 상관 관계가 있음을 발견하고 보다 더 넓은 개념인 체형을 나타낼 수 있다. 마찬가지로 **exercise**(운동)과 **body fat**(체지방) 간의 음의 상관관계는 개인의 건강성을 나타낸다.
이처럼 상관 관계가 있는 변수를 결합하여 다중 공선성이 나타나지 않는 새로운 변수를 생성하는 것이 유용할 수도 있다. 이를 위해서 상관관계가 있는 변수를 하나의 새로운 변수로 합하는 접근 방법과 주성분 분석(*Principal Components Analysis, PCA*)을 수행하는 방법이 있다. 주성분 분석은 독립변수의 수가 많고 이 변수들 사이에 상당한 정도의 상관 관계가 있을 때 특히 유용한 피쳐 추출(feature extraction) 기법이다. 이 방법은 각각의 성분이 독립변수의 선형결합이면서 서로 상관이 없는 *성분*을 생성하는 방법이다. 여기서 주성분 분석에 대해 자세히 설명하지는 않겠지만, 다중 공선성을 해결하기 위해 단계적 회귀 분석과 부분집합 회귀 분석에 대한 내용을 설명할 것이다.

회귀 분석 구조

선형 회귀 모델을 개발할 때는 (a) 우리가 포함한 독립변수가 결과값 변수에 영향을 미치고 (b) 정확하게 선형관계라고 가정한다. 이렇게 가정한 구조는 우리가 분석하는 데이터를 생성한 데이터 생성 과정을 적절하게 반영한다고 생각한다. 그 예는 다음과 같다.

$$Y = \beta_0 + \beta_1 x_1 + \beta_2 x_2 + \epsilon$$

회귀 분석 구조를 엄밀하게 말하면, 최대 우도 접근법을 수행하기 위해 '파라미터들이 선형'이어야 하지만 반드시 '변수가 선형'이어야 하는 것은 아니다. 다음과 같은 회귀 분석 구조를 생각해 보자.

$$Y = \beta_0 + \beta_1 x_1 + \beta_2 x_2 + \beta_3 x_1 x_2 + \epsilon$$

$$y = \beta_0 + \beta_1 x_1^3 + \beta_2 log(x_2) + \beta_3 x_1 x_2 + \epsilon$$

$$y = \beta_0 + \beta_1 x_1 + \beta_2 \frac{1}{x_2} + \beta_3 x_1 x_2 + \epsilon$$

$$\log(y) = \beta_0 + \beta_1 x_1^3 + \beta_2 log(x_2) + \beta_3 x_1 x_2 + \epsilon$$

비선형성적인 변수가 있지만, 위의 모든 예시들에서 '파라미터들이 선형'이기에 선형 회귀 분석으로 최대 우도 접근법을 사용하여 모델을 추정할 수 있다. 이를 확인하는 간단한 방법은 비선형 변수를 새로운 변수로 대체하는 것인데, 예를 들어 첫 번째 방정식에서 $x_1 x_2$를 $z = x_1 x_2$인 z로 대체한다. 이 새로운 변수를 사용하면 모델이 선형 회귀가 된다.

검증할 데이터를 만드는 '참' 데이터 생성 과정은 알 수 없으며, 강건한(robust) 분석을 수행하는 우리의 목표는 데이터 생성 과정을 합리적으로 설명하는 회귀 분석 모델을 만드는 것이다. 데이터 생성 과정을 묘사하기 위해 첫 번째로, 파라미터와 변수 모두가 선형인 어떤 단순한 회귀 분석을 시도할 수 있다. 그리고 회귀 분석 모델을 향상시키기 위해 변수의 잠재적인 비선형성을 파악할 수 있다. 그렇게 하는 이유는 (1) 예측력을 향상시키기 위해 모델의 적합도를 향상시키고, (2) 파라미터가 보다 신뢰성 있게 추정될 수 있도록 회귀 분석 모델의 주요 가정을 만족시키고, (3) 개선된 모델이 단순한 선형구조보다는 실제 데이터 생성 과정에 '더 가까울' 가능성이 높기 때문이다.

우선, 본질적으로 비선형적인 데이터를 생성하고 단순 선형 회귀 분석을 수행할 때 결과와 진단 결과를 확인해 보자.

$$y = 100 + 2x + \frac{x^2}{2} + \epsilon, \epsilon \sim N(0, 1)$$

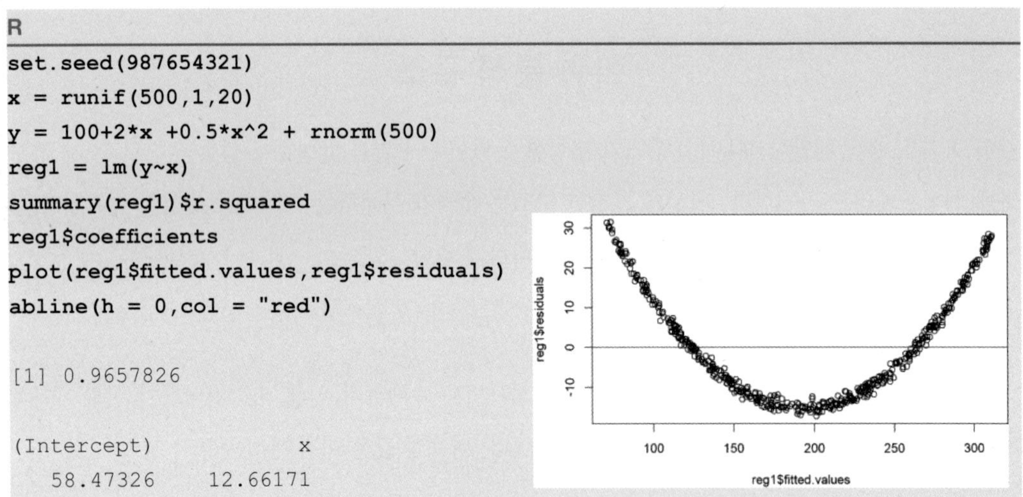

R

```
set.seed(987654321)
x = runif(500,1,20)
y = 100+2*x +0.5*x^2 + rnorm(500)
reg1 = lm(y~x)
summary(reg1)$r.squared
reg1$coefficients
plot(reg1$fitted.values,reg1$residuals)
abline(h = 0,col = "red")

[1] 0.9657826

(Intercept)          x
   58.47326   12.66171
```


Python

```
np.random.seed(987654321)
x = np.random.uniform(low = 1, high = 20, size = (500,))
y = 100 + 2*x + 0.5*(x**2) + np.random.uniform(size = (500,))
df = pd.DataFrame({'x':x, 'y':y})
```

```
reg1 = ols("y~x", data = df).fit()
reg1.rsquared

0.9611678923423614

reg1.params

Intercept     60.724055
x             12.476621
dtype: float64

plt.scatter(reg1.fittedvalues, reg1.resid)
plt.axhline(0, color = 'red')
plt.show()
```

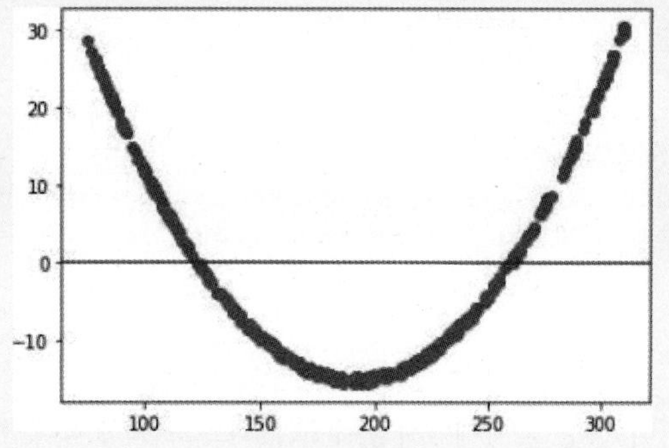

단순한 선형 모델에서 R^2은 상당히 높지만, 계수 값은 (이 경우에는 이미 알고 있는 값으로) 참인 데이터 생성 과정을 설명하는 데 아무 의미가 없다. 잔차 그래프를 보면 우리의 단순한 선형 구조가 데이터 생성 과정을 제대로 포착하지 못하고 있음을 알 수 있다. 이는 실제 데이터 생성 과정이 무엇인지 모르는 경우에 유용한 단서가 된다. 잔차 그래프를 보면 잠재적으로 비선형성이 나타날 수 있다는 걸 알 수 있다.

지수 변환

독립변수에 가능한 지수 변환을 탐지하는 유용한 방법은 *Box-Tidwell 변환*을 사용하는 것이다. 이는 *Box-Cox 변환*과 유사한 개념이다. 다만, Box-Cox 변환의 목적이 종속변수의 정규성을 달성하는 것인 반면, Box-Tidwell 변환은 다음 규격의 λ 값을 추정하여 각 독립변수에 가장 적합한 지수 변환을 찾는 것이다.

$$y = \beta_0 + \beta_1 x_1^{\lambda 1} + \beta_2 x_2^{\lambda 2} + \beta_3 x_3^{\lambda 3} + \epsilon$$

R과 Python은 Box-Tidwell 변환을 위한 패키지를 제공한다.

```
R
Library(car)
boxTidwell(y~x)

MLE of lambda Score Statistic (z)  Pr(>|z|)
       1.8247              100.16 < 2.2e-16 ***
```

```
---
Signif. codes:  0 '***' 0.001 '**' 0.01 '*' 0.05 '.' 0.1 ' ' 1
```

Python

```
Currently there is no Python package that provides a function to directly
conduct the Box-Tidwell transformation as in R.
```

추정치 1.824는 2에 가까우므로 회귀 모델 조건에 제곱항을 추가하는 것을 제안한다. 이 경우 참 데이터 생성 과정에 4차항이 포함되므로 적합하다. MASchools.csv file 파일을 사용하여 좀 더 종합적으로 분석해 보자.

R

```
df = MASchools[,c(13,7,8,9,11,15)]
df1 = df[complete.cases(df),]
reg1 = lm(score4 ~ exptot + scratio + special + stratio + salary, data =
df1)
summary(reg1)$r.squared
ncvTest(reg1)

[1] 0.2755063

Non-constant Variance Score Test
Variance formula: ~ fitted.values
Chisquare = 14.35983, Df = 1, p = 0.00015099

boxTidwell(score4 ~ exptot + scratio + special + stratio + salary, data = df1)

        MLE of lambda Score Statistic (z)  Pr(>|z|)
exptot        -1.6991              1.5080 0.1315588
scratio       -2.2424              0.3739 0.7084443
special       -1.7929              0.9977 0.3184028
stratio        4.5630             -2.9726 0.0029525 **
salary         6.4861              3.3145 0.0009182 ***
```

Python

```
MASchools = pd.read_csv("../data/MASchools.csv")
df = MASchools.iloc[:,[12,6,7,8,10,14]]
df1 = df.dropna()
reg1 = ols("score4~exptot + scratio + special + stratio + salary", data = df1).fit()
reg1.rsquared

0.2755062790920212
```

```
test1 = sm.stats.diagnostic.het_breuschpagan(reg1.resid, reg1.model.exog)
lzip(names, test1)

[('Lagrange multiplier statistic', 22.49849723455402),
 ('p-value', 0.00042082292889972O4),
 ('f-value', 4.953752025177818),
 ('f p-value', 0.00028337744339731124)]
```

Box−Tidwell 변환은 변수 **stratio**에 네 번째 거듭제곱을 추가하고 변수 **salary**(급여)에 여섯 번째 거듭제곱을 추가한다. 결과가 개선될까?

R

```
reg2 = lm(score4 ~ exptot + scratio + special + stratio + salary +
       I(stratio^4) + I(salary^6),data = df1)
summary(reg2)$r.squared
ncvTest(reg2)

[1] 0.3352411

Non-constant Variance Score Test
Variance formula: ~ fitted.values
Chisquare = 5.040439, Df = 1, p = 0.024762
```

Python

```
df1['stratio_pow_4'] = np.power(df['stratio'], 4)
df1['salary_pow_6'] = np.power(df['salary'], 6)
reg2 = ols("score4 ~ exptot + scratio + special + stratio + salary +
       stratio_pow_4+salary_pow_6", data=df1).fit()
reg2.rsquared

0.33524106191662273

test2 = sm.stats.diagnostic.het_breuschpagan(reg2.resid, reg2.model.exog)
lzip(names, test2)

[('Lagrange multiplier statistic', 16.052973982783417),
 ('p-value', 0.02463676496571995),
 ('f-value', 2.4019496258843227),
 ('f p-value', 0.02260097158731371З)]
```

R^2에서 눈에 띄는 개선이 있다. 이분산성이 여전히 존재하지만 p-value는 정확한 선형 조건에 맞게 극적으로 개선되었다.

이것을 로지스틱 회귀 분석(logistic regression)에 적용해 보자. 이전 챕터에서 선형성 가정은 로그오즈(log-odds)와 예측변수 사이에 있었던 것을 기억하자.

R

```
breg1 = glm(admit ~ gre + gpa + rank,data = admit, family = "binomial")
logodds = breg1$linear.predictors
boxTidwell(logodds ~ gre + gpa + rank, data = admit)

     MLE of lambda Score Statistic    (z)    Pr(>|z|)
gre               1                0.4011     0.6883
gpa               1               -0.7051     0.4808
rank              1               -4.5164   6.29e-06 ***
```

Python

```
breg1 = sm.formula.glm("admit ~ gre + gpa + rank", data = admit,
        family = sm.families.Binomial()).fit()
logodds = breg1.predict(exog = admit)
```

이 경우에는 지수 변환을 수행하지 않는 것이 좋다.

상호작용항(Interaction terms)

독립변수의 지수 변환 외에도 비선형성을 다루기 위한 또 다른 일반적인 방법은 독립변수 간의 교호작용 항을 추가하는 것이다.

다음과 같은 데이터 생성 프로세스를 고려해 보자.

$$y = 1x_1 + 4x_2 + \frac{x_1 x_2}{2} + \epsilon, \epsilon \sim N(0, 1)$$

위의 데이터 생성 과정에서 생성된 데이터로부터 교호작용 항이 없는 모델을 추정하면 어떻게 될까?

R

```
set.seed(987654321)
x1 = runif(500,1,20)
x2 = runif(500,1,20)
y = x1+4*x2+0.5*x1*x2 + rnorm(500)
reg1 = lm(y~x1+x2)
```

```
reg1$coefficients

(Intercept)          x1          x2
 -53.290137    6.000533    9.242688
```

Python

```
np.random.seed(987654321)
x1 = np.random.uniform(low = 1, high = 20, size = (500,))
x2 = np.random.uniform(low = 1, high = 20, size = (500,))
y = x1 + 4 * x2 + 0.5 * x1 * x2 + np.random.uniform(size = (500,))
df = pd.DataFrame({'x1':x1, 'x2':x2, 'y':y})
reg1 = ols("y~x1+x2", data = df).fit()
reg1.params

Intercept   -58.605951
x1            6.334375
x2            9.435495
dtype: float64
```

변수들 사이의 상호작용을 무시하면 적합도가 확실히 떨어진다. R과 Python은 적합도를 올릴 수 있는 독립변수들 사이의 가능한 상호작용 항들을 평가하는 매우 유용한 함수들을 제공한다.

R

```
res = step(reg1,~.^2)
res$anova

Start:  AIC = 2686.49
y ~ x1 + x2

Step:  AIC = 77.05
y ~ x1 + x2 + x1:x2
```

Python

```
Currently there is no Python package that provides a function to directly
conduct this analysis looking for interaction terms to add like in R.
```

결과는 *AIC*가 상당히 낮아지므로 교호작용 항을 추가하는 장점을 볼 수 있다. *AIC*는 다음과 같이 정의된다.

$$AIC = -2LL + 2k$$

로그 우도(loglikelihood, LL) 값이 크고 파라미터(k)가 작을수록 우수한 모델을 나타내므로 *AIC* 값이 작으면 우수한 모델을 나타낸다. *AIC*는 종속변수가 동일한 두 경쟁 모델을 비교하는 데 유용한 척도이다.

MASchools와 **admit** 데이터를 분석한 결과 다음과 같이 교호작용 항을 포함하는 것으로 나타났다.

R

```
reg2 = lm(score4 ~ exptot + scratio + special + stratio + salary +
       I(stratio^4) + I(salary^6),data = df1)
res = step(reg2,~.^2)
res$anova

Start:  AIC = 957.13
score4 ~ exptot + scratio + special + stratio + salary + I(stratio^4) +
         I(salary^6)

Step:  AIC = 930.57
score4 ~ exptot + scratio + special + stratio + I(stratio^4) + I(salary^6)
     + exptot:scratio + special:I(stratio^4) + scratio:special + exptot:
     I(stratio^4) + exptot:stratio + special:stratio + scratio:I(salary^6)
```

Python

```
reg2 = ols("score4 ~ exptot + scratio + special + stratio + salary +
       stratio_pow_4 + salary_pow_6", data = df1).fit()

Currently there is no Python package that provides a function to directly
conduct this analysis looking for interaction terms to add like in R.
```

R

```
breg1 = glm(admit ~ gre + gpa + rank + gre:gpa,data = admit,family =
        "binomial")
step(breg1,direction = "both")$anova

Start:  AIC=467.44
admit ~ gre + gpa + rank
Step:  AIC=466.6
admit ~ gre + gpa + rank + gre:gpa
```

Python

```
breg1 = sm.formula.glm("admit ~ gre + gpa + rank + gre:gpa", data = admit,
        family = sm.families.Binomial()).fit()
```

```
Currently there is no Python package that provides a function to directly
conduct this analysis looking for interaction terms to add like in R.
```

변수 선택

회귀 분석 구조를 수정하는 과정을 거치다 보면 종종 회귀 분석 모델에 여러 개의 변수가 추가된다. 이로 인해 다중 공선성 문제가 늘어날 수 있다. 여러 개의 독립변수가 있는 경우, 다중 공선성을 줄이기 위해 최종 모델에 포함시킬 가장 중요한 변수를 식별해서 간단한 모델을 구축하는 것이 좋다. 변수 개수를 줄이기 위해 단계적 회귀 분석(*Stepwise regression*)과 부분집합 회귀 분석(*subsets regression*) 방법이 주로 사용된다.

단계적 회귀 분석

다음과 같은 "참" 데이터 생성 프로세스가 있다고 가정해 보자.

$$y = 2x_1 + x_2 + \epsilon, \epsilon \sim N(0, 10)$$

위의 데이터 생성 프로세스는 간단하지만 우리가 다음과 같이 (불필요하게) 더 복잡한 모델을 추정한다고 가정해 보자.

$$y = \beta_0 + \beta_1 x_1 + \beta_2 x_2 + \beta_3 x_1 x_2 + \beta_4 x_1^2 + \beta_5 x_2^3 + \epsilon$$

목표는 더 복잡한 회귀 분석 사양에서 벗어나 모델에 작은 값을 추가하는 변수를 제거하는 것이다. ***단계적 회귀 분석***은 일정한 정지 조건이 충족될 때까지 변수를 순차적으로 추가하거나 삭제한다. *forward* 단계적 회귀 분석에서 첫 번째 단계는 모든 독립변수를 평가하고 모델의 적합도에 가장 큰 영향을 미치는 변수를 선택하는 것인데 일반적으로 *AIC*가 적합도 측도로 사용된다. 변수 하나를 포함한 후 다음 단계는 적합도를 향상시키는 차선의 변수를 추가하는 것이다. 다음 변수를 추가해도 모델이 개선되지 않을 때까지 반복한다. *backward* 단계적 회귀 분석은 유사한 접근 방식을 사용하지만, 가장 작은 기여를 하는 변수를 모두 포함하는 것으로 시작한다. 양쪽 방향 방식은 각 단계에서 추가와 삭제를 모두 고려한다. 위의 예제를 사용하여 이 접근 방식을 평가해 보자.

R

```
set.seed(987654321)
x1 = runif(500,1,10)
x2 = runif(500,1,10)
y = 2*x1 + x2 + rnorm(500,0,10)
reg1 = lm(y ~ x1 + x2 + x1:x2 + I(x1^2) + I(x^3))
step(reg1,direction = "backward")$anova


Start:  AIC=2383.39
y ~ x1 + x2 + x1:x2 + I(x1^2) + I(x^3)

          Df Sum of Sq   RSS    AIC
- x1:x2    1    13.763 57391 2381.5
- I(x^3)   1    22.701 57400 2381.6
- I(x1^2)  1    25.407 57402 2381.6
<none>                 57377 2383.4

Step:  AIC=2377.76
y ~ x1 + x2

       Df Sum of Sq   RSS    AIC
<none>              57419 2377.8
- x2    1    1931.6 59350 2392.3
- x1    1   13882.9 71301 2484.0
```

Python

```
np.random.seed(987654321)
x1 = np.random.uniform(low = 1, high = 10, size = (500,))
x2 = np.random.uniform(low = 1, high = 10, size = (500,))
y = 2*x1 + x2 + np.random.normal(loc = 0,scale = 10,size = (500,))
df = pd.DataFrame({'x1':x1, 'x2':x2, 'y':y})
df['x1_pow_2'] = np.power(df['x1'], 2)
df['x2_pow_3'] = np.power(df['x2'], 3)
reg1 = ols("y ~ x1 + x2 + x1:x2 + x1_pow_2 + x2_pow_3", data = df)

Currently there is no Python package that provides a function to directly
conduct this analysis looking for interaction terms to add like in R.
```

예상대로 단계적 회귀 분석에서는 비선형 항을 회귀 모델에서 제거할 것을 제안한다. 다음 예제에서는 단계적 회귀 분석 방법을 사용하여 변수를 제거하는 것을 권장하지 않는다.

R

```
reg1 = lm(score4 ~ exptot + scratio + special + stratio + I(stratio^4) +
    I(salary^6) + exptot:scratio + special:I(stratio^4) + scratio:
       special + exptot:I(stratio^4) + exptot:stratio + special:stratio +
       scratio:I(salary^6),data=df1)
step(reg1,direction = "both")$anova

Start:  AIC = 930.57
score4 ~ exptot + scratio + special + stratio + I(stratio^4) + I(salary^6)
         + exptot:scratio + special:I(stratio^4) + scratio:special +
         exptot:I(stratio^4) + exptot:stratio + special:stratio +
         scratio:I(salary^6)

                       Df Sum of Sq   RSS    AIC
<none>                              23820 930.57
- scratio:I(salary^6)   1    358.46 24178 931.35
- special:stratio       1    443.53 24263 932.00
- scratio:special       1    450.26 24270 932.05
- special:I(stratio^4)  1   1027.48 24847 936.42
- exptot:stratio        1   1195.85 25016 937.68
- exptot:scratio        1   1484.65 25304 939.81
- exptot:I(stratio^4)   1   1775.62 25595 941.94

breg1 = glm(admit ~ gre + gpa + rank + gre:gpa, data = admit, family = "binomial")
step(breg1,direction = "both")$anova

Start:  AIC = 466.6
admit ~ gre + gpa + rank + gre:gpa

          Df Deviance    AIC
<none>         456.60 466.60
- gre:gpa  1   459.44 467.44
- rank     1   477.85 485.85
```

Python

```
reg1 = ols("score4 ~ exptot + scratio + special + stratio + salary +
       stratio_pow_4 + salary_pow_6 + \exptot:scratio+special:stratio_
       pow_4+scratio:special+exptot:stratio_pow_4+ \exptot:stratio+
       special:stratio+scratio:salary_pow_6", data = df1).fit()

Currently there is no Python package that provides a function to directly
conduct this analysis looking for interaction terms to add like in R.
```

부분집합 회귀 분석

단계적 회귀 분석 방식은 가능한 모든 회귀 분석 모델을 평가하지 않기 때문에 최적의 모델을 찾지 못할 수도 있어서 적절하지 않을 수 있다. 때문에 가능한 모든 조합을 고려하는 방식인 부분집합 회귀 분석을 사용하는 대안을 찾을 수 있다. 주의할 점은 예측변수가 여러 개 있을 때 모든 부분집합을 찾는 데 시간이 많이 걸린다는 것이다.

R과 Python에는 부분집합 회귀 분석을 수행하는 함수가 제공되는 패키지가 있다. 가장 좋은 모델을 선택하기 위해 몇 가지 지표를 활용할 수 있다. *BIC*(대체 모델이 모두 동일한 관측치 수를 사용할 때 *AIC*와 동일함), Adjusted R^2 및 Mallows' Cp−statistic이 포함된다. Adjusted R^2은 R^2를 모델의 파라미터 수(*n*은 관측치 수, *k*는 독립변수 수)에 기반한 페널티로 수정한 것이다. σ^{-2}은 회귀모델에서 오차항의 추정 분산이다. Adjusted R^2의 값이 높고 *BIC* 및 Mallows' Cp−statistic의 값이 낮으면 좋다.

$$AdjR^2 = 1 - \frac{(1-R^2)(n-1)}{(n-1-k)}$$

$$Mallows'\,Cp = \frac{SSE}{\bar{\sigma}^2} - n + 2k$$

MASchools 데이터를 확인해 보자.

R

```
library(leaps)
bestsub1 = regsubsets(score4 ~exptot + scratio + special+ I(stratio^4) +
        I(salary^6) + exptot:scratio + special:I(stratio^4) + scratio:
             special + exptot:I(stratio^4) + exptot:stratio + special:stra-
tio +
          scratio:I(salary^6),data=df1,nvmax = 12)
summary(bestsub1)
names(summary(bestsub1))
cbind(
    Cp      = summary(bestsub1)$cp,
    r2      = summary(bestsub1)$rsq,
    Adj_r2  = summary(bestsub1)$adjr2,
    BIC     = summary(bestsub1)$bic
)
```

```
           Cp     r2 Adj_r2      BIC
 [1,] 87.539 0.158  0.154 -21.570
 [2,] 46.858 0.291  0.284 -48.408
 [3,] 41.016 0.316  0.305 -49.726
 [4,] 29.596 0.358  0.344 -56.261
 [5,] 23.554 0.383  0.366 -58.457
 [6,] 20.873 0.398  0.377 -57.691
 [7,] 18.349 0.412  0.389 -56.881
 [8,] 16.082 0.425  0.399 -55.917
 [9,] 15.811 0.432  0.403 -53.001
[10,] 12.400 0.449  0.418 -53.395
[11,] 11.290 0.459  0.425 -51.477
[12,] 13.000 0.460  0.422 -46.563
```

Python

```
# perform a scikit-learn Recursive Feature Elimination (RFE)
from sklearn.feature_selection import RFECV
from sklearn.metrics import r2_score

X = df1[['exptot', 'scratio', 'special','stratio','salary']]
y = df1['score4']

pf1 = PolynomialFeatures(degree=2,interaction_only = False)
X = pf1.fit_transform(X1)
print(X.shape)

#OLS...
reg = LinearRegression().fit(X,y)
# Pass our ols model into RFECV
rfecv_mod = RFECV(estimator=reg)
# fit the model.
rfecv_mod = rfecv_mod.fit(X,y)

#Columns selected by RFE?
cols = pf1.get_feature_names_out()[rfecv_mod.support_]

print(f"Selected {len(cols)} columns:",str(list(cols)))
print("R2 = " + str(r2_score(y, y_hat)))
```

```
Selected 16 columns: ['exptot', 'scratio', 'special', 'stratio',
'salary', 'exptot scratio', 'scratio^2', 'scratio special', 'scratio stratio',
'scratio salary', 'special^2', 'special stratio', 'special salary', 'stratio^2',
'stratio salary', 'salary^2']
R2 = 0.4476800270450575
```

R에서는 **Cp**와 **Adj_r2**를 기준으로 11개 변수를 사용하는 것이 좋다. 드롭할 때 권장되는 변수는 **salary**이다. 해당 결과는 포함되는 변수의 수에 따라 가장 적합한 변수를 나타낸다.

Python에서는 더 많은 피처(모든 상호작용 및 2차항)를 포함하여 시작했으며, 16개의 변수를 가진 모델을 얻었다. R 예제에서처럼 상위 지수를 포함한 게 아니기 때문에 그에 비하면 R^2 계수가 약간 더 낮게 나타난다.

변수 선택에 사용할 수 있는 다른 접근법들이 있고 그 중에서도 중요한 기법은 축소 또는 벌점 기반 방법이다. 개념적으로 설명하자면 회귀 계수에 큰 기여를 하지 않으면 (표준화한) 벌점을 부과하고 계수 값을 0으로 강제하는 방식이다. Lasso 회귀 분석(*Lasso regression*)은 선형 벌점을 부과하고 Ridge 회귀 분석(*ridge regression*)은 2차 벌점을 부과한다. 이는 R과 Python의 패키지를 사용하여 쉽게 구현할 수 있으므로 챕터 18을 참고하도록 한다.

사용 사례: 이익 예측, 안전 우선 선형 회귀 분석을 위한 단계들

R과 Python을 사용하여 구현한 통계 도구는 데이터를 해석하고 비즈니스 의사 결정을 강화하는 데 매우 유용하지만, 조심해야 할 부분도 있는 점을 보았다. 통계 테스트에 체계적으로 접근하여 모든 단계별 확인 절차를 거치면 모델을 구축하는 데 도움이 될 것이다.

앞서 **R&D Spend**(R&D 지출)와 **Marketing Spend**(마케팅 지출)을 이용한 **Profit**(이익) 예측을 파라미터 관점에서 살펴보았는데, 이는 모집단 **Profit** 분포에 대해 잘 알고 있는 상황이었고 이를 잘 모를 때는 비모수적 접근 방법을 사용하였다. 이번에는 동일한 과제를 4단계 안전 우선 프로세스를 사용하여 해결해볼 것이다.

1. 데이터 확인
2. 공선성(collinearities) 여부 확인
3. 모델 적합도 확인
4. 잔차 확인

1: 데이터 확인

첫 번째 확인은 이전 챕터들에서 살펴봤던 것과 같이 분포와 관계를 조사하는 기본 데이터 탐색이다. 데이터셋의 불균형, 특히 (책의 후반부에서 다룰) 분류 문제에서는 행의 5%만이 채무 불이행을 나타내는 데이터셋을 가지고 신용카드 대출 채무 불이행을 예측할 수 있는지도 확인해야 한다. 모집단 분포가 어떤 지 살펴볼 수 있을까? 실제 모집단 분포와 가장 유사한 분포를 따르는 테스트들을 사용하면 모델이 더 정확해질 것이다.

2: 공선성 확인

두 번째로, 주요 변수들이 상관관계가 없는지 확인해야 한다. 두 변수 중 하나라도 상관관계가 있으면 불안정하고 오해의 소지가 있는 결과가 발생할 수 있다. 공선성 또는 독립변수들 간의 상관관계는 불안정한 계수를 야기할 수 있는데, 모델을 다시 돌렸을 때 상관관계가 있는 입력 값들의 계수가 극적으로 변할 수 있는 잠재성이 있다. 독립변수 세트별 상관관계를 계산하는 것이 좋을 것이다.

R

```
cor(df_train[1:3])
corrgram(df_test[1:3],upper.panel = panel.pie)
```

Python

```
df_train[['R&D Spend', 'Administration','Marketing Spend']].corr()

# plot the heatmap
sns.heatmap(df_train[['R&D Spend', 'Administration','Marketing Spend']].
corr())
```

	R&D Spend	Administration	Marketing Spend
R&D Spend	1.000000	0.241955	0.724248
Administration	0.241955	1.000000	-0.032154
Marketing Spend	0.724248	-0.032154	1.000000

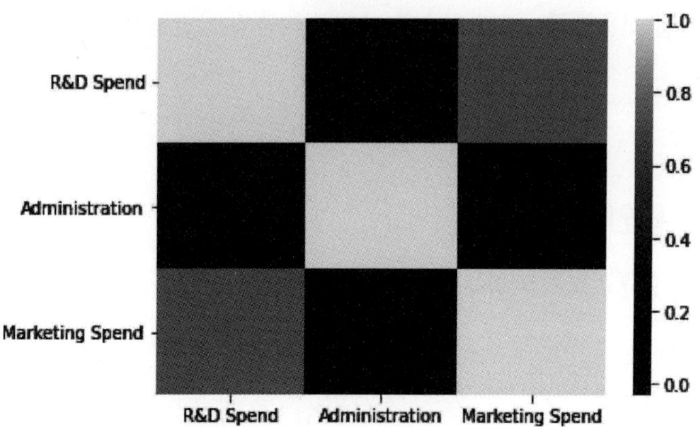

그림 14.1 독립변수 세트별 상관 관계 확인

경험에 따른 대략적 법칙에 따라 어떤 두 입력 변수도 0.5보다 큰 상관계수를 가지면 안 된다고 할 것이다. 그러면 R&D 지출과 마케팅 지출의 상관계수가 0.72이므로 법칙에 위배되는 것을 알 수 있다. 상관관계가 완벽하지 않기 때문에(즉, 값이 1이 아니므로), 여전히 두 변수를 모두 사용할 가치가 있으며, 이를 위해 차분(*differencing*)이라는 접근법을 사용할 수 있다. 이는 각 R&D 지출 데이터 값을 각 해당 마케팅 지출로 단순히 차감(또는 분할)하는 접근 방식이다.

R
```
df_trn_dif = df_train
df_trn_dif$Marketing.Spend = df_trn_dif$Marketing.Spend - df_trn_
dif$R.D.Spend
cor(df_trn_dif[1:3])
```

Python
```
#Overweight Marketing Spending with a differenced series
df_trn_dif['Marketing Spend'] =
df_trn_dif['Marketing Spend'] -
df_trn_dif['R&D Spend']

# Run simple correlation matrix too
print("After Differencing Marketing Spend")
df_trn_dif[['R&D Spend', 'Administration','Marketing Spend']].corr()
```

	R&D Spend	Administration	Marketing Spend
R&D Spend	1.000000	0.241955	0.451477
Administration	0.241955	1.000000	−0.159130
Marketing Spend	0.451477	−0.159130	1.000000

마케팅 지출에 차분을 적용한 후 R&D 지출과 마케팅 지출의 상관관계는 0.45로 (이전의 0.72보다) 낮아졌다.

3: 모델 적합도 확인

이제 회귀 분석을 실행하고 모델 적합도를 평가할 수 있다.

R
```
reg1 = lm(Profit ~ .-State, data = df_trn_dif)
summary(reg1)
```

```
plot(df_trn_dif$R.D.Spend,df_trn_dif$Profit,col = "red",pch = 16,xlab =
     "R&D Spend",ylab = "profit")
points(df_trn_dif$R.D.Spend,reg1$fitted.values,col = "blue",pch = 16)
```

Python

```
lm = sm.OLS(df_trn_dif['Profit'], df_trn_dif[['R&D Spend',
    'Administration','Marketing Spend']])
model = lm.fit()
model.summary()

# Regression plot
fig, ax = plt.subplots()
fig = sm.graphics.plot_fit(model, 0, ax = ax)
plt.figure(figsize = (10, 10))
ax.set_ylabel("Profit")
ax.set_xlabel("R&D Spend")
ax.set_title("Linear Regression: Profit Forecasting")
plt.show()
```

```
Call:
lm(formula = Profit ~ . - State, data = df_trn_dif)

Residuals:
Min      1Q Median      3Q    Max
-33366  -4411    159   6703  17529

Coefficients:
Estimate Std. Error t value Pr(>|t|)
(Intercept)       4.945e+04  6.764e+03   7.311 4.57e-09 ***
R.D.Spend         8.273e-01  3.540e-02  23.368  < 2e-16 ***
Administration  -2.343e-02  5.259e-02  -0.445   0.6582
Marketing.Spend  2.959e-02  1.682e-02   1.759   0.0857 .
---
Signif. codes:  0 '***' 0.001 '**' 0.01 '*' 0.05 '.' 0.1 ' ' 1

Residual standard error: 9367 on 43 degrees of freedom
Multiple R-squared:  0.9508,Adjusted R-squared:  0.9474
F-statistic:   277 on 3 and 43 DF,  p-value: < 2.2e-16
```

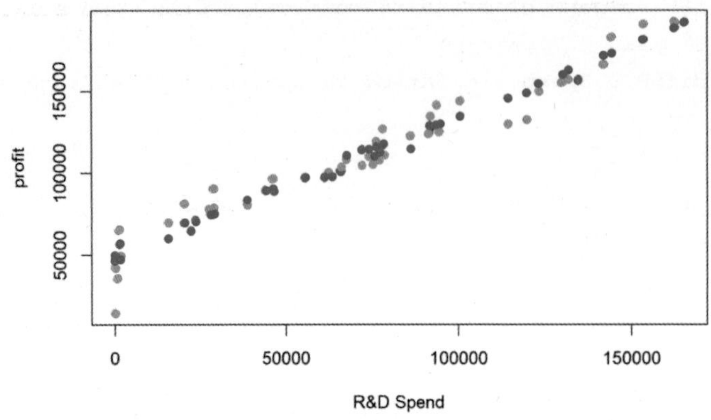

그림 14.2 모델 적합도

첫 번째로 봐야 할 부분은 적합도 그래프인데, 우리가 예측하고자 하는 실제 데이터에 얼마나 잘 맞는지 보여준다. 필요로 하는 만큼 충분히 정확하게, 다시 말해서 결과 범위에 걸친 예측이 충분히 만족스러운지 봐야 한다. 높은 수익성 결과와 낮은 수익성 결과에 초점을 맞춰야 하는 이번 사용 사례에서라면, 높은 극단과 낮은 극단에서 적합도가 적절한지 확인하는 것이 좋다. Profit이 중간 지점일 때 분석 모델 적합도가 좋다는 것은 그렇게 중요하진 않다.

다음으로 볼 부분은 Adjusted R^2이 적절한지이다. Adjusted R^2은 입력 변수가 많을수록 R^2에 패널티를 가하는 방식으로 값이 조정되며, 경험적 규칙에 따라 Adjusted $R^2 > 0.7$을 초과하면 충분히 좋은 적합성을 나타낸다고 볼 수 있다.

대부분의 회귀 분석 패키지 결과에 일반적으로 포함되는 F-Test의 p-value도 확인해야 한다. 잡음이 더 많은 일부 도메인에서는 이 값이 너무 낮을 수 있고 잡음이 적은 다른 도메인에서는 이 값을 기준으로 삼으면 결과가 너무 부정확할 수 있다. 0.7이라는 값은 대부분의 비즈니스 상황에서 의미가 있다. 이번 경우, 우리 모델은 Adjusted $R^2 > 0.7$과 5% 수준에서 통계적으로 유의한 F-통계량을 가진 것으로 확인되고 있다.

4: 잔차 확인

마지막으로, 명확한 편향이나 문제가 없는지 확인하기 위해 모델을 점검해야 한다. 이 부분에서는 모델의 잔차를 검증하는 것이 가장 좋다. 즉, y 변수와 예측값(y hat 변수) 사이의 오차를 보아야 한다. 대체로는 평균 0 근처에 잔차가 대략 정규분포를 따르는지 찾고 있다. 이 작업은 다시 그래프를 이용해서 잔차에 대한 y 변수를 그려보고, 통계량을 활용하는 방법으로 수행해야 한다. 경험에 따른 대략적 법칙으로는 잔차에 이상한 패턴이 없다면 아주 약한 정규 분포까지도 허용된다.

R
```
plot(reg1$fitted.values, reg1$residuals, xlab = "Predicted Profit",
     ylab = "Residual")
abline(h = 0,col = "red")
```

Python
```
#Calculate the residuals:
y_pred = model.predict()
residuals = model.predict() - df_train['Profit']
plt.scatter(y_pred,residuals)

plt.title("Model Residuals: y plotted against y_hat")
plt.axhline(0, color = 'red')

plt.xlabel("y_hat")
plt.ylabel("Residual")

plt.show()
```

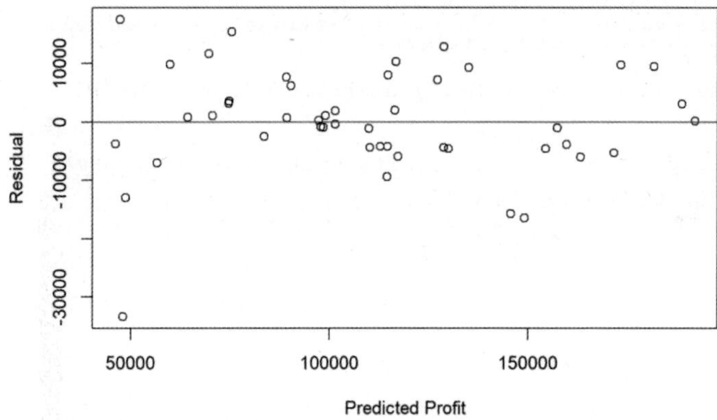

그림 14.3 잔차 그래프

모델 잔차 그래프에서 잔차가 평균 0을 중심으로 대략 랜덤하게 분포되어 있는 것을 볼 수 있고 이것은 좋은 결과를 뜻한다.

R
```
plot(density(reg1$residuals))
shapiro.test(reg1$residuals)
```

```
Shapiro-Wilk normality test

data: reg1$residuals
W = 0.93664, p-value = 0.01332
```

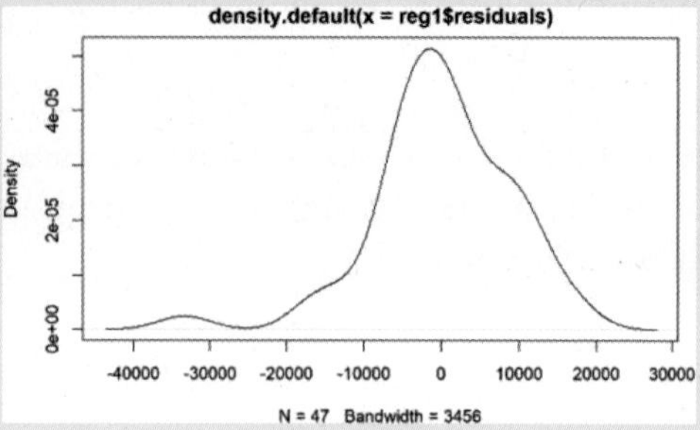

Python

```
# frequency distribution of residuals
plt.figure(figsize = (10,7))
plt.title('Residuals')
plt.hist(residuals, bins = 15)
from scipy import stats

# Normality test
results = stats.shapiro(residuals)

# Overall fit of the model: F-test
if results.pvalue < 0.9: print('Residuals are normally distributed): Check')
elif (1-results.pvalue)  < 0.95: print('Residuals are normally distributed:
Weak')
else: print('Residuals are normally distributed: Problem')

print("(Normality test: " + str(results.statistic) + ", p-val " +
      str(1-results.pvalue) +")")
```

그래프와 정규성 검정은 정규성 가정이 다소 약하다는 것을 나타낸다.

모델 구성 자동화: 단계적/부분집합 회귀 분석

지금까지는 수동으로 입력 변수를 선택했지만, 입력값 선택을 자동화하는 패키지가 있다. 아래의 R 코드에서 우리는 적절한 입력 변수를 선택하기 위해 부분집합 회귀 분석을 실행할 것이다.

R

```
library(leaps)
bestsub1 = regsubsets(Profit ~ . - State, data = df_trn_dif,nvmax = 12)
summary(bestsub1)
names(summary(bestsub1))
```

```
round(cbind(
    Cp      = summary(bestsub1)$cp,
    r2      = summary(bestsub1)$rsq,
    Adj_r2 = summary(bestsub1)$adjr2,
    BIC     = summary(bestsub1)$bic),3)


Selection Algorithm: exhaustive
         R.D.Spend Administration Marketing.Spend
1  ( 1 ) "*"       " "            " "
2  ( 1 ) "*"       " "            "*"
3  ( 1 ) "*"       "*"            "*"
[1] "which"  "rsq"    "rss"    "adjr2"  "cp"     "bic"    "outmat" "obj"
        Cp    r2 Adj_r2      BIC
[1,] 4.195 0.946  0.945 -129.490
[2,] 2.198 0.951  0.948 -129.799
[3,] 4.000 0.951  0.947 -126.165
```

결과는 'R&D Spend'과 'Marketing Spend'만을 입력 변수로 사용할 것을 권장한다. 회귀 분석 모델을 다시 실행하면 다음과 같은 결과가 나오는데 (예를 들어, Adjusted R^2 값을 기준으로) 초기 회귀 모델보다 개선된 것이다.

R

```
reg2 = lm(Profit ~ R.D.Spend + Marketing.Spend, data = df_trn_dif)
summary(reg2)

Call:
lm(formula = Profit ~ R.D.Spend + Marketing.Spend, data = df_trn_dif)

Residuals:
   Min     1Q Median     3Q    Max
-33466  -4383   -323   6739  17371

Coefficients:
                 Estimate Std. Error t value Pr(>|t|)
(Intercept)     4.670e+04  2.753e+03  16.967   <2e-16 ***
R.D.Spend       8.217e-01  3.283e-02  25.028   <2e-16 ***
Marketing.Spend 3.194e-02  1.583e-02   2.018   0.0498 *
---
Signif. codes:  0 '***' 0.001 '**' 0.01 '*' 0.05 '.' 0.1 ' ' 1

Residual standard error: 9282 on 44 degrees of freedom
Multiple R-squared:  0.9506, Adjusted R-squared:  0.9483
```

```
F-statistic: 423.2 on 2 and 44 DF,  p-value: < 2.2e-16
```

이제 Python에서 피쳐 선택을 수행할 것이다. 다양한 접근 방식을 사용할 수 있지만, 여기서는 RFE(Recursive Feature Elimination)를 사용하여 자동으로 피쳐를 선택한다. 이 챕터의 사용 사례에서는 *Scikit-Learn*을 활용하여 RFECV를 적용하는 것으로 Profit 예측 모델을 구현할 것이다. RFE는 덜 중요한 독립변수를 제거하여 모델을 개선한다. RFE는 더 강력한 결과를 얻기 위해 점점 더 작은 피쳐 세트를 재귀적으로 고려하고 추가로 RFECV 계층을 교차 검증(*cross validation*)한다. 다시 **sklearn** 구현을 사용하겠지만, 이 접근 방식을 사용하면 많은 다른 학습자가 사용할 수 있다. 이 접근 방식은 가장 적합한 입력 변수의 조합을 선택한다.

Python

```
from sklearn.feature_selection import RFE
from sklearn.feature_selection import RFECV

# set up our regressor. We will use the random forest
from sklearn.linear_model import LinearRegression

#OLS...
reg = LinearRegression().fit(df_trn_dif[['R&D Spend',
       'Administration','Marketing Spend']],df_trn_dif['Profit'])

# Pass our ols model, into RFECV, to get a model of best fit.
rfecv_mod = RFECV(estimator=reg)
# fit the model.
rfecv_mod = rfecv_mod.fit(df_trn_dif[['R&D Spend',
            'Administration','Marketing Spend']],df_trn_dif['Profit'])
```

이제 모델을 실행한 후 결과를 그래프로 그리고 Adjusted R^2을 표시할 수 있다.

Python

```
#Columns selected by RFE?
cols = X.columns[rfecv_mod.support_]

#Predict
y = df_trn_dif['Profit']
y_hat = rfecv_mod.predict(df_trn_dif[['R&D Spend',
       'Administration','Marketing Spend']])

#Chart
plt.figure(figsize=(8,6))
```

```
plt.title("RFECV Model Uses " + str(i+1) + " inputs : " + str([cols[i]
        for i in range(cols.__len__())]))
plt.scatter(y_hat, y,color = 'r')
plt.show()

#Get R2 for the regression model
print("R2 = " + str(r2_score(y, y_hat)))
```

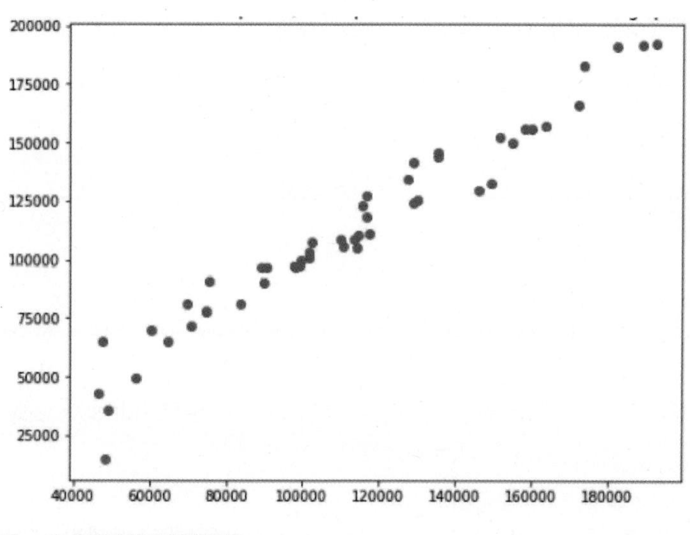

그림 14.4 3개의 입력 값을 사용한 RFCEV 모델

특정 피쳐 선택 방법은 실제로 세 가지 가능한 입력 변수(R&D Spend, Administration, Marketing Spend)를 모두 선택하였다. 피쳐 선택 패키지가 가장 높은 적합도에 해당하는 모델을 찾을 수 있지만, 앞서 강조한 4가지 확인 사항들까지 자동으로 실행하지는 않는다. 패키지 실행 결과를 반드시 확인하며, 이를 전적으로 신뢰하지는 않아야 한다.

요약

이번 챕터는 파라미터와 변수 모두가 선형인 간단 회귀 분석 모델로 시작하였다. 목표는 적합도를 개선하기 위해 단순한 구조를 변형하여 회귀 적합성을 개선하고 회귀 모델링의 주요 가정을 충족하는 것이며, 그 과정에서 우리가 검증한 데이터를 생성한 실제 데이터 생성 프로세스에 더 가깝게 접근하는 것이었다. 전체적인 접근 방식은 적절한 진단을 실행한 후, 변수에 내재된 비선형성을 포착하기 위한 항을 추가하는 것이다. 이

'변수 추가' 단계는 모델에 거의 기여하지 않는 '변수 제거' 단계로 이어진다. 이 과정은 마치 예술처럼 정해진 틀이 있는 건 아니다. 어느 누구라도 일련의 단계를 확정할 수는 없다. 예를 들어, 어떤 사람은 상호작용 항을 먼저 추가한 다음 지수 변환을 추가할 수 있고 다른 사람은 이 단계를 반대로 수행할 수도 있다. 프로세스를 진행할 때 기본 문제 영역에 대해 더 깊이 이해하고 모델을 수정하는 것 또한 연구의 기본 영역과 관련하여 합리적이어야 한다. 마지막으로, 이번 챕터에서 수행한 작업 중 내생성(endogeneity)에 대한 우려가 제거된 것은 없다는 점에 유의해야 한다. 회귀 분석 모델의 구조를 개선했음에도 불구하고 누락된 변수는 여전히 해결해 나가야 할 과제로 남게 되며, 모델을 기반으로 해석하고 결정하는 데 주의를 기울여야 한다. 내생성을 해결하기 위한 유일하고 확실한 접근 방법은 '강력한 무작위 대조 실험(robust randomize controlled experiment)'을 통해서 가능하다.

연습문제

연습문제를 수행하기 위해 다음 링크에서 제공하는 데이터셋을 다운받자. https://study.sagepub.com/gopal

1 Corn.csv 파일을 불러오자. **yield**를 예측하기 위해 적당한 회귀 분석 구조를 개발하시오.
2 women.csv 파일을 불러오자. **height**를 예측하기 위해 적당한 회귀 분석 구조를 개발하시오.
3 Boston.csv 파일을 불러오자. **medv**를 예측하기 위해 적당한 회귀 분석 구조를 개발하시오. 여기서 **medv**는 보스턴 도시의 이웃 간 소득 중간 값이다.
4 student.csv 파일을 불러오자. **daysabs**를 예측하기 위해 적당한 회귀 분석 구조를 개발하시오. 결과값은 수량 변수이므로 반드시 해당 문제에 대한 포아송 회귀 분석을 개발하여야 한다는 것을 주의하시오.
5 Credit.csv 파일을 불러오자. 이진 결과값 **Creditworthy**를 데이터 프레임 안에 모든 다른 변수들에 대해 예측하기 위해 적당한 회귀 분석 구조를 개발하시오.

15

시계열(Timeseries) 및 예측

목차

이번 챕터에서는 시계열을 보면서 미래 이벤트 및 데이터 포인트를 예측하는 방법에 대해 알아볼 것이다. 분기별 수익 또는 일일 가격 수준의 변화와 같은 시계열은 비즈니스 분석의 핵심 분야 중 하나이다. 모든 시계열은 크게 세 가지 요소(레벨, 계절성, 변화)로 구분할 수 있다. 각각은 미래의 수익이나 가격 또는 기타 시계열을 예측할 때 고려해야 하는 중요한 요소이다. 단순한 계절적 변화(예를 들어 크리스마스 직전)보다 경영진이 동기 부여를 해야 하는 목표 대비 판매 실적 변화를 (예를 들어 전기차 판매) *개선*하는 작업을 고려해 보자. 회사 부채 수준에서 볼 수 있듯이, 시계열은 해당 트렌드와 과거 데이터 포인트에 대한 현재 데이터 포인트의 연관성을 생각하게 한다. 과거의 높은 값은 오늘날 높은 값을 나타낼 가능성이 높음을 의미하기 때문이다.

시계열 구성: 트렌드, 계절성 및 노이즈(Noise)

간단한 도구를 사용하여 시계열을 트렌드, 계절성 및 노이즈로 분해할 수 있다. 아래에서 볼 수 있듯이 경제 성장의 대용 변수로 사용되기도 하는 미국 차량 판매의 경우, 시계열의 전체적인 움직임을 따르지 않고 들쭉날쭉한 패턴으로 볼 수 있다. 차량 판매 시계열은 계절성을 나타내는데 그 이유는 대부분의 차량 판매가 봄과 여름에 이루어지고, 일반적으로 겨울에 판매가 줄어들기 때문이다. 이로 인해 연간 반복되는 패턴을 만드는데 이를 계절성이라고 한다. 이와 같이 예측 가능한 계절적 변동을 이해하는 것은 중요하다.

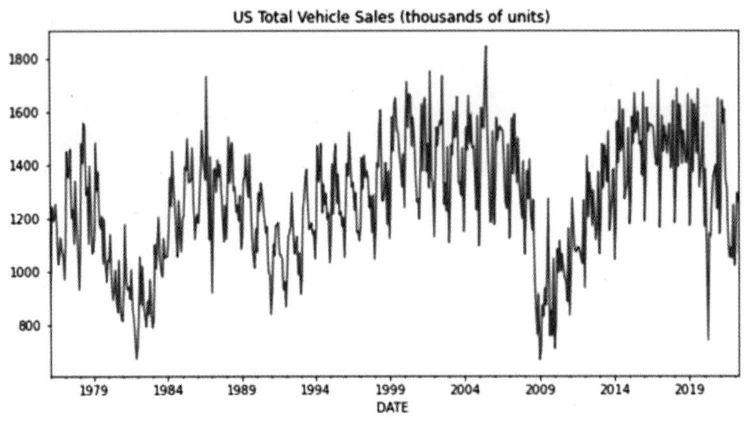

그림 15.1 시계열 데이터에서 나타난 계절성

(많은 경제 분야 시계열 데이터와 마찬가지로 차량 판매도 '계절성에 따라 조정된' 데이터로 다운로드할 수 있으며, 다음에서 어떻게 계산되는지 확인할 수 있는데 계절성에 따라 조정되지 않은 데이

터는 **그림** 15.1에서 확인할 수 있다.)

R의 *xts*와 Python 라이브러리의 *statmodels*와 같은 패키지를 사용해 시계열 데이터를 계절성, 트렌드, 잔차로 자동 분해할 수 있다. 이를 통해 계절성 변이를 제거할 수 있다. 이 경우 계절성은 예측 가능하기 때문에 1년 또는 그 이상 후의 미래 매출 수준을 예측하고자 한다면 트렌드가 가장 중요한 요소가 될 것이다.

R

```
library(xts)
df = read_excel("TOTALNSA.xlsx")
df[['DATE']] = as.Date(df[['DATE']], format = '%Y-%m-%d')
df = ts(df$TOTALNSA, start = '1976', freq = 12)
plot(decompose(df))
```

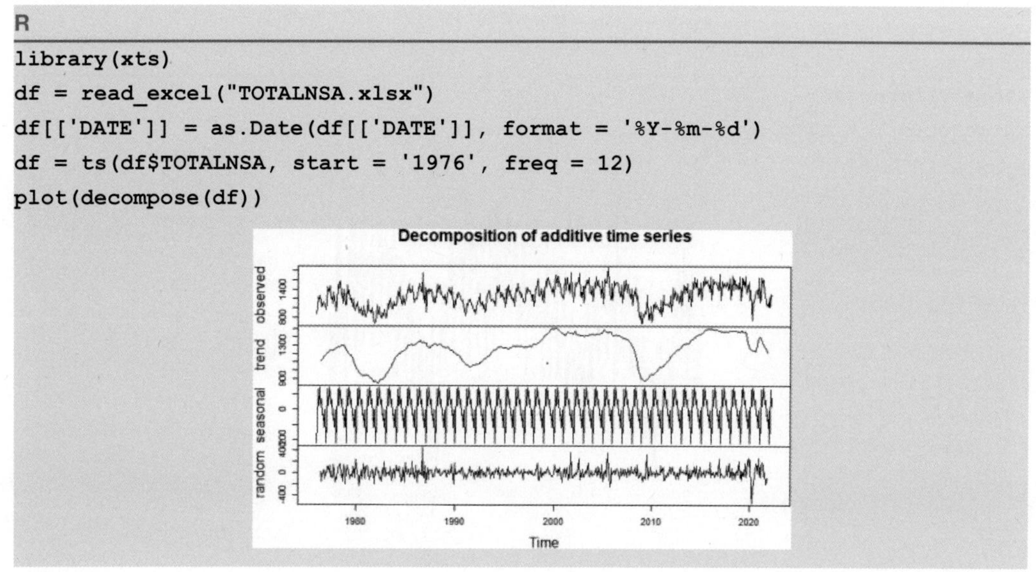

Python

```
import matplotlib as plt
from statsmodels.tsa.seasonal import seasonal_decompose

result = seasonal_decompose(df['TOTALNSA'], model='multiplicable')
result.plot()
plt.show()
```

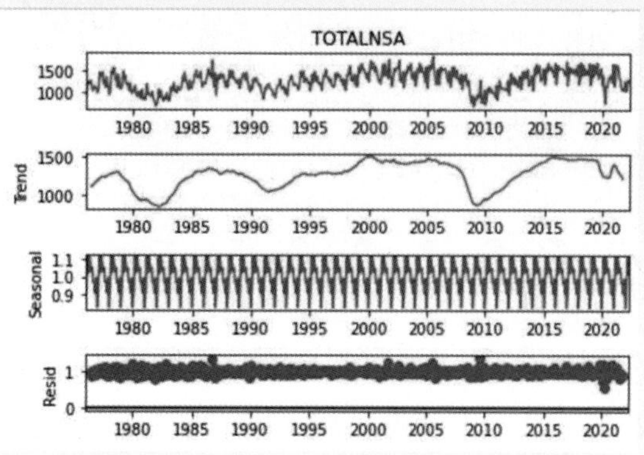

데이터 준비: 이동평균을 이용한 계절성 제거

시계열 분석에서 기본 패턴은 일반적으로 시계열을 예측하는 데 있어 핵심 요소이다. 이 기본 패턴을 추출하는 가장 간단한 방법은 '이동평균(MA)'으로 수정을 사용하는 것이다. 이동평균(MA)을 사용하려면 평균을 계산해야 할 데이터 포인트(또는 범위)의 수를 지정해야 하며, 아래에서는 단순히 시계열의 모든 포인트에 대해 표시된 12개월 평균을 사용하므로 계절성을 제거하는 효과도 있다.

R

```
library(forecast)
autoplot(df) + autolayer(ma(df, order = 12), colour = TRUE)
```

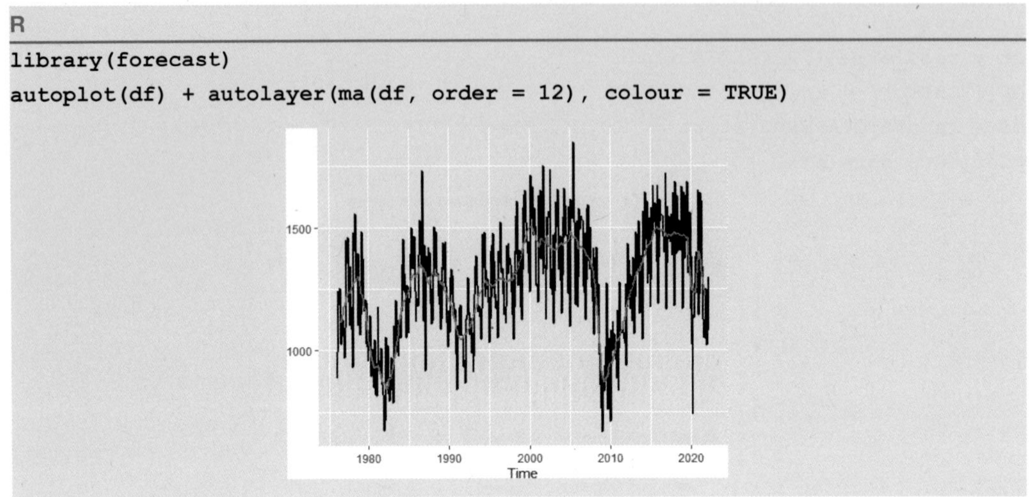

Py

```
import matplotlib as plt

plt.plot(df['TOTALNSA'].rolling(window = 12).mean())
plt.plot(df['TOTALNSA'])
plt.title('MA')
plt.show()
```

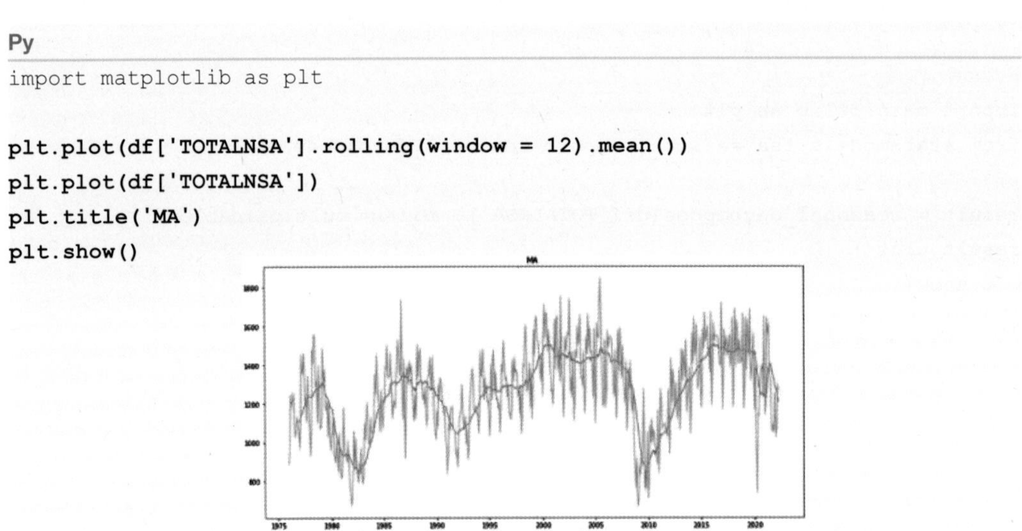

12개월 MA는 차량 판매 시계열의 기본 수준을 비교적 잘 포착하여 계절성과 노이즈를 제거한 것을 볼 수 있다. 미래의 차량 판매 수준을 예측하고 싶다면 이 추세를 추론하는 것부터 시작하는 것이 좋다.

간단 예측: 외삽(Extrapolation)

가장 간단한 형태의 예측은 동일한 값이 미래에도 계속 발생한다고 가정하는 것이다. 그 다음으로 간단한 것은 직선(또는 선형) 예측으로, 가장 최근의 데이터 포인트에 적합한 직선을 미래로 확장하는 것이다. 곡선에 대한 더 복잡한 예측은 다항식 외삽법을 사용하여 수행할 수 있다. 많은 경우 이러한 접근의 예측은 '기준 사례' 예측으로 사용되거나 더 복잡한 예측 접근법을 사용하기 전에 출발점으로 사용될 수 있다.

아래 코드는 외삽 함수를 보여준다. 단순 외삽법은 미래 예측 방향에 대한 아이디어를 보여줄 수 있지만, 예측 결과를 항상 신뢰할 수 있는 건 아니다.

경우에 따라 단순 외삽법으로 충분할 수도 있지만, 우리가 관심을 가지는 변수가 중요한 의미를 가진다면 예측 정확도를 향상시키는 데 추가적인 노력을 기울일 필요가 있다.

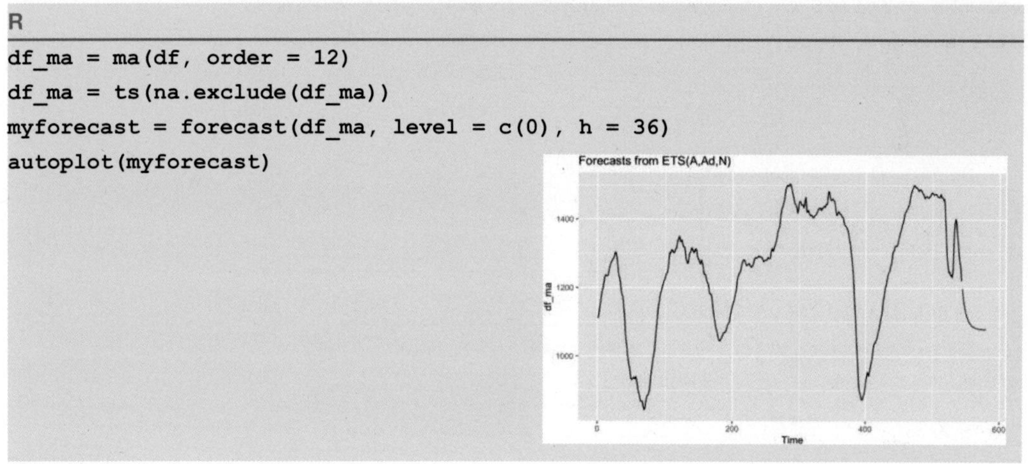

R

```
df_ma = ma(df, order = 12)
df_ma = ts(na.exclude(df_ma))
myforecast = forecast(df_ma, level = c(0), h = 36)
autoplot(myforecast)
```


Python

```
from scipy import interpolate

x = range(0, df_ma.shape[0]) #[x for x in range(0, df.shape[0])]
x_extrap = range(0, df_ma.shape[0] + 36)
df_extr = interpolate.interp1d(x, df_ma['TOTALNSA'], fill_value = 'extrapolate'
```

예측가의 가장 친한 친구: 시간 의존성(자기상관)

많은 시계열에서 내일의 값은 현재의 값(그리고 아마 과거의 값)에 따라 달라진다. 이러한 시간 의존성은 자기상관(autocorrelation 또는 self-correlation)으로 표현될 수 있는데, 자기상관은 단순하게 미래 데이터 포인트에 대한 예측을 제공하는 과거 데이터 포인트에 가중치를 부여하는 자기회귀 분석 모델에 의해 작동한다. 다음과 같이 자기상관 그래프를 사용하여 **Vehicle Sales**(차량 판매) 데이터 세트에서 자기상관성을 찾을 수 있다. 자기상관 그래프는 세로축에 -1과 1 범위 안에서 상관관계를 보여주고, 가로축은 비교될 시계열의 데이터 포인트 간의 *lag* 값을 보여준다. 예를 들어, 가로축 lag 값 100인 지점은 시계열에서 가장 최근인 지점과 가장 마지막 지점의 상관관계를 보여주는데 데이터 포인트 100의 간격으로 약 -0.2의 음의 상관관계이다.

R

```
acf_obs = acf(df_ma, lag.max = length(df_ma), plot = FALSE)
plot(acf_obs, type = "l")
```

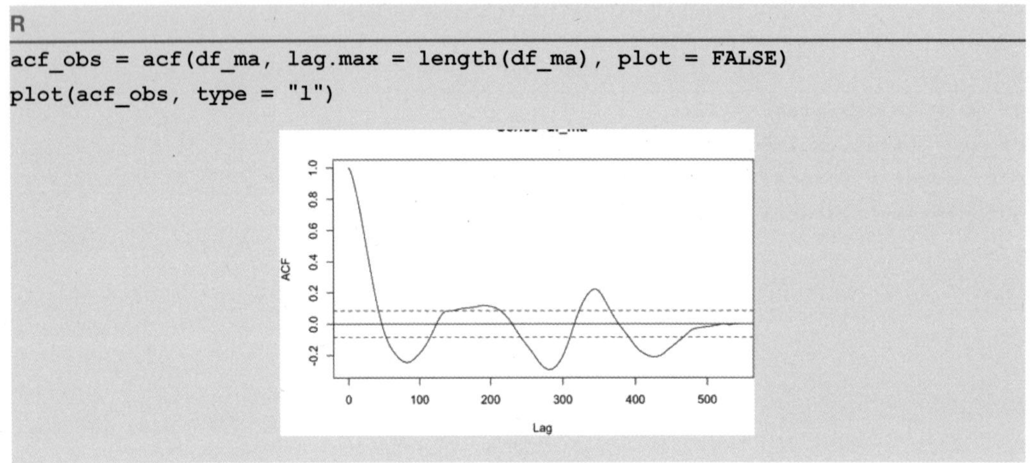

Python

```
from pandas.plotting import autocorrelation_plot
autocorrelation_plot(df_ma)
plt.title('autocorrelation_plot')
plt.show()
```

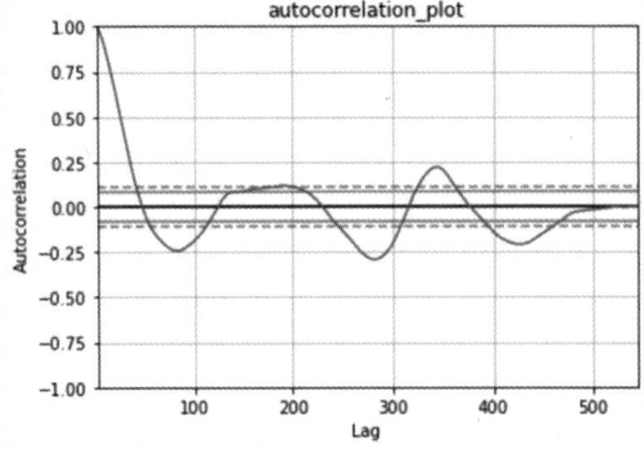

자기회귀 분석(Autoregression, AR)을 이용한 예측

자기회귀 분석(AR, Autoregression) 모델은 자기상관을 이용하여 과거 데이터 포인트에 가중치를 부여하여 미래 데이터 포인트에 대한 예측을 제공한다. AR(1) 모델은 가중치를 해소하고 모델을 시계열에 적합하게 한다.

$$\hat{y} = b_0 + b_{1xt\text{-}1}$$

이것을 AR(1) 모델이라고 하는데, 여기서 1은 AR 모델의 *차수*가 1인 것을 나타낸다. 이는 AR 모델의 가장 간단한 형태로써 마지막 데이터 포인트를 사용하지만, 필요한 만큼 많은 과거 값을 가질 수 있다.

다음과 같이 수작업으로 다른 lag 값을 시도할 수 있다.

R

```
ar(df_ma,order.max = 1)

Coefficients:
     1
0.9969
Order selected 1  sigma^2 estimated as  186.9
```

Python

```
from statsmodels.tsa.ar_model import autoReg

# AR model
df_ma = df_ma.dropna()
res = autoReg(df_ma,lags = [1]).fit()
print(res.summary())
```

그러나 AR 모델에서 최상의 lag 값들을 구하고 그 모델에 기반한 예측을 하려면 (수작업으로 값을 얻는 것보다) 함수를 사용하는 것이 더 현명한 접근이다.

R

```
res = ar(df_ma,order.max = 12)
pred_ar = predict(res, n.ahead = 120)
autoplot(df_ma) +  autolayer(predict(res, n.ahead = 120)$pred)
```

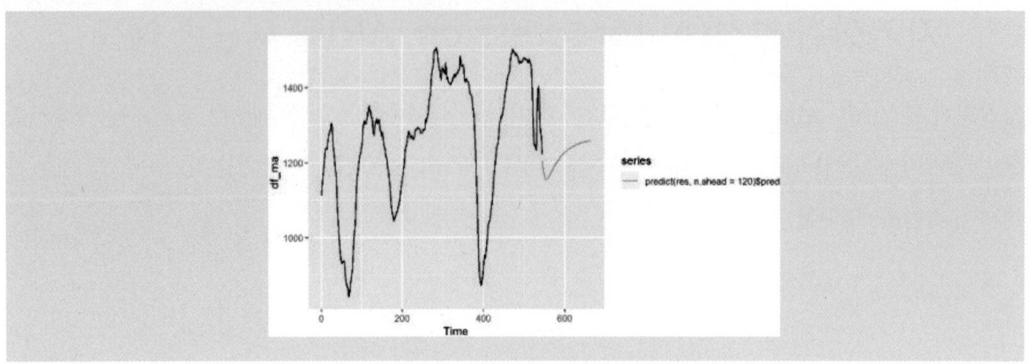

Python

```
from statsmodels.tsa.ar_model import ar_select_order
lags = ar_select_order(df, maxlag = 12, glob = True)
lags.ar_lags
df_ma = df_ma.dropna()
mod = AutoReg(df_ma,lags = lags.ar_lags).fit()
plt.plot(mod.forecast(120))
plt.plot(df_ma)
plt.title('AR ar_select_order and Fitted')
plt.show()
```

변화 예측: 트렌드가 당신의 친구가 아닐 때

어떤 시계열에서 변화를 예측하기 위해서는 시계열 트렌드가 보통의 경우에는 도움이 되지 않으며, 특히 트렌드가 변하는 경우에는 더욱 그렇다. 어느 기업의 미국($) 매출의 경우, 예를 들어 경기 확장과 위축이 있었던 오랜 기간 동안 영업팀의 성과를 판단하고 싶다고 해보자. 이 경우, 우리는 자연스럽게 경제 전반에 걸쳐 모든 매출을 상승(그리고 하락)시킬 수 있는 경제적 조건(즉, 트렌드)보다는 영업팀에게 영향을 줄 수 있는 변화에 더 관심을 가진다. 다시 말해, 우리는 시계열에서 트렌드를 제거하고 나타난 변동들에 관심을 가져야 한다.

많은 경우에 트렌드는 주의를 산만하게 하며, 어떤 경우에는 시계열 예측 모델을 완전히 잘못 읽게 만든다. 트렌드에 산만해지는 것을 방지하려면 우리가 가진 시리즈에서 트렌드를 제거해야 한다. 가장 간단한 트렌드 제거법은 *차분*으로, 이전 관측치에서 각 관측치를 빼거나 (예를 들어 vehicle sales에 적용할 수 있는 방식) 또는 각각을 이전 관측치로 나누거나 (예를 들어 prices에 변경점이 수익이라면 적용할 수 있는 방식) 하는 식으로 접근할 수 있다. 트렌드가 선형인지(빼기를 해야 할지) 지수형인지(나누기를 해야 할지)에 따라서 어떤 것이 가장 적합할지 추정해 결정해야 한다. 실행 과정은 매우 간단하다.

R

```
# Detrending
set1 = ts(df[1:length(df)-1], start = c('1976', '01'), frequency = 12)
set2 = ts(df[2:length(df)], start = c('1976', '02'), frequency = 12)

# Detrend by subtraction
df_detrended = set1 - set2

# Detrend by division
df_detrended2 = set1 / set2
```

Python

```
# Detrend by subtraction
df_detrended = df[:-1] - df[1:]
df_detrended = df_detrended.dropna()
# Detrend by division
df_detrended2 = df[:-1] / df[1:]
df_detrended2 = df_detrended2.dropna()
```

예측 킬러: 유동성(Nonstationarities)

어떤 시계열에서 트렌드가 강하면 예측 모형을 잘못 읽게 하는 정도가 아니라 왜곡까지 할 수 있다. 트렌드가 보이는 시계열은 유동적(nonstationary)으로 알려져 있으며, 이는 곧 시간에 따른 평균과 분산의 변화를 의미하기 때문에 해당 부분이 대부분의 예측 모형을 왜곡하게 된다. 즉, 대부분의 예측 접근 방식은 트렌드를 처리할 수 없으므로 추가 분석을 수행하기 전에 시계열 트렌드를 제거할 필요가 있다.

변화 예측: AR과 MA 결합(ARIMA)

AR 모델과 MA 모델을 사용하는 걸 결합한다면 MA로부터의 과거 편차가 미래의 데이터 포인트에 어떻게 영향을 미치는지 모델링할 수 있으며, 이것을 자기회귀 통합 이동 평균(Autoregressive Integrated Moving Average, ARIMA) 모델이라 한다. 이 모델은 AR 모델군의 일부이며, 시계열 예측에 가장 인기 있는 모델 중 하나이다.

ARIMA에는 세 가지 파라미터를 정의해야 한다. *p*는 AR 모델의 차수이고, *d*는 시계열을 고정 상태로 만들기 위한 차분을 제어하며, *q*는 이동 평균 거리의 크기로 때로는 이동 평균의 차수라고도 한다. 이전과 같이 이러한 파라미터들을 스스로 선택할 수도 있고 *AIC* 같이 기준에 따라 가장 좋은 파라미터를 선택하는 함수를 사용할 수도 있다. R에서는 다음과 같이 설명할 수 있다.

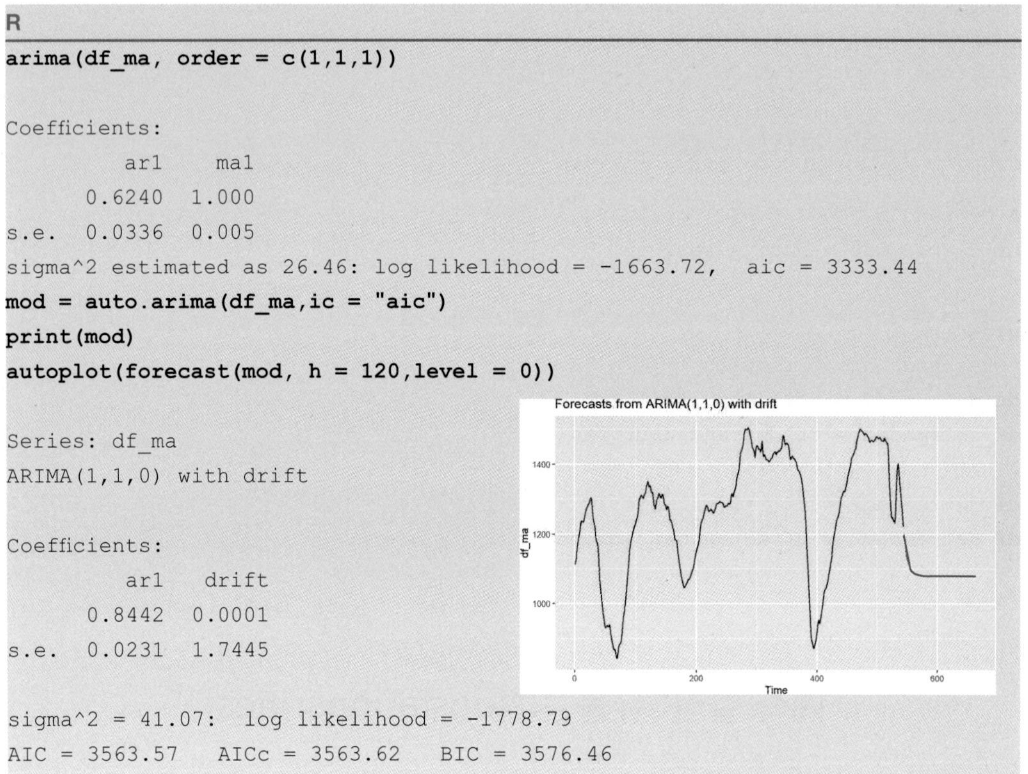

R

```
arima(df_ma, order = c(1,1,1))

Coefficients:
         ar1    ma1
      0.6240  1.000
s.e.  0.0336  0.005
sigma^2 estimated as 26.46: log likelihood = -1663.72,  aic = 3333.44
mod = auto.arima(df_ma,ic = "aic")
print(mod)
autoplot(forecast(mod, h = 120,level = 0))

Series: df_ma
ARIMA(1,1,0) with drift

Coefficients:
         ar1   drift
      0.8442  0.0001
s.e.  0.0231  1.7445

sigma^2 = 41.07:  log likelihood = -1778.79
AIC = 3563.57   AICc = 3563.62   BIC = 3576.46
```


함수를 만드는 또 다른 방법은 *p*와 *d*, *q*에 걸쳐 그리드 서치(grid search)를 수행하고 가장 적합도가 높은 모델을 만드는 파라미터 집합을 찾는 것이다. Python에서는 다음과 같이 설명할 수 있다.

Python

```
# Auto ARIMA, solves p,d,q based on a minimization of AIC
# Auto ARIMA
def auto_ARIMA(srs: np.ndarray, p_max: int = 12, d_max: int = 12, q_max:
               int = 12) -> (ARIMA, []):
    max_aic = -999.999
    max_mod = None
    for p in range(1, p_max, int(p_max/10+1)):
        for d in range(0, d_max, int(d_max/10+1)):
            for q in range(0, q_max, int(q_max/10+1)):
                try:
                    mod = ARIMA(srs, order = (p,d,q)).fit()
                    if(mod.aic >= max_aic):
                        max_aic = mod.aic
                        max_mod = mod
                        max_order = [p,d,q]
                except:
                    pass
    return(max_mod, max_order)
# Auto
ARIMA, solves p,d,q based on a maximization of AIC
mod,order = auto_ARIMA(df['TOTALNSA'].to_numpy())
print(mod.summary())

# one-step out-of sample forecast
forecast = mod.predict()#start = 0, end = 120)

#Plot 120 months of out of sample forecast
plt.plot(forecast)
plt.plot(df['TOTALNSA'].to_numpy())
plt.title('AR ar_select_order and Fitted')
plt.show()

                              ARIMA Model Results
==============================================================================
Dep. Variable:                   D2.y   No. Observations:                  554
Model:                 ARIMA(1, 2, 0)   Log Likelihood               -4064.029
Method:                       css-mle   S.D. of innovations            371.007
Date:                Tue, 09 Aug 2022   AIC                           8134.058
Time:                        18:02:05   BIC                           8147.010
Sample:                             2   HQIC                          8139.118

==============================================================================
```

```
                 coef    std err          z      P>|z|      [0.025      0.975]
------------------------------------------------------------------------------
const          0.5760      9.222      0.062      0.950     -17.499      18.651
ar.L1.D2.y    -0.7105      0.030    -23.718      0.000      -0.769      -0.652
                                    Roots
=============================================================================
                  Real          Imaginary           Modulus         Frequency
-----------------------------------------------------------------------------
AR.1           -1.4074          +0.0000j            1.4074            0.5000
-----------------------------------------------------------------------------
```

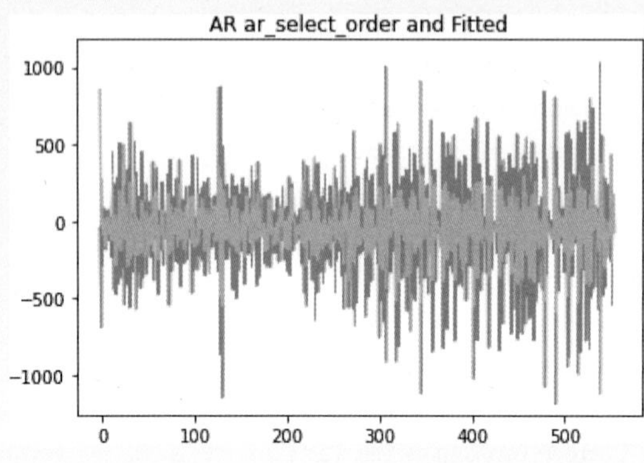


```
# Fit AR model
#mod = ARIMA(df, order = (1,1,1)).fit()

mod = ARIMA(df['TOTALNSA'], order = (order[0],order[1],order[2])).fit()
print(mod.summary())


#Plot 120 months of out of sample forecast
plt.plot(mod.predict(start = df.shape[0], end = df.shape[0]+36))
plt.plot(df)
plt.title('AR ar_select_order and Fitted')
plt.show()
                        ARIMA Model Results
==============================================================================
Dep. Variable:            D2.TOTALNSA   No. Observations:                  554
Model:                 ARIMA(1, 2, 0)   Log Likelihood               -4064.029
Method:                       css-mle   S.D. of innovations            371.007
Date:                Tue, 09 Aug 2022   AIC                           8134.058
Time:                        18:02:05   BIC                           8147.010
Sample:                    03-01-1976   HQIC                          8139.118
                         - 04-01-2022
==============================================================================
                         coef    std err          z      P>|z|      [0.025
0.975]
```

```
-----------------------------------------------------------------------------------
const                      0.5760         9.222          0.062      0.950      -17.499
18.651
ar.L1.D2.TOTALNSA    -0.7105         0.030      -23.718         0.000         -0.769   -0.652
                                              Roots
===================================================================================
                        Real          Imaginary           Modulus          Frequency
-----------------------------------------------------------------------------------
AR.1              -1.4074           +0.0000j             1.4074             0.5000
-----------------------------------------------------------------------------------
```

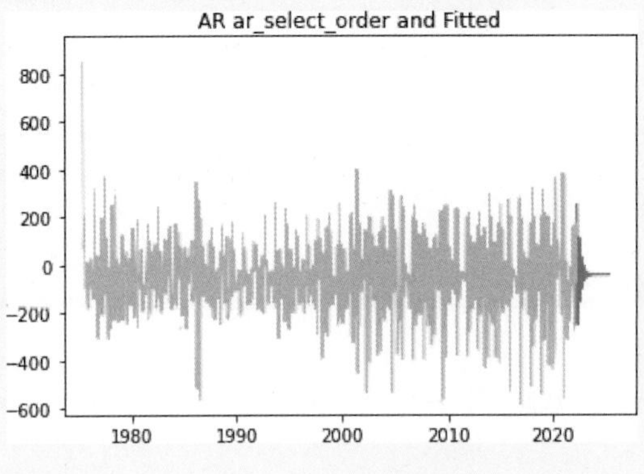

다음은 주의할 것들에 대한 설명이다. **auto_ARIMA**와 같은 함수는 매우 강력하긴 하지만 적합도가 적절한지 확인해야 하며, 또한 잔차의 분포를 확인해야 한다. 시계열 모델에서 주의해야 할 위험 요소 중 하나는 잔차의 이분산성(heteroscedasticity)으로, 이것은 어떤 변수의 분산이 시간에 따라 변화하는 현상을 의미한다.

요약

이번 챕터에서는 시계열과 미래 이벤트 및 데이터 포인트를 예측하는 방법을 소개하였다. 계절성의 왜곡이나 계절에 따라 예측 가능한 변화를 제거하는 방법을 설명하였고 먼저 시계열을 추세, 계절성 및 노이즈로 분해한 다음 이동 평균(MA)을 사용하였다. 그런 다음 선형 외삽법을 사용하여 직선 그래프를 활용, 어떤 시계열을 미래로 확장하여 단순한 시계열 예측을 생성하는 방법을 배웠다. 선형 외삽법은 빠르고 간단하게 실행할 수 있지만, 직선 자체를 따르지 않는 경향이 있는 복잡한 시계열의 경우 결과가 부정확해질 수 있다. 다음으로 자기 상관, 즉 시점 간의 종속성이 있는 경우가 어떻게 도움이 될 수 있는지 살펴보았고 이러한 종속성을 활용하는 자기회귀(AR) 분석 예측 모델을 소개하였다. 대략적인 직선을 따르지 않는 가변 시계열의 경우 AR 예측이 단순한 선형 외삽법보다 어떻게 더 현실성 있는 예측 결과를 생성할 수 있는지 보았다. 예측 분석을 하는 사람은 시계열의 트렌드를 예측할지 또는 시계열의 변경점을 예측할지 여부를 결정해야 한다. 변경점 예측의 경우 트렌드가 항상 예측가의 편을 들진 않는다. 유동성(non-stationarities)인 시계열 트렌드는 변경점 예측을 부정확하게 만들 수 있다. 유동성을 고정하려면 차분(differencing)을 사용하여 다음 데이터 포인트를 이전 데이터 포인트로 나누기 또는 빼기를 하는 방식으로 변경점에 대한 예측 모델링을 보다 정확하게 할 수 있다. 마지막으로 비즈니스에서 가장 인기 있는 예측 모델 중 하나인 ARIMA(MA와 AR 시계열 예측 방식을 결합한) 모델을 소개하였다. R과 Python에서 사용할 수 있는 유용한 방식들 덕분에 예측 모델을 빠르고 쉽게 구축할 수 있지만, 적합도가 적절한지 확인하는 것과 모델의 잔차에서 정규성이 약하지 않은지에 대해서는 확인해야 한다.

연습문제

연습문제를 수행하기 위해 다음 링크에서 제공하는 데이터셋을 다운받도록 하자. https://study.sagepub.com/gopal

TOTALNSA.csv 파일을 불러오자.

1 해당 시리즈(연속)을 트렌드, 계절성, 노이즈로 분해하시오.
2 계절성을 제거한 다음, 지난 5년동안 차량 판매 성장 추세를 알고 싶다. 이를 수행하는데 MA 모델을 사용하고 평균 성장 추세를 숫자로 계산한다. 시계열은 계절성을 갖는다. *statsmodels* **seasonal_decompose** 함수를 이용하여 계절성 보정(SA, seasonality adjusted) 차량 판매 시계열을 만드시오. **statsmodel.interpolate** 함수 또는 비슷한 것으로 선형 외삽법을 사용하여 다음 12개월 동안 차량 판매를 예측하시오.
3 차분을 이용하여 SA 차량 판매에서 트렌드를 제거하시오.
4 **auto_ARIMA** 함수를 SA 차량 판매에 사용하여 계절성이 보정된 예측을 하고 다음 24개월 동안 트렌드를 제거한 변화를 확인하시오. 모델의 잔차를 그래프에 그리고 적합도가 적당한지 보여주는 통계치를 표시하시오.

16

머신러닝 소개

목차

머신러닝은 확률론이나 통계학에 비해 상대적으로 새로운 분야이다. 기본 아이디어는 데이터를 기반으로 학습하는 시스템 또는 소프트웨어 프로그램을 갖추는 것이다. 즉, 더 효과적인 행동 또는 소프트웨어 결과물을 생산하고자 하는 것이다. 이러한 목표를 위해 확률과 분포를 사용할 수도 있지만, 꼭 그래야 하는 건 아니다. 또한 챕터 13장에서 사용했던 선형성 같은 가정들을 완화할 수도 있다. 결과값의 품질을 측정하는 방법과 최적화하는 방법이 있다면 원하는 결과값을 최적화하는 어떤 방법도 사용할 수 있다.

동물이나 인간의 학습은 머신러닝에 중요한 시사점들을 주지만, 대부분의 머신러닝은 자연 학습을 실제로 모델링하는 걸 목표로 하지 않는다. 특히 인간의 자연 학습은 과학적으로 완벽하게 설명되지 않으므로, 효과적인 머신러닝 시스템을 구축하기 위해서 인간의 학습을 완전히 이해할 필요는 없다.

지도 기계학습(*Supervised machine learning*)은 머신러닝의 가장 일반적인 형태이며, 이는 추정치(챕터 11~13 참조)와 유사하다. 어떤 독립변수와 하나 혹은 그 이상의 종속변수를 기반으로 하여 추정 또는 예측하는데 머신러닝에서 더 일반적으로 불리는 방식으로 독립변수를 입력값(*input* value)이라 하고 종속변수를 레이블(label) 또는 목표값(*target* values)이라고 한다. 해당 입력값에서 레이블로의 대응(mapping)을 설정하기 위해 레이블이 있는 데이터셋을 사용하며, 이를 일반적으로 모델(*model*)이라고 하고 데이터에 모델을 적용하는 것을 훈련(*training*)이라고 한다. 일반적으로 선형 또는 로지스틱 회귀와 같은 추정 기법은 머신러닝 기법으로 간주된다. 그러나 여기서 첫 번째 예제인 의사결정 트리처럼 보다 단순한 접근 방식을 취하는 다른 대안적인 기법들이 있다.

다음에서는 머신러닝 라이프 사이클을 거치며 데이터셋 준비와 모델 트레이닝, 일반화 평가(즉, 트레이닝에 사용되지 않은 새로운 데이터에 대해 얼마나 잘 수행하는지)를 살펴볼 것이다.

예제 1: 분류 모델에 의사결정 트리(Decision Tree) 적용

*iris*라는 데이터셋을 불러오는 것으로 시작할 것이다. 해당 데이터셋은 꽃의 **petal**(잎)과 **sepal**(받침) 크기 측정값을 입력값으로 제공하고 세 가지 아이리스 품종을 클래스(class) 레이블로 제공한다. 각 입력 항목에는 일반적으로 *피쳐*라고 부르는 여러 속성 값이 포함되어 있다. 각각의 입력/목표 쌍을 표본, 데이터 항목 또는 데이터 포인트라고 한다.

R에서는 `datasets` 라이브러리에서 제공하는 함수 `data(iris)`를 사용하고 Python에서는 *Scikit-Learn*에서 제공하는 `load_iris`를 사용해 데이터셋을 불러오는 것으로 시작할 것이다. 데이터셋 객체를 반환하고 데이터셋의 `iris$Species` 값과 열 이름, 항목 개수를 (R에서) 출력할 것이다.

R
```
library(datasets)
data(iris)
print(unique(iris$Species))
print(names(iris[,1:4]))
print(nrow(iris))

[1] setosa     versicolor virginica

"Sepal.Length" "Sepal.Width" "Petal.Length" "Petal.Width"

150


print(iris[1,])

Sepal.Length Sepal.Width Petal.Length Petal.Width Species
1   5.1   3.5   1.4   0.2  setosa
```

마지막 출력값은 하나의 입력/목표 쌍으로 출력한 첫 번째 표본이다. **R**에서는 데이터 프레임이 미리 정의된 피쳐나 목표값이 없다.

Python에서는 약간 다른 구조를 가지고 있어서 머신러닝을 위해 보다 구체적으로 디자인되었기에 속성 **target_names**(클래스 레이블 목록)와 **feature_names**(속성 목록)를 가지고 있다.

Python
```
from sklearn.datasets import load_iris
iris = load_iris()
print(iris.target_names)
print(iris.feature_names)
print('no of samples: ',len(iris.data))'m'

['setosa' 'versicolor' 'virginica']
['sepal length (cm)', 'sepal width (cm)', 'petal length (cm)', 'petal width (cm)']
no of samples:  150

print('sample 0 - input: ',iris.data[0], ', target: ',iris.target[0])

sample 0 - input:  [5.1 3.5 1.4 0.2] , target:  0
```

target 값은 **target_names**와 관련이 있어 예를 들어 위의 예에서 0은 클래스 'setosa'를 나타낸다. 3개의 목표값 중 하나를 예측하는 작업을 분류(classification)이라고 한다.

input 값은 **feature_names**와 관련이 있어 예를 들어 첫 번째 성분('5.1')은 cm 단위로 'sepal length'이다.

이제 데이터셋을 두 부분으로 나누어 모델(즉, 학습)을 적합하게 하기 위한 *트레이닝셋*과 나중에 모델을 평가하는 데 사용하는 *테스트셋*으로 나눌 것이다. Python에서는 *Scikit-Learn*에서 함수 **train_test_split**을, R에서는 그에 상응하는 함수 **createData Partition**을 사용하여 해당 집합들을 생성하겠지만, 함수 없이 스스로 직접 하는 것도 쉽다(아래 연습문제들 참조).

R
```
library(caret)
set.seed(121)
index = createDataPartition(iris$Species,p=0.5,list=FALSE)
train = iris[index,]
test = iris[-index,]
```

Python
```
from sklearn.model_selection import train_test_split
X = iris.data
y = iris.target
X_trn, X_tst, y_trn, y_test = train_test_split(X, y, test_size =.5,
    random_state=538)
```

이제 우리 데이터셋 표본으로 의사결정 트리를 맞출 수 있다. **R**에서는 적합한 분류기(classifier)를 만드는 함수 **rpart**가 있는 반면, Python에서는 생성자와 **fit** 함수가 있는 클래스 **DecisionTreeClassifier**를 사용한다. 이 분류기는 피쳐를 선택하고 임계값을 검색하는 간단한 원리를 따르므로 다른 클래스에 속한 표본을 구별하는 데 가장 효과적이다. 어떻게 수행되는지 더 자세히 이해하려면 **의사결정 트리** 텍스트 상자를 읽어보자. 아래 예제에서는 기본적으로 의사결정 트리가 훈련 데이터에 완전히 적합하게 훈련되도록 보장하는 여러 파라미터를 나타내고 있다.

R
```
library(rattle)
library(rpart)
clf_full = rpart(Species~., data = train,
  control = rpart.control(minsplit=2, minbucket = 1, cp=0))
fancyRpartPlot(clf_full)
```

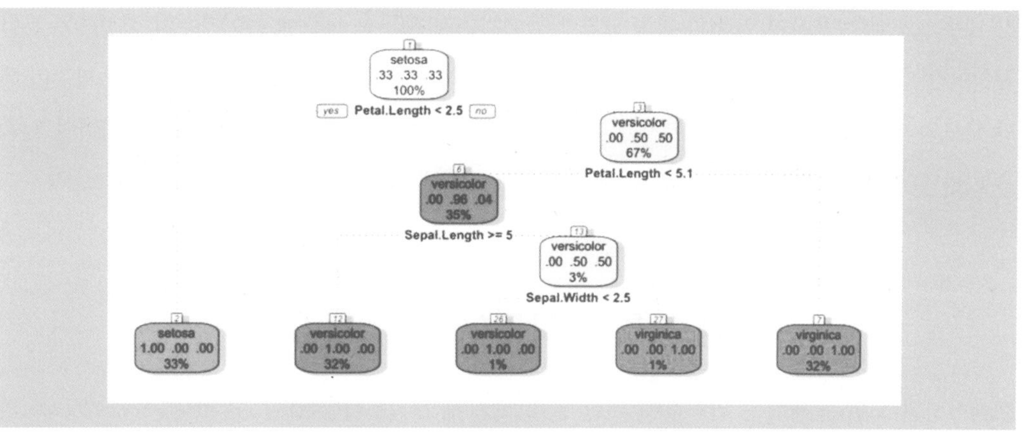

Python

```
from sklearn import tree
import matplotlib.pyplot as plt
clf_full = tree.DecisionTreeClassifier(random_state = 0)
clf_full.fit(X_trn,y_trn)
plt.figure(figsize = (18,10))
tree.plot_tree(clf_full,fontsize=12,feature_names = iris.feature_names,
  class_names = iris.target_names,filled = True)
pass # this prevents printing of a textual tree representation
```

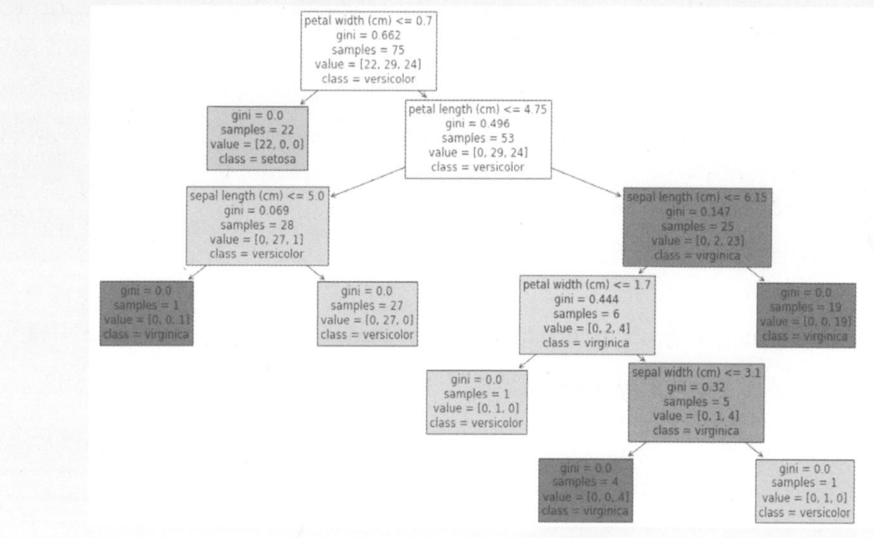

위의 도형들은 트리 구조를 보여준다. R과 Python은 동일한 데이터에 대해 트레이닝을 진행했지만, 시각화한 모습과 트리 구조가 다소 다르다는 것을 알 수 있다. 이러한 현상은 머신러닝에서 자주 발생하며, 알고리즘의 차이나 구현 세부 사항, 다른 데이터 분할 또는 랜덤 요소 등과 같은 여러 가지 이유로 발생한다.

각 내부 노드에는 표본이 아래의 왼쪽 노드에 들어가는지 오른쪽 노드에 들어가는지 결정하는 분할 규칙이 있다. 아래에 연결된 노드가 없을 때를 *leaf*(잎)라고 하며, 분할 규칙이 없다. *지니* 계수는 해당 노드의 데이터가 얼마나 다양한지를 나타내는 지표이며, 지니 값이 0이면 클래스가 하나만 있음을 나타낸다. 이 책에서는 Python으로 생성된 트리 도형에 집중할 것이다.

예측 및 정확도(Accuracy)

트레이닝된 모델은 새로운 입력값에 대한 클래스를 예측하는 데 사용할 수 있다. *Scikit-Learn*의 **DecisionTreeClassifier** 클래스는 이에 대한 메소드 **predict()**를 가지고 있다. 테스트셋 샘플을 사용하여 (**y_test**로부터) 실제 클래스를 예측한 클래스와 비교한다. 아래 사례는 이 둘이 동일하므로 예측은 정확하게 나타난다.

R에서는 테스트 데이터셋의 첫 번째 성분을 인쇄한다. 그런 다음 **predict()** 함수를 사용하여 클래스 이름을 제공하고 값 1이 예측한 클래스를 나타낸다. 아래의 경우 레이블 값과 예측 결과는 동일하므로 예측은 정확하게 나타난다.

R

```
print(test[1,])
predict(clf_full, newdata = test[1,])

Sepal.Length Sepal.Width Petal.Length Petal.Width Species
4.7          3.2         1.3          0.2
setosa versicolor virginica
  1       0          0
```

Python은 Scikit-Learn에서 메소드 **predict()**가 있는 **DecisionTreeClassifier** 클래스를 사용한다. 테스트 표본을 출력하고 (**y_test**로부터) 실제 클래스를 예측한 클래스와 비교한다.

Python

```
print(X_tst[0],y_test[0],clf_full.predict(X_tst[0:1]))
[6.3 2.3 4.4 1.3] 1 [1]
```

예측 품질의 척도로 분류 정확도(*classification accuracy*)를 계산하는데, 이것은 데이터셋에 대해 정확하게 예측된 클래스 레이블의 비율이다. 이것은 아래와 같이 트레이닝 세트에 대해 다음과 같은 반복문을 프로그래밍하여 구할 수 있다.

R

```
total = nrow(train)
correct = 0
for(i in 1:total){
  if(train$Species[i] == predict(clf_full, newdata = train[i,],
     type = "class")){
    correct = correct + 1
  }
}
accuracy = correct / total
accuracy
1
```

Python

```
total = len(X_trn)
correct = 0
for i in range(total):
    if y_trn[i] ==
      clf_full.predict(
        X_trn[i:i+1]):
        correct = correct + 1
accuracy = correct / total
accuracy

1.0
```

우리가 볼 수 있는 바와 같이, 트레이닝셋 예측은 모두 이미 도표에서 분명했던 것처럼 정확하다.

일반화(Generalization), 과적합(Overfitting), 정규화(Regularization)

같은 입력값에 대해 클래스 레이블이 동일한 이상, 위의 예제에서 볼 수 있듯이 어느 잎이 하나의 클래스만 포함하도록 각 노드를 분해할 수 있다. 그러나 머신러닝의 실제 목표는 트레이닝 데이터와 동일한 성질을 가진 새로운 데이터에 대해 좋은 예측을 하는 것이다.

확률적으로 말하면, 이는 새로운 데이터가 트레이닝 데이터 세트와 동일한 분포에서 추출되었다고 가정하는 것이다. 실제로 이것을 측정하기 위해 별도로 테스트용 데이터셋을 사용하여 실증적 접근 방식을 사용한다.

우리는 앞서 트레이닝셋과 동일한 출처의 데이터를 포함하지만, 트레이닝에 사용하지는 않은 별도의 테스트셋을 만들었다. 이제 우리는 트레이닝된 모델의 정확도를 테스트셋을 이용해 계산할 수 있다. 위의 코드와 동일하지만, 간소하게 벡터화된 형태로 아래와 같이 사용할 것이다.

R

```
sum(predict(clf_full, newdata = test, type = "class") == test$Species)/nrow(test)


0.88
```

Python

```
import numpy as np
np.sum(np.equal(clf_full.predict(X_tst),y_test))/len(X_tst)

0.88
```

보는 바와 같이, 모델은 Python과 R에서 테스트셋의 88%만 정확하게 예측하는 것으로 나타났다. 이와 같이 보이지 않는 데이터(즉, 모델 트레이닝에 사용되지 않는 데이터)에 대한 성능을 *일반화(generalization)*라고 하며, 일반화 성능은 보통 트레이닝셋 성능보다 낮게 나타난다. 이는 입력에서 누락된 정보, 즉 예측에 도움이 될 수 있는 누락된 피쳐, 그리고 목표 데이터에서 우리가 예측할 수 없는 랜덤 요소 때문일 수도 있다.

트레이닝셋의 데이터에 완벽하게 맞는 모델은 이상적이지 않은 경우가 많다. 왜냐하면, 그 모델은 트레이닝셋에만 특화된 정보를 학습하기 때문에 테스트셋에 적용되지 않을 수 있기 때문이다. 예를 들어, 위에 표시된 Python 버전 트리에 보이는 것처럼, 오른쪽 하단에 길고 넓은 꽃잎을 가진 'versicolor' 아이리스의 예가 있다. 그러나 대부분의 'versicolor' 표본은 짧고 넓은 꽃잎과 긴 꽃받침을 가지고 있기 때문에 이런 예제가 일반적인 것은 아니다. 한 가지 예제를 위한 특별한 규칙은 새로운 표본에 도움이 될 가능성이 낮다. 이런 현상을 가리켜 모델 *과적합(overfitting)*이라고 한다.

*정규화(Regularization)*는 모델의 적응 능력을 제한함으로써 과적합을 방지하는 기법들을 총칭하는 용어이다. 의사결정 트리에서 정규화의 간단한 형태는 트리를 더 작게 만드는 것이다.

예제 2: 모델을 정규화하여 일반화 개선

다음은 트리를 트레이닝셋에 적합하게 맞출 때 트리의 레벨을 두 단계로만 제한한다. 그 결과 세 개의 잎 중 두 개에는 여러 클래스의 표본이 포함되어, 이로 인해 모델이 트레이닝 데이터에 약간 덜 적합하게 되어 트레이닝 정확도가 더 낮은 것을 알 수 있다.

R

```
clf_small = rpart(Species~., data =train, control = rpart.control(maxdepth = 2))
fancyRpartPlot(clf_small)
```

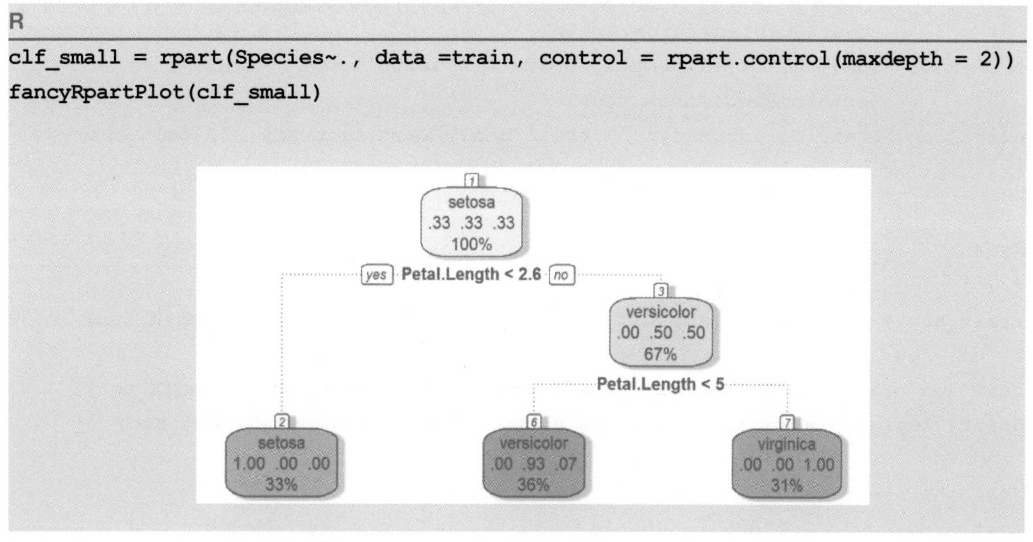

Python

```
clf_small = tree.DecisionTreeClassifier(max_depth = 2,random_state = 0)
clf_small.fit(X_trn,y_trn)
plt.figure(figsize = (15,5))
tree.plot_tree(clf_small,fontsize = 12,feature_names = iris.feature_names,
           class_names = iris.target_names,filled = True)
pass
```

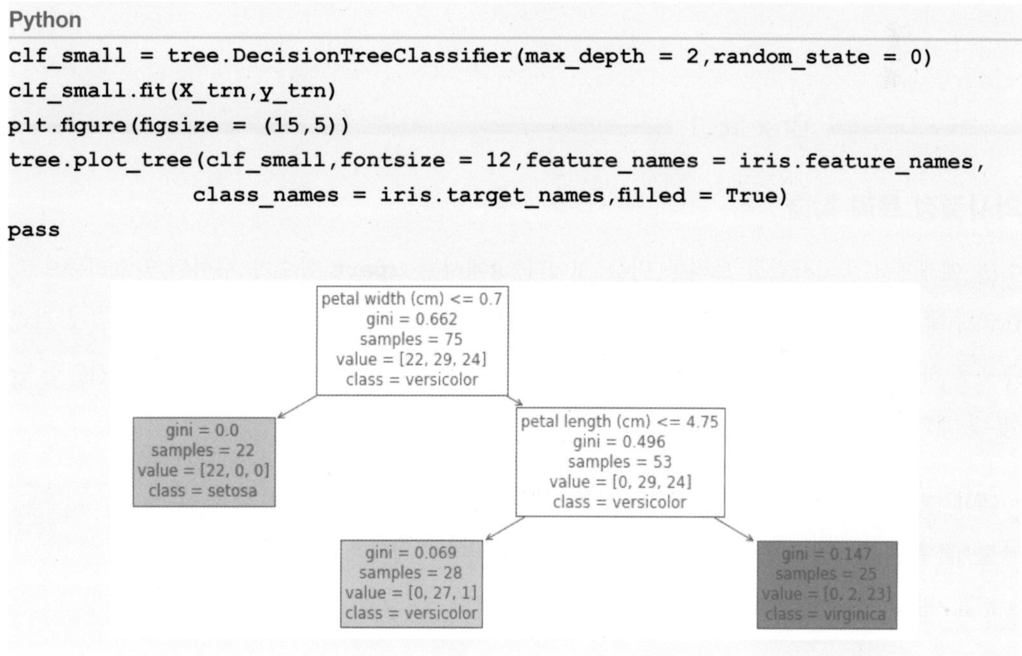

이번 간략 모델의 테스트 및 트레이닝셋 정확도를 계산하면 트레이닝셋에서의 정확도가 더 높으며, 두 값이 훨씬 더 가까워졌음을 볼 수 있다. 이것은 과적합을 감소시키고 더 나은 일반화 모델을 만들었다는 것을 나타낸다.

R

```
train_acc = sum(predict(clf_small, newdata = train, type = "class") ==
            test$Species)/nrow(train)
test_acc = sum(predict(clf_small, newdata = test, type = "class") ==
           test$Species)/nrow(test)
print(cat("Training accuracy: ", train_acc, "Test accuracy: ", test_acc))
Training accuracy:  0.9733333 Test accuracy:  0.9466666
```

Python

```
# Training set accuracy
train_acc = 1-np.sum(np.abs(clf_small.predict(X_trn)-y_trn))/len(X_trn)
# Test set accuracy
test_acc = 1-np.sum(np.abs(clf_small.predict(X_tst)-y_test))/len(X_tst)
print("Training accuracy: ", train_acc, ", Test accuracy: ",test_acc)

Training accuracy:  0.96,
Test accuracy:  0.9466666666666667
```

Box 16.1

의사결정 트리 학습

이번 예제에서는 의사결정 트리를 만들 것이다. R에서는 **rpart** 함수가 구현된 알고리즘으로, Python에서는 fit 메소드가 있는 **DecisionTreeClassifier** 클래스를 사용한다. 의사결정 트리 구축을 하는데 여러 종류의 알고리즘이 있다. 여기서 사용할 것은 가장 간단한 것으로 간단한 단계 몇 개와 몇몇 개념만 사용한다.

- 데이터셋 분할: 속성 값에 따라 데이터 항목 집합을 두 집합으로 분할한다.
- 불순물 측정: 주어진 집합에 대한 분류 품질 부족에 대한 측정이다.
- 분할 기준: 트리의 성장을 중단해야 할 때의 규칙이다.

프로세스의 가장 간단한 버전은 다음 수도 코드(**pseudocode**)와 같다.

- 불순물 측정 기준과 분할 기준을 선택한다;
- 트리의 루트 노드에 할당된 전체 데이터셋에서 시작하여 그 위에 메소드 **split**을 호출한다:
  split(node) 임의로 표본 속성을 선택한다.

현재 노드의 표본을 속성 값이 어떤 임계치 미만인지 아닌지에 따라 왼쪽과 오른쪽의 두 부분 집합으로 분할한다.

측정값을 최대화하는 해당 속성의 임계값을 결정한다.

이전 측정값보다 개선할 수 있는 경우: 왼쪽 및 오른쪽 두 개의 새 하위 노드를 만들고 왼쪽 및 오른쪽 하위 노드에 할당한다. 왼쪽과 오른쪽 각각에 *split()* 함수를 호출해 적용한다: *split(left)*와 *split(right)*

- **`Split` 호출은 더 많은 하위 노드를 생성할 때 재귀적으로 호출된다.**
- 모든 호출이 실행되면 각 노드가 다음 값들과 연관되는 트리를 얻게 된다: (a) 속성 및 임계값, (b) 데이터의 하위 집합, (c) 불순물 값, (d) 가장 빈번한 클래스
- **새 데이터 항목의 경우 (가장 상위부분으로 묘사된) 뿌리에서부터 잎으로 트리를 통과하도록 속성과 임계값을 적용하고 가장 빈번한 클래스에 해당하는 잎을 그 항목에 할당한다.**

예제에서 모든 노드는 부분집합에서 클래스의 분포를 **`value`**로 보여준다. 이것을 클래스 확률의 추정치로 사용할 수 있지만, 예제와 같은 작은 트리의 경우에는 신뢰할 수 없다.

예제에서 사용한 측정값은 지니 불순물, I_G.이다. 이것은 어떤 랜덤 클래스 레이블로 지정된 랜덤 원소가 잘못된 레이블을 가질 확률을 측정한다. 집합에서 i에 대해 계산된다:

$$I_G(p) = \sum_{i=1}^{J} p_i(1-p_i) = 1 - \sum_{i=1}^{J} p_i^2,$$

여기서 p_i는 해당 집합 클래스 하나에서 표본 비율이다. 분할 후 두 노드를 합하려면 각 집합의 항목 수로 가중된 평균을 취한다.

지니 불순물에 대응하는 분할 기준은 지니 게인(*Gini Gain*), G_G이다. 최초 집합 전체의 지니 불순물과 좌우 집합의 불순물을 가중 평균한 차이로 정의된다. 이것은 다음과 같이 계산된다:

$$G_G = \frac{I_G(left) \times |left| + I_G(left) \times |right|}{|all|} - I_G(all)$$

여기서 |·|는 집합의 크기(cardinality, 항목 수)이다. 게인 값이 높을수록 더 나은 분할을 나타낸다.

과적합의 위험성

과적합은 모델 개발에 핵심적인 위험 요소로 정규화를 사용하면 도움이 되지만, 이를 방지하기 위해 가장 중요한 것은 모델 개발 과정에서의 올바른 절차이다. 모델은 표본에서 벗어난 성능, 즉 이전에

보지 못한 데이터로만 판단할 수 있다. 다음 챕터에서 볼 수 있듯이 별도의 테스트셋이나 교차 검증을 사용하여 트레이닝 데이터를 테스트 데이터와 구별되게 유지하는 것이 중요하다.

데이터 전처리 과정에서 테스트 데이터의 정보가 모델에 포함되는 것이 쉽게 발생할 수 있다. 예를 들어 데이터 샘플링이나 데이터셋 내 종속성을 통해 이런 상황이 발생할 수 있다. 챕터 19에서 실습 예제로 클래스 불균형을 해결하는 방법으로 리샘플링하는 내용을 볼 것이다. 테스트 데이터가 실제로 보지 않은 데이터가 아니라면, 우리는 모델 성능을 제대로 알지 못한 채 과대평가하게 될 것이며, 이는 실전에서 모델의 성능 저하로 이어질 것이다.

요약

머신러닝은 학습하는 형태의 데이터로 문제에 직접 접근하면서 확률과 분포 계산을 제외하기도 하고 기본 가정 사항들을 완화하기도 한다.

머신러닝의 가장 일반적인 형태는 지도 학습으로, 모델에 적합하게 (트레이닝)하기 위해서 사용하는 데이터마다 레이블을 지정한다. 일반적으로는 레이블을 예측하는 데 사용할 수 있는 트레이닝 데이터셋에서 모델을 트레이닝한다. 일반적인 작업은 분류, 즉 이산 레이블로써 정확도(정확히 예측을 한 비율)로 예측 품질을 측정할 수 있다.

트레이닝셋에서 모델의 정확도는 모델이 데이터에 얼마나 적합하게 맞는지 보여준다. 모델의 품질을 평가하려면 테스트셋의 예측 품질을 측정해야 한다. 이것을 모델의 일반화 성능이라고 한다.

모델이 트레이닝 데이터에 아주 적합하게 잘 맞지만, 테스트 데이터에는 맞지 않는 문제가 흔히 있다. 이를 과적합이라고 한다. 과적합에 대처하기 위한 한 가지 가능한 접근법은 정규화이다. 정규화는 모델의 복잡성을 제한한다는 것을 의미하며, 이것은 특히 사용 가능한 트레이닝 데이터가 많지 않은 경우 모델이 과적합되는 것을 방지할 수 있다. 정규화된 모델은 보지 못한 데이터에서 더 나은 성능을 종종 발휘한다.

연습문제

연습문제를 수행하기 위해 다음 링크에서 iris 데이터셋을 다운받아 사용하시오. https://study.sagepub.com/gopal

1 **`train_test_split`**의 자체 버전을 구현하여 3개의 집합(train, validation, test)을 생성하시오. 두 가

지 인수 **train_size, validation_size**를 받아와서 내부적으로 **test_size**를 결정할 수 있어야 한다.

2 연습문제 1번에서 만든 함수에서 인수들이 유효하기 위한 필요조건은 무엇인가? 인수들이 유효한지 테스트하고 유효하지 않으면 오류 메세지를 프린트하도록 구현하시오.

3 계층화된 샘플링(각각의 출력 집합에서 클래스 레이블의 분포가 거의 동일하도록 샘플링하는 방식) 버전으로 **train_test_split**을 구현하시오.

17

모델 선택과 교차 검증

목차

머신러닝에서 가정과 제약이 적다는 것은 우리가 모델을 선택하고 수정–적용할 수 있는 많은 옵션이 있다는 것을 의미한다. 따라서 머신러닝의 중요한 부분 중 하나는 모델을 선택하고 일반화가 잘 되도록 조정하는 것이다.
모델 선택이란 트레이닝 데이터와 동일한 분포를 전제로 하는 새로운 데이터로 예측을 잘 하는 모델을 찾는 것이다. 모델링하는 과정에서 분포를 고려하는 것도 가능하지만, 머신러닝에서는 일반적으로 이에 대해 덜 강조된다. 기본적인 분포는 보통 알 수 없으며, 가정을 하지 않는 한, 이전 챕터에서 설명한 것처럼 경험적 접근 방식만 사용할 수 있다.
수많은 선택지 중에서 모델 선택을 하고 그 성능을 평가하는 방법은 다양한다. 머신러닝은 오차 최소화, 가능성 최대화 같은 최적화로 표현할 수 있다. 최적화 프로세스는 닫힌 형식 계산(선형 회귀)이거나 반복 알고리즘(로지스틱 회귀), 또는 검색 프로세스(의사결정 트리 분할)일 수 있다.
그러나 우리가 궁극적으로 관심을 갖는 부분(보이지 않는 데이터에 대한 예측 품질)은 정의에 따라 최적화 절차에 직접적으로 사용할 수 있는 것이 아니라는 점이 중요한다. 따라서 모델 최적화 및 선택 프로세스에 대한 구체적인 접근 방식을 설정하여 목표에 맞게 최적화할 수 있도록 해야 한다.

모델 선택

머신러닝에서 우리는 트레이닝 데이터에 모델을 적합화하지만, 새로운 입력 데이터에 대해 예측을 잘하는 것이 목표이기 때문에 트레이닝 데이터의 성능은 모델 품질의 좋은 지표가 아니다. 따라서 우리는 사용 가능한 데이터의 일부를 테스트 데이터셋으로 따로 보관하게 된다.
가끔은 레이블링된 데이터가 효과적으로 무한대로 공급되는 경우가 있다(예를 들어 인터넷상의 텍스트 등). 그러나 대부분의 경우 레이블링된 데이터를 얻기가 쉽지 않으며, 우리가 가지고 있는 데이터를 최대한 활용해야 한다. 이 접근 방식을 설명하기 위해 두 가지 다른 모델을 보고 어떤 것이 문제에 더 적합한지 결정하는 방법을 살펴볼 것이다.

Wine 데이터셋

이번에는 와인에 대한 정보를 담고 있는 데이터셋을 살펴볼 것이다. 우리가 이전에 사용한 것과 다르지만, 이것 또한 잘 알려진 데이터셋이다. 13가지의 화학적 측정값을 피쳐로 하고 3가지 유형의 와인을 클래스로 가지고 있다. 자세한 내용은 https://archive.ics.uci.edu/ml/datasets/wine을 참조하자.

R

```
print(names(wine))
print(nrow(wine))

[1] "Type" "Alcohol" "Malic" "Ash" "Alcalinity" "Magnesium" "Phenols" "Flava-
noids" "Nonflavanoids" "Proanthocyanins" "Color" "Hue" "Dilution" "Proline"
[1] 178

set.seed(123456)
index = caret::createDataPartition(wine$Type,p = 0.8,list = FALSE)
train_wi = wine[index,]
test_wi = wine[-index,]
test_category = test_wi[["Type"]]
train_category = train_wi[["Type"]]
```

Python

```
from sklearn.datasets import load_digits, load_wine
dataset = load_wine()
#dataset = load_digits()
print(dataset.feature_names)
sprint(len(dataset.target)) # samples

X = dataset.data
y = dataset.target

['alcohol', 'malic_acid', 'ash', 'alcalinity_of_ash', 'magnesium', 'total_
phenols', 'flavanoids', 'nonflavanoid_phenols', 'proanthocyanins', 'color_
intensity', 'hue', 'od280/od315_of_diluted_wines', 'proline']

178

from sklearn.model_selection import train_test_split
seed = 0
X_trn, X_tst, y_trn, y_test = train_test_split(X, y, test_size = .2,
    random_state = seed)
```

다른 분류기 – 최근접 이웃(Nearest Neighbour)

이번에는 또 다른 분류기인 K-Nearest-Neighbour(KNN)를 사용할 것이다. 이 분류기는 매우 간단한데 항목의 피처 값을 벡터로 본다. 새로운 피처 벡터의 경우 트레이닝셋에서 가장 가까운 *k*개의 피쳐 벡터를 계산한다. 그런 다음 이러한 *k*개의 피쳐 벡터에 속하는 클래스를 찾아 가장 빈도가 높은 것을 KNN 예측으로 선택한다. *k*라는 숫자가 행동을 결정한다. 가장 간단한 경우에는 1을 선택할 수 있으므로 예측된 클래스를 (동점이 없을 때) 쉽게 선택할 수 있다. 이는 매우 간단한 분류기이지만 상당히 효과적일 수 있다.

이제 궁금한 것은 KNN과 의사결정 트리(DT) 중 어느 분류기를 사용해야 하는가이다. 트레이닝셋으로 두 모델을 모두 학습시키는 것으로 시작해 테스트셋에서 성능을 계산해 보자.

R

```
set.seed(0)
model_tree = rpart(Type ~ ., data = train_wi, control = rpart.control
              (maxdepth = 5))
predicted_dt = predict(model_tree, type = "class")
pred_tst_dt = predict(model_tree, test_wi, type = "class")

paste("dt test:",
    confusionMatrix(reference = test_wi$Type, data = pred_tst_dt)$over-
all[1],
    "dt train:",
    confusionMatrix(reference = train_wi$Type, data = predicted_dt)$over-
all[1])

model_knn = knn3(train_wi,train_wi$Type)
predicted_knn = predict(model_knn, train_wi, type ='class')
pred_tst_knn = predict(model_knn, test_wi, type ='class')

paste("knn test:",
    confusionMatrix(reference = test_wi$Type, data = pred_tst_knn)$over-
all[1],
    "knn train:",
    confusionMatrix(reference = train_wi$Type, data = predicted_knn)$over-
all[1])

[1] "dt test: 0.985714285714286 dt train: 0.972222222222222"
[1] "knn test: 0.714285714285714 knn train: 0.768518518518518"
```

Python

```
from sklearn.neighbors import KNeighborsClassifier

dtc = DecisionTreeClassifier(max_depth = 5, random_state = 0)
dtc.fit(X_trn, y_trn)

knn = KNeighborsClassifier()
knn.fit(X_trn, y_trn)
```

```
# helper functions
def accuracy(X, y, predictor):
    return np.sum(np.equal(predictor.predict(X), y))/len(X)

def trainValTestAcc(predictor):
    return ['train: ', accuracy(X_trn,y_trn,predictor), 'test: ',
        accuracy(X_tst,y_test,predictor)]

print(" DT: ", trainValTestAcc(dtc))
print("KNN: ", trainValTestAcc(knn))

DT: {'train': 1.0, 'test': 0.9722222222222222}
KNN: {'train': 0.7887323943661971, 'test': 0.8055555555555556}
```

테스트셋에서 DT가 KNN보다 더 잘 작동하는 것으로 보인다. 그러나 테스트셋은 전체 데이터의 20%에 불과하다. 데이터 선택 때문에 차이가 생기는지 여부를 테스트하기 위해서는 위의 seed(시드) 변수의 값을 변경하여 데이터를 다르게 분할하는 방식을 살펴볼 수 있다. 그러면 **train_test_split**의 결과가 변경되는 효과가 있다. 이 책과 함께 제공된 노트북으로 테스트해 볼 수 있겠지만, 여기에서 공부해야 할 몇 가지 (Python으로 생성한) 결과를 보자.

표 17.1 분류기 성능

Seed	Classifier	Accuracy-train	Accuracy-test
1	DT	0.9295	0.8611
	KNN	1	0.75
2	DT	0.9295	0.9166
	KNN	1	0.7222
3	DT	0.9436	0.7777
	KNN	1	0.6666
4	DT	0.9295	0.8888
	KNN	1	0.8333
5	DT	0.9366	0.7222
	KNN	1	0.75

대부분의 경우 DT가 더 높은 정확도(accuracy)를 나타내지만, 마지막 경우에는 KNN이 더 좋게 나타났다. 또한 서로 다른 시드를 사용하여 생성한 서로 다른 분할 사이에 상당한 차이가 있음을 알 수 있다. 지금 우리가 답해야 할 질문은 DT의 더 나은 성능이 내재된 과정 때문인지 (즉, 데이터의 전

제 분포에 모델이 적합하기 때문인지) 아니면 무작위 결과인지 여부이다. 판단 근거를 위해서는 측정값과 통계 테스트 두 가지가 필요하다.

교차 검증

우리가 구하는 측정값들은 무작위로 선택한 트레이닝과 테스트 분할을 기반으로 한다. 테스트 데이터셋 수를 늘리면 동일한 데이터 포인트가 재사용되기 때문에 그 사이에서 중복이 발생할 것이다. 독립적인 테스트 데이터셋을 여러 개 얻기 위해서는 새로 수집한 데이터를 사용하는 것이 이상적이다. 그러나 더 많은 데이터를 얻는 것이 불가능한 경우가 많다. 교차 검증은 작은 데이터셋을 최대한 활용하는 방법이다. 교차 검증의 아이디어는 각 데이터 항목이 하나의 테스트셋에서만 사용되도록 데이터를 체계적으로 분할하는 것이다.

가장 일반적인 유형은 k-겹 교차 검증(*k-fold cross-validation*)으로, 전체 데이터셋을 거의 동일한 크기의 k개 하위 집합인 겹(fold)으로 분할한다. 각 겹은 테스트셋에 한 번 사용되는 반면, 나머지 $k-1$겹은 결합되어 트레이닝셋으로 사용된다. 이러한 방식으로 해당 성능의 k개의 서로 다른 샘플을 얻게 된다. 일반적으로 k에 사용되는 값은 3에서 10 사이이며, 때로는 20까지도 사용한다. $k = n$인 극단적인 경우(여기서 n은 데이터셋 크기)를 리브-원-아웃 교차 검증(*leave-one-out cross-validation*)이라고 한다.

바로 사용할 수 있는 k-겹 교차 검증 함수도 있다. 그러나 R에서는 간단한 사용자 정의 함수를 사용할 것이다.[1] Python에서는 *Scikit-Learn*에서 **cross_validate** 함수를 사용할 수 있다. 여러분 스스로 **cross_validate**를 구현하는 함수를 만드는 건 연습문제로 남겨두도록 한다(아래 참조).

R

```
acc = cross_val(wine,10)
paste('10-fold-CV mean:',mean(acc),'sd:', sd(acc))
acc = cross_val(wine,20)
paste('20-fold-CV mean:',mean(acc),'sd:', sd(acc))

acc = cross_val(wine,nrow(wine))
paste('Leave-one-out-CV mean:',mean(acc),'sd:', sd(acc))

[1] "10-fold-CV mean: 0.624509803921569 sd: 0.225653009748211"
```

1 **caret** 패키지는 계층화된 교차 검증만 제공하지만, 여기서는 일반 교차 검증에 관심이 있다.

```
[1] "20-fold-CV mean: 0.653472222222222 sd: 0.226273155937941"

"Leave-one-out-CV mean: 0.713483146067416 sd: 0.453409185554118"
```

Python

```
from sklearn.model_selection import cross_validate, KFold, LeaveOneOut

cv = KFold(10)
scores = cross_validate(knn, X, y, cv = cv, scoring ='accuracy',
    return_trn_score = True)
# code for printing
print('10-fold CV, test accuracy, mean:', scores['test_score'].mean(),
    'std dev:', scores['test_score'].std())

cv = KFold(20)
# adapt the code above for printing

cv = LeaveOneOut()
# adapt the code above for printing

10-fold CV, test accuracy, mean: 0.6310457516339869 std dev:
0.21593098615373252

20-fold CV, test accuracy, mean: 0.6590277777777779 std dev:
0.23288129990550768

Leave-one-out, test accuracy, mean: 0.6966292134831461 std dev:
0.45971398978604006
```

리브–원–아웃 CV가 더 높은 정확도 결과를 내는 것 또한 알 수 있다. 여기에는 두 가지 기여 요인이 있는데 트레이닝셋의 크기가 커지고($n-1$ 대 $0.8n$) 트레이닝셋의 클래스 불균형이 해소되었다는 부분이다. 랜덤 샘플을 추출할 때 겹과 겹 사이 클래스 분포에 변화가 발생한다. 일부 클래스는 다른 클래스보다 예측하기 어려울 수 있고 트레이닝셋과 테스트셋 사이의 클래스 분포가 다를 수 있기 때문에 정확도 측정을 왜곡할 수 있다.

모든 겹에서 클래스 분포가 거의 동일하도록 보장할 수 있으며, 이를 계층화 샘플링이라고 하고 계층화 교차 검증(*Stratified Cross-Validation*)으로 이어진다. 이는 *Scikit-Learn*에서 **StratifiedKFold**로 구현되며, **KFold**로 정확히 사용할 수 있고 R에서는 caret 패키지에서 함수 **trainControl**를 (**method = 'cv'** 설정을 하여) 사용한다.

R

```
model_knn_strt = train(Type ~ ., data = wine, method ='knn', metric = "Accu-
racy",
                    trControl = trainControl(method = 'cv',number = 10))
paste("Stratified CV accuracy = ", mean(model_knn_strat$resample$Accuracy))
paste("Stratified CV std dev = ", sd(model_knn_strat$resample$Accuracy))

[1] "Mean for stratified sample =  0.705825593395253"
[1] "std for stratified sample =  0.0818242752478426"
```

Python

```
from sklearn.model_selection import StratifiedKFold, LeaveOneOut

cv = StratifiedKFold(10, shuffle = True, random_state = 0)
scores = cross_validate(knn, X, y, cv = cv, scoring ='accuracy')
print('10-fold Stratified CV, test accuracy, mean: ', scores['test_score'].mean(), ',
     std dev:', scores['test_score'].std())

10-fold Stratified CV, test accuracy, mean: 0.6748366013071896 , std dev:
0.06665785537054658
```

예상했던 것처럼, 보다 안정적인 클래스 분포 덕분에 계층화 샘플링에서 테스트 정확도의 표준편차가 더 작다는 것을 관찰하였다. 또한 리브-원-아웃 교차 검증과 거의 비슷하게 정확도가 증가하는 것을 볼 수 있으며, 이는 리브-원-아웃 교차 검증에 k-겹 교차 검증을 비교할 때, 작은 트레이닝셋보다 클래스 불균형의 영향이 더 컸다는 것을 나타낸다.

모형 차이의 유의성

어떤 머신러닝 모델이 더 나은지 평가하고자 할 때는 교차 검증(또는 여러 데이터셋)을 사용하여 여러 개의 독립적인 측정값을 만들고 그 차이의 유의성을 검정할 수 있다. 정확도 값 분포에 정규성을 가정할 마땅한 이유가 없다면, 비모수 검정(non-parametric test)을 사용하는 것이 가장 안전하다. 챕터 9에서 우리는 중앙값에 대한 Wilcoxon 부호 순위 검정(Wilcoxon signed rank test)에 대해 설명하였다. 그 대신에 pairwise t-test를 사용할 수도 있지만, 분포의 정규성을 검정하기 이전에 테스트해야 한다. 적어도 작은 데이터셋의 경우에는 정규성을 표시할 수 없다.

이제 KNN과 DT를 모두 적용하고 Wilcoxon 검정을 적용하여 겹당(per fold) 테스트 정확도 결과를 확인할 것이다. p-value는 전제된 분포의 중앙값이 동일할 때 이 크기 이상으로 모델 사이 차이가 관찰될 수 있는 확률을 제공한다. 일반적으로 p-value가 5% 미만일 때 모델이 다른 것으로 간주한다. 유의성 검정의 경우 보다 더 독립적인 측정값을 갖는 것이 좋다. 따라서 더 작은 테스트셋은 앞서 리브-원-아웃 교차 검증에서 발생한 것처럼 측정값 간의 편차를 너무 많이 증가시키지 않으므로 겹의 개수를 늘릴 수 있다. 20이라는 값은 각각의 겹마다 여전히 약 35개의 표본을 남기기 때문에 적절한 추정으로 보인다.

R

```
model_dt_cv20 =
train(Type ~ ., data = wine, method ='rpart',metric = "Accuracy", trControl =
trainControl(method = 'cv',
number = 20))
paste("Mean accuracy of KNN = ",mean(model_knn_cv_20$results$Accuracy))
paste("Mean accuracy of DT = ",mean(model_dt_cv_20$results$Accuracy))
wilcox.test(model_dt_cv_20$resample$Accuracy,model_knn_cv_20$resample$Accu-
racy)


[1] "KNN Mean Accuracy:  0.775138888888889"
[1] "Decision Tree Mean Accuracy:  0.855694444444444"

Wilcoxon signed rank test with continuity correction

data:  fit_dt_20fold$resample$Accuracy and fit_knn_20fold$resample$Accuracy
V = 129.5, p-value = 0.05796
alternative hypothesis: true location shift is not equal to 0
```

Python

```
cv = KFold(20)

scores_knn = cross_validate(knn, X, y, cv = cv, scoring = 'accuracy')
scores_dtc = cross_validate(dtc, X, y, cv = cv, scoring = 'accuracy')
print('avg accuracy KNN:', scores_knn['test_score'].mean(), ', DT: ', scores_
dtc['test_score'].mean())

wilcoxon(scores_dtc['test_score'], scores_knn['test_score'], mode ='approx')

avg accuracy KNN: 0.6590277777777779, DT: 0.8777777777777779
WilcoxonResult(statistic=6.0, pvalue=0.003074168162550741)
```

결과는 p-value가 분명히 0.05 미만임을 보여주고 차이가 유의하기에, 다시 말해서 화학적 측정값들에서 와인 유형을 예측하는 데 있어 DT가 KNN 모델보다 훨씬 우수하다는 것을 보여준다. R과 Python의 구현 및 설정이 다르기 때문에 모델 성능은 다르게 나타난다.

계층화 교차 검증으로 편차(표준 편차)가 줄어들고 정확도가 향상되는지 테스트할 수 있다.

R

```
mdl_knn_strt = train(Type ~ ., data = wine, method = 'knn',metric = "Accuracy",
             trControl = trainControl(method = 'cv',number = 20))
mdl_dt_strt = train(Type ~ ., data = wine, method = 'rpart',metric = "Accuracy",
             trControl = trainControl(method = 'cv',number = 20))
paste("Mean accuracy KNN = ",mean(mdl_knn_strt$results$Accuracy))
paste("Mean accuracy DT = ",mean(mdl_dt_strt$results$Accuracy))
paste("std accuracy KNN = ", mdl_knn_strt$results$AccuracySD))
paste("std accuracy DT = ",sd(mdl_dt_strt$results$AccuracySD))
wilcox.test( mdl_knn_strt$results$Accuracy, mdl_dt_strt$results$Accuracy )
[1] "Mean accuracy KNN =  0.720436507936508"
[1] "Mean accuracy DT =  0.845416666666667"
[1] "std accuracy KNN =  0.144239152073144"
[1] "std accuracy DT =  0.109156756546209"

Wilcoxon rank sum test with continuity correction

data:  model_knn_strat$resample$Accuracy and model_dt_strat$resample$Accuracy
W = 2417, p-value = 2.082e-10
alternative hypothesis: true location shift is not equal to 0
```

Python

```
cv = StratifiedKFold(20)

scores_knn = cross_validate(knn, X, y, cv = cv, scoring ='accuracy')
scores_dtc = cross_validate(dtc, X, y, cv = cv, scoring ='accuracy')
print('avg accuracy KNN mean:', scores_knn['test_score'].mean(), ', DT: ',
      scores_dtc['test_score'].mean())
print('avg accuracy KNN std:', scores_knn['test_score'].std(),', DT: ',
     scores_dtc['test_score'].std())

wilcoxon(scores_dtc['test_score'], scores_knn['test_score'], mode ='approx')
avg accuracy KNN mean: 0.7041666666666667 , DT: 0.9111111111111111
avg accuracy KNN std: 0.13088758016700938 , DT: 0.11439589045541111
WilcoxonResult(statistic=12.0, pvalue = 0.0004792877798731423)
```

우리가 보는 것처럼, 계층화 교차 검증의 모든 예상 효과가 발생하여서 표준편차는 작아지고 정확도가 높아졌으며, p-value가 낮아졌다. 다시 말해 보다 더 유의한 결과가 나타났다.

하이퍼-파라미터 튜닝(Hyper-Parameter Tuning)

모델 유형을 선택하는 것 외에도 트레이닝 과정을 제어하는 값(예를 들어, 정규화 파라미터) 또는 모델의 크기 및 구조(예를 들어, 의사결정 트리의 최대 깊이)를 설정해야 한다. 설정들은 일반적으로 트레이닝 중에 최적화된 모델 내의 파라미터(예를 들어, 의사결정 트리의 피처 임계값)와 구별하기 위해 하이퍼 파라미터라고 한다.

접근 방식은 모델 선택과 매우 비슷한데, 하이퍼 파라미터만 상이한 모델을 서로 다른 모델이라고 보고 동일한 기법을 적용할 수 있다. 그러나 하이퍼 파라미터의 튜닝과 모델 유형의 선택은 별도로 구현하는 게 더 쉽기 때문에 실제로는 각각 다르게 취급한 후 최적화하여 비교한다.

지난 챕터에서 살펴보았듯이, 표준화 정도(regularization strength)는 흔히 사용되는 중요한 하이퍼 파라미터이다. 정규화는 여러 파라미터 값을 테스트한 후, 교차검증에서 최상의 값을 만들어 내는 것을 선택함으로써 조정할 수 있다. 다른 하이퍼 파라미터 값에 대한 성능을 확인하는 것은 유용하다. 이 모든 과정은 *Scikit-Learn*에서 **validation_curve**라는 단일 함수로 수행할 수 있다. 이 함수는 모델을 만들어서 여러 개의 파라미터를 변화시키며, 그래프를 그릴 수 있도록 트레이닝과 테스트 성능을 기록한다. R에서는 이를 달성하기 위해 요인 변수를 사용할 수 있다.

R

```
folds = createMultiFolds(train_wi$Type, k = 20)
model_dt_strat_fold = train(Type ~ ., data = train_wi, method ='rpart2',
    metric = "Accuracy", trControl = trainControl(index = folds),
    tuneGrid = expand.grid(maxdepth = 1:10))
folds = createMultiFolds(train_wi$Type, k = 2)
model_dt_strat_nofold = train(Type ~ ., data = train_wi, method ='rpart2',
    metric ="Accuracy", trControl = trainControl(index = folds),
    tuneGrid = expand.grid(maxdepth = 1:10))

df1 = model_dt_strat_nofold$results[,c(1,2)]
df1$foldtype = as.factor("Training")
df2 = model_dt_strat_fold$results[,c(1,2)]
df2$foldtype = as.factor("Cross-validation")
df = rbind(df1,df2)
ggplot(data = df,aes(x = maxdepth,y = Accuracy,color = foldtype)) + geom_line()
```

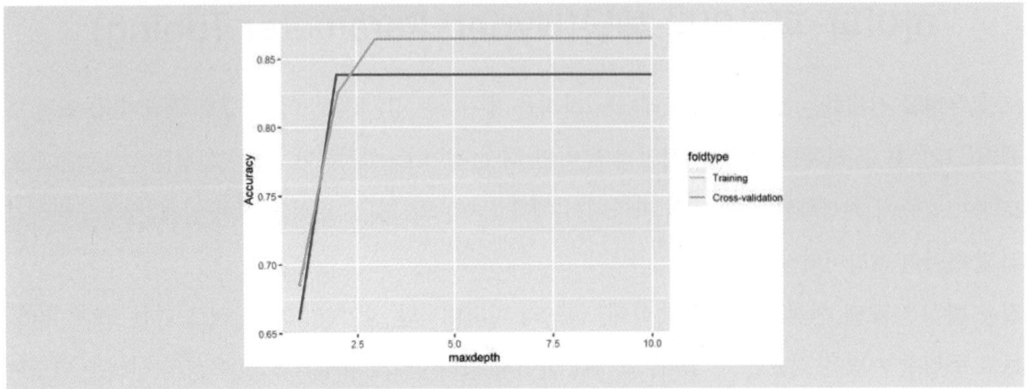

Python

```
import matplotlib.pyplot as plt
from sklearn.model_selection import validation_curve

cv = StratifiedKFold(10, shuffle = True, random_state = 1)
param_range = list(range(1, 10))
train_scores, test_scores = validation_curve( dtc, X, y, cv = cv,
    param_name = "max_depth", param_range = param_range, scoring = "accuracy")

train_scores_mean = np.mean(train_scores, axis = 1)
test_scores_mean = np.mean(test_scores, axis = 1)

plt.title("Validation Curve with DT")
plt.xlabel("max_depth")
plt.ylabel("Accuracy")

plt.plot(param_range, train_scores_mean, label = "Training accuracy")
plt.plot(param_range, test_scores_mean, label = "Cross-validation accuracy")
plt.show()
```

```
Mean test score per fold: [0.64607843 0.82058824 0.90457516 0.89346405
    0.89901961 0.89346405  0.89346405 0.89346405 0.89346405]
Best value: 3
```

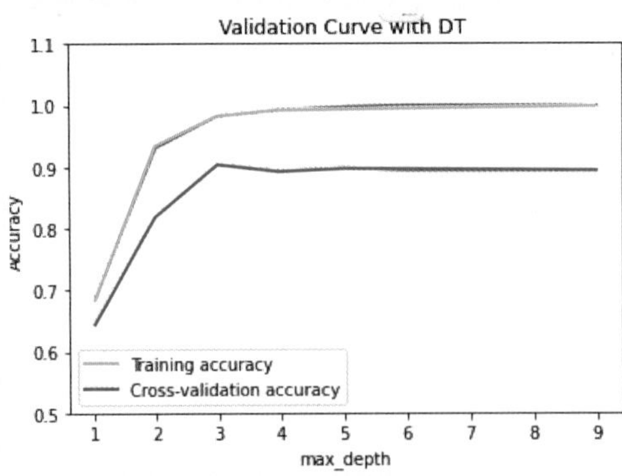

이 곡선은 더 깊은 의사결정 트리를 허용함에 따라 트레이닝 정확도가 계속 증가한다는 것을 보여준다. 그러나 Python에서는 교차 검증 정확도가 깊이 3에서 최대값으로 도달한 다음 감소한다. 따라서 이 데이터셋의 의사결정 트리에 대한 **max_depth**의 최적값은 3이다. R에서는 다른 결과를 보인다. 깊이 2일 때 가장 높은 테스트 정확도에 도달한 다음 일정하게 유지된다. 동일한 성능을 가진 많은 모델 중 선택을 할 때는 가장 간단한 모델, 즉 가장 낮은 트리 깊이 값을 선택한다. 이는 곧 (작은 트리는 계산이 덜 필요하므로) 가장 효율적인 모델을 선택한다는 의미이고 해당 모델이 새로운 데이터에서 테스트할 때 과적합될 가능성이 가장 낮다는 뜻이다. 가장 간단한 모델을 선택하는 이 접근 방식은 오컴의 면도날(*Occam's Razor*)이라고 불린다.

k-겹 교차 검증에서 *k* 개의 트레이닝셋에 교차 검증을 적용하여 (이를 중첩 교차 검증(*nested cross-validation*)이라고 함) **max_depth**를 추정할 수 있기 때문에 더 많은 측정값을 구할 수 있고 각 교차 검증된 추정치에 대한 독립적인 테스트셋을 가질 수 있다. 이렇게 하면 실제로 데이터 사용을 극대화할 수 있다. 그러나 파라미터를 최적화하는 데 필요한 노력이 *k*배가 될 수 있다. 작은 *k*의 경우 트레이닝셋이 훨씬 더 작아지므로 표준화 필요성을 과대 추정할지도 모른다. 실제로 이를 수행할 가치가 있는지 여부는 적용 시나리오에서 모델 성능이 얼마나 중요한지에 달려 있다. 일반적으로 제한된 데이터셋을 최대한 활용하는 것과 이를 수행하는 데 드는 계산 비용 사이에는 트레이드 오프(**trade-off**)가 있다. 성능이 매우 중요한 경우 일반적으로 과도한 추가 계산 없이 성능을 높이는 게 더욱 효과적이기 때문에 실제로는 더 많은 트레이닝 데이터를 수집하는 것이 더 나은 옵션이 될 수 있다.

모델 성능 추정

머신러닝 모델 평가는 새로운 데이터에 대한 성능 추정치를 포함해야 한다. 편향되지 않은 추정치를 얻으려면 새로운 데이터에 대한 모델 성능 추정에 사용하는 데이터가 실제로 모델을 만드는 데 사용되지 않은 새로운 데이터여야 한다. 즉, 평가에 사용된 어떤 정보도 모델을 최적화하거나 선택하는 데 사용될 수 없다. 이는 트레이닝과 테스트 데이터로 나누는 원칙에 따라, 트레이닝과 모델 선택, 하이퍼 파라미터 조정에 적용된다.

가장 좋은 방법은 이전 파트에서 설명한 대로 중첩 교차 검증을 사용하는 것이다. 그러나 종종 실제 응용이 어려워 그 대신 홀드아웃 집합(hold-out set)을 사용하는데 이것은 트레이닝과 튜닝, 혹은 모델 선택에 사용된 것과 다른 별도의 단일 테스트셋이다. 그런 다음 하이퍼 파라미터 튜닝 및 최적의 모델 선택은 다른 데이터셋을 사용하여 수행되며, 새 데이터가 없는 경우 트레이닝셋을 제외한 것을 사용하는데 이것을 검증 집합(validation set)이라고 한다.

R

```
df = data.frame()
folds = createMultiFolds(train_wi$Type, k = 2)
for (md in 1:10){
    model_dt_strat_nofold = train(Type ~ ., data = train_wi,
                                  method = 'rpart2',
        metric = "Accuracy",trControl = trainControl(index = folds),
                            tuneGrid = expand.grid(maxdepth = md))
    df = rbind(df,c(md,"Training",model_dt_strat_nofold$results$Accuracy))
    pred = predict(model_dt_strat_nofold,newdata = test_wi)
    t1 = table(test_wi$Type,pred)
    accu = sum(t1[1,1]+t1[2,2]+t1[3,3])/nrow(test_wi)
    df = rbind(df,c(md,"Validation",accu))
}
colnames(df) = c("maxdepth","foldtype","Accuracy")
df$maxdepth = as.numeric(df$maxdepth)
df$Accuracy = as.numeric(df$Accuracy)
ggplot(data = df,aes(x = maxdepth,y = Accuracy,color = foldtype)) + geom_
line()
```

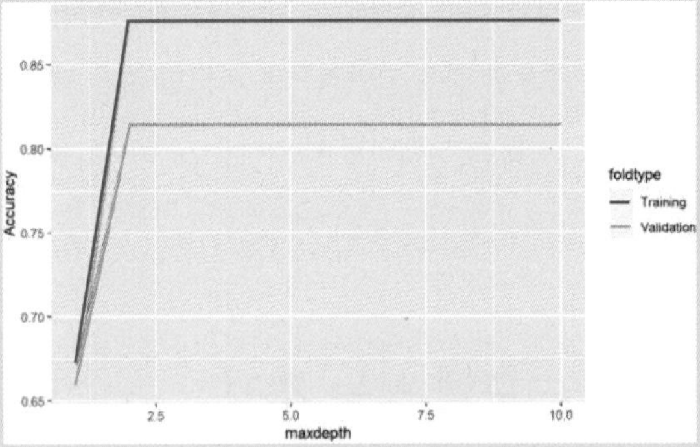

Python

```
X_trn2, X_val, y_trn2, y_val = train_test_split(X, y, test_size=0.2,
                               random_state = seed, stratify = y)

train_scores = []; val_scores = []
for md in param_range:
    dtc.max_depth = md
    dtc.fit(X_trn2, y_trn2)
    train_scores.append(np.sum(np.equal(dtc.predict(X_trn2),
         y_trn2))/len(y_trn2))
    val_scores.append(np.sum(np.equal(dtc.predict(X_val),
```

```
        y_val))/len(y_val))
plt.title("Validation Curve with DT")
plt.xlabel("max_depth")
plt.ylabel("Accuracy")

plt.plot(param_range, train_scores, label = "Training accuracy")
plt.plot(param_range, val_scores, label = "Validation accuracy")
plt.show()
```

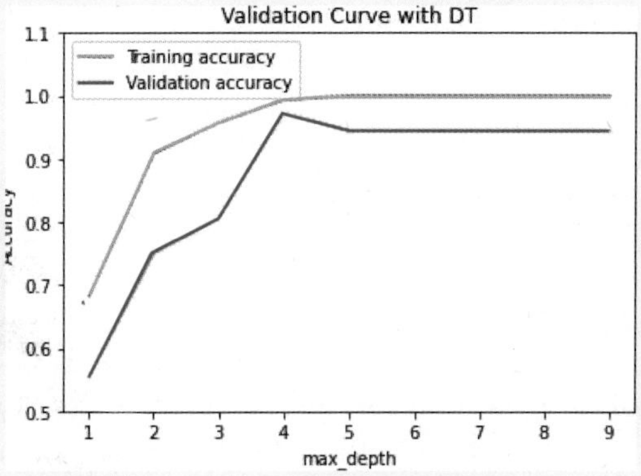

Python에서 볼 수 있듯이 곡선은 하나의 검증 집합에만 기반하기 때문에 안정적이지 않다. 하이퍼파라미터 최적값도 (3이 아닌 4가 되는 식으로) 달라진다. 단일 검증 집합을 사용하는 대신, 이전에 전체 집합에서 했던 것처럼 트레이닝셋에 교차 검증을 사용할 수 있다.

R

```
df = data.frame()
folds = createMultiFolds(train_wi$Type, k = 20)
for (md in 1:10){
   model_dt_strat_fold = train(Type ~ ., data = train_wi,  method ='rpart2',
                        metric = "Accuracy",trControl = trainControl(index
                        = folds), tuneGrid = expand.grid(maxdepth = md))
   df = rbind(df,c(md,"Training",model_dt_strat_fold$results$Accuracy))
   pred = predict(model_dt_strat_fold,newdata = test_wi)
   t1 = table(test_wi$Type,pred)
   accu = sum(t1[1,1]+t1[2,2]+t1[3,3])/nrow(test_wi)
   df = rbind(df,c(md,"Validation",accu))
}
colnames(df) = c("maxdepth","foldtype","Accuracy")

df$maxdepth = as.numeric(df$maxdepth)
df$Accuracy = as.numeric(df$Accuracy)
```

```
ggplot(data = df,aes(x = maxdepth,y = Accuracy,color = foldtype))+
  geom_line()
```

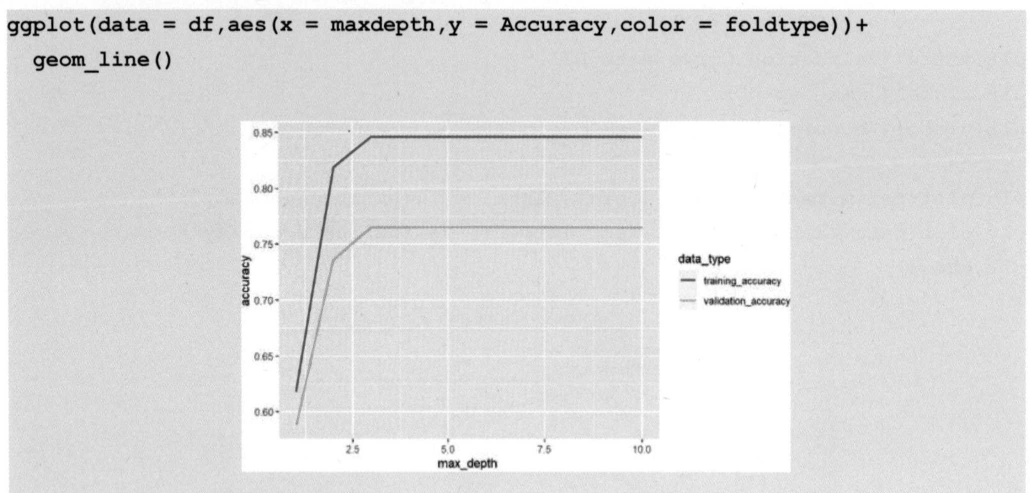

Python

```
cv = StratifiedKFold(10, shuffle = True, random_state = 1)
train_scores, test_scores = validation_curve( dtc, X_trn, y_trn, cv = cv,
                              param_name = "max_depth", param_range = param_
                             range, scoring = "accuracy")

train_scores_mean = np.mean(train_scores, axis =1)
test_scores_mean = np.mean(test_scores, axis =1)

plt.title("Validation Curve with DT")

plt.plot(param_range, train_scores_mean, label = "Training accuracy")
plt.plot(param_range, test_scores_mean, label = "Cross-validation accuracy")
plt.show()
```

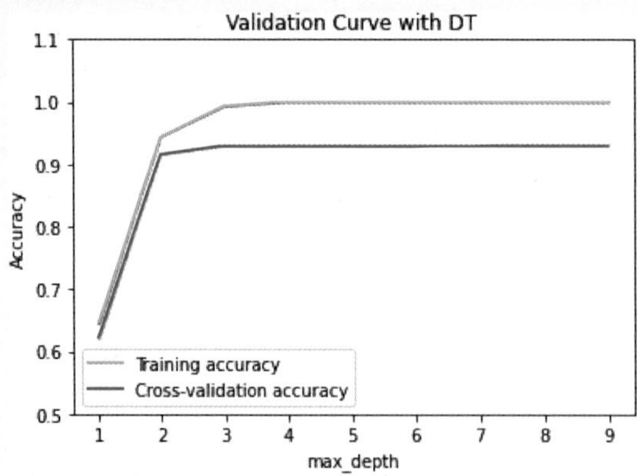

트레이닝셋에 교차 검증을 하면 검증 정확도 곡선이 전체 집합 정확도 그래프와 더 비슷해 보이고 하이퍼 파라미터 최적값이 전체 집합의 교차 검증에서 얻은 값과 동일해진다. 이는 단일 분할 대신 교차 검증을 사용할 때 결과를 더 신뢰할 수 있다는 점을 보여준다. 선택된 하이퍼 파라미터 값을 사용하면 전체 트레이닝셋을 최적화하고 테스트셋의 정확도를 추정할 수 있다.

R

```
folds = createMultiFolds(train_wi$Type, k = 2)
model_dt_strat_nofold = train(Type ~ ., data = train_wi, method ='rpart2',
                    metric = "Accuracy", trControl = trainControl(index
                   = folds), tuneGrid = expand.grid(maxdepth = 3))
pred = predict(model_dt_strat_nofold,newdata = test_wi)
t1 = table(test_wi$Type,pred)
accu = sum(t1[1,1] + t1[2,2] + t1[3,3])/nrow(test_wi)
paste("Accuracy = ", accu)
[1] "Accuracy =  0.814285714285714"
```

Python

```
dtc.max_depth = 3
dtc.fit(X_trn, y_trn)
np.sum(np.equal(dtc.predict(X_tst), y_test))/len(y_test)

0.9722222222222222
```

이 추정치는 교차 검증 정확도보다 높기 때문에 잠재적으로 과도하게 낙관적일 수 있다. 따라서 전체 데이터셋에서 선택한 *max_depth* 값과 교차 검증된 성능을 비교하여 상호 검증하면 도움이 될 수 있다. (이 또한 지나치게 낙관적일 수 있다. 이는 테스트에 사용된 데이터가 이 값을 최적화하는 데 사용된 데이터도 포함하고 있기 때문이다.)

R

```
folds = createMultiFolds(wine$Type, k = 20)
model_dt_strat_fold =
train(Type ~ ., data = wine, method ='rpart2',
metric = "Accuracy",trControl = trainControl(index = folds), tuneGrid = ex-
pand.grid(maxdepth = 3))
paste("CV Accuracy - Mean = ", mean(model_dt_strat_fold$resample$Accuracy))
paste("CV Accuracy - sd = ", sd(model_dt_strat_fold$resample$Accuracy))
[1] "CV Accuracy - Mean =  0.867472222222222"
[1] "CV Accuracy - sd =  0.116981760776662"
```

Python
```
dtc.max_depth = 3
from sklearn.model_selection import cross_val_score
test_score = cross_val_score(dtc, X, y, cv = cv)
print("CV test accuracy mean: ", np.mean(test_score), ", std: ", np.std
      (test_score))
```

```
CV test accuracy mean: 0.9045751633986928 , std: 0.04339888967590594
```

여기서 보는 값은 단일 테스트셋 추정치인 0.97보다 확실히 작으며, 표준 편차 간격이 거의 2이다. 따라서 이 성능 추정치를 확신할 수 없다. 실습에서 완전 중첩 교차 검증을 수행할 수 있으니 이제 그렇게 할 것이다.

최종 테스트와 독립적인 데이터에 대해 하이퍼 파라미터 *max_depth*을 조정하여 프로세스에 편향적으로 선택하지 않았다고 확신할 수 있다. 그러나 성능 예측에 단일 추정치를 사용하면 특히 작은 데이터셋의 경우 노이즈가 발생하기 쉬우므로 주의하여 처리해야 한다. 추정치를 예측치로 사용하지 않고 모델 선택 후 결과를 상호 검증하는 것이 중요하다.

사용 사례: 어플리케이션 등급 모델링을 위한 의사결정 트리

앞서 살펴보았듯이, 의사결정 트리(DT)는 쉽게 과적합될 수 있고 데이터셋의 특이성에 과적합되는 것으로 악명이 높다. 하지만 주의하면서 사용한다면 복잡한 시스템 역학을 빠르게 이해하는 데 매우 유용한 도구가 될 수 있다.

사모펀드 분석가가 포트폴리오에 있는 기술 회사에 조언한다고 가정해 보자. 한 포트폴리오 회사는 부유한 가족들을 겨냥하여 세금 및 투자 서비스를 제공하고, 해당 브랜드 이름을 홍보하기 위해 안드로이드 앱을 출시하려고 한다. 가족들을 위한 스케쥴링 앱이 될 것이다. 만약 그 앱이 나쁜 평가만 받는다면 프로젝트는 시간 낭비가 될 것이다.

따라서 어떤 종류의 앱이 사용자들로부터 가장 좋은 평가를 받는 경향이 있는지 이해할 필요가 있다. 그런 다음 가장 성공적인 앱에서 중요하고 평가 결과를 향상시키는 기능들을 우리의 앱으로 가져오게 시도할 수 있다. 구글 플레이 앱스토어 데이터는 어떻게 앱이 작동해야 하는지에 대한 기초를 제공한다. 하지만 데이터가 지저분하다는 문제가 있어 많은 데이터 랭글링 작업이 필요하다.

데이터 랭글링(data Wrangling)

먼저 데이터를 불러와 정리할 것이다.

R

```
df = read.csv("googleplaystore.csv")
```

Python

```
df =  pd.read_csv("googleplaystore.csv")
```

의사결정 트리를 구축하려면 예측할 범주형 변수(등급)와 예측을 유도할 숫자형 변수가 필요한다. 이 데이터에는 'Content Rating(내용 등급)'과 같은 범주형 열이 포함되어 있으며, 일부 숫자 필드에는 문자가 포함되어 있다. 예를 들어 'Installs(설치)'에는 '+' 접미사가 있으므로 제거해야 하는 데 이는 시간이 많이 걸리는 작업이다.

먼저 숫자 열에서 문자를 제거하고 이 열의 데이터 유형을 숫자로 변환한다. 숫자가 아닌 문자를 제거하고 누락 데이터는 0으로 대체한다.

R

```
#remove text characters from numeric columns
df$Price = str_replace(df$Price,",","")
df$Price = str_replace(df$Price,"\\$","")
df$Price = as.numeric(df$Price)
df$Price = as.numeric(str_replace_na(df$Price,0))
```

Python

```
#remove text characters from numeric columns
df['Price'] = df['Price'].str.replace(', ', ''')
df['Price'] = df['Price'].str.replace('$', '')
#Force conversion of the column to a numeric
df['Price'] = pd.to_numeric(df['Price'], errors ='coerce').fillna(0).
              astype('float')
```

	App	Category	Rating	Reviews	Size	Installs	Type	Price	Content rating	Genres	Last updated	Current ver	Android ver
0	Photo Editor & Candy Camera & Grid & Scrap Book	ART_AND_DESIGN	4.1	159	19M	10,000+	Free	0	Everyone	Art & Design	January 7, 2018	1.0.0	4.0.3 and up
1	Colouring book moana	ART_AND_DESIGN	3.9	967	14M	500,000+	Free	0	Everyone	Art & Design;Pretend Play	January 15, 2018	2.0.0	4.0.3 and up
2	U Launcher Lite – FREE Live Cool Themes, Hide …	ART_AND_DESIGN	4.7	87510	8.7M	5,000,000+	Free	0	Everyone	Art & Design	August 1, 2018	1.2.4	4.0.3 and up
3	Sketch – Draw & Paint	ART_AND_DESIGN	4.5	215644	25M	50,000,000+	Free	0	Teen	Art & Design	June 8, 2018	Varies with device	4.2 and up

get_dummies 함수를 사용하기 전에 *Pandas*에서 열의 데이터 유형을 **category**(범주)로 변환해야 한다는 것을 기억하면서 범주형 변수에 대해 원-핫-인코딩(one hot encoding)을 수행한다. 숫자 값인 'Rating(등급)'을 *y* 변수가 될 범주형 열로 변환해야 한다. 다른 모든 열은 x 변수로 사용할 수 있다. 하나의 함수로 수행할 수 있는데, 이 함수는 Rating을 high/mid/low라는 범주(코드에서는 '0', '1', '2'로 레이블)로 묶는다.

R

```
x = ifelse(is.nan(df$Rating),0,df$Rating)
brakepoints = quantile(x,probs= c(0,0.33,0.67,1))
x = cut(x,breaks = brakepoints,labels = c("lowest","middle","highest"))
x = ifelse(is.na(x),"1",x)
df$Rating = x
df$Reviews = as.numeric(df$Reviews)
df$Installs = as.numeric(df$Installs)
df$Size = as.numeric(df$Size)
df = df[-c(1,11,12,13)]
#Final check to ensure no missing values
table(complete.cases(df))
```

Python

```
# Prepare our X and y variables and wrap as a function
def get_X_and_y(df: pd.DataFrame, bins_to_use: int = 3):
    # Define X variables
    cols = list(df.columns)
    cols.remove("Rating")
    X_trn = df[cols]
    # Define y variables (rating): lowest 33% as 0, middle as 1, highest 2
    bins_to_use = 3
    y_trn = pd.qcut(df['Rating'], q = bins_to_use+1, labels = [str(i)
            for i in range(bins_to_use)], duplicates = 'drop')
    return (X_trn, y_trn)

#Run the func
X_trn, y_trn = get_X_and_y(df)
```

진실의 나무? 의사결정 트리로부터 추론

데이터가 준비되었으므로 모든 유형의 앱에서 의사결정 트리를 실행하여 등급을 높이고 낮추는 요인들에는 어떤 것들이 있는지 확인할 수 있다. 이제 **min_samples** 파라미터를 사용하여 각각의 잎 노드에서 의사결정 트리가 최소 1%의 표본을 갖도록 하고, 다양한 정규화 기법을 적용한다. 의사결정 트리 생성 함수를 자체 래퍼 함수(wrapper function)로 생성할 수 있으므로 구현한 내용을 쉽게 재사용할 수 있다.

R

```
dtmodel = train(Rating ~ ., method = "rpart", data = df)
fancyRpartPlot( dtmodel$finalModel,main = "Decision Tree",sub = "" )
```

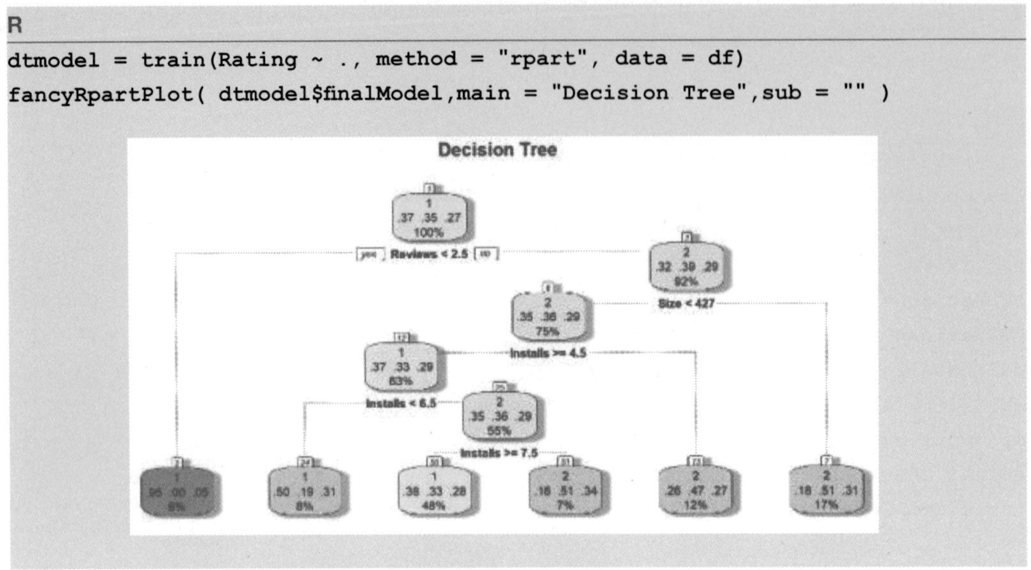

Python

```
from sklearn.tree import DecisionTreeClassifier
from sklearn import tree

# function to create, fit, and plot a decision tree
def make_dt(X_trn: pd.DataFrame, y_trn: pd.DataFrame):
    dtc = DecisionTreeClassifier(max_depth = 3, random_state = 0, \
          min_samples_leaf = int(X_trn.shape[0]*0.01))
    dtc.fit(X_trn, y_trn)
    fig = plt.figure(figsize =(25, 20))
    tree.plot_tree(dtc, feature_names = X_trn.columns, \ class_names =
                  list(y_trn.unique()), filled = True)
    return dtc

#Run the func
make_dt(X_trn, y_trn)
```

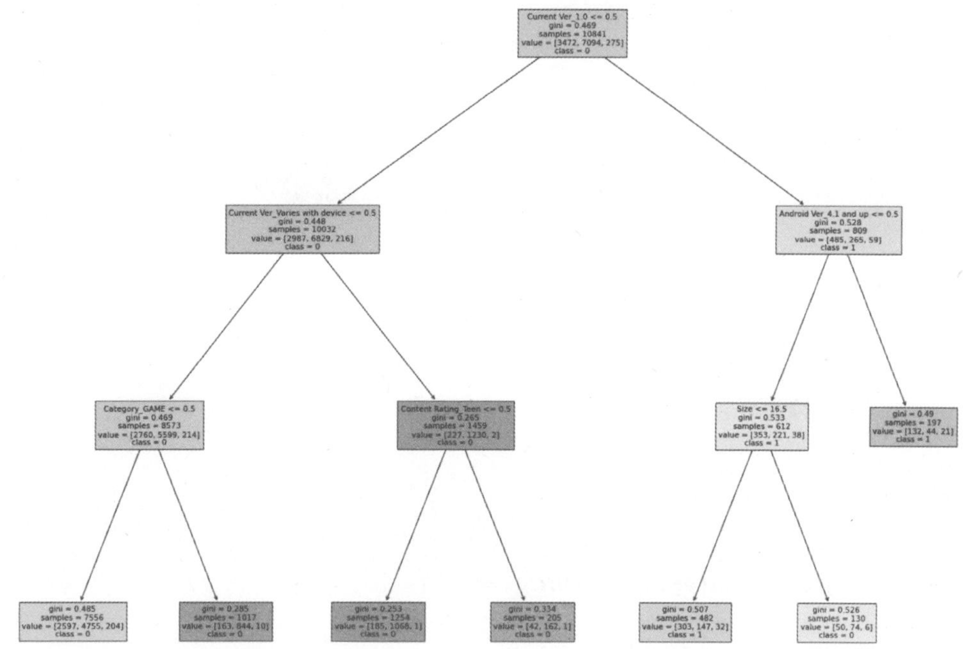

그림 17.1 앱 등급 전개(scikit-learn으로 생성한 의사결정 트리)

챕터 16에서 설명한 바와 같이 의사결정 트리의 각 노드는 하나의 결정을 나타낸다. 최상위 노드 'Curr_Ver_1.0 〈 0.5'는 원-핫-인코딩 열과 관련이 있는데, 여기서 '1' 값은 버전 1.0에서 실행되는 앱을 나타내고 '0'은 실행되지 않음을 나타낸다. 규칙 'Curr_Ver_1.0 〈 0.5'는 해당 열의 값이 '0'이면 왼쪽 분기를 따르고, '1'이면 오른쪽 분기를 따르게 된다.

트리를 통해 의사결정 트리 알고리즘이 도움이 되는 분할과 도움이 되지 않는 분할을 발견할 수 있다. 보다 더 유용하고 일반적인 내용은 Android version과 app size가 rating과 관련이 있는 것처럼 보인다는 것인데, 복잡성과 기능성에 대한 대용 변수가 될 수 있다. 어쩌면 앱이 복잡할수록 더 좋은 등급을 가질 가능성이 더 높을 수도 있을 것 같다.

패밀리 앱을 구체적으로 살펴볼 수 있다. 의사결정 트리를 빠르게 재현할 수 있는 기능들을 실행할 수 있지만, 패밀리 앱에만 적용할 것이다.

R

```
dtmodel_family = train(Rating ~ ., method = "rpart", data = df[df$Category
                == "FAMILY",])
fancyRpartPlot(dtmodel_family$finalModel,main = "Decision Tree",sub = "")
```

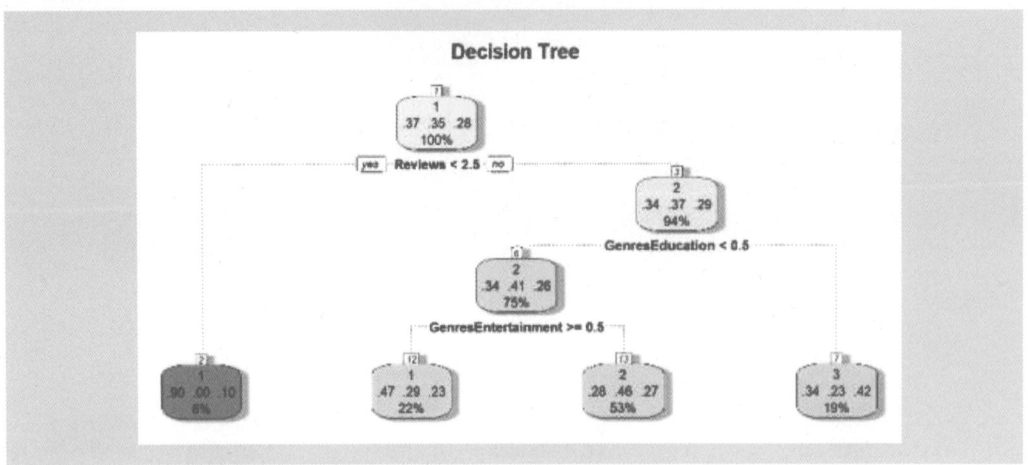

Python

```
# Family App specific
df_family = df[(df['Category_FAMILY'] == 1)]

X_trn, y_trn = get_X_and_y(df_family)
dtc = make_dt(X_trn, y_trn)
```

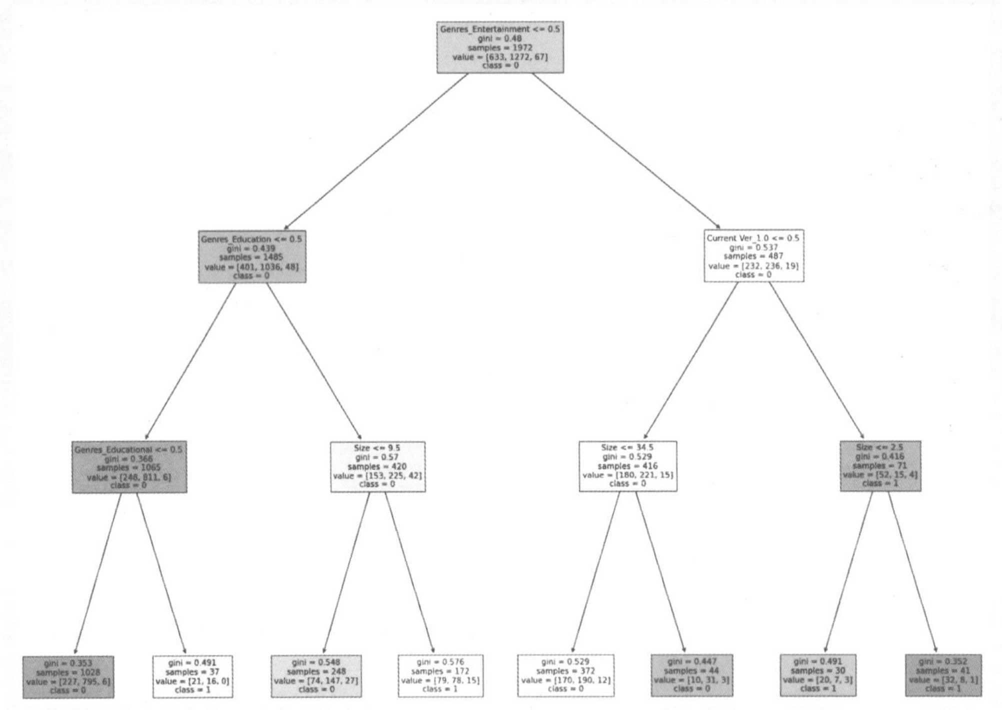

그림 17.2 패밀리 앱에 등급 전개(scikit-learn으로 생성한 의사결정 트리)

여기서 의사결정 트리는 패밀리 앱에 대해서만 트레이닝 되었는데 Educational(교육) 장르의 패밀리 앱이 더 높은 평가를 받는 경향과 그 중에서도 더 크고 실질적인 앱이 더 나은 평가를 받는 경향을 보여준다. 더 많은 분석이 필요하겠지만, 여기까지 내용으로는 아마도 Educational 장르로 앱을 등록할 때 더 높은 등급으로 잘 평가받을 가능성을 확인할 수 있었다.

마지막으로 의사결정 트리 접근 방식의 정확성을 검증하여 모델이 과적합되지 않았는지 다시 확인할 수 있다.

R

```
result = dtc.predict(X_trn)
scores = accuracy_score(y_trn, result)
print('Mean ', scores)

Mean:  0.6678
```

Python

```
from sklearn.metrics import accuracy_score

result = dtc.predict(X_trn)
scores = accuracy_score(y_trn, result)
print('DT, mean: ', scores)

DT, mean:  0.6668356997971603
```

트레이닝셋의 정확도는 반올림하여 0.67이다. 교차 검증을 통해 달성한 테스트 정확도와 비교해 보자.

R

```
dtmodel = train(Rating ~ ., method = "rpart", data = df,
          trControl = trainControl(method = 'cv',number = 10))
paste("Mean accuracy in 10 fold cv = ",mean(dtmodel$results$Accuracy))
paste("sd of accuracy in 10 fold cv = ",sd(dtmodel$results$Accuracy))
dtmodel = train(Rating ~ ., method = "rpart", data = df,
          trControl=trainControl(method = 'cv',number = 20))
paste("Mean accuracy in 20 fold cv = ",mean(dtmodel$results$Accuracy))
paste("sd of accuracy in 20 fold cv = ",sd(dtmodel$results$Accuracy))

[1] "Mean accuracy in 10 fold cv =  0.431048647415384"
[1] "sd of accuracy in 10 fold cv =  0.0391426057872761"
[1] "Mean of accuracy in 20 fold cv =  0.437196564003099"
[1] "sd of accuracy in 20 fold cv =  0.0391836484321515"
```

Python

```
from sklearn.model_selection import cross_validate, KFold, LeaveOneOut

cv = KFold(10)
scores = cross_validate(dtc,X_trn,y_trn,cv = cv,scoring ='accuracy')
print('10-fold CV, test accuracy, mean: ',scores['test_score'].mean(),',
      std dev:',scores['test_score'].std())

cv = KFold(20)
scores = cross_validate(dtc,X_trn,y_trn,cv = cv,scoring = 'accuracy')
print('20-fold CV, test accuracy, mean: ',scores['test_score'].mean(),',
      std dev:',scores['test_score'].std())
```

```
10-fold CV, test accuracy, mean:  0.6494026560016408 , std dev:
0.10617636783598784
20-fold CV, test accuracy, mean:  0.6457792207792207 , std dev:
0.12631281958925833
```

교차 검증을 사용한 정확도는 이전의 트레이닝 데이터의 정확도에 가깝다는 것을 알 수 있으므로 모델이 과적합되지 않았다고 확신할 수 있다.

요약

전반적으로 의사 결정 트리가 와인 데이터셋에 더 적합하다는 것을 발견하였다. 교차 검증 결과에서 모델 간의 차이에 대한 유의성 검정을 사용하여 최적의 모델 유형을 선택할 수 있다. 하이퍼 파라미터를 최적화하는 데에도 동일한 접근 방식을 적용할 수 있다. 홀드아웃 집합을 유지함으로써 새로운 데이터에 대한 편향되지 않은 모델 성능 추정치를 얻을 수 있다.

연습문제

연습문제를 수행하기 위해 다음 링크에서 Diabetes 데이터셋을 다운받아 사용하시오. https://study.sagepub.com/gopal

1 위에서 iris 데이터셋에 했던 것과 같이 모델 선택을 하고 하이퍼 파라미터 튜닝을 구현하시오.

a KNN의 **n_neighbors** 파라미터를 변경한다.

b 유효성 곡선을 그려본다.

2 wine 데이터셋에서 의사 결정 트리의 *max_depth*을 조정하기 위한 중첩 교차 검증을 구현하시오.

3 정확도에 ±표준편차를 함께 보여주는 유효성 곡선을 그래프를 그리시오.

4 *Abalone* 데이터셋에 하이퍼 파라미터 *k*(number of neighbours)와 *p*(metric exponent)를 사용하여 KNN 모델을 튜닝한다. 교차 검증을 통해 2차원 그리드 검색으로 결과를 평가하시오. 과적합을 방지하도록 주의하고 모델 성능을 추정하시오.

5 *Website Phishing* 데이터셋에서 DT를 조정하여 웹페이지를 최소값과 함께 분류하여 리프, 최대 트리 깊이, 리프의 최소 표본 수를 분할한다. 교차 검증을 통해 3차원 그리드 검색으로 결과를 평가하시오. 과적합을 방지하도록 주의하고 모델 성능을 추정하시오.

18

머신러닝에서 선형 회귀 분석 모델

목차

지금까지 우리는 머신러닝을 대상 레이블(종속 변수)의 유한한 이산 집합인 클래스로 분류하는 작업에 대해 다루었다. 지도 기계 학습(supervised machine learning)의 또 다른 주요 작업은 회귀 분석이며, 여기서 작업은 연속적인 값을 예측하는 것이다. 회귀 분석은 최적화에 가깝기 때문에 다양한 평가 기준과 알고리즘뿐만 아니라 손실 함수 및 정규화 용어와 같은 일부 새로운 개념으로 이어진다.

손실 최소화 vs. 모델 추정

챕터 11에서 소개한 추정은 데이터 생성 과정을 나타내는 모델에 대한 최적의 모수를 찾는 것을 목표로 한다. 머신러닝에서는 일반적으로 모델에 의해 생성된 예측의 품질에 더 중점을 둔다. 예측의 품질은 우리가 관찰한 실제 값에서 예측의 편차를 설명하는 손실 함수에 의해 측정된다. 손실 값이 낮다는 것은 예측의 품질이 더 좋다는 것을 의미하므로 머신러닝 프로세스는 손실을 최소화해야 한다. 이것은 어떤 가정과 회귀 분석 설정에서 데이터의 가능성을 최대화하는 것과 동일할 수 있다.
연속형 값으로 작업하는 회귀 분석 설정에서는 미적분을 사용하여 최적의 모수 값을 찾을 수도 있으므로 매우 효과적일 수 있다.

선형 회귀 분석

가장 일반적인 회귀 분석 모델은 선형 회귀 분석 모델이며 예측치 $y\hat{}$을 계산한다.
$y\hat{}$은 주어진 D차원 입력 벡터 $X = (x_1, \ldots, x_D)$ 에 대해 $W = (w_1, \ldots, w_D)$로 가중치를 부여한 합으로:

$$\hat{y} = \sum_{d=1}^{D} w_d x_d$$

또는 벡터 표기법으로 다음과 같이 쓸 수 있다:

$$\hat{y} = w^T x$$

흔히 $\hat{y} = \sum w_d x_d + b$ 에 절편 바이어스 b는 포함되지만, 이는 데이터 벡터 $X = (x_1, \ldots, x_D)$에 상수값 1을 갖는 원소를 추가함으로써 벡터화된 b를 $W = (w_1, \ldots, w_D, b)$가 일부로 만드는 것에 통합될 수 있다.

우리는 지금부터 바이어스가 데이터 벡터에 포함되어 있고, 특별한 표시가 없는 한 다른 데이터 차원처럼 처리될 수 있다고 가정할 것이다.

N 개의 입력/레이블 쌍으로 구성된 데이터셋을 사용하면 데이터셋 행의 입력 행렬 X로 쓸 수 있다.

$$\S = \begin{bmatrix} \mathrm{x}_1 \\ \cdots \\ \mathrm{x}_n \end{bmatrix} = \begin{bmatrix} x_1 1 & \cdots & x_1 d \\ \vdots & \ddots & \vdots \\ x_1 1 & \cdots & x_n d \end{bmatrix}$$

그리고 벡터 $y = (y_1,\dots, y_n)$에 레이블을 붙인다. 예측 벡터 y^는 다음과 같이 계산할 수 있다:

$$y\hat{} = \mathrm{Xw}$$

최소 제곱 최적화(Least Squares Optimization)

회귀 함수의 가장 일반적인 손실 함수는 제곱 오차의 합(SSE)이다. 이 값은 다음과 같이 계산된다.

$$\mathrm{SSE} = \sum_{k=1}^{d}(y_k - \hat{y}_k)^2 = (y-\hat{y})^{\mathrm{T}}(y-\hat{y}) = (\mathrm{y}-\mathrm{Xw})^{\mathrm{T}}(\mathrm{y}-\mathrm{Xw})$$

선형 모델이 있는 SSE의 경우, 닫힌 형태의 해가 있다. 밑그림으로는 다음과 같은 것을 알 수 있다. W에 대한 SSE의 기울기가 필요하다.

$$\nabla_{\omega}\mathrm{SSE} = 2(\S^{T}\S\,\mathrm{w} - \S^{T}\mathrm{y})$$

기울기를 0으로 설정하면 최적의 y^을 계산할 수 있다.

$$X^{\mathrm{T}}\mathrm{X}\hat{\mathrm{w}} = X^{\mathrm{T}}y$$

여기서 해결책을 찾을 수 있다.

$$\hat{\mathrm{w}} = (X^{\mathrm{T}}\mathrm{X}\hat{\mathrm{w}})^{-1}\, X^{\mathrm{T}}y$$

보다 자세한 수학적 이해는 예를 들어 다음 참고 자료에서 찾을 수 있다. James, Gareth, Daniela Witten, Trevor Hastie, and Robert Tibshirani. An Introduction to Statistical Learning. Vol. 112. New York: Springer, 2013.

실제로 우리는 표본당 평균 SSE, 평균 제곱 오차(MSE)를 취하는 경우가 많다.

$$\text{MSE} = \frac{SSE}{\text{N}} = \frac{1}{N}\sum_{k=1}^{N}\left(y_n - \hat{y}_n\right)^2$$

MSE는 SSE에 비해 크기가 다른 데이터셋 간에 비교가 가능하다는 장점이 있다. 잔차의 평균이 0이면 MSE는 모집단 분산이라는 점에 주목했을 수 있다. 즉, 데이터의 분산은 레이블의 평균을 예측하는 예측 변수의 MSE이다.

자주 사용되는 또 다른 오류 평가 기준은 평균 제곱근 오차(*Root Mean Squared Error, RMSE*)이다.

$$\text{RMSE} = \sqrt{\frac{\text{SSE}}{N}} = \sqrt{\frac{1}{N}\sum_{k=1}^{N}\left(y_k - \hat{y}_k\right)^2}$$

RMSE 평가 기준은 레이블 데이터와 동일한 척도에 있으므로 측정된 수량 단위(예: 물리적 또는 재무적 단위)로 RMSE를 해석할 수 있다. 표준편차는 분산의 제곱근이므로 평균이 0인 경우 RMSE는 잔차의 모집단 기반 표준편차이다.

Box 18.1

최대 가능성으로 최소 제곱

정규분포 대상값에 대한 다음 모형 공식과 SSE 적합 최소화는 다음과 같다.

$$p(y|\text{x}) = N\,(y - \text{w}^{\text{T}}\text{x},\ \sigma^2)$$

x와 W가 위와 같을 때이다.

총 로그 가능성은 다음과 같다.

$$LL\left(\text{w},\sigma^2\right) = \sum_{n=1}^{N}\log N(\text{y}_n - \text{w}^{\text{T}}\text{x}_n,\sigma^2) = \sum_{n=1}^{N}\log N(\text{y}_n - \hat{y}_n,\sigma^2)$$

정의에 대입하면 다음과 같이 정리할 수 있다.

$$LL(x) = \sum_{n=1}^{N}\log\frac{1}{\sqrt{\sigma^2 2\pi}}exp\left(-\frac{\left(\text{y}_n - \hat{\text{y}}_n\right)^2}{2\sigma^2}\right)$$

$$= \frac{1}{2\sigma^2}\sum_{n=1}^{N}\left(y_n - \hat{y}_n\right)^2 + \frac{N}{2}\log(2\pi\sigma^2)$$

완전 모형 추정에서는 W와 σ^2에 대해 최적화를 수행한다. 그러나 예측치를 생성하려면 W에 대해 최적화하면 된다. 이를 위해 σ^2 와 관련된 항은 최적화에 영향을 미치지 않는 상수로 표현할 수 있으므로 최대화 항은 다음과 같다.

$$-C_1\sum_{n=1}^{N}\left(y_n - \hat{y}_n\right)^2 + C_2$$

여기서 유일하게 관련된 항은 음의 SSE이다. 따라서 오차가 정규 분포를 따른다고 가정하면 SSE를 최소화하면 LL이 최대가 된다.

이 가정은 실제로는 그렇지 않은 경우가 많기 때문에 W(또는 σ^2)의 추정치가 확률론적 모델 파라미터로 유효하지 않을 수 있다. 그러나 주요 목표가 예측 품질을 최적화하는 것이라면 SSE를 최소화하는 것이 여전히 유용하다. 머신러닝의 보다 자세한 확률론적 처리는 다음 자료를 참조하자. Murphy, K., *Probabilistic Machine Learning: An Introduction.* MIT Press, 2022.

회귀 분석 예제

이번 챕터에서는 당뇨병 데이터셋을 사용할 것이다. 이 데이터셋은 환자에 대한 10가지 속성의 독립 변수와 1년 후 질병 진행 결과인 종속 변수로 이루어져 있다. 데이터셋에는 442명의 환자에 대한 데이터가 포함되어 있다. 즉, R에는 데이터셋에 종속 변수를 포함하여 11개의 차원이 있다.

R

```
dataset = read.csv('../../diabetes.csv', header = TRUE)
dim(dataset)

[1] 442  11
```

Python

```
from sklearn.datasets import load_diabetes
dataset = load_diabetes()

X = dataset.data
```

```
y = dataset.target

print(X.shape,y.shape)

(442, 10) (442,)
```

일반적으로 교차 검증이 이 데이터셋에 적합한 방법이지만, 단순화를 위해 일단은 단일 트레이닝, 검증 및 테스트셋으로 진행한다.

R

```
set.seed(123456)
N = nrow(dataset)
cut1 = floor(0.6*N)
cut2 = floor(0.8*N)
index = sample(1:N)
train_index = index[1:cut1]
val_index = index[(cut1+1):cut2]
test_index = index[(cut2+1):N]
df_trn1 = dataset[train_index,]
df_val1 = dataset[val_index,]
df_tst1 = dataset[test_index,]
sapply(list(df_trn1,df_val1,df_tst1),nrow)

[1] 265  88  89
```

Python

```
from sklearn.model_selection import train_test_split
seed = 0 # avoid randomness in demo

X_trn, X_rest, y_trn, y_rest = train_test_split(X, y,
    test_size=.4,random_state=seed)

X_tst, X_val, y_test, y_val = train_test_split(X_rest, y_rest,
    test_size=.5,random_state=seed)
print(len(y_trn),len(y_val),len(y_test))
265 89 88
```

이번 챕터에서는 주로 수치 최적화를 수행할 것이며, 대부분의 수치 최적화는 스케일링된 데이터에서 더 잘 작동한다. 표준화를 사용하여 트레이닝 데이터의 평균이 0이고 표준편차가 1인지 확인하였다. 검증 및 테스트 데이터도 변환했지만, 트레이닝에 사용할 수 없는 새로운 데이터에서는 불가능하기 때문에 스케일링에 적합하지 않다.

R

```
means = apply(df_trn1[-11],2,mean)
sds = apply(df_trn1[-11],2,sd)
scalefun = function(x){return((x-means)/sds)}
df_trn[-11] = data.frame(sapply(df_trn1[-11],scalefun))
df_val[-11] = data.frame(sapply(df_val1[-11],scalefun))
df_tst[-11] = data.frame(sapply(df_tst1[-11],scalefun))

printfun = function(s, x){
  means = apply(x[-11],2,mean)
  sds = apply(x[-11],2,sd)
  print(paste(s," mean: ",mean(means)," std: ",mean(sds)))
}
printfun("train unscaled", df_trn1)
printfun("train scaled", df_trn)
printfun("val unscaled", df_val1)
printfun("val scaled",df_val)

[1] "train unscaled  mean:  -0.000339411866430797  std:  0.0479598862553068"
[1] "train scaled  mean:  0.000554679590602047  std:  1.00044596359934"
[1] "val unscaled  mean:  -0.00126893653928781  std:  0.0470232437451337"
[1] "val scaled  mean:  -0.0182516281305545  std:  0.980027926607645"
```

Python

```
from sklearn.preprocessing import StandardScaler
sclr = StandardScaler()

X_trn_scl = sclr.fit_transform(X_trn) # scale all 3 sets:
X_val_scl = sclr.transform(X_val)
X_tst_scl = sclr.transform(X_tst)
X_scl = sclr.transform(X)
print("train unscaled mean: ", np.mean(X_trn), " std ", np.std(X_trn))
print("train scaled mean: ", np.mean(X_trn_scl), " std ", np.std(X_trn_scl))
print("val unscaled mean: ", np.mean(X_val), " std ", np.std(X_val))
print("val unscaled mean: ", np.mean(X_val_scl), " std ", np.std(X_val_scl))

train unscaled mean:  0.0003187069681085489  std  0.048784248574983195
train scaled mean:  5.362586684981888e-17  std  1.0000000000000002
val unscaled mean:  -0.0009806367715719235  std  0.04656471364346283
val unscaled mean:  -0.026560745236608264  std  0.9586114379045836
```

R과 Python에서 사용 가능한 프로그래밍 라이브러리를 사용하면 이전에 분류에서 사용했던 모델과 마찬가지로 선형 회귀 분석을 사용하기가 매우 쉬우므로 코드가 이전 장과 매우 유사하다.

R

```
# Helper function for preparing
# dataframes (merging target and
# features)
df_prep = function(features_df,
    target_df) {
    output_df = merge(target_df,
        features_df,
        by = 'row.names',
        all = TRUE)
    rownames(output_df) =
        output_df$Row.names
    output_df$Row.names = NULL
    return(output_df)
}

# Prepare dataframe
train_df = df_prep(X_trn_scl, y_trn)

# Train a linear model
lr = lm(target ~ ., data = train_df)

# helper functions to calculate the prediction metrics
mse = function(X, y, predictor) {
    output = mean( as.matrix(
      predict(predictor, X)-y)^2)
    return(output)
}
rmse = function(X, y, predictor){
    return(
        mse(X,y,predictor)^0.5)
}
print( paste("Train RMSE:",
    rmse(X_trn_scl, y_trn,lr))
paste("Validation RMSE:",
     rmse(X_val_scl, y_val, lr))
print( paste("Test RMSE:", rmse(X_tst_scl, y_test, lr)) )

[1] "Train RMSE: 52.3696480202681"
[1] "Validation RMSE: 53.1913833973054"
[1] "Test RMSE: 60.249180462483"
```

Python

```
from sklearn.linear_model import LinearRegression
```

```
import numpy as np

# train a linear model
lr = LinearRegression()
lr.fit(X_trn_scl,y_trn)

# helper functions to calculate the rmse
def rmse(X,y,predictor):
    return ( mse( X, y,
        predictor))**.5

# helper functions mes
def mse(X,y,predictor):
    return (
        (predictor.predict(X) - y)**2).mean()
# helper functions to calculate the R^2 coefficient
def R_2(X,y,predictor):
    mean_v = np.repeat(np.mean(y), len(y))
    SST = np.var(y)
    SSE = np.var(y - predictor.predict(X))
    return (1-(SSE/SST))

def trainValTestMse(predictor):
    vals = {}
    vals['train'] = rmse(X_trn_scl, y_trn, predictor)
    vals['val'] = rmse(X_val_scl, y_val, predictor)
    vals['test'] = rmse(X_tst_scl, y_test, predictor)
    return vals

print("Linear regression RMSE ", "results: ", trainValTestMse(lr))

Linear regression RMSE results:  {'train': 51.78004290628544, 'val':
55.43725846881888, 'test': 58.26522006034281}
```

종속 변수 데이터, 예측 및 잔차의 분포를 보고 R^2(결정 계수)을 계산하여 수치를 프린트할 수 있다.

R

```
y_trn_hat = lr$fitted.values
res = lr$residuals

print("Training set:")
paste("label mean: ", mean(df_trn$target), "std: ", sd(df_trn$target),
    "var: ", var(df_trn$target))
paste("residuals mean: ", mean(res), "RMSE: ", mean(res^2)^.5,
```

```
    "MSE: ", mean(res^2))
paste("R^2: ", 1 - ( mean(res^2) / var(df_trn$target)))
y_val_hat = predict(lr, df_val[-11])
res_val = y_val_hat - df_val$target
mse_val = mean(res_val^2)
print("Validation set:")
paste("label mean:", mean(df_val$target), "std: ", sd(df_val$target),
   "var: ", var(df_val$target))
paste("residuals mean: ", mean(res_val), "RMSE: ", mse_val^.5,
   "MSE: ", mse_val)
paste("R^2: ", 1-(mse_val/var(df_val$target)))

[1] "Training set:"
[1] "label mean:  155.098113207547 std:  79.1712626031953
var:  6268.08882218411"
[1] "residuals mean:  -0.0000000000000020213128864608 2 RMSE:
51.5635296643493
MSE:  2658.79759144623"
[1] "R^2:  0.575820051873519"
[1] "Validation set:"
[1] "label mean: 148.170454545455 std:  72.3179794485103
var:  5229.89015151515"
[1] "residuals mean:  6.04162475381114
RMSE:  58.8839655941469
MSE:  3467.32140409268"
[1] "R^2:  0.337018311352456"
```

Python

```
y_trn_hat = lr.predict(X_trn_scl)
resid = y_trn_hat-y_trn

print("Training Set")
print('label mean: ', y_trn.mean(),', std: ', y_trn.std(),', var: ',
      y_trn.var())
print('residuals  mean: ', resid.mean(),', RMSE: ', ((resid**2).mean())**.5,
',
      MSE:', (resid**2).mean() )
print('R^2: ', 1 -((resid**2).mean() np.var(y_trn)))

y_val_hat = lr.predict(X_val_scl)
resid_val = y_val_hat-y_val
mse_val = (resid_val**2).mean()
print("Validation Set")
print('label mean: ', np.mean(y_val),', std: ', np.std(y_val),', var:',
     np.var(y_val))
```

```
print('residuals    mean:', resid_val.mean(),', RMSE: ', mse_val**.5,',
      MSE: ', mse_val)
print('R^2: ', 1-(mse_val/np.var(y_val)))

Training Set
label mean: 152.3811320754717 , std: 79.81375740069201 ,
var:  6370.235870416519
residuals  mean:  1.7160277391942042e-15 ,
RMSE:  51.78004290628544 ,
MSE:  2681.172843376761
R^2:  0.5791093300283947
Validation Set
label mean:  147.22471910112358 , std:  66.47255965222679 ,
var:  4418.601186718849
residuals   mean:  10.53236014358034 ,
RMSE:  55.43725846881888 ,
MSE:  3073.289626538631
R^2:  0.30446548654897165
```

잔차의 평균이 트레이닝 데이터에서 0에 매우 가깝기 때문에 우리 모델은 과대 또는 과소 예측에 대한 편향이 거의 없음을 알 수 있다. 트레이닝 셋의 R^2은 50% 이상이고 검증 셋에서는 30% 이상이다. 즉, 항상 평균을 예측하는 모델에 비해 오차가 감소한다. 마찬가지로 RMSE는 레이블 데이터의 표준편차보다 낮지만, 개선의 여지가 분명히 있다.

과소적합(Underfitting)을 해결하기 위한 피쳐 확장

트레이닝셋에 대한 예측 정확도 부족을 과소적합이라고 하는데, 즉 모델이 데이터를 충분히 설명하지 못하기 때문이다. 이는 일반적으로 모델이 충분히 유연하지 못하기 때문에 발생한다. 모델의 유연성을 높이는 한 가지 방법은 데이터를 처리하여 입력과 관련된 다양한 방식으로 표현되는 더 많은 피처를 생성하는 것이다. 이를 달성하는 가장 일반적인 방법은 입력 값의 곱을 포함하는 다항식 피쳐를 만드는 것이다. 예를 들어, 두 입력 x_1, x_2에 대해 최대 2도까지의 다항식 피쳐는 $1, x_1, x_2, x_1^2, x_1 x_2, x_2^2$ 이다. 다시 말해서 계수의 수(즉, 가중치 $w_1, \ldots, w_m$)가 증가하도록 상호작용항(interaction term, 두 개의 다른 변수의 곱)과 이차항을 회귀 분석식에 추가한다. 높은 차수인 max_d.의 경우, 피쳐는 $\max_d$.까지 차수의 가능한 모든 다항식을 포함한다. 따라서 max_d를 사용하는 기능의 수가 기하급수적으로 증가하므로 max_d.의 작은 값에만 가능하다.

*Sklearn*는 생성된 피쳐를 설명하는 **get_feature_names_out** 메소드를 제공하는 **PolynomialFeatures** 클래스를 포함하고 있다. degree =1을 사용하면 degree 0의 추가 피쳐 (즉, 상수 피쳐 1)가 생성된다.

R

```
X_trn_sc_pf1 = model.matrix(target ~ ., data = train_df)
print(colnames(X_trn_sc_pf1))

[1] "(Intercept)" "age"         "sex"         "bmi"         "bp"          "s1"
[7] "s2"          "s3"          "s4"          "s5"          "s6"
```

Python

```
from sklearn.preprocessing import PolynomialFeatures
pf1 = PolynomialFeatures(degree=1)
X_trn_sc_pf1 = pf1.fit_transform(X_trn_scl)
print(pf1.get_feature_names_out())

['1' 'x0' 'x1' 'x2' 'x3' 'x4' 'x5' 'x6' 'x7' 'x8' 'x9']
```

degree = 2로 증가함으로써, 우리는 2차수의 가능한 모든 다항식을 추가하여 총 66개의 피쳐를 얻게 된다.

R

```
# Degree 2 polynomial feature generation function
pf2_transform = function(df, target_name='target') {
    # formula for intercept, raw, squared, and interaction features
    formula_pf2 = as.formula(paste(target_name, '~ .^2 +',
        paste('poly(', colnames(df)[-c(1)], ',2,
            raw=TRUE)[, 2]', collapse = ' + ')))
    output = model.matrix(formula_pf2, data = df)
    # Rewrite column names for readability
    colnames_pf2 = c("1", colnames(df)[-1], # exclude target
        paste0(colnames(df)[-1],"^2"), # include squares
        colnames(output)[-(1:(length(df)*2-1))]) # include interactions
    colnames(output) = colnames_pf2 # Convert to dataframe
    output_df = data.frame(output) # Exclude intercept column
    output_df[,1] = NULL
    return(output_df)
}
# Degree 2 polynomial feature generation
X_trn_sc_pf2 = pf2_transform(train_df)
print(colnames(X_trn_sc_pf2))
```

```
print(dim(X_trn))
print(dim(X_trn_sc_pf2))

[1] "age"      "sex"      "bmi"      "bp"       "s1"       "s2"       "s3"
"s4"       "s5"
[10] "s6"       "age.2"    "sex.2"    "bmi.2"    "bp.2"     "s1.2"     "s2.2"
"s3.2"     "s4.2"
[19] "s5.2"     "s6.2"     "age.sex" "age.bmi" "age.bp"   "age.s1"   "age.s2"
"age.s3"   "age.s4"
[28] "age.s5"   "age.s6"   "sex.bmi" "sex.bp"   "sex.s1"   "sex.s2"   "sex.s3"
"sex.s4"   "sex.s5"
[37] "sex.s6"   "bmi.bp"   "bmi.s1"   "bmi.s2"   "bmi.s3"   "bmi.s4"   "bmi.s5"
"bmi.s6"   "bp.s1"
[46] "bp.s2"    "bp.s3"    "bp.s4"    "bp.s5"    "bp.s6"    "s1.s2"    "s1.s3"    "s1.
s4"    "s1.s5"
[55] "s1.s6"    "s2.s3"    "s2.s4"    "s2.s5"    "s2.s6"    "s3.s4"    "s3.s5"    "s3.
s6"    "s4.s5"
[64] "s4.s6"    "s5.s6"

[1] 265  10
[1] 265  65
```

Python

```
pf2 = PolynomialFeatures(degree=2)
X_trn_sc_pf2 = pf2.fit_transform(X_trn_scl)
print(pf2.get_feature_names_out())
print(X_trn.shape)
X_trn_sc_pf2.shape

['1' 'x0' 'x1' 'x2' 'x3' 'x4' 'x5' 'x6' 'x7' 'x8' 'x9' 'x0^2' 'x0 x1'
 'x0 x2' 'x0 x3' 'x0 x4' 'x0 x5' 'x0 x6' 'x0 x7' 'x0 x8' 'x0 x9' 'x1^2'
 'x1 x2' 'x1 x3' 'x1 x4' 'x1 x5' 'x1 x6' 'x1 x7' 'x1 x8' 'x1 x9' 'x2^2'
 'x2 x3' 'x2 x4' 'x2 x5' 'x2 x6' 'x2 x7' 'x2 x8' 'x2 x9' 'x3^2' 'x3 x4'
 'x3 x5' 'x3 x6' 'x3 x7' 'x3 x8' 'x3 x9' 'x4^2' 'x4 x5' 'x4 x6' 'x4 x7'
 'x4 x8' 'x4 x9' 'x5^2' 'x5 x6' 'x5 x7' 'x5 x8' 'x5 x9' 'x6^2' 'x6 x7'
 'x6 x8' 'x6 x9' 'x7^2' 'x7 x8' 'x7 x9' 'x8^2' 'x8 x9' 'x9^2']
(265, 10)
(265, 66)
```

이제 변환된 데이터셋으로 모델을 트레이닝할 수 있다.

R

```
lr2 = lm(target ~ ., data = trn_sc_pf2)
paste("Poly2 train RMSE: ", rmse(trn_sc_pf2[-10],df_trn$target,lr2))
paste("Poly 2 val   RMSE: ", rmse(val_sc_pf2[-10],df_val$target,lr2))
```

```
paste("Poly 2 test  RMSE: ", rmse(tst_sc_pf2[-10],df_tst$target,lr2))

[1] "Poly2 train RMSE:  44.9480294133388"
[1] "Poly2 val   RMSE:  71.0445319217037"
[1] "Poly2 test  RMSE:  77.2455828915384"
```

Python

```
X_val_sc_pf2 = pf2.transform(X_val_scl)
X_tst_sc_pf2 = pf2.transform(X_tst_scl)

# train a linear model
lr2 = LinearRegression()
lr2.fit(X_trn_sc_pf2,y_trn)

print('Poly2 Features, train RMSE: ', rmse(X_trn_sc_pf2,y_trn,lr2),', val
    RMSE:', rmse(X_val_sc_pf2,y_val,lr2),', test RMSE: ', rmse(X_tst_
    sc_pf2,y_test,lr2))
Poly2 Features, train RMSE: 44.509225398475564 , val RMSE: 67.55361367535333 ,
    test RMSE:  63.2999076381296
```

결과는 트레이닝셋에서는 훨씬 감소된 오차를 보여주지만, 검증 집합에서는 큰 오차를 보여준다. 계수를 검사하면 무슨 일이 일어나고 있는지 알 수 있다(아래 연습문제 참조). 이것은 과적합의 극단적인 경우이다.

모형의 너무 많은 유연성은 분명히, 특히 과적합 문제를 야기할 수 있다. 트레이닝 데이터를 완벽하게 재현할 수 있는 매우 유연한 모형을 생각하면 이해할 수 있다. 자료를 암기하는 것이 그리 유용하지 않다는 사실 외에도, 고차 다항식은 더 가파른 기울기를 생성하므로 데이터 포인트 간에 값의 큰 변화를 가져온다는 특성도 가지고 있다.

또 다른 문제는 변수의 수가 많을수록 최적화에 수치적인 문제가 발생할 가능성이 높다는 것이다. 특히 데이터 포인트보다 피쳐가 더 많을 경우 시스템이 과소 결정되고 고유한 해결책이 존재하지 않을 수 있다.

lm (R)과 LinearRegression (Python)의 구현은 수치적으로 매우 견고하며 과소 결정된 시스템을 처리할 수 있지만, 일반적으로 그것이 보장되지는 않는다.

L_2 및 L_1 정규화

과적합과 잠재적 수치 문제는 모두 정규화를 통해 해결할 수 있다. 이전 챕터에서 소개한 모델 유연성을 줄이기 위한 일반적인 정규화 개념은 선형 회귀 및 일반 선형 모델(13장)과 신경망을 포함한 관련 모델에 적용할 수 있는 매우 인기 있는 구현 방식이다. 이러한 모델은 수치 최적화 방법을 사용하기 때문에 모델과 관련된 손실 함수에 가산항을 도입할 수 있으며, 예측 손실과 함께 최소화된다. 가장 일반적인 손실 항은 가중치의 L_1 및 L_2 표준이다.
용어 *norm*은 벡터의 길이를 계산하는 방법을 나타낸다. norm은 유클리드 또는 L_2 norm이며, 벡터 W, $\sqrt{\sum_{d=1}^{D} w_d^2}$ 혹은 D차원에 대해 정의된 W_2로도 정의되고 $d = 3$의 경우 물리적 공간의 길이를 설명한다. L_1 norm은 다음과 같이 정의된다.

$\sum_{d=1}^{D} \mathrm{abs}(w_d)$, 여기서 abs는 인수의 부호를 양수로 설정한다. L_1 norm은 다음과 같이 해석할 수 있다. 직사각형 격자 위의 거리를 *Manhattan norm*이라고도 한다.

L_2 norm은 Tikhonov 정규화라고도 하는 손실 l_r을 다음과 같이 정의한다.

$$loss_2 = \sum_d \left(\hat{y}_d - y\right)^2 + \rho \sum_d w_d^2 = |\boldsymbol{X}w - y|_2^2 + \rho |w|_2^2$$

그리고 L_1 손실은 다음과 같다.

$$loss_1 = \sum_d \left(\hat{y}_d - y\right)^2 + \rho \sum_d \mathrm{abs}\left(w_d\right) = |\boldsymbol{X}w - y|_2^2 + \rho |w|_1 ,$$

$|\cdot|_2$가 *norm*이고 $|\cdot|_1$이 *norm*이다. 파라미터 p가 정규화 강도를 제어한다.

두 경우 모두 최적화기가 모형 계수의 크기를 줄여 예측 오차를 줄이는 데 거의 기여하지 않는 가중치를 작게 유지한다는 아이디어이다.
단순한 선형 회귀 분석의 경우 특정한 이름이 있다. L_2 정규화 회귀 분석과 L_1 정규화 회귀 분석을 각각 능선(*ridge*) 회귀 분석, 라소(*lasso*) 회귀 분석이라고 하며, 두 경우 모두 (정규화가 계수를 축소하기 때문에) 수축(*shrinkage*)이라는 용어도 사용된다. L_2 정규화는 가중치가 큰 값에 더 많은 불이익을 주기 때문에 매우 효과적이다. L_1 정규화는 희소 계수를 초래하는 긍정적인 특성을 갖는다.

Ridge 회귀 분석에 따른 수축 파라미터

먼저 L_2(즉, Ridge) 회귀 분석을 적용하는 것으로 시작할 것이다. R에서는 **`glmnet`** 패키지를 사용하여 Lasso와 Ridge 정규화를 제어하는 α 및 λ 변수가 있는 선형 모델을 트레이닝한다. α는 L2

를 사용하는지($\alpha = 0$), L_1($\alpha = 1$) 또는 가중 평균($0 < \alpha < 1$)을 사용하는지를 정의하며, 이를 종종 *Elastic Net*이라고 한다. λ 값은 정규화의 강도를 결정하며, 위 식에서 p에 해당한다.

Python에서는 위의 p에 해당하는 매개변수 알파를 가진 *Scikit-Learn*에서 예측 변수 클래스 **Ridge**를 사용할 수 있다. 여기서 한 가지 실용적인 측면이 중요한데, 이는 데이터에 절편(또는 편향) 항이 없지만, 절편이 정규화되는 것을 원하지 않기 때문이다.

R

```
ridge = glmnet(trn_sc_pf2[-10], trn_sc_pf2$target, alpha=0, lambda = 1)
paste("Ridge train RMSE: ", rmse(as.matrix(trn_sc_pf2[-10]),df_trn$target,
      ridge))
paste("Ridge val   RMSE: ", rmse(as.matrix(val_sc_pf2[-10]),df_val$
      target,ridge))

Data           RMSE
Training      46.67
Validation    59.98
```

Python

```
from sklearn.linear_model import Ridge

pf2n = PolynomialFeatures(include_bias=False)
X_trn_sc_pf2 = pf2n.fit_transform(X_trn_scl)
X_val_sc_pf2 = pf2n.fit_transform(X_val_scl)
X_tst_sc_pf2 = pf2n.fit_transform(X_tst_scl)

# train a linear model
lr_rd1 = Ridge(fit_intercept=True)
lr_rd1.fit(X_trn_sc_pf2,y_trn)

print('Ridge train RMSE: ',rmse(X_trn_sc_pf2,y_trn,lr_rd1))
print('Ridge val   RMSE: ',rmse(X_val_sc_pf2,y_val,lr_rd1))

Ridge train RMSE:  45.0006645588884
Ridge val   RMSE:  61.94445869321387
```

학습 데이터의 오류는 약간 증가하고 검증 데이터의 오류는 크게 감소한 것을 볼 수 있다. 아직 개선할 여지가 있으므로 더 높은 λ(파이썬에서는 α) 값을 사용하여 더 강력한 정규화를 시도해 보자. 이전 챕터에서와 같이 하이퍼 파라미터를 통해 조정해 보자. 교차 검증 그림을 사용할 수도 있지만, 간결성을 위해 그리드 검색을 통해 찾은 값을 사용한다(아래 참조). 열차/검증 분할에 그리드 검색을 구현하고 CV 그리드 검색을 수행하는 것은 독자 여러분들을 위한 연습 문제로 남겨두도록 한다.

R

```
ridge_best = caret::train(y = train_sc_pf2$target, x = train_sc_pf2[-10],
             method = 'glmnet',
    tuneGrid = expand.grid(alpha = 0, lambda = 25))
paste("Ridge train RMSE:", rmse(train_sc_pf2$target, train_pred))
paste("Ridge val RMSE:", rmse(val_sc_pf2$target, val_pred))

[1] "Ridge train RMSE: 51.2267915661586"
[1] "Ridge val RMSE: 57.0049295299758"
```

Python

```
lr_rd2 = Ridge(alpha=300,fit_intercept=True)
lr_rd2.fit(X_trn_sc_pf2, y_trn)

print("Ridge train RMSE:", rmse(X_trn_sc_pf2, y_trn,lr_rd2))
print(("Ridge val RMSE:", rmse(X_val_sc_pf2, y_val,lr_rd2))

Ridge train RMSE: 53.23942319481683
Ridge val RMSE: 51.64815860679413
```

적절한 α/λ 값을 사용하면 과적합을 줄이고 R^2 계수 측면에서도 더 나은 모델을 얻을 수 있음을 알 수 있다.

R

```
paste("Ridge2 train R^2: ", R_2(as.matrix(trn_sc_pf2[-65]),
      trn_sc_pf2$target,ridge2))
paste("Ridge2 train R^2: ", R_2(as.matrix(val_sc_pf2[-65]),
       val_sc_pf2$target,ridge2))
paste("Ridge2 train R^2: ", R_2(as.matrix(tst_sc_pf2[-65]),
      tst_sc_pf2$target,ridge2))

[1] "Ridge2 train R^2:  0.582148502794092"
[1] "Ridge2 train R^2:  0.364354550693784"
[1] "Ridge2 train R^2:  0.458062729927458"
```

Python

```
print('Ridge2 trn R^2: ', R_2(X_train_sc_pf2, y_train,lr_rd2))
print('Ridge2 val R^2: ', R_2(X_val_sc_pf2, y_val,lr_rd2))
print('Ridge2 tst R^2: ', R_2(X_test_sc_pf2, y_test,lr_rd2))

Ridge2 trn R^2: 0.6234935649566713 Ridge2 val R^2: 0.3792545799603789 Ridge2
tst R^2: 0.4124346702270759
```

Lasso 회귀 분석에서 피쳐 선택

언급한 바와 같이, L_1 회귀 분석은 희소 계수를 초래할 수 있다. 즉, 가중치가 매우 작더라도 (더 작은 계수 값의 경우 정규화 항이 L_2와는 반대로) 0을 향해 동일하게 구동된다. 따라서 많은 계수가 모형에 적합시킨 후 실제로 0에 도달하게 되므로 예측에 영향을 미치지 않다.

이것은 우리가 어떤 피쳐들이 목표물을 예측하는 데 가장 중요한지 쉽게 이해할 수 있게 해준다. 또한, 이것은 우리가 향후 모델의 적용에서 이러한 0–가중치 피쳐들에 대한 값을 모을 필요가 없다는 것을 의미한다. 이것은 실제 적용에서 시간, 돈, 그리고 계산 비용을 절약할 수 있다.

당뇨병 데이터셋에서 이것을 시도해 보자. 다시 반복해서, R에는 **glmnet** 메소드가, 그리고 *Scikit-Learn*에서는 Lasso 클래스라는 편리한 방법이 있어서 최소한의 코드 변경으로 모형을 만들고 적합시킬 수 있는 방법이 있다.

R

```
# Train a lasso model
lasso <- glmnet( as.matrix(trn_sc_pf2[-65]), trn_sc_pf2$target, alpha = 1)

paste("Lasso train RMSE:", rmse(as.matrix(trn_sc_pf2[-65]), trn_sc_
       pf2$target,lasso))

paste("Lasso val RMSE:", rmse(as.matrix(val_sc_pf2[-65]), val_sc_pf2
      $target,lasso))

[1] "Lasso train RMSE: 50.8524264650375"
[1] "Lasso val   RMSE: 60.776589560245"
```

Python

```
from sklearn.linear_model import Lasso

# train a linear model
lr_lso = Lasso()
lr_lso.fit(X_trn_sc_pf2,y_trn)
print('Lasso train RMSE): ', rmse(X_trn_sc_pf2, y_trn,lr_lso))
print('Lasso val RMSE):   ', rmse(X_val_sc_pf2, y_val,lr_lso))

Lasso train RMSE):  47.37809431050939
Lasso val RMSE):    55.61032458728394
```

Ridge 회귀 분석보다 더 낮은 적합도가 있지만, 우리는 여전히 더 나은 하이퍼 파라미터를 선택하려고 노력할 수 있다. 약간의 검정을 통해, 우리는 5 또는 10이 모수에 적합한 값이라는 것을 알 수 있다. 이 값을 체계적으로 결정하는 것은 다시 연습문제로 남기겠다.

R

```
# Train a linear model
lasso2 <- glmnet( as.matrix(trn_sc_pf2[-65]), trn_sc_pf2$target,
                 alpha = 1, lambda = 4)
paste("Lasso2 train RMSE:", rmse(as.matrix(trn_sc_pf2[-65]), trn_sc_
      pf2$target,lasso2))
paste("Lasso2 val   RMSE:", rmse(as.matrix(val_sc_pf2[-65]), val_sc_
      pf2$target,lasso2))

[1] "Lasso2 train RMSE: 51.7950222076933"
[1] "Lasso2 val   RMSE: 57.5298424353424
```

Python

```
# train a linear model
lr_lso2 = Lasso(alpha=10)
lr_lso2.fit(X_trn_sc_pf2,y_trn)

print('Lasso alpha=300 train RMSE): ',rmse(X_trn_sc_pf2,y_trn,lr_lso2))
print('Lasso alpha=300 val RMSE):   ',rmse(X_val_sc_pf2,y_val,lr_lso2))

Lasso alpha=10 train RMSE):  54.393944437527104
Lasso alpha=10 val RMSE):    52.807267316335164
```

이 오차 값은 R^2 값에서도 볼 수 있듯이 Ridge 회귀 분석의 경우보다 약간 높다. 그러나 테스트셋에서는 Lasso 모델이 약간 더 잘 나오는데, 이는 모델 성능의 실제 차이가 매우 작다는 증거이다.

R

```
y_trn_hat = predict(lr_lso2, newx=as.matrix(X_trn_sc_pf2), s=best_lambda_
lso)
res_lso2 = y_trn_hat - y_trn$target
print("Training set")
paste('R^2: ', 1-(var(res_lso2)/ var(y_trn$target)))

y_val_hat = predict(lr_lso2, newx = as.matrix(X_val_sc_pf2), s = best_
          lambda_lso)
res_val_lso2 = y_val_hat - y_val
paste("Validation set R^2: ", 1-(var(res_val_lso2)/var(y_val)))

y_tst_hat = predict(lr_lso2, newx = as.matrix(X_tst_sc_pf2), s = best_
          lambda_lso)
res_tst_lso2 = y_tst_hat - y_test
```

```
print("Test set")
print( paste('R^2: ', 1-(var(res_tst_lso2)/var(y_test))))
print(mean((res_tst_lso2$target)^2)^.5)

[1] "Training set"
[1] "R^2:  0.0951301235847977"
[1] "Validation set"
[1] "R^2:  0.0225884290452385"
[1] "Test set"
[1] "R^2:  -0.0529938490901436"
[1] 83.47607
```

Python

```
y_trn_hat = lr_lso2.predict(X_trn_sc_pf2)
resid = y_trn_hat-y_trn
print("Training Set")
print('R^2: ',1-(np.var(resid)/np.var(y_trn)))

y_val_hat = lr_lso2.predict(X_val_sc_pf2)
print("Validation Set")
print('R^2: ',1-(np.var(y_val_hat-y_val)/np.var(y_val)))

y_tst_hat = lr_lso2.predict(X_tst_sc_pf2)
print("Test Set")
print('R^2: ', 1-(np.var(y_tst_hat-y_test)/np.var(y_test)))
((y_tst_hat-y_test)**2).mean()**.5

Training Set
R^2:  0.5355429136913058
Validation Set
R^2:  0.37642565670267825
Test Set
R^2:  0.4209717108265886
59.49520079118262
```

더 신뢰할 수 있는 결과를 얻으려면 교차 검증을 적용하고 유의성 검정을 수행해야 한다. Lasso 모형이 약간 더 나쁘더라도 응용 프로그램에 따라 더 적은 측정값으로 예측값을 얻을 수 있는 것이 더 가치 있을 수 있다. 예를 들어, 더 자주 측정할 수 있다.

계수를 추출하여 어떤 형상이 0이 아닌 계수를 갖는지 확인할 수 있다. 당뇨병 데이터의 경우 원래 형상 중 6개(X0,X1,X2,X5,X7,X9)만 실제로 사용되는 것을 볼 수 있다.

R

```
coef_vect = coef(lr_lso2)[,1]
print("Lasso coefficients:")
print(coef_vect)
print("Positions of non-zero coefficients:")
print(seq(1:length(coef_vect))[coef_vect!=0])
print("Names and values of non-zero coefficients:")
print(coef_vect[coef_vect!=0])

[1] "Lasso coefficients:"
(Intercept)       age        sex        bmi         bp         s1         s2         s3
152.2057866   2.9276331  0.0000000  0.0000000  0.0000000  -7.6713441
0.0000000   0.0000000
s4       s5       s6       age.2      sex.2      bmi.2      bp.2      s1.2
0.0000000  0.0000000  0.0000000  0.0000000  0.0000000  -1.6375100  0.0000000
0.0000000
s2.2       s3.2       s4.2       s5.2       s6.2       age.sex      age.bmi
age.bp
0.0000000   0.0000000   0.0000000   0.0000000   0.0000000   0.0000000
0.0000000   5.5668135
age.s1      age.s2      age.s3      age.s4      age.s5      age.s6      sex.
bmi         sex.bp
0.0000000   0.0000000   0.0000000   0.0000000   0.0000000   0.0000000
0.0000000   0.0000000
sex.s1    sex.s2    sex.s3    sex.s4    sex.s5    sex.s6    bmi.bp    bmi.s1
-7.1348581   0.0000000  -4.7624488   0.0000000   0.0000000   0.0000000
-3.1661206   0.0000000
bmi.s2      bmi.s3      bmi.s4      bmi.s5      bmi.s6      bp.s1      bp.s2
bp.s3
0.0000000   0.0000000   0.0000000   0.0000000   0.0000000   0.0000000
0.0000000   0.0000000
bp.s4      bp.s5      bp.s6      s1.s2      s1.s3      s1.s4      s1.s5
s1.s6
-1.2971684   0.0000000  -2.3558529   0.0000000   0.0000000   0.0000000
0.0000000   0.0000000
s2.s3      s2.s4      s2.s5      s2.s6      s3.s4      s3.s5      s3.s6
s4.s5
0.0000000   0.0000000   0.0000000  -0.9212003   0.0000000   0.0000000
0.0000000  0.0000000
s4.s6      s5.s6
0.0000000  0.0000000
[1] "Positions of non-zero coefficients:"
[1]  1  2  6 14 24 33 35 39 49 51 60
[1] "Names and values of non-zero coefficients:"
(Intercept)           age           s1         bmi.2       age.bp        sex.s1
sex.s3       bmi.bp
```

```
152.2057866   2.9276331  -7.6713441  -1.6375100   5.5668135  -7.1348581
-4.7624488  -3.1661206
     bp.s4       bp.s6       s2.s6
-1.2971684  -2.3558529  -0.9212003
```

Python

```
print('Lasso coefficients',lr_lso2.coef_)
print('Positions of non-zero coefficients',np.nonzero(lr_lso2.coef_))
nz_feature_names = pf2.get_feature_names_out()[np.nonzero(lr_lso2.coef_)]
nz_feature_values = lr_lso2.coef_[np.nonzero(lr_lso2.coef_)]
print('Names and values of non-zero coefficients',list(zip(nz_feature_
names,nz_feature_values)))
```

```
Lasso coefficients [ 0.        -0.        21.09885135  7.25809404 -0.     -0.
 -4.66809785  0.        23.92567557  0.          0.          2.284511
  0.          0.        -0.         -0.         -0.          0.
  0.          0.        -0.          0.          0.          0.
 -0.          0.        -0.          0.          0.          2.11981431
  0.         -0.        -0.         -0.          0.          0.
  0.          2.1011182   0.         -0.          0.         -0.
  0.          0.        -0.         -0.          0.         -0.
 -0.          0.        -0.          0.         -0.         -0.
  0.         -0.         0.          0.         -0.         -0.
 -0.          0.         0.          0.          0.        ]
Positions of non-zero coefficients (array([ 2,  3,  6,  8, 11, 29, 37]),)
Names and values of non-zero coefficients [('x1', 21.098851350283923), ('x2',
7.258094039818483), ('x5', -4.668097852769056), ('x7', 23.925675570857106),
('x0^2', 2.2845109952089255), ('x1 x9', 2.1198143136713385), ('x2 x9',
2.1011182026125352)]
```

비선형 모델 최적화

위에서는 상호 작용 및 2차 조합을 추출하여 입력 측에서 모델의 다항식 확장을 사용하였다. 이러한 피쳐 추출기의 파라미터가 고정되어 있으면 모델은 여전히 피쳐 값에 대해 선형이다. 그러나 학습 가능한 파라미터가 있는 입력 값의 비선형 함수를 사용하면 모델의 파라미터 수를 제어하면서 모델을 훨씬 유연하게 만들 수 있다. 이러한 방식은 예를 들어 신경망에서 사용된다.

경사하강법(Gradient Descent)

비선형 모델의 경우, 일반적으로 모델 파라미터를 데이터에 맞출 수 있는 닫힌 형태의 솔루션이 없다. 일반적인 경우(이른바 비볼록 최적화 문제(non-convex optimization problems)), 최적의 솔루션을 찾거나 찾을 수 있는지 알 수 있는 알고리즘이 없다. 비선형 모델을 최적화하기 위한 가장 일반적인 아이디어는 기울기 하강이라는 기술을 사용하는 것이다. 이를 위해 파라미터에 대한 손실 함수의 기울기를 계산한다. 기울기는 특정 방향으로 파라미터를 임의로 작은 양만큼 변경하면 오류가 증가하는지 여부를 알려준다. 반대 방향으로 이동하면 손실이 감소하기를 기대한다. 파라미터를 변경할 때 기울기의 크기와 방향이 변경되므로 작은 변경만 하고 기울기가 0에 가까워지고 오류를 개선할 수 없을 때까지 프로세스를 반복한다.

선형 회귀 분석을 포함하는 소위 볼록 문제에서는 이를 통해 최적의 솔루션을 찾을 수 있다. 그러나 대부분의 선형 모델은 볼록하지 않으므로 변경이 최선의 솔루션으로 이어질 것이라고 확신할 수 없다. 가장 큰 문제는 로컬 최소값에 도달할 수 있지만, 이는 최적해와 거리가 멀 수 있다는 점이다. 이러한 문제에도 불구하고 복잡한 문제와 대규모 데이터셋의 경우 비선형 모델이 더 나은 성능을 발휘하는 경향이 있다.

신경망(Neural Networks)

가장 일반적으로 사용되는 연속 비선형 모델은 아마도 신경망일 것이다. 회귀 분석을 위해 간단한 신경망부터 시작할 것이다. 이것은 *k*개의 피쳐를 가진 선형 회귀 분석과 같고, 각각은 입력 데이터의 선형 조합이고 비선형 활성화 함수 *f*는 다음과 같다.

$$\hat{y} = \sum_{k} \mathrm{w2}_{k} f\left(\sum_{d} \mathrm{w1}_{kd} x_{d}\right)$$

여기서 w1는 출력 y^의 가중치 벡터이고 w2는 *k*개의 피쳐에 대한 가중치 행렬이다. *f*에 대한 일반적인 선택은 로지스틱 회귀 분석을 위해 챕터 13에서 사용한 로지스틱 함수와 ReLu(Rectified Linear Unit)로 다음과 같다. $f(x) = \max(0, x)$.

신경망에서 출력값과 피쳐값은 연결된 뉴런의 활성화 수준으로 간주된다. 이 뉴런들은 원래 생물학적 뉴런의 모델로 의미가 있었지만, 오늘날 일반적으로 컴퓨팅 학습 시스템의 빌딩 블록으로 사용된다. 뉴런들은 여러 층으로 구성되어 있다. 이 경우, 입력층, 입력 데이터, 은닉층, k개의 피쳐, 그리고 출력 값만을 포함하는 출력층이 있다.

이 구조는 다층 퍼셉트론(MLP)이라고 불린다. 수학적으로 충분한 숨겨진 뉴런이 있으면 모델이 임의의 정밀도로 간결한 간격의 모든 함수를 근사화하도록 가중치 구성이 존재한다는 것이 입증되었다. 그러나 우리의 학습 알고리즘이 주어진 데이터 포인트 세트에 대한 가중치 구성을 찾는 것은 아니다.

앞의 경우와 같이 다항식 기능이 있는 당뇨병 데이터셋에서 MLP를 사용해 보자. *Scikit-Learn*에는 MLP를 사용하는 데 편리한 클래스가 있다. 확률적 경사하강법(*Stochastic Gradient Descent*)을 나타내는 'sgd'를 사용하는 solver를 제외하고 기본 설정(숨겨진 뉴런 100개, α = 0.001)을 사용할 것이다. sgd의 확률적 요소는 모든 반복에서 데이터의 부분 집합을 선택한다는 것이다. 이는 계산적으로 효율적이며, 오류 함수의 극소점에서 벗어나는 데 도움이 된다.

R

```
library(RSNNS)

mlp = mlp(as.matrix(trn_sc_pf2[-65]), trn_sc_pf2$target,size=50, linOut =
          TRUE, learnFunc="Rprop")
paste("MLP trn RMSE:", rmse(as.matrix(trn_sc_pf2[-65]), trn_sc_pf2$
      target,mlp))
paste("MLP val RMSE:", rmse(as.matrix(val_sc_pf2[-65]),val_sc_pf2$
      target,mlp))

[1] "MLP trn RMSE: 20.2772326821243"
[1] "MLP val RMSE: 72.2670999395802"
```

Python

```
from sklearn.neural_network import MLPRegressor

mlp = MLPRegressor(random_state = 0,solver = 'sgd')
mlp.fit(X_trn_sc_pf2, y_trn)
print('MLP train RMSE: ',rmse(X_trn_sc_pf2,y_trn,mlp))
print('MLP val RMSE: ',rmse(X_val_sc_pf2,y_val,mlp))

MLP train RMSE:  12.834870456539784
MLP val RMSE:    79.61163998684314
```

결과는 MLP가 트레이닝 데이터에 매우 잘 적응할 수 있음을 보여주지만, 높은 유효성 검증 오류는 강한 과적합을 나타낸다.

과적합을 줄이기 위해 우리가 할 수 있는 몇 가지가 있다. 하나는 확장된 기능을 사용하지 않는 것이다. MLP는 어떤 함수도 계산할 수 있기 때문에 가능한 해의 공간을 제한하지 않는다. 또한 숨겨진 뉴런의 수를 줄이고 α 파라미터를 증가시킬 수 있다. 더 적합한 설정 사례를 살펴보자.

R

```
mlp2 = mlp(as.matrix(trn_sc_pf2[-65]), trn_sc_pf2$target,size=5,
          linOut = TRUE, learnFunc="Rprop")
paste("MLP trn RMSE:", rmse(as.matrix(trn_sc_pf2[-65]), trn_sc_pf2$
       target,mlp2))
paste("MLP val RMSE:", rmse(as.matrix(val_sc_pf2[-65]), val_sc_pf2$
      target,mlp2))
paste("MLP tst RMSE:", rmse(as.matrix(tst_sc_pf2[-65]), tst_sc_pf2$
      target,mlp2))

[1] "MLP trn RMSE: 61.3454431642162"
[1] "MLP val RMSE: 66.6098161585488"
[1] "MLP tst RMSE: 62.0920659730219"
```

Python

```
mlp = MLPRegressor(random_state = 0,solver = 'sgd',alpha = .1,hidden_
      layer_sizes = 5)
search = mlp.fit(X_trn_scl, y_trn)
print('MLP train, val, test RMSE:', trainValTestMse(mlp))

MLP train, val, test RMSE: {'train': 45.73266797551563, 'val':
56.84115094558477, 'test': 59.36947997304398}
```

우리는 유효성 검사 오차가 이전 모델보다 약간 높은 것을 볼 수 있다. 그러나 검정 오차는 Lasso 및 Ridge 회귀 분석과 같은 범위에 있다.

회귀 분석 트리

회귀에 대한 또 다른 접근법은 가중합을 전혀 사용하지 않고 피쳐 임계값에 따라 데이터를 나누는 것이다. 이 접근법은 노드에서 레이블의 분산을 사용하는 것을 제외하고 의사 결정 트리와 매우 유사하게 작동하는 회귀 분석 트리에서 사용된다. 예를 들어, 분할된 노드의 평균 분산이 가능한 한 낮도록 노드를 분할한다. 추론을 위해 새로운 입력 표본은 리프에 도달할 때까지 처리되고 그 리프의 평균 레이블 값이 반환된다.

R

```
print("DT Regression:")
paste("DT train RMSE:", rmse(X_trn_scl, y_trn, dtr))
paste("DT val   RMSE:", rmse(X_val_scl, y_val, dtr))
paste("DT test  RMSE:", rmse(X_tst_scl, y_test, dtr)) )
```

```
[1] "DT Regression:"
[1] "DT train RMSE: 49.5964464839434"
[1] "DT val   RMSE: 66.6188884636543"
[1] "DT test  RMSE: 63.9043336325445"
```

Python

```python
from sklearn.tree import DecisionTreeRegressor

dtr = DecisionTreeRegressor()
dtr.fit(X_trn_scl,y_trn)

print("DT regression: ",
  trainValTestMse(dtr))

DT regression:  {'train': 0.0, 'val': 82.63878350584454, 'test':
81.69093640612213}
```

모든 트레이닝 예제는 레이블만 있는 리프에서 발생하기 때문에 트레이닝 오차는 0이다. 그러나 이는 강한 과적합으로 이어진다. 이전 챕터에서와 같이 트리 깊이를 줄임으로써 과적합을 줄일 수 있다.

R

```r
dtr2 = rpart(target ~ ., data = train_df, control = list(maxdepth = 2))

print("DT Regression:")
paste("DT train RMSE:", rmse(X_trn_scl, y_trn, dtr2)))
paste("DT val   RMSE:", rmse(X_val_scl, y_val, dtr2)))
paste("DT test  RMSE:", rmse(X_tst_scl, y_test, dtr2)))

[1] "DT Regression:"
[1] "DT train RMSE: 57.9426972395778"
[1] "DT val   RMSE: 67.5150929022346"
[1] "DT test  RMSE: 68.6018092546154"
```

Python

```python
dtr = DecisionTreeRegressor(max_depth = 2)
dtr.fit(X_trn_scl,y_trn)

print("DT regression:", trainValTestMse(dtr))

DT regression: {'train': 57.111047461837266, 'val': 58.7492928396893, 'test':
61.059915268263936}
```

트리 회귀 분석기는 우리가 테스트한 다른 모델보다 성능이 약간 떨어지지만, 여전히 상당히 유사한 성능을 나타낸다. 지금까지의 실험을 요약하면, 모델링의 가장 중요한 측면은 과적합을 피하는 것이다. 피쳐 확장 및 비선형 모델링을 사용하더라도 선형 모델보다 훨씬 나은 모델은 없다. 이 결과는 선형 회귀가 기본 프로세스에 적합한 모델이며, 데이터 분산의 상당 부분이 무작위로 생성된다는 것을 나타내는 것으로 보인다. 적어도 여기서 시도한 비선형 모델은 예측하는 방법을 배우지 못한 것으로 보인다.

더 어려운 학습 문제

당뇨병 데이터셋은 모델의 선택에 거의 차이가 없음을 보여준다. 이는 비선형 패턴을 학습하기에 충분한 정보가 없을 수 있는 작은 데이터셋의 일반적인 상황이다.
그러나 다음 예에서 알 수 있듯이 비선형 생성 프로세스를 사용하는 데이터셋은 강력한 이점이 있다. 여기서는 건물이 난방에 사용하는 에너지에 대한 데이터셋를 사용하는데, 이 데이터셋은 당뇨병 데이터셋의 약 두 배 크기이다. 이전과 동일한 모델 유형을 사용해 보지만, 이번에는 성능에 분명한 차이가 있다.

R

```
dataset = read.csv('data/ENB2012_data.csv')

X = dataset[,1:7]
y = dataset[,9, drop = FALSE]
print(dim(X))
print(dim(y))

SEED = 0
smp_size = floor((1-0.3) * nrow(X))
set.seed(SEED)
train_ind = sample(seq_len(nrow(X)), size = smp_size)
cX_trn = X[train_ind, ]
cX_tst = X[-train_ind, ]
cy_trn = y[train_ind, , drop=FALSE]
cy_test = y[-train_ind, , drop=FALSE]
cX_trn = sclr_fit_transform(cX_trn)
cX_tst = sclr_fit_transform(cX_tst, cX_trn)

c_trn_df = df_prep(cX_trn, cy_trn)
c_tst_df = df_prep(cX_tst, cy_test)
```

```
c_lr = lm(Y1 ~ ., data = c_trn_df)

paste("LR train RMSE",
  rmse(cX_trn, cy_trn, c_lr))
paste("LR val RMSE",
  rmse(cX_tst, cy_test, c_lr)))
cX_trn_p2 = sclr_fit_transform(pf2_transform(c_trn_df, 'Y1'))
cX_tst_p2 = sclr_fit_transform(pf2_transform(c_tst_df, 'Y1'), cX_trn_p2)

print("shape original:")
print(dim(c_trn_df))
print("poly 2:")
print(dim(cX_trn_p2))

c_rdg = glmnet(as.matrix(cX_trn_p2), cy_trn$Y1, alpha = 0)
paste("Ridge train RMSE:", rmse(as.matrix(cX_trn_p2), cy_trn,c_rdg))
paste("Ridge test RMSE:", rmse(as.matrix(cX_tst_p2), cy_test,c_rdg))

c_lso = glmnet(as.matrix(cX_trn_p2), cy_trn$Y1, alpha = 1)

paste("Lasso train RMSE:", rmse(as.matrix(cX_trn_p2), cy_trn,c_lso))
paste("Lasso test  RMSE:", rmse(as.matrix(cX_tst_p2), cy_test,c_lso))

c_mlp = mlp(as.matrix(cX_trn_p2), cy_trn$Y1, size = 200, maxit = 5000)

paste("MLP train RMSE:", rmse(cX_trn_p2, cy_trn, c_mlp))
paste("MLP test  RMSE:", rmse(cX_tst_p2, cy_test, c_mlp))

c_dtr = rpart(Y1 ~ ., data = c_trn_df, control = list(maxdepth=7))

paste("DT regression train RMSE:", rmse(X_trn_scl, y_trn, dtr2))
paste("DT regression test  RMSE:", rmse(X_tst_scl, y_test, dtr2))

[1] 768   7
[1] 768   1
[1] "LR train RMSE 2.90923888455245"
Warning message:
In predict.lm(predictor, X) :
  prediction from a rank-deficient fit may be misleading
> print( paste("LR val RMSE", rmse(cX_tst, cy_test, c_lr)))
[1] "LR val RMSE 4333.34381593216"
Warning message:
In predict.lm(predictor, X) :
```

```
prediction from a rank-deficient fit may be misleading
[1] "shape original:"
[1] 537   8
[1] "poly 2:"
[1] 537  35
[1] "Ridge train RMSE: 10.1359195546934"
[1] "Ridge test   RMSE: 9.96227889721586"
[1] "Lasso train RMSE: 10.1359195546934"
[1] "Lasso test  RMSE: 9.96227889721586"
[1] "MLP train RMSE: 23.6744609506434"
[1] "MLP test  RMSE: 23.33471539197"
[1] "DT regression train RMSE: 57.9426972395778"
[1] "DT regression test  RMSE: 68.6018092546154"
```

Python

```
dataset = pd.read_csv('/data/ENB2012_data.csv')

X = np.array(dataset.iloc[:,0:7])
y = np.array(dataset.iloc[:,8])
print(X.shape,y.shape)

cX_trn, cX_tst, cy_trn, cy_test = train_test_split(X,y,test_size=0.3,
                                  random_state=0)
scl = StandardScaler()
cX_trn = scl.fit_transform(cX_trn)
cX_tst = scl.transform(cX_tst)

c_lr = LinearRegression()
c_lr.fit(cX_trn, cy_trn)

print('LR train RMSE: ', rmse(cX_trn,cy_trn,c_lr))
print('LR val RMSE: ', rmse(cX_tst,cy_test,c_lr))

eb_pf = PolynomialFeatures(degree=2)
eb_sc = StandardScaler()
cX_trn_p2 = eb_sc.fit_transform(eb_pf.fit_transform(cX_trn))
cX_tst_p2 = eb_sc.transform(eb_pf.transform(cX_tst))
print("shape original: ", cX_trn.shape, ", poly 2: ", cX_trn_p2.shape)

c_rdg = Ridge(alpha=0.001)
c_rdg.fit(cX_trn_p2, cy_trn)

print('Ridge train RMSE: ', rmse(cX_trn_p2,cy_trn,c_rdg))
print('Ridge test RMSE: ', rmse(cX_tst_p2,cy_test,c_rdg))
```

```
c_lso = Lasso(alpha=0.0001, max_iter=20000,tol=0.005)
c_lso.fit(cX_trn_p2, cy_trn)

print('Lasso train RMSE: ', rmse(cX_trn_p2,cy_trn,c_lso))
print('Lasso test RMSE: ', rmse(cX_tst_p2,cy_test,c_lso))

mlp = MLPRegressor(random_state = 0, hidden_layer_sizes = [200],
      solver = 'sgd',alpha = 0.1, max_iter = 5000)
mlp.fit(cX_trn,cy_trn)

print('MLP train RMSE: ', rmse(cX_trn,cy_trn,mlp))
print('MLP test RMSE: ', rmse(cX_tst,cy_test,mlp))

dtr = DecisionTreeRegressor(max_depth=7)
dtr.fit(cX_trn,cy_trn)

print('DT regression train RMSE: ', rmse(cX_trn,cy_trn,dtr))
print("DT regression test RMSE: ", rmse(cX_tst,cy_test,dtr))
```

```
(768, 7) (768,)
LR train RMSE:  2.8845432092602943
LR val RMSE:    3.0691740564862515
shape original:  (537, 7) , poly 2:  (537, 36)
Ridge train RMSE:  1.078126013175186
Ridge test RMSE:    1.1961322051387506
Lasso train RMSE:  1.0946864267308754
Lasso test RMSE:    1.2207293031861808
MLP train RMSE:  0.4657702247907204
MLP test RMSE:    0.529752250510767
DT regression train RMSE:  0.4081012046829919
DT regression test RMSE:  0.5915688077343915
```

요약

회귀 분석은 머신러닝에서 매우 일반적인 작업이다. 주요 접근 방식은 트레이닝 데이터에서 경험적으로 계산된 손실 함수를 최소화하도록 파라미터를 최적화하는 것이다. 많은 경우 최적화는 확률 분포의 최대 우도 추정으로 해석될 수 있다. 머신러닝 접근 방식은 매우 적은 가정을 하기 때문에 일반화하는 모형을 찾는 주요 방법은 테스트 데이터에 적용하는 것이다.

과적합을 피하고 데이터에 적합한 모델을 선택하는 것이 중요하며, 후보 모델과 하이퍼 파라미터 값을 신중하게 선택해야 상당한 차이를 만들 수 있지만, 많은 모델을 평가하는 데 비용이 많이 들 수 있다.

연습문제

교재 보조자료 사이트를 방문하여 당뇨병 데이터셋을 다운로드하시오. https://study.sagepub.com/gopal

1 다항식 피쳐에 대해 트레이닝된 선형 모형의 계수를 계산하시오. 큰 오차의 원인이 되는 계수를 구하고 다항식 피쳐에 특히 강한 영향을 미치는 이유를 설명하시오.

2 당뇨병 데이터의 poly 2 피쳐와 분할된 train/validation에서 선형 회귀의 알파 파라미터를 찾는 그리드 검색을 구현하시오.

3 당뇨병 데이터의 poly 2 피쳐와의 교차 유효성 검사를 사용하여 선형 회귀 분석의 알파 파라미터에 대한 그리드 검색을 구현하시오. *Scikit-Learn* 클래스 **GridSearchCV**를 사용하시오.

4 캘리포니아 주택 데이터셋을 불러와서 (`sklearn.datasets.fetch_california_ housing` 또는 *여기*를 통해) 주택 가격을 예측한다. 다양한 모델을 사용하고, 피쳐를 확장하고, 하이퍼파라미터를 조정하고, 최적의 모델을 선택하고, 새로운 데이터에 대한 성능을 추정한다. 선택 또는 방법과 모델을 정당화한다.

5 https://archive.ics.uci.edu/ml/datasets/Bi- as+correction+of+numerical+prediction+model+temperature+forecast에서 온도 예측 편향 데이터셋을 불러오고 예측된 다음 날 기온과 실제 다음 날 기온의 차이를 예측한다. 이 회귀 문제를 다른 모형으로 모델링하고, 최적의 하이퍼파라미터를 결정하고, 가장 좋은 모형을 선택하고, 새 데이터에 대한 성능을 추정한다. 선택 또는 방법과 모형을 정당화한다.

19

분류 모델 및 평가

목차

이전 챕터에서 우리는 연속형 모형에서 손실함수를 직접 최소화하는 접근법을 소개하였다. 이번 챕터에서는 이 방법을 몇 가지 변형과 대안적 접근법을 사용하여 분류에 적용할 것이다.

분류 및 확률

분류와 회귀의 주요 차이점은 회귀에서는 목표 값이 연속적인 반면 분류에서는 값이 범주적이라는 것이다. 분류를 위해 챕터 16과 17에서 사용한 평가기준은 정확도, 즉 데이터셋에서 올바르게 분류된 항목의 비율이었다. 그러나 정확도는 이산 함수이다(분류 성공의 이진 입력을 기반으로 함). 변화율을 사용하는 최적화 방법은 연속 함수가 필요하며, 직접 적용할 수 없다.

이 문제를 피하고 또한 분류기 출력을 더 풍부하게 표현할 수 있는 방법은 확률을 예측하는 것이다. 우리는 로지스틱 회귀 분석 예제에서 실제로 이 작업을 수행하였다.

수학적이고 계산적인 세부 사항을 다루는 훌륭한 교과서들이 많이 있기 때문에 (예를 들어 Murphy, Kevin P., *Probabilistic Machine Learning: An Introduction.* MIT Press, 2022; James, Gareth, Daniela Witten, Trevor Hastie, and Robert Tibshirani. *An Introduction to Statistical Learning.* Vol. 112. New York: Springer, 2013; Bishop, Christopher M. and Nasser M. Nasrabadi. *Pattern Recognition and Machine Learning.* Vol. 4, no. 4. New York: Springer, 2006) 우리는 최적화에 대한 세부 사항은 대부분 제쳐둘 것이다. 대신에, 우리는 이러한 모델들을 사용하는 방법에 집중할 것이다.

로지스틱 회귀 분석 및 교차 엔트로피

이항 로지스틱 회귀 분석은 챕터 13에서 다음 링크 함수를 이용해 정의하였다.

$$\pi(x) = \sigma(a) = \frac{e^a}{1+e^{-x}} = \frac{1}{1+e^{-x}}$$

여기서 π는 성공확률(즉, class 1)이고 σ는 로지스틱 함수(*logistic function*)이며, a = wTx이다. 로지스틱 함수는 (0, 1)의 범위를 가지므로 확률에 유용하다. 챕터 13에서 논의한 바와 같이, a는 로그 이상값을 나타낸다. 머신러닝에서 종종 *logits*이라고 불리기도 한다.

모델의 최대 우도 추정치의 경우 클래스 레이블 y_k가 정확하다고 가정할 때 성공 확률을 1과 0으로 본다. 그러면 데이터 우도 $\pi(X)$는 다음과 같다.

$$\mathcal{L} = \Pi_k \pi(x_k) y_k + (1 - \pi(\mathrm{x}_k)(1 - y_k)$$

이 식에서 하나의 합 요소는 항상 0이고, 어떤 합 요소는 참 클래스 y_k가 1인지 0인지에 따라 달라진다. 그러면 음의 로그 가능성은 다음과 같다.

$$NLL = -\Sigma \log\left(\pi(\mathrm{x}_k)\right) y_k + \log(1 - \pi(\mathrm{x}_k)(1 - y_k)$$

합의 요소를 참값 y_k에 대한 예측 $\pi(x)$의 교차 엔트로피(*cross-entropy*)라고 하며, 다음과 같이 표기하기도 한다.

$$H\left(y,\ \pi(\mathrm{x}_k)\right) = -\log\left(\pi(\mathrm{x}_k)\right) y_k + \log(1 - \pi(\mathrm{x}_k)(1 - y_k)$$

따라서 교차 엔트로피를 최소화하면 예측 확률이 최대가 된다. 관련된 모든 함수는 미분 가능하므로 파라미터를 직접 최적화할 수 있다. 일반적으로 이 문제에 대한 닫힌 형태의 해는 없지만, 이전 챕터에서 사용한 확률적 경사하강법을 포함하여 다양한 경사 기반 방법을 사용하는 많은 다른 알고리즘을 다루고 있다. 자세한 논의는 다음 참고자료를 확인하자. Murphy, Kevin P. *Probabilistic Machine Learning: An Introduction.* MIT Press, 2022 or James, Gareth, Daniela Witten, Trevor Hastie, and Robert Tibshirani. *An Introduction to Statistical Learning.* Vol. 112. New York: Springer, 2013.

로지스틱 회귀 분석에서 신경망으로

로지스틱 회귀 분석 모형에서 $a = \mathrm{w}^{\mathrm{T}}\mathrm{x} = \sum w_d x_d$와 $a = \sigma(\sum w2_k$를 $\left(\sum_d w1_{kd} x_d\right)$로, 마지막 장의 회귀 분석 MLP와 유사하다.

이것은 다시 하나의 입력 레이어1(x_d)와 하나의 히든 레이어(b_k), 하나의 출력 뉴런을 가진 신경망이다. 활성화 함수 f는 시그모이드 함수가 될 수 있는데, 이것은 모든 것을 가능하게 한다.

뉴런은 동일한 활성화 함수를 사용하지만, 그것이 필요한 것은 아니다. 다른 비선형 연속 함수도 가능하여 실제로 사용된다. 분류 MLP의 유일한 일반적인 차이점은 마지막 챕터에서 사용한 회귀 분석 MLP와 비교했을 때 최종 출력이 시그모이드 함수에 의해 처리되고, 손실 함수로 교차 엔트로피를 사용하고 있다는 것이다.

다중 클래스 분류

위의 공식은 두 개의 클래스(성공 여부)만 있다고 가정한다. 여러 클래스의 경우 다른 클래스가 여러 개 있으므로 한 클래스 π의 확률을 예측하고 다른 클래스의 확률을 1 - π로 계산할 수 없다. 클래스당 한 개의 분류기를 트레이닝하는 등 다양한 방법이 있지만, 신경망에서 가장 일반적인 방법은 로지스틱 함수와 유사하지만 여러 클래스로 확장된 softmax 함수를 사용하는 것이다. 로지스틱 회귀 분석의 경우 이 설정을 다항 로지스틱 회귀 분석이라고 한다. 중심 요소는 모든 클래스 m에 대해 logit(로그 이상값) a_m을 갖는 것이다. 각 logit에 대해 지수를 취한 다음 모든 지수가 1이 되도록 정규화하여 확률 분포를 형성한다.

$$P(y_m = 1) = \frac{e^{w2_m^{T}x}}{\sum_k e^{w2_k^{T}x}}$$

여기서 label y는 one-hot 인코딩 벡터, 즉 클래스 *m*을 나타내기 위해 요소 *m*을 제외한 모든 요소는 0이다.

이 함수는 softmax라고 불리며, 클래스 확률 벡터 π(x)을 산출하기 위해 각 클래스 *m*에 대해 계산된다. 관련 손실 함수는 교차 엔트로피이지만 임의의 경우에 대해 공식화된다.

$\boldsymbol{H}(y,\pi(\mathrm{x}))=-\sum_m \log(\boldsymbol{P}(\mathrm{x}))y_m$ 참 클래스를 제외한 모든 요소 y_m이 0이므로 교차 엔트로피는 음의 예측 확률이다.

대체 접근법

연속 모델에서 파라미터의 수치 최적화가 머신러닝에서 가장 인기 있는 접근 방식이지만, 대안이 있다.

제네레이티브 모델 나이브 베이즈(Naive Bayes)

나이브 베이즈 분류는 인기있는 분류기인데, 이 분류의 기본 아이디어가 직관적이고 효율적인 연산을 가능하게 하기 때문이다. 이 아이디어는 주어진 피쳐의 확률을 추론하기 위해 트레이닝 데이터에서 주어진 피쳐의 분포를 취하는 것이다. 일반적으로 다음과 같이 표현되는 베이즈 정리를 사용한다.

$$P(A \mid B) = \frac{P(B \mid A)P(A)}{P(B)}$$

우리의 경우 A는 클래스 값이고 B는 피쳐 벡터이다.

$P(A)$는 클래스 레이블을 세고 분포를 추정함으로써 얻을 수 있다. $P(B)$의 값은 일반적으로 데이터 포인트보다 더 많은 피쳐 조합이 가능하기 때문에 추정하기가 더 어렵다. 다행히도 $P(B)$의 값은 클래스 A와 독립적이기 때문에 필요하지 않다. 따라서 확률 분포에 필요한 것처럼 분자를 계산한 다음 합이 1이 되도록 정규화할 수 있다. $P(B|A)$의 값은 가장 어려운 부분인데, 가장 단순한 이산 피쳐의 경우에도 일반적으로 A와 B의 가능한 값이 데이터 포인트보다 더 많기 때문이다. 우리는 가정을 추가함으로써 이 문제를 해결할 수 있다. B의 요소 B_d가 독립적으로 분포되어 있다고 가정하면 $\boldsymbol{P(B\,|\,A) = \prod P(B_d\,|\,A)}$이다. 클래스별 각 피쳐의 분포인 $P(B|A)$를 추정할 수 있는 데이터 포인트는 일반적으로 충분하기 때문에 이 가정은 추정을 가능하게 만든다. 이 독립성 가정은 일반적으로 사실이 아니거나 불확실하기 때문에 순진한(Naïve) 것으로 불린다. 그러나 실제로는 $P(B_d|A)$의 분포에 종속성이 있더라도 나이브 베이즈 분류가 좋은 결과를 내는 것으로 관찰되었다.

$P(B_d|A)$의 추정은 범주형 피쳐에 대한 상대적 빈도일 수 있다. 이 경우 라그랑지안 스무딩(Lagrangian smoothing)이 자주 사용되며, 이는 확률이 0인 경우를 피하기 위해 범주마다 관측치 수에 1을 더하는 것을 의미한다. 연속적인 값을 갖는 피쳐의 경우 가우시안(Gussian) 또는 베르누이(Bernoulli)와 같은 연속적인 분포를 추정해야 한다.

서로 다른 분류기 비교

조금 더 큰 데이터셋에서 논의한 몇 가지 분류기를 사용해 보자. 이 데이터셋에는 40명의 얼굴에 대한 그레이스케일 이미지가 포함되어 있다. 각 이미지는 64 × 64 픽셀이며, 값은 [0, 1] 범위이다. 한 사람당 여러 개의 이미지가 있으며, 목표는 그 사람을 인식하여 40개의 클래스를 갖는 것이다. 각 사람의 사진이 10개 있으므로 400개의 트레이닝 샘플이 있다. 이것은 현대 기준으로 볼 때 작은 데이터셋이지만, 모델들을 테스트하는 데 여전히 유용하다.

대부분의 수치 최적화 방법은 표준화된 데이터에서 더 잘 작동하므로 여기서는 모든 모델에 대한 피쳐 데이터를 표준화한다. 신경망의 경우, 그리고 때로는 로지스틱 회귀의 경우, 수렴, 즉 안정적인 상태에 도달하는 데 많은 반복이 필요할 수 있다. 기본 최대 200회 반복으로는 충분하지 않은 경우가 많기 때문에 여기서는 2,000회로 설정한다.

R
```
index <- createDataPartition(oli_sc$Label,p = 0.8,list = FALSE)
train <- oli_sc[index,]
```

```
test <- oli_sc[-index,]

log_reg = multinom(class ~ ., train)

lr_prd_train = predict(log_reg, train)
lr_prd_test = predict(log_reg, test)
trn_accuracy = caret::confusionMatrix(lr_prd_train,train$Label)$overall[1]
tst_accuracy = caret::confusionMatrix(lr_prd_test,test$Label)$overall[1]
print(paste("Multinomial Regression Accuracy: Training = ", trn_accuracy,",
            Test = ", tst_accuracy))
 [1] "Multinomial Regression Accuracy: Training = 0.925, Test = 0.9"

# run multiple models in a loop
for (mdl in c("rpart","naive_bayes","mlp"))
{
    mdl <- caret::train(Label ~ ., method = mdl,
      trControl = trControl, data = train,  metric = "Accuracy")
    mdl_prd_tst = predict(mdl, test)
    mdl_prd_trn = predict(mdl, train)
    trn_acc = caret::confusionMatrix(mdl_prd_trn,
      train$Label)$overall[1]
    tst_acc = caret::confusionMatrix(mdl_prd_tst,
      test$Label)$overall[1]
    paste("Model ", mdl, " Accuracy: ", "Training = ",
      trn_acc, " Test = ",tst_acc)
}

[1] "Model  rpart  Accuracy:  Training =  0.6  Test =  0.6"
[1] "Model  naive_bayes  Accuracy:  Training =  1  Test =  1"
[1] "Model  mlp  Accuracy:  Training =  0.925  Test =  0.9"
```

Python

```
import numpy as np
import time

from sklearn.datasets import fetch_olivetti_faces
from sklearn.model_selection import train_test_split
from sklearn.preprocessing import StandardScaler

from sklearn.linear_model import LogisticRegression
from sklearn.naive_bayes import GaussianNB
from sklearn.neural_network import MLPClassifier
from sklearn.tree import DecisionTreeClassifier
```

```
dset = fetch_olivetti_faces()
X = dset.data
y = dset.target
print(X.shape,y.shape)
X_trn,X_tst,y_trn,y_test = train_test_split(X,y,)
sclr = StandardScaler()
sclr.fit(X_trn) # scale to 0 mean and std dev 1 on training data

X_trn = sclr.fit_transform(X_trn) # scale both sets:
X_tst = sclr.fit_transform(X_tst)

dtc = DecisionTreeClassifier()
gnb = GaussianNB()
lr = LogisticRegression(max_iter = 2000,random_state = 0)
mlp = MLPClassifier(max_iter = 2000,random_state = 0)

print("Start fitting models")
for mdl in [dtc, gnb, lr,  mlp]:
    mdl.fit(X_trn,y_trn)
    print(mdl, mdl.score(X_trn,y_trn), mdl.score(X_tst,y_test))

(400, 4096) (400,)
Start fitting models
DecisionTreeClassifier() 1.0 0.46
GaussianNB() 1.0 0.79
LogisticRegression(max_iter = 2000, random_state = 0) 1.0 0.95
MLPClassifier(max_iter = 2000, random_state = 0) 1.0 0.93
```

우리는 모델마다 다른 적응과 일반화 수준을 보일 뿐만 아니라 모델을 트레이닝하는 데 필요한 시간도 다르다는 것을 알 수 있다. 평소처럼 하이퍼파라미터를 조정할 수 있지만, 전체 그림이 크게 바뀌지는 않는다.

R

```
# Code up to here as in the previous example
dtc = DecisionTreeClassifier(max_depth = 32)
gnb = GaussianNB(var_smoothing = 1e-4)
lr = LogisticRegression(C = 1, max_iter = 2000,random_state = 0)
mlp = MLPClassifier(alpha = 1, max_iter = 2000,random_state = 0)

print("Start fitting models")
for mdl in [dtc, gnb, lr,  mlp]:
    t = time.perf_counter()
    mdl.fit(X_trn,y_trn)
```

```
    t = time.perf_counter()-t
    print(mdl)
print(f"accuracy train: {mdl.score(X_trn,y_trn):.4f}, test: ", f"{mdl.
      score(X_tst,y_test):.4f}, train time, {t:.4f}")

DecisionTreeClassifier(max_depth = 32)
accuracy train: 0.9767, test: 0.5400, train time, 1.8726
GaussianNB(var_smoothing = 0.0001)
accuracy train: 1.0000, test: 0.8100, train time, 0.0087
LogisticRegression(C = 1, max_iter = 2000, random_state = 0)
accuracy train: 1.0000, test: 0.9700, train time, 8.1514
MLPClassifier(alpha = 1, max_iter = 2000, random_state = 0)
accuracy train: 1.0000, test: 0.9600, train time, 3.2387
```

Python

```
# code up to here as in previous example
dtc = DecisionTreeClassifier(max_depth = 32)
gnb = GaussianNB(var_smoothing=1e-4)
lr = LogisticRegression(C = 1, max_iter = 2000,random_state = 0)
mlp = MLPClassifier(alpha = 1, max_iter = 2000,random_state = 0)

print("Start fitting models")
for mdl in [dtc, gnb, lr,  mlp]:
    t = time.perf_counter()
    mdl.fit(X_trn,y_trn)
    t = time.perf_counter()-t
    print(mdl)
    print(f"accuracy train: {mdl.score(X_trn,y_trn):.4f}, test: ",
          f"{mdl.score(X_tst,y_test):.4f}, train time, {t:.4f}")

(400, 4096) (400,)
Start fitting models
DecisionTreeClassifier(max_depth = 32)
accuracy train: 0.9767, test: 0.5400, train time, 1.8726
GaussianNB(var_smoothing = 0.0001)
accuracy train: 1.0000, test: 0.8100, train time, 0.0087
LogisticRegression(C = 1, max_iter = 2000, random_state = 0)
accuracy train: 1.0000, test: 0.9700, train time, 8.1514
MLPClassifier(alpha = 1, max_iter = 2000, random_state = 0)
accuracy train: 1.0000, test: 0.9600, train time, 3.2387
```

그러나 챕터 17의 iris 데이터셋에 동일한 모델을 사용해 보면 매우 다른 그림이 나온다.

R

```
index <- caret::createDataPartition(iris$Species,p = 0.5,list = FALSE)
```

```
train_iris <- iris[index,]
test_iris <- iris[-index,]
trControl <- trainControl(method = "cv", number = 2)
for (mdl in c("multinom","rpart","naive_bayes","mlp"))
{
     mdl_model <- caret::train(Species ~ .,
             method = mdl,
             trControl  = trControl,
             data = train_iris,
             metric     = "Accuracy")
     mdl_pred_test = predict(mdl_model,test_iris)
     mdl_pred_train = predict(mdl_model,train_iris)
    train_accuracy =
      caret::confusionMatrix(mdl_pred_train,train_iris$Species)$overall[1]
    test_accuracy =
      caret::confusionMatrix(mdl_pred_test,test_iris$Species)$overall[1]
    print(paste("Model ", mdl, " Accuracy: ",
                "Training = ", train_accuracy,
                " Test = ",test_accuracy))
}


[1] "Model  multinom  Accuracy:  Training = 0.973333333333333  Test =
0.973333333333333"
[1] "Model  rpart  Accuracy:  Training = 0.973333333333333  Test =
0.946666666666667"
[1] "Model  naive_bayes  Accuracy:  Training =  0.96  Test =  0.96"
[1] "Model  mlp  Accuracy:  Training =  0.96  Test =  0.96"
```

Python

```
from sklearn.datasets import load_iris

dset = load_iris()
X = dset.data
y = dset.target
X_train,X_test,y_train,y_test = train_test_split(X,y,)
sclr.fit(X_train) # scale to 0 mean and std dev 1 on training data

X_train = sclr.fit_transform(X_train) # scale both sets:
X_test = sclr.fit_transform(X_test)

dtc = DecisionTreeClassifier(max_depth = 32)
gnb = GaussianNB(var_smoothing = 1e-4)
lr = LogisticRegression( max_iter = 2000,random_state = 0)
mlp = MLPClassifier( max_iter = 2000,random_state = 0)
```

```
for mdl in [dtc, gnb, lr,  mlp]:
    print(mdl)
    print(f"accuracy train: {mdl.score(X_train,y_train):.4f}, test: ",
          f"{mdl.score(X_test,y_test):.4f}")

DecisionTreeClassifier(max_depth = 32)
accuracy train: 1.0000, test:  0.8421
GaussianNB(var_smoothing = 0.0001)
accuracy train: 0.9732, test:  0.8684
LogisticRegression(max_iter = 2000, random_state = 0)
accuracy train: 0.9643, test:  0.8947
MLPClassifier(max_iter = 2000, random_state = 0)
accuracy train: 0.9821, test:  0.8947
```

궁극적으로 모델마다 다른 성능을 보이며 계산 비용도 다르다. 가장 좋은 모델 혹은 비용 대비 성능이 가장 우수한 모델을 선택하는 것을 목표로 하기 때문에 왜 어떤 모델이 다른 모델보다 성능이 우수한지, 어떤 모델이 성능이 우수할지를 미리 알 수 있을지, 일반적으로 다른 모델보다 성능이 우수한 모델이 있는지를 확인하고자 한다. 이는 머신러닝에서 기본적인 질문이며, 특히 모델의 성능이 왜 다른지에 대한 질문은 이 분야의 연구 주제이다. 일반적인 답을 얻을 수는 없지만, 두 가지 작은 합성 데이터 예제를 통해 몇 가지 일반적인 개념을 설명할 것이다.

합성 데이터 예제 1

데이터의 차이가 다른 모델에 어떤 영향을 미치는지 설명하기 위해 작은 인공 데이터셋 예제를 살펴보자. *Scikit-learn*은 특정 분포에 따라 데이터셋을 생성하는 함수를 제공한다. 첫 번째 예제에는 2차원 입력 벡터와 두 개의 클래스가 있다. 클래스 분포는 0을 기준으로 가우시안 분포를 따른다. 이러한 유형의 데이터는 선형 모델의 한계(로지스틱 회귀 분석 포함)를 보여준다. 즉, 확률 σ(a)가 0.5인, 다시 말해서 a = 0인 결정 경계를 고려하면 이를 이해할 수 있다. 선형 모델의 경우 $0 = w^T x = w_1 x_1 + w_2 x_2 + w_3$는 직선이며, 여기서 w_3은 절편(bias)이다. 가우시안 분포는 생성 프로세스의 클래스 경계가 원 위에 있음을 의미한다. 원의 외부와 내부를 구분하는 직선이 없기 때문에 생성 프로세스를 적절하게 나타내는 선형 모델은 없다.

다음 코드는 데이터셋을 생성하고 색상으로 클래스 레이블로 데이터 포인트를 구별한다. 그런 다음 로지스틱 회귀 분석 모델을 트레이닝하고 트레이닝셋에 대한 예측을 수행한 후, 그래프로 나타내 보자.

R

```
x <- as.data.frame(rmvnorm(n = 400, sigma = matrix(c(1,0,0,1), ncol = 2)))
x$class = factor(ifelse((x$V1>-1 & x$V1<1 )&(x$V2>-1 & x$V2<1 ), 0, 1))
index <- caret::createDataPartition(x$class,p = 0.5,list = FALSE)
train_x <- x[index,]
test_x <- x[-index,]
ggplot(train_x) + geom_point(aes(V1, V2, color = class))
```

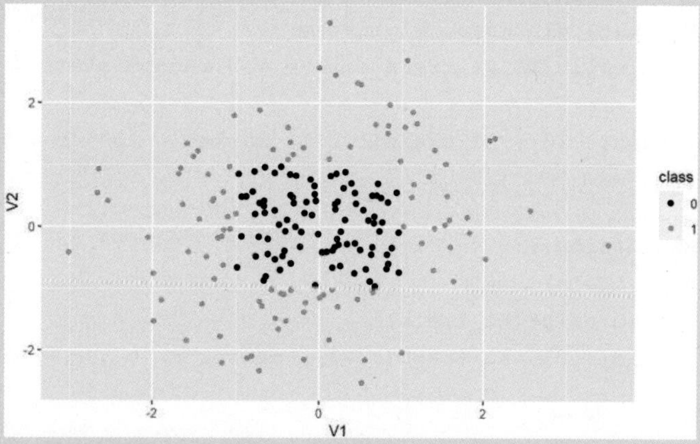

```
log_reg = multinom(class ~ ., data = train_x)
log_reg_pred_train = predict(log_reg, train_x)
log_reg_pred_test = predict(log_reg, test_x)
train_accuracy = sum(log_reg_pred_train == train_x$class)/nrow(train_x)
test_accuracy = sum(log_reg_pred_test == test_x$class)/nrow(test_x)
paste("Multinomial Regression Accuracy: ",
      "Training = ", train_accuracy, " Test = ",test_accuracy)
ggplot(test_x) + geom_point(aes(V1, V2, color = log_reg_pred_test))
```

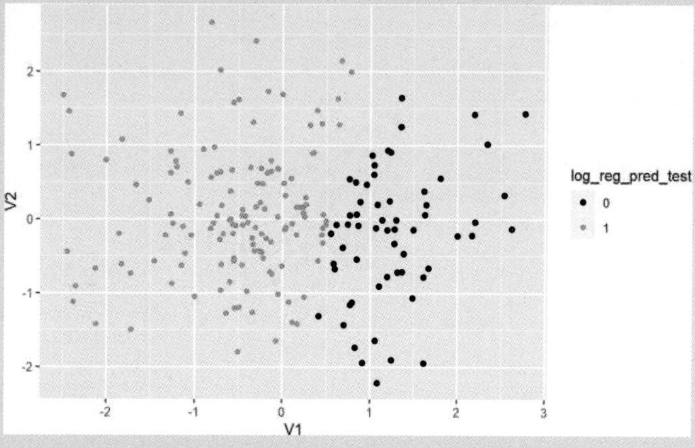

```
[1] "Multinomial Regression Accuracy:  Training = 0.477611940298507  Test
    = 0.361809045226131"
```

Python

```
from sklearn.datasets import make_gaussian_quantiles
from sklearn.linear_model import LogisticRegression
from sklearn.model_selection import train_test_split
from matplotlib import pyplot as plt

X1, y1 = make_gaussian_quantiles(n_features = 2, n_classes = 2, n_samples =
400)
    X1_train, X1_test, y1_train, y1_test =
        train_test_split(X1,y1,train_size = 0.5,random_state = 0)

plt.scatter(X1_train[:, 0], X1_train[:, 1], marker = "o", c = y1_train, s  =
30)
plt.show()
lgr = LogisticRegression()
lgr.fit(X1_train,y1_train)
y1_train_hat = lgr.predict(X1_train)
plt.scatter(X1_train[:,0], X1_train[:, 1], marker = "o", c = y1_train_hat, s
= 30)
plt.show()
print("LGR accuracy - train: ",lgr.score(X1_train,y1_train),", test",
    lgr.score(X1_test,y1_test))
```

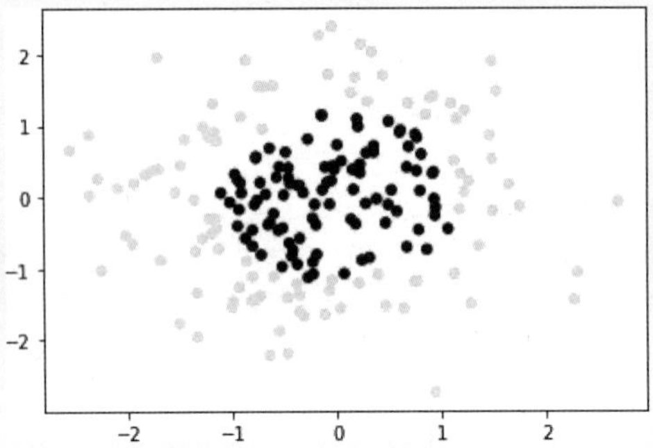

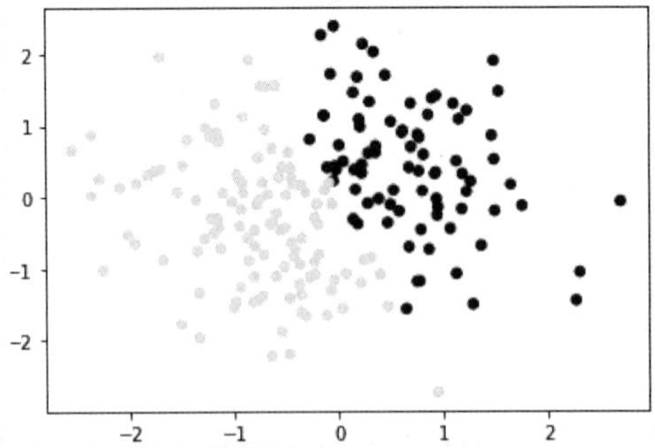

```
LGR accuracy - train:  0.55 , test 0.54
```

우리는 로지스틱 회귀 분석 모형의 결정 경계가 실제 클래스와 매우 다르다는 것을 분명히 알 수 있다. 이것은 일반적으로 보이지 않는 데이터 혹은 테스트셋에 대한 정확도가 낮은 과소적합으로 이어진다.

다음으로 지난 챕터에서 언급한 대로 출력 범위 내의 모든 함수를 근사화할 수 있도록 비선형 은닉 계층이 있는 MLP 분류기를 사용한다.

R

```
mlp = nnet(class ~ ., data = train_x, size = 100, maxit = 2000)
mlp_pred_train = predict(mlp, train_x)
mlp_pred_test = predict(mlp, test_x)
train_accuracy = sum(mlp_pred_train == train_x$class)/nrow(train_x)
test_accuracy = sum(mlp_pred_test == test_x$class)/nrow(test_x)
paste("MLP: Training = ", train_accuracy, " Test = ",test_accuracy)
ggplot(test_x) + geom_point(aes(V1, V2, color = mlp_pred_test))
```

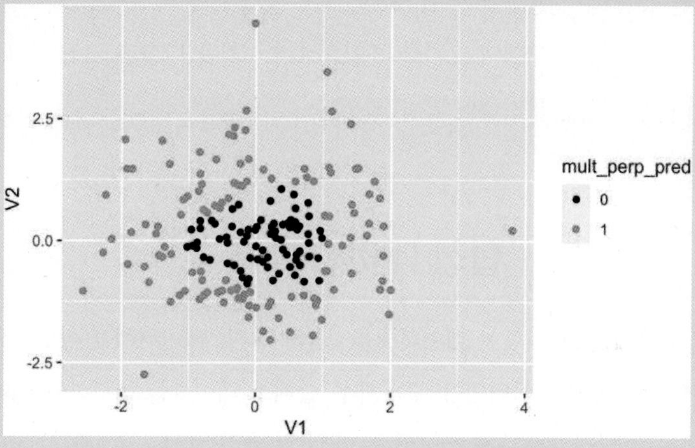

```
[1] "MLP: Training = 0.975124378109453  Test = 0.939698492462312"
```

Python

```
mlpc = MLPClassifier(activation = 'relu', max_iter = 2000, random_state = 1)
mlpc.fit(X1_train,y1_train)
y1_train_hat = mlpc.predict(X1_train)
plt.scatter(X1_train[:, 0], X1_train[:, 1], marker = "o",
    c = y1_train_hat, s = 30)
plt.show()
print("MLPC train: ",mlpc.score(X1_train,y1_train),", test",
    mlpc.score(X1_test,y1_test))
```

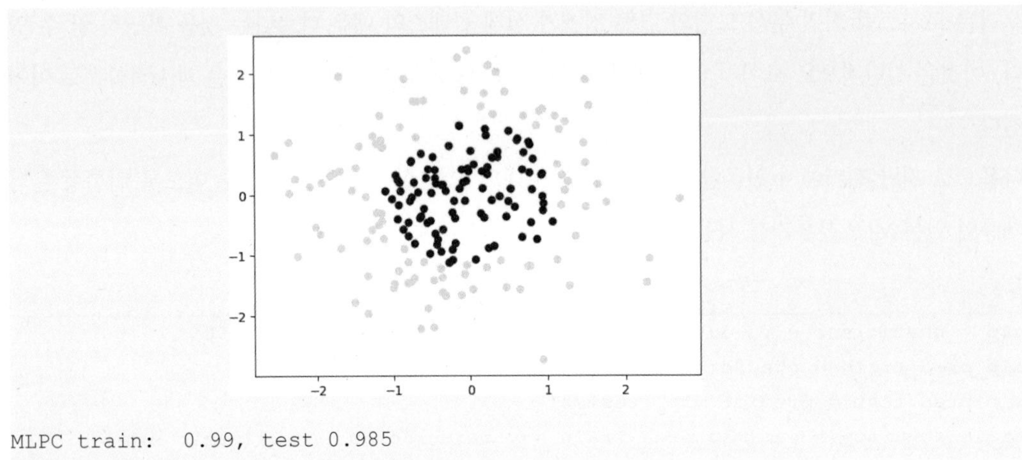


```
MLPC train:  0.99, test 0.985
```

결과는 시각적으로 실제 레이블과 매우 유사하고 트레이닝 및 테스트 데이터의 정확도가 높다. 우리는 MLP가 좋은 선택이라는 결론을 내릴 수 있다. 코드를 실행할 때 모델을 맞추는 데 시간이 조금 더 걸린다는 것을 알 수 있다. 모델의 크기를 줄임으로써 시간을 단축할 수 있지만, 더 복잡한 모델을 사용하려면 더 많은 계산을 투자해야 할 수도 있다.

합성 데이터 예제 2

대조적으로 이제 선형 모델에 적합한 데이터셋을 만들어보자. 데이터셋을 상대적으로 작게 만들고 **flip_y** 파라미터를 사용하여 데이터의 30%에 대한 클래스 레이블을 변경하여 레이블 노이즈를 추가한다. 데이터셋은 각 클래스에 대해 하나씩 두 개의 점 클러스터로 생성된다. 클러스터 중심 사이의 선은 이상적인 분류 경계이므로 선형 모델이 좋은 선택으로 보인다.

R

```r
x <- as.data.frame(rmvnorm(n = 400, sigma = matrix(c(1,0,0,1), ncol = 2)))
x$class1 = ifelse(x$V1<0,0,1)
x$class2 = ifelse(x$class1 == 0,1,0)
x$flip = ifelse(runif(nrow(x))<0.3,1,0)
x$class = factor(ifelse(x$flip == 1,x$class2,x$class1))
x = x[,c(1,2,6)]

index <- caret::createDataPartition(x$class,p = 0.5,list = FALSE)
train_x <- x[index,]
test_x <- x[-index,]
ggplot(train_x) + geom_point(aes(V1, V2, color = class))
```

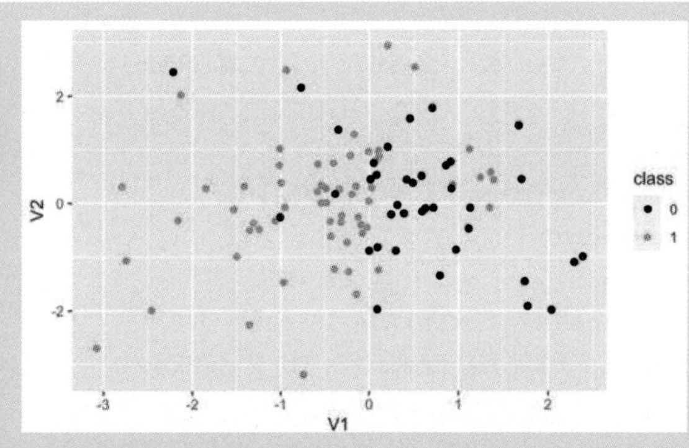


```
log_reg = multinom(class ~ ., data = train_x, maxit = 100)
log_reg_pred_train = predict(log_reg, train_x)
log_reg_pred_test = predict(log_reg, test_x)
train_accuracy = sum(log_reg_pred_train == train_x$class)/nrow(train_x)
test_accuracy = sum(log_reg_pred_test == test_x$class)/nrow(test_x)
paste("Logistic Regression Accuracy: Train = ", train_accuracy, " Test =
",test_accuracy)
ggplot(test_x) + geom_point(aes(V1, V2, color = log_reg_pred_test))
```

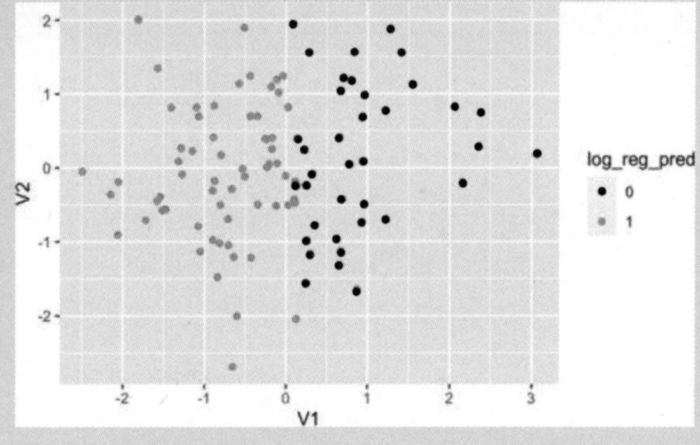


```
[1] "Logistic Regression Accuracy: Train = 0.691542288557214
     Test =  0.668341708542714"
```

Python

```
from sklearn.datasets import make_classification

X2, y2 = make_classification(
  n_features = 2,  n_redundant = 0,
  n_informative = 2,  class_sep = .5,
  flip_y = 0.3, random_state = 0,
  n_clusters_per_class = 1,
  n_samples = 100)
X2_train, X2_test, y2_train, y2_test = train_test_split(X2,y2,
    train_size = 0.5,random_state = 0)
```

```
plt.scatter(X2_train[:, 0], X2_train[:, 1], marker = "o", c = y2_train)
plt.show()

#lgr = LogisticRegression(penalty = 'none')
lgr = LogisticRegression()
lgr.fit(X2_train,y2_train)
y2_trn_hat = lgr.predict(X2_train)
plt.scatter(X2_train[:, 0], X2_train[:, 1], marker = "o", c = y2_trn_hat)
plt.show()
print("LGR train: ",lgr.score(X2_train,y2_train),", test", lgr.score(X2_
test,y2_test))
```

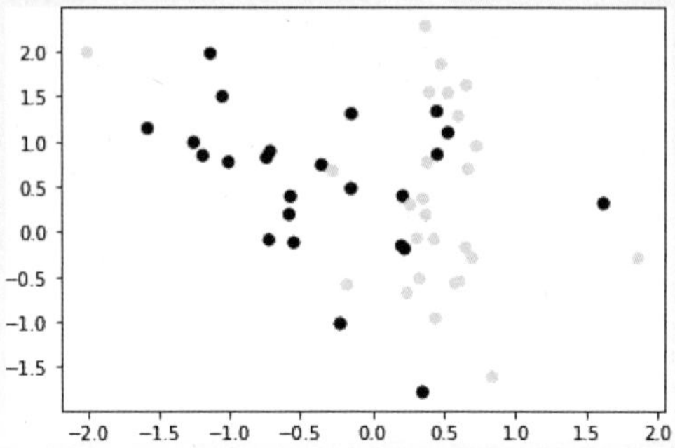

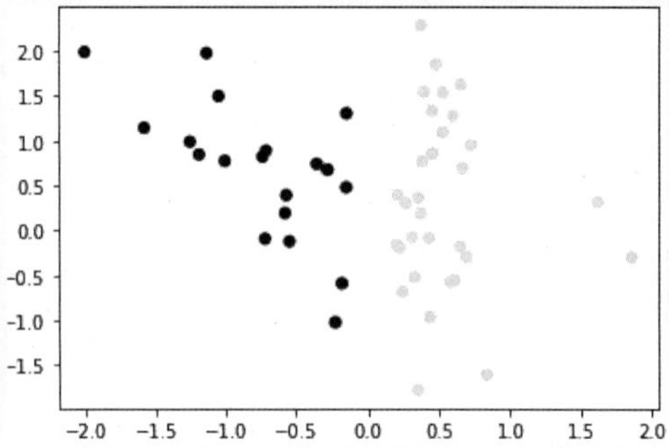

```
LGR train: 0.78, test 0.7
```

결과는 트레이닝된 로지스틱 회귀 분석 모형이 (시각적 결과를 보면) 군집 사이에 있는 선을 따라 실제로 군집을 분리한다는 것을 보여준다. 정확도 값은 지난 예제보다 낮다. 그러나 레이블의 30%가 뒤집혔다는 것을 고려하면 0.7의 정확도는 우리가 예상할 수 있는 결과만큼 좋게 나타났다.

비교를 위해 이제 정규화 없이 MLP 분류기를 사용해 보자. 훨씬 유연한 이 모델은 트레이닝 데이터에 잘 적응할 수 있어야 한다. 문제는 이전에 볼 수 없었던 데이터가 어떻게 될지이다.

```
R
mlp = nnet(class ~ ., data = train_x, size = 50)
mlp_pred_train = predict(mlp, train_x)
```

```
mlp_pred_test = predict(mlp, test_x)
train_accuracy = sum(mlp_pred_train == train_x$class)/nrow(train_x)
test_accuracy = sum(mlp_pred_test == test_x$class)/nrow(test_x)
print(paste("MLP: Train = ", train_accuracy, " Test = ",test_accuracy))
ggplot(test_x) + geom_point(aes(V1, V2, color = mlp_pred_test))
```

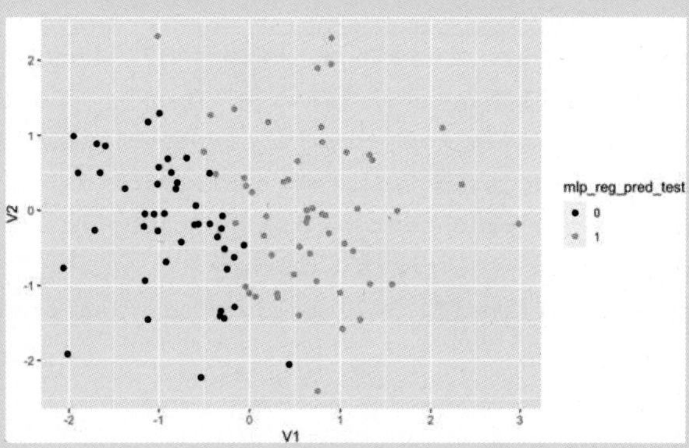

```
[1] "MLP: Train = 0.95049504950495  Test = 0.505050505050505"
```

Python

```
mlpc = MLPClassifier(alpha = 0,max_iter = 2000)
mlpc.fit(X2_train,y2_train)
y2_trn_hat = mlpc.predict(X2_train)
plt.scatter(X2_train[:, 0], X2_train[:, 1], marker = "o", c = y2_trn_hat)
plt.show()
print("MLPC train: ", mlpc.score(X2_train,y2_train),",  test",
      mlpc.score(X2_test,y2_test))
```

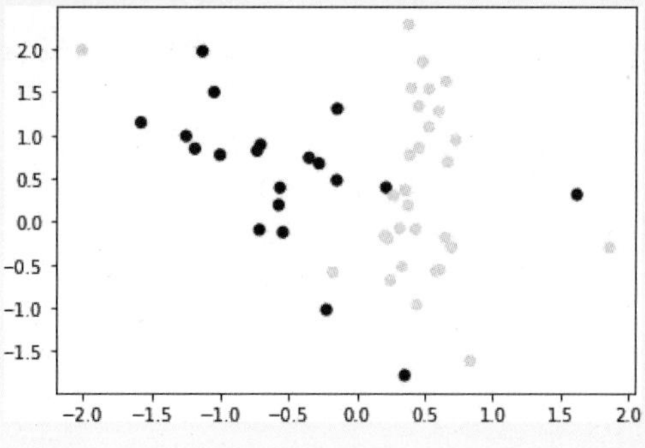

```
MLPC train: 0.88, test 0.66
```

결과는 클래스 영역이 겹친다는 점을 감안할 때 모델이 트레이닝 데이터에 매우 잘 적응한다는 것을 보여준다. 좋은 예는 위의 Python 버전에서 짙은 색 레이블이 있는 맨 오른쪽의 단일 점이다. 기본 프로세스가 클래스당 하나의 클러스터를 기반으로 한다는 점을 고려할 때, 이 점은 높은 확률로 레이블이 뒤바뀐다. 따라서 모델은 예측할 수 없으므로 모델이 무시해야 할 레이블 노이즈에 적응하고 있다. 이는 테스트셋의 낮은 정확도로 나타난다.

이를 해결하기 위한 한 가지 방법은 정규화를 사용하는 것이다. 알파 파라미터는 기본적으로 0.001로 설정된 L_2 정규화의 가중치를 설정한다. 값이 0.1이면 눈에 띄는 효과를 기대할 수 있다.

R

```
mlp_reg = nnet(class ~ ., data = train_x, size = 50, decay = c(.1))
mlp_reg_pred_train = predict(mlp_reg, train_x, type = "class")
mlp_reg_pred_test = predict(mlp_reg, test_x, type = "class")
train_accuracy = sum(mlp_reg_pred_train == train_x$class)/nrow(train_x)
test_accuracy = sum(mlp_reg_pred_test == test_x$class)/nrow(test_x)
print(paste("MLP reg: Train = ", train_accuracy, " Test = ",test_accuracy))
ggplot(test_x) + geom_point(aes(V1, V2, color = mlp_reg_pred_test))
```

```
[1] "MLP reg: Train = 0.643564356435644  Test = 0.656565656565657"
```

Python

```
mlpc = MLPClassifier(alpha = .1,max_iter = 2000,random_state = 4)
mlpc.fit(X2_train,y2_train)
y2_trn_hat = mlpc.predict(X2_train)
plt.scatter(X2_train[:, 0], X2_train[:, 1], marker = "o", c = y2_trn_hat)
plt.show()
print("MLP reg train: ",mlpc.score(X2_train,y2_train),", test",
       mlpc.score(X2_test,y2_test))
```

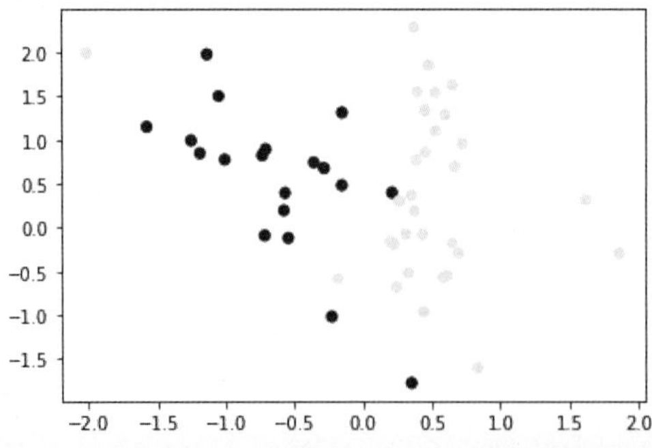

```
MLP reg train:  0.86, test 0.68
```

테스트 정확도는 예상대로 향상되지만, 여전히 트레이닝 정확도보다 훨씬 낮다. 더 복잡한 모델을 사용하고 하이퍼 파라미터 튜닝을 수행하더라도 낮은 일반화 결과를 보여준다.

머신러닝 이론에 대한 개요

앞서 수행한 작은 실험은 머신러닝 모델의 효율성이 데이터의 특성에 따라 달라진다는 것을 보여주었다. 머신러닝 모델을 효과적이고 효율적이며 강력하게 설계하고 평가하는 방법은 광범위한 연구 주제이다. 최근에는 빅데이터를 기반으로 트레이닝된 심층 신경망에 초점을 맞추고 있지만, 새로운 모델링 방법을 계속 개발하고 머신러닝 모델의 설계와 적용에 인간의 지식과 통찰력을 사용해야 하는 이론적 이유가 있다.

귀납적 편향(Inductive bias)과 무상급식 금지 정리

우리가 데이터에 대한 사전 지식이 없다면, 일반적으로 다른 모델보다 더 나은 학습 알고리즘이 없다는 것을 보여줄 수 있는데, 이것은 이른바 '무상급식 정리'에서 언급된다. (Wolpert, D. The lack of a priori distinctions between learning algorithms. *Neural Computation,* 1996, 8(7): 1341 – 1390)

알고리즘마다 데이터에 적응하는 방식에 대한 성향과 한계가 다르며, 이를 귀납적 편향이라고 한다. 데이터의 구조를 모르는 경우 가장 적합한 모델을 찾기 위해 실험을 해야 한다. 그러나 학습 모델 및/또는 피처 추출에 대한 철저한 탐색은 중간 크기의 데이터셋 조차도 처리하기 어렵다. 여기서 도움이 될 수 있는 주요 두 가지는 출판된 문헌이나 실무자의 경험과 작업 및 데이터에 대한 깊은 이해이다. 데이터 구조에 대한 사전 지식이나 가설과 모델의 특성에 대한 이해는 좋은 모델과 하이퍼 파라미터를 선택하는 데 매우 유용할 수 있으며, 이는 노력과 계산 시간을 절약하고 더 강력한 모델을 만드는 데 도움이 된다.

빅데이터와 딥러닝을 활용한 머신러닝

사전 지식의 가치에도 불구하고 지난 10년 동안 머신러닝에서 가장 영향력 있는 트렌드는 방대한 양의 데이터에 심층 신경망을 사용하는 것이었다. 이 트렌드는 방대한 양의 데이터 가용성과 계산 능력, 특히 머신러닝을 위한 용도가 변경된 그래픽 처리 장치의 가용성 증가에 의해 주도되었다.

접근 방식의 주요 변화는 컴퓨터 비전의 에지 디텍터(edge detectors)와 같은 엔지니어링 기능에서 원시 데이터에서 피쳐 추출을 학습하는 모델로 전환되었다. 이 접근 방식은 음성 인식, 이미지 분석 및 자연어 처리를 포함한 많은 어려운 문제에서 큰 발전을 이끌었다.

그러나 머신러닝의 근본적인 문제는 여전히 주어진 작업에 적합한 모델을 찾거나 설계하고 작업의 구조를 이해하는 것, 그리고 모델의 귀납적 편향을 사용하여 효율적이고 강력하게 만드는 것이다.

실용적 분류 모델링 및 평가

실제로 분류를 위한 머신러닝 모델의 개발은 평가에 의해 주도된다. 지금까지 분류 정확도에 중점을 두었지만, 클래스가 균등하게 분배되지 않거나 다른 클래스의 중요도 또는 처리와 관련하여 작업이 대칭적이지 않은 경우 추가 고려 사항이 있다.

혼동행렬(Confusion matrix)

혼동행렬은 분류 모델의 성능을 이해하는 환상적인 방법이며, 머신러닝에 널리 사용된다. 우리는 데이터셋의 불균형이 정확도 통계를 왜곡할 수 있으며, 혼동행렬이 참 양성, 참 음성, 거짓 양성, 거짓 음성의 네 가지 범주에 얼마나 많은 표본이 있는지 보여줌으로써 이 문제를 해결할 수 있음을 이미 확인하였다. 우리는 사기 탐지 사례를 사용하여 다음을 설명할 것이다.

표 19.1 이항 분류 결과

분류 결과	의미
참 긍정 True positive(tp)	사기를 정확하게 예측한다.
거짓 긍정False positive(fp)	사기를 '사기 아님'으로 부정확하게 예측한다.
참 부정 True negative(tn)	사기가 아닌 경우를 정확하게 예측한다.
거짓 부정 False negative(fn)	사기가 아닌 경우를 사기로 부정확하게 예측한다.

		Actual Values	
		Fraud	No Fraud
Predicted Values	Fraud	**tp**	fp
	No Fraud	fn	**tn**

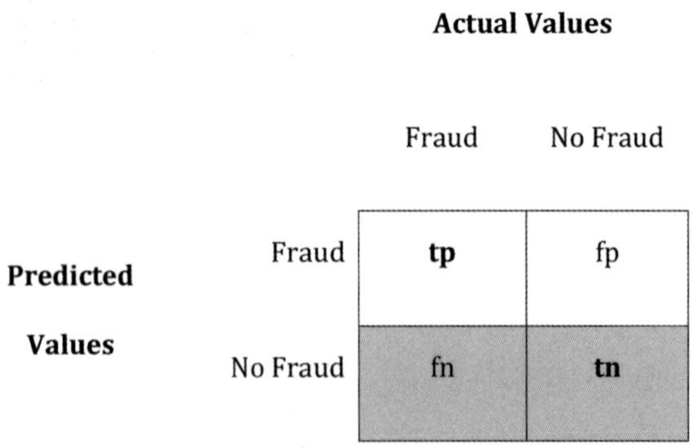

그림 19.1 혼동행렬

혼동행렬을 사용하면 예측의 구체적인 분포를 볼 수 있으므로 단일 평가 기준보다 더 많은 통찰력을 얻을 수 있다. 예를 들어, 모형이 단순히 모든 것을 사기가 아닌 것으로 예측하는 경우 파란색 셀인 fn과 tn에서 높은 숫자를 볼 수 있으며, 이는 모형이 '사기 아님'을 예측하는 데 편향되어 있음을 나타낸다. 이상적인 모델에서는 대각선 셀인 tp, tn에서 높은 숫자를 볼 수 있으며, 대각선 외의 fn, fp에서 해당하는 예측치가 없다. 사용 사례에서 혼동행렬에 대해 더 자세히 알아보자.

클래스 불균형

클래스 불균형은 분류 접근 방식을 적용하기 전에 해결해야 할 데이터 문제이다. 이는 매우 중요하다. 예를 들어, 신용 부도, 암 진단, 사기, 사이버 공격 등을 예측하는 데이터셋이 있는 경우, 우리가 탐지하려고 하는 효과(예: 사기)를 나타내는 관측치는 소수에 불과할 것이다. 이러한 불균형은 모델의 트레이닝과 성능을 크게 왜곡할 수 있다. 예를 들어, 데이터의 95%가 사기가 아니고, 5%만이 사기일 때, '사기'와 '사기 아님'을 구분하는 분류기가 모든 결과를 '사기 아님'이라고 분류하여도 정확도는 95%에 달한다. 따라서 모델을 트레이닝하고 테스트하기 전에 학습 데이터를 업샘플링(Up-sampling)하거나 다운샘플링(Down-sampling)하여 클래스를 거의 50%/50% 균형으로 만들 수 있다.

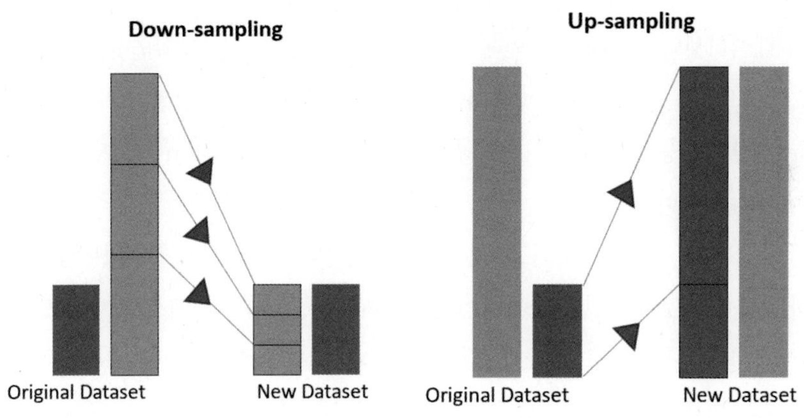

그림 19.2 업샘플링 및 다운샘플링을 통한 클래스 리밸런싱

다운 샘플링은 다수 클래스에서 표본을 제거하는 과정으로, 예를 들어 '사기 아님' 데이터에 해당한다. 데이터셋의 특성에 따라 제거할 표본을 선택하고 모델 트레이닝 및 테스트를 위해 이질적이고 축소된 데이터셋을 남겨야 한다. 이것은 층화 샘플링(stratified sampling)으로 알려져 있으며, 17장의 클래스 속성에 대해 소개되었지만 샘플링된 데이터셋의 국가 표현과 같은 다른 속성에도 적용

할 수 있다. 그러나 일반적으로 모델 트레이닝에서 데이터를 제거하는 것은 좋지 않은 생각이다.
업샘플링은 데이터를 50%/50% 균형으로 만들기 위해 소수 계층의 표본을 추가하는 것과 같은 예를 들어, 더 많은 '사기' 샘플을 추가하는 것이다. 우리는 이미 가지고 있는 '사기' 표본을 단순히 복제함으로써 이를 달성할 수 있는데, 이 과정을 리샘플링(Re-sampling)이라고 한다.
우리는 다시 한 가지 유형의 사기 데이터를 과도하게 표현하지 않도록 선택을 계층화해야 하며, 이를 통해 모델이 한 유형의 사기만 식별하지 않도록 만들 수 있다. 업샘플링에는 더 복잡한 방법이 존재하며, 데이터 생성 프로세스를 사용하여 소수 계층 관측치와 동일한 분포를 따르는 새로운 표본을 만든다. 우리는 사용 사례에서 자세히 설명할 것이다.
업샘플링을 올바르게 수행하지 않으면 위험하다. 트레이닝셋 및 테스트셋을 분리하기 전에 업샘플링을 수행하면 테스트셋에 트레이닝 샘플의 복사본이 있을 수 있으며, 그 반대의 경우 데이터 스누핑(data-snooping)이라고 하는 효과가 있을 수 있으며, 알아채지 못한 채 모델을 과적합시키고 테스트 성능을 과대평가할 수 있다. 이로 인해 애플리케이션의 성능이 저하될 수 있다. 최선의 방법은 트레이닝셋과 테스트셋에서 분리한 후 트레이닝셋에만 업샘플링을 하는 것이다.

Precision, Recall, and F1 Score

우리는 이미 데이터셋의 불균형으로 인해 정확도가 왜곡될 수 있음을 확인하였다. F-score 또는 F-measure라고도 하는 F1 점수는 이 문제를 더 잘 해결하기 위해 고안된 것이다. 좀 더 상세한 방법으로 분류 모델의 성능을 측정하기 위해 accuracy(정확도), precision(정밀도), recall(재현율)과 F1 점수까지 논의할 것이다.
정확도는 전체 예측 중 우리가 예측하고자 하는 것이 얼마나 정확하게 예측되었는지의 비율이며, 우리가 예측하고자 하는 것이 아닌 결과에 대해서는 무시한다. 사기 사례에서 우리는 '사기'가 아닌 '사기 아님'을 예측하려고 노력하고 있으며, '사기 아님'을 예측하는 모델의 정확도는 90%이며, 여기서 90%는 '사기 아님'의 참 긍정(TP)이다.

$$Accuracy = \frac{\#\ of\ true\ positives}{\#\ of\ observations}$$

정밀도는 긍정적인 것으로 예측되는 모든 경우(TP+FP)에서 이 모델이 얼마나 성공적인지 알려준다. 고객 신용 검사의 경우, 정밀도는 좋은 고객(참 긍정; TP)을 찾는 데 도움이 될 것이다. 왜냐하면 우리는 좋은 고객을 놓치는 것보다 나쁜 고객을 좋은 고객(거짓 긍정; FP)으로 오인하고 손실을 보는 것에 더 신경을 쓰기 때문이다(거짓 부정; FN).

$$Precision = \frac{\#of\ true\ positives}{\#of\ true\ positives + \#of\ false\ positives}$$

재현율은 실제로 긍정적인 모든 경우에서 모델이 얼마나 성공적인지 알려준다. 제품 리콜의 경우 재현율이 도움이 된다. 가능한 한 많은 결함이 있는 항목을 식별(거짓 부정 최소화)하는 데 관심이 있고, 항목을 잘못 식별하는 데는(거짓 참; FP) 신경을 덜 쓰기 때문이다.

$$Recall = \frac{\#of\ true\ positives}{\#of\ true\ positives + \#of\ false\,negatives}$$

F1 점수는 다음 측정값(조화 평균)을 모두 사용하며, 분류 모델에 사용할 수 있는 좋은 단일 측정값을 제공한다.

$$\mathrm{F1} = 2 \cdot \frac{Precision \cdot Recall}{Precision + Recall}$$

$$\mathrm{F1} = 2 \times \frac{Precision \times Recall}{Precision + Recall}$$

정밀도와 재현율이 모두 높으면 F1 점수가 높아진다. 정밀도나 재현율이 낮으면 F1 점수가 낮아진다. 사용 사례에서 더 자세히 알아보자. 일반적으로 F1 점수가 〈0.5이면 좋지 않다고 간주한다.

사용 사례: 신용 위험 - 불량 신용 식별

신용은 은행의 자본잠식을 방지하는 것뿐만 아니라 중소기업의 사업 과정에서 손실을 방지하기 위해 매우 중요하다. 고객에게 사전 인도하거나 공급업체의 자금 조달, 납품 전 공급업체에 대금을 지불하는 등의 경우 신용 위험이 발생한다.

이 예제에서는 불량 소비자 신용을 예측하는 것을 목표로 하고 대출 및 채무자 속성을 기반으로 이를 위한 분류 모델을 개발한다. 우리는 이 모델을 사용하여 고객의 비즈니스를 받아들이거나 거부한다. 만약 우리와 거래하고자 하는 고객이 많다면 우리는 불량 신용을 정확하게 식별하는 것(TP)과 불량 신용을 잘못 식별하는 것(FP)에 더 신경을 쓸 것이다. 이 경우 재현율이 모델 선택의 가장 적합한 성능 지표가 된다. 반면, 고객을 찾기 매우 어렵다면 우리는 고객을 잘못 식별하는 것(FP)에 더 신경을 쓸 것이며, 이 경우는 정밀도가 더 적합한 성능 지표가 될 것이다. 고객을 거부하는 것을 최소화하면서, 신용 손실을 최소화하고 싶다면 F1이 좋은 성능 지표가 된다.

데이터 준비

먼저 데이터셋을 불러와 데이터 랭글링을 수행하고, 숫자 값의 열 데이터 유형을 float 및 int로 적절하게 변환하고, 범주형 열에 대한 핫 인코딩을 만드는 등의 작업을 수행한다. 그런 다음 트레이닝 및 테스트 데이터셋에 대한 x 및 y 변수를 구성하고, 여기서 우리는 x_trn 및 y_trn에서 모델을 트레이닝하고, 모델 트레이닝 프로세스가 볼 수 없는 x_tst 및 y_test 데이터에서 표본 외 성능을 테스트한다. y 변수는 {0,1} 값이며, 여기서 '1'은 신용이 나쁘다는 것을 나타내고, '0'은 신용이 아직 좋다는 것을 나타낸다.

R

```
cols  = list(df.columns)
cols.remove('class')

# Contains only numerics
X = df[cols]
y = df['class']

#Test and train set
X_trn, X_tst, y_trn, y_test = train_test_split(X, y, test_size = 0.3,
                               random_state = None)
```

Python

```
# Define X and y variables
cols  = list(df.columns)
cols.remove('class')

# Contains only numerics
X = df[cols]
y = df['class']

#Test and train set
X_trn, X_tst, y_trn, y_test = train_test_split(X, y, test_size = 0.3,
                               random_state = None)
```

이제 5개의 분류기와 트레이닝 및 테스트 정확도를 표시하는 함수를 만든다.

R

```
dtc = DecisionTreeClassifier(max_depth = 5,random_state = 0)
gnb = GaussianNB()
lr = LogisticRegression(C = .1,max_iter = 2000,random_state = 0)
rf = RandomForestClassifier(max_depth = 5,random_state = 0)
```

```
mlp = MLPClassifier(max_iter = 2000,random_state = 0)
all_models = [dtc, gnb, lr, rf, mlp]

def model_compare(all_models,X_trn,y_trn,X_tst,y_test):
    mdl_trn_scr = []
    mdl_tst_scr = []

    for mdl in all_models:
        mdl.fit(X_trn,y_trn)
        mdl_trn_scr.append(mdl.score(X_trn,y_trn))
        mdl_tst_scr.append(mdl.score(X_tst,y_test))

    x = np.arange(len(all_models))  # the label locations
    width = 0.35  # the width of the bars

    fig, ax = plt.subplots()
    rects1 = ax.barh(x + width/2, mdl_trn_scr, width, label = 'Train')
    rects2 = ax.barh(x - width/2, mdl_tst_scr, width, label = 'Test')

    ax.bar_label(rects1, padding = 3)
    ax.bar_label(rects2, padding = 3)

    ax.set_xlabel('Accuracy')
    ax.set_yticks(x, all_models)
    ax.legend()
    plt.show()
```

Python

```
from sklearn.metrics import f1_score
from sklearn.metrics import precision_score
from sklearn.metrics import recall_score
dtc = DecisionTreeClassifier(max_depth = 5,random_state = 0)
gnb = GaussianNB()
lr = LogisticRegression(C = .1,max_iter = 2000,random_state = 0)
rf = RandomForestClassifier(max_depth = 5,random_state = 0)
mlp = MLPClassifier(max_iter = 2000,random_state = 0)
all_models = [dtc, gnb, lr, rf, mlp]

def model_compare(all_models,X_trn,y_trn,X_tst,y_test):
    mdl_trn_scr = []
    mdl_tst_scr = []

    for mdl in all_models:
        mdl.fit(X_trn,y_trn)
```

```
        mdl_trn_scr.append(mdl.score(X_trn,y_trn))
        mdl_tst_scr.append(mdl.score(X_tst,y_test))

    x = np.arange(len(all_models))  # the label locations
    width = 0.35  # the width of the bars

    fig, ax = plt.subplots()
    rects1 = ax.barh(x + width/2, mdl_trn_scr, width, label='Train')
    rects2 = ax.barh(x - width/2, mdl_tst_scr, width, label='Test')

    ax.bar_label(rects1, padding=3)
    ax.bar_label(rects2, padding=3)

    ax.set_xlabel('Accuracy')
    ax.set_yticks(x, all_models)
    ax.legend()
    plt.show()

model_compare(all_models,X_trn,y_trn,X_tst,y_test)
```

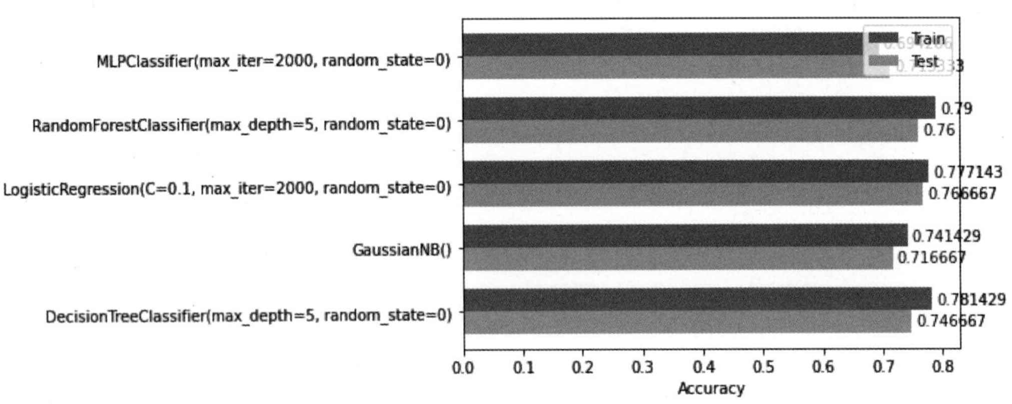

그림 19.3 트레이닝 및 테스트 정확도를 위한 분류기

분류기를 비교해 보면 전체적으로 유사한 수치를 보이고 작은 차이는 있지만, 로지스틱 회귀 분석의 테스트 정확도가 가장 우수하다는 것을 알 수 있다.

이제 정확도, 재현율, 정밀도 및 F1 점수를 계산하는 함수와 혼동행렬을 표시하는 함수를 만든다. 그런 다음 이 함수를 트레이닝된 로지스틱 회귀 분석에 적용한다.

R

```
X_trn, y_trn, X_tst, y_test):
```

```
    y_trn_hat = mdl.predict(X_trn)
    y_tst_hat = mdl.predict(X_tst)

    # Print score
    print(mdl)
 print(f"Accuracy train: {mdl.score(X_trn,y_trn):.4f}, test: ",
        f"{rf.score(X_tst,y_test):.4f}")
   print(f"Precision train: {precision_score(y_trn, y_trn_hat):.4f}, test: ",
        f"{precision_score(y_test,y_tst_hat):.4f}")
    print(f"Recall train: {recall_score(y_trn, y_trn_hat):.4f}, test: ",
         f"{recall_score(y_test,y_tst_hat):.4f}")
    print(f"F1 train: {f1_score(y_trn, y_trn_hat):.4f}, test: ",
        f"{f1_score(y_test,y_tst_hat):.4f}")

def cnfsn_mtrx(mdl, X_tst, y_test):

#   y_trn_hat = mdl.predict(X_trn)
    y_tst_hat = mdl.predict(X_tst)


    #Print confusion matrix...
    cf_matrix = confusion_matrix(y_test, y_tst_hat, labels = [0, 1])
     cf_matrix_norm = cf_matrix.astype('float') # / cf_matrix.sum(axis = 1)
[:, np.newaxis]
```

Python

```
def classification_metrics(mdl, X_trn, y_trn, X_tst, y_test):

    y_trn_hat = mdl.predict(X_trn)
    y_tst_hat = mdl.predict(X_tst)

    # Print score
    print(mdl)
    print(f"Accuracy train: {mdl.score(X_trn,y_trn):.4f}, test: ",
      f"{rf.score(X_tst,y_test):.4f}")
    print(f"Precision train: {precision_score(y_trn, y_trn_hat):.4f}, test: ",
        f"{precision_score(y_test,y_tst_hat):.4f}")
    print(f"Recall train: {recall_score(y_trn, y_trn_hat):.4f}, test: ",
        f"{recall_score(y_test,y_tst_hat):.4f}")
    print(f"F1 train: {f1_score(y_trn, y_trn_hat):.4f}, test: ",
         f"{f1_score(y_test,y_tst_hat):.4f}")

def cnfsn_mtrx(mdl, X_tst, y_test):
```

```
    y_tst_hat = mdl.predict(X_tst)


    #Print confusion matrix...
    cf_matrix = confusion_matrix(y_test, y_tst_hat, labels=[0, 1])
    cf_matrix_norm = cf_matrix.astype('float') # / cf_matrix.sum(axis = 1)
                        [:, np.newaxis]

    ax = sns.heatmap(cf_matrix_norm, annot = True, cmap = 'Blues', fmt = 'g')
    ax.set_title('Confusion Matrix\n\n');
    ax.set_xlabel('\nPredicted Values')
    ax.set_ylabel('Actual Values ');
    plt.show()

mdl = all_models[2]
classification_metrics(mdl, X_trn, y_trn, X_tst, y_test)
cnfsn_mtrx(mdl, X_tst, y_test)
```

분류기의 결과를 살펴보자.

```
LogisticRegression(C = 0.5, max_iter = 2000, random_state = 0)
Accuracy train: 0.7929, test:  0.7300
Precision train: 0.6949, test:  0.5833
Recall train: 0.5748, test:  0.4070
F1 train: 0.6292, test:  0.4795
```

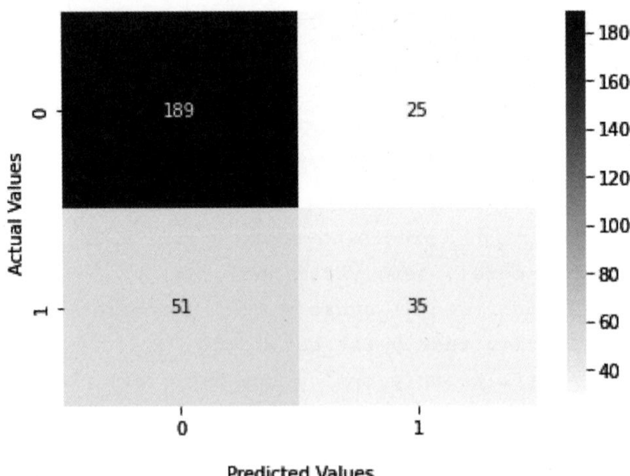

그림 19.4 혼동행렬

검정 세트에서 모형은 정밀도(0.40)와 F1 점수(0.48)를 생성하여 예측에 편향이 있을 수 있음을 나타낸다. 이는 정확도 0.73에 반영되지 않다. 혼동행렬로부터 모형이 '0' 또는 '부도 미발생'을 양호한 정밀도로 예측한다는 것을 알 수 있지만(189/(189+51)=79%), 검정 데이터에서 240개(189+51)의 관측치에 대해 '0'이 예측된 반면, 60개(25+35)의 관측치에 대해서만 '1'이 예측되었다는 점에서 모형에 편향이 있음을 알 수 있다. 즉, 실제로 표본의 29%가 클래스 1을 가지고 있지만, 20% 또는 표본에 대해서만 1이 예측된다는 것을 의미한다. 이 모형을 선택하지 않고 데이터셋의 클래스 균형을 살펴보는 것부터 다시 시작해 보자.

클래스 불균형 다루기

데이터에서 '1'과 '0' 클래스의 개수를 차트화하면 다음과 같은 문제가 발생한다.

R

```
def pie_of_imbalance(df: pd.DataFrame, class_col: str = 'class'):
    print('Imbalanced dataset....')
    print(df[class_col].value_counts())
    df.groupby(class_col).size().plot(kind='pie', y = 'class', label =
        "Type",  autopct = '%1.1f%%')

#run func
pie_of_imbalance(df)
```

Python

```
#Pie chart of imbalances wrapped as a func as we will use it a few times..
def pie_of_imbalance(df: pd.DataFrame, class_col: str = 'class'):
    print('Imbalanced dataset....')
    print(df[class_col].value_counts())
    df.groupby(class_col).size().plot(kind='pie', y = 'class', label =
       "Type",  autopct = '%1.1f%%')

#run func
pie_of_imbalance(df)
```

30%의 관측치는 신용 불량인 '1'로 분류되고, 70%는 '0'으로 분류된다. 분명히 불균형이 존재하기 때문에 이 문제를 해결해야 한다.

현 데이터를 50/50% 균형으로 만들기 위한 간단한 두 가지 전략이 있다: '1'이라는 레이블이 붙은 데이터를 업샘플링하거나 '0'이라는 레이블이 붙은 데이터를 다운샘플링한다. 우리는 '1'이라는 레이블이 붙은 기존 데이터를 단순히 리샘플링하는 방식과 트레이닝 데이터의 분포를 사용하여 새로운 트레이닝셋을 생성하는 보다 정교한 방식으로 두 가지 유형의 업샘플링을 해보자.

트레이닝셋에 대해서만 이 샘플링을 수행해야 한다. 전체 데이터셋을 사용한 다음 테스트 데이터를 분할하면 트레이닝셋에 일부 테스트 데이터가 포함될 가능성이 높다. 이를 데이터 스누핑(data snooping)이라고 하며, 테스트셋의 성능을 과대평가하게 만들기 때문에 모델링의 기본 죄악으로 간주한다.

```
Imbalanced dataset....
0    700
1    300
Name: class, dtype: int64
```

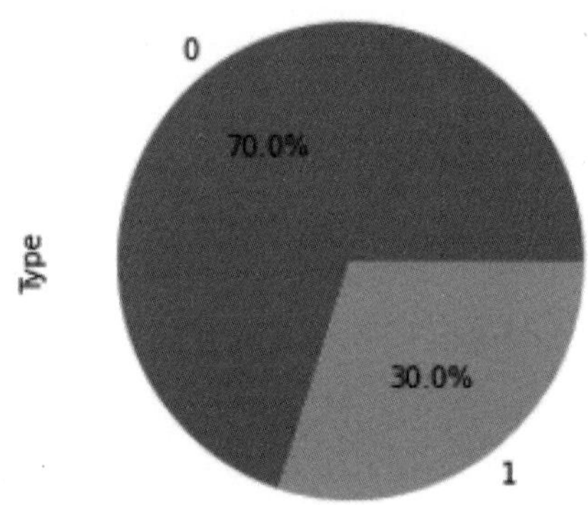

그림 19.5 불균형 파이 차트

업샘플링: 간단한 리샘플링

우리는 트레이닝 데이터를 균형 있게 만들기 위해 '1' 레이블이 지정된 데이터에 대한 충분한 표본을 생성해야 한다.

R

```
# minority class
# note that n_samples = the number of samples the imbalance represents.
X_upsampled, y_upsampled = resample(X_trn[y_trn == 1],y_trn[y_trn == 1], re-
place = True, n_samples = (X_trn[y_trn == 0].shape[0]-X_trn[y_trn == 1].
shape[0]), random_state = None)
```

```
#Combine train with upsampled
X_upsampled = X_trn.append(X_upsampled)
y_upsampled = y_trn.append(y_upsampled)
```

Python

```
from sklearn.utils import resample

# Create up-sampled data set for minority class
# note that n_samples = the number of samples the imbalance represents.
X_upsampled, y_upsampled = resample(X_trn[y_trn == 1],y_trn[y_trn == 1],
replace=True, n_samples=(X_trn[y_trn == 0].shape[0]-X_trn[y_trn == 1].
shape[0]), random_state=None)

#Combine train with upsampled
X_upsampled = X_trn.append(X_upsampled)
y_upsampled = y_trn.append(y_upsampled)
```

```
Imbalanced dataset....
1    487
0    487
Name: class, dtype: int64
```

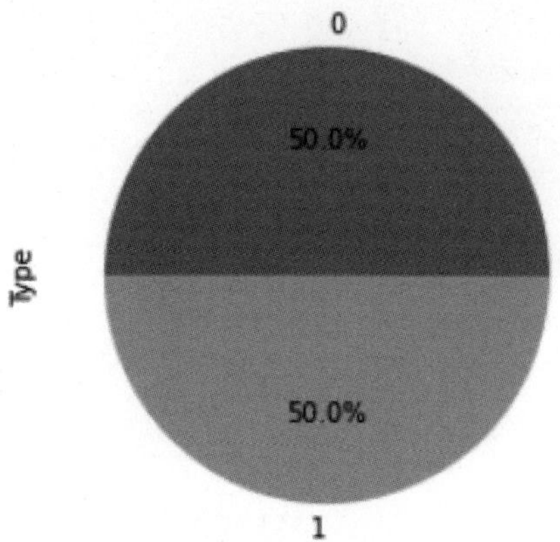

그림 19.6 균형 잡힌 트레이닝 데이터에 대한 업샘플링

업샘플링된 데이터를 사용하여 모델을 다시 적합시키고 평가 기준과 혼동행렬을 살펴보자. 테스트 셋의 F1 점수가 0.54로 더 높아졌고, '0'과 '1' 예측의 수가 더 균형 있게 보이는 것도 확인할 수 있다. 그러나 거짓 긍정(FP) 수가 걱정스러울 정도로 많아졌고(실제로는 0인데 1로 예측됨, 혼동행렬 사사분면 중 우측 상단에 해당), 이는 낮은 정밀도(0.45)에 반영된다.

R

```
classification_metrics(mdl, X_upsampled, y_upsampled, X_tst, y_test)

Accuracy train: 0.7582, test:  0.8000
Precision train: 0.7515, test:  0.4504
Recall train: 0.7716, test:  0.6860
F1 train: 0.7614, test:  0.5438
```

Python

```
mdl.fit(X_upsampled, y_upsampled)
classification_metrics(mdl, X_upsampled, y_upsampled, X_tst, y_test)

LogisticRegression(C=0.5, max_iter=2000, random_state=0)
Accuracy train: 0.7582, test:  0.8000
Precision train: 0.7515, test:  0.4504
Recall train: 0.7716, test:  0.6860
F1 train: 0.7614, test:  0.5438
```

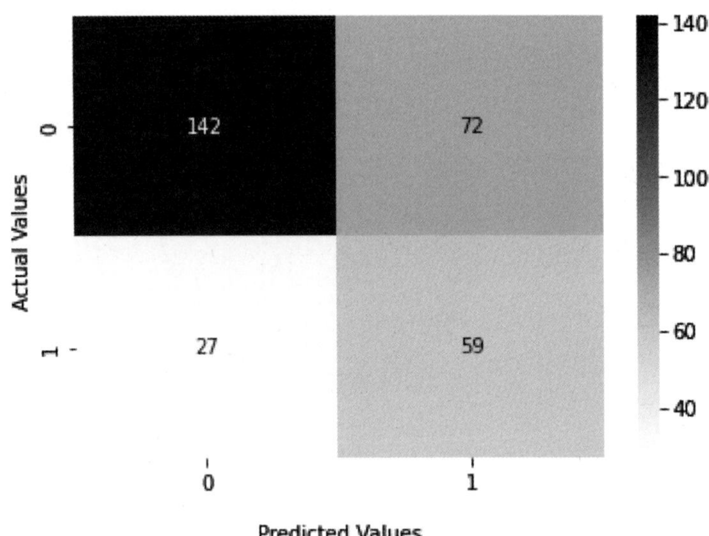

그림 19.7 업샘플링된 데이터로 재학습한 모델의 혼동행렬

업샘플링: Synthetic Minority Over-sampling Technique(SMOTE)

이제 데이터의 분포를 따르는 새로운 합성 표본을 생성하는 보다 정교한 접근법을 사용해 보자. SMOTE는 실제 데이터셋과 분포가 매우 유사한 표본을 생성하기 위해 가장 가까운 이웃 접근법을 사용한다.

R
```
extra_samples = (y_trn.value_counts().values[0]-y_trn.value_counts().
                 values[1])
X_upsampled, y_upsampled = resample(X_trn[y_trn == 1],y_trn[y_trn == 1],
    n_samples = extra_samples, random_state = None)

# Generate SMOTE samples
upsampler_smote = SMOTE()
X_upsampled_smote, y_upsampled_smote = upsampler_smote.fit_resample
  (X_trn, y_trn)
```

Python
```
from imblearn.over_sampling import SMOTE

#How many samples do we need to balance?
extra_samples = (y_trn.value_counts().values[0]-y_trn.value_counts().
                 values[1])
X_upsampled, y_upsampled = resample(X_trn[y_trn == 1],y_trn[y_trn == 1],
                              n_samples = extra_samples, random_state = None)

# Generate SMOTE samples
upsampler_smote = SMOTE()
X_upsampled_smote, y_upsampled_smote = upsampler_smote.fit_resample(X_trn, y_trn)
```

먼저 SMOTE의 합성 데이터의 분포를 살펴봄으로써 실제 트레이닝 데이터가 얼마나 정확하게 표현되는지 알아보자. 연속적인 데이터가 포함된 세 개의 데이터 열을 가지고 실제 데이터와 합성 데이터를 3D 산포도 그래프에 표시한다. SMOTE의 합성 데이터 분포가 실제 데이터를 잘 표현하고 있음을 알 수 있다.

R
```
fig = plt.figure(figsize = (10, 7))
ax = fig.add_subplot(111, projection = '3d')

ax.scatter(X_trn['credit_amount'],X_trn['age'], X_trn['duration'],
```

```
    marker = "o", s = 10, c = 'blue', label = 'Real datapoints')
ax.scatter(X_upsampled_smote['credit_amount'],X_upsampled_smote['age'],
    X_upsampled_smote['duration'], marker = "+", s = 50, c = 'red',
    label = 'SMOTE datapoints')

# set axes range
plt.xlim(0, 11000)
plt.ylim(20, 60)

ax.set_xlabel('credit_amount')
ax.set_ylabel('age')
ax.set_zlabel('duration')

plt.title('How SMOTE Samples are Distributed vs Real Data Points')
plt.legend(loc = 1,framealpha = 1, fontsize = 8)
plt.show()
```

Python

```
from matplotlib import pyplot as plt
from mpl_toolkits.mplot3d import Axes3D


fig = plt.figure(figsize = (10, 7))
ax = fig.add_subplot(111, projection='3d')

ax.scatter(X_trn['credit_amount'],X_trn['age'], X_trn['duration'],
    marker = "o", s = 10, c = 'blue', label = 'Real datapoints')
ax.scatter(X_upsampled_smote['credit_amount'],X_upsampled_smote['age'],
    X_upsampled_smote['duration'], marker = "+", s = 50, c = 'red',
    label = 'SMOTE datapoints')
# set axes range
plt.xlim(0, 11000)
plt.ylim(20, 60)

ax.set_xlabel('credit_amount')
ax.set_ylabel('age')
ax.set_zlabel('duration')

plt.title('How SMOTE Samples are Distributed vs Real Data Points')
plt.legend(loc = 1,framealpha = 1, fontsize = 8)
plt.show()
```

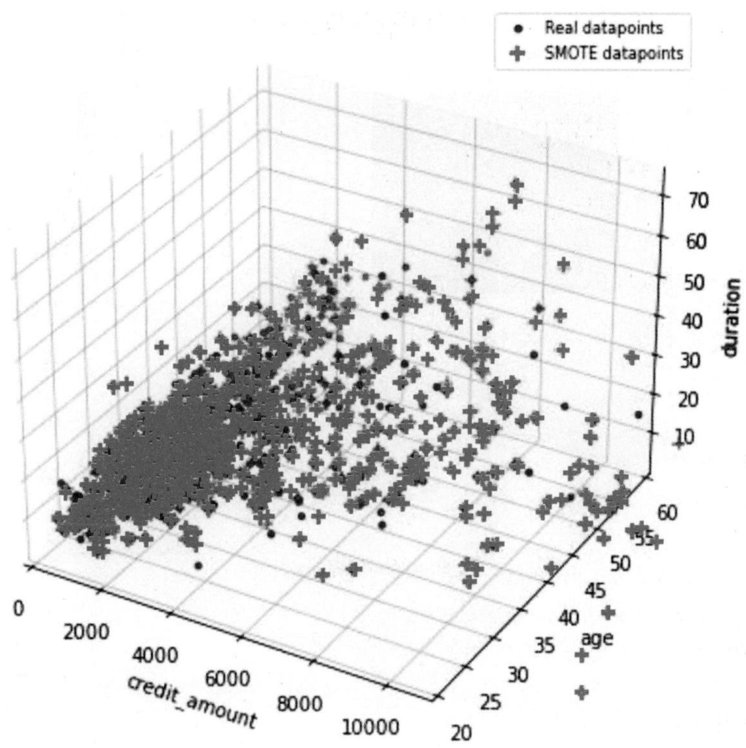

그림 19.8 실제 데이터 대비 SMOTE 표본 분포

SMOTE 데이터를 사용하여 모델을 다시 트레이닝하고 평가하면 테스트 데이터의 F1 점수가 0.599로 다시 향상되었음을 알 수 있다. 이는 '1'과 '0' 둘 다에 대한 예측이 더 잘 수행되고 있음을 보여준다. 예측이 완벽하지는 않지만, 혼동행렬을 보면 이제 참 긍정(TP)와 참 부정(TN)이 행렬에서 가장 높음을 알 수 있다.

```
LogisticRegression(C = 0.5, max_iter = 2000, random_state = 0)
Accuracy train: 0.8539, test:  0.8000
Precision train: 0.8805, test:  0.5824
Recall train: 0.8189, test:  0.6163
F1 train: 0.8486, test:  0.5989
```

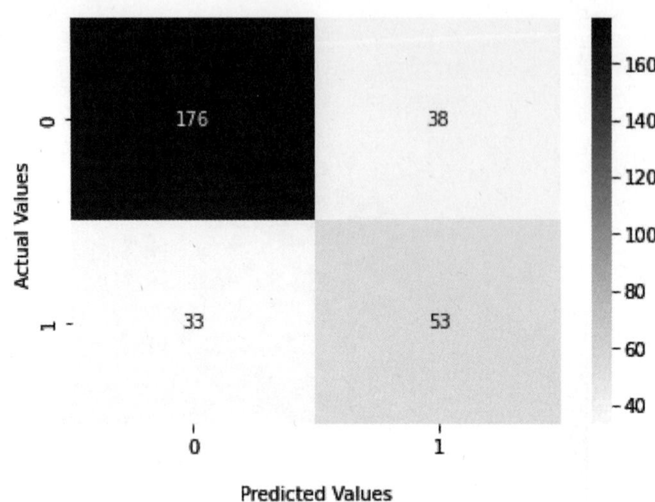

그림 19.9 SMOTE 데이터에 대한 재학습 모델의 혼동행렬

다운샘플링

이제 다운샘플링을 사용하여 대다수 범주인 '0'을 줄여 트레이닝 데이터의 균형을 맞춰보자. 트레이닝 과정에서 귀중한 데이터를 제거하기 때문에 이상적인 접근법은 아니다. 하지만 리샘플링, 즉 SMOTE나 업샘플링을 신뢰하지 않는다면 다운샘플링을 고려할 수 있다. 다운샘플링을 선호하는 경우는 특정 피쳐의 분포를 SMOTE를 통해 재현할 수 없거나 데이터가 아주 많을 때이다.

R

```
# Randomly downsample rows in the majority class
rus = RandomUnderSampler(random_state = 42)
X_downsampled, y_downsampled = rus.fit_resample(X_trn, y_trn)
```

Python

```
from imblearn.under_sampling import RandomUnderSampler

# Randomly downsample rows in the majority class
rus = RandomUnderSampler(random_state = 42)
X_downsampled, y_downsampled = rus.fit_resample(X_trn, y_trn)
```

다음 결과를 사용하여 트레이닝과 테스트를 재수행한다.

```
LogisticRegression(C = 0.5, max_iter = 2000, random_state = 0)
Accuracy train: 0.7593, test:  0.8000
Precision train: 0.7534, test:  0.4532
Recall train: 0.7710, test:  0.7326
F1 train: 0.7621, test:  0.5600
```

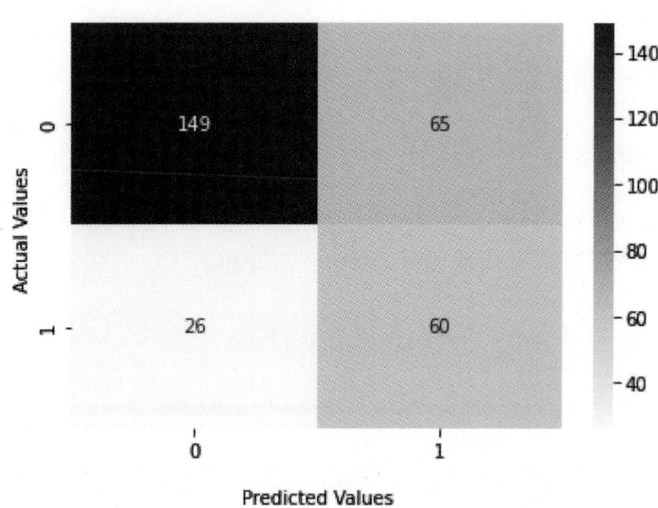

그림 19.10 다운샘플링한 데이터에 대한 재학습 모델의 혼동행렬

다운샘플링한 결과가 표준 업샘플링 결과보다 약간 더 높은 F1 점수인 0.56을 보여주지만, SMOTE 보다는 낮다. 그러나 불균형 데이터(원본 데이터)로 트레이닝한 모델보다 여전히 우수하다.

불균형 데이터의 경우 적절한 방법을 사용하여 데이터의 균형을 맞추는 전략이 매우 유용하다는 결론을 내릴 수 있다. 이 특정 사용 사례에서 신용 불량을 더 잘 식별함으로써 얻을 수 있는 수익성 이점은 상당할 수 있다. 그 해결책의 일부는 트레이닝 데이터의 균형을 맞추는 것(그리고 데이터 스누핑을 피하는 것)이었다.

분류기 선택

데이터를 리샘플링한 후 분류기를 다시 트레이닝하고 테스트할 수 있다.

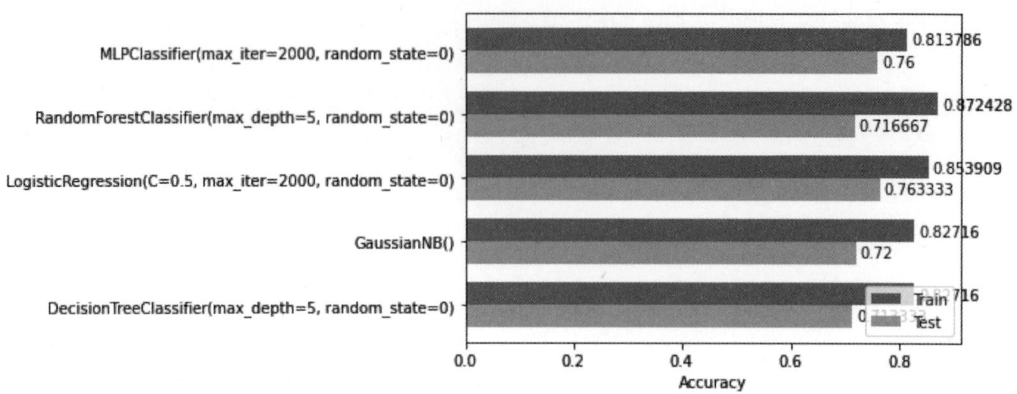

그림 19.11 균형 잡힌 데이터로 트레이닝한 분류기

우리는 트레이닝 데이터와 테스트 데이터의 클래스별 분포가 다름에도 불구하고 평균적으로 더 나은 정확도를 가지고 있음을 발견하였다. 데이터 불균형이 심할 경우, 균형을 맞춘 데이터로 트레이닝한 분류기(모델)의 성능이 더 좋다는 것이 일반적인 결과이다.

요약

분류는 또 다른 일반적인 머신러닝 문제이다. 앞서 본 비모수적 접근 방식(의사 결정 트리, KNN) 외에도 여기서는 클래스 확률을 모델링하는 가장 일반적인 접근 방식에 대해 논의하였다. 이는 회귀와 유사하게 수치 최적화 문제로 해결할 수 있다. 선형 회귀를 기반으로 하는 로지스틱 회귀와 신경망 회귀를 기반으로 하는 MLP를 재공식화하여 사용된다. 또는 클래스 조건부 피쳐 분포를 직접 추정하고 나이브 베이즈 분류를 적용할 수 있다.

우리는 모델마다 다르게 작동한다는 것을 알게 되었고, 적합한 모델을 선택하고 조정해야 한다. 일반적으로 가장 우수하거나 가장 효율적인 머신러닝 알고리즘이 있는지에 대한 질문으로 이어졌고, 답은 불행히도 일반적인 최적 모델이 없으며, 모델을 찾고 검증하기 위해 실험을 해야 한다. 그러나 데이터와 문제에 대한 사전 지식과 모델에 대한 경험을 사용하면 적합한 모델을 찾는 시간을 단축하는 데 도움이 된다. 이는 데이터셋이 커지고 더 강력한 모델이 필요한 상황에서 더욱 중요해지며, 이러한 모델들은 매우 강력할 수 있지만, 설계, 학습, 검증에 더 많은 시간과 자원이 필요하다.

연습문제

교재 보조자료 사이트를 방문하여 당뇨병 데이터 셋을 다운로드하시오. https://study.sagepub.com/gopal

1 정밀도, 재현율 및 F1 점수를 직접 구하시오.

2 *digits* 데이터셋을 불러와 이번 챕터에서 소개한 분류기를 테스트하시오.

3 로지스틱 회귀 분석 및 MLP 분류기에 대해 파라미터 튜닝을 수행하시오.

4 작은 GFJ 분류기를 직접 만들고 챕터 13의 일반 선형 모델과 같이 일반 최적화기를 사용하여 트레이닝하시오.

5 *Wisconsin breast cancer* 데이터셋을 (**sklearn.datasets. load_breast_cancer**로 또는 *여기*에서) 불러와 종양 유형을 예측하시오. 다양한 모델을 사용하고, 하이퍼 파라미터를 조정하고, 가장 좋은 모델을 선택한 다음 새 데이터에 대한 성능을 추정하시오. 가장 좋은 모델을 판단한 이유를 설명하시오.

6 *Covertype* 데이터셋을 (**sklearn.datasets.fetch_covtype**으로 또는 *여기*에서) 불러와 클래스를 예측하시오. 이 다중 클래스 문제를 다양한 모델로 모델링하고, 최적의 하이퍼파라미터를 결정하고, 가장 좋은 모델을 선택한 후 새 데이터에 대한 성능을 추정하고시오. 가장 좋은 모델을 판단한 이유를 설명하시오.

※ 20장은 홈페이지에서 pdf 파일로 제공합니다.

찾아보기

역자 프로필

신용재

삼육대학교 인공지능융합학부 부교수로 재직 중으로, 데이터사이언스, 통계학, 비즈니스 데이터 분석 등 과목을 담당하고 있다. 고려대학교에서 경제학 석사 학위를 취득하고 서강대학교에서 경영학 박사 학위를 받았다. 서강대학교 대우교수와 인하대학교 연구교수를 역임했으며, 현재 비즈니스 인텔리전스와 지식서비스 분야에서 활발히 연구를 수행하고 있다. 경영정보학회, 경영컨설팅학회, e비즈니스학회, 인터넷전자상거래학회 등 여러 학회에서 활동하며, 국내 · 외 다수의 연구 논문을 발표하였다.

김채윤

영국 NHS England 데이터 과학자로 재직 중이며, 헬스케어 종사자 정보 분석 및 수요와 공급 모델 분석을 담당하고 있다. 윤리적 AI 및 머신러닝 모델을 개발하고 평가하는 데 관심을 가지고 영국 석사 유학 후 경력 개발 중이다. 2021년 국제시멘틱웹학회(ISWC)에서 주관한 시멘틱 답변 유형 예측모델 경연대회 최우수상, 2023년 마이크로소프트와 카이노스가 NHS와 공동 주관한 헬스케어 AI 해커톤에서 2등을 수상한 바 있다. 또한, 2023년 FreeCodeCamp의 Top Contributor로 선정되었고, 2024년 영국 Royal Statistical Society(RSS)의 정회원으로 가입하는 등 활발한 커뮤니티 활동을 하고 있다.

장연수

UNIST에서 경영학 학사를, University of Warwick에서 Business Analytics 석사를 취득하였다. University of Warwick 재학 중 저자인 Ram Gopal의 강의를 수강하며 데이터 분석 및 머신러닝에 대한 깊은 이해를 쌓았다. EY한영에서 금융 리스크 컨설턴트로 근무하면서 금융 데이터 분석, 디지털 트랜스포메이션 전략 수립, IT 리스크 평가 등을 수행하였으며, 현재는 Three UK에서 데이터 분석가로 활동 중이다. 또한, 비영리 교육 단체 FreeCodeCamp의 기술 번역 프로젝트에 참여해 영한 번역 작업을 수행하고 있으며, 2023년 Top Contributor로 선정되었다.